Nai Jiu Xing Gao Su Gong Lu Xiu Zhu Xin Ji Shu

耐久型高速公路
修筑新技术

刘中林 高民欢 齐彦锁 田 文 杨广庆◎编著

人民交通出版社

内 容 提 要

为实现修筑长寿命、耐久型平原区高速公路的目标,作者结合多年来的实践经验,对河北省青银高速公路路基路面修筑过程中采用的新技术、新材料、新工艺等科研成果进行总结和提炼编著此书。本书内容丰富新颖、系统全面、理论联系实际,具有较强的实用性和可操作性。

全书共分十一章,主要内容包括高速公路软土地基处理技术、高速公路路基填料承载比特性及应用技术、高速公路路基边坡冲刷机理及防护技术、高速公路路基沉降变形控制技术、水泥稳定碎石基层振动成型法在高速公路中的应用、柔性基层沥青路面设计参数及路用性能、大粒径碎石沥青混合料设计参数及路用性能、沥青混合料级配优化及应用技术、沥青路面抗滑表层设计优化及应用技术和沥青路面工程施工质量控制技术等。

本书可作为从事公路工程设计、施工、管理、监理及养护的技术人员和管理人员的参考用书与培训教材,也可作为高等院校相关专业师生的教学用书。

图书在版编目(CIP)数据

耐久型高速公路修筑新技术 / 刘中林等编著. —北京:人民交通出版社,2011.8

ISBN 978-7-114-09283-1

Ⅰ.①耐…　Ⅱ.①刘…　Ⅲ.①高速公路-工程施工-新技术　Ⅳ.①U412.36

中国版本图书馆 CIP 数据核字(2011)第 142321 号

书　　名: 耐久型高速公路修筑新技术
著 作 者: 刘中林　高民欢　齐彦锁　田　文　杨广庆
责任编辑: 刘彩云
出版发行: 人民交通出版社
地　　址: (100011) 北京市朝阳区安定门外外馆斜街 3 号
网　　址: http://www.ccpress.com.cn
销售电话: (010) 59757969, 59757973
总 经 销: 人民交通出版社发行部
经　　销: 各地新华书店
印　　刷: 北京市密东印刷有限公司
开　　本: 787×1092　1/16
印　　张: 22.5
字　　数: 538 千
版　　次: 2011 年 8 月　第 1 版
印　　次: 2011 年 8 月　第 1 次印刷
书　　号: ISBN 978-7-114-09283-1
定　　价: 68.00 元

前　言

河北省青银高速公路是交通运输部规划的“五纵七横”国道主干线之一，也是河北省“十五”公路网建设发展规划确定的“四纵四横十条线”主骨架中的组成部分。本项目的建设对完善国家路网，促进国民经济发展具有重要意义。线路起自冀鲁界的油坊以南1km处，途经清河、威县、南宫、新河、宁晋、赵县、栾城、元氏、鹿泉，止于石太高速公路K333+500处，路线全长182.004 km，总体呈西北—东南走向，基本与G308国道并行。沿线地势西高东低，为山前洪积扇、冲积平原地貌。

线路设计为平原微丘区双向4车道高速公路，设计速度120km/h，路基宽度28m；经河北省交通厅批准，每千米增加1对停车港湾。连接线采用二级公路标准建设，设计速度80km/h，路基宽度12m；桥涵设计车辆荷载采用公路Ⅰ级；设计洪水频率，特大桥为1/300，大中小桥、涵洞及路基工程为1/100；抗震设防烈度为VII度。

本工程于2003年5月16日开工建设，2005年12月11日交工验收，同年12月28日试运营。2010年3月进行了竣工验收。竣工验收委员会认为：青岛至银川国道主干线清河（冀鲁界）至石家庄公路平、纵线形顺适；路基稳定，排水系统完善；桥型结构合理，外观质量良好；路面平整密实，交通工程及机电设施完善，房建工程布局合理。该项目注重管理创新和技术创新，设计理念先进，项目中推行低路基、节约土地、基层振动试验成型法、GTM等措施，保证了工程质量和安全，项目管理水平较高。经过通车试运营，整体状况良好。竣工验收工程质量评分值为96.58分，工程质量评定等级为优良。本工程获国家银质奖1项，省部级优质工程奖2项。

青银高速公路作为河北省“十五”期间建设里程最长、投资规模最大的高速公路项目，为了适应高速公路建设快速发展的要求，实现青银高速公路科学规范管理，确保优质工程的总体目标，青银高速公路筹建处在项目管理创新和技术创新上实现了十项突破。

（1）河北省第一条将土建工程、机电工程、监控、绿化、联网收费等统筹建设、同时交付使用的高速公路工程。

（2）河北省第一条建设单位工程建设质量管理体系通过ISO 9000认证的高速公路。

（3）国内第一条实行纪检、监察、审计联席制度建设的高速公路，为在公路建设领域推行十大公开，打造阳光工程积累了经验，奠定了基础。

（4）以项目建设为依托进行了14项研究课题，其中6个课题获得河北省科技进步奖。

（5）河北省第一条全面实行精细化管理和路面施工动态技术质量管理的高速公路。

（6）河北省第一条采用低路基方案、节约土地做法的高速公路，实现了当年取土，当年复耕，当年种庄稼。节约耕地336亩，节约取土用地2798亩。

(7)为解决桥头跳车这一质量通病，率先采用冲击压实和水泥搅拌桩处理原地面，采取液态粉煤灰水泥混合料等新工艺、新材料浇筑基坑和台背，效果良好，行车舒适。

(8)河北省第一条全面推广振动击实成型法进行基层材料组成设计和施工控制的高速公路，提高了路面基层压实度，大大降低了路面开裂隐患。

(9)率先在河北省推广大粒径LSAM沥青混凝土新型路面结构和长路段柔性基层研究的高速公路，同时也是大规模在全线沥青面层施工中推行GTM设计方法的高速公路。

(10)通过专家论证，率先在沥青路面上、中、下三层之间设置改性沥青黏结防水层的高速公路。

本书对河北省青银高速公路路基路面修筑过程中采用的新技术、新材料、新工艺等科研成果进行了总结和提炼，内容丰富新颖、系统全面、理论联系实际，具有较强的实用性和可操作性。在本书的编写过程中得到了河北省青银高速公路管理处、石家庄铁道大学、长安大学、河北工业大学、吉林大学、解放军理工大学工程兵工程学院以及全体参建单位和监理单位的大力支持，在此表示衷心的感谢。

本书主要由刘中林、高民欢、齐彦锁、田文、杨广庆编著，参加编写工作的还有张文裕、封晓黎、张新宇、史建方、何敬晨、张景堂和左劼。全书共分十一章，主要内容包括高速公路软土地基处理技术，高速公路路基填料承载比特性及应用技术，高速公路路基边坡冲刷机理及防护技术，高速公路路基沉降变形控制技术，水泥稳定碎石基层振动成型法在高速公路中的应用，柔性基层沥青路面设计参数及路用性能，大粒径碎石沥青混合料设计参数及路用性能，沥青混合料级配优化及应用技术，沥青路面抗滑表层设计优化及应用技术，沥青路面工程施工质量控制技术等。

限于作者水平，书中遗漏、不足之处在所难免，敬请各位专家和读者批评、指正。

编著者

2011年5月

目　　录

第 1 章 高速公路软土地基处理技术

我国大陆最早建成通车的沪嘉高速公路全长 15.9km，均为软土地基，于 1988 年 10 月通车；继沪嘉高速公路之后，又有京津塘高速公路（全长 143km，软土段 48km）、广佛高速公路（全长 15.7km，软土路段 4.43km）、杭甬高速公路（全长 145km，软土路段 91.65km）、广深高速公路（全长 122km，软土路段 34km）等位于软土地区的高速公路建成通车。一次建成通车里程最长的软土路基上的高速公路是始建于 1992 年 6 月，1996 年 9 月通车的沪宁高速公路，该路全长 274.08km，软土路段 92.29km。可以说，我国的高速公路是在软土地区发展起来的。

软土在我国沿海地区和内陆平原或山间盆地都有比较广泛的分布，它们的成因、结构和形态虽然不同，但都具有含水率大、压缩性高、强度低和透水性差的特点。我国沿海各地主要是海岸沉积形成的软土，长江、黄河、珠江、淮河等各大河流下游为陆相的河滩沉积和海相的三角洲沉积软土，洞庭湖、洪泽湖、太湖等各大湖泊周围广泛分布有湖泊沉积的软土。在软土地基上修建高速公路，首先要进行加固处理。因此，加强对软基处理效果的研究，科学地选择经济、有效的软基处理方案，对于确保工程质量具有很重要的意义。

本章就高速公路软土地基处理效果评价及选型策略技术进行了系统研究与分析，主要内容包括：

（1）结合河北省青银高速软土地基处理试验段的长期沉降观测资料来预测工后沉降，对软基处理的效果进行评价。

（2）针对软土地基不同地质条件、填土高度和地基处理方式，选择典型的断面，埋设了土压力盒、测斜仪、沉降观测标，进行沉降和应力观测。对观测结果进行分析，给出不同性质软土的沉降修正系数。

研究内容为揭示软土路基填筑高度—沉降量、填筑速率—沉降速率、填筑高度—侧向位移量、填筑速率—侧向位移速率、填筑高度—孔压以及在施工期、预压期和运营期路堤荷载—土压力的变化规律。通过以上实测资料来分析和评价各种地基处治方法的作用机理、适用性和处治效果，对于在建和未建的高速公路软基处理具有十分重要的意义。

1.1 软土地基沉降机理与计算分析

1.1.1 软土地基沉降变形机理

高速公路地基沉降按照其发生的机理可以分为瞬时沉降、固结沉降和次固结沉降三部分。高速公路软土地基设计中通常只计算固结沉降，然后乘上一个综合影响系数 m_s 作为总沉降量。对于主要由黏性土组成的高速公路路基而言，其中固结沉降是路基沉降中的主要部分。因此，在设计计算中也主要是针对固结沉降而言的。

1)沉降变形机理

沉降经历的三个不同阶段:瞬时沉降 S_d、固结沉降 $S_s(t)$、次固结沉降 $S_c(t)$,如图 1-1 所示。总沉降为

$$S(t) = S_d + S_c(t) + S_s(t) \tag{1-1}$$

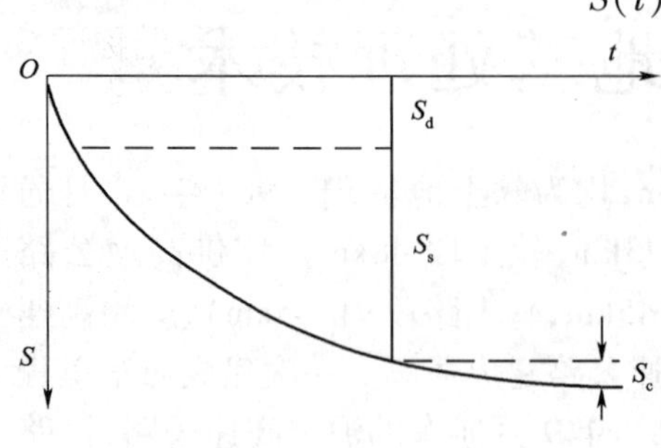

图 1-1 地基沉降的三个组成部分

(1)瞬时沉降

瞬时沉降是在外荷加上的瞬间,饱和软土中孔隙水尚来不及排出时所发生的沉降。此时土体只发生变形而没有体变。瞬时沉降与加载方式和加载速率有很大的关系,这是由于不同增量加载时刻,土中有效应力随着土体的固结而增大,土体的变形模量相应增大的缘故。

(2)固结沉降

荷载加于地基土上后,随着时间的延续,荷载不变而地基土中的孔隙水逐渐排出过程中所发生的沉降,称为固结沉降。它是由于外荷载引起超孔隙水压力的水力梯度促使水从土体内排出,而应力增量转移到土体骨架上而发生沉降。它与时间有关,且主要发生体积的变化。

(3)次固结沉降

当地基土中的超静孔隙水压力,在不变的外荷载作用下已完全消散,主固结变形已完成后,土体仍会继续出现沉降变形。这一阶段的变形是在超孔隙水压力完全消散以后,有效应力不变时发生的沉降,是地基土中土粒骨架在持续荷载下蠕变所引起的,故也可称之为排水蠕变。

瞬时固结不导致孔隙水的排出,但不等于可以将软土看成弹性体而认为其导致的变形是瞬时完成的。瞬时沉降与加载方式和加载速率有很大的关系,如采用瞬时一次加载方式时,地基的瞬时沉降量比均匀加载的情况要大得多。这主要是由于增量加载的时刻,土中有效应力随土体的固结而增大,土体的变形模量也相应增大。因此,瞬时沉降实质并非"瞬时",而是不排水的侧向挤出而产生的位移变形沉降。而且,侧向挤出产生的沉降也并非瞬时能完成,也能延续相当长的时间。

这种人为地将固结沉降从时间上划分为三个阶段,认为次固结沉降只是从主固结基本完成后才开始发生,实际上,次固结沉降从受到荷载就开始了。次固结导致的变形较缓慢也会导致孔隙水的排出,而且次固结导致的孔隙水的排出与主固结的同步,只是各自的机理及延续的时间不同。事实上,瞬时固结、主固结和次固结都是在受力后同时开始发生的,只是在某个阶段以一种沉降变形为主而已,且不同性状的土三个组成部分的相对大小及时间是不同的。通常在地基设计中只计算固结沉降。在上述的三部分变形分析中,只是考虑了在法向力作用下的变形,特别是固结和次固结变形的分析,实际上都忽略了剪应力引起的变形。

2)工后沉降的组成分析

软土路基的工后沉降由因孔隙水压力消散而产生的主固结沉降与因土骨架蠕变产生的次固结沉降组成。如果工后沉降主要由主固结沉降组成,可以采用加长预压时间或超载预压的方法进行解决;而如果工后沉降主要由次固结沉降组成,由于目前没有可行的方法消除或加快完成次固结,无法采取主动的措施,但需要准确预测其沉降值。因而,区分主固结和次固结沉

降并分析二者在工后沉降中所占的比例，对于软基处理技术方法选取、方案设计具有重要的意义。工后沉降量的预测，对工程措施的决策及工程质量的保证具有重要的意义。

1.1.2 高速公路软土地基沉降计算

地基沉降的计算方法可以分为四类：①弹性理论法，也称直接法；②工程方法，也称间接法；③经验公式法；④数值分析法。

弹性理论方法立论严谨，对于弹性的、均质的、各向同性的半空间体，其数学解精确，但对软黏土地基而言，其本构方程有时与实际不符，因而其计算结果与实测结果有较大差异，主要用于瞬时沉降量的计算。

工程方法包括压缩仪法（Terzaghi，1925）、Skemptm-Bjerrum 法（1957）、应力路径法（Lambe，1967）、状态边界面法（Burland，1971）等。这些方法仍利用弹性理论来计算地基中的附加应力，而土的应力—应变关系则取自试验（间接法）。该类方法应用最广，其计算结果为瞬时沉降和固结沉降之和。

第三类方法包括经验和半经验公式，利用原位测试结果来推算地基的沉降。数值分析方法主要有有限元法、有限差分法和集总参数法等。

1）瞬时沉降量的计算方法

在剪应力作用下，地基内会产生剪切变形及侧向挤出引起附加沉降。实际上，此项沉降量也是随着路堤的填高而增大，越接近极限高度，增长的数值越大。如地基受到显著扰动时，此项沉降增加得更多。通常，根据固结沉降量的计算结果进行修正来确定最终沉降量，而没有专门合适的方法来计算这项沉降量。一般采用弹性理论公式进行计算。

弹性理论公式法是用弹性理论公式来计算建（构）筑物的沉降，然后再考虑地基中塑性开展区的校正方法。

（1）瞬时沉降量计算

当黏性土地基的厚度很大，作用于土面的圆形或矩形面积上压力为均布荷载时，初始沉降可用下述弹性理论公式计算，即

$$S_d = C_d q B\left(\frac{1-\mu^2}{E}\right) \tag{1-2}$$

式中：q——均布荷载；

B——圆形或矩形荷载面积的直径或宽度；

C_d——考虑荷载面积形状和沉降计算点位置的系数，可查表；

E——土的弹性模量；

μ——土的泊松比。

（2）弹性参数的估计

对于饱和软黏土，在刚加荷的瞬间，它是在体积不变的情况下产生变形的，即可以认为它是不可压缩的，通常可假设 $\mu=0.5$。尽管许多黏土层是各向异性的，这个假定不一定正确，但它对瞬时沉降的结果并无明显的影响。

沉降计算中比较关键的问题在于如何确定弹性模量 E 的值。一般从三轴不排水试验或单轴压缩试验得到的应力—应变关系曲线的初始切线模量求得。实践证明，这样得到的 E 值

往往偏低,仅为现场实测值的一小部分,可以逐渐增加轴向压力,达到现场荷载条件下的压力,然后减小到零,这样重复加荷和卸荷多次,确定每一循环在最大轴向压力一半时的切线模量。这种切线模量随着循环次数的增多而增大,最后趋近于一渐进线,称为再加荷模量 E,一般 5 ~6 个循环即可确定。用该数值来取代式(1-2)中的弹性模量 E,得到的瞬时沉降与实测沉降值比较一致。

(3)塑性区开展的校正

如果地基分层很多,软硬变化显著,或者荷载 q 接近于极限荷载 q_u,使得地基中有较大的塑性区存在时,公式(1-2)所得的结果则难以正确。如何考虑塑性区存在时校正地基瞬时沉降量的问题,已由 D'Appolonia(德阿普乐尼亚)用有限元法予以解决。

首先确定土的现场剪应力(加荷之前)与不排水抗剪强度 τ_u 之比为:

$$f = \frac{\sigma_v - \sigma_h}{2} \Big/ \tau_u = \frac{(1 - K_0)\sigma_v}{2\tau_u} \tag{1-3}$$

式中:σ_v、σ_h——初始有效竖向应力与水平应力;

K_0——土的静止侧压力系数。

一般来说,黏性土的 τ_u 与 σ_v 成正比,所以对均质地基,f 为一常数。

按不排水抗剪强度推求地基的极限荷载为 q_u,并设目前所加荷载为 q,因此应力水平比为 q/q_u。根据 q/q_u 和 f,可以查阅图表得出校正系数 S_R。

考虑有塑性区存在时,地基的初始沉降为

$$S'_d = \frac{S_d}{S_R} \tag{1-4}$$

2)主固结沉降量的计算

(1)传统分层总和法(单向压缩法)

分层总和法有如下假定:

①压缩时地基不能有侧向变形;

②根据基础中心点下的土的附加压力进行计算;

③基础最终固结沉降量等于基础底面下压缩层范围内各土层压缩量的总和。

分层总和法将压缩层范围内的土层分成 n 层,应用弹性理论计算在荷载作用下各土层中的附加应力,采用侧限条件下,即单向压缩条件下的压缩性指标,分层计算各土层上的压缩量,然后求和得到压缩层范围内的总沉降。

分层总和法沉降计算公式如下:

$$S_c = \sum_{i=1}^{n} \Delta S_i = \sum_{i=1}^{n} \varepsilon_i H_i \tag{1-5}$$

式中:ΔS_i——第 i 层土的压缩量;

ε_i——第 i 层土的侧限压缩应变;

H_i——第 i 层土的厚度。

单向压缩法中,附加压力一般取基础轴线处的附加应力值,以弥补采用该法计算得到的沉降偏小的缺点。由于附加应力 σ_z 沿深度方向的分布是非线性的,为避免产生较大的误差,计算中土层的分层不宜过大,建议一般分层的厚度不超过基础宽度的2/5。

(2)规范推荐法(修正的分层总和法)

用单向压缩法计算地基最终沉降量时,由于理论上作了一些与实际情况不完全符合的假设以及其他因素的影响,计算值往往与实测值不尽相符,甚至相差很大。为此,可以根据传统的分层总和法原理,将计算方法加以简化。分析沉降观测资料表明,可以采用修正系数 ψ_s 来反映沉降量计算值与实测值的差别,对计算结果进行修正。修正系数 ψ_s 综合考虑了沉降计算中所不能反映的一些影响因素,诸如土的类型不同、选用的压缩模量与实际有出入、土层的非均质性对应力分布的影响、荷载性质的不同与上部结构对荷载分布的调整作用等。

沉降计算公式如下:

$$S_c = \psi_s S'_c = \psi_s \sum_{i=1}^{n} \frac{P}{E_{si}} (z_i a_i - z_{i-1} a_{i-1}) \tag{1-6}$$

式中:S'_c——n 层土竖向压缩量之和;

ψ_s——沉降计算经验系数,根据地区沉降观测资料及经验确定,也可查表确定;

E_{si}——第 i 层土的压缩模量,按实际应力范围取值;

P——对应荷载标准值的基础底面附加压力;

z_i、z_{i-1}——分别为第 i 层土底面和顶面距基础底面的距离;

a_i、a_{i-1}——分别为第 i 层土底面和顶面的平均附加应力系数,可查规范。

(3)考虑先期固结压力计算固结沉降量方法

现场的软黏土在其地质历史上一般受过前期固结压力 P_c 作用,由于土层的变动、河流的冲刷等原因,这一压力不一定等于现场的有效应力 P_0。为此,可将黏土分为三类:

①$P_0 = P_c$,称为正常固结土;

②$P_0 > P_c$,称为超固结土;

③$P_0 < P_c$,称为欠固结土。

在沉降计算中应考虑先期固结压力 P_c 的影响,当土体处于不同状态时,要求采用不同的压缩性指标计算沉降量。

这三类土的沉降计算的基本公式为

$$S_c = \sum_{i=1}^{n} \frac{\Delta e_i}{1 + e_{0i}} H_i \tag{1-7}$$

式中:Δe_i——第 i 层土孔隙比的改变量,利用现场原状压缩曲线得到;

e_{0i}——第 i 层土的初始孔隙比;

H_i——第 i 层土厚度。

由于三类土的 e-lg$P$ 曲线的性状不同,故在实际沉降计算中需对 Δe_i 加以修正。

Δe_i 的修正直接关系到计算的精确性,对于不同类型的土体应根据相应的 e-lg$P$ 曲线作出相应的修正,然后代入式(1-7)求得沉降量,这里不再赘述。

(4)考虑侧向变形的固结沉降计算(Skempon-Bjerrum 法)

利用 e-lg$P$ 曲线来计算沉降,对正常固结、超固结和欠固结黏性土,可分别对待,这似乎比利用 e-p 曲线计算沉降前进了一步。实际上,地基中的土受到附加应力后,变形并不是如前所述的那样简单,也不是像在固结仪中简单地沿一个垂直方向压缩。侧向变形对固结沉降的影响很大,特别是当地基中黏性土层的厚度超过基础面积的尺寸时,这种影响更大。对此,司开普顿和贝伦(Skempon & Bjerrum)利用半径法来解决。

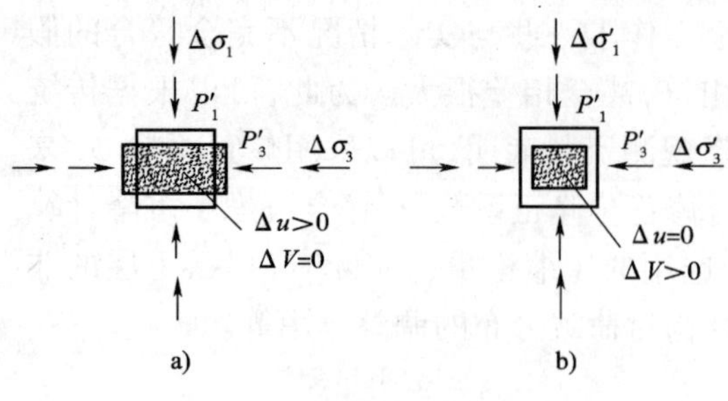

图 1-2　土体侧向变形

图 1-2 表示一块存在于地基内部土样。如图 1-2a)所示,原来作用于土样上的垂直和水平方向的压力是 P'_1 和 P'_3。开始加荷时,增加了附加应力 $\Delta\sigma_1$ 和 $\Delta\sigma_3$,这时,对饱和土来说,孔隙压力 $\Delta u>0$,体积改变 $\Delta V=0$,但土块已经产生变形,这是瞬时弹性变形。随后,上部土体固结,孔隙水随着时间而逐渐排出,Δu 逐渐减小,直至土块完全固结,$\Delta u=0$,如图 1-2b)所示。

对于固结变形而言,由于附加主应力 $\Delta\sigma_1$ 和 $\Delta\sigma_3$ 引起孔隙压力 Δu,它们之间的关系可写成如下表达式:

$$\Delta u = B\Delta\sigma_3 + BA(\Delta\sigma_1 - \Delta\sigma_3) \tag{1-8}$$

式中:　$B\Delta\sigma_3$——由附加应力 $\Delta\sigma_3$ 引起的孔隙压力;

$BA(\Delta\sigma_1-\Delta\sigma_3)$——由偏应力($\Delta\sigma_1-\Delta\sigma_3$)引起的孔隙压力;

A、B——孔隙压力系数,可用三轴仪测定。

对于饱和土来讲,系数 $B=1$,孔隙压力的增长与四周附加应力 $\Delta\sigma_3$ 相等,系数 A 视土在地质历史上受压的情况而定。超固结土 $A=0\sim0.5$,甚至会产生负值,正常固结土 $A=0.5\sim1.0$,特别灵敏黏土 A 超过 1.0。

当 $B=1$ 时,式(1-8)也可写成如下形式:

$$\Delta u = \Delta\sigma_1\left[A + \frac{\Delta\sigma_3}{\Delta\sigma_1}(1-A)\right] \tag{1-9}$$

设 m_v 是土的体积压缩系数,即单位体积土体在单位压力作用下的竖向压缩量。则对厚度为 H 的土层,固结变形的压缩量可近似地按下式计算:

$$S'_c = \int_0^H m_v\Delta u\,dz = \int_0^H m_v\Delta\sigma_1\left[A + \frac{\Delta\sigma_3}{\Delta\sigma_1}(1-A)\right]dz \tag{1-10}$$

根据前述,固结仪中单向压缩的固结变形为

$$S_c = \int_0^H m_v\Delta\sigma_1\,dz \tag{1-11}$$

假设一个比例系数 C_p,代表这两个固结变形之比,则有

$$C_p = \frac{S'_c}{S_c} = \frac{\int_0^H m_v\Delta\sigma_1\left[A + \frac{\Delta\sigma_3}{\Delta\sigma_1}(1-A)\right]dz}{\int_0^H m_v\Delta\sigma_1\,dz} \tag{1-12}$$

对于某一指定土层而言,m_v 和 A 都是常数,所以,

$$C_p = A + \frac{\int_0^H\Delta\sigma_3\,dz}{\int_0^H\Delta\sigma_1\,dz}\cdot(1-A) = A + a(1-A) \tag{1-13}$$

式中,$a=\int_0^H\Delta\sigma_3\,dz/\int_0^H\Delta\sigma_1\,dz$,$a$ 值大小视荷载面的形状及土层厚度 z 而定。

图 1-3a)为按弹性理论算得的关系曲线。故式(1-13)中 C_p 与 a 以及 A 的关系可绘成图 1-3b)的关系曲线。从图中可以看出,只有 A 值接近于 1,或为浅层压缩土(z/B 较小时),利用单向压缩公式计算固结变形才是比较正确的。否则,比例系数 C_p 就是一个修正系数,很容易从图 1-3b)中求得,乘以单向压缩固结变形 S_c,就得到考虑侧向变形的固结沉降,即

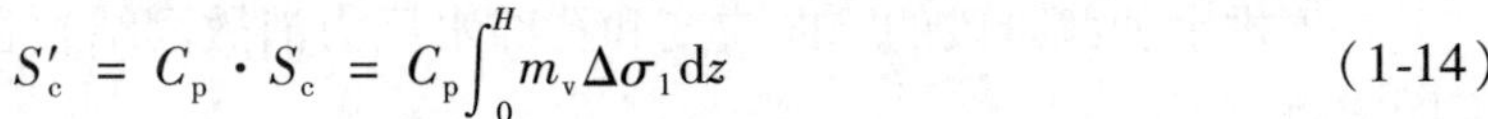

$$S'_c = C_p \cdot S_c = C_p \int_0^H m_v \Delta\sigma_1 \mathrm{d}z \tag{1-14}$$

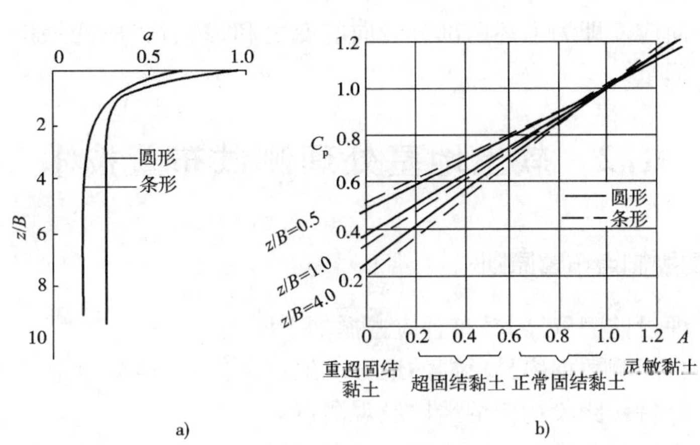

图 1-3　a 和 C_p 变化图

(5)应力路径法计算沉降

为了更好地考虑侧向变形对垂直沉降的影响,Lambe 和 Marr 提出了一个更为方便的方法:根据地基土体所经过的应力路径计算土体的压缩量。在这种方法中,估计和模拟所选单元的应力路径要与室内试验尽可能接近。如地基中一单元土体原始状态为图 1-4 中的 A 点,不排水条件下加荷的有效应力路径如 AB 所示。A 点和 B 点之间的轴向变形相当于土体剪切变形引起的竖向压缩量。土体固结过程的有效应力路径如 BC 所示,B 点和 C 点之间的轴向变形相当于固结变形引起的竖向压缩量。从 A 点到 C 点土体竖向压缩量等于从 A 点到 B 点和从 B 点到 C 点的压缩量之和。

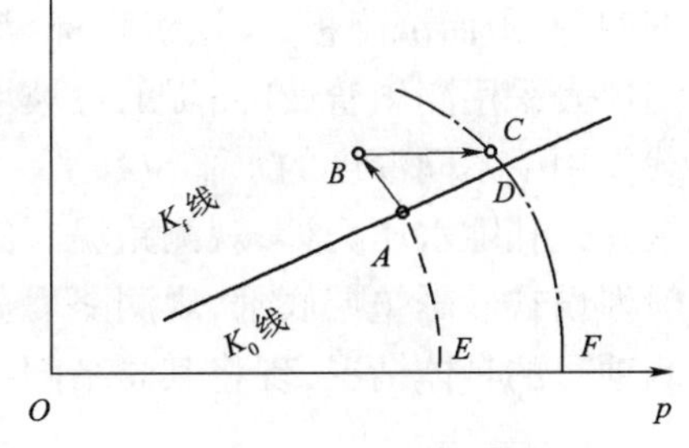

图 1-4　应力路径法示意图

常用的应力路径法有两种:

①采用室内试验模拟现场有效应力路径法;

②应变等值线法。

第一种方法是 Lambe(1964 年)首先提出来的,其基本思路是:

①根据弹性理论计算出各典型单元应力路径;

②按照计算所得的应力路径进行三轴试验,并视现场条件确定排水条件,测量竖向应变;

③将实测竖向应变乘以相应土层厚度,计算沉降量。

该方法的优点是能较好地模拟实际应力路径的影响;缺点是采用弹性理论计算得到的应力路径同地基中的实际应力路径有一定的误差,按照规定的应力路径试验比较复杂,且有一定难度。

第二种应变等值线法的基本思想是：

①通过一系列的三轴固结不排水剪切试验,得到等轴向应变图。对正常固结黏土,等轴向应变线同等强度发挥应变线重合,均为过原点的直线。

②将由弹性理论计算得到的总应力路径转化成有效应力路径画在等轴应变图上。

③不排水加载阶段的竖向应变和孔隙水压力消散固结过程部分的竖向应变可由等轴向应变图求得。

④土体总的竖向应变即为上述两部分竖向应变之和,然后将应变乘以土层厚度即可得到土体的竖向固结变形量。

1.2 软土地基处理测试布置技术

1.2.1 观测控制点布置原则

在路堤填筑期埋设监测仪器,其布置应遵循如下原则：

①监测点应设在观测数据容易反馈的地方。地基条件差、地变形化大、设计问题多的部位和土质调查点附近等特殊路段均应酌情增设观测点。

②对于成层软土地基需进行土体内部竖向和水平向位移观测。

③在桥梁两端、通道一侧设置观测断面。其中桥头设置左、中、右三个观测点。如桥头路基段分为桥头段和过渡段,一般在桥头搭板的尾部(一般搭板长5~8m),设一观测断面。

④软土路段观测断面的间距为50m,填高大于5m的高路堤设置左、中、右三个观测点。

1.2.2 路基观测项目和目的

软土路基的观测项目主要有沉降、水平位移、孔隙水压力、土压力等。其中沉降观测有以下四种：地面沉降板、深层沉降标、深层分层沉降标以及沿横断面的沉降分布。水平位移的观测仪表采用测斜管,在路堤的边坡坡中及边沟外侧处埋设至地基下卧硬层,测定地基在路堤荷载作用下不同深度的水平位移。一般在路堤的中心和路肩部位,在不同深度的软土层中埋设钢弦式孔隙水压力计,观测路堤在施工及预压期地基中孔隙水压力的变化情况。土压力盒一般埋设在砂砾垫层底部,观测路堤荷载作用下土中应力变化情况。为了进一步清楚了解各观测项目的具体情况,现将其总结归纳如表1-1所示。

1.2.3 典型断面的观测示意图

原位观测所需的全部仪器的布置以不同的视角展现,如图1-5和图1-6所示。

1.2.4 施工观测

1)地表沉降观测

(1)观测点的布设

软土路段地表沉降观测一般每100m布设一观测断面,预压施工高度达到极限高度的路段,纵向每50m设一观测断面。此外,在与跨度超过30m的桩基结构物相邻两端各设一观测断面，跨度小于30m时仅在一端设置。一般路段沉降板埋置于路中心，桥头引道可增设路肩及坡脚位置的沉降板。

路基观测项目和仪器　　表 1-1

观测项目	仪器名称	观测目的
地表沉降量	沉降板	用于沉降管理。根据测定数据调整填土速率；预测沉降趋势，确定预压卸载时间和结构物及路面施工时间；提供施工期间沉降土方量的计算依据
地表水平位移量及隆起量	边桩	用于稳定管理。监测地表水平位移及隆起情况，以确保路基施工的安全与稳定
地下土体分层水平位移量	测斜管	用于稳定管理与研究。用作掌握分层位移量，推定土体剪切破坏的位置
地下土体分层压缩量	分层沉降标	地基不同深度在不同时期土体的分层压缩量，用以分析不同土层在施工过程中的变形情况；根据测定数据调整填土速率
孔隙水压力	孔隙水压力计	路基在施工期及预压期孔隙水压力的变化情况；通过分析施工期间孔隙水的消散过程，确定地基的固结程度
土体应力	土压力盒	测定填土工程中路基底面及土体内部的应力分布及变化情况，在复合地基中监测桩及桩间土的应力比

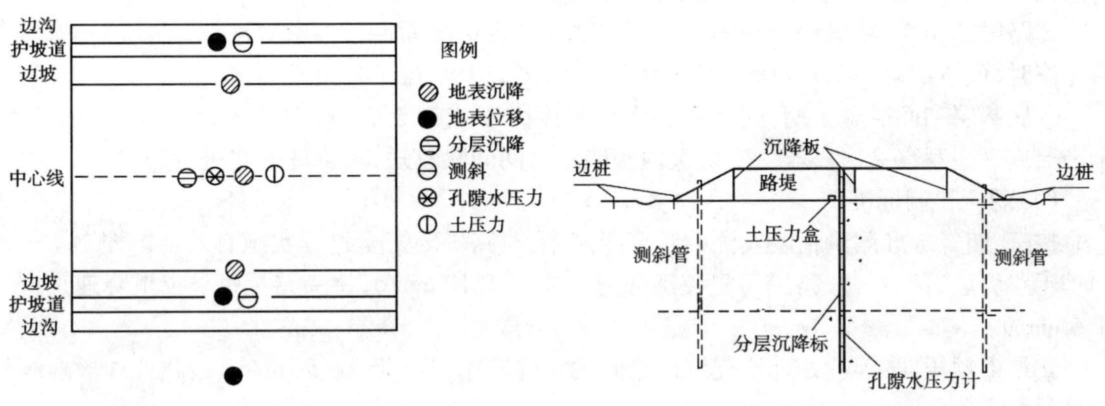

图 1-5 观测断面仪器平面布置图　　图 1-6 观测断面仪器纵断面布置图

(2)观测设施的构造

观测设施由沉降板、测杆、套管、套管接箍、套管盖板、测杆头组成，沉降底板采用400mm×400mm×5mm的钢板，测杆采用ϕ38mm×3.5mm的无缝钢管制成，一般每根长为50cm，套管采用ϕ89mm×4mm的无缝钢管。

(3)观测设施埋设

沉降板埋设示意图如图1-7所示，其特点如下：

①在埋设点地面挖一50cm×50cm×20cm的土坑，坑内铺5cm左右的黄砂，整平压实；

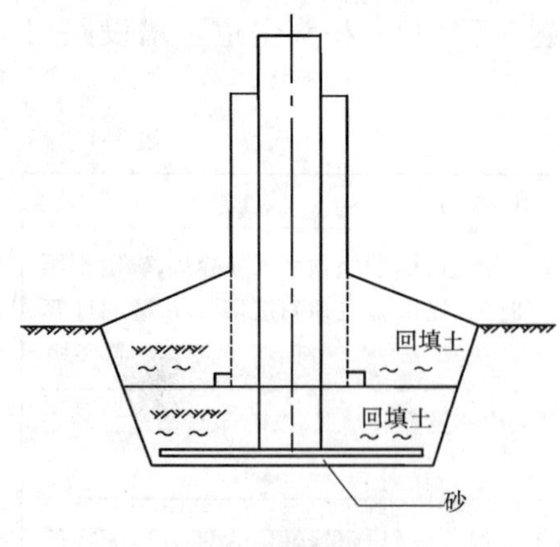

图 1-7　沉降板埋设示意图

②将沉降板平放在坑内,四周用黄砂填实并用水准尺校正使板面水平,再回填土整平压实;

③用套管垂直套进测杆标于土面上,使其与测杆底板保持 10cm 以上,在套管四周用土堆压实使其稳定;

④用水准仪连续数日观测杆的高程,确定初始高程;

⑤路堤开始填筑时,应保护沉降板,在沉降板周围 1m 范围内采用人工填筑压实。

(4)水准点的设置

水准点应设在不受垂直方向和水平方向变形影响的坚固的地基上或永久建筑物上,其位置应尽量满足观测时不转点的要求,每 3 个月用路线测设中设置的水准点作为基准点,对临时设置的水准点校核一次。

(5)水准仪和水准尺的选择

沉降观测采用的 S_1 和 S_3 水准仪用在二等水准测量中,用于观测基桩和校核基桩高程;S_3 水准仪用于三等水准测量,在填筑过程中观测沉降用。使用前应进行校正,水准尺应固定专用,木质水准尺或铝合金水准尺均可。

(6)观测频率

①路堤填筑期:在施工期间位移观测应每填筑一层土观测一次;如果两次填筑时间间隔较长,每三天至少观测一次。如果发现有异常沉降,则每两天观测一次或每天观测一次,以密切注意沉降异常的动态。在日沉降速率不大于 10mm/d 时方可填筑下一层。

②路堤预压期:路堤预压期间观测应视地基稳定情况而定,一般半月或每月观测一次。条件允许时,预压期第一个月每 5 ~ 10d 观察一次,第二个月每半月观察一次。

③底基层和面层施工期:底基层和面层厚度大于或等于 30cm 时,一般分两次碾压,每碾压半层或一层观察一次。若一个层次两次碾压时间间隔较短,可合并一次进行观测。

(7)观测控制标准

按三、四等水准测量精度实测的月沉降速率,对路堤施工全过程实施有效动态控制。

①路堤填筑期:一般路堤每昼夜沉降速率应小于 10mm/d,桥头路堤每昼夜沉降速率应小于 5mm/d。

②结束预压期:等载处理段连续两个月的沉降速率应小于 3 ~ 5mm/m,超载处理段连续两个月的沉降速率应小于 8mm/m。

③填筑基层和沥青混凝土面层连续两个月的沉降速率应小于 3mm/m。

④对软基路堤而言,该段重点应限制路堤填筑最高速率,防止施工期内路基失稳。经有限元分析并参考国内已建工程经验,为便于施工操作,一般路堤填筑速率按沿路堤中线原地面每昼夜沉降速率应小于 10mm/d,坡脚水平位移每昼夜沉降速率应小于 5mm/d,每填筑一层观测一次,进行动态控制。

⑤桥头:为避免填土对桥桩的影响,要求原地面每昼夜沉降速率应小于 5mm/d。当沉降速率大于 10mm/d 时,应判断其严重程度,决定是否采取应急措施。每加一级荷载后,路堤在没有施加第二级荷载前,当其断面中心地表测得的沉降量随时间的变化收敛于某一数值时,即

可说明路基处于稳定状态，反之则可认为路基处于不稳定状态。

2）水平位移观测

侧向位移点仅在预压施工高度达到极限高度的路段设置。一般沿纵向每隔 50m 设置一个观测断面；桥头应设置 2～3 个观测断面；桥头纵向坡脚、填挖交界的填方端、沿河等易发生失稳的特殊路段均应酌情增设观测点。横断面方向，位移观测点根据需要应设在路堤两侧坡脚，以及外沟外缘与外缘以外 10m 的地方，并结合稳定分析在预测可能的滑裂面与地面的切面位置布设测点，一般在坡脚以外设置 3 或 4 个位移边桩。同一观测断面的边桩应埋在同一横轴线上。

3）分层水平位移

分层水平位移观测又称测斜。测斜仪观测地基水平变形的特点，是可以测出不同深度的变形，便于对地基变形进行分层的研究。根据绘制的观测曲线可以直观地了解地基滑动趋势及滑动面的位置，以便有效地指导路堤的施工。

（1）仪器埋设步骤

①用 ϕ127cm 钻具定位开孔，成孔倾斜度不大于 10°；钻孔应钻至下卧硬土层或基岩内 50～100cm。

②一根导管管底用塑料板封死，用芯模将两导槽口对准，涂抹黏合剂，固定接头导管，减小槽口纵向扭曲。

③将接好的测斜管平直地移向孔口，底端朝向孔口，用人力或机械拉住两根护绳索，对正施测的方向，均匀弯曲测斜管，绳索随测斜管同步放到管底。埋设孔较深且地面接成全管向钻孔内放置有困难时，可分段在地面接成，整体在孔口埋设时连接。

④埋至预定深度并校正导向槽的方向后，在导管与钻孔壁之间用砂填充。导管埋设完成后停留一段时间，使钻孔中填土密实紧贴导管，进行零点读数测试，并测量管口高程。

（2）测试技术

①连接与检查：将电缆一端插入测斜器内，拧紧螺母以防漏水，电缆另一端则插入显示器内并拧紧螺母，开电源，将功能开关置于电池位置，检查电源电压是否正常，正常后再将功能开关置于工作位置，将测斜管竖起并向正反两个方向倾斜，观察显示器数字是否变化，倾角增大，数字亦增加，表示仪器正常。

②测读：将测斜管感应方向对准水平位移方向导槽内，将测斜器轻轻滑入管底位置片刻使其稳定，提起测斜器测量管底至管口距离，并测其读数，以后每隔 0.5m 测读一次，直至管口，然后将测斜器旋转 180°，放于另一组导槽内，再按上述方法进行测试，这样可以消除仪器本身误差。

4）土体分层压缩量

分层沉降标埋设示意图如图 1-8 所示。

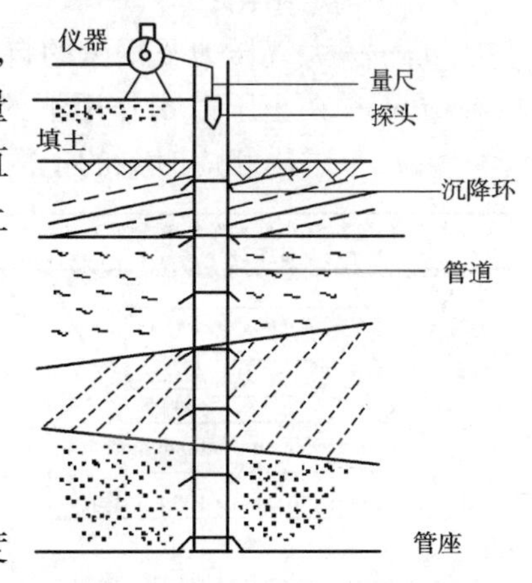

图 1-8　分层沉降标埋设示意图

（1）仪器埋设步骤

①观测的孔位要定位准确。

②在定位点安装钻机，钻孔直径为 108mm，成孔倾斜度不得大于 10°，不得用水冲孔。孔深应达到设计要求。

③沉降管道连接成几段，或逐节在孔口连接，沉降管连接处应特别注意用胶带包裹，这样既可以防止泥水进入沉降管内，也可保证管道外壁光滑，使得沉降环不受阻碍地下到预定深度。

④下沉降环时，一般间隔2.0m，也可以根据土层的厚度来决定放置沉降环的数量。下沉降环时，叉簧沉降环用送环器沿着管壁下滑。此时，三个叉簧片拢成的直径稍大于管道直径，到达埋设深度时，再使叉簧片的弹性发挥到最大限度，使三只叉簧片牢牢地插在土壁上。

⑤每埋好一个沉降环，都要用中粗砂回填，回填量根据孔深、孔径以及土质情况而定。重复上一步骤，埋第二个环，直到埋完为止。

⑥沉降环埋好后，应立即用沉降仪测量一次，对环的位置、数量进行校对，并对孔口高程进行测量。

(2)测试技术

根据测得的距离与管口高程，计算出各磁环的高程，各个磁环相邻两次高程之差即为磁环的沉降量。

5)土压力

地基中的应力测试，为测定土体在受力情况下土压力和孔隙水压力值及其消散速度和程度，以便计算地基土的固结度，推算土体强度随时间的变化规律，控制施工进度。土压力计是测定土压力的一种专门仪器。

(1)工作原理

钢弦式土压力计，由承受土压力的膜盒和压力传感器组成。压力传感器是一根张拉的钢弦，一端固定在膜盒的中心上，另一端固定在支承框架上。土压力作用在膜盒上，膜盒变形，使膜盒中的液体介质产生压力，液体介质将压力传递到传感器的薄膜上，薄膜中心产生挠度δ，钢弦的长度发生变化，自振频率f随之发生变化。测定钢弦的自振频率，换算出土压力值。其换算公式为

$$\sigma = K(f_0^2 - f_1^2)$$

式中：σ——土压力值（kPa）；

K——常数，称为传感器系数，其数值与承压膜和钢弦的尺寸及材料性质有关，由室内标定给出；

f_0——大气压力下钢弦的自振频率（Hz）；

f_1——在土压力σ作用下的钢弦自振频率(Hz)，通过测读不同时刻的钢弦自振率，便可求出相应时刻的土压力。

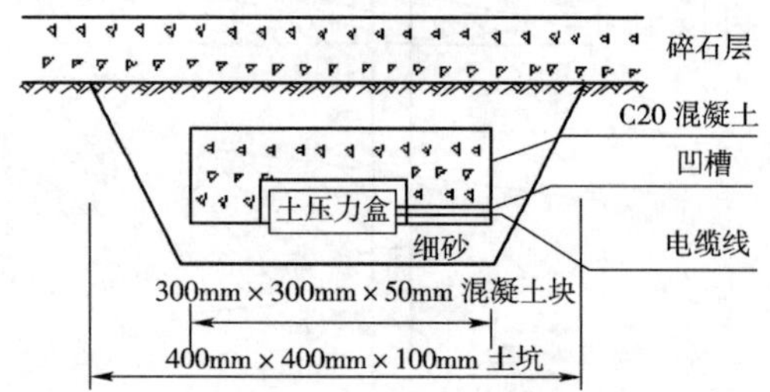

图1-9　钢弦式土压力盒埋设示意图

(2)埋设技术

钢弦式土压力盒埋设示意图如图1-9所示。

钢弦式土压力盒的埋设步骤如下：

①预先制作30cm × 30cm × 5cm、C20的混凝土块，混凝土块中间留一120mm × 25mm的凹坑，供安放土压力盒，另一混凝土块有一长100mm、宽10mm的凹槽，供引出压力盒电缆线用。

②在混凝土凹槽内铺5 ~ 10mm细砂，压实整平，

将压力盒置于凹坑内，四周用细砂填实，使压力盒高出凹坑平面 1 ~ 2mm，并用水准尺校正。

③在埋设点地面挖一 400mm × 400mm × 100mm 的土坑，坑内铺设 20 ~ 30mm 细砂，压实整平。

④将有压力盒的混凝土块细心安放于土坑内，压力盒底面朝下，整平使压力盒与下卧细砂层紧贴密合。用水准尺校平，混凝土块上铺 20 ~ 30mm 细砂，压实再回填土整平。

⑤用频率计测试安装读数，试压检测其频率值是否正常，反复数次频率正常，证明埋设成功。

(3)测试技术

钢弦式土压力盒的测试方法，是测读自振频率变化，由频率换算成压力。其操作方法如下：

①接通电源，并接通信号输入线；

②将测头的电缆接入相应插孔；

③将指针调到测定频率的 f 档，记录读数。

1.3　高速公路软土路基地基处理效果分析与评价

1.3.1　工程概况

河北省青银高速公路软土地基主要分布在 K73 + 000 ~ K90 + 000 之间，呈不连续分布，软土主要表现为淤泥质亚黏土，分布在地表以下 3 ~ 6m。软土分布路段，其力学指标与承载力偏低，无法满足强度和变形要求。为保证完工后承载力、稳定性和沉降能满足公路运营的要求，需要对软土地基进行处理。根据软土地基厚度、路基填土高度选择了如表 1-2 所示的几个典型断面进行了试验研究。

典型断面的选取及其观测项目　　表 1-2

观测项目	典型断面	地基处理方式	观测项目	典型断面	地基处理方式
地表沉降	K76 + 000	土工格栅浅层处理	土压力	K76 + 200	土工格栅浅层处理
	K86 + 900	水泥搅拌桩 + 土工格室复合地基		K80 + 600	水泥搅拌桩复合地基
	K73 + 550	土工格室浅层处理	孔隙水压力	K80 + 600	水泥搅拌桩复合地基
	K84 + 555	水泥搅拌桩复合地基	侧向水平位移	K80 + 600	水泥搅拌桩复合地基
	K80 + 500	水泥搅拌桩 + 土工格栅复合地基	分层沉降	K79 + 350	水泥搅拌桩复合地基

1.3.2　地表沉降量

根据规范对软土地基处理沉降的要求，按照不同的地基处理措施，分别选取青银高速清河至赵县软土路基段路基填土较高的五个典型断面 K76 + 000、K73 + 550、K84 + 555、K80 + 500 和 K86 + 900 进行地表沉降分析。这五个断面的地基处理方式分别是土工格栅浅层处理、土工格室浅层处理、水泥搅拌桩复合地基、水泥搅拌桩复合地基 + 土工格栅 + 50cm 厚碎石垫层和水泥搅拌桩复合地基 + 土工格室 + 30cm 厚碎石垫层。根据勘察资料，这五个断面的地质情况见表 1-3 ~ 表 1-7，物理特性指标见表 1-8。

断面 K76 +000 地质特征 表 1-3

地层编号	层底深度（m）	分层厚度（m）	土名称及其特征	容许承载力（kPa）/极限摩阻力（kPa）
1	3.6	3.6	亚黏土：黄色；软塑；土质均匀，砂感强，土体较软，见云母片	150/30
2	7.6	4.0	淤泥质亚黏土：灰色；软塑；土质不均匀，含砂质，切面较粗糙，见褐色斑点，含有机质；5.4 ~6.1m 为亚黏土	120/30
3	11.2	3.6	亚黏土：灰褐；硬塑；土质不均匀，切面较光滑；9.5 ~10.4m 为亚黏土，较软	180/35
4	13.0	1.8	淤泥质亚黏土：灰色；软塑；土质均匀，含砂质，切面光滑，见褐色斑点，含有机质；土体软	120/30
5	17.4	4.4	亚黏土：浅褐色；硬塑；土质均匀，切面光滑，土体均匀致密	230/45
6	22.6	5.2	亚黏土：褐灰色；硬塑；土体均匀致密，切面光滑，见褐色物质及白色物质	230/45
7	29.0	6.4	亚黏土：灰褐色；硬塑；土质均匀致密，切面光滑，具黏性，含姜石，见贝壳，含有机质，夹软塑亚黏土层	220/40
8	31.7	2.7	亚黏土：黄色；软塑；土质不均匀，含砂质，土体较松散，切面粗糙，接近于亚黏土	170/35
9	34.2	2.5	亚黏土：灰褐；硬塑；土质均匀致密，切面光滑，含少量有机质	250/50
10	35.0	0.8	亚黏土：褐色；软塑；土质均匀，切面光滑，见褐色斑点，35m 以下为淤泥质亚黏土	130/30

断面 K73 +550 地质特征 表 1-4

地层编号	层底深度（m）	分层厚度（m）	岩土名称及其特征	容许承载力（kPa）/极限摩阻力（kPa）
1	3.1	3.1	粉砂：黄色；稍松；稍湿；砂质均匀纯净，见云母片，含土质较少，夹亚黏土薄层	100/30
2	5.2	2.1	淤泥质亚黏土：灰黑；软塑；土质均匀，具黏性，见黑色斑点，有机质含量高，土体软	110/25
3	7.6	2.4	淤泥质亚黏土：浅灰色；软塑；土质不均匀，含砂质，稍具黏性，其面较粗糙，见褐色斑点，含有机质	130/30
4	9.6	2.0	淤泥质亚黏土：灰黑；软塑；土质均匀，切面光滑，具黏性，含有机质	110/25

续上表

地层编号	层底深度（m）	分层厚度（m）	岩土名称及其特征	容许承载力（kPa）/极限摩阻力（kPa）
5	13.5	3.9	淤泥质亚黏土：褐灰色；软塑；土质不均匀，含砂质，局部接近于粉砂，见褐色斑点，含有机质	110/25
6	16.6	3.1	亚黏土：灰色；软塑；土质均匀，切面光滑，具黏性，含有机质，含少量砂质	140/30
7	19.0	2.4	亚黏土：浅黄色；硬塑；土质均匀，切面光滑，含少量灰色团块	200/40
8	20.5	1.5	粉砂：浅黄色；稍松；饱和；砂质均匀纯净，含较多云母	100/30
9	22.3	1.8	细砂：浅黄色；稍松；饱和；砂质均匀纯净；含较多云母，夹亚黏土薄层	100/35
10	25.0	2.7	亚黏土：褐色；硬塑；土质不均匀，夹黏土块，含砂质，具黏性，切面较光滑，见灰黑色斑块，含有机质	220/40

断面 K84 +555 地质特征　　表 1-5

地层编号	层底深度（m）	分层厚度（m）	岩土名称及其特征	容许承载力（kPa）/极限摩阻力（kPa）
1	1.2	1.2	亚黏土：浅黄；硬塑；切面较粗糙，间夹多层亚黏土薄层	170/35
2	2.2	1.0	亚黏土：浅黄；软塑；含水率高，切面较光滑，间夹多层亚黏土薄层	130/30
3	5.4	3.2	粉砂：浅黄；稍松；稍密；饱和；砂质不均匀；分选较差，含较多黏土粒，振动出水	90/25
4	6.7	1.3	亚黏土：浅灰黄；硬塑；切面光滑，其面较粗糙，手感细腻，结构较致密，5.4～5.6m 为灰色黏土，含有机质	200/40
5	11.7	5.0	淤泥质亚黏土：浅灰；软塑；土体较软，切面较粗糙光滑，手感细腻，含有机质，上部土体较黏，下部土中含砂逐渐增加，9.5～10.0m 为粉砂夹层	100/25
6	12.4	0.7	亚黏土：浅黄；软塑；切面光滑，手感细腻，见少量锈斑	140/30
7	14.1	1.7	粉砂：浅黄；松散；饱和；砂质不纯；富含土质含较多黏土粒，振动出水	90/25
8	16.0	1.9	亚黏土：浅黄；软塑；土质不均匀，切面较粗糙，切面粗糙，间夹黏土薄层，14.9～15.6m 为粉砂夹层，砂质不纯	100/25
9	17.5	1.5	粉砂：浅黄；中密；饱和；砂质不均；分选较差，含较多黏土粒，间夹多层亚黏土薄层	90/25

续上表

地层编号	层底深度（m）	分层厚度（m）	岩土名称及其特征	容许承载力（kPa）/极限摩阻力（kPa）
10	18.6	1.1	黏土：棕黄；硬塑；切面较光滑，结构致密，土中含砂较多，手感较细腻	200/40
11	21.2	2.6	亚黏土：浅黄；硬塑；土质致密，含砂质，含较多姜石	250/50
12	25.4	4.2	亚黏土：棕黄；硬塑；土质致密，含砂质，含较多姜石，夹粉砂层	250/50
13	29.3	3.9	细砂：浅灰黄；中密；饱和；砂质均匀，纯净，分选较好，颜色不均，间夹亚黏土层	200/40
14	31.0	1.7	亚黏土：棕黄；硬塑；结构较好，含大量姜石，有黑斑块	210/40
15	34.5	3.5	细砂：浅黄；中密；饱和；砂质均匀，分选较好，上部较粗，接近中砂，下部较细，砂中含较多云母片	230/45
16	35.0	0.5	亚黏土：褐黄；硬塑；结构致密，含砂较多，切面较粗糙，见黏土颗粒	250/50

断面 K80 +500 地质特征　　表 1-6

地层编号	层底深度（m）	分层厚度（m）	岩土名称及其特征	容许承载力（kPa）/极限摩阻力（kPa）
1	1.5	1.5	亚黏土：浅黄；硬塑；土体较干，易碎，切面较粗糙，含大量粉砂，具砂感	160/35
2	3.7	2.2	亚黏土：浅黄；软塑；土体较软，含水率较高，土质不均匀，切面较光滑，易变形	110/30
3	5.5	1.8	亚黏土：褐黄；软塑；土体较软，切面较光滑，手感细腻，下部含较多粉砂	120/30
4	6.6	1.1	粉砂：浅黄；中密；饱和；砂质不纯；含黏粒，分选差，含云母，以石英长石为主	100/25
5	9.5	2.9	淤泥质亚黏土：灰色；流塑；土体软，结构致密，土质不均匀，切面较光滑，手感细腻，含少量有机质	80/25
6	11.9	2.4	亚黏土：灰黄；软塑；土质不均匀，土体较软，含砂，切面粗糙，具砂感，间夹淤泥质黏土层	150/30
7	15.6	3.7	粉砂：浅黄；稍密；饱和；砂质不纯；含黏土粒，具层里，振动出水	90/25
8	19.5	2.2	亚黏土：褐黄；硬塑；土体较硬，切面光滑，手感细腻，底部夹亚黏土薄层	200/40

续上表

地层编号	层底深度（m）	分层厚度（m）	岩土名称及其特征	容许承载力（kPa）/极限摩阻力（kPa）
9	20.8	1.3	细砂：浅黄；中密；饱和；砂质均匀，分选较好，以石英长石为主，含云母	200/40
10	22.2	1.4	亚黏土：浅黄；软塑；土体较硬，含砂较多，具砂感，切面粗糙，结构致密	200/40
11	25.0	2.8	黏土：棕黄；硬塑；土体切面光滑，手感细腻，结构致密，含大量姜石，23.5～24.0m 为亚黏土夹层	200/40

断面 K86 +900 地质特征　　表 1-7

地层编号	层底深度（m）	分层厚度（m）	岩土名称及其特征	容许承载力（kPa）/极限摩阻力（kPa）
1	2.5	2.5	亚黏土：深褐；硬塑；土质均匀，土体偏软，见层里，下部土中砂质增多，见铁锰质	180/35
2	5.1	2.6	粉砂：深褐松散；稍湿；砂质均匀纯净，夹亚黏土层	100/25
3	7.0	1.9	淤泥质亚黏土：灰黑；软塑；土体较软，土质均匀，切面光滑，含少量有机质	110/25
4	8.9	1.9	粉砂：浅黄；松散；潮湿；砂质均匀，纯净，分选较好，含云母，以石英长石为主	100/25
5	11.0	2.1	亚黏土：浅黄；软塑；土质均匀，土体较软，切面较光滑，含云母及锈染	100/25
6	12.0	1.0	亚黏土：浅黄；硬塑；砂感强	160/35
7	13.1	1.1	亚黏土：浅褐；软塑；土质均匀，土体较软，切面光滑，含少量云母	90/25
8	15.7	2.6	亚黏土：浅褐；硬塑；土质均匀，土体偏软，切面较光滑，下部见少量砂质	200/35
9	17.9	2.2	粉砂：浅褐；中密；很湿；砂质均匀，纯净，分选较好，颗粒较粗，砂感很强，含少量云母	150/30
10	19.7	1.8	亚黏土：浅黄；硬塑；土质均匀，土体偏软，见铁锰质，局部见粉砂夹层	200/40
11	27.6	7.9	亚黏土：浅黄；硬塑；土质较均匀，土体较硬，呈块状，结构较致密，局部夹亚砂土层，22.3～23.1m 为亚砂土夹层，含有姜石	200/40
12	30.1	2.5	细砂：浅黄；中密；饱和；砂质均匀，分选较好，含灰黑色泥质，近于淤泥质	200/40
13	35.0	0.3	亚黏土：浅黄；硬塑；土质均匀，见砂较粗，切面粗糙，砂感强，局部夹粉砂层	200/40

原软土层物理力学特性指标

表 1-8

断面	取土深度	含水率 w	密度 ρ	相对密度 d_s	孔隙比 e	饱和度 S_r	塑性		压缩模量	抗剪强度快剪	
							液限 w_L	塑限 w_p	$E_{s_{1-2}}$	黏聚力 c	内摩擦角 φ
	(m)	(%)	(g/cm^3)			(%)	(%)	(%)	(MPa)	(kPa)	(°)
K76 +000	2.2	11.2	1.62	2.74	0.87	34.8	26.5	15.5	16.27	42	18
	5.0	46.9	1.74	2.76	1.34	97.3	49.9	22.3	3.58	20	16
	7.0	58.9	1.67	2.76	1.63	100.0	65.6	32.5	3.73	30	1
	9.5	43.7	1.79	2.76	1.21	99.2	53.6	26.2	3.94	33	2
	13.0	21.6	2.07	2.71	0.59	98.9	26.3	17.5	6.24	26	5
	15.0	22.4	2.07	2.72	0.61	100.2	28.6	17.6	5.80	30	2
	17.0	21.5	2.04	2.71	0.61	94.9	26.3	18.0	8.35	30	4
	19.4	22.7	2.04	2.71	0.63	97.6	25.6	17.2	5.43	41	6
	21.7	18.6	2.14	2.70	0.50	100.0	24.5	17.0	5.42	30	9
	24.5	24.2	2.06	2.75	0.66	100.0	32.5	18.6	5.26	50	2
	26.5	24.2	2.05	2.73	0.66	100.0	33.6	17.8	4.93	58	5
	28.5	22.3	2.10	2.73	0.59	100.0	32.0	18.0	5.51	80	10
	31.0	35.0	1.96	2.74	0.89	100.0	44.0	28.0	17.18	53	6
	32.8	23.5	2.07	2.71	0.61	100.0	26.8	17.0	6.78	42	16
	35.0	21.6	2.13	2.69	0.54	100.0	24.5	20.6	13.97	21	34
K73 +550	4.1	20.9	1.92	2.70	0.698	80.6	28.9	20.0	6.29	28	8
	6.1	43.0	1.73	2.76	1.281	92.6	62.3	17.8	3.86	21	3
	8.8	26.8	1.93	2.72	0.789	92.6	32.0	20.0	5.41	40	9
	10.8	21.2	2.05	2.71	0.604	95.4	28.6	19.5	10.43	39	9
	12.8	23.0	2.04	2.72	0.639	97.8	29.0	18.0	6.81	23	4
	15.0	23.0	2.04	2.72	0.639	97.8	29.2	18.3	5.70	20	5
	17.5	16.2	2.14	2.71	0.473	93.1	24.3	16.4	6.64	70	13
	23.0	26.5	2.01	2.73	0.717	100.0	36.5	21.7	5.56	35	12
	25.0	20.6	2.08	2.72	0.581	97.1	30.1	19.4	9.99	80	18

续上表

断面	取土深度 (m)	含水率 w (%)	密度 ρ (g/cm^3)	相对密度 d_s	孔隙比 e	饱和度 S_r (%)	塑性		压缩模量	抗剪强度快剪	
							液限 w_L (%)	塑限 w_p (%)	$E_{s_{1-2}}$ (MPa)	黏聚力 c (kPa)	内摩擦角 φ (°)
K84 +555	8.5	37.0	1.87	2.73	1.007	100.0	40.9	27.6	4.96	26	2
	10.4	22.5	2.07	2.71	0.604	100.0	27.0	18.5	6.75	40	4
	11.8	22.9	2.09	2.71	0.594	100.0	26.7	18.3	7.28	13	8
	17.5	22.0	2.02	2.71	0.633	93.6	28.3	19.1	8.22	20	25
	19.4	19.3	2.09	2.72	0.554	95.0	31.3	18.9	5.94	83	12
	23.0	25.2	2.01	2.74	0.702	97.7	39.8	22.5	21.10	80	15
K80 +500	1.6	32.7	1.92	2.72	0.88	100	30.5	19.7	6.1		
	3.5	32.4	1.84	2.71	0.95	92	31.6	21.9	6.3	12	22.7
	5.4	47.2	1.76	2.75	1.30	100	50.6	30.4	7.6	28	8.5
	7.4	62.6	1.62	2.75	1.76	98	49.1	29.5	2.3	14	6.5
	10.4	26.2	1.97	2.72	0.74	96	30.8	20.2	11.8	4	23.7
	21.8	22.1	2.02	2.73	0.65	93	31.4	17.2	5.2	35	14.5
	24.2	23.1	2.02	2.74	0.67	94	36.9	19.3	6.2		
K86 +900	2.0	27.0	1.95	2.72	0.77	95	30.7	19.8	12.8		
	4.0	29.0	1.91	2.70	0.82	95	28.5	20.7	15.9	8	33.2
	6.0	25.4	1.97	2.73	0.74	94	32.4	18.8	3.7	20	6.8
	9.0	25.2	2.00	2.70	0.69	99	29.7	21.5	23.8	12	39.0
	11.5	21.8	2.02	2.70	0.63	93	27.3	20.4	18.2	4	37.4
	14.1	21.6	2.04	2.71	0.62	71	25.7	15.6	11.9	36	24.7
	18.0	18.8	2.08	2.71	0.55	93	25.8	16.7	18.2	8	30.5
	20.0	25.6	1.97	2.71	0.73	95	26.9	16.3	5.5		
	22.0	20.0	2.09	2.75	0.58	95	45.2	21.9	9.0		
	24.0	20.9	2.04	2.74	0.62	92	38.2	19.9	8.5		
	26.0	20.0	2.07	2.74	0.59	93	34.6	19.8	8.5	20	22.7
	32.0	16.7	2.11	2.69	0.49	92	18.2	12.5	8.1		
	35.0	21.8					21.2	15.2			

(1)路基沉降

①监测断面 K76 +000 路基填土高度为 2.1m,地基处理方式采用土工格栅浅层处理。路基开始填筑时间为 2003 年 7 月 14 日,填土结束日期为 2004 年 3 月 16 日。路基沉降量与填土高度和填筑时间关系曲线如图 1-10 所示。

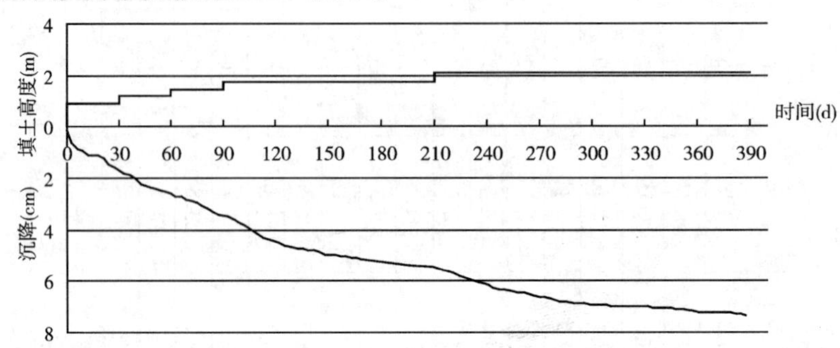

图 1-10 K76 +000 路堤填高—沉降量—历时过程线

由图 1-10 可以看出,刚开始填土时,由于填土速率比较快,平均填土密度按 1.98g/cm^3 计算,前 30 天平均加荷速率为 0.60kPa/d,曲线比较陡,沉降量增长较快,但总的沉降量不大。随着后来填土速率的减慢,沉降曲线变得缓和。填土结束后,沉降曲线已接近平缓,此时路基沉降量为 6.97cm。由于该断面填筑高度较小,而且软土层的厚度比较小,采用土工格栅浅层处理的方式,可以满足施工对地表沉降的要求。

②监测断面 K73 +550 路基填土高度为 4.0m,地基处理方式采用土工格室浅层处理。路基开始填筑日期是 2003 年 7 月 14 日,填土结束日期是 2004 年 3 月 16 日。路基沉降量与填土高度和填筑时间关系曲线如图 1-11 所示。

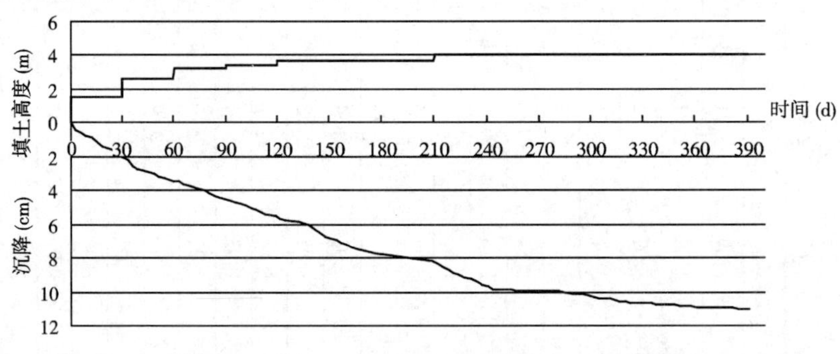

图 1-11 K73 +550 路堤填高—沉降量—历时过程线

由于中间阶段填筑速率控制较好,在整个施工填筑期内,地表沉降曲线比较平滑。填土结束后,沉降曲线比较平缓,此时地表沉降量为 9.96cm。该断面采用土工格室的处理方式,可以满足施工期对地表沉降的要求。

③监测断面 K84 +555 路基填土高度为 6.7m,地基处理方式采用水泥搅拌桩复合地基,桩长为 9m。路基开始填筑日期是 2003 年 8 月 17 日,填土结束日期是 2004 年 5 月 10 日。路基沉降量与填土高度和填筑时间关系曲线如图 1-12 所示。

从图 1-12 中可以看出,填土初期地表沉降曲线比较缓和。2003 年 9 月 17 日到 2004 年 2 月 15 日期间,一直没有加载,处于预压阶段,沉降曲线接近水平直线。2004 年 2 月 16 日再次加载，平均加荷速率为 1.76 kPa/d，沉降曲线相对较陡，曲线出现下沉拐点，沉降量突然增大，由此可以判断经过水泥搅拌桩复合地基处理后路堤临界高度为 4.4m。因此当采用水泥搅拌桩处理软土地基时，路堤高度低于 4.4m 时，可以适当提高填筑速率，以达到缩短工期的目的。在填土结束后，经过短时间的预压，曲线有变缓的趋势，填土结束后的地表沉降为 6.10cm。

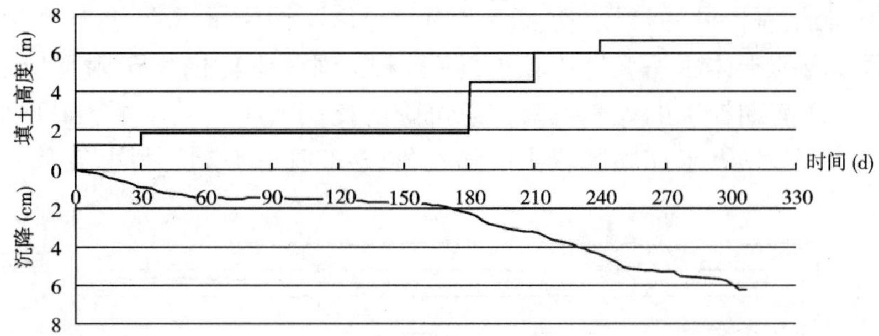

图 1-12　K84 + 555 路堤填高—沉降量—历时过程线

④监测断面 K80 + 500 路基填土高度为 6.5m，采用水泥搅拌桩复合地基与土工格栅联合地基处理方法。起始观测日期是 2003 年 7 月 14 日，填土结束日期是 2004 年 5 月 18 日。路基沉降量与填土高度和填筑时间关系曲线如图 1-13 所示。

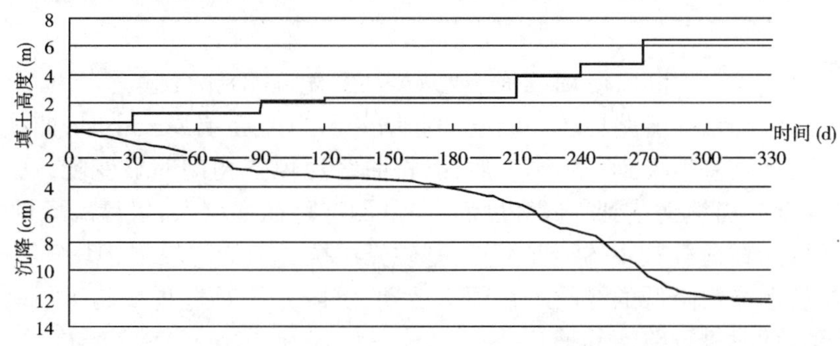

图 1-13　K80 + 500 路堤填高—沉降量—历时过程线

从图 1-13 中可以看出，观测初期的 210d 内，路基填土高度仅为 2.3m。在填筑初期加荷速率比较小，地表沉降曲线比较缓和。此后，随着填筑高度的增加，沉降曲线变得越来越陡，出现下沉拐点，沉降量突然增大，由此可以判断经过水泥搅拌桩与土工格栅联合处理后路堤临界高度为 4.0m。随着填土高度的继续增加直至加载结束时，沉降量增长较快，地表沉降为 11.79cm。但是加载一结束曲线变得相当平缓，可见水泥搅拌桩与土工格栅联合处理效果较好。

⑤监测断面 K86 + 900 路基填土厚度为 7.3m，地基处理方式采用水泥搅拌桩与土工格室联合处理。起始观测日期是 2003 年 9 月 6 日，填土结束日期是 2004 年 7 月 8 日。路基沉降量与填土高度和填筑时间关系曲线如图 1-14 所示。

从图 1-14 中看出，加荷初期的曲线比较平缓，随着填土高度的增加，沉降曲线逐渐变陡。当填筑高度达到 4.4m 时，填筑速率保持不变，但是沉降量有增大的趋势，沉降速率增大，可以判断经过水泥搅拌桩与土工格室联合处理的路堤临界高度为 4.4m。当填土结束时，地表沉降量为 9.56cm。

结合以上五个典型监测断面的沉降过程线分析可知：

采用水泥搅拌桩处理及它与土工格栅或土工格室联合处理的地基，与土工格栅或土工格室浅层处理的地基相比，其前期沉降占总沉降的比例较小，后期沉降所占总沉降的比例较大。

使用水泥搅拌桩处理的地基，其沉降主要来自搅拌桩群体的压缩变形和桩端下未加固土层的压缩变形。水泥搅拌桩的打入，使加固区内的土体压缩模量增大，这样在填土荷载比较小的情况下，加固区内的土体压缩变形比较小，桩下未加固区土体内由于附加应力较小，软土固结变形也较小，这样前期施工的地表沉降占总沉降的比例就小。随着填土高度的增加，搅拌桩群体的压缩变形增大，桩下未加固区软土层随着荷载和时间的增长其固结沉降增大，地表施工后期沉降较大。

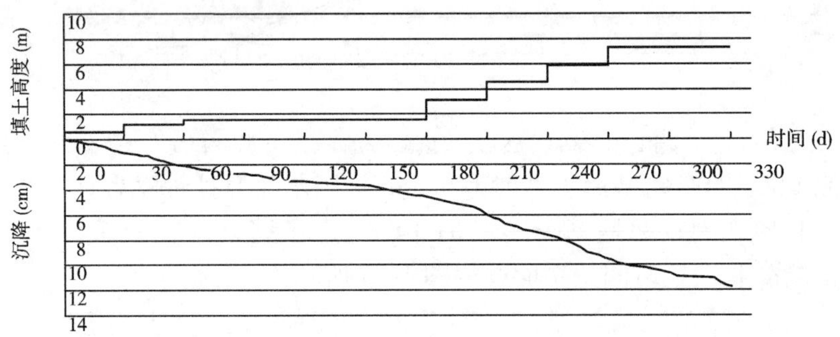

图 1-14　K86 +900 路堤填高—沉降量—历时过程线

从总体来看，沉降量随着路堤填高的增加而增长。当路堤填高较小时，曲线比较平缓，累计沉降量也不大；当路基填土到一定高度后，沉将曲线比填筑初期明显变陡，这个高度就是路基填土的临界高度。当填土达到临界高度后，路基的沉降速率增大，累计沉降量增长较快。究其原因，主要是因为在荷载较小的情况下，地基硬壳层抗变形能力较强，但当荷载较大时，硬壳层遭到破坏，抗变形能力降低的缘故。在预压后期，沉降—历时过程线趋于平缓，沉降速率减小到设计要求值，此时进行路面的铺筑。

因此，一般情况下路堤填筑速率采取先快后慢的方式。在路基填筑初期，由于硬壳层的作用，可以适当加快填筑速率，建议每 3 天填筑一层（25cm 左右），即在填筑初期，填筑速率不超过 1.92kPa/d；但当填土到临界高度后，填土速率要适当降低，可以每 4 ~ 5 天填筑一层，即在超过临界高度后，填筑速率不应超过 1.00kPa/d。

1.3.3 地表沉降速率

沉降速率是影响路基变形及稳定的关键因素。因此在软土地基上修建高速公路，除了选择合理的地基处理方法和合适的填筑方式外，确定合理的预压方案及沉降速率控制标准是控制高速公路工后沉降的有效途径。到目前为止，由于计算精度的问题，公路设计中沉降速率还不能完全依据土体变形机理得出精确的理论解答。一般均通过大量的现场观测总结出一套经验标准，再用于工程实践。徐泽中等学者通过对沪宁高速公路长达五年的观测，提出了对应于不同特征层施工时的沉降速率动态控制标准。这些经验标准，对于同类地质条件的高速公路工后沉降的控制证明是行之有效的。

路基的最大沉降速率是评价软土地基稳定的一个重要指标。五个典型断面的路基沉降速率随时间关系曲线如图1-15～图1-19所示。

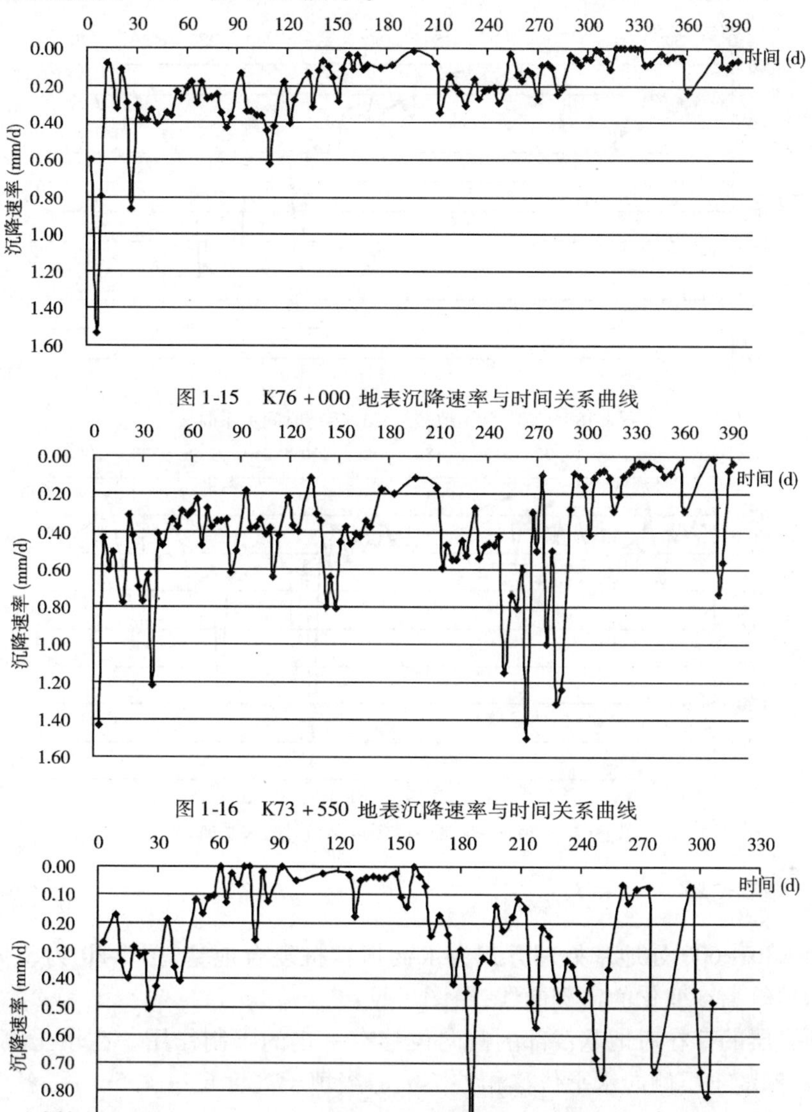

图1-15　K76+000 地表沉降速率与时间关系曲线

图1-16　K73+550 地表沉降速率与时间关系曲线

图1-17　K84+555 地表沉降速率与时间关系曲线

从图中可以看出：

①在填筑初期，沉降速率较小，而且变化比较平缓；当超过临界高度后，沉降速率急剧增加，由于减慢了填筑速率，使得沉降速率变化趋势受到控制，这样有利于地基的稳定。

②在填筑速率对沉降速率的影响程度上，临界高度是一个关键因素。在临界高度前，填筑速率的大小变化对沉降速率影响不大；但是临界高度后，填筑速率的大小对沉降速率影响很大。

③监测断面K76+000、K73+550、K84+555、K80+500、K86+900的最大沉降速率分别是1.53mm/d、1.50mm/d、0.92mm/d、1.80mm/d、1.52mm/d，沉降速率都较小，说明地基处治

效果很好,地基比较稳定。

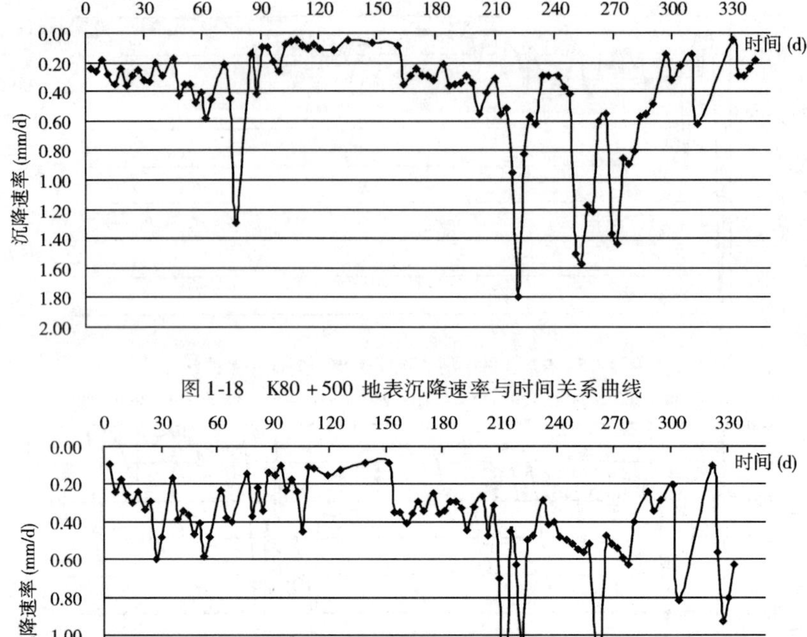

图 1-18　K80 +500 地表沉降速率与时间关系曲线

图 1-19　K86 +900 地表沉降速率与时间关系曲线

1.3.4 侧向位移

监测断面 K80 +600 处地基处理方式为水泥搅拌桩复合地基,图 1-20 为土体侧向水平位移随着时间和填筑高度变化的实测曲线,由图可见:

①地表硬壳层的存在对地基浅部的侧向位移有一定的限制作用。在填土高度达到 4.5m 以前,路基下各深度土层侧向水平位移相差不大。当填土高度超过 4.5m 后,各深度土层的侧向水平位移相差逐渐增大。填土高度从 5.3m 到 6.2m 的过程中,各土层的侧向位移变化量最大,其中变化量最大的是深度为 13m 的土层,增量为 2.4mm。这说明硬壳层对侧向位移限制达到极限,之后路堤的填土速度必须得到有效的控制,避免硬壳层因填土过快而受到破坏。

②侧向变形的深度范围是有限的,而且随深度的增加总体上是呈递减的趋势。采用低强度桩加固软基时,侧向变形速率随深度的快速递减反映了低强度桩复合地基的工作状态是稳定的,也说明试验段的加固效果良好,即使在填土速率较快的情况下也不会发生地基失稳的现象。

③侧向变形量小,桩体遮拦作用显著。低强度桩复合地基加固的软土路基的侧向变形量很小,桩体的遮拦效应很明显。软基的侧向变形量小,一方面有助于减小沉降,另一方面也有助于减轻路基的破坏作用。软基的侧向变形对路基和桩基具有破坏作用,故软基的加固应注意到减小软基的侧向变形。

1.3.5 地基分层沉降

根据地基土不同深度处埋设的深层沉降磁环的位置改变,可得到各土层的层面分层沉降量和土层分层压缩量。图 1-21 是监测断面 K79 +350 处各深度土层在路堤不同填筑高度和时间的实测沉降曲线。

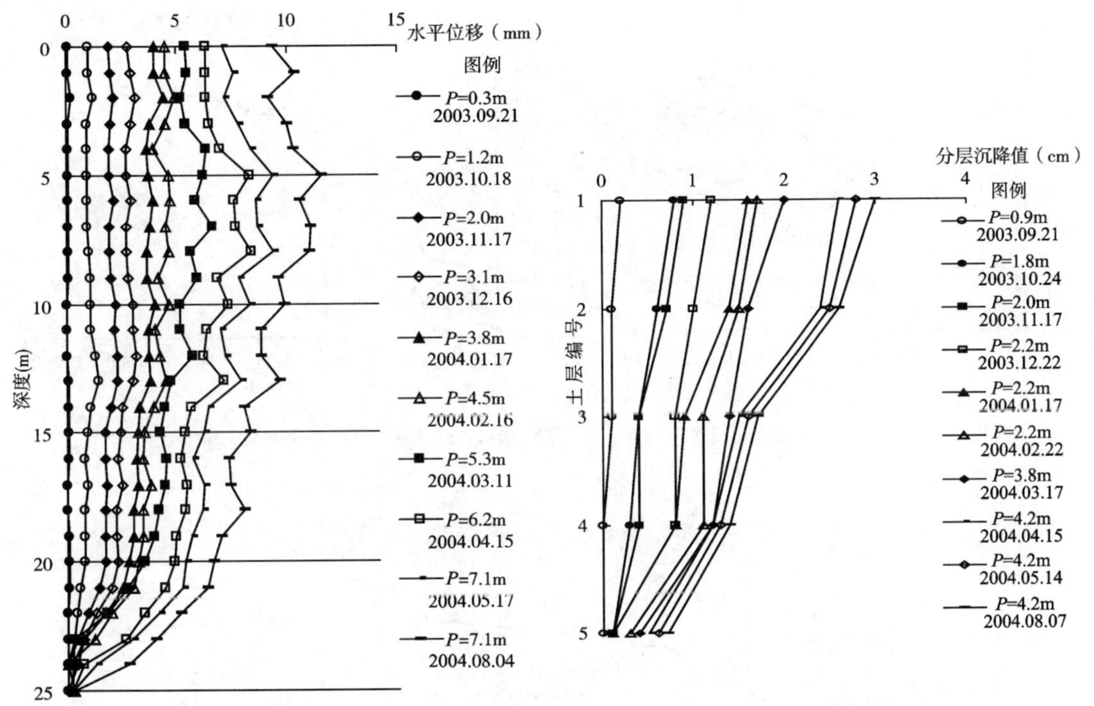

图 1-20　K80 +600 侧向水平位移　　　　图 1-21　K79 +350 分层沉降曲线

从图 1-21 中可以看出:随着深度增加,分层沉降量逐渐减小。由分层沉降量整理可以得到加固区和下卧层的压缩量随时间的变化规律。可以看出,在填土结束后,加固区压缩量约为 6.9cm, 此时下卧层压缩量为 1.9cm,加固区压缩量与下卧层压缩量比为 3.63,填土结束后,渐趋于稳定,保持在 3.5 左右。截至 2004 年 8 月 7 日,地表沉降为 9.4cm,压缩量最大的深度范围是 0.0 ~5.2m,压缩量为 5.6cm,占总沉降的 59.57%。11.3m 以下的土层压缩量最小,其值为 0.7cm,只占总沉降的 7.44%。总体上看,由于深层搅拌桩的打设,加固区范围内的土质得到改善。

1.3.6 土压力

在监测断面 K76 +200 的路基中间和路肩处分别埋设了土压力盒。起始观测日期是 2003 年 8 月 7 日,将 K76 +200 断面实测土压力与时间的关系汇成曲线图,如图 1-22 所示。

由图 1-22 可以看出:

①地表土压力随着填土荷载的增加而增大,路基中心处增加较快。复合路基的应力场发生了改变,当填土高度的增长到一定值后,路基中心处和路肩处应力逐渐趋向均匀,软土路基最大土应力降低。随着荷载压力的增加,这种效果越趋于明显。因此,软基处理达到了预期的

效果,路基表面应力扩散明显。

②地表土应力的实测值偏高,除了一个填土高度之外,其余的实测值均高于理论值。实测值与理论值之比在1.21~1.36之间。

监测断面K80+600中,分别在搅拌桩桩顶和桩间土埋设土压力盒,来测量桩土应力变化。搅拌桩应力与桩间土应力随时间变化曲线如图1-23所示。桩、土应力比关系曲线如图1-24所示。

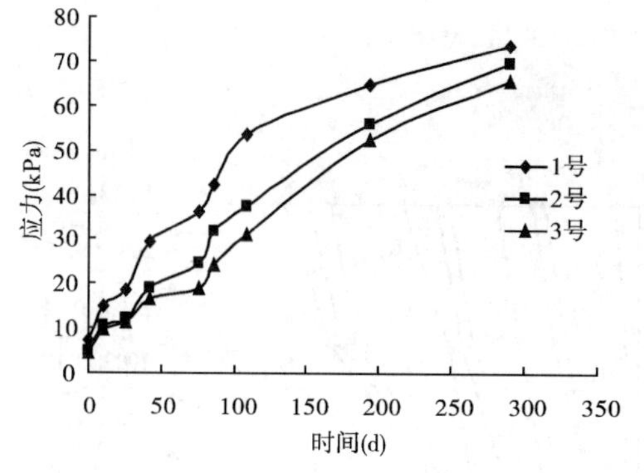

图1-22　K76+200 土压力随时间变化

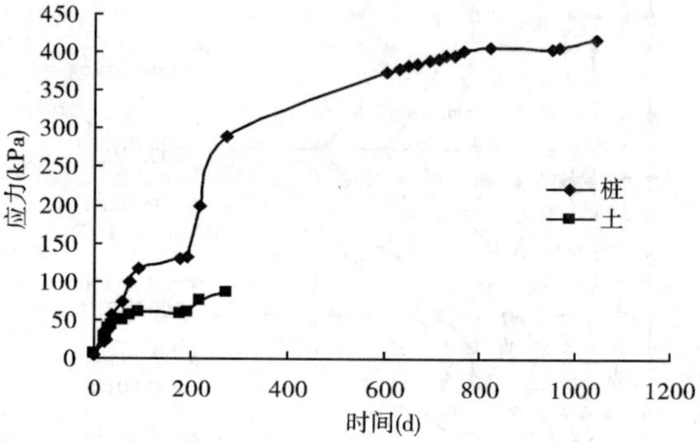

图1-23　K80+600 桩应力与土应力变化曲线

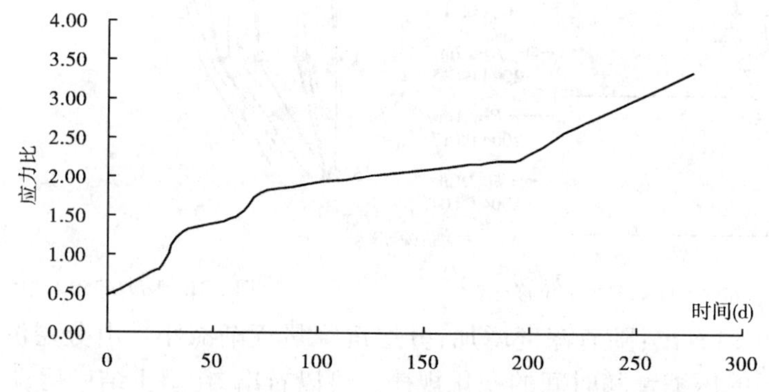

图1-24　K80+600 桩、土应力比关系曲线

由图1-23、图1-24可见:

①在加荷初期,桩、土应力的增长基本上是接近的,由此也可以看出砂垫层所发挥的作用。首先垫层受到荷载作用而发生压缩,被压缩的垫层随着进一步的加荷,将荷载均匀地传递到桩顶及桩间土,由于桩顶与桩间土面积之比很小,即面积置换率很小,这时大部分荷载由桩间土承担。随着上部填土高度的增加,桩间土压缩沉降加大,桩土应力比也随之逐渐增大,上部施加的荷载逐渐向桩转移,通过砂垫层对荷载的调整作用,从而使得桩与桩间土的承载力得以充分发挥,实现桩土共同作用。

②在路基荷载作用下,低强度桩复合地基桩顶应力集中现象是比较明显的,桩、土应力比n值较高,桩顶应力的变化幅度也比桩间土应力大。加荷后,桩与桩间土所承担荷载处于不断调整变化的过程中,因而桩土应力比n在一定时期内也有所变化。在荷载分担的比例上,桩间土承担较大部分的荷载,桩体承担的荷载较小,同时也说明了低强度桩充分调动和发挥了桩间土的承载能力,并使桩土协同工作,共同承担路堤荷载。

③桩土应力比 n 不断变化。在恒载期间，桩土应力比有所稳定，但随着恒载初期的较大比值上下变化，恒载后期呈一定的增长趋势。在整个填土时间内其变化范围为 0.5 ~ 2.2，填土结束之后经过一段时间的增长后基本不再改变，保持在 3.45 左右。这说明桩顶应力和桩间土应力很快就进入了稳定期，从而也体现了水泥土桩加固法能缩短工期的特点。

1.4　结　　论

根据对高速公路软土路基地基处理的效果进行评价，可得出如下结论：

①从路堤稳定性控制出发，路堤填土高度小于 5.0m 的路段，软土地基采用土工格室或土工格栅浅层处理能够满足工后沉降控制标准。

②水泥搅拌桩对于增强地基稳定性和减少地基总沉降作用明显，因此在路堤填土高度大于 5.0m 的路段，可以考虑采用水泥搅拌桩复合地基处理。如果软土层较厚，桩无法打穿软土层，则水泥搅拌桩减少工后沉降的作用已不大，应与其他方法联合处理。

③对于单独采用水泥搅拌桩复合地基无法满足工后沉降的路段，建议采用水泥搅拌桩与土工格栅或水泥搅拌桩与土工格室联合处理的方案。路桥过渡段地基在水泥搅拌桩处治的基础上，设置土工格室柔性过渡层，可以更好地过渡桥头地基的沉降量，从而有效处治桥头跳车的问题。

第2章　高速公路路基填料承载比特性及应用技术

我国现行沥青和水泥混凝土路面设计规范采用回弹模量 E_0 作为土路基的强度指标，而施工过程中是采用压实度 K 作为土路基压实质量的控制参数，施工压实度 K 多少并不对设计构成影响，而设计回弹模量 E_0 的取值也不对施工产生任何约束，这就将设计与施工割裂开来。对于不同区域、不同性质的路基填料而言，其回弹模量 E_0 与压实度 K 之间存在不唯一的关系。国外常用路基和路面材料的承载比（CBR）直接指导设计，目前我国有关部门及人员对此还缺乏必要的了解和认识，在许多关键技术问题上没有获得普遍的共识。因此，有必要通过研究 CBR 试验的内在机理及分析其影响因素，正确认识 CBR 试验，并应用 CBR 值对高速公路路基填料质量进行定量评价。通过对青银高速公路河北段沿线具有代表性的不同性质的填料进行试验研究，建立该区域路基填料回弹模量 E_0、CBR 值和压实系数 K 的关系，为高速公路路基的设计和施工提供参考，对提高高速公路路基质量提供技术支持。

2.1　承载比（CBR 值）试验的意义及内在机理

2.1.1　土承载比的现实意义

1928 年美国加利福尼亚州 O. J. Porter 调查柔性路面的破坏状况时，为简单地对比该地材料的承载力特性，设计了 CBR（California Bearing Ratio）基准。该基准是用代表性的未筛碎石进行了多次重复试验得出的，将其平均值确定为 CBR = 100%。CBR 试验是指在将标准尺寸（直径 50mm）的贯入探头贯入土中的过程中，测定其必要的荷载强度，再由土的强度判定承载力的大小。因此，CBR 试验间接地测定了土的抗剪强度。

CBR 试验自从被美国加州公路局提出后，在 1940 年被美国陆军工兵团于二次世界大战中推广使用，并于 1961 年经 ASTM 正式审定。历时半个多世纪，该试验适用于黏土到砾石土几乎所有的土。CBR 试验应用的广泛性已举世公认，世界上大多数国家都已正式采用 CBR 试验或类似试验，用于道路设计及机场道面设计。我国 1995 年发布的交通行业建设标准《公路路基施工技术规范》（JTJ 033—1995）首次将 CBR 试验作为技术要求列入规范。在此之前，《公路土工试验规程》中则规定了进行 CBR 试验的程序。我国对公路路基填料 CBR 值的具体规定见表 2-1。

2.1.2　CBR 试验的内在机理

根据土力学原理，由土壤形成的“土体”在贯入试验中所反映的强度实质上是它的局部抗剪强度，并以此来间接评价地基的局部抗剪强度。土层的贯入度是表征土层强度的指标。CBR 值是反映在贯入试验之后，试件中部分土体与整体之间产生相对位移（即剪切）时，在滑动面（即剪切面）上所产生的抗剪切力特性的表征，是其“潜在强度”的反映。所谓“潜在强度”是指土壤的局部抗剪强度，反映到公路路基上则是指路基的局部抗剪能力。而车辆车轮的压力在通过柔性路面时，正是经过路面局部的施加到路基上的（对于刚性路面则是通过整个水泥混凝土块整体施加到路基上的），因此，CBR 试验被列入国外柔性路面设计的一个组成部分。

填料最小强度和最大粒径要求　　表 2-1

项目分类		路面以下深度（cm）	填料最小强度（CBR）（%）		填料最大粒径（cm）
			高速、一级公路	其他等级公路	
填方路基	上路床	0～30	8	6	10
	下路床	30～80	5	4	10
	上路堤	80～150	4	3	15
	下路堤	150 以下	3	2	15
零填及路堑路床		0～30	8	6	10
		30～80	5	4	10

承载比（CBR 值）试验就是模拟公路路基填料在满足压实度的情况下，处于最不利环境浸泡水，其土颗粒间孔隙被水充填，填料联结强度降低。在公路路基设计中，不同的路基填料亦具不同的贯入度，其强度亦不同，故采用在贯入量为 2.5mm 时单位压力与标准压力之比作为材料的 CBR 值，它反映了路基填料的强度指标。

2.2　高速公路路堤填料 CBR 值影响因素研究

为了研究影响高速公路路堤填料 CBR 值的因素，正确认识室内 CBR 试验的内在机理，并应用 CBR 值对高速公路路基填料质量进行定量评价，对河北省青银高速公路沿线具有代表性的不同性质的填料进行了试验研究，建立了该区域路基填料回弹模量 E_0、CBR 值和压实系数 K 的关系。

本次试验选取了沿线 15 组有代表性的路基填料进行了一系列的物理力学性能试验，目的是研究分析室内 CBR 试验的内在机理及影响因素，并对其路用性能进行评价。

2.2.1　不同土基填料的承载比（CBR 值）试验资料

沿线 15 组路基填料的颗粒分析试验、相对密度试验、液塑限试验、击实试验和室内 CBR 试验结果见表 2-2。

2.2.2　CBR 值影响因素分析

CBR 值反映的是试件的局部抗剪强度，而土的抗剪切力是由两部分组成的，一是黏聚性，二是摩擦作用，即 $\tau=\sigma\tan\varphi+c$。因此，土体破坏既不是由剪应力引起的，也不是由正应力单独引起的，而是在剪应力和正应力组合的临界荷载下产生的破坏。实际上，土体的剪切阻力取决于许多因素，完整的方程必须具有下列形式

$$剪切阻力=f(e,\varphi,C,\sigma',c',H,T,\varepsilon,\mathrm{d}\varepsilon,S)$$

式中，e 为孔隙比，φ 为内摩擦角，C 为土的矿物成分，σ' 为有效正应力，c' 为黏聚力，H 为应力历史，T 为温度，ε 为应变，$\mathrm{d}\varepsilon$ 为应变速率，S 为土的颗粒组成。

青银高速公路沿线主要土样试验结果汇总表 表 2-2

土样编号	里　程	粉粒含量（%）	黏粒含量（%）	液限（%）	塑限（%）	塑性指数 I_p	相对密度 d_s	最佳含水率（%）	最大干密度（g/m^3）	CBR（%）	土壤定名
1	K11 +000	80.9	6.9	30.8	19.4	11.4	2.692	10.1	1.763	4.7	低液限黏土
2	K24 +880	69.4	8.6	28.6	18.8	9.8	2.693	11.0	1.773	8.9	低液限粉土
3	K24 +880	65.3	11.7	25.7	17.6	8.1	2.748	12.0	1.969	10.5	低液限粉土
4	K37 +200	75.4	8.6	28.9	18.8	10.1	2.673	12.8	1.818	5.7	低液限黏土
5	K39 +900	73.7	18.8	30.0	19.5	10.5	2.712	15.2	1.857	6.6	低液限黏土
6	K50 +800	81.6	10.0	30.5	21.5	9.0	2.677	14.1	1.780	5.4	低液限粉土
7	K57 +600	60.1	14.5	29.5	19.9	9.6	2.694	14.4	1.882	5.0	低液限粉土
8	K67 +700	74.5	8.9	33.2	20.5	12.7	2.696	14.8	1.773	5.5	粉质低液限黏土
9	K84 +680	72.1	14.7	30.5	19.8	10.7	2.734	14.7	1.822	3.6	粉质低液限黏土
10	K95 +400	69.7	17.6	38.4	23.8	14.6	2.713	13.7	1.879	2.6	低液限黏土
11	K100 +250	50.0	47.0	56.7	28.7	28.0	2.772	14.3	1.759	4.6	含砂高液限黏土
12	K119 +000	67.6	16.6	27.8	17.4	10.4	2.772	11.1	2.008	11.1	粉质低液限黏土
13	K135 +000	73.0	16.0	27.3	18.8	8.5	2.685	12.1	1.955	4.2	低液限粉土
14	K136 +000	70.4	17.5	28.5	17.9	10.6	2.695	11.0	2.032	10.4	低液限黏土
15	K141 +930	72.4	15.1	28.8	17.5	11.3	2.713	10.9	2.015	8.0	低液限黏土

结合本次试验研究的实际情况，在相同的试验条件和试验方法下，影响土体的 CBR 值主要集中在土体的颗粒组成、矿物成分及其含量。

1）颗粒组成对 CBR 值的影响

土体的颗粒性质（粒径大小）与黏聚力、内摩擦力的关系密切。土颗粒粒径愈大，内摩擦力愈大而黏聚力愈小，土颗粒粒径越小，土壤黏性愈强，黏聚力愈大而内摩擦力愈小。

对于基本不含黏性土颗粒的土（如碎石土），其基本上没有黏聚力，而其抗剪强度主要由内摩擦力组成。这种黏聚力包括颗粒间相对滑动时的阻力、抵抗颗粒滚动的阻力和颗粒之间互相嵌接形成的阻力。这些阻力因土壤颗粒的粒度、强度、粗糙度、外部形状不同而不同。含水率对其强度影响不大。

对于主要由黏性材料组成的土，其抗剪切力主要由黏聚力组成，黏聚力的大小取决于土壤颗粒间的联结力，也就是土壤的黏性、渗透性。因为当土中含有水分时，黏性土颗粒之间即产生不同厚度的结合水膜。其厚度与渗入的水分多少、土壤的黏性有关。因此，当试件受到剪切，发生剪切位移时，固体颗粒之间不是直接摩擦而是通过水膜互相摩擦的。水膜起到润滑作

用,水膜越厚,摩擦力的减小就越明显。室内 CBR 试验要求进行水浸泡试验(96h)就是为了表征材料的这种特性。

为了分析研究颗粒组成对 CBR 值的影响,拟对塑性指数相同(相近)的几组土样进行研究。

(1)2 号、7 号土样分析

图 2-1 为 2 号和 7 号土样细粒组颗粒的级配曲线。依据试验结果,2 号和 7 号土样的塑性指数 I_p 分别为 9.8、9.6,两者比较接近,同属低液限粉土(ML)。从图 2-2 中看出,2 号土样细粒组颗粒含量低于 7 号土样,且两土样的黏粉比 m(黏粒含量/粉粒含量)分别为 0.124 和 0.241,而二者的 CBR 值分别为 8.9 和 5.0,相差较大。

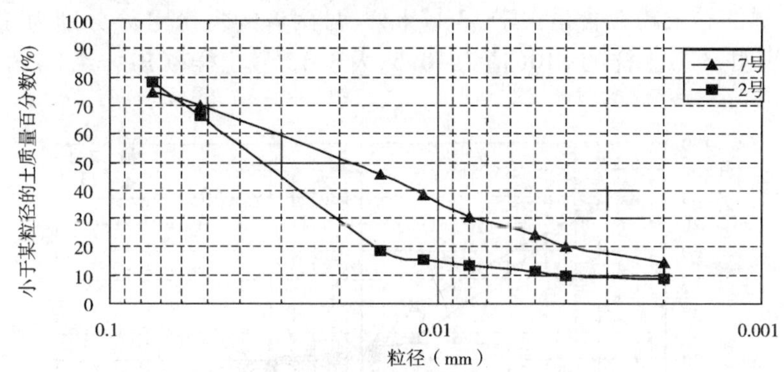

图 2-1 2 号、7 号土样细粒组颗粒分析曲线

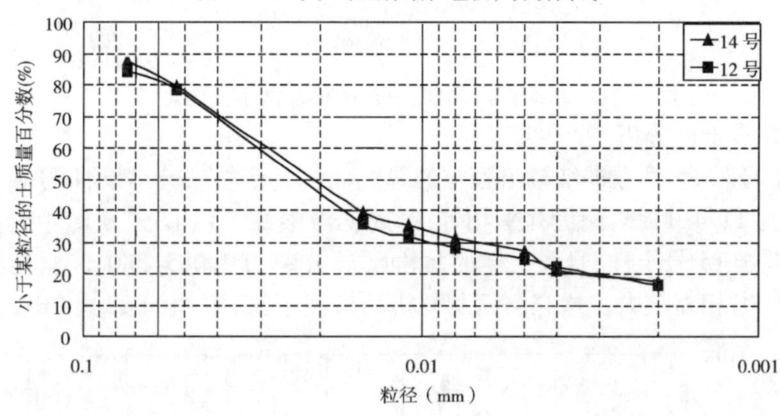

图 2-2 12 号、14 号土样细粒组颗粒分析曲线

分析其原因,当土中黏粒含量较小时,黏粒一般杂乱堆积在粉粒周围,而且黏粒的胶结作用较小,颗粒间接触基本属于粉粒的接触,此时的主要基本结构为单粒体,单粒体本身的结构强度不是很低且有摩擦力的存在,故其剪应力尚不是很低。而当黏粒含量增加,黏粒便不再杂乱堆积在粉粒周围,由于黏粒本身胶结作用的增长,黏土颗粒便开始少量地堆积在一起,因其不可能悬浮在粉粒之间的孔隙中,便会附着于粉粒的表面,特别是粉粒的接触点或接触面上。由于黏粒的增加,其本身间的胶结强度增长,使得黏粒形成少量的粒状团粒结构,并镶嵌于粉粒之间,颗粒之间的联结中最初的点接触变成了边与边接触或边与面接触,而粉粒本身则不再相接触,黏粒在粉土中的润滑作用得以发挥,而黏粒本身的胶结作用又不足以使粉粒间稳固胶

结,从而降低了土体的剪应力。

(2)12 号、14 号土样分析

图 2-2 为 12 号、14 号土样的细粒组颗粒级配曲线。两土样的塑性指数 I_p 较为接近,分别为 10.4、10.6,均为低液限黏土(CL)。从图中看出,12 号土样细粒组颗粒含量略低于 14 号土样,且黏粉比 m(黏粒含量/粉粒含量)分别为 0.246 和 0.249, CBR 试验结果表明,12 号土样的 CBR 值为 11.1,略大于 14 号土样(CBR = 10.4),与以上理论分析相吻合。

(3)3 号、13 号土样分析

图 2-3 为 3 号、13 号土样的细粒组颗粒级配曲线。两土样的塑性指数 I_p 较为接近,分别为 8.1、8.5,均为低液限粉土(ML)。从图中看出,3 号土样细粒组颗粒分析曲线相近于 13 号土样,但 3 号土样的较大粉粒含量大于 13 号土样,且两者的黏粉比 m 分别为 0.179 和 0.219, CBR 试验结果表明,3 号土样的 CBR 值为 10.5,大于 13 号土样(CBR = 4.2),与以上理论分析基本吻合。

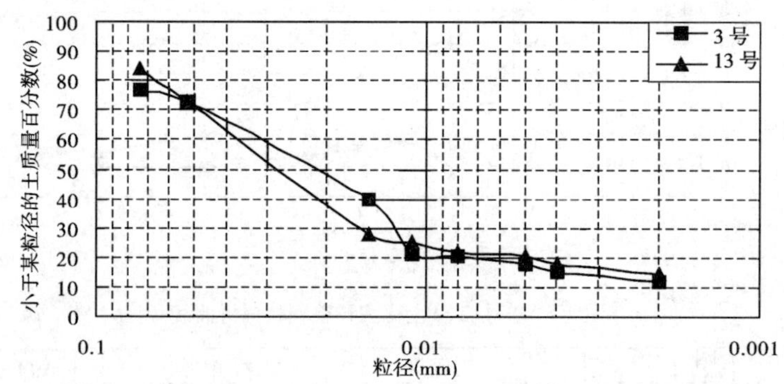

图 2-3 3 号、13 号土样细粒组颗粒分析曲线

(4)1 号、15 号土样分析

图 2-4 为 1 号和 15 号土样细粒组颗粒的级配曲线。依据试验结果,1 号和 15 号土样的塑性指数 I_p 分别为 11.4、11.3,两者几乎相等,同属低液限黏土(CL)。从图中看出,1 号土样细粒组颗粒含量低于 15 号土样,且两土样的黏粉比 m 分别为 0.085 和 0.208,而二者的 CBR 值分别为 4.7 和 8.0,相差较大。这与前面所分析的机理不符合。由于影响 CBR 值的因素较多,

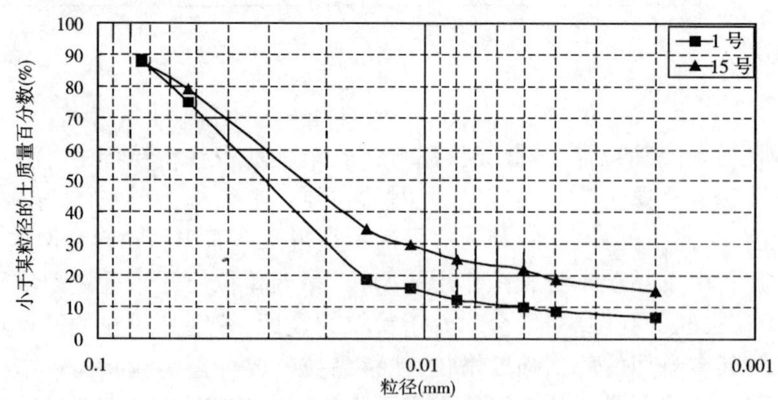

图 2-4 1 号、15 号土样细粒组颗粒分析曲线

在其他条件相同时,可能与诸如土的矿物成分及其含量等有关,将在下一节分析。

(5)5号、9号、14号土样分析

图2-5为5号、9号、14号土样细粒组颗粒分析曲线。5号、9号和14号土样的塑性指数I_p分别为10.5、10.7、10.6,比较接近,同属低液限黏土(CL)。从三者的细粒组颗粒级配曲线比较来看,除较大粒径的颗粒含量有所区别外几乎重合,且三土样的黏粉比m分别为0.255、0.204和0.249,基本相等,但三者的CBR值分别为6.6、3.6和10.4,相差较大。因此,颗粒分析曲线及黏粉比不能合理地解释CBR值差异的原因。由于影响CBR值的因素较多,在其他条件相同时,可能与诸如土的矿物成分及其含量等有关。

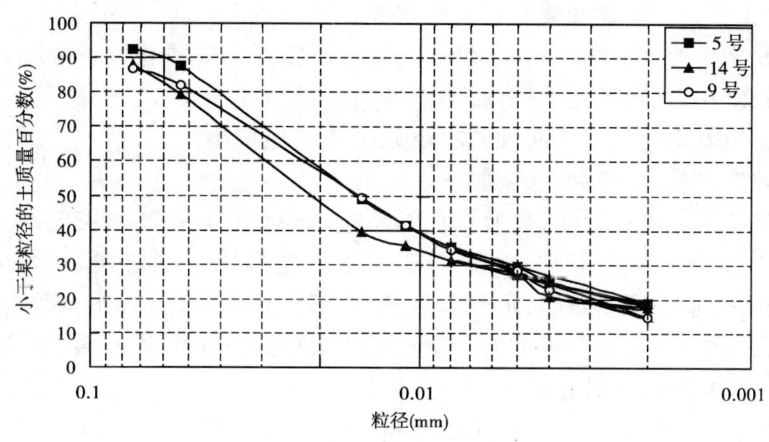

图2-5　5号、9号、14号土样细粒组颗粒分析曲线

2)土中矿物、黏土矿物成分及其比例对CBR值的影响

(1)土的矿物成分类型

土中的固体颗粒是由矿物构成的。按其成因和成分,可分为原生矿物、次生矿物和有机质等。

①原生矿物,指母岩风化后残留的化学成分没有发生变化的矿物。组成土的原生矿物主要有石英、钾长石、斜长石、角闪石、云母等,有时方解石、白云石等碳酸盐矿物也可以包括在这一类矿物中。这些矿物是组成土中卵石、砾石、砂粒和粉粒的主要成分,它们是岩石经物理风化后的产物,其主要的特点是颗粒粗大,物理、化学性质稳定或较稳定,具有较强的抗水性和抗风化能力,亲水性弱或较弱。因此,它们对土的工程地质性质影响程度比其他几种矿物要小得多。

它们对土的工程地质性质的影响主要表现在颗粒的形状、坚硬程度和抗风化稳定性等方面。

②次生矿物,是母岩风化后及在风化搬运过程中,继续遭受化学风化作用,使原来的矿物因氧化、水化及水解、溶解等化学风化作用而进一步分解,形成的一种新矿物,颗粒变得更细,甚至形成胶体。自然界土体中常见的次生矿物又分为两种类型:一种是原生矿物中的一部分,可溶的物质被溶滤到别的地方沉淀下来,形成"可溶性的次生矿物";另一种是原生矿物中可溶的部分被溶滤走后,残存的部分性质已改变,形成了新的"不可溶性矿物"。

可溶的矿物又称"可溶盐",主要指各种矿物中化学性质活泼的K、Na、Ca、Mg及Cl、S等元素，在呈阳离子及酸根离子溶于水后向外地迁移过程中，因蒸发等浓缩作用形成的可溶性卤化物、硫酸盐及碳酸盐等矿物。它们一般经结晶沉淀，充填于土粒间的空隙中，构成不稳定的胶结物，将土颗粒胶结起来。未沉淀析出部分即呈离子存在于土体中的水溶液中。在气候干旱地区，也可能构成土的粒度成分，但仍主要以土粒间的胶结物形式出现。

自然界中常见的不可溶性的矿物是游离氧化物和黏土矿物。

游离氧化物在土中的分布是比较广泛的，大多呈凝胶状，部分呈微结晶，颗粒极细小，在土体中均构成细小黏粒；在自然界中性质稳定，亲水性较强，胶结能力十分强，是一种较好的胶结物。

黏土矿物是原生矿物中的长石及云母等硅酸盐类矿物经化学风化而形成的，主要类型有高岭石类矿物、伊利石类矿物和蒙脱石类矿物等。

黏土矿物是指由原生矿物长石、云母等硅酸盐矿物经化学风化而形成的具有片状或链状结晶格架的颗粒细小、亲水性强、具有胶体特性的铝硅酸盐矿物。铝硅酸盐由两部分组成，即硅氧四面体和铝氧八面体。由于两种基本单元组成的比例不同，可形成不同的黏土矿物。最常见的黏土矿物有高岭石、伊利石、蒙脱石三大类。

在上述三种主要黏土矿物中，高岭石相邻晶胞之间具有较强的氢键联结，结合牢固，水分子不能自由渗入，形成较粗的黏粒，比表面积小，亲水性弱，压缩性较低，抗剪强度较大。蒙脱石相邻晶胞间距离较大，联结较弱，水分子易渗入，形成较细的黏粒，比表面积较大，亲水性较强，膨胀性显著，压缩性高，抗剪强度低。伊利石的工程地质性质则居于两者之间。

(2)试验土样X射线衍射分析

为了研究矿物、黏土矿物对土体CBR值的影响，分别选取了2号、5号、7号、9号和14号土样进行X射线衍射矿物、黏土矿物成分分析。试验过程中，首先对土样进行原生矿物和黏土矿物X射线衍射矿物划分，定出矿物相，然后分离出黏土矿物，并对黏土矿物的组成进行鉴定，试验结果如表2-3所示。

矿物、黏土矿物X射线衍射分析 表2-3

编号		2号	5号	7号	9号	14号
每种矿物含量(%)	石英	39.0	35.9	40.8	27.0	32.1
	钾长石	6.6	3.3	9.5	7.5	5.5
	斜长石	25.4	15.0	16.4	7.6	22.2
	方解石	9.5	11.4	8.6	16.4	11.4
	白云石	4.1	2.5	4.2	—	3.1
	赤铁矿	0.5	0.7	0.5	0.8	0.5
	角闪石	1.0	1.4	2.2	1.3	1.5
	黏土矿物总量	13.9	29.8	17.8	39.4	23.7
黏土矿物含量(%)	蒙脱石	10	3	2	2	
	混层①	62	66	71	74	77
	伊利石	18	22	18	16	13
	高岭石	4	4	4	3	—
	绿泥石	6	5	5	5	10

注：①指伊利石/蒙脱石混层。

(3)2 号、7 号土样分析

2 号和 7 号土样的塑性指数 I_p 接近,分别为 9.8、9.6,同属低液限粉土(ML)。2 号土样细粒组颗粒含量及黏粉比 m 均低于 7 号土样。在此,将从土中矿物及黏土矿物的影响分析两者的 CBR 值之差异。

各种原生矿物及次生矿物的硬度如表 2-4 所示,矿物的硬度大小可以从另一方面反映出其抗剪强度的大小。从矿物 X 射线衍射分析结果来看,2 号和 7 号土样矿物含量从大到小依次为石英、长石和黏土矿物总量,且石英含量较为接近。长石总量分别为 32.0%、25.9%,所含的黏土矿物总量分别为 13.9% 和 17.8%,因此可以判断 2 号土样的 CBR 值大于 7 号土样的 CBR 值。这样,就分别可以从土样的细粒组颗粒分析及矿物成分与含量两方面解释 CBR 值的大小。

各种矿物相的硬度　　表 2-4

矿物相	硬度	矿物相	硬度	矿物相	硬度
石英	7	白云石	3.5 ~ 4	高岭石	2 ~ 2.5
长石	6 ~ 6.5	赤铁矿	6 ~ 6.5	伊利石	1.5 ~ 2.0
方解石	3	角闪石	5 ~ 6	蒙脱石	1.5

(4)5 号、9 号、14 号土样分析

5 号、9 号和 14 号土样的塑性指数 I_p 比较接近,同属低液限黏土(CL)。从三者的细粒组颗粒级配曲线比较来看,除较大粒径的颗粒含量有所区别外几乎重合,且三土样的黏粉比 m 分别为 0.255、0.204 和 0.249,基本相等,但三者的 CBR 值分别为 6.6、3.6 和 10.4,相差较大。采用颗粒分析曲线及黏粉比不能很好地分析 CBR 值之差异的原因。由于影响 CBR 值的因素较多,下面从土的矿物成分及其含量上进行分析。

5 号、9 号、14 号的石英含量分别为 35.9%、27.0%、32.1%,长石的含量分别为 18.3%、25.1%、27.7%,黏土矿物总含量分别为 29.8%、39.4%、23.7%。以 5 号和 14 号土样进行分析,两者石英含量基本相同,而长石含量 14 号土样高于 5 号土样。虽然 5 号土样黏土矿物中,蒙脱石、伊利石的含量高于 14 号土样,但根据试验结果,黏土矿物成分对土体性状的影响程度远远超过黏土中所含矿物相对数量的影响。另外,黏土矿物的硬度也明显小于长石的硬度,因此,14 号土样的 CBR 值大于 5 号土样。

5 号、9 号土样的矿物成分比较可以看出,5 号土样的石英、长石含量均高于 9 号土样,虽然黏土矿物总量小于 9 号土样,基于黏土矿物硬度小于原生矿物硬度,因此可以看出 5 号土样的 CBR 值大于 9 号土样。

3)小结

CBR 值作为表征土体局部抗剪强度的指标,其大小受较多因素的影响。本研究以多组塑性指数相同的土样之间的 CBR 值进行比较,主要从细粒组颗粒分析曲线、土中矿物成分及其含量的角度分析,并得出如下结论:

①土体的室内 CBR 值受多种因素的影响。土体的塑性指数相同,但 CBR 值差距很大。

②在标准的试验方法和相同的试验条件下,对塑性指数相同的土体而言,影响 CBR 值的主要因素是土体中矿物类型及其含量的多少,其次为黏粒组颗粒曲线分布情况及黏粉比。

③黏粉比 m 是评价土体 CBR 值大小的一个重要参考指标,黏粉比 m 越大,CBR 值越小。

④黏土矿物总量对土体性状的影响程度远远超过土中所含黏土矿物相对数量的影响。

2.3 高速公路填料承载比 CBR 值、回弹模量 E_0 及压实度 K 相关关系

基于目前高速公路中对不同填土高度的填料 CBR 值要求有所不同，相应的填土高度所要求的压实度 K 实际上是不一样的（表 2-5）。为了研究不同压实度标准的路基填料的 CBR 值和回弹模量 E_0 之间的关系，对青银高速公路河北段沿线具有代表性的不同性质的填料进行研究，建立该区域路堤填料 CBR 值、回弹模量 E_0 和压实系数 K 的关系，为高速公路路基的设计和施工提供参考。

公路路堤压实度要求　　表 2-5

项目分类		路面以下深度（m）	压实度（K/CBR）（%）			
			高速、一级公路		其他等级公路	
填方路基	上路床	0 ~ 30	≥96	≥8	≥95	≥6
	下路床	30 ~ 80	≥96	≥5	≥95	≥4
	上路堤	80 ~ 150	≥94	≥4	≥94	≥3
	下路堤	150 以下	≥93	≥3	≥92	≥2
零填及路堑路床		0 ~ 30	≥96	≥8	≥95	≥6

选取河北省青银高速公路沿线有代表性的四种填料（5 号——低液限黏土、6 号——低液限粉土、9 号——粉质低液限黏土、11 号——含砂高液限黏土），依据《公路土工试验规程》，分别以重型击实标准的最佳含水率配置试样，分三层夯实，每层夯击数分别采用 30、50、70、98 进行。试样分别按浸水 96h 和不浸水两种方法进行室内 CBR 试验和回弹模量 E_0 试验。

为了研究高速公路沿线不同土质的特性，便于研究成果的推广，分别对试验结果按照低液限黏土、低液限粉土、粉质低液限黏土、含砂高液限黏土四种代表性土样进行统计。

2.3.1 承载比 CBR 值与压实度 K 的相关关系

表 2-6 ~ 表 2-10 为四种土样在不同试验条件下承载比 CBR 值与压实度 K 的相关关系。

根据试验结果，可得到如下结论：

①对四种不同类型的土质，在各自的最佳含水率附近制样后，不论浸水与否，其承载比 CBR 值均随着击实功增加而增大，并且呈相关性较好的指数关系。

②不论浸水与否，在不同的击实功条件下（以 98 击和 30 击为例），承载比 CBR 值随土体的塑性指数增加呈降低的趋势。11 号、9 号、5 号、6 号土的降低率分别为71.7%、68.2%、66.7%、63.0%（浸水）和 71.7%、65.8%、38.1%、47.3%（不浸水）。这说明塑性指数越大，细粒料较多，饱水后土的强度下降很大，工程特性较差。

③不浸水时的 CBR 值与压实度 K 的相关关系要好于浸水时的 CBR 值与压实度 K 的相关关系。这主要是因为经浸水四昼夜饱水后，压实土体的含水率发生了较大的变化，CBR 值是

考虑了路基在施工过程中湿度变化等因素后的强度，而含水率的大小又影响着土基 CBR 值，但压实度衡量的却是含水率变化前的强度。

④试样浸水后 CBR 值明显降低，一般为不浸水的 1/4 ~ 1/3，由于试样经浸水后，含水率增大，土体产生膨胀，导致土体的结构性变差，继而强度降低。不同土样在击实次数不同（不同的压实度）情况下，浸水与不浸水时 CBR 值下降幅度明显大于击实次数为 98 次的下降幅度。目前规范是依据填土高度来划分土基填料的 CBR 值及压实度的。越靠路堤上部，CBR 值越大，并且压实度也越大。而在实际工程中，路基下部填土受地下水、地表水、降水的影响远远大于路基上部填土，继而导致下部填土强度降低的可能性要大得多。

⑤在击实次数为 30 次时，同一土样的 CBR 值偏差明显较 50、70、98 击时要大，从而反映出土样在受压时的不均匀性较差，反映到施工现场，可能会因为压实度较低而造成路基的不均匀沉降差过大，导致路面易发生破坏。

2.3.2 回弹模量 E_0 与压实度 K 的相关关系

表 2-6 ~ 表 2-9 及表 2-10、表 2-11 分别为四种土样在不同压实标准下，浸水 96h 及不浸水条件下的试验结果。其中浸水试验中，回弹模量按 0.15MPa 之前各级荷载下平均值取值；不浸水试验中，回弹模量按 0.5MPa 之前各级荷载下平均值取值。

5 号土样 CBR、E_0 与压实度 K 的关系曲线　　表 2-6

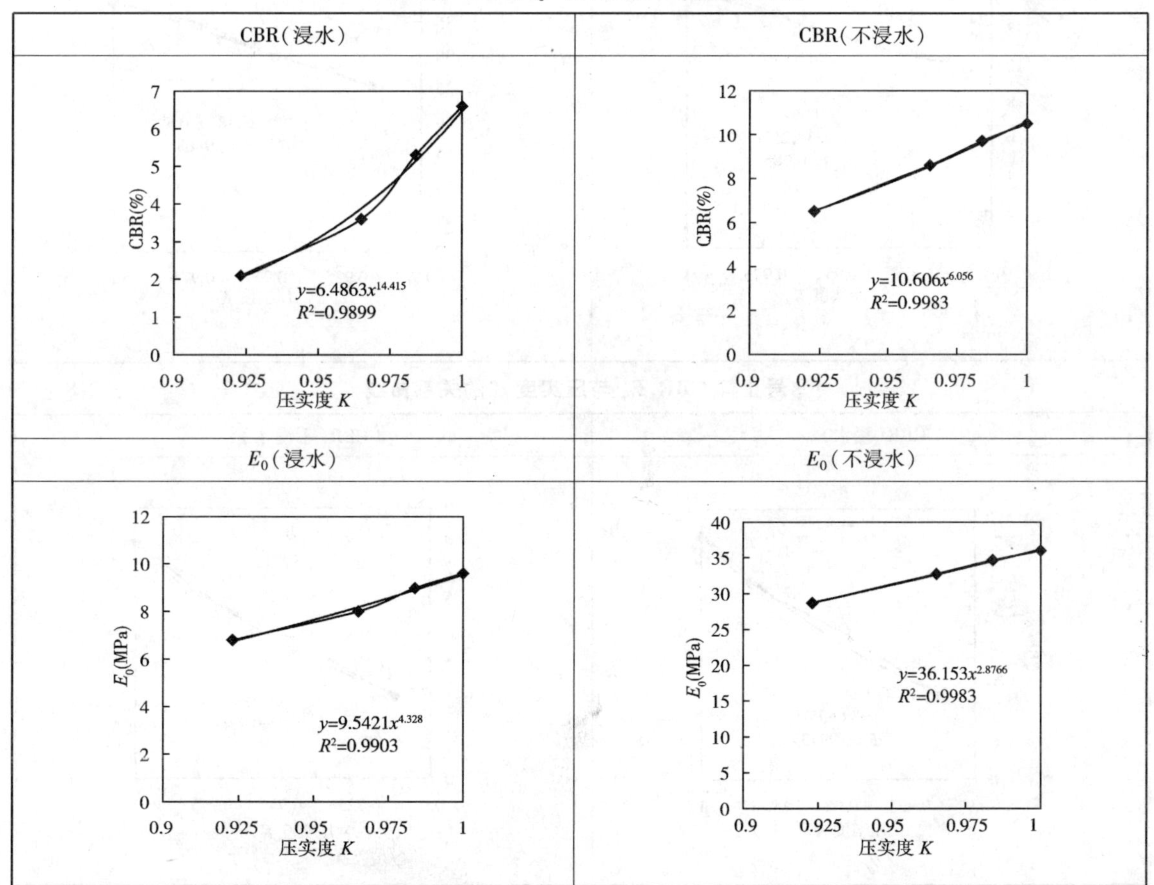

6 号土样 CBR、E_0 与压实度 K 的关系曲线　　表 2-7

CBR（浸水）	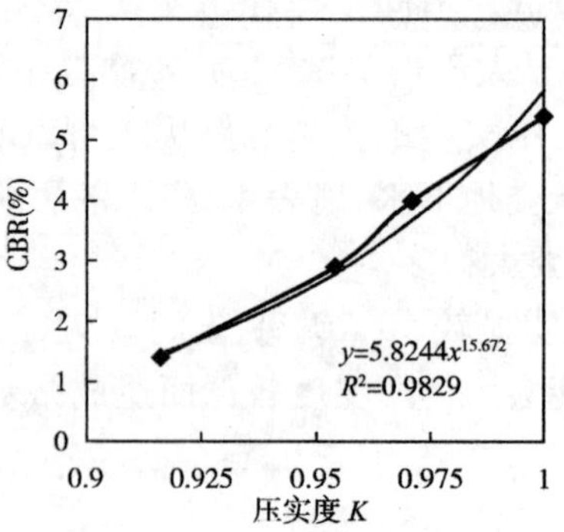 CBR（不浸水）
CBR(%)；压实度 K；$y=5.8244x^{15.672}$，$R^2=0.9829$	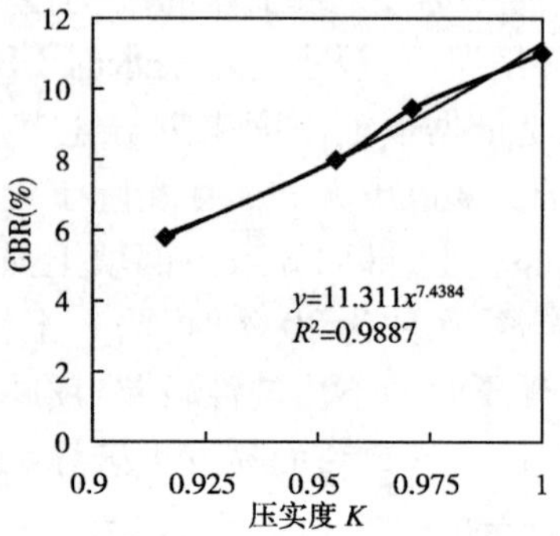 CBR(%)；压实度 K；$y=11.311x^{7.4384}$，$R^2=0.9887$
E_0（浸水）	E_0（不浸水）
E_0(MPa)；压实度 K；$y=14.217x^{3.9481}$，$R^2=0.9853$	E_0(MPa)；压实度 K；$y=38.768x^{4.736}$，$R^2=0.9868$

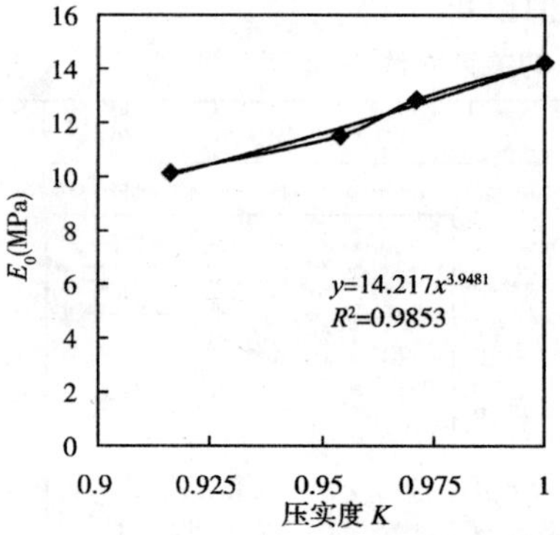

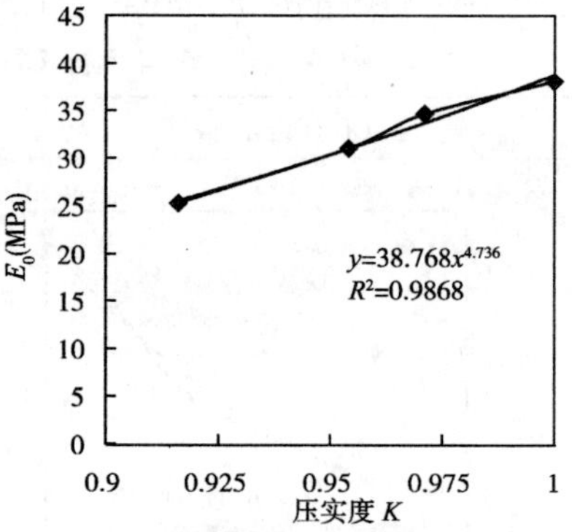

9 号土样 CBR、E_0 与压实度 K 的关系曲线　　表 2-8

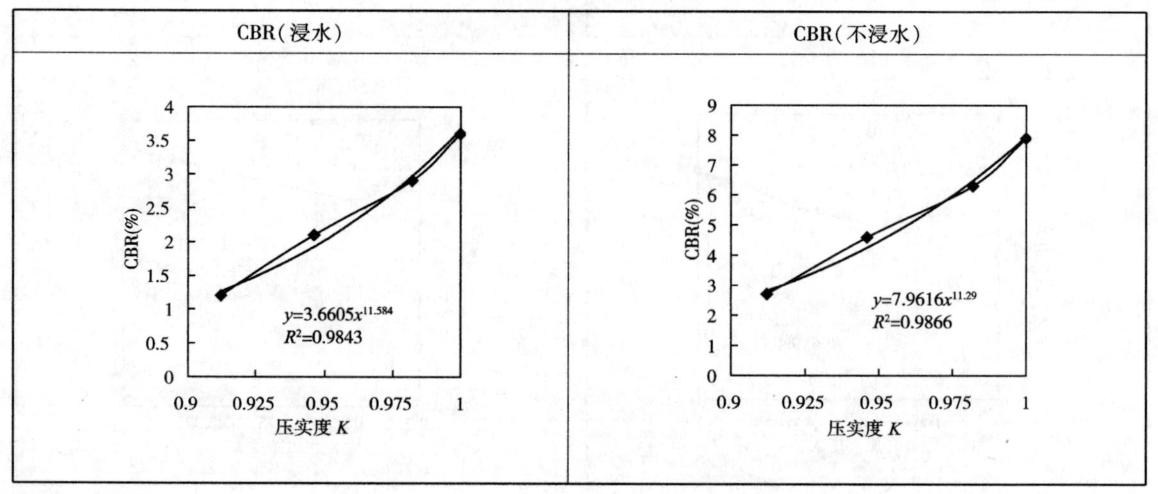

续上表

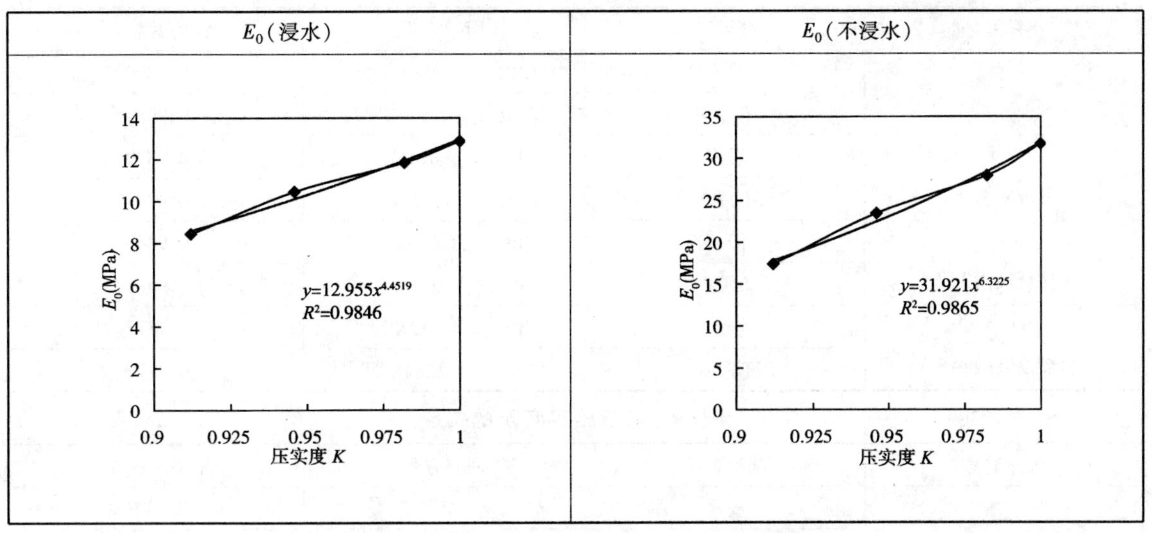

11 号土样 CBR、E_0 与压实度 K 的关系曲线　表 2-9

CBR（浸水）	CBR（不浸水）
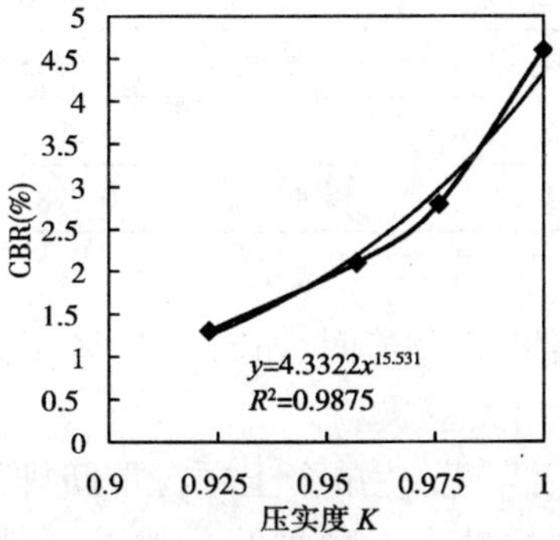 y=4.3322$x^{15.531}$ R^2=0.9875 纵轴：CBR(%)；横轴：压实度 K	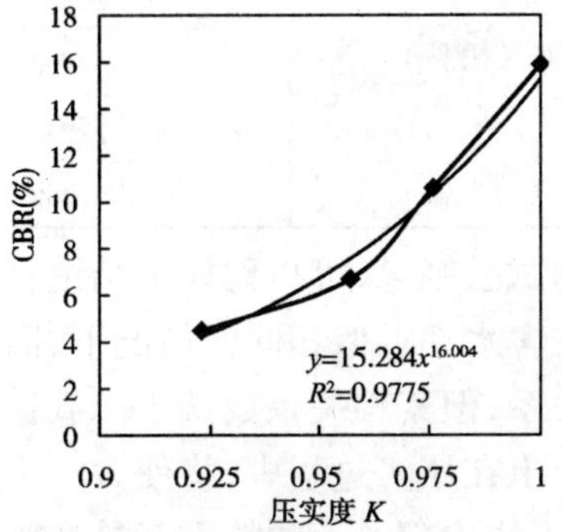 y=15.284$x^{16.004}$ R^2=0.9775 纵轴：CBR(%)；横轴：压实度 K
E_0（浸水）	**E_0（不浸水）**
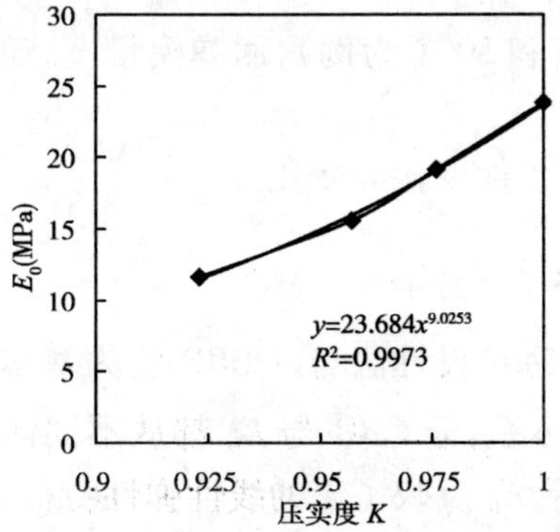 y=23.684$x^{9.0253}$ R^2=0.9973 纵轴：E_0(MPa)；横轴：压实度 K	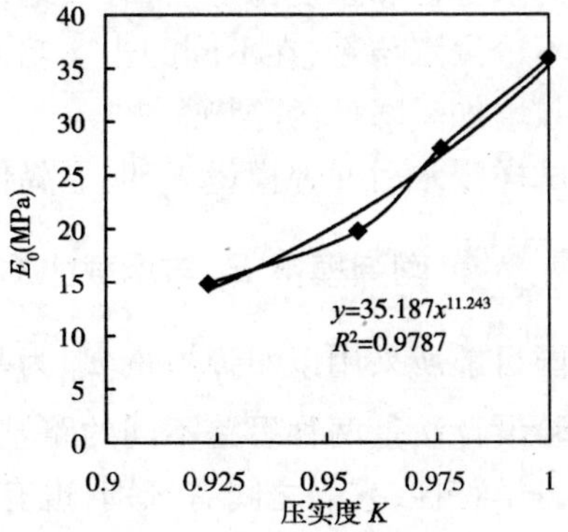 y=35.187$x^{11.243}$ R^2=0.9787 纵轴：E_0(MPa)；横轴：压实度 K

土样 CBR 值与压实度 K 的关系　　表 2-10

土样编号	试验条件	回归方程	相关系数 R^2
5 号（低液限黏土）	浸水	$CBR = 6.486K^{14.415}$	0.9899
	不浸水	$CBR = 10.606K^{6.056}$	0.9983
6 号（低液限粉土）	浸水	$CBR = 5.824K^{15.672}$	0.9829
	不浸水	$CBR = 11.311K^{7.438}$	0.9887
9 号（粉质低液限黏土）	浸水	$CBR = 3.660K^{11.584}$	0.9843
	不浸水	$CBR = 7.9616K^{11.29}$	0.9866
11 号（含砂高液限黏土）	浸水	$CBR = 4.332K^{15.531}$	0.9875
	不浸水	$CBR = 15.284K^{16.004}$	0.9775

土样 E_0 值与压实度 K 的关系　　表 2-11

土样编号	试验条件	回归方程	相关系数 R^2
5 号（低液限黏土）	浸水	$E_0 = 9.542K^{4.328}$	0.9903
	不浸水	$E_0 = 36.153K^{2.877}$	0.9983
6 号（低液限粉土）	浸水	$E_0 = 14.217K^{3.948}$	0.9853
	不浸水	$E_0 = 38.768K^{4.736}$	0.9868
9 号（粉质低液限黏土）	浸水	$E_0 = 12.955K^{4.452}$	0.9846
	不浸水	$E_0 = 31.921K^{6.323}$	0.9865
11 号（含砂高液限黏土）	浸水	$E_0 = 23.684K^{9.025}$	0.9973
	不浸水	$E_0 = 35.187K^{11.243}$	0.9787

根据试验结果,可得到如下结论:

①在含水率近似相同的情况下,回弹模量 E_0 随压实度的增长而增长,并且呈相关性较好的指数关系,但其相关系数低于承载比 CBR 与压实度的相关系数。

由于土在压实过程中,将使大小土块重新排列和互相靠近,使单个土颗粒重新排列和互相靠近,使土块内部的土颗粒重新排列和互相靠近,使小颗粒进入大颗粒的孔隙中,这样将增加单位体积内固体颗粒的数量,减少孔隙率,达到最密实状态。随着击实次数的增加(压实度 K 增加),土体逐渐密实,其强度得到充分发挥,这样才能减少土基在荷载作用下产生的变形,增强土基的水稳性和强度稳定性,有效地延长路面的使用寿命。

②不论浸水与否,在不同的击实功条件下(以 98 击和 30 击为例),回弹模量 E_0 随土体的塑性指数增加呈降低的趋势。

③试样浸水后回弹模量 E_0 明显降低,降低程度,依土性变化而变化。

2.3.3 回弹模量 E_0 与承载比 CBR 的相关关系

我国目前所采用以回弹模量 E_0 为基本设计参数的理论设计法与以 CBR 值为基本设计参数的经验设计法是两种思路不同的路基路面设计方法体系,但 CBR 与 E_0 都从不同侧面反映了土的力学特性,它们之间有区别,也有联系。回弹模量 E_0 反映了土的线性弹性特征,是一段距离内的平均值。它能较好地反映土所具有的部分弹性性质,在以弹性半空间地基模型表征土基的受力特性时,可以用回弹模量表示路基土在瞬时荷载作用下具有的可恢复变形性质。因此,路基土回弹模量是我国路面设计中必不可少的参数之一。而 CBR 值则包括了塑性或不可恢复部分的变形,而且是在某一点的值。因此,广泛的、适用于各种具有不同力学特性的土的 CBR 与 E_0 之间的绝对关系是不存在的。但是,对于每一种个别的土而言,由于其具有特定的力学特性,CBR 与 E_0 之间又是可以相互关联的。

国内外不少学者均力图寻求室内 CBR 或野外 CBR 与回弹模量 E_0 之间的关系,做了不少的工作,并通过数值分析或理论研究提出各地区各类土基 CBR 与 E_0 之间的近似关系式。但由于各自试验方法的规定、条件及标准上的差异,尤其是各国土基回弹模量 E_0 测定的方法很不统一,因此各公式之间亦存在较大的差异,现将部分国内外近似关系式综合列于表 2-12 和表 2-13 中,以供设计参考。

国外 E_0 和 CBR 关系式　　表 2-12

资料来源	$E_0=f(\mathrm{CBR})$(MPa)	备　注
法国《热带地区路面设计手册》	$E_0=5\mathrm{CBR}$	
摩洛哥	$E_0=8.9\mathrm{CBR}^{0.85}$	
捷克	$E_0=13.1\mathrm{CBR}^{0.70}$	E_0 为设计弹性模量
美国	$E_0=13.4\mathrm{CBR}^{0.588}$	CBR 值为肯塔基州试验法确定

国内不同区域 E_0 和 CBR 关系式　　表 2-13

地名和土类名称	$E_0=f(\mathrm{CBR})$(MPa)	备　注
广西高液限黏土	$E_0=2.2\mathrm{CBR}^{1.08}$	室内,不浸水
湖北膨胀黏土	$E_0=3.3\mathrm{CBR}^{0.91}$	室内,浸水 96h
广东高液限黏土	$E_0=2.1\mathrm{CBR}^{1.01}$	室内,不浸水
黑龙江粉质中液限黏土	$E_0=2.6\mathrm{CBR}^{1.09}$	室内,不浸水
北京粉质中液限黏土	$E_0=2.2\mathrm{CBR}^{1.07}$	室内,不浸水
北京低液限黏土	$E_0=2.5\mathrm{CBR}^{1.00}$	室内,不浸水
广西高液限黏土	$E_0=6.6\mathrm{CBR}^{0.46}$	室内,浸水 96h
广东高液限黏土	$E_0=4.0\mathrm{CBR}^{0.29}$	室内,浸水 96h
黑龙江粉质中液限黏土	$E_0=4.9\mathrm{CBR}^{0.31}$	室内,浸水 96h
北京粉质中液限黏土	$E_0=2.8\mathrm{CBR}^{0.45}$	室内,浸水 96h
北京低液限黏土	$E_0=6.4\mathrm{CBR}^{0.29}$	室内,浸水 96h
贵州湿软泥岩土	$E_0=6.695\mathrm{CBR}^{0.784}$	室内,浸水 96h
贵阳红黏土	$E_0=7.57\mathrm{CBR}^{0.523}$	室内,浸水 96h
上海黏土	$E_0=15.76\mathrm{CBR}^{0.590}$	室内,浸水 96h
内蒙古黏土	$E_0=7.03\mathrm{CBR}^{0.872}$	室内,浸水 96h

力学特性相近的土,其 CBR 与 E_0 之间的关系可能也是比较接近的。由于试验采用四种不同性质的土体,若对这四种土采用统一的关系式,相关性稍差,因而误差较大。因此就每种

土来说，分别研究各自的 E_0 与 CBR 值的相关关系，结果如表 2-14、表 2-15 所示。

土样 E_0 与 CBR 值关系曲线 表 2-14

5 号土（低液限黏土）	
浸水	不浸水
E_0(MPa) – CBR(%) $y=5.1865x^{0.316}$ $R^2=0.9038$	E_0(MPa) – CBR(%) $y=11.784x^{0.4695}$ $R^2=0.9675$
6 号土（低液限粉土）	
浸水	不浸水
E_0(MPa) – CBR(%) $y=9.2564x^{0.2196}$ $R^2=0.9612$	E_0(MPa) – CBR(%) $y=7.8749x^{0.6525}$ $R^2=0.9614$
9 号土（粉质低液限黏土）	
浸水	不浸水
E_0(MPa) – CBR(%) $y=7.3439x^{0.4188}$ $R^2=0.9753$	E_0(MPa) – CBR(%) $y=9.8034x^{0.5631}$ $R^2=0.9748$

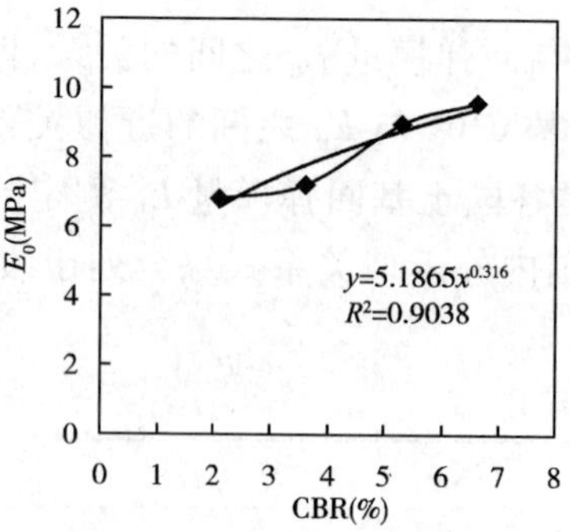

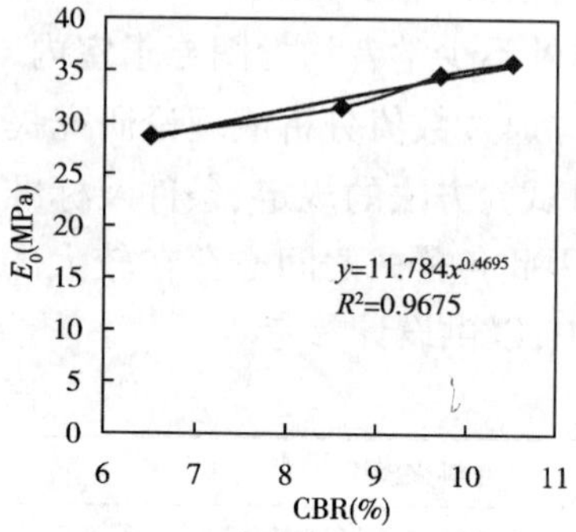

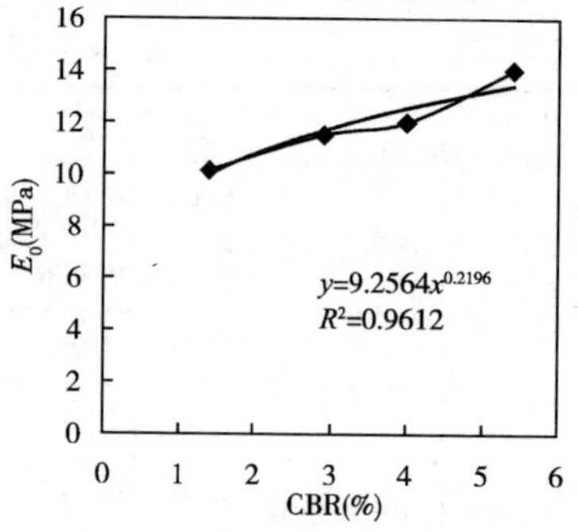

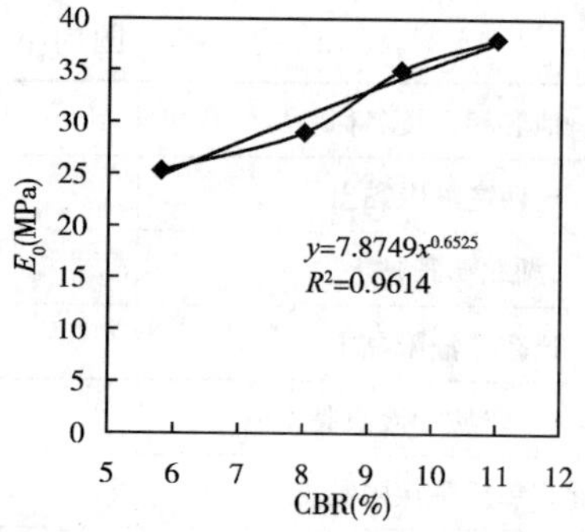

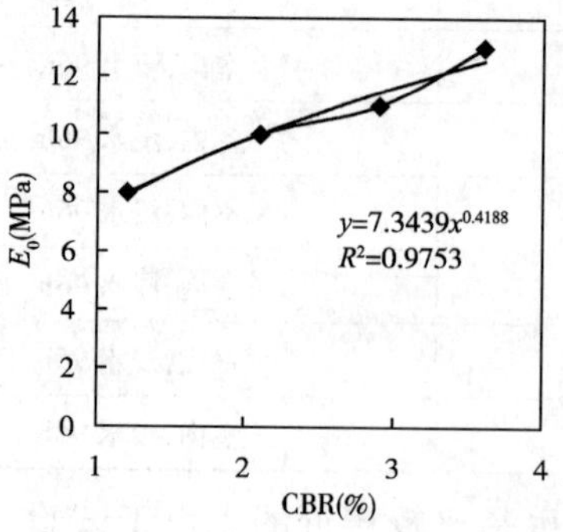

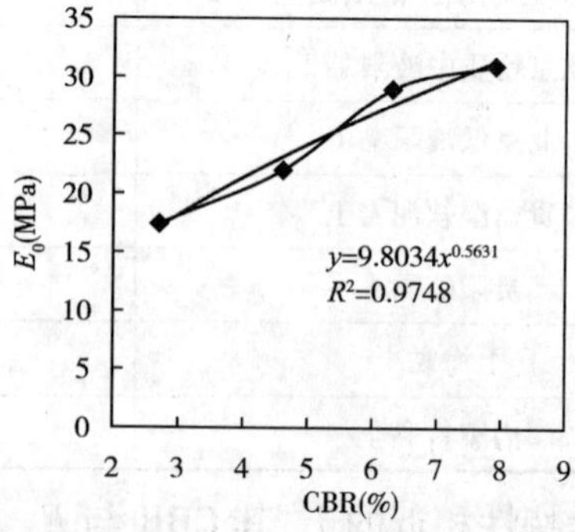

续上表

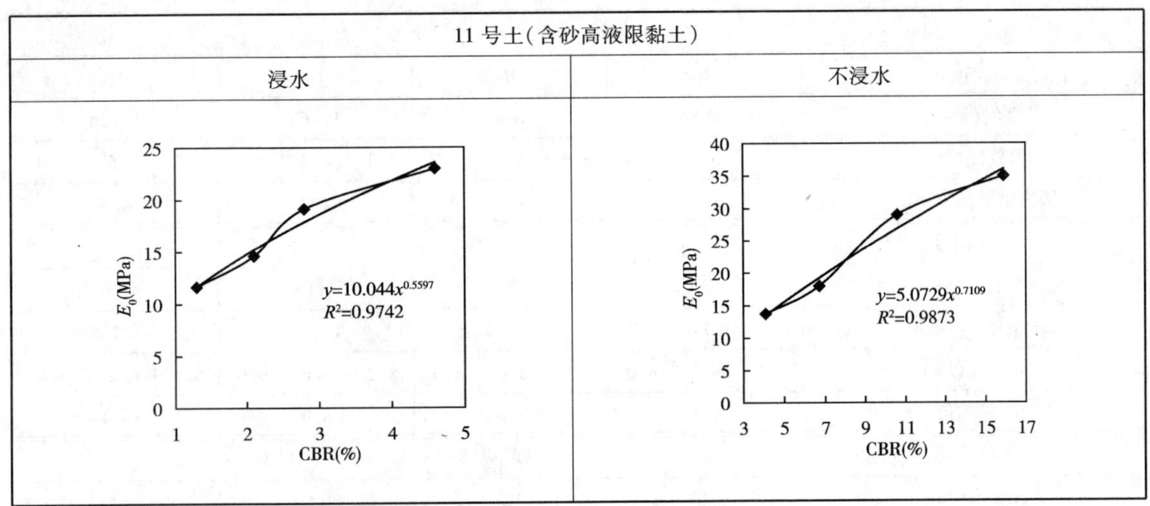

土样 E_0 值与 CBR 值的关系　　表 2-15

土样编号	试验条件	回归方程	相关系数 R^2
5 号（低液限黏土）	浸水	$E_0 = 5.186\ CBR^{0.316}$	0.9038
	不浸水	$E_0 = 11.784\ CBR^{0.470}$	0.9675
6 号（低液限粉土）	浸水	$E_0 = 9.256\ CBR^{0.220}$	0.9160
	不浸水	$E_0 = 7.875\ CBR^{0.653}$	0.9614
9 号（粉质低液限黏土）	浸水	$E_0 = 7.344\ CBR^{0.4419}$	0.9753
	不浸水	$E_0 = 9.803\ CBR^{0.563}$	0.9748
11 号（含砂高液限黏土）	浸水	$E_0 = 10.044\ CBR^{0.560}$	0.9742
	不浸水	$E_0 = 5.073\ CBR^{0.711}$	0.9873

2.4　含水率对土基 CBR 值影响试验

2.4.1　试验概况

本试验依据《公路土工试验规程》对 1 号土按照含水率为 6%、8%、10%、12%，2 号土样按照含水率为 7%、9%、11%、13%，6 号土样按照含水率为 10%、12%、14%、16% 配制试样（按照标准制样方法），研究含水率对土基 CBR 值影响的试验研究。（1 号土的 $w_{opt}=10.1\%$，2 号土的 $w_{opt}=11.0\%$，6 号土的 $w_{opt}=14.1\%$）

2.4.2　试验结果

1 号、2 号和 6 号土样含水率对 CBR 值影响的试验结果见表 2-16。

1号、2号、6号土样在不同含水率下的CBR值　　表2-16

土样编号	1号											
含水率(%)	6			8			10			12		
干密度(g/cm³)	1.686			1.745			1.763			1.726		
承载比(%)	5.0	5.1	4.9	4.9	5.1	4.7	5.1	4.4	4.6	4.2	4.6	4.4
承载比平均值(%)	5.0			4.9			4.7			4.4		
土样编号	2号											
含水率(%)	7			9			11			13		
干密度(g/cm³)	1.746			1.758			1.773			1.758		
承载比(%)	8.1	8.3	8.0	8.8	8.6	8.4	8.2	9.6	9.0	8.3	8.2	8.6
承载比平均值(%)	8.1			8.6			8.9			8.4		
土样编号	6号											
含水率(%)	10			12			14			16		
干密度(g/cm³)	1.728			1.750			1.780			1.764		
承载比(%)	5.0	4.8	5.0	5.3	5.1	5.1	5.4	5.3	5.4	4.9	4.8	5.2
承载比平均值(%)	4.9			5.2			5.4			5.0		

2.4.3 数据分析

从表2-16可以看出，在相同的击实功下，对1号低液限黏土而言，CBR值随含水率的增加而减少。而对2号、6号低液限粉土来说，CBR值随含水率的变化趋势与击实曲线相似。即当含水率大于或小于最优含水率w_{opt}时，CBR值均小于对应最优含水率w_{opt}时的承载比，并且当含水率大于w_{opt}时，CBR值的降低坡率大于含水率小于w_{opt}的CBR值降低坡率，这说明了土体对较大含水率的敏感性。

对低液限粉土，在满足压实功的条件下，在w_{opt}附近施工时能够满足土体强度值。从施工中控制土基含水率的角度出发，不仅仅是为了满足其压实度要求，而且是保证在许可的含水率范围内土基不发生强度损失，否则竣工后路堤的长期稳定性很难得到保证。因此，在土基施工中，必须严格控制施工含水率，符合规范的压实度标准，并对保证路基的长期稳定性有重要意义。

2.5 提高路堤填料CBR值的措施及试验研究

2.5.1 提高路堤填料CBR值的必要性

根据填料的承载比试验结果分析，地处冀中平原高速公路沿线路堤填料（包括低液限黏土、低液限粉土）在室内按每层98击击实后试验结果能符合规范强度要求的CBR值，但若按施工现场实际控制的压实度，无论上路床还是下路床，甚至上路堤，CBR值均不能达到规范的要求，需要采取措施。那么如何提高土基的CBR值，使其强度符合要求呢？一方面要考虑就地取材,充分利用附近填土;另一方面要针对不同的土壤和不同的施工条件,采取经济合理的措施,使之能满足规范要求,保证高速公路的质量,延长使用寿命。

提高土的 CBR 值,一是提高路基土的压实度,压实度提高,CBR 值就会提高。二是按路基设计规范要求,对不符合要求的土进行掺灰处理。处理方法是在土中加入适量的石灰等材料,改善其物理力学性能,使其强度得到改善。

2.5.2 提高路堤填料 CBR 值措施之一:提高压实度

土的 CBR 值随压实度的增大而增大,因此,在路基施工过程中,可通过提高压实度的方法提高路基土的 CBR 值。

表 2-17 为代表性填料(5 号、6 号、9 号、11 号)不同压实度时的 CBR 值。

不同压实度代表性填料的 CBR 值　　表 2-17

编号	土　类	CBR(%)				
		$K=0.93$	$K=0.94$	$K=0.96$	$K=0.98$	$K=1.0$
5	低液限黏土	2.3	2.8	3.7	4.9	6.6
6	低液限粉土	1.9	2.3	3.1	4.2	5.4
9	粉质低液限黏土	1.6	1.8	2.4	3.0	3.6
11	含砂高液限黏土	1.4	1.7	2.3	3.2	4.6

仅以四种代表性填料为例,从表 2-17 可以看出:

①规范要求上路床填料的 CBR 值不小于 8%,压实度为 96%。这四种填料都不能满足,即便压实度提高到 100% 亦如此。

②规范要求下路床填料的 CBR 值不小于 5%,压实度为 96%。这四种填料按照规范压实都不能满足要求。只有当压实度提高到 100% 时,仅 5 号低液限黏土和 6 号低液限粉土满足。

③规范要求上路堤填料的 CBR 值不小于 4%,压实度为 94%。这四种填料按照规范压实都不能满足要求。当压实度提高到 98% 后,5 号低液限黏土和 6 号低液限粉土满足。当压实度提高到 100% 时,除 9 号粉质低液限黏土外均可以满足。

④规范要求下路堤填料的 CBR 值不小于 3%,压实度为 93%。这四种填料按照规范压实都不能满足要求。当压实度提高到 98% 以后,四种土体均能满足。

由此可见,提高压实度可以相应提高路基土的 CBR 值,扩大了土的应用范围,但是,在工程施工中,提高压实度很困难,更要花费很大的代价,常常是很不经济,有时甚至是不可能的。

2.5.3 提高路堤填料 CBR 值措施之二:掺灰处理

单纯依靠提高压实度来满足 CBR 的要求是很困难的,也是很不经济的,而长期以来掺灰处理提高土的强度一直是国内外采用的有效方法。水泥、石灰、粉煤灰或它们的相互组合都可以按照一定的比例加进土里达到改进土的性质的目的。本课题仅对掺加生石灰粉的处理方法进行了试验研究。

1)试验方案

试验中对 5 号、6 号、9 号、11 号土样按照 1%、3%、5%、7% 的重量比掺入生石灰,按照各种填料的最佳含水率配制试样,试样制作按照《公路土工试验规程》击实试验中重型Ⅱ法的类别Ⅱ.2进行。进行室内CBR试验,每种试验取三个试样进行平行试验,研究改良后填料的CBR值。CBR试件是在不同击实功下击实成型,养生6天,再浸水四昼夜后形成的。

2)试验结果分析

四种土样掺灰后的CBR值如图2-6、图2-7所示。

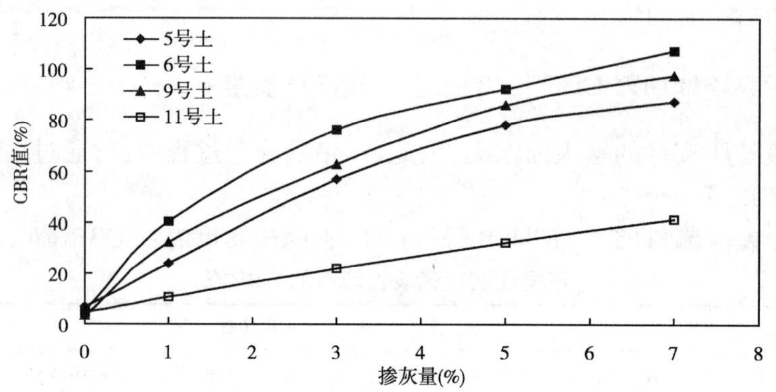

图2-6　石灰剂量与CBR值的关系(98击/层)

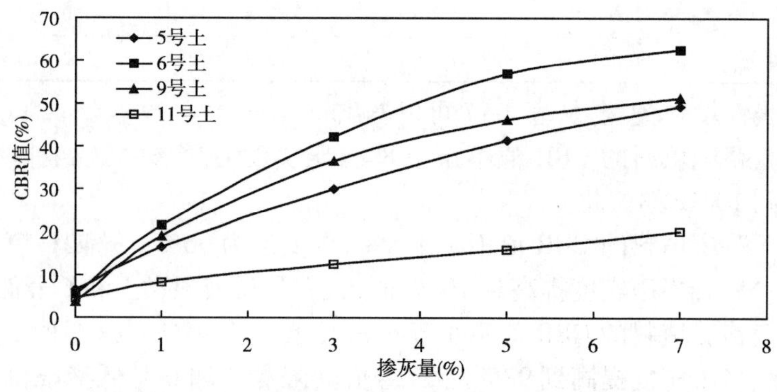

图2-7　石灰剂量与CBR值的关系(30击/层)

从图中可得出如下结论:

①各种土体掺入生石灰后,CBR值增长明显。即使掺入1%的生石灰,每层30击(相当于压实度$K=0.91\sim0.93$)条件下的,各土样的CBR值也能达到规范要求。

②随着掺灰剂量的增加,各种土的承载比CBR值逐渐增大。但CBR值的增长速率随着石灰掺入量的增大而减小。实际上,对每种特定的土体来说,均存在一个最佳含灰率,在该含灰率处石灰土的强度为最大值。因此,从技术上讲,一般而言,掺入1%的生石灰土体的CBR值即可满足要求。但在施工现场,为了确保混合填料的均匀性,掺入3%的石灰完全能满足路基所要求的CBR值,更多的掺入量不经济,也没必要。

③混合料的最大干重度随掺入料含量的增加而减少,最佳含水率随掺入料含量的增加而增加。分析原因:试验时,一旦将石灰与土拌和,基于细小颗粒的凝絮和絮聚,使得土结构即刻发生变化,黏土颗粒就形成了粗颗粒状的较大颗粒,这种变化影响了土的压实性能。由于石灰与土的水化反应消耗掉土中的一部分水分,因此石灰的加入不会降低颗粒间的摩阻力。另外,在黏土中加入一定量的石灰后,塑性会显著降低,亲水性大大减弱,工程性质得到改善,提高了强度。

2.6 提高路基填料 CBR 值对路面结构形式的影响

在以弹性层状体系为理论基础的路面结构设计(图2-8)中,土基强度直接影响路表弯沉值的大小和路面的使用寿命。土基强度对路面结构厚度影响是很敏感的,在土基强度较低时,它的较小变化都会使路面结构厚度产生较大变化,因此,其取值直接影响到路面结构厚度的变化,从而影响到路面的造价。路面力学计算结果也表明,沥青路面的回弹弯沉值绝大部分是由土基引起的。

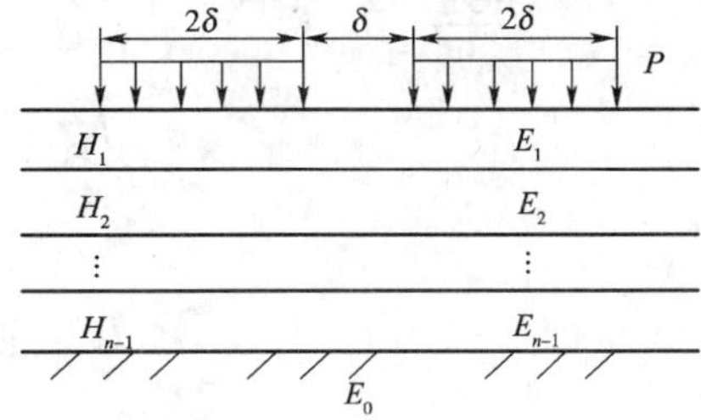

图2-8 路面弯沉设计图示

表2-18为典型填料掺入3%石灰后CBR值的变化情况。

填料掺入3%石灰后CBR值的变化 表2-18

土样编号	试验条件	回归方程	CBR	
			素土	3%灰
5号(低液限黏土)	浸水	$E_0 = 5.186\ CBR^{0.316}$	6.6	56.7
6号(低液限粉土)	浸水	$E_0 = 9.256\ CBR^{0.220}$	5.4	76.1
9号(粉质低液限黏土)	浸水	$E_0 = 7.344\ CBR^{0.4419}$	3.6	62.8
11号(含砂高液限黏土)	浸水	$E_0 = 10.044\ CBR^{0.560}$	4.6	21.7

由此可见,通过采取措施,提高了土基填料的CBR值,相应的也会提高其回弹模量。在设计中加以考虑时,再配以适当的底基层条件下,可以减少基层的设计厚度,获得一定的经济效益。

2.7 结　　论

①首次提出以黏粉比 m 和土中矿物类型及其含量为指标的土基填料CBR值大小评价方法。

CBR值作为表征土体局部抗剪强度的指标,其大小受多种因素的影响。在标准的试验方法和相同的试验条件下,对塑性指数相同的土体而言,影响CBR值的主要因素是土体中矿物类型及其含量的多少,其次为黏粒组颗粒曲线分布情况及黏粉比 m。黏土矿物总量对土体性状的影响程度远远超过土中所含黏土矿物相对数量的影响。黏粉比 m 越大,CBR值越小。该成果具有重要的理论参考价值。

②首次提出冀中平原不同土基填料的浸水、不浸水条件下的承载比CBR值、回弹模量 E_0 和压实度 K 的相关关系,将设计、施工及路基填料控制有机地结合在一起,为我国高速公路路基设计提供重要的参考依据。该成果对保证路基设计与施工质量,确保高速公路安全运营具有深远意义,社会及经济效益显著。

③从提高压实度和掺灰处理两方面提出了提高土基承载比CBR值的有效途径,为合理掺灰量指标的确定提供了试验和理论依据,具有重要的应用推广价值。

④提出提高土基CBR值后可以优化路面结构形式,适当减薄基层或底基层厚度,具有一定的经济效益。

第3章　高速公路路基边坡冲刷机理及防护技术

3.1　路基边坡冲刷机理分析

坡面冲刷过程包括降雨击溅和径流冲刷引起土颗粒分离、泥沙转移和沉积等三大过程。研究和分析这些过程的发生与发展的水力、土体、地形条件以及各过程间相互转化、相互影响的特性,是量化研究边坡侵蚀冲刷的前提条件。

3.1.1　边坡冲刷成因

1)降雨击溅

击溅是降雨冲刷的最初形式。雨滴平均降落速度为7～9m/s,对地面产生很大的冲击力,使土颗粒受到侵蚀而溅起,这种现象即是击溅侵蚀(溅蚀)。雨滴溅蚀可分为如下三个阶段:

(1)干土溅散阶段

降雨初期,雨滴降落到相对比较干燥的土体表面,因土体颗粒间隙有空气充填。土粒还来不及吸取雨水,细小土粒只随雨滴溅散开,但仍保持原来的结构,这是雨滴溅蚀的第一阶段。

(2)泥浆溅散阶段

随着降雨时间的延长,表层土体空隙充填的水分逐渐增多,并继续接受雨滴的冲击、震荡,致使土体结构破坏。当其土体表层水分增加到过于饱和程度后,土体即成为稀泥状态,泥浆受雨滴冲击,将以稀泥状态溅散,这是溅蚀的第二阶段。

(3)层状侵蚀阶段

降雨过程继续延长,土体表层的泥浆将阻塞土体孔隙、妨碍水分继续下渗,形成泥浆状的地表浑浊径流,造成地表土粒均匀地流失,这是溅蚀的第三阶段。浑浊径流流失一段时间后即转为清水径流,故层状侵蚀阶段既是向地表径流转换的过渡阶段,也是溅蚀引起冲刷较严重的阶段。

由此可见,尽管坡面径流形成前降雨产生的对土体的击溅作用在整个冲刷过程中占的比例没有径流大,但它也是产生径流冲刷的必不可少的条件。

2)边坡冲刷中的土体水蚀过程

高速公路边坡被雨水冲刷破坏的过程是土体侵蚀力与土体可蚀性之间的相互作用的一系列过程的集合,一般情况下,可以划分为由侵蚀力造成的路基土体分散、搬运和沉积三大过程。其全过程作用可描述为:在降雨过程中,当降雨强度超过土体地表入渗强度后,坡面地表开始产流;产流后,首先在坡面上形成薄层漫流,在较微弱的漫流冲刷过程中,由于坡面地表微起伏的存在及抗侵蚀性的不均匀性,使径流在顺坡向下流动的过程中必然发生汇集,形成水深渐大、流速渐增的股流;与径流汇集过程相对应,径流在坡面上引起的冲刷过程也分为面状侵蚀、细沟侵蚀、浅沟侵蚀和切沟侵蚀。在坡面侵蚀过程中,降雨和径流提供了侵蚀作用的动力,土体是侵蚀搬运的物质基础,坡面则是作用过程发生的场所。降雨和径流在坡面上作用于土体,经过一系列的中间过程,其结果是导致水土流失、边坡遭到破坏。

土体水力侵蚀过程是雨滴和地表径流引起的土体颗粒分散、搬运和沉积的过程。由于基本颗粒被物理和化学结合力所束缚,因而多数土体是胶结的。从某一胶结的土体位移颗粒所需的力要比移动散布于土体表面的松散颗粒所需的力大得多。

坡面上某点处的物源和由流水携带的泥沙常常在同一个地方发生相互作用,因此,含有不同粒径泥沙的径流对土体的侵蚀有着完全不同的结果。由此可以看出,决定细沟间侵蚀的主要因素是坡面上的降雨侵蚀力、土体可蚀性、坡面坡度以及坡面上的防护措施状况等。

细沟侵蚀是坡面径流汇集成股流,沿坡面下泄过程中分散、分离及输移土体的水力过程。细沟下切的可能性取决于细沟的坡度、土体结构、土体性状以及细沟内的流量和泥沙浓度。细沟侵蚀主要与水流的分散能力和搬运能力有关。细沟流分散土体的强度受雨滴打击的影响很小,主要由细沟中的水流特征决定。

径流的作用之一就是对坡面上被雨滴击溅或水流切应力分离出来的孤立土粒进行搬运,搬运能力的大小除与径流能量有关之外,还与径流量密切相关。当径流所携带的沙量超过其携沙能力时,其含沙量就会降低,这一段实际上就是沉积过程。水流搬运泥沙的沉积过程是一个泥沙的分类过程,体积大、密度高的泥沙颗粒容易沉积,反之细而轻的泥沙颗粒会输移到较远的下游。当有细沟产生时,细沟中的水流情况与坡面上有所不同。由于水流相对集中,摩擦阻力减小,尤其是对于本书所研究的公路边坡而言,坡度很大,重力作用明显,流速较大,水流的携沙能力明显增强,一些大的土粒甚至土块都有可能携带下去而不易沉积。因此,水流搬运泥沙的过程是一个极为复杂的流体动力学与其携带的泥沙和床面综合作用的非线性过程。

天然降雨条件下,雨滴击溅力、径流切应力和侵蚀阻力在坡面上共同作用,诸多影响因素需同时考虑。此时,作用于坡面上的侵蚀动力包括雨滴击溅力、径流切应力,其能量主要消耗于破坏土体黏结力、输移土粒或土块和摩擦生热,剩余一部分能量随出口处径流带出。国内有些学者主张从能量的角度出发,对侵蚀输移特征进行描述和计算,认为当能量超过一定限度时,土体颗粒间的黏结就会被破坏,土体结构受到侵蚀。土体结构的不同也将导致黏结力的不同,雨滴击溅作用可增大径流的扰动程度,反过来,径流对雨滴的击溅力也可削弱或消除,随坡面上径流水层厚度增大,雨滴击溅对径流的扰动作用程度减弱。这是水流对雨滴打击力的缓冲作用增强而消耗其更多的能量的原因。

由以上分析可以看到,土体侵蚀过程从雨滴引起的颗粒分散到细沟间坡面侵蚀,到细沟侵蚀和切沟侵蚀,再到泥沙搬运,最后至泥沙沉积,是一系列复杂的坡面泥沙动力学过程,是侵蚀动力与侵蚀阻力在坡面上土颗粒或其集合体之间相互消长的复合作用过程。其间,造成边坡冲刷破坏的主要作用过程为细沟侵蚀和切沟侵蚀,尤其是对于公路边坡而言,由于边坡的坡度较陡(与缓坡相比),径流的重力作用显著增强。

3)植被对边坡冲刷影响分析

植被防止侵蚀的作用主要包括对降雨能量的削减作用、保水作用和抗侵蚀作用。

(1)植被对降雨能量的削减作用

森林植被减弱降雨势能的作用由两个部分组成:一是林冠对降雨截留作用减弱了降雨势

能;二是林冠对降雨的缓冲作用减弱了降雨能量。不同类型的森林,这两种作用在森林植被中被减弱的总势能的比例是不同的。乔木林对降雨势能的减弱作用主要取决于林冠截留耗能作用的大小,而灌木林则主要决定于林冠缓冲耗能作用的大小。林分平均高度、林分平均冠心高度和林分平均枝下高度及郁闭度,是影响森林植被减弱降雨势能的重要因子。

(2)植被的保水作用

植被的保水作用主要包括树冠的截留降水、枝叶的吸水能力及枯枝落叶层的保水能力。森林、港丛、草地及农作物等各种植被的地上部分都具有截留降水、减少雨滴打击力和减缓径流过程及强度的作用,其作用大小随着植被地上部分盖度和生物量的增加而增加。森林植被的树冠截留作用最强,一般占雨量的10%~15%。其截留量的大小取决于降雨量和降雨强度。

(3)植被的抗侵蚀作用

大量研究表明,植被具有明显的抗侵蚀作用。水土保持林地的侵蚀量与林地覆盖度呈二次多项式关系,且65%的覆盖度为林地有效覆盖度。林地侵蚀量与林龄呈指数递减趋势;有效林龄为5~7年。水土保持林的活地被物层对林地土壤侵蚀影响显著,但对径流影响不明显。

3.1.2 边坡冲刷影响因子分析

土的冲刷是一个极其复杂的物理过程(甚至涉及化学、生物过程),受到许多自然因素的制约(如气候、地形、地质、土质、植被等),同时又受到人类活动的干扰,各个因素之间存在着错综复杂的相互作用。其影响因素一般有降雨的溅蚀力、径流量的大小、土分离的难易程度、水流冲刷携带泥沙的能力。这些参数又取决于雨滴动能、雨滴数量及降雨强度、地质、土质类型及结构、坡度、植被、土的含水率以及各种形式的水流因素(如流速、流量)等特征值。

大量的研究发现,野外测量到的土流失量与降雨量、降雨历时和30min最大降雨强度(I_{30})关系密切。而对路堤边坡,除了研究雨滴对土的溅蚀及坡面径流冲刷过程外,由于其特有性质,路堤顶面的汇流作用可使坡面发生强烈沟蚀,使其成为路堤坡面的主要冲刷形式。沟蚀量的大小主要取决于股流量,股流量主要由降雨量和路堤顶面半宽决定。本研究把降雨量乘以路堤顶面半宽定义为半宽雨量。在寻求路堤边坡土冲刷量与各因子的相关性时,用路堤顶面半宽雨量来代替总雨量。因此首选这三个变量作为表示产生冲刷直接外因的参数。

当降雨强度大于土体的入渗能力时,多余的降雨就会转变成地表径流。近年来,国内外多名学者对坡面流的水力学特性进行了详细分析,普遍认为径流影响坡面冲刷量最重要的因素是径流流量的大小和流速。因此选用这两个参数作为表示径流冲刷能力大小的影响因素较为合适。

边坡土本身性质(比如土颗粒之间的黏聚力和密实程度——对公路这样的土工构造物称为压实度)在很大程度上决定了土体分离的难易程度。而边坡坡度和坡长是最基本的地形因子,描述边坡冲刷,这两个参数不可缺少。

3.1.3 边坡冲刷中的细沟侵蚀机理研究

细沟侵蚀在坡面径流侵蚀中占有很重要的地位,在此之间的面状侵蚀对冲刷破坏的贡献很小,大量的观测研究证明,坡面侵蚀方式在由面状侵蚀发展为细沟侵蚀后,侵蚀量会成倍甚至数十倍增大;而当径流速度很大时,切沟侵蚀又在机理上与细沟侵蚀相似,所以本节重点研究细沟侵蚀的机理。

1）影响坡面径流水力要素的关键因子分析

径流水力要素包括径流深、径流速度、水力半径、过水断面的水力几何形态、阻力系数等。

根据经典水力学的 Manning 公式，径流速度可以表达为水力半径和水面能坡的函数：

$$v=\frac{1}{n}J^{\frac{1}{2}}R^{\frac{2}{3}}$$

式中：v——径流速度（m/s）；

J——水面坡能，$J=\tan\theta$；

θ——坡面的坡度（°）；

R——侵蚀沟断面的水力半径；

n——Manning 糙率系数。

2）坡面细沟侵蚀中糙率系数的变化规律

水流阻力是指水流在流动过程中受到的来自边界的阻滞作用。表征河床边界对水流阻力大小的度量，称为糙率或糙率系数。对于定床明渠水流而言，糙率一般可视为常数。对于冲积河流来说，决定阻力的组成单元中，很多因素都与水流条件密切相关。对于坡面细沟侵蚀过程中的径流流动而言，地面对水流的阻滞作用来自三个方面：土体粒径组成及其排列方式、坡面侵蚀形态以及水流本身的结构。

在河流水力计算中，水流阻力一般是通过计算 Manning 糙率系数或 Darcy-Weisbach 系数来评价的。所用资料主要来自不同条件下的现场实际量测和试验室的水槽试验。由于持续时间的短暂性、侵蚀形态的激变以及降雨的突发性等原因，在评价土体侵蚀过程中的水流阻力时，很难在现场实际量测有关的水力要素值，一般均通过室内原形模拟试验来探求水流阻力与水力要素和立地条件之间的关系，来确定不同条件下的水流阻力大小。

糙率系数是反映坡面细沟对水流阻滞作用的参数，其大小不仅与粒径等土体性质有关，而且在很大程度上决定于细沟的形态特征，而细沟形态特征的影响又与水流强度密切相关。为探讨细沟流侵蚀过程中 Manning 糙率系数的变化规律，可在试验过程中测定不同坡度时各种设计流量下细沟水流的平均流速值及径流深度大小，由此可用 Manning 公式计算糙率系数。Manning 糙率系数与流量的关系如图 3-1 所示。

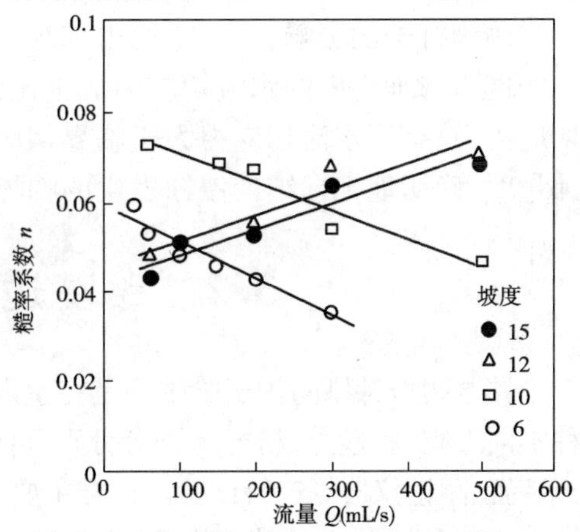

图 3-1　Manning 糙率系数与流量的试验关系曲线

由图 3-1 可以看出，Manning 糙率系数的大小与细沟中的径流量及坡度的陡缓密切相关。因坡度的陡缓不同，随流量的变化具有不同的增减趋势。当坡面坡度较小时，Manning 糙率系数随径流量的增大而减小；当坡面坡度超过某一值时，Manning 糙率系数则随径流量的增大而增大。由理性分析可知，这一变化趋势是由于流量增大引起的相对糙率 D/h 变化与冲刷形态的变化消涨对比在不同坡度上不尽相同所致。一方面，流量的增大意味着水深增大，将使相对糙率变小；而另一方面而言，流量的增大也意味着冲刷强度增大，从而导致细沟形态复杂化。当坡度相对较小时，流量增大引起的糙率变小的程度相对于细沟形态变化引起的糙率变大的程度要大，因此，总体而言，糙率系数随流量的增大而减小；当坡度相对较大时，尽管由于径流量增大导致了糙率系数减小，但是较大的流量导致细沟侵蚀加剧，断面形态复杂，同时，流量增大后在水流表面形成的菱形波对流态的干扰程度也会增大，致使水流本身的扰动作用增强，从而导致水流阻力作用增强，因此，Manning 糙率系数随流量的增大而增大。对于常规的公路边坡而言，其坡面坡度一般均明显大于图中大致推定的临界坡度值，其侵蚀冲刷过程应遵循糙率系数随径流量增大而增大的必然规律。

以上分析结果表明，坡面水流阻力不仅受地面条件的影响，在很大程度上还取决于水流作用后侵蚀形态本身的影响，因为在同样的水流条件下，由于坡度的陡缓不同其侵蚀形态会有很大的差异。在进行坡面径流水力要素计算时，糙率系数的选定要考虑土体本身特性、流量的影响及坡度的影响。

3）发生坡面细沟侵蚀的临界水力条件

在水力要素影响因子中存在有临界坡度值的问题。事实上，为确切地计算细沟侵蚀产砂量，必须解决三个方面的问题：

①细沟侵蚀发生的临界条件；

②不同降雨、不同立地条件下所形成的细沟网络的分布特征及每条细沟中径流量的分配；

③不同尺度的细沟中，不同水力条件下的产砂及其输移特点。

虽然到目前为止，就以上问题都进行了不同程度的研究，但由于细沟侵蚀发生机理的复杂性、发生过程的随机性和持续时间的短暂性，以及遭受侵蚀的土体的多样性，对于细沟侵蚀的发生机理，特别是在其发展过程中水力要素的变化等问题还有待于进一步研究。

坡面细沟侵蚀是指坡面径流汇集成股流，沿坡面下泄过程中分散、分离及输移土体的过程。细沟侵蚀不同于面状侵蚀，其发生机理与面状侵蚀有很大的区别。细沟流分散土体的强度受雨滴打击的影响很小，主要由细沟中的水流特征决定。前人的研究表明，细沟水流分散土体的能力与细沟中的水流切应力成正比，而且，对于一定的土体，细沟侵蚀的发生存在有临界切应力，只有当水流切应力大于临界切应力的情况下才会发生细沟侵蚀。在计算预报坡面侵蚀量时，确切地把握细沟侵蚀发生的临界状况十分必要。

3.2 路基边坡冲刷防护试验研究

路基边坡冲刷防护试验主要是在室内模拟了漫流条件下路面汇水对边坡的冲刷，通过对三种不同土质（粉砂土、粉土、黏土）分别取样，室内模拟成不同压实度、不同边坡坡度的边坡，用模拟装置、测量仪器等进行试验。试样主要取自河北青银高速公路。试验内容主要包括如下三项：

①三种原状土的基本物理、力学特征参数试验；

②三种原状土的室内击实试验；

③在室内模拟条件下，不同土质、不同压实度、不同边坡坡度、有草和无草等情况下的边坡抗冲刷模拟试验，主要工作是冲刷形状的描述及冲刷量的量测。

3.2.1 三种原状土的基本物理、力学特征参数试验

在进行冲刷试验前，首先进行了原状土的基本土工试验，其结果如图 3-2 ~ 图 3-5 所示。

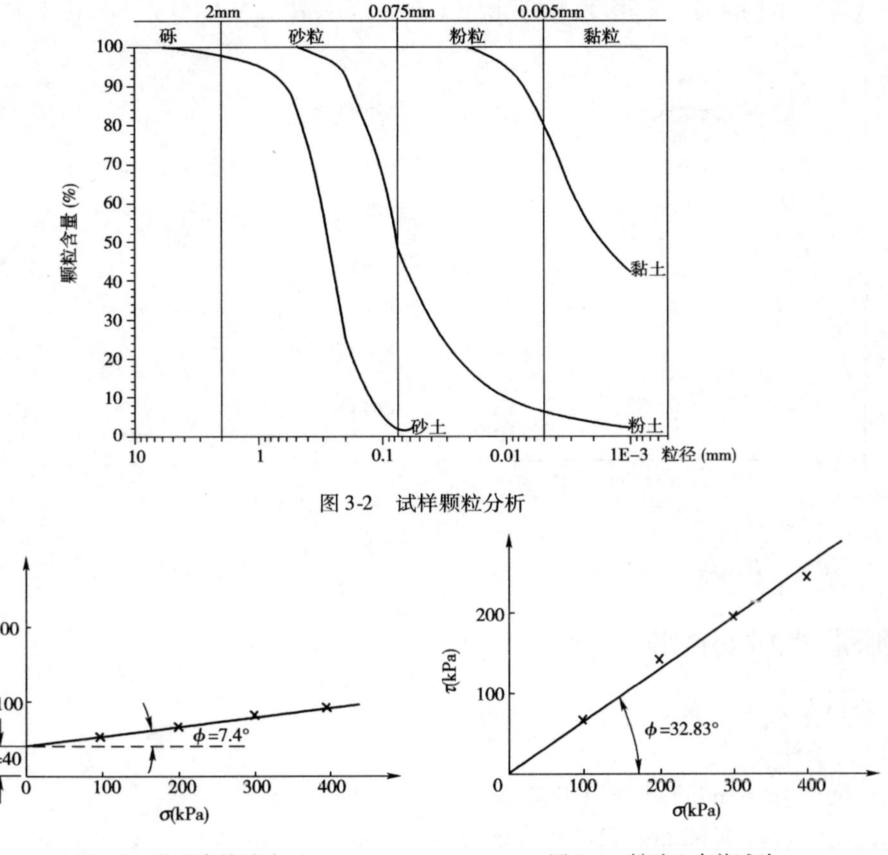

图 3-2　试样颗粒分析

图 3-3　黏土直剪试验

图 3-4　粉砂土直剪试验

3.2.2 三种土的室内击实试验

由于每次冲刷试验均需要获知试样的压实度，因此先在土工试验室进行了室内击实试验，得到三种土的最大干密度，其试验结果如图 3-6 ~ 图 3-8 所示。

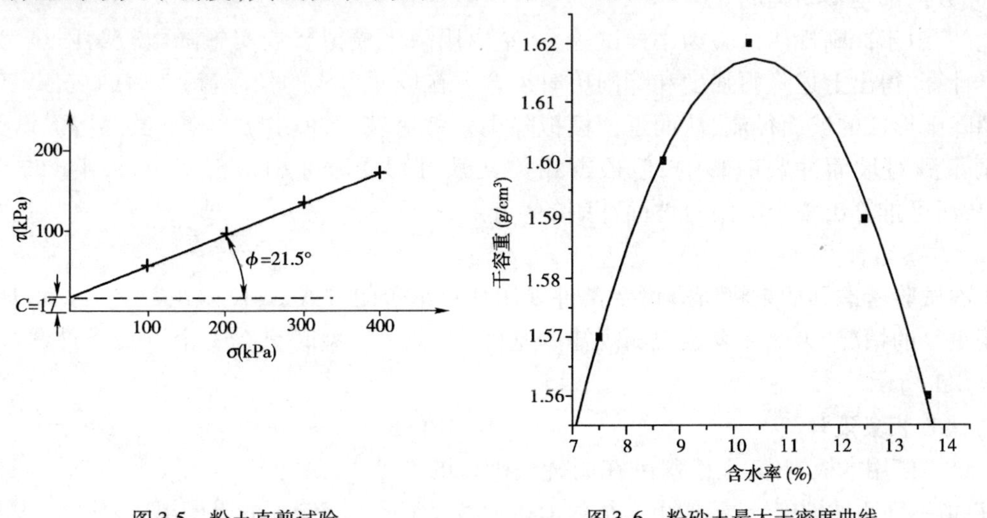

图 3-5　粉土直剪试验

图 3-6　粉砂土最大干密度曲线

最终得到三种土的最大干密度：粉砂土为 1.65g/cm^3，黏土为 1.90g/cm^3，粉土为 1.74g/cm^3。

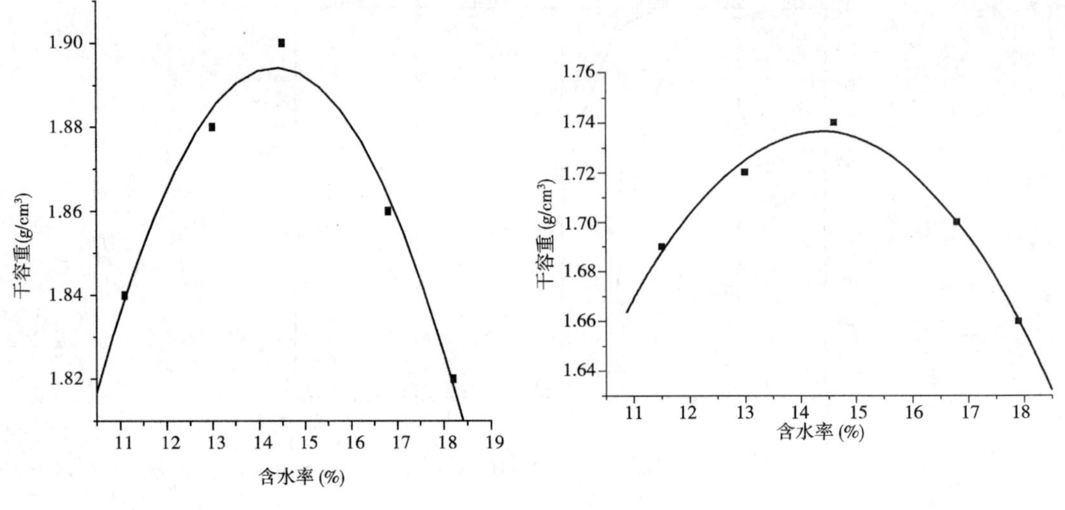

图 3-7　黏土最大干密度曲线　　　　图 3-8　粉土最大干密度曲线

3.2.3 室内冲刷试验

1）试验组合方案

（1）可变条件

①降雨强度（mm/min）：1.5、2.0、2.5。

②降雨历时（min）：60min，每隔 10min 记录。

③土质 3 种：粉砂土，粉土，黏土。

④边坡坡度 5 种：1∶2，1∶1.75，1∶1.5，1∶1.25，1∶1。

⑤压实度 6 种。

在试验条件中，压实度较难得到预期数值，只能根据压实遍数的区别而得到不同的压实度，因此数据不是整间隔的。

此外，由于冲刷规律试验为小样试验，在室内用降雨模拟装置实施降雨较为困难，为此只能通过计算，得出上述降雨强度和降雨历时组合下在坡面形成的径流量，然后通过一定的设施来模拟降雨形成的坡面径流，从而近似模拟降雨条件对坡面冲刷的影响。虽然本次试验忽略了降雨击溅对坡面冲刷的影响，但根据相关文献可知径流冲刷量占整个冲刷量的 80% ~ 85%，从而可推算出整个降雨对坡面冲刷的影响。

（2）方案组合

本次试验考虑到如果将所有可变条件采用任意组合的方式，则试验组数将大大增加，并且会出现重复的情况，为此在满足观测规律的基础上，每次试验时只有一个可变条件，故试验组数如表 3-1 所示。

2）试验装置设计

①试验槽用木板制作，土槽斜卧在用砖块砌成的斜坡上，通过抬高或降低土槽下底部的位置，可模拟不同边坡坡度，试验槽由 3 个长 150cm、宽 50cm、深 30cm 的土槽组成，如图 3-9 所示。

试验组合方案表　　表 3-1

方案	坡度	压实度 (%)	降雨强度 (mm/min)	降雨历时 (min)	目　　的
1	1:1.5	82	3 种	10	观测降雨强度变化对冲刷的影响
2	1:1.5	82	2.0	6 个间隔	观测降雨时间变化对冲刷的影响
3	5 种	82	2.0	10	观测坡度变化对冲刷的影响
4	1:1.5	6 种	2.0	10	观测压实度变化对冲刷的影响

②在试验槽下部铺 5cm 厚的天然砂，以保持试验土底部接触与透水状况符合自然坡面。

③在试验土浸水前，将冲刷槽前沿土样创成 45°斜面，减小土块因重力剥落引起的误差。

④用透水布做成接冲刷形成泥浆的口袋，套在土槽底部，以接收冲刷得到的泥沙。

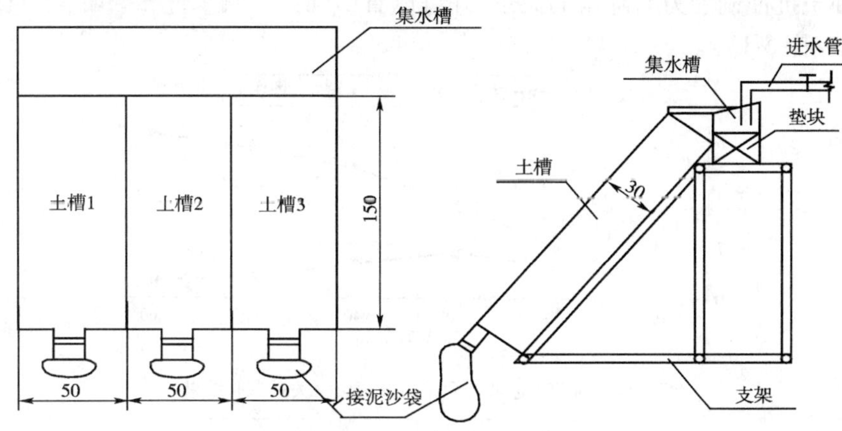

图 3-9　室内冲刷装置示意(尺寸单位：cm)

3)试验步骤

①将三种不同土质填入试验槽并碾压到设定的压实遍数(与一定的压实度相对应)，表面抹平，并用毛刷刷去土体表面浮土。

②放水冲刷，每隔 10min 换接泥砂袋 1 个，1 次试验为 0.5h。

③等到口袋中无自然泌水时，将接泥砂袋中的泥砂倒出后烘干称量。

在上述步骤结束后，再按试验组合方案，重复进行不同压实度、不同边坡坡度、有草、无草等情况下的边坡抗冲刷的模拟试验。

4)室内冲刷试验结果及分析

(1)不同土质的冲刷性状描述

边坡冲刷效果与土质有关，土质不同，土的结构(也就是土颗粒之间相互排列和联结的形式)就不同。土的结构决定了不同土质边坡冲刷效果的差异。

简单地说，三种土质对应了土的三种结构。粉砂土为单粒结构，即粉砂土为散粒体，颗粒与颗粒之间是相互独立的，不存在力的作用，因而易被冲刷。粉土为蜂窝结构，即土粒之间的分子引力大于土粒自重，土粒之间相互被吸引，形成具有很大孔隙的蜂窝状结构，冲刷破坏需要一定的时间和雨强。黏土为絮状结构，主要是因为黏土颗粒较小，一定数量的黏土颗粒首先形成土集粒，土集粒与土集粒之间由于引力作用，相互吸引，再形成更大的絮状结构，因而黏土质边坡不易被冲刷。

从冲刷的形状来看（图 3-10），粉土和粉砂土很快就形成了冲沟，并且随着时间的增加，冲沟深度和长度均在不断增加，最后甚至贯穿整个坡面，属于沟蚀；黏土表面没有明显的冲沟，一开始是小颗粒的流动，后来在局部范围内土层仿佛成片状地被剥落，属于面蚀，这与国内外已有的研究文献论述基本一致。

粉砂土 黏土 粉土

图 3-10　三种土的冲刷形状

(2)不同土质降雨特性影响试验

该试验主要目的是得出目前公路常用坡度（1∶1.5）的边坡在素土条件下，三种土质抗冲刷能力及每种土抗冲刷能力与降雨的关系，并可以看出外界影响条件相同时，不同土质的冲刷状况（图 3-11 ~ 图 3-13）。

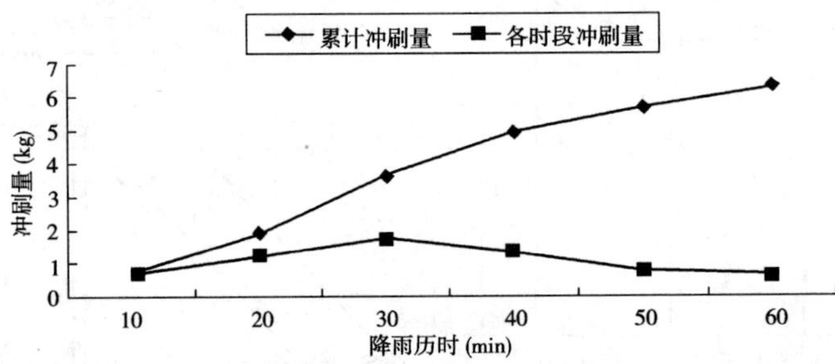

图 3-11　粉砂土边坡冲刷量与降雨历时关系试验结果

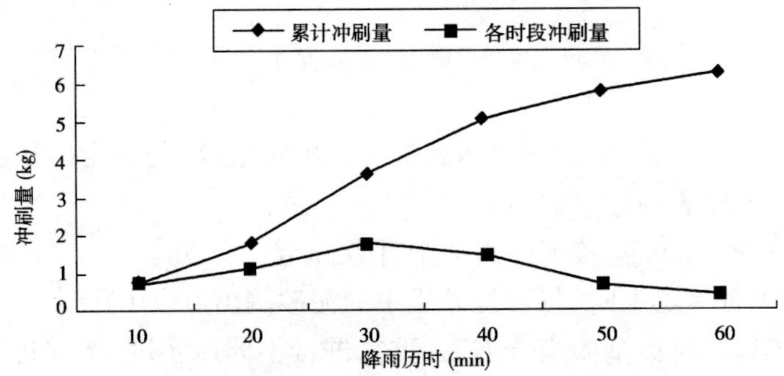

图 3-12　粉土边坡冲刷量与降雨历时关系试验结果

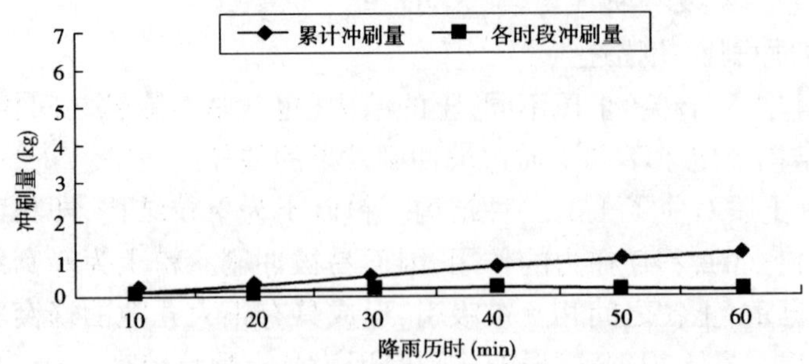

图 3-13　黏土边坡冲刷量与降雨历时关系试验结果

从图 3-11 ~ 图 3-13 中可以看出：

①三种土边坡冲刷量均随着降雨时间的增加而增加，只是每 10min 段的增加量不同。粉砂土与粉土基本一致，而黏土与二者相差较大，说明不同地区粉砂土性质有所差别，但差别不大；而不同类的土性质差别较大，应严格分类分析。

②粉砂土土质疏松，径流形成初始坡面就出现较大的冲刷，而且在较短时间内增加较快，但是过了一段时间，增幅开始减小，说明坡面形成的冲沟已经贯穿坡面，慢慢形成较稳定的冲刷增量，整个冲刷过程也趋于稳定。

③黏土土质紧密，径流刚形成时，很难对坡面造成冲刷，故冲刷量很小，只是表面有些浮土形成的冲刷量，随着径流量的增加，冲动的浮土越来越多，在一段时间内形成了冲刷量的小幅增加，但整个过程较短，很快增幅开始减小，并且趋于零，说明坡面的浮土越来越少，一旦浮土被冲掉，冲刷量基本趋于没有，除非成块的黏土被剥离，突然形成很大的冲刷量。

④上述试验结果分析与现有文献论述和相关项目调研与试验观测结果基本符合，表明这种土本身的冲刷特性很有规律可循。

(3) 不同压实度影响试验

该试验主要目的是得出目前公路常用坡度(1:1.5)的边坡在素土条件下，三种土质抗冲刷能力与边坡压实度的关系。试验步骤如上所述，其中压实度用环刀法得到(图 3-14)。冲刷效果如图 3-15 ~ 图 3-17 所示，分析结果如图 3-18 ~ 图 3-20 所示。

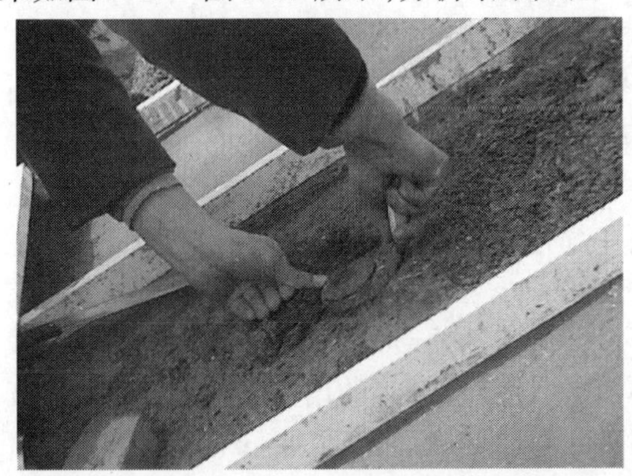

图 3-14　环刀取样

图 3-15　三种土的冲刷形状图示(1)

图 3-16　三种土的冲刷形状图示(2)

图 3-17　三种土的冲刷形状图示(3)

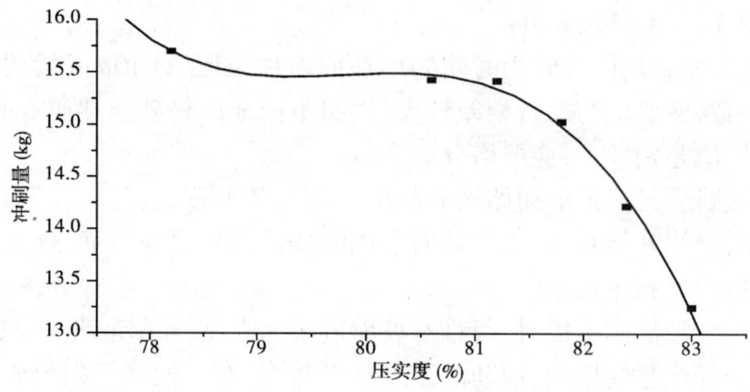

图 3-18　粉土边坡不同压实度对冲刷量影响曲线

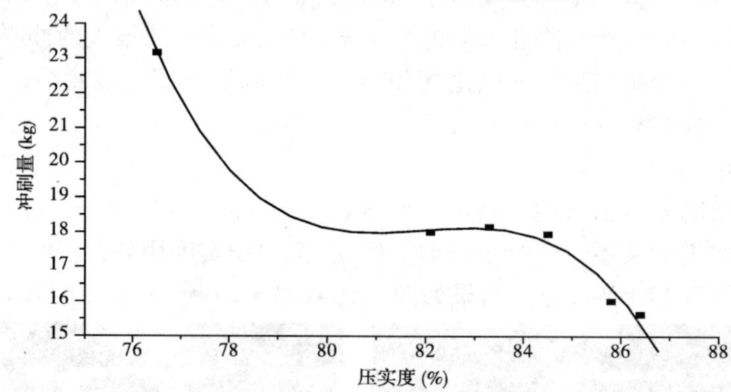

图 3-19　粉砂土边坡不同压实度对冲刷量影响曲线

从图 3-15 ~ 图 3-20 中可以看出：

①三种土在坡度相同且没有植草的情况下，压实度越高，其抗冲刷能力越强，而且在三种土质之间，抗冲刷能力：黏土 > 粉土 > 粉砂土。

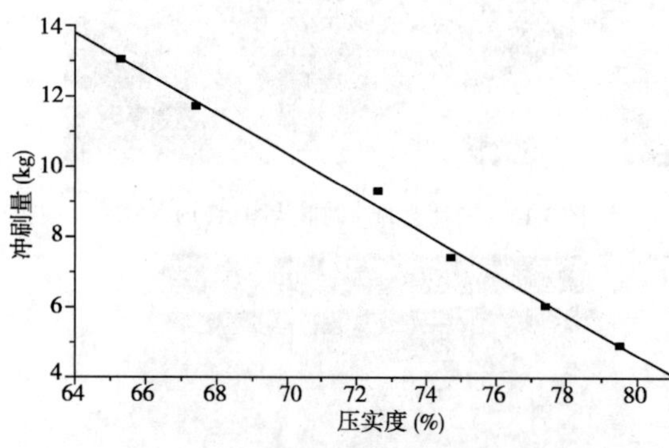

图 3-20　黏土边坡不同压实度对冲刷量影响曲线

②从冲刷的形状来看，粉砂土很快就形成了冲沟，并且随着时间的增加，冲沟深度和长度均在不断增加，最后甚至贯穿整个坡面，属于沟蚀，这与课题组在青银高速公路试验路现场所见情况一致；黏土表面没有明显的冲沟，一开始是小颗粒的流动，后来在局部范围内土层仿佛成片状地被剥落，属于面蚀；对于粉土来说，试样中粉粒含量较高，黏粒含量低，粒径均匀，黏聚性差，水稳定性差，由于粒间结构的差异，使得粉土的抗冲刷性能优于粉砂土，冲沟深度和长度均小于粉砂土质边坡。边坡土质不同，冲刷形状就不同，这还可以通过前面所述的土的结构进一步加以理解。

(4) 土体抗冲刷性试验

土体冲刷的内在机理是土体的分解和土粒的搬移。其产生是通过降落在土层表面的具有一定能量的降雨首先与地表土发生非弹性碰撞，使土原状结构受到破坏，并进而降低以及消除土之间的黏结作用,最终使土颗粒发生分散,处于"孤立"及"半孤立"状态。当土的入渗能力小于降雨的供水能力之后,坡面即产生径流,通过径流的冲刷侵蚀能力,不但可以将坡面上已经处于"孤立"及"半孤立"状态的土颗粒搬运输出坡面,同时也可将本身径流侵蚀作用所侵蚀掉的部分土粒搬运输出坡面。

(5)坡面有无植被对边坡抗冲刷能力的影响比较

该试验主要目的是得出坡面植被对边坡抗冲刷能力的影响。为了能直接比较出坡面有草、无草条件下抗冲刷能力,将其他影响冲刷的因素作为不变条件,坡度为目前公路常用坡度(1:1.5)。试验步骤与上基本一致,冲刷效果如图3-21、图3-22所示,试验结果如表3-2所示。

图3-21　粉砂土有无植草的比较

图3-22　黏土有无植草的比较

三种土有无植草情况对冲刷量影响的试验结果　　表3-2

类别	粉砂土		粉土		黏土	
	无草	有草	无草	有草	无草	有草
冲刷量(kg)	16.75	11.69	15.13	10.52	14.22	9.38

三种土在坡度相同条件下,有草和无草情况差别较大,种草的坡面冲刷量明显要小于素土边坡。这也验证了有植被的坡面不但美观,而且起到了增加边坡抗冲刷能力的作用。

(6)坡度变化对边坡抗冲刷能力的影响比较

该试验主要目的是得出坡度变化对边坡抗冲刷能力的影响。为了得出坡度变化对边坡抗冲刷能力的影响,选择6种公路可能用到的坡度,进行冲刷试验,试验结果如图3-23所示。三

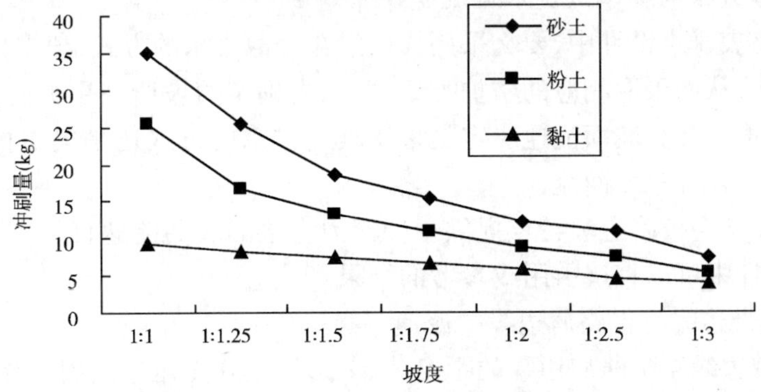

图3-23　不同边坡坡度对冲刷量影响曲线

种土在其他条件相同情况下,冲刷量随坡度增加而减小,而且坡度对冲刷的影响:粉砂土 > 粉土 > 黏土,这也验证边坡设计时,放缓坡度能起到增加边坡抗冲刷能力的作用。

3.3 边坡防护临界高度及应用场合分析研究

3.3.1 概述

对路堤来说,可采用两种方式排除路面表面水:一种是让路面表面水以横向漫流形式向路堤坡面分散排放;另一种方式是在路肩外侧边缘处设置拦水带,将路面表面水汇集在拦水带同路肩铺面组成的浅三角形过水断面内,然后通过隔一定间距设置的泄水口和急流槽集中排放到路堤坡脚外。而这两种路面排水方式,将对坡面产生不同的冲刷效果,对边坡防护的要求也不一样,因此十分有必要研究这两种排水方式对应的路堤高度和对防护措施的影响。

在考虑路面排水分漫流与集中下水两种方式的前提下,可将分界高度(图 3-24)定义如下:

①边坡植被防护的抗冲刷分界高度(H_1):指的是当公路边坡在集中下水情况下采用植被防护,边坡能抵抗雨水冲刷的临界高度。

②边坡植草后漫流排水的抗冲刷分界高度(H_2):指的是确定 H_1 后,公路边坡采用植被防护情况下,其排水方式采用漫流方式,能抵抗雨水冲刷的临界高度。

③边坡防护后漫流排水的抗冲刷分界高度(H_3):指的是确定 H_1 后,公路边坡采用工程防护情况下,其排水方式采用漫流方式,能抵抗雨水冲刷的临界高度。

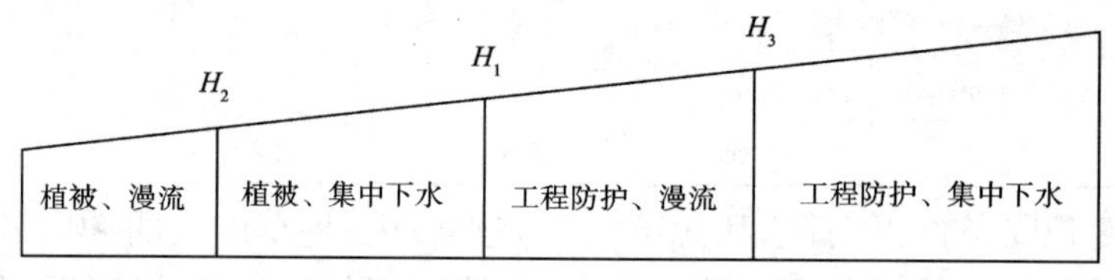

图 3-24 路堤临界高度

3.3.2 理论计算分析

1)不同排水方式下的公路边坡水流流速计算方法

在高速公路路表排水设计中,要么采用横向漫流分散排水的方式,根据该公路路段的实际状况计算坡面流速,从而采取相应的防护类型;要么先确定边坡所采用的防护类型,并根据坡面容许流速,然后根据计算坡面流速决定是采用漫流排水的方式还是集中排水的方式。无论采用什么方法,都必须计算坡面流速。

本节将进一步结合公路边坡特点提供一种较为直接的坡面流速计算方法,并通过有关计算,给出在实际设计中可以直接引用或参考的结果。

(1)中央分隔带边缘至土路肩边缘的流速

设中央分隔带边缘至土路肩边缘的距离为 d;边坡上 A 点至土路肩边缘的坡高为 H;路堤边坡的边坡率为 i_b;路面横坡为 i_s,纵坡为 i_g。由《公路排水设计规范》查得路面粗度系数为

m_1,边坡粗度系数为 m_2。

降落在路面上的雨点,其初速度可视为 0,从微观上,可将其看作为一个质点,该质点在重力的作用下,由高处向低处运动,在运动过程中,同时还受到周围其他质点及路面的黏滞力的作用。显然,可假设质点在所受的这三个力的共同作用下,其合力不变,因此该质点应作等加速直线运动。

若以 t_1 表示自中央分隔带边缘至土路肩边缘所需的汇流时间,则质点在重力的作用下,将沿路面的横坡及纵坡的合成坡度进行运动,因此有

坡面流的合成坡度为

$$i_1 = \sqrt{i_s^2 + i_g^2}$$

坡面流的长度为

$$L_{sl} = d \times i_1 / i_s$$

汇流历时为

$$t_1 = 1.445 \times \left(\frac{m_1 L_{sl}}{\sqrt{i_1}} \right)^{0.467} \quad (\text{min})$$

土路肩边缘处的流速为

$$v_1 = 2 \times \frac{L_{sl}}{60 t_1} \quad (\text{m/s})$$

由式(3.67)可得

$$L_{sl} = 0.455 \frac{\sqrt{i_1}}{m_1} t_1^{2.141}$$

若设加速度为

$$a_1 = 2 \times 0.455 \frac{\sqrt{i_1}}{m_1}$$

对于加速度为 0 的等加速直线运动,其时间与距离的关系式为

$$L_{sl} = \frac{1}{2} a_1 t_1^2$$

因此

$$v_1 = a_1 t_1$$

根据以上公式可以计算各种坡度、路面材料、路面宽度等情况下的雨点在土路肩边缘处的速度 v_1。

(2)边坡上一点 A 点处的流速 v_2

同样,可以假设坡面上的质点在周围其他质点与坡面的黏滞力、坡面支反力及重力的共同作用下,该质点所受的合力不变。该合力的方向为沿着坡面,且垂直于水平坡脚线(该结论可用立体几何的知识证明),合力所引起的坡面流加速度为 a_2。为了求出坡面上一点 A 处(对应 t_2 时刻)的流速 v_2,可以近似认为雨点在由路肩运动到边坡上时,方向改变但不改变其速度值 v_1。如图 3-25 所示(A 点应落在 F、E 点之间,图中未标示),即有

$$v_{20} = v_1$$

式中:v_{20}——坡面流的初速度。

显然,v_{20} 与 a_2 的方向成夹角 θ_2。这样,坡面流的初速度与其加速度方向不一致,因此,坡

面流将作初速度为 v_{20} 的抛物线运动。若设边坡坡面的粗度系数为 m_2，坡度为 i_p，边坡上 A 点至土路肩边缘的坡高为 H，设 a_2 为

$$a_2 = 2 \times 0.455 \frac{\sqrt{i_p}}{m_2}$$

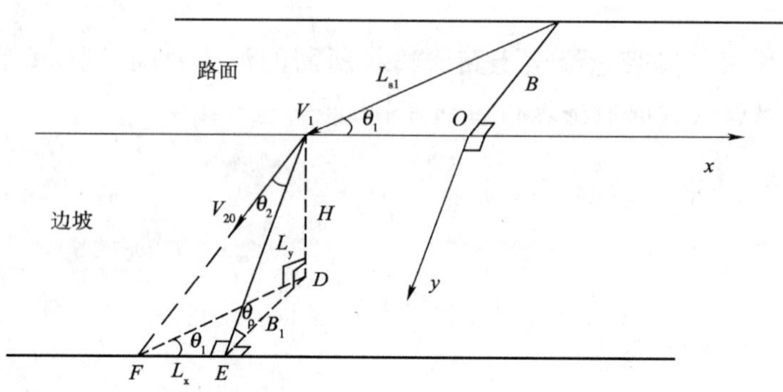

图 3-25　θ_2 的计算简图

则在 t_2 时刻的坡面流流速 v_2 为

$$\vec{v}_2 = \vec{v}_{20} + \vec{a}_2 t_2$$

为此，设边坡上局部坐标系沿路线纵向为 x 轴，路面横向为 y 轴，则

$$\begin{cases} v_{2x} = v_{20x} \\ v_{2y} = v_{20y} + a_2 t_2 \end{cases}$$

式中，v_{20x}，v_{20y} 分别为 v_{20} 在局部坐标系 xoy 内的分量；v_{2x}，v_{2y} 分别为 v_2 在局部坐标系 xoy 内的分量。且有

$$\begin{cases} v_{20x} = v_{20}\sin\theta_2 = v_1\sin\theta_2 \\ v_{20y} = v_{20}\cos\theta_2 = v_1\cos\theta_2 \end{cases}$$

因此，

$$v_2 = \sqrt{v_{2x}^2 + v_{2y}^2}$$

由于路面的横坡很小，为了确定夹角 θ_2，可适当简化问题，即可忽略该路面横坡坡度，认为路面是水平面，可知

$$\begin{cases} L_y = \dfrac{H}{\sin\theta_p} \\ B_1 = H\cot\theta_p \end{cases}$$

式中，$\theta_p = \arctan i_p$，θ_p 为边坡坡角。

通过 v_1 以及 v_{20} 所作的平面因垂直于水平面，故该平面与路基底平面的交线 DF 应平行于 v_1，这样在三角形 $\triangle DEF$ 中，

$$L_x = B_1\cot\theta_1 = H\cot\theta_p\cot\theta_1$$

$$\tan\theta_2 = \frac{L_x}{L_y} = \frac{H\cot\theta_p\cot\theta_1}{H/\sin\theta_p} = \cos\theta_p\cot\theta_1$$

显然，由上式可知，当 $\theta_p = 0°$ 时（即路面和坡面在一个平面内），得到 $\tan\theta_2 = \cot\theta_1$，即有

$\theta_2 = 90° - \theta_1$；当 $\theta_p = 90°$时（即路面和坡面相垂直），得到 $\tan\theta_2 = 0$，即有 $\theta_2 = 0°$。

又因边面流在 y 方向的分运动为具有初速度 v_{20y}的等加速直线运动，因此坡面流在 y 方向的运动距离 L_y 与运动时间 t_2 的关系按照物理知识可知为

$$L_y = v_{20y}t_2 + \frac{1}{2}a_2t_2^2$$

$$\frac{1}{2}a_2t_2^2 + v_{20y}t_2 - L_y = 0$$

可得

$$t_2 = \frac{-v_{20y} \pm \sqrt{v_{20y}^2 + 2a_2L_y}}{a_2}$$

由于时间为正数，故得

$$t_2 = \frac{-v_{20y} + \sqrt{v_{20y}^2 + 2a_2L_y}}{a_2}$$

由以上公式可得到边坡上任意一点的坡面流速度 v_2。求得速度 v_2 后，根据边坡所用材料的允许流速指标，可以确定该边坡的冲刷状况。

（3）集中排水条件下边坡上一点 A 点处的流速 v_3

参照路肩边缘流速的推导，可以得出集中排水条件下，边坡上一点 A 处的流速。

首先，坡面流的合成坡度为

$$i = \sqrt{(\tan\alpha)^2 + i_g^2}$$

由于 i_g 远比 $\tan\alpha$ 小，故坡面流合成坡度可忽略纵坡的影响，近似为边坡坡度。坡面流的长度即为边坡坡长，汇流历时：

$$t_2 = 1.445 \times \left(\frac{m_2H}{\sin\alpha\sqrt{\tan\alpha}}\right)^{0.467} \quad (\text{min})$$

则集中排水边坡任一点流速为

$$v_3 = 2 \times \frac{H}{\sin\alpha 60t_2} = \frac{H^{0.533}(\tan\alpha)^{0.2335}}{43.35(m_2)^{0.467}\sin^{0.533}\alpha} \quad (\text{m/s})$$

2）路面排水对边坡防护的影响分析

在目前所建的高速公路路堤边坡坡面均采用了防护措施，但是不同的坡面防护形式对坡面水流的抗冲刷能力是不同的，工程上常采用允许流速来表示坡面的抗冲刷能力。《公路排水设计规范》和《公路路基设计手册》给出了不同防护措施的坡面允许流速和不同防护形式对应的坡面粗度系数（表 3-3）。

采用上面的相关公式，可以得出不同高度下的流速，如表 3-4 所示。这样根据表 3-3 的允许流速，可以得出一个大致的冲刷防护分界高度。

对衬砌拱植草这样的综合防护，规范没有明确指出坡面允许流速，由于综合防护是圬工防护和植被防护的综合，其允许流速应在这两种防护允许流速之间，故建议取表 3-3 中的值，此外规范中圬工防护的允许流速偏高，应适当降低。

不同坡面对应允许流速　表 3-3

防护类型	粗度系数 m_2	允许流速(m/s)
黏性土	0.10	0.45
粉砂土	0.10	0.15
粉砂土植草	0.20	0.4
黏土植草	0.20	0.6
综合防护	0.10	0.8~1.0
浆砌片石	0.02	4~5
混凝土预制板	0.01	4~8

不同路堤高度、不同性质坡面坡脚对应的边坡流速(单位:m/s)　表 3-4

粗度系数	排水方式	路堤高(m)							
		0.5	1.0	1.5	2.0	2.5	3.0	3.5	4.0
0.02	漫流	0.819	0.921	1.027	1.185	1.291	1.388	1.498	1.574
	集中	0.761	0.873	0.949	1.107	1.213	1.310	1.420	1.496
0.1	漫流	0.425	0.475	0.504	0.635	0.680	0.721	0.759	0.795
	集中	0.147	0.197	0.226	0.357	0.402	0.443	0.481	0.517
0.2	漫流	0.361	0.432	0.50	0.596	0.649	0.699	0.756	0.802
	集中	0.083	0.154	0.222	0.318	0.371	0.421	0.478	0.524

粗度系数	排水方式	路堤高(m)							
		4.5	5.0	5.5	6.0	6.5	7.0	7.5	8.0
0.02	漫流	1.644	1.731	1.795	1.856	1.916	1.973	2.328	2.682
	集中	1.566	1.634	1.698	1.760	1.819	1.876	2.232	2.85
0.1	漫流	0.828	0.909	0.966	1.038	1.266	1.593	1.819	2.044
	集中	0.550	0.612	0.682	0.722	0.869	0.996	1.122	1.448
0.2	漫流	0.879	0.918	0.940	0.961	1.081	1.340	1.619	1.937
	集中	0.601	0.621	0.643	0.664	0.684	0.704	0.723	0.741

这样对青银高速公路粉砂土边坡,如果是集中排水仅采用植草防护只能在 3.0m 以下,如果采用换黏土再植草的方式可以用到 4.5m 高的边坡,超过这个高度则需采用工程防护。而对于粉砂土边沟,其坡面水是以漫流的方式流入边沟,如果采用植草防护则只能用于深 1.0m 的边沟。因此针对青银高速深度达到 1.5m 的边沟建议采用工程防护。

对诸如浆砌片石和实心六角块等圬工全防护形式,采用漫流排水和采用集中排水方式在坡面上的流速差别不大。路肩汇流速度对坡面流速有一定的影响,采用漫流排水方式,路堤高超过 4.0m,坡面流速超出了允许值 0.8m/s,而采用集中排水方式,路堤高 6.0m 以下,坡面流速均小于 0.8m/s,达不到冲刷条件。采用植草防护的坡面,坡面流速在所有防护形式中最小,并且路面排水方式对流速的影响较大,不能忽略。并且在路堤高大于 3.0m 时,采用漫流排水,坡面流速均大于 0.4m/s,超过了允许流速;而采用集中排水,坡面流速小于 0.4m/s。

通过上面的计算分析,可以初步得到这几种防护形式的适合高度的理论计算值如表 3-5 所示。

不同性质坡面防护适宜高度　　表 3-5

排水方式	边坡土质			
	粉砂土(无防护)	黏土(无防护)	粉砂土植草	黏土植草
漫流排水	-	≤1.0m	≤1.0m	≤2.5m
集中排水	≤0.5m	≤2.0m	≤3.0m	≤4.5m

①路面排水方式对圬工防护影响较小,可以忽略,即可以不考虑工程防护漫流排水与集中排水的路堤分界高度。

②路面排水方式对综合防护有一定的影响,在植被防护适宜高度以上路堤采用综合防护时,建议以 6.0m 作为综合防护漫流排水与集中排水的分界路堤高;路堤高 6.0m 以下(包括 6.0m)路面采用漫流排水,路堤高 6.0m 以上路面采用集中排水。

③路面排水方式对植草防护影响较大,在植被防护适宜高度以下粉砂土路堤采用植草防护时,建议以 1.0m 作为植被防护漫流排水与集中排水的分界路堤高。路堤高 1.0m 以下(包括 1.0m)路面采用漫流排水,路堤高 1.0m 以上路面采用集中排水。

3.3.3 边坡抗冲刷防护野外模拟试验

选取青银高速路典型粉砂土,按照 1:2的比例在野外构筑一个如图 3-26 所示的路堤模型,这样方便架设降雨机构,便于长期观测不影响正常施工。模拟试验路堤总长 15m,其中 9m 为高 2.0m 的堤段(模拟真实 4.0m 高的路堤),是不同防护类型抗冲刷能力试验区;设置如图 3-26所示的 4 种防护形式进行试验,比较不同防护形式抗冲刷能力;坡高均选为 4.0m,进行野外抗冲刷性能的模拟试验,每种防护形式做两次平行试验,研究比较它们的抗冲刷性能。6m 堤段为变高段,高度从 2.0m 渐变到 1.25m(模拟真实 4.0m 高路堤渐变到 2.5m 高),是分界高度试验区,通过模拟人工降雨,确定边坡无需工程防护的高度。这样通过野外模拟试验与试验路堤观测两种方法相互补充,相互验证,以此来评价边坡各类防护形式的抗冲刷能力和合适的防护适宜高度,从而为优选边坡防护类型提供可靠依据。

图 3-26　野外模拟试验段布置

1)试验段的气候参数的确定

根据调研及对试验段几次野外观测,发现冲刷随着雨强的增大而增大,说明雨强是影响坡面冲刷的一个重要因素。即模拟试验的基础工作之一是确定试验的降雨强度。通过调研得到试验路段所在地区的自记最大降水量如表3-6所示。并且为了能比较不同防护形式的抗冲刷能力，增加防护能力的保险系数，项目组决定采用华北地区近15年来的最大雨强(30mm/10min)、雨强代表值(27mm/10min)、雨强算术平均值(22mm/10min)作为试验雨强。

华北地区各时段自记最大降水量(单位:mm) 表3-6

年份	10min	30min	60min	120min
1986	28.5	44.4	45.1	75.6
1987	19.4	23.4	27.6	35.8
1988	12.5	21.3	22.3	30.9
1989	20.5	43.0	50.3	55.0
1990	26.8	50.0	53.3	54.7
1991	21.5	32.8	48.2	49.8
1992	12.4	18.8	29.1	41.6
1993	21.0	50.0	82.5	85.0
1994	22.0	30.7	40.5	44.6
1995	30.0	54.2	55.1	55.4
1996	19.7	34.0	43.8	68.5
1997	22.5	57.0	83.5	160.0
1998	26.0	58.8	80.1	82.7
1999	21.5	40.0	50.7	60.4
2000	24.0	45.8	72.0	87.4

2)人工模拟降雨装置

试验装置模仿中科院地理所的下喷式模拟降雨机改造而成，如图3-27、图3-28所示，该装置有效降雨面积为7.5m×1.5m，可满足大多数边坡在采用集中排水时的模拟降雨需要。

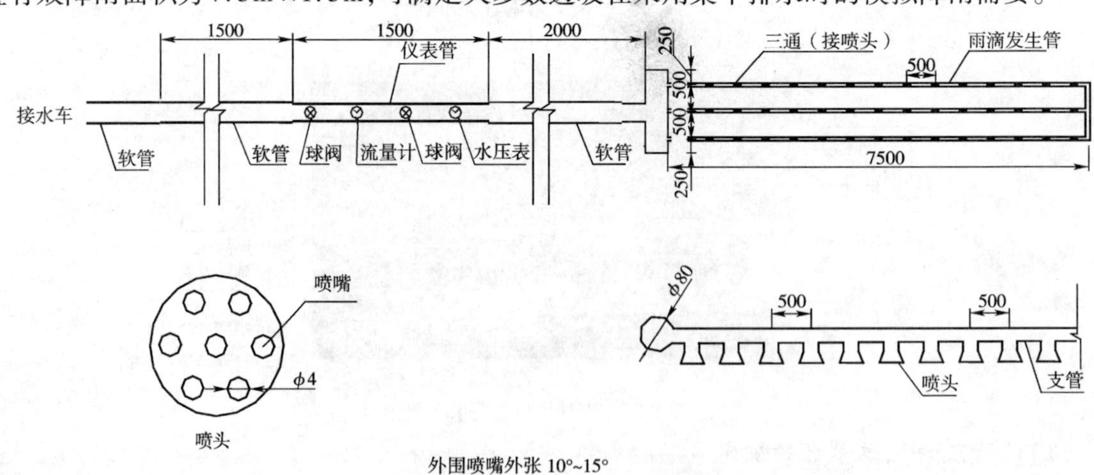

图3-27 人工降雨模拟装置结构(尺寸单位:mm)

试验小区面积为6m×1.4m,四周用1.5mm 厚的铁皮做边界,试验小区下方设集流槽并与集流桶相连,如图 3-29、图 3-30 所示。试验段模拟冲刷试验点布置见表 3-7。

a) 人工模拟降雨装置

b) 人工模拟降雨现场

图 3-28　野外人工模拟降雨

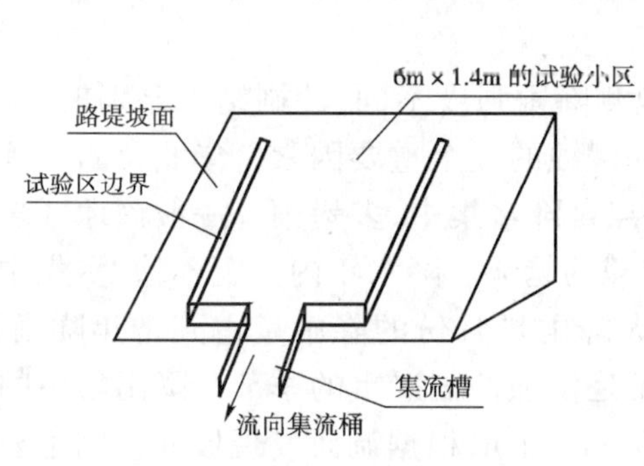

图 3-29　试验小区

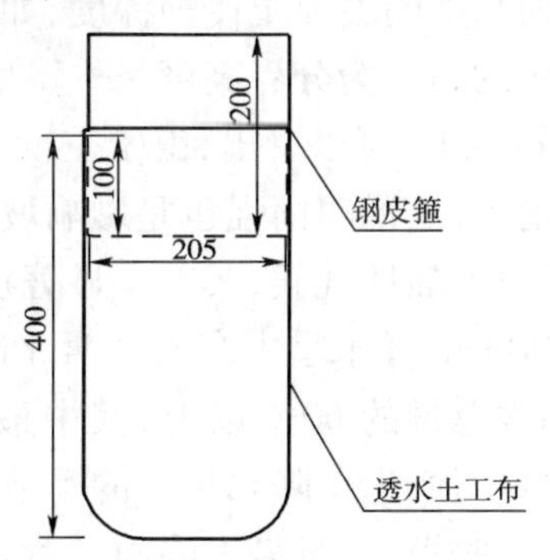

图 3-30　集流桶(单位:mm)

试验段模拟冲刷试验点布置　　表 3-7

试验点号	防 护 类 型	试验点号	防 护 类 型
1	正方形网格+空心处狗牙根草皮	3	砂土满铺狗牙根草皮+土工格室
2	双衬砌拱+拱内满铺狗牙根草皮	4	黏土满铺狗牙根草皮+土工格室

3)试验结果分析

根据表 3-8 所示的模拟冲刷试验结果,可以看出,在草种相同的情况下,抗冲刷能力大小排序:黏土+土工格室>正方形网格护坡>拱形护坡>砂土+土工格室,说明对砂土这种不良土,采用换土的方式是最直接也是最有效的。

野外模拟冲刷试验结果　　表 3-8

防 护 类 型	土流失量(kg)	防 护 类 型	土流失量(kg)
正方形网格+空心处狗牙根草皮	0.121	砂土满铺狗牙根草皮+土工格室	0.67
双衬砌拱+拱内满铺狗牙根草皮	0.263	黏土满铺狗牙根草皮+土工格室	0.052

以模拟路堤分界高度试验区起点 4.0m 处为植被防护路堤最高处起始点，然后再选择坡高为 3.5m、3.0m 和 2.5m 试验观测断面，沿着上面所选断面边坡的坡长每间隔 1.0m 左右布设一排侵蚀针，并在坡底设置侵蚀针，如图3-31所示；植被防护与工程防护选用植被类型均为狗牙根草皮。

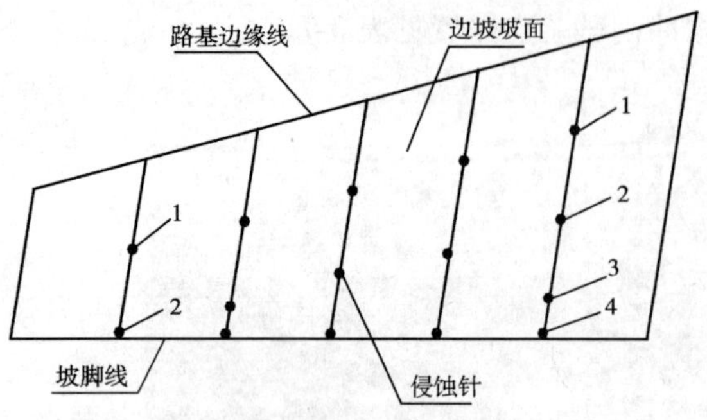

图 3-31　不同路堤边坡坡长侵蚀针布置

侵蚀针选用 10cm 长的木筷，顶部漆红色，将木筷沿坡面垂直方向全部钉入土中。待试验结束后，观测木筷露出高度，以每高度各个测点侵蚀针测得的平均最大侵蚀深代表该高度的坡面土侵蚀深度；然后将本月平均侵蚀针读数减去上月平均侵蚀针读数，就可得到当月的实际侵蚀量。

比较不同高度的坡面土侵蚀深度，如两个高度对应的坡面土侵蚀深度相差 5mm 以上，则小侵蚀深对应的高度为分界高度。

从表 3-9 ~ 3-11 可以看出，由于三次观测降雨强度不同，冲刷结果差别较大，侵蚀深随雨强的增大而增大，这说明雨强也是影响坡面侵蚀的一个重要因素。华北及西北等北方地区属半湿润、半干旱大陆性气候，其一个显著特点是降水集中、多暴雨。一般该地区多年平均降水量为 500 ~ 700mm，降水呈由东南向西北递减的趋势。降水年内分配不均，多集中于 7、8、9 三个月，占年降水总量的 60% 以上，其中最大降雨量月份的降雨量占到全年降雨量的 21% ~ 30%，且多有暴雨产生。降雨集中的季节正是侵蚀冲刷严重的季节。降雨集中的另一表现为降雨强度大、历时短，一日最大降雨量达 65 ~ 130mm，根据调研发现坡面冲刷主要发生在一年内为数不多的几场暴雨中。

粉砂土路堤侵蚀针观测资料（平均雨强）　　表 3-9

针号	坡高（m）	2.5	3.0	3.5	4.0
1	侵蚀针读数（mm）	0.7	0.9	0.8	0.9
2		2.4	4.2	5.9	8.0
3		3.4	7.7	9.2	10.1
4				12.3	19.1
月侵蚀量（mm）		3.0	5.3	7.9	10.5

粉砂土路堤侵蚀针观测资料（代表雨强）　　表 3-10

针号	坡高（m）	2.5	3.0	3.5	4.0
1	侵蚀针读数（mm）	1.4	1.7	1.9	2.4
2		4.7	7.8	7.7	16.2
3		6.9	13.3	15.7	22.3
4				21.4	33.4
月侵蚀量（mm）		2.8	4.1	5.4	9.9

粉砂土路堤侵蚀针观测资料(最大雨强)　　表 3-11

针号	坡高(m)	2.5	3.0	3.5	4.0
1	侵蚀针读数(mm)	2.5	1.7	1.9	2.4
2		4.7	7.8	7.7	16.2
3		10.1	20.6	15.7	22.3
4				34.7	54.5
月侵蚀量(mm)		0.8	1.6	2.6	4.5

从上三表所示的试验结果可以初步得出如下结果：

①试验段路堤高 3.8m 处的侵蚀深与 4.2m 处的侵蚀深相差 8mm，并且从现场试验冲刷效果来看，4.2m 处有大颗粒土被冲走的现象，建议粉砂土路堤植被防护的分界高度为 3.5m(集中排水)。

②上面得到的分界高度是根据模拟冲刷试验结果而来，还应与调研和野外观测得出的分界高度相结合。

3.3.4 路堤防护分界高度总结

综合理论分析、高速公路调研及野外模拟试验的相关成果，就可初步得出路堤防护分界高度如表 3-12 所示。

青银高速公路粉砂土边坡防护分界高度的建议值(H_1)　　表 3-12

数据来源	分界值
理论计算	3.0m
高速公路调研	粉砂土不单独设植被防护
野外模拟降雨冲刷试验	3.5m
综合	3.0m

①就该地区的高速公路来讲，粉砂土路堤高度 3.0m 以下的边坡设置植被防护能满足抗冲刷的要求，不需采用目前使用的工程防护。

②粉砂土边坡采用植被防护，充分发挥了植被防护的优势，大大提高了植被防护的应用范围，这对节约建设资金、美化环境均有极大的实际意义。

③数据可供今后工程设计参考，但有待工程实践进一步检验其合理性。

3.4 路基边坡冲刷综合防护与生态环境保护技术研究

针对石家庄地区的地理气候及土质情况，决定选取粉土、粉砂土和黏土三类试验段。粉土试验段桩号 K24 + 320 ~ K24 + 340、K24 + 628 ~ K24 + 640；粉砂土试验段桩号 K50 + 090 ~ K50 + 417.5、K51 + 955 ~ K52 + 468；黏性土试验段桩号 K66 + 547.5 ~ K67 + 240。根据以往的经验和调查发现，砂土、粉土路基边坡冲刷较多，出现过淘空现象，其防护要求也比黏土路基边坡高，为此三种试验路段的防护工程设计不一样，且试验段的设计以砂土路基为重点。

3.4.1 试验段综合防护设计

1）基本思路

由于理论上研究不足和设计上的随意性，目前防护工程存在一些问题，为此在研究冲刷机理的基础上，应对不同地区的高速公路边坡进行综合系统研究，提出最佳防护设计方案。此处综合防护应是考虑抗冲刷性、工程经济性及对环境的美化、协调与保护而进行的防护设计，而不是单指目前将植草防护和圬工防护结合的防护，这仅是综合防护的一个方面。

为了能使边坡防护既能满足冲刷防护功能，又能起到美化边坡的目的，课题组认为设计时应掌握以下几个基本原则：

①尽可能减少浆砌片石全防护，增加植被防护；

②对比较低的路堤可以考虑单独采用植草防护；

③对路堤较高的路段应采用圬工防护与植草防护相结合的综合防护；

④对必须采用工程全防护的路段（比如桥头、砂性严重的边坡），可以考虑采用较美观的浆砌预制混凝土块或干砌实心六角块来取代浆砌片石全防护。

为了能比较植草全防护与综合防护的适宜路堤高度，合理选择试验段内工程防护的类型和植被的种类及种植方法，项目组根据3.3节的研究结果在试验段的选择和设计上，做了如下考虑：

①粉砂土抗冲刷性能较差，所以选择路堤高度变化范围0.5～1.2m作为植被漫流排水试验段，路堤高度变化范围2.0～3.0m为植被集中下水试验段，3.0m以上作综合防护试验段。

②以"四季常绿，三季有花，节约成本"为原则，以控制水土流失、美化环境为目标，采用单一种植和混合种植两种形式，分别进行植被全防护和综合防护设计。

③目前，高速公路采用的防护类型主要有衬砌拱形防护（包括单拱和多拱形式），浆砌片石、六角形块、正方形预制网格、浆砌片石网格等。这次试验段防护工程的设计，在总结以往经验教训的基础上，根据青银试验路的实际情况，制定防护方案。

2）关于路堤边坡防护形式

目前国内高速公路路堤边坡工程防护的形式种类繁多，主要有浆砌片石衬砌拱、浆砌片石网格、预制混凝土网格、预制混凝土六角块（含空心和实心两种）、预制混凝土砖块、砖型石块以及浆砌片石全防护等。从总体来看，工程全防护形式防护能力强，但是美化效果差；六角块、大网格中套小网格的这些防护形式的防护能力相差不大，都比衬砌拱的防护能力强，也都适用在粉土、粉砂土等不良土质路段（其中有些地段用了这些防护形式后仍产生了冲刷，其主要原因应归结到边坡施工时的质量未能有效控制），它们的工程经济性也差别不大；从美观效果来看，浆砌片石网格、预制混凝土网格、预制混凝土实心六角块以及预制混凝土砖块相对美观；但从与周围环境相协调的角度来看，都有明显的人工迹象。

根据当前高速公路边坡防护现状及今后发展趋势，可大致将防护形式分为以下三类：

（1）植被防护

主要有播种、植草、铺草皮、植树（灌木）和综合植被防护。随着人们环保意识的增强和生活质量的提高，植物防护在国内已开始大量采用，在适宜植物生长的土质边坡、服务区、互通区，根据土体、气候特点栽种花草树木，既可防风护坡，防止暴雨对路基边坡的击溅冲刷，又可恢复因建路而破坏的生态平衡,美化环境。

前三种植被防护较为普遍,但是显得较为单调,为此提出了一种综合植被防护的概念,就是乔、灌、草相结合,充分利用它们三者不同的防护能力和高度不一的层次感,以达到较好的防护和美化效果。具体做法是在边坡坡面上种草或铺草皮,间隔种植灌木,在坡底平台处种植乔木,如图 3-32、图 3-33 所示。

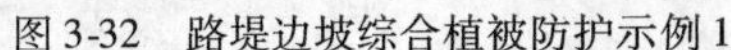

图 3-32　路堤边坡综合植被防护示例 1

图 3-33　路堤边坡综合植被防护示例 2

植物防护最大的优点是保护和美化了环境,存在问题是抗冲刷能力较圬工防护低,对一些土质不良地段仅采用植物防护可能满足不了防止冲刷的要求。

(2)圬工防护

主要是指浆砌片石、块石、条石、实心混凝土预制块,这类防护抗冲刷能力强,但是造价高、不美观而且对环境有污染,所以建议一般能不用则不用,对某些土质不良地段必须采用时,同样要注意整体的美观(造型)及与周围环境协调,采用预制块取代片石,不失为一个较好的方法,如图 3-34 所示。

(3)综合防护

简单地说就是植物防护与圬工防护相结合。这类防护就是以圬工防护为骨架,在空隙处采用植物防护,重点是骨架形式的设计,目前常用的有衬砌拱、六角空心块、浆砌片石网格等。这类防护的特点是兼顾了植被防护与圬工防护的优点,既具备较强的抗冲刷能力又符合生态环保的要求,与环境相一致,是目前防护的主要形式。

图 3-34　路堤桥头砖型护坡示例

3)试验路综合防护设计

(1)植被的选择

除了圬工全防护外,无论是植被防护还是综合防护均存在一个植被选择的问题,根据以往的工程经验,边坡冲刷主要是发生在施工期间和植被未长成之前(图 3-35),而一旦植被长成或是直接铺草皮则抗冲刷性能大大增强(图 3-36),即使采用了一定的工程措施也同样存在这个问题(图 3-37、图 3-38),因此就边坡防护而言(尤其是砂土质边坡),植被的选择占有一个重要的地位,建议采用较易存活的草皮,不宜采用播种或植草的形式。

图 3-35　施工结束早期植草砂土段边坡冲刷

图 3-36　施工结束早期草皮砂土段边坡无冲刷

图 3-37　砂土段边坡植草网格防护冲刷

图 3-38　砂土段边坡草皮网格防护无冲刷

(2)大六角块防护设计

用空心的混凝土预制大六角块+植草皮防护形式,也是一种值得推广应用的防护形式。这种大六角块边长为30cm左右,边厚为4~5cm,空心面积在0.15m^2以上,可以在空心处种植几块完整的草皮,并且在剩余的空隙处播种草种,这样,不仅能满足路堤边坡的早期防护及美化效果,而且随着草皮生长及草种的发芽、繁殖,较长时间后将以茂盛的草覆盖六角块,达到自然美观的效果,如图3-39所示。

a) 单个六角块

b) 六角块铺设效果

图 3-39　大六角块防护

(3)菱形网格护坡设计

浆砌片石骨架护坡,是指采用浆砌片石在坡面形成框架,结合草皮、植草、栽植苗木等方法形成的一种护坡技术,是目前一种常采用的防护形式。根据骨架形状的不同,可分为菱形网格(图3-40)、正方形网格、拱形、人字形等。由于目前骨架只能起到固土作用,对坡面形成的水流无法拦截排除,达不到减轻水流对坡面冲刷的目的,只适用于抗冲性较好的黏土,无法满足抗冲性较差的粉砂土边坡的防护。为此本次对设计的浆砌片石骨架护坡采用截水设计,以减轻坡面冲刷。具体做法:镶边石和浆砌片石带构成的流水槽断面为 ⊔ 形或是预制成 ⊔ 形,顶面与土表面平齐,底面比土表层低5cm,这样可以拦截坡面汇流并保证坡面水流入槽内排走,大大增加了这种防护形式的排水能力,从而也提高了它的抗冲刷能力。

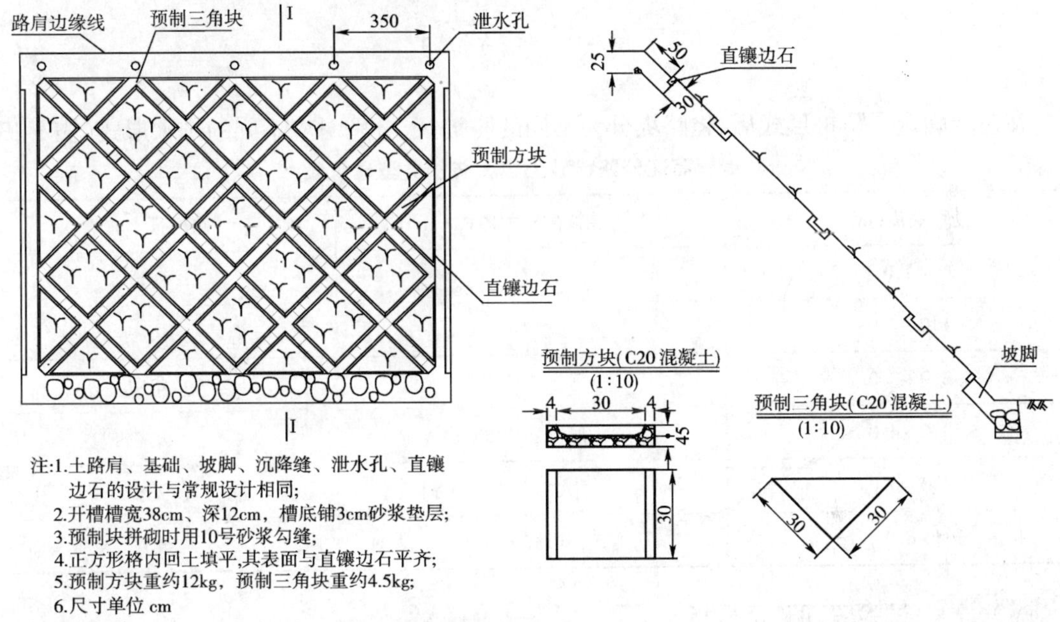

图3-40 菱形网格防护设计标准图

与以前的浆砌片石护坡相比,有如下特点:

①格由直镶边石构成一个正方形大网格,在中间不设小网格,便于在网格中铺草皮或播种,效果比较美观漂亮;

②镶边石顶面与土表面平齐,浆砌片石带顶面比土表层低5cm,这样由镶边石和浆砌片石带构成了斜交的流水槽,大大增加了这种防护形式的排水能力,从而也提高了它的抗冲刷能力;

③浆砌片石水槽改为混凝土预制块水槽,增加了整体骨架的强度以及美观性。

(4)土工格室护坡

土工格室护坡是在铺草皮护坡存在易遭受强降雨或常年坡面径流形成冲沟,引起边坡浅层失稳等基础上发展起来的,由于具有固土优良、消能作用明显、网格加筋突出等优点,可大大增加边坡表层的抗冲蚀能力,较适合粉砂土高路堤边坡的防护。该技术已广泛用于公路、铁路、大坝边坡防护,其中与青银高速3合同段较类似的是京九铁路京霸联络线的一段粉砂土路基防护,该路基高3.6~5.5m,粉粒含量大于80%(3合同为47.8%)。采用土工格室技术(图

3-41)后,在出现多次大暴雨的情况下,所有护坡均未受到破坏。

图3-41　土工格室施工

4)结论

在初步确定了防护形式后,将路堤分为不同的防护区,分别对应不同的排水形式(表3-13)。

青银高速公路粉砂土边坡防护类型建议表

表3-13

路堤高度(m)	建议的防护形式	路面排水方式
<1.0	植草	漫流
1.0~2.0	植草	集中
2.0~3.0	薄土工格室	集中
3.0~4.0	厚土工格室	集中
4.0~6.0	大六角块	漫流
>6.0	正方形截水骨架	集中

3.4.2 试验段观测及分析

青银高速公路石家庄试验段于2004年6月完工后,项目组共进行了多次全面系统观测(包括施工中的观测),每次对12个观测点进行24个角度的观测与拍照,获得了大量的有关边坡冲刷、植被生长、边坡防护抗冲刷等方面的资料照片。本研究仅录入了其中有代表性的观测图片,并作了如下分析。

1)施工后早期的边坡冲刷现象

在观测中发现,在施工期间以及结束后早期,由于正值石家庄的雨季,虽然采取了防护,但由于部分路段草种尚未发芽成苗,坡面近乎无防护,路段造成了较大的冲刷(图3-42),而对于植被生长较好的路段则基本无冲刷(图3-43),这说明植被在边坡早期抗冲刷中的重要性。

2)试验路在2005年4月、2006年6月的景象

图3-44与图3-45为试验路在2005年6月及2006年4月的景象。从观测的总体情况来看,试验段采用的防护形式经过一年多风雨的考验,都已经趋于稳定,没有大的冲刷现象发生,证明试验是成功的。

图 3-42　粉砂土段边坡沟状冲刷

图 3-43　粉砂土段无冲刷

图 3-44　2005 年 6 月观测景象

3.4.3 试验段野外观测结果分析

青银高速公路试验段完工后，项目组选择了坡长从 3.0m（路堤高 1.6m）至 9m（路堤高 5.0m）变化的粉砂土路堤边坡，分别于 2004 年、2005 年和 2006 年的 7、8、9 月份进行了观测，见表 3-14 ~ 表 3-22。

观测方法与程序如下：

①待降雨后土体沉实，沿着边坡的坡长每间隔 2m 左右布设一排侵蚀针（图 3-46），并在坡底也设置侵蚀针；

图 3-45　2006 年 4 月观测景象

图 3-46　设置侵蚀针

②通过观测侵蚀针出露高度，来测定不同坡长的边坡土侵蚀深度，每一排侵蚀针测得的侵蚀深，即代表不同坡长的边坡土侵蚀冲刷状况；

③将本月坡底侵蚀针读数减去上月坡底侵蚀针读数，就可得到当月的实际侵蚀量。

2004 年 7 月份粉砂土路堤侵蚀针观测资料 表 3-14

针号	坡长(m)	3.0	3.5	4	4.5	5	5.5	6	6.5	7	7.5	8	8.5	9
1	侵蚀针读数(mm)	0.5	0.6	1.1	0.7	1.1	0.9	1.2	0.8	1.3	0.9	0.7	0.8	0.9
2		0.8	1.4	2.0	2.4	2.7	4.2	5.6	5.9	5.3	8.0	9.8	11.9	12.7
3					3.4	5.8	7.7	9.2	9.2	9.5	10.1	13.6	17.2	17.9
4									12.3	16.0	19.1	21.7	20.1	20.6
5													22.7	23.1
月侵蚀量(mm)		0.8	1.4	2.0	3.4	5.8	7.7	9.2	12.3	16.0	19.1	21.7	22.7	23.1

2004 年 8 月份粉砂土路堤侵蚀针观测资料 表 3-15

针号	坡长(m)	3.0	3.5	4	4.5	5	5.5	6	6.5	7	7.5	8	8.5	9
1	侵蚀针读数(mm)	0.9	1.1	1.9	1.4	0.8	1.7	2.7	1.9	1.7	2.4	2.0	1.8	2.1
2		1.7	2.3	3.8	4.7	6.3	7.8	9.5	7.7	9.7	16.2	17.5	18.8	19.4
3					6.9	10.5	13.3	16.4	15.7	19.5	22.3	24.9	31.6	25.6
4									21.4	28.0	33.4	39.5	37.4	41.2
5													43.3	45.4
月侵蚀量(mm)		0.9	0.9	1.8	3.5	4.7	5.6	7.2	9.1	12.0	14.3	17.8	20.6	22.3

2004 年 9 月份粉砂土路堤侵蚀针观测资料 表 3-16

针号	坡长(m)	3.0	3.5	4	4.5	5	5.5	6	6.5	7	7.5	8	8.5	9
1	侵蚀针读数(mm)	1.7	2.1	2.8	2.5	0.8	1.7	2.7	1.9	1.7	2.4	2.0	1.8	2.1
2		2.3	4.0	5.9	4.7	6.3	7.8	9.5	7.7	9.7	16.2	17.5	18.8	19.4
3					10.1	16.1	20.6	26.3	15.7	19.5	22.3	24.9	31.6	25.6
4									34.7	45.1	54.5	60.2	37.4	41.2
5													64.5	69.0
月侵蚀量(mm)		0.6	1.7	2.1	3.2	5.6	7.3	9.9	13.3	17.1	21.1	20.7	21.2	23.6

2005 年 7 月份粉砂土路堤侵蚀针观测资料 表 3-17

针号	坡长(m)	3.5	4	4.5	5	5.5	6	6.5	7	7.5	8	8.5	9	9.5	10
1	侵蚀针读数(mm)	0.3	0.7	0.4	0.4	0.3	0.6	0.4	0.3	0.6	0.2	0.3	0.3	0.3	0.3
2		0.7	1.0	1.2	1.6	1.9	2.1	1.9	2.3	2.0	1.8	1.9	1.7	2.1	2.0
3				1.4	2.1	2.9	3.3	4.7	5.5	6.1	6.6	7.2	7.9	7.7	7.8
4								5.1	6.0	7.3	7.8	10.1	10.6	11.5	12.1
5												10.6	12.3	13.8	15.1
月侵蚀量(mm)		0.7	1.0	1.4	2.1	2.9	3.3	5.1	6.0	7.3	7.8	10.6	12.3	13.8	15.1

2005 年 8 月份粉砂土路堤侵蚀针观测资料　　表 3-18

针号	坡长(m)	3.5	4	4.5	5	5.5	6	6.5	7	7.5	8	8.5	9	9.5	10
1	侵蚀针读数(mm)	0.5	1.3	0.8	0.6	0.6	0.9	0.8	0.4	1.1	0.6	0.7	0.6	0.8	0.6
2		1.3	2.0	2.4	3.1	3.8	4.5	3.8	4.4	4.2	3.5	3.8	3.4	4.4	3.9
3				2.9	4.4	5.6	6.3	9.6	11.0	12.1	9.9	14.6	15.6	15.4	15.7
4								10.4	12.0	14.4	16.5	17.4	21.2	22.8	24.3
5												21.3	24.4	27.3	30.2
月侵蚀量(mm)		0.6	1.0	1.5	2.3	2.7	3.0	5.3	6.0	7.1	7.7	10.7	12.1	13.5	15.1

2005 年 9 月份粉砂土路堤侵蚀针观测资料　　表 3-19

针号	坡长(m)	3.5	4	4.5	5	5.5	6	6.5	7	7.5	8	8.5	9	9.5	10
1	侵蚀针读数(mm)	1.2	1.9	1.3	1.0	0.7	1.4	1.2	0.6	1.7	0.9	1.0	0.8	1.3	1.0
2		2.1	3.3	3.6	4.6	5.7	6.5	5.7	6.8	6.2	6.3	5.7	5.1	6.3	5.9
3				4.6	6.8	8.8	9.9	14.2	16.5	18.1	16.5	21.6	23.5	23.3	23.5
4								16.0	18.3	22.1	24.8	27.6	31.8	34.1	36.6
5												32.4	37.3	41.2	45.9
月侵蚀量(mm)		0.8	1.7	1.3	2.4	3.2	3.3	5.6	6.3	7.7	8.3	11.1	12.9	13.9	15.7

2006 年 5 月份粉砂土路堤侵蚀针观测资料　　表 3-20

针号	坡长(m)	3.0	3.5	4	4.5	5	5.5	6	6.5	7	7.5	8	8.5	9
1	侵蚀针读数(mm)	0.4	0.6	0.7	0.5	0.7	0.6	0.9	0.6	0.8	0.8	0.5	0.6	0.7
2		0.7	1.2	1.6	1.8	2.2	3.0	3.3	3.9	3.5	5.2	5.5	6.5	7.1
3					2.4	4.0	5.0	6.3	6.7	7.3	7.9	10.2	12.5	12.8
4									8.2	11.6	13.5	14.5	17.2	14.5
5													18.4	17.4
月侵蚀量(mm)		0.7	1.2	1.6	2.4	4.0	5.0	6.3	8.2	11.6	13.5	14.5	18.4	17.4

2006 年 6 月份粉砂土路堤侵蚀针观测资料　　表 3-21

针号	坡长(m)	3.0	3.5	4	4.5	5	5.5	6	6.5	7	7.5	8	8.5	9
1	侵蚀针读数(mm)	0.6	0.8	1.6	1.1	1.5	1.2	1.8	1.4	1.1	1.7	1.3	1.3	1.4
2		1.6	1.8	2.9	3.6	4.7	5.9	7.1	5.9	7.0	10.1	10.9	11.4	11.8
3					5.0	7.8	9.5	11.8	12.9	17.3	18.1	18.9	19.8	21.1
4									16.1	21.1	24.1	28.5	27.5	31.4
5													32.8	34.9
月侵蚀量(mm)		0.9	0.6	1.3	2.6	3.8	4.5	5.5	7.9	9.5	10.6	14.0	14.4	17.5

2006 年 7 月份粉砂土路堤侵蚀针观测资料 表 3-22

针号	坡长(m)	3.0	3.5	4	4.5	5	5.5	6	6.5	7	7.5	8	8.5	9
1	侵蚀针读数(mm)	1.0	1.6	2.4	1.9	1.8	1.4	2.1	1.6	1.2	1.9	1.4	1.4	1.6
2		1.9	3.1	4.3	4.7	5.5	6.8	8.1	6.8	8.3	11.2	12.4	12.0	12.2
3					7.8	11.9	14.7	16.2	15.1	18.0	21.1	22.2	23.6	23.9
4									23.5	30.3	39.8	40.9	31.5	36.3
5													44.5	45.7
月侵蚀量(mm)		0.4	1.3	1.4	2.8	4.1	5.2	4.4	7.4	9.2	15.1	12.4	11.7	10.8

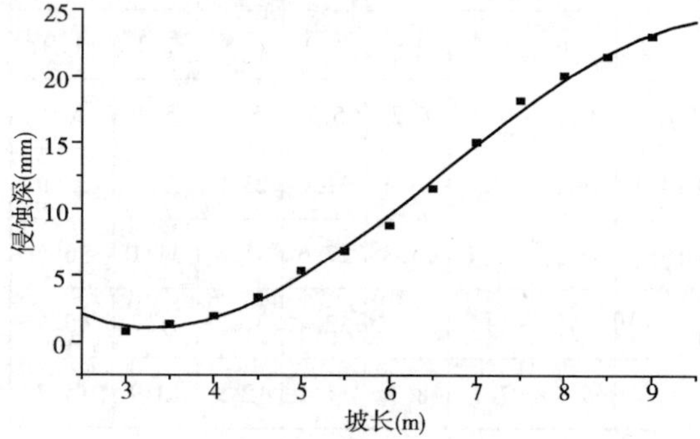

图 3-47 粉砂土路堤坡长与坡面侵蚀量关系分析

由于观测时降雨强度不完全一致，为了弱化降雨强度对侵蚀量的影响，将三次观测资料得出的侵蚀量进行平均，单独考虑坡长因子与侵蚀深的关系，如图 3-47 所示。

通过上述试验路观测资料及数据分析，可以得出如下结论：

①土侵蚀深均随坡长的增长而增加，这是由于较长坡面上的径流有较大的累积，因而增加了径流剥离能力和输移能力的缘故，根据观测资料分析，坡长(路堤高)与侵蚀深呈 3 次抛物线关系，相关系数均在 0.99 以上，达极显著水平，因此上述方程适合做求解分界路堤高的数学模型；

②从现场观测来看，在雨季当一个月侵蚀深大于 10mm 时(侵蚀深 10mm 对应粉砂土路堤高为 3.5m)，坡面就显现了较为严重的冲刷，因此可以认为此时采取的植草防护已无法满足冲刷防护要求，应采用工程防护；

③三次观测降雨强度不同，从表可以看出侵蚀深随雨强的增大而增大，这说明雨强也是影响坡面侵蚀的一个重要因素。但是当针对某一具体地域，可近似认为雨强为定值(采用该地区重现期内降雨强度)，因此可以弱化该因素对分界高度的影响。

3.5 结 论

①通过理论研究，对高速公路边坡冲刷特性有了一定的了解，首次建立一套实用、合理的高速公路路堤边坡侵蚀冲刷理论模型，结合室内模拟试验，推导出半理论半经验的冲刷公式，为边坡防护设计技术的完善打下坚实的理论基础，使今后边坡防护设计做到以冲刷防护为主、有据可依、更加合理。

②进行了路堤边坡抗冲刷室内模拟试验和野外降雨模拟冲刷试验，这些试验为冲刷模型

和边坡防护的设计提供了很有价值的数据。

③首次明确提出路堤边坡防护临界高度概念，通过理论分析以及开展“各类边坡防护形式的试验段冲刷效果的观测”、高速公路边坡抗冲刷高度的调研以及“各类边坡防护形式冲刷能力野外降雨模拟试验研究”，得出了高速公路边坡工程防护的分界高度建议值。

④在分界高度概念的基础上，通过研究，分析了路面不同排水方式对防护设计的影响，给出了路肩漫流、集中排水方式各自的适用场合，并结合分界高度给出了粉砂土边坡防护的分级标准以及对应的防护形式，为下一步的设计打下坚实的理论基础。

第4章 高速公路路基沉降变形控制技术

为保证高速公路行车快速、安全与舒适,要求路面不发生开裂、沉陷或沉降。作为路面基础的路基是由散体材料组成的,容易产生变形且不具良好的抵抗振动的能力,并且路基的变形直接反映到路面上。因此路基变形是约束行车安全、舒适运行的重要因素之一。

高速公路竣工后,随着时间的延长与汽车重复荷载作用,会出现两种现象:一方面,路基填土在自重作用下会产生压密下沉;另一方面,在行车荷载的多次重复作用下路基会产生累积永久变形,过大的或不均匀的变形会引起路面开裂以至沉陷,影响路面的使用性能。因此,现代高速公路设计应以变形为第一控制参数。尤其是路基,以往人们一般以强度作为第一设计指标,但往往在路基达到强度破坏之前,可能已经出现了不能容许的过大变形,使路基产生下沉或纵横向开裂而影响公路交通。

4.1 高速公路路堤竖向沉降变形研究

4.1.1 高速公路路堤沉降变形机理及成因分析

填土路堤的沉降变形是由填料的物质组成、路堤结构、构筑方式及自然环境等因素决定的。仅就填料性质而言,土是固体颗粒、液态水和气体组成的多孔介质,一般的细粒土路基填料是典型的三相体系非饱和土。在其自重应力及外荷载作用下,孔隙间气体首先被压缩,然后多余气体及孔隙水被挤出,此时土的变形较快。由于固体骨架及孔隙结合水之间的摩擦力和黏聚力不断增加,使得孔隙结合水和气体的排出受到阻碍,土的变形延迟。故土的应力变化及变形均是与时间有关的函数,土所显示的特性既不是弹性体,也不是塑性体,而是具有一定弹性、黏性、塑性特征的黏弹塑性体。依据其变形发展过程,变形可分为如下几个阶段:

1)塑性—弹性变形阶段

在填筑过程中,细粒土经过摊铺、洒水、分层碾压被极大程度地压缩,塑性变形是主体。随着分层碾压的进展,填土高度增加,下层土受上层土自重作用,开始产生弹性压缩变形,此时孔隙结合水和颗粒间摩擦力较大。这一阶段变形由于是在上层填土自重作用下产生的,故压缩变形量和填土高度成正比,中间变形量大,两侧变形量小,但是变形差异不显著。

2)不均匀变形阶段

土体在变形过程中,在横断面方向,由于地基处理不当、路堤填料不均匀及侧向无约束力,应力分布远不同于自重应力,会出现边坡应力降低、堤内应力集中现象,容易产生剪切变形,这就造成了横向不均匀变形,这种不均匀变形在施工后期及使用初期发展较为明显。

3)蠕变阶段

当应力不变时,应变随时间不断增长的过程称作蠕变。由于土体具有一定的黏滞性,故在一定应力作用下,应变随时间不断增长,同时由于土是分散体系,不同于普通材料,其蠕变过程复杂,蠕变过程中仍存在一定弹塑性。图 4-1a)为一组蠕变曲线,这些曲线随作用应力的不同,显示出各不相同的蠕变过程,当剪应力 τ 小于某一值(如 $\tau < \tau_8$)时,蠕变现象逐渐减弱,应变速率也随之逐渐减小,最后趋向于零,且永远达不到破坏,这种曲线称为阻尼蠕变。若剪应力 τ 大于某一值(如 $\tau > \tau_8$)时,则产生非阻尼蠕变(图 4-1b)。这种蠕变过程主要发生在施工后期及使用期。

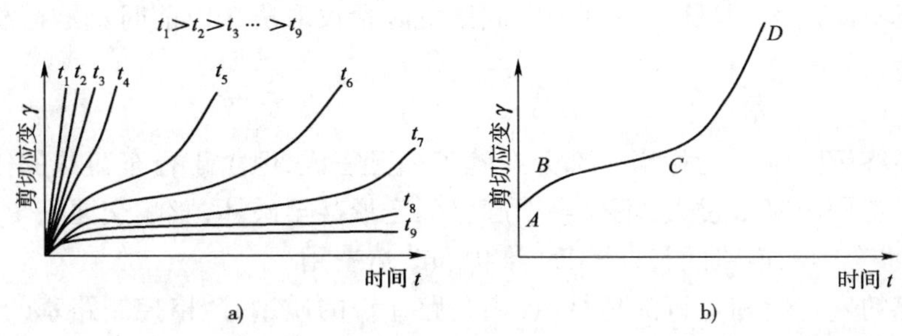

图 4-1　应变与时间关系

研究资料表明:无论是正常固结土还是超固结土,在排水和不排水的情况下,其应变速率和蠕变时间用对数表示,均可以表示成直线关系。同样,应变速率和应力也是直线关系。

对于高填方路基而言,研究其蠕变特性尤为重要,高填方路基的工后沉降主要由填料的蠕变变形引起。由于蠕变变形是一个长期而缓慢的过程,因此高填方路基的工后沉降必须在相当长的一段时间内才能完成,有的甚至长达几十年。土的蠕变变形的大小与许多因素有关,如土骨架的结构形态、土粒间黏聚力大小、颗粒形状和大小以及颗粒的密实度、饱和度、渗透性等。

4.1.2 基于时间增量理论的路堤沉降分析

1)概述

在路基施工期间,荷载是随着施工进程而逐步施加的,每次加载都会产生瞬时沉降和主固结沉降。在道路的运营期间,重型汽车或快速行车造成的路面反复荷载作用也会引起不可忽视的瞬时沉降和主固结沉降。因此,瞬时沉降和主固结沉降在道路的施工期间以及长期使用过程中是随时间和荷载而变化的。

(1)车辆荷载反复作用下路基的沉降特点

在车辆荷载的反复作用下,路基土的应力—应变关系如图 4-2 所示。

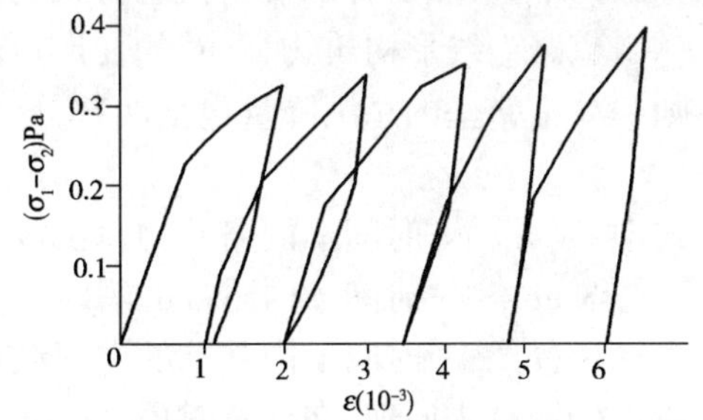

图 4-2　长期反复荷载作用下路基土的应力—应变关系

可见,在一次加荷—卸荷作用下,路基土的变形分为可回复的弹性变形和不可回复的塑性变形。其中,弹性变形引起路基的瞬时沉降,塑性变形是由于土体排水造成的,引起路基的主固结沉降。在长期多次的加荷—卸荷循环作用下,路基土的弹性变形在每次卸荷时回复,但塑性变形却逐次不断积累。路基土的塑性变形引起的沉降总量与荷载大小和反复作用的循环次数有关。

(2)路基主固结沉降的滞后性

在路基承受突加荷载作用后,路基土由表层至深层逐渐排水,随着孔隙水压力的逐渐消散,路基的固结沉降量不断增长,最终趋于稳定。但是在加荷瞬间,土体来不及排水,土中有效应力来不及增长,因而土体没有发生固结沉降。因此,在道路的施工期和使用期内的任何一个时刻,路基中的有效应力增量在当前时刻是来不及引起主固结沉降的,而总是在后续时段中才产生主固结沉降。所以,任意时刻由于荷载作用引起的应力增量,其在路基中产生的主固结沉降量在时间上具有滞后性,即每个时刻的主固结沉降量仅取决于以前时刻的荷载作用,而与当前时刻的荷载无关。

(3)路基的工后沉降量

虽然路基最终沉降量中的相当一部分在施工期已完成,但由于行车荷载的作用,路基仍会发生工后沉降。工后沉降量过大,不仅会引起路面变形甚至破坏,影响交通安全和车辆行运的效率与舒适性,也会增加道路的长期管理、维护和改造费用。

为保证道路的安全性和运行舒适性,提高公路建设的质量,严格控制路基的工后沉降量是非常必要的。在日本,最新的《高等级公路设计规范》中已规定高等级公路不允许有工后沉降;法国也规定高等级公路竣工时路基的固结度应达到85% ~95%。我国公路建设质量与发达国家相比还有较大差距,我国现行的《公路路基设计规范》(JTG D30—2004)中仍是以路基的强度和稳定性作为路基设计的控制原则,要求一般路基段工后沉降量为30cm,桥头路基段为10cm。

2)路基沉降分析的增量法原理

本节以结构分析的"荷载增量法"为研究思路,采用"时间增量法"来分析在道路的施工和使用全过程中路基的各沉降分量和总沉降量。

时间增量法(以下简称"增量法")的基本原理,就是将路基沉降的总过程人为地划分为若干连续的时段 $\Delta t_i(i=1,2,\cdots,n)$,当 Δt_i 足够小时,近似认为段内沉降是稳定的,由此将连续呈曲线变化的路基沉降过程近似为非连续的直线阶跃性的沉降过程。增量法分析细粒土路基沉降的基本思路是将路基沉降总过程划分为施工期 $[0,t_s]$ 和使用期 (t_s,∞) 两个时间区间(t_s 表示竣工时的时间),再将两个时间区间分别划分为若干个时段,先分区间逐时段计算各沉降分量的增量,然后叠加得到任意时刻的路基总沉降量。

道路为线形构筑物,路基的变形可近似视作平面应变问题考虑。若不计次固结沉降部分,则细粒土路基的总沉降量包括两部分,即

$$S(t)=S^{e}(t)+S^{c}(t) \tag{4-1}$$

式中:$S(t)$——时间 t 内路基的总沉降量;

$S^{e}(t)$——时间 t 内路基的瞬时沉降量;

$S^{c}(t)$——时间 t 内路基的主固结沉降量。

按增量法原理,在任意时段 Δt_i 内,即从时刻 t_{i-1} 到 t_i,细粒土路基发生的沉降增量为

$$\Delta S_i=\Delta S_i^{e}+\Delta S_i^{c} \tag{4-2}$$

式中:ΔS_i——Δt_i 时段内路基的总沉降增量;

ΔS_i^{e}——Δt_i 时段内路基的瞬时沉降增量;

ΔS_i^{c}——Δt_i 时段内路基的主固结沉降增量。

则任意时刻 t_i，路基的沉降量为以前所有时段中发生的沉降增量之和，即

$$S_i = \sum_{i=1}^{n} \Delta S_i = \sum_{i=1}^{n} \Delta S_i^{e} + \sum_{i=1}^{n} \Delta S_i^{c} \tag{4-3}$$

式中：n——t_i 时刻以前的时段数。

3）细粒土路基沉降的增量法分析

（1）细粒土路基瞬时沉降量的增量法分析

路基的瞬时沉降中不包含土体体积变形，即土体的体应变 $\varepsilon_v = 0$，可近似认为是完全弹性变形，按弹性理论计算。对沥青混凝土路面结构，将路面荷载近似看成是柔性荷载，路基土体则可以看成是弹性的半无限体，按弹性半空间模型计算路基的瞬时沉降量。

①集中力作用下路基瞬时沉降。在集中力作用下，利用土中点竖向位移的 Boussinesq 公式，可知

$$w = \frac{P(1+\mu)}{2\pi E}\left[\frac{z^2}{R^3} + 2(1-\mu)\frac{1}{R}\right] \tag{4-4}$$

式中：P——作用于路基表面的竖向集中力（kN）；

E——路基土的弹性模量（MPa）；

μ——路基土的泊松比；

r——计算点至集中力作用点的水平距离（m）。

令 $z = 0$，得到在集中力作用下路基表面的位移即路基的沉降为

$$S = \frac{(1-\mu^2)}{\pi E r} P \tag{4-5}$$

②线荷载作用下的路基瞬时沉降。如图 4-3 所示，在无限长线荷载作用下，利用上式和等代荷载法原理却无法求出沉降量，因为此时的广义积分原函数不可积。但事实上，由上式可以分析，当集中力的作用点距离计算点较远时，引起的沉降量很小，可忽略不计，即认为对于计算点而言该集中力无效。因此，在这里采用了取荷载“有效长度”的做法，即在无限长线荷载中近似取其中一段有限长度的线荷载来计算路基的沉降量。

对某一具体计算点，若以该点为对称，取线荷载的有效长度区间为（$-l/2, l/2$），瞬时沉降量则可积分求得

$$S^{e} = \frac{(1-\mu^2)}{\pi E} P_0 \ln \frac{\sqrt{l^2 + 4a^2} + l}{\sqrt{l^2 - 4a^2} - l} \tag{4-6}$$

式中：a——沉降计算点至线荷载的垂直距离。

③条形荷载作用下的路基瞬时沉降。如图 4-4 所示，进一步利用等代荷载法原理，可得到在条形均布荷载 p_0 作用下线路中心处的路基瞬时沉降量为

$$S^{e} = \int_{b/2}^{b/2} \frac{(1-\mu^2)}{\pi E} p_0 \ln \frac{\sqrt{l^2 + 4x^2} + l}{\sqrt{l^2 - 4x^2} - l} dx = \frac{2(1-\mu^2)}{\pi E} p_0 (bC_1 + lC_2) \tag{4-7}$$

式中，$C_1 = b\ln \frac{\sqrt{l^2 + b^2} + l}{b}$，$C_2 = b\ln \frac{\sqrt{l^2 + b^2} + b}{l}$，$b$ 为路基表面的荷载作用宽度。对路堑，b 可取路幅宽；对路堤尤其是高路堤，b 应取放坡后形成的路基表面的实际宽度。

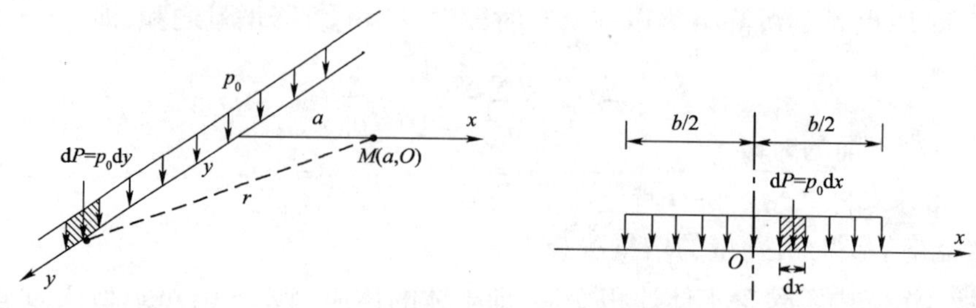

图 4-3 线荷载作用下的路基瞬时沉降量　　图 4-4 条形荷载作用下的路基的瞬时沉降量

考虑到实际的路基土体与弹性半无限体模型之间的差别，引入经验系数 $\beta(\beta = 0.75)$。则在条形的路面荷载作用下，路基的瞬时沉降量按下式计算：

$$S^{\mathrm{e}} = \frac{2\beta(1-\mu^2)}{\pi E} p_0 (bC_1 + lC_2) \tag{4-8}$$

对刚性路面，路基瞬时沉降量可按 Winkler 地基上刚性板或刚性梁的模型计算，亦可近似按式(4-8)计算。

a. 道路施工期内路基瞬时沉降量的分析。假设瞬时沉降是完全弹性的，在荷载撤除后可以完全回复，因而细粒土路基在任意时段的荷载增量只在本时段引起瞬时沉降增量，而对后续时段无影响。故任意时刻的瞬时沉降量只取决于当前时刻的荷载增量大小。

在道路施工期内，只有恒荷载作用，且恒荷载是逐步施加的维持荷载。在此期间，任意时刻路基的瞬时沉降量为该时刻之前所有逐级施加的荷载增量引起的瞬时沉降量之和。在这一阶段，瞬时沉降量随着施工进程的推进、恒荷载的增加而加大。近似地将恒荷载看成是在施工期匀速施加的，则路基的瞬时沉降量也是匀速增长的。

对时刻 $t \in [0, t_{\mathrm{s}}]$，设路基所受的恒荷载为 $q(t)$，瞬时沉降量为 $S_{\mathrm{p}}^{\mathrm{e}}(t)$；又设竣工的恒荷载即路面结构总荷载为 $q(t_{\mathrm{s}})$，瞬时沉降量为 $S_{\mathrm{p}}^{\mathrm{e}}(t_{\mathrm{s}})$。$S_{\mathrm{p}}^{\mathrm{e}}(t_{\mathrm{s}})$ 按式(4-8)计算，但式中的 p_0 应以 $q(t_{\mathrm{s}})$ 代替，即

$$S_{\mathrm{p}}^{\mathrm{e}}(t_{\mathrm{s}}) = \frac{2\beta(1-\mu^2)}{\pi E} q(t_{\mathrm{s}})(bC_1 + lC_2) \tag{4-9}$$

将恒荷载近似看成是在施工期内匀速施加的，则在道路施工期内的任意时刻 $t \in [0, t_{\mathrm{s}}]$，路基的瞬时沉降量可按比例求得

$$S_{\mathrm{p}}^{\mathrm{e}}(t) = S_{\mathrm{p}}^{\mathrm{e}}(t_{\mathrm{s}}) \frac{t}{t_{\mathrm{s}}} \qquad t \in [0, t_{\mathrm{s}}] \tag{4-10}$$

b. 道路使用期内路基瞬时沉降量的分析。道路竣工时，由恒载引起的瞬时沉降量 $S_{\mathrm{p}}^{\mathrm{e}}(t_{\mathrm{s}})$ 是不可回复的，一直保持到道路使用期的每一时段。

设在道路使用期内的任意时刻 $t \in (t_{\mathrm{s}}, \infty)$，路基受到的行车荷载为 $p(t)$，由 $p(t)$ 引起的瞬时沉降量为 $S_{\mathrm{p}}^{\mathrm{e}}(t)$。$S_{\mathrm{p}}^{\mathrm{e}}(t)$ 亦按式(4-8)计算，但式中的 p_0 以 $p(t)$ 代替，即

$$S_{\mathrm{p}}^{\mathrm{e}}(t) = \frac{2\beta(1-\mu^2)}{\pi E} p(t)(bC_1 + lC_2) \tag{4-11}$$

无论路基的应力历史如何，在 t 时刻以前的每次行车荷载所引起的瞬时沉降在卸荷时都完全回复，并不累计进入下一次行车荷载的作用，故 $S_{\mathrm{p}}^{\mathrm{e}}(t)$ 只与当前时刻的行车荷载有关。因

此，在 $t\in(t_s,\infty)$ 时刻的总瞬时沉降量为竣工时道路恒载引起的瞬时沉降量与 t 时刻当前行车荷载引起的瞬时沉降量之和，即

$$S^e(t) = S_q^e(t_s) + S_p^e(t) \quad t\in(t_s,\infty) \tag{4-12}$$

式中：$S^e(t)$——道路使用期内任意时刻 t 时的路基总瞬时沉降量。

(2)细粒土路基主固结沉降量的增量法分析

①细粒土路基主固结沉降的计算模型。路基主固结沉降量的大小和沉降速率主要取决于土的初始含水率、渗透性和排水条件。路基的排水方式不同，主固结沉降量应相应地采取不同的计算方法。

不同时期的不同的路基断面，其路基土的排水固结方式是不同的。在道路的施工期，对于挖方路堑形式的路基，一般只能向路基表面排水，因而可考虑为单向渗透固结问题。对于填方路堤形式的路基，既可沿竖直方向向路基表面排水也可沿水平面方向向路堤边坡外侧排水，故属于二维排水固结问题。但由于路堤所受荷载的作用方向主要是竖向的，土中水的竖向排水距离也比水平排水距离要小得多，因此仍可近似地按竖向单向排水固结问题处理。在道路的使用期间，由于边坡的防护和路面结构层的封闭作用，无论填方路堤还是挖方路堑，其路基土都只能沿水平面方向向路面内排水设施(如渗沟)或外排水设施(如路面外侧的边沟、纵向集水沟等)内排水。

由于路基土的主固结沉降主要是在施工期内完成的，因而本文中路基的固结沉降计算条件只按施工期的排水条件考虑，即近似按单向渗透固结条件计算。因此，路基的主固结沉降量按 Terzaghi 单向渗透固结模型和理论计算。

②细粒土路基主固结沉降的计算方法。细粒土路基的主固结沉降可按分层总和法原理计算。计算时，先将压缩层范围内的路基细粒土划分为若干薄层，每层土近似看成是均质的线性变形体，求出各层的主固结压缩变形量，然后将各层的压缩变形量进行叠加，即得到细粒土路基的主固结沉降量。

在计算各层的压缩变形量时，对于填方路堤尤其是高填方路堤形式的路基(本文分析中考虑路基土的侧向变形)，路堤边坡按线性变形层模型计算。

设将路基的可压缩层分为 $r(r=1,2,\cdots,k)$ 层，按上述模型及假设，则路基的总主固结沉降量 S^c 按下式计算：

$$S^c = \sum_{r=1}^{k}\frac{\Delta e_r}{1+e_{0r}}h_r = \sum_{r=1}^{k}\frac{\Delta p_r}{E_{0r}}h_r \tag{4-13}$$

式中：Δe_r——第 r 层土的孔隙比减小量；

e_{0r}——第 r 层土的初始孔隙比；

h_r——第 r 层土的厚度(m)；

Δp_r——第 r 层土中的附加应力增量(kPa)；

E_{0r}——第 r 层土的无侧限变形模量(MPa)；

k——路基压缩层范围内的计算土层数。

③道路施工期内路基的主固结沉降量分析

将路基分成 r 层后，由于路基土的压缩层厚度与路基所受荷载面积相比较小，故可近似地将压缩层看成是无限大面积荷载作用下的薄压缩层，将压缩层内的各薄层的附加应力均近似

等于路基表面的荷载，附加应力增量也近似等于路基表面的荷载增量。

由于路基在任意时段的应力增量产生的主固结沉降增量具有滞后性，则每个时段的主固结沉降量仅取决于以前时段的荷载作用。分析时，近似地将恒荷载 $q(t)$ 看成在施工期间对时间 t 是匀速单调增加的，则这一阶段的主固结沉降也是单调增加的。

在 $[0,t_s]$ 时间区间内，第 r 层土在 Δt_i 时段的主固结沉降增量为以前所有时段的应力增量分别在本时段引起的主固结沉降增量之和，即

$$\Delta S^c(\Delta t_i)_r = \Delta S^c_{q1}(\Delta t_i)_r + \Delta S^c_{q2}(\Delta t_i)_r + \cdots + \Delta S^c_{qi-1}(\Delta t_i)_r = \sum_{j=1}^{i-1}\Delta S^c_{qj}(\Delta t_i)_r \quad (4\text{-}14)$$

式中：$\Delta S^c(\Delta t_i)_r$——第 r 层路基土在 Δt_i 时段的主固结沉降增量；

$\Delta S^c_{qj}(\Delta t_i)_r$——第 r 层路基土在 Δt_i 时段由 $\Delta q_{jr}(j=1,2,\cdots,i-1)$ 引起的主固结沉降增量，可按式(4-15)计算

$$\Delta S^c_{qj}(\Delta t_i)_r = \Delta u_{ir}\frac{\Delta q_{jr}}{E_{0r}}h_r \quad (4\text{-}15)$$

式中，Δq_{jr}为第 r 层路基土在 $\Delta t_j(j=1,2,\cdots,i-1)$ 时段的应力增量，近似地，取 Δq_{jr}为各层均相等，且等于相应时刻的恒荷载增量，即 $\Delta q_{jr}\approx\Delta q_j$。$\Delta u_{ir}$为第 r 层土在 Δt_i 时段的固结度增量，按 Terzaghi 单向渗透固结理论计算可知

$$\Delta u_{ir} = \frac{4}{\pi}\Delta q_{jr}\sum_{n-1}^{\infty}\frac{1}{n}\sin\frac{n\pi z}{2H}\cdot e^{-\frac{n^2\pi^2}{4}\Delta T_{vi}} \quad (4\text{-}16)$$

式中：n——正奇数 1,3,5,…；

H——路基压缩层的最远排水距离(m)，且路基为单面排水时取为压缩层厚度，路基为双面排水时取为压缩层厚度的一半；

ΔT_{vi}——Δt_i 时段的竖向固结时间因数增量，按式(4-17)计算

$$\Delta T_{vi} = \frac{c_v\Delta t_i}{H^2} \quad (4\text{-}17)$$

式中，c_v 为路基土的竖向固结系数，按下式计算：

$$c_v = \frac{k(1+e)}{a\gamma_w}$$

式中：k——土的竖向渗透系数(cm/s)；

e——土的初始孔隙比；

a——土的竖向压缩系数(MPa^{-1})；

γ_w——水的重度(kN/m^3)。

在任意时刻 $t\in[0,t_s]$，第 r 层土的主固结沉降量 $S^c(t)_r$ 为以前各时段该层的主固结沉降增量之和，即

$$\begin{aligned} S^c(t)_r &= \Delta S^c(\Delta t_1)_r + \Delta S^c(\Delta t_2)_r + \cdots + \Delta S^c(\Delta t_m)_r = \sum_{i=1}^{m}\Delta S^c(\Delta t_i)_r \\ &= \sum_{i=1}^{m}\sum_{j=1}^{i-1}\Delta S^c_{qj}(\Delta t_i)_r \end{aligned} \quad (4\text{-}18)$$

式中：m——t 时刻以前的总时段数，即 $[0,t]$ 区间内的总时段数。

最后，按分层总和原理，在任意时刻 $t\in[0,t_s]$，路基的主固结沉降量为各层的主固结沉降量之和，即

$$S^{c}(t)=S^{c}(t)_{1}+S^{c}(t)_{2}+\cdots+\Delta S^{c}(t)_{s}=\sum_{r=1}^{k}\sum_{i=1}^{m}\sum_{j=1}^{i-1}\Delta S_{qj}^{c}(\Delta t_{i})_{r} \tag{4-19}$$

因此,路基在施工期内任意时刻 $t\in[0,t_{s}]$ 的主固结沉降量为

$$S^{c}(t)=\sum_{r=1}^{k}\sum_{i=1}^{m}\sum_{j=1}^{i-1}\Delta u_{ir}\frac{\Delta q_{jr}}{E_{0r}}h_{r} \tag{4-20}$$

④道路使用期内路基的主固结沉降量分析。在道路使用期$[t_{s},\infty)$时间区间内,路基受行车荷载反复作用,呈压缩—回弹—再压缩的循环变形状态。但若仅考虑排水固结引起的塑性变形,由于排水过程的不可逆性,因而固结沉降是不可逆的。在该时间区间内,每次行车荷载的作用时间很短,视为瞬时的加荷—卸荷作用。由于任意时段以前所受的行车荷载可能大于、等于或小于当前的行车荷载,路基土可能处于正常固结、超固结或欠固结状态,故下面的分析中考虑了应力历史的影响。

在使用期$[t_{s},\infty)$内,对任意时段 Δt_{i},设当前的行车荷载为 p_{i},以前所有时段中所受行车荷载的最大值为 $p_{max}(\Delta t_{i})$(其中不包括 p_{i})。对第 r 层土,在 Δt_{i} 时段的附加应力增量近似取为 $\Delta p_{ir}\approx p_{i}$。

由于应力历史的影响,对 Δt_{i} 时段,第 r 层土的主固结沉降增量取决于以前所有时段中所受附加应力增量中的最大值及其作用的时刻。

若 $p_{i}\leqslant p_{max}(\Delta t_{i})$,土体处于正常固结或超固结状态,则 Δt_{i} 时段第 r 层土的主固结沉降增量就等于 $p_{max}(\Delta t_{i})$在此时段引起的主固结沉降增量 $\Delta S_{pmax}^{c}(\Delta t_{i})_{r}$,即

$$\Delta S^{c}(\Delta t_{i})_{r}=\Delta S_{pmax}^{c}(\Delta t_{i})_{r}=\Delta u_{ir}\frac{p_{max}(\Delta t_{i})}{E_{0r}}h_{r} \tag{4-21}$$

式中:$\Delta S^{c}(\Delta t_{i})_{r}$——$[t_{s},\infty)$时间区间内 Δt_{i} 时段第 r 层土的主固结沉降增量;

$\Delta S_{pmax}^{c}(\Delta t_{i})_{r}$——$[t_{s},\infty)$时间区间内 Δt_{i}时段以前所有时段中第 r 层土所受附加应力增量中的最大值在第 r 层土中引起的主固结沉降增量。

若 $p_{i}>p_{max}(\Delta t_{i})$,土体处于欠固结状态,$\Delta t_{i}$时段的主固结沉降增量仍保持为 $\Delta S_{pmax}^{c}(\Delta t_{i})_{r}$,但对下一时段 Δt_{i+1}而言,其以前时段的行车荷载最大值就是 Δt_{i}时段的附加应力增量 p_{i},即 $p_{max}(\Delta t_{i})=p_{i}$。则 Δt_{i}时段的主固结沉降增量为

$$\Delta S^{c}(\Delta t_{i+1})_{r}=\Delta S_{pmax}^{c}(\Delta t_{i+1})_{r}=\Delta u_{ir}\frac{p_{i}}{E_{0r}}h_{r} \tag{4-22}$$

式中:$\Delta S^{c}(\Delta t_{i+1})_{r}$——$[t_{s},\infty)$时间区间内 Δt_{i+1}时段第 r 层土的主固结沉降增量;

$\Delta S_{pmax}^{c}(\Delta t_{i+1})_{r}$——$[t_{s},\infty)$时间区间内 Δt_{i}时段以前所有时段中第 r 层土所受附加应力增量,此时为 p_{i}在 Δt_{i+1}时段引起的主固结沉降增量。

那么,在任意时刻 $t\in[t_{s},\infty)$,第 r 层土的主固结沉降量 $S^{c}(t)_{r}$ 为

$$S^{c}(t)_{r}=\sum_{i=a}^{n}\Delta S_{pmax}^{c}(\Delta t_{i})_{r}=\sum_{i=a}^{n}\Delta u_{ir}\frac{p_{max}(\Delta t_{i})}{E_{0r}}h_{r}$$

最后按分层总和原理,求得路基在使用期间任意时刻 $t\in[t_{s},\infty)$的主固结沉降量 $S^{c}(t)$为

$$S^{c}(t)=\sum_{r=1}^{k}\sum_{i=a}^{n}\Delta u_{ir}\frac{p_{max}(\Delta t_{i})}{E_{0r}}h_{r}$$

式中:n——$[t_{s},t]$区间内的时段数;

a——$p_{max}(\Delta t_i)$作用的时段编号。

(3)工程算例

河北省青银高速公路试验段路基施工工期为9个月。路基宽$b=28.0$m,沥青混凝土路面面层厚15cm,水泥稳定碎石上基层厚19cm,石灰、粉煤灰稳定碎石下基层厚18cm,石灰土或二灰土底基层厚18cm。桥涵荷载标准为汽车—超20级,挂车—120。

①细粒土路基的计算参数和指标选取。路基所受恒荷载,结合不同地段路面结构层各层厚度,按结构层自重进行统计和计算。其中,混凝土面层、水泥稳定碎石上基层、石灰、粉煤灰稳定碎石下基层和石灰土底基层的重度分别采用$25kN/m^3$、$20kN/m^3$、$19kN/m^3$和$18kN/m^3$。路基所受恒荷载统计计算值见表4-1。

表4-1

项　　目	K57+420:$h=4.0$m	K57+480:$h=6.0$m	K57+600:$h=8.0$m
土的重度(kN/m^3)	19.0	19.0	19.0
初始孔隙比e_0	0.86	0.86	0.86
竣工时孔隙比e_1	0.68	0.63	0.60
初始压缩系数a(MPa^{-1})	0.35	0.35	0.35
竣工时压缩系数a(MPa^{-1})	0.1	0.08	0.07
路面恒载(kPa)	14.2	14.2	14.2
路面行车最不利活载(kPa)	2.76	2.76	2.76
渗透系数k(10^{-7}cm/s)	1.8	1.8	1.8
变形模量E(MPa)	6.5	6.8	4.0
泊松比	0.3	0.3	0.3

根据《公路桥涵设计通用规范》,行车引起的活荷载,在计算范围内按车辆的最不利布置(四车道:共布置2挂+4重+36标)进行统计,设计值为2.76kPa。为安全起见,每时段内行车荷载均取此最不利值。

取三个试验断面进行计算。

竣工时刻$t_s=9$月。由于土体含水率随时间的变化具有很大的不确定性,具体工程中试验和观测实际时间间隔较长,故计算时取时距为$\Delta t=1$月。

②细粒土路基的沉降计算结果。按上述增量法,分别计算竣工时($t_s=9$)和使用1年时($t=21$)的沉降量,并与实测结果进行比较。主要计算结果及其比较见表4-2及表4-3。

使用1年时行车荷载引起的路基主固结沉降量计算表

表4-2

断面	最终固结沉降	竖向固结系数	固结度U_t(%)												主固结沉降量(mm)
			$t=12$	$t=11$	$t=10$	$t=9$	$t=8$	$t=7$	$t=6$	$t=5$	$t=4$	$t=3$	$t=2$	$t=1$	
一	0.72	16.8	90	88	86	84	81	79	76	72	68	61	55	48	6.37
二	0.80	14.5	96	94	93	91	88	86	82	79	74	67	60	52	4.67
三	0.86	18.3	98	97	96	95	94	93	91	88	86	75	69	53	8.90

注:最终固结沉降量近似按$s=\frac{ap(t)}{1+e_1}$计算,主固结沉降量按$S^c(t)=s\sum U_t$计算。

使用 1 年时的路基主固结沉降量(单位:mm)　表 4-3

监测断面	K57 +420	K57 +480	K57 +600
恒载引起的 $S_q^c(t)$	16.80	18.35	20.32
行车活载引起的 $S_p^c(t)$	6.37	4.67	8.90
主固结沉降总量 $S^c(t)$	23.17	26.02	29.22

注:恒载引起的 $S_q^c(t)$ 为竣工时的主固结沉降量,其计算方法和过程与行车活载引起的 $S_p^c(t)$ 相同。

4.1.3 高速公路路堤沉降三维有限元数值分析

为了研究分析高速公路细粒土路堤堤身沉降变形规律,确保高速公路建成后路基的稳定与安全,避免路面纵向裂缝的产生,对高速公路细粒土路堤堤身沉降变形规律进行了有限元数值分析。

1)数值计算材料模型及程序实现过程

(1)土体本构模型和性能参数

假定路基及地基土为黏性土,其本构模型均采用 Mohr-Coulomb 本构模型,参数如表 4-4 所示。

路基及地基土的 Mohr-Coulomb 模型　表 4-4

土体类型	弹性模量 E (MPa)	γ_{sat} (kN/m^3)	K_x	K_y	μ	E_{ref} (kN/m^2)	C_{ref} (kN/m^2)	φ (°)
黏性土路基	20	19.00	0.0002	0.0002	0.30	1200	12	25
黏性土地基	20	19.14	0.0002	0.0002	0.30	3000	15	27

(2)建模网格划分

如图 4-5 所示,路基计算断面按照河北省青银高速公路整体式高速公路断面、双向四车道、设计时速 120km/h,路堤边坡坡度取为 1:1.5,路堤高度 5.0m,取垂直路堤断面 10.0m 长进行三维计算建模分析。

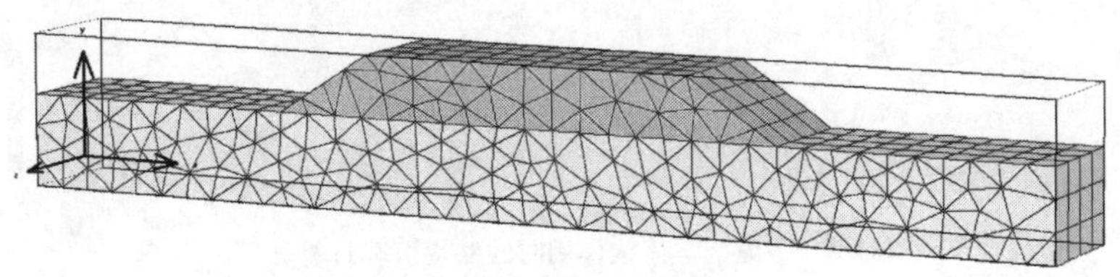

图 4-5　路基堤身沉降分析建模网格划分

路面结构和交通荷载模拟:按照设计采用的路面结构各层厚度和强度指标,用相应的 Beam 单元予以模拟,交通荷载折算成相应的土柱施加在模型上行车带和超车带范围。

(3)分析项目

计算的分析项目主要包括路基建成后在路面结构层及自身重力作用、行车荷载作用下的路基底面和路面的沉降变形情况及规律。

2)计算结果分析

(1)试验断面计算结果

图4-6和图4-7分别是模拟工程实际K157+480断面的不考虑和考虑行车荷载作用的路堤沉降云图，计算结果如表4-5所示。

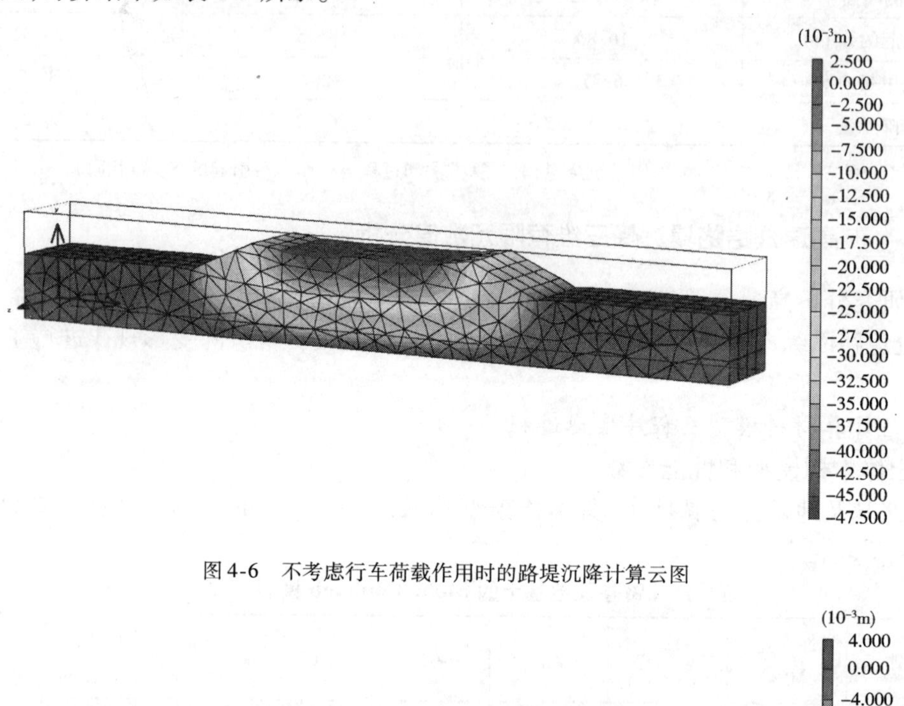

图4-6　不考虑行车荷载作用时的路堤沉降计算云图

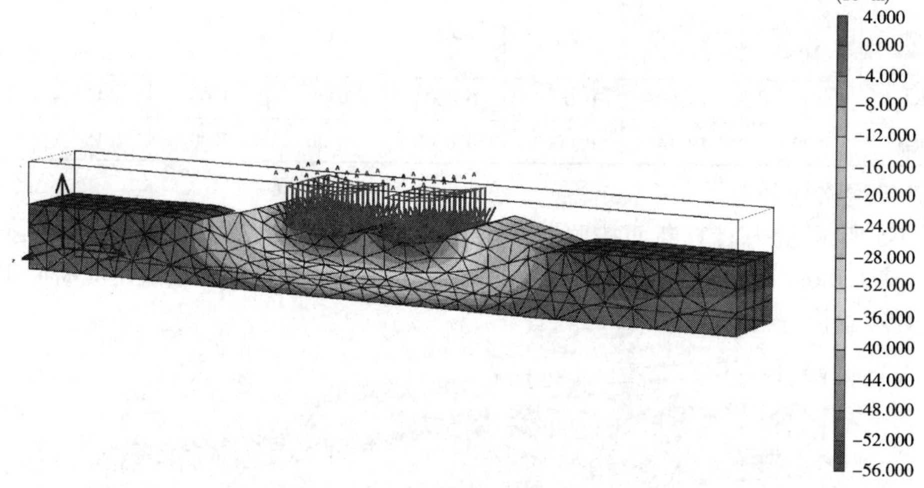

图4-7　考虑行车荷载作用时的路堤沉降计算云图

路基竖向沉降最大值计算结果（单位：mm）　　表4-5

不考虑行车荷载	考虑行车荷载	沉降差
45.27	53.85	8.58

（2）地基模量对路堤沉降的影响

为了研究和界定地基模量对路堤沉降的影响，计算中分析了地基模量分别为20MPa、30MPa和40MPa时的路基基底断面和路基顶面断面沉降规律（路基土模量20MPa）。

图4-8～图4-12为计算结果沉降曲线。表4-6和图4-13为计算分析结果。

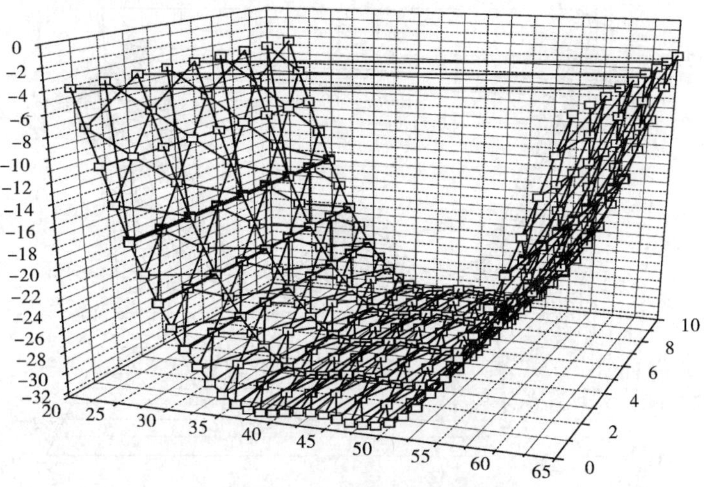

图 4-8　地基模量为 20MPa 时路基基底沉降分布曲线

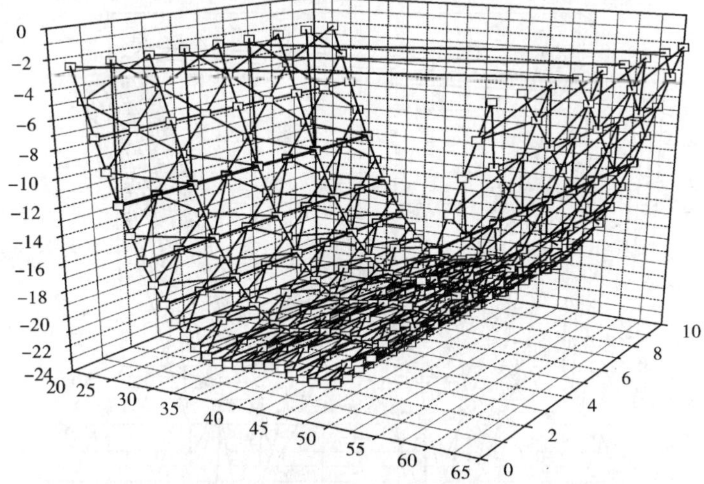

图 4-9　地基模量为 30MPa 时路基基底沉降分布曲线

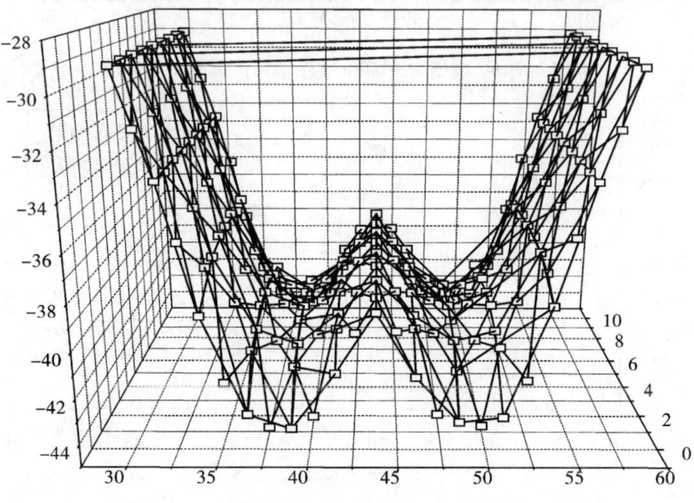

图 4-10　地基模量为 20MPa 时路基顶面沉降分布曲线

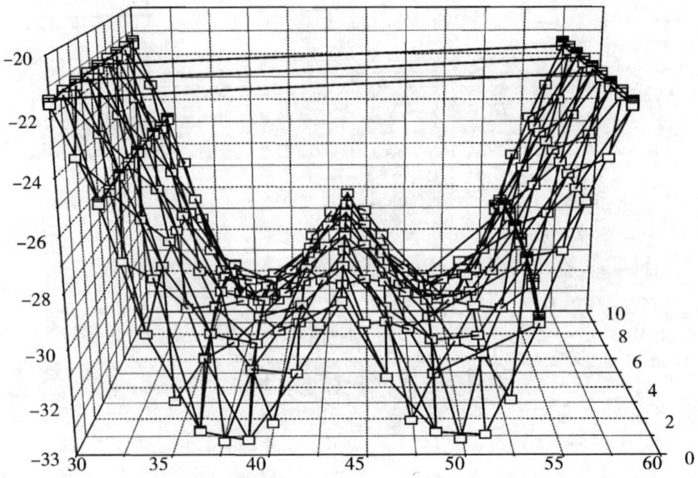

图 4-11　地基模量为 30MPa 时路基顶面沉降分布曲线

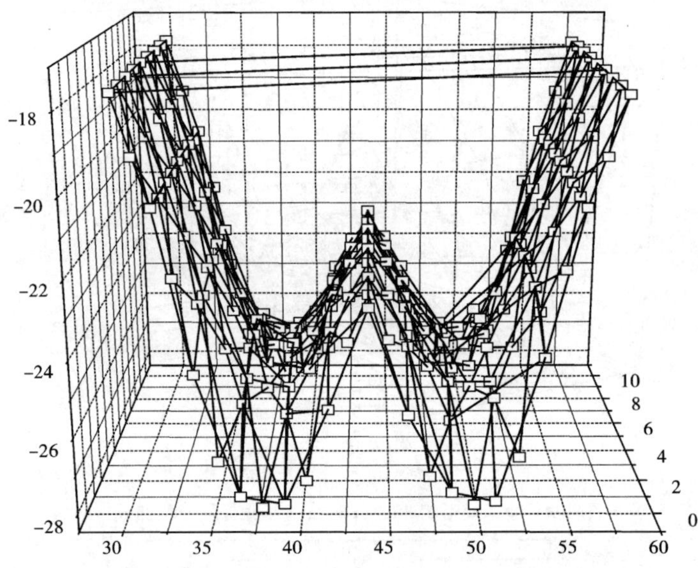

图 4-12　地基模量为 40MPa 时路基顶面沉降分布曲线

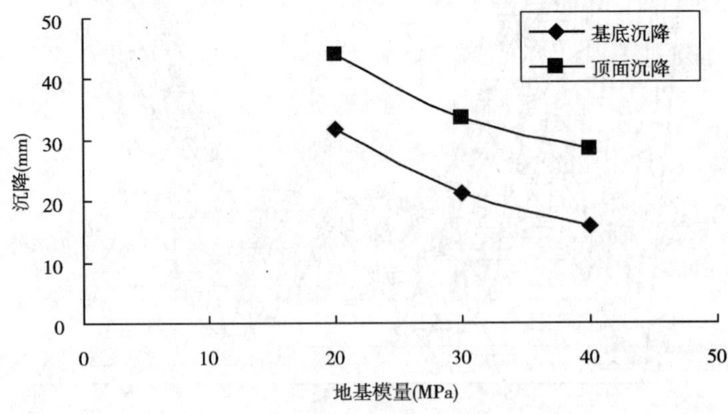

图 4-13　地基模量对路基变形的影响曲线

地基模量对路基变形的影响　　表 4-6

地基模量(MPa)	20	30	40
通车后路基基底最大沉降(mm)	31.68	21.13	15.75
通车后路基顶面最大沉降(mm)	44.06	33.56	28.33

(3)路基模量对路堤沉降的影响

为了研究路基模量对路堤沉降的影响,计算中分析了路基模量分别为 20MPa(细粒土)、40MPa(粗粒土)、55MPa(砂砾)时的路基基底断面和路基顶面断面沉降规律(地基模量 30MPa)。

图 4-14 ~ 图 4-17 为计算结果沉降曲线。表 4-7 和图 4-18 为计算分析结果。

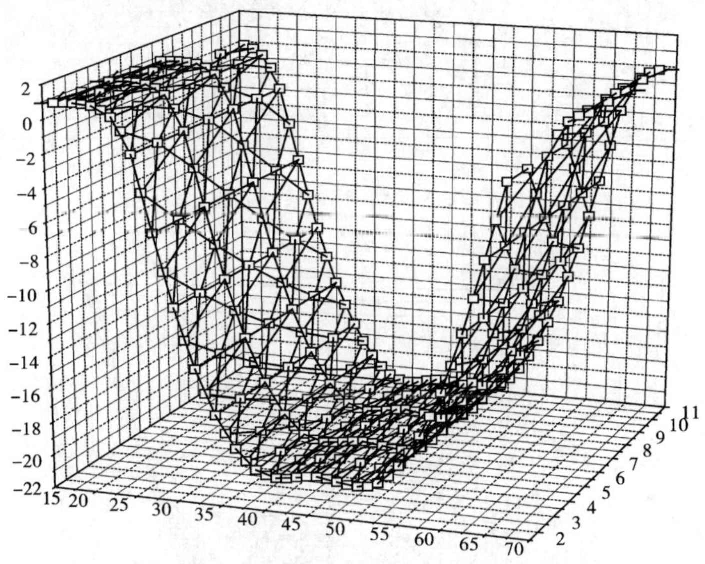

图 4-14　路基模量为 40MPa 时路基基底沉降分布曲线

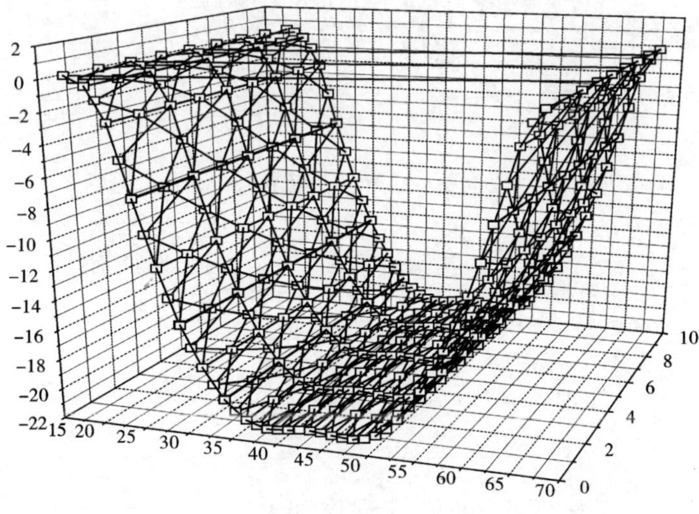

图 4-15　路基模量为 55MPa 时路基基底沉降分布曲线

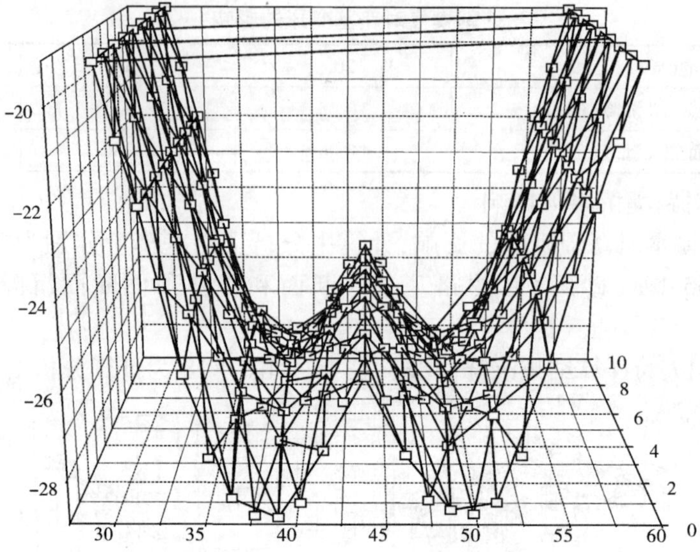

图 4-16　路基模量为 40MPa 时路基顶面沉降分布曲线

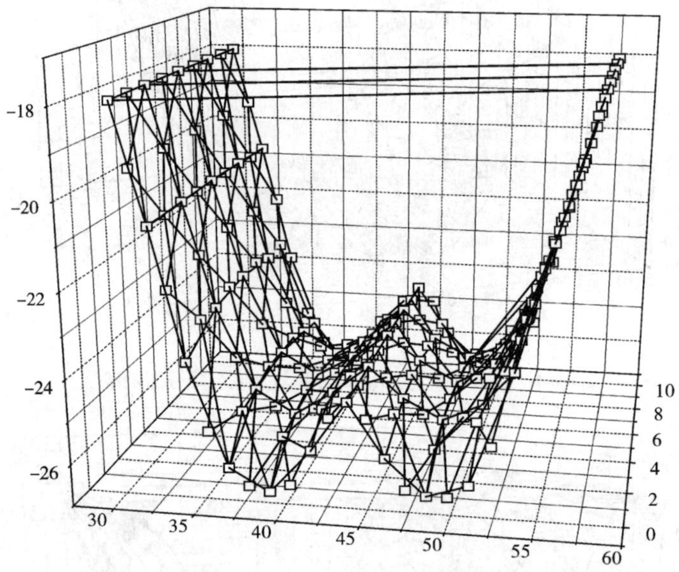

图 4-17　路基模量为 55MPa 时路基顶面沉降分布曲线

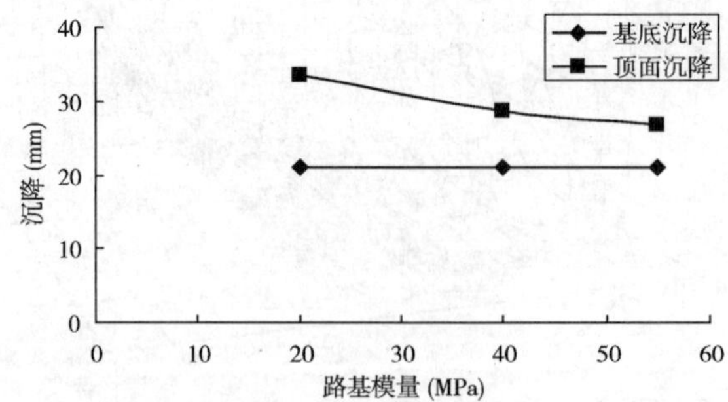

图 4-18　路基模量对路基沉降影响曲线

路基模量对路基变形的影响　　表4-7

路基模量(MPa)	20	40	55
通车后路基基底最大沉降(mm)	21.13	21.05	21.02
通车后路基顶面最大沉降(mm)	33.56	28.86	26.74

(4)小结

计算机仿真分析表明,路堤堤身沉降变形与其自身弹性模量有很大关系。模量越高,自身压缩沉降越小(包括考虑行车荷载),对行车的安全性和舒适性越有利。提高路基模量可采用填料改良、选用优质填料或提高压实度等方法。

路基基底沉降受地基模量的影响较大。因此对于软土地基必须采取措施提高地基模量以减小路基基底和顶面的沉降值。对于非软土地基,可采取冲击压实等技术措施提高天然地基模量。

4.1.4 高速公路路堤沉降现场试验

1)工程概况

试验段工程位于河北省青银高速公路窦妪互通上跨京广铁路立交桥以西 K157 +400 ~ K157 +640 段,路堤填土高度为4.0~8.0m,采用细粒土填筑(低液限粉土)。地基土主要为亚黏土,硬塑,承载力达到120~200kPa,侧壁摩阻力为15~35kPa。地基条件良好,为保证通车后路面的平顺性,地基全部采用冲击压实处理。为达到要求的压实度,填土厚度不超过30cm,填土严格分层填筑,分层夯实。三个试验断面 K157 +420(h=4.0m)、K157 +480(h=6.0m)、K157 +600(h=8.0m)实际的施工填筑速率进程如图4-19~图4-21所示。

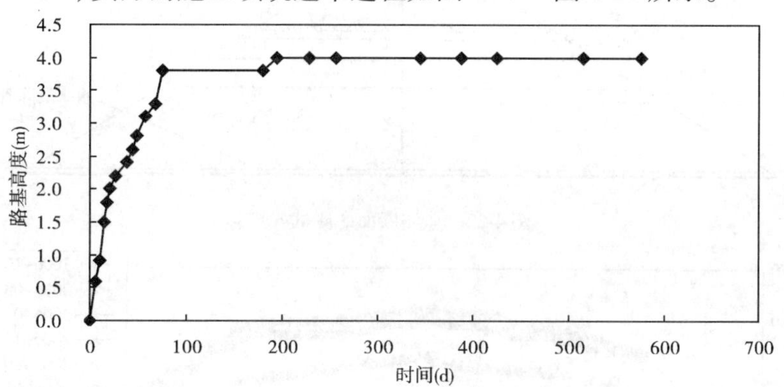

图4-19　K157 +420 试验断面路基施工日程曲线

2)测试结果分析

图4-22为三个监测断面的测试方案。

图4-23和图4-24为K57 +420断面基底和上路床位置竖向沉降仪的测试结果。图4-25为该断面地基沉降随路基高度变化的曲线。

测试结果表明路基基底和上路床位置处的沉降呈中间大两端小的形状;沉降横向比较均匀。

由于在路基填筑前对天然地基进行了冲击压实,使地基强度得到提高,结果显示地基沉降量很小,并且通车一年后的观测结果表明地基沉降和路堤堤身沉降基本稳定。

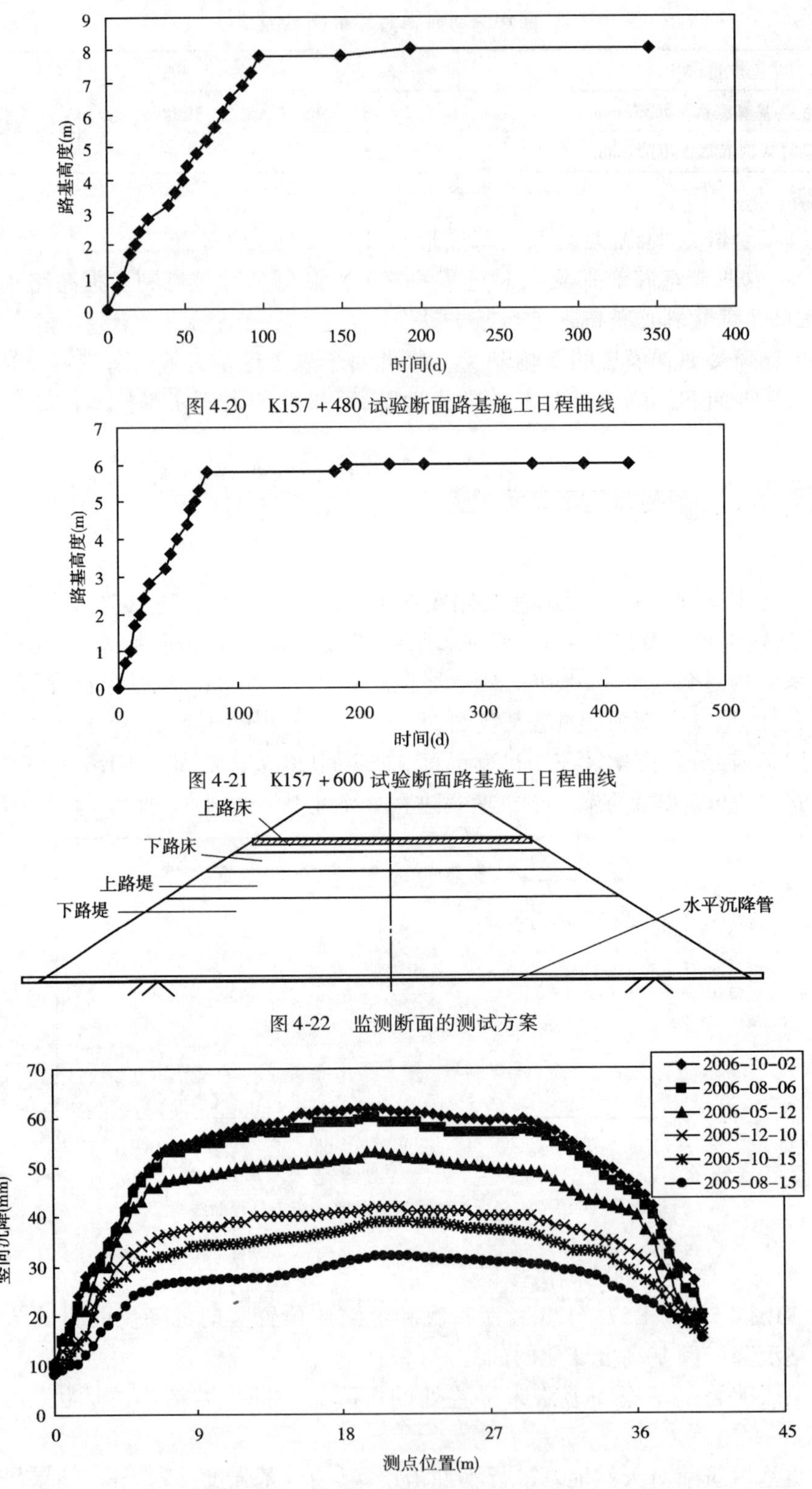

图 4-23　K57 +420 断面基底沉降测试曲线

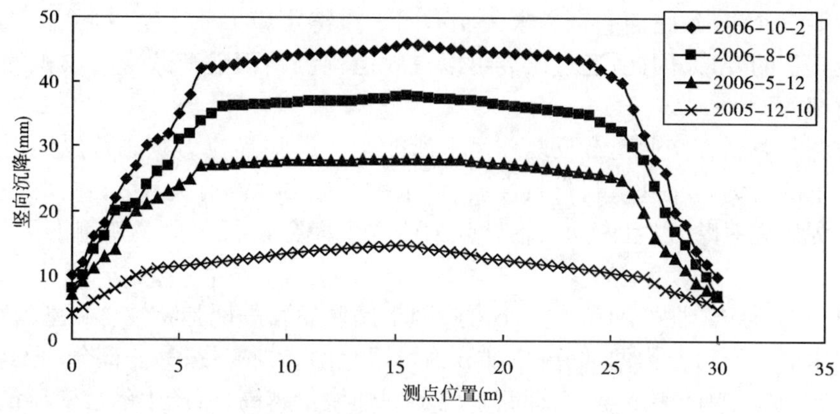

图 4-24　K57 +420 断面上路床沉降测试曲线

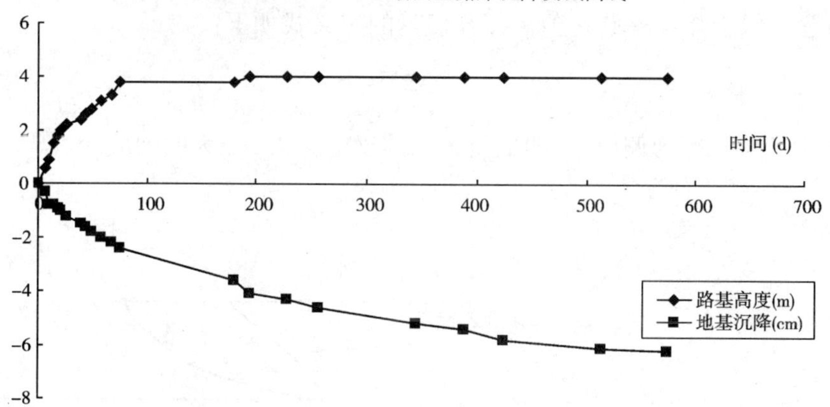

图 4-25　K57 +420 断面地基沉降随路基宽变化的曲线

表 4-8 为试验段三个监测断面的竣工一年后的沉降测试结果。

路基沉降测试结果(竣工后一年)　表 4-8

断面	K57 +420	K57 +480	K57 +600
基底沉降(mm)	62	75	90
堤身沉降(mm)	9.0	12.0	15.0

4.2　行车荷载作用下路基累积塑性变形研究

4.2.1　概述

为避免路基因应变过大而导致路面产生永久变形,路基必须具有足够的承载力。若路基填料所处应力状态超出所能承载临界应力,随着行车交通荷载次数的增加将发生应变软化的现象,其结果将造成路基填料有较大的累积塑性变形,进而引起路面车辙破坏。

路面车辙破坏的发生属于使用上的功能破坏,其发生的主要原因是路面结构系统受到重交通荷载的反复作用,塑性变形迅速累积,而造成面层轮迹处产生过大的永久变形,进而降低路面服务性能，最终导致路面病害。永久变形属于在特定应力状态范围内由于重复加载过程中逐渐稳定累积的变形，因此，通过研究可以有效地预测路面随荷载次数累积的车辙，以提高路面养护效率。

目前对路基填料在交通荷载反复作用下所能承受的临界应力状态范围的研究较少，且反复荷载作用下的行为与路基填料材料性质、含水率及应力状态有关，因此本研究以典型的细粒土路基填料为研究对象，以室内动三轴试验为研究手段分析行车荷载作用下路基填料的累积塑性变形。

路基填料的累积塑性变形量的大小可归因于路基填料的回弹特性。路基填料受交通荷载作用时所产生的变形可分为两部分：一部分为可回复的弹性变形；另一部分为不可回复的塑性变形。此外，路基填料的刚度越大，即路基填料回弹模量越高，所产生的总变形量越小，相对地塑性变形量亦越小。理论上，回弹模量表示所施加偏应力与回弹应变之间的比值，如图4-26所示，而其概念类似于弹性模量 E 值。回弹模量的定义式如下：

$$M_r = \frac{\sigma_d}{\varepsilon_d}$$

式中，M_r 为回弹模量；σ_d 为偏应力，即重复施加的轴向应力；ε_d 为回弹应变。

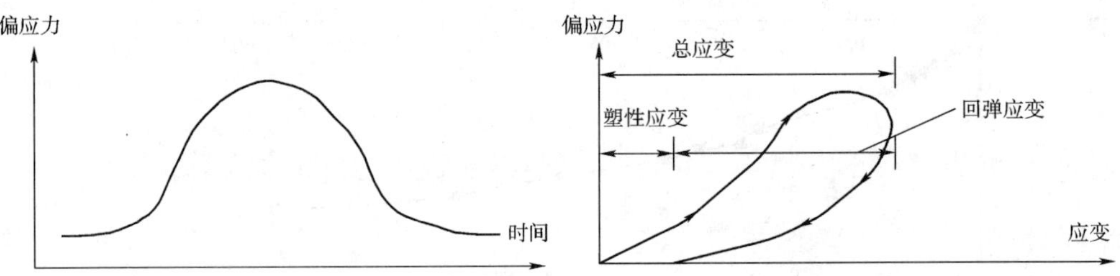

图4-26　路基土体的回弹行为

路基填料在预期的重复荷载作用下，其回弹模量和累积的塑性变形是避免路面发生疲劳破坏和产生车辙破坏的重要考虑因素。当路面内部产生的变形量大到足以造成行驶路面不平或导致路面材料龟裂的时候，路面病害产生。经过压实的路基填料在交通荷载反复作用下，其力学行为的好坏将直接影响到柔性路面结构的设计，因此，研究压实路基填料在反复荷载作用下的行为具有重大的工程意义。

路基填料受到地下水由下而上或雨水由上而下地侵入，会使其含水率增加，导致路基填料软化，进而降低路面承载力及服务性能；并且当路基受到较大的应力反复加载作用时，其塑性变形会逐渐累积，最终导致路面发生过大的车辙变形，使得路面丧失其服务能力。在路面设计中要避免该现象的发生，这与路面结构系统所处应力状态及其在反复荷载作用下的回弹与塑性行为有关。在较大的应力水平下将产生过大的塑性变形，而在较小应力水平时，在行车荷载作用一定的次数后，随即达到稳定的状态。即路面塑性变形已不再累积增加，材料在特定的应力水准下只发生为弹性行为，或是塑性变形缓慢累积。

为探讨不同含水率状态下的路基填料回弹变形与塑性变形特征，以路基填料击实所得的最佳含水率（w_{opt}）为基准，选取 w_{opt}、$w_{opt}+2\%$ 及 $w_{opt}+4\%$ 等三种含水率制作试样。含水率的选择主要是依据美国 AASHTO 在 1998 年的研究报告。报告中指出，路基填料含水率变化范围大部分季节处于 w_{opt} 湿侧，且在 $w_{opt}+4\%$ 内的含水率占了全部含水率变化范围约70%。为此试验研究不同含水率（w_{opt}、$w_{opt}+2.0\%$、$w_{opt}+4.0\%$）对于压实路基填料累积塑性变形的影响程度。选择三种含水率，主要是考虑道路使用过程中各种因素的变化而引起路基填料可能的含水率变化范围。

试验研究主要是通过 DSD 型振动三轴仪，对典型的细粒土路基填料进行不固结不排水单循环加载的疲劳试验。在动三轴试验中，主要受试样变量与试验变量的影响。试样变量主要指试样本身的强度与变形特性，包含试样的性质种类、制作方式、密度、含水率（饱和度）及尺寸大小。试验变量主要指试样的塑性变形和回弹变形，包含反复偏应力、围压、重复应力脉波作用次数、应力历史、应力脉波波形及频率、破坏偏应力值、应力水平等。应力脉波波形选用半正弦波，参考回弹模量试验规范，应力脉波频率采用 1Hz，围压采用 30kPa。

4.2.2　破坏偏应力试验

破坏偏应力值是指试样达到破坏时的偏应力值。英国铁路局定义破坏偏应力为轴应变达到 10% 的偏应力。美国道路研究报告指出，在行车路面上，超过 4% 的应变就是不可接受的。在本研究中的破坏偏应力值指轴应变达 5% 时的数值，而在轴向应变未达到 5% 前破坏者，则以峰值应力作为破坏偏应力。

通过室内不固结、不排水静三轴试验确定各含水率试样的破坏偏应力值，然后确定在进行累积塑性变形试验时，各不同应力水平（SL）下的偏应力值（σ_d）。

应力水平定义为所施加的偏应力值与破坏偏应力值的比值（σ_d/σ_{df}）。

三种不同含水率的破坏偏应力（$K=97\%$）和对应的应力水平见表 4-9。

不同含水率试样的破坏偏应力与应力水平　　表 4-9

含水率	破坏偏应力（kPa）	应力水平（SL）（%）						
		2	4	8	16	24	32	40
w_{opt}	1329.9	26.6	53.2	106.4	212.8	319.2	425.6	532.0
$w_{opt}+2\%$	568.3	11.4	22.7	45.5	90.9	136.4	181.9	224.3
$w_{opt}+4\%$	148.6	3.0	5.9	11.9	23.8	35.7	44.6	59.4

破坏偏应力试验的结果显示较高含水率的试样，其破坏偏应力值较低。

4.2.3　累积塑性变形试验

累积塑性变形试验主要是模拟路面结构下的路基填料在受到车辆荷载反复作用之后所累积的（塑性）永久变形行为。

最佳含水率（w_{opt}）永久变形试验共分为 8 个应力水平，分别为 2%、4%、8%、16%、24%、32%、40%、60%；$w_{opt}+2\%$ 含水率分为 6 个应力水平进行，分别为 4%、8%、16%、24%、32%、40%；$w_{opt}+4.0\%$ 含水率共分为 6 个应力水平进行，分别为 16%、24%、32%、40%、48%、60%。

试验研究所使用的应力水平范围在 2% ~60% 之间变化，依不同含水率状况而使用不同的应力水平值。一般而言，较高含水率所需使用的应力水平值较高，因为在高含水率时其破坏偏应力值较低。当受测试样达到明显稳定状态时，累积的塑性变形与回弹应变在较低应力水平时较为显著。本研究使用较低应力水平的原因，是当受测试样在小于破坏临界应力水平的荷载循环作用下，才会出现明显稳定状态；若荷载循环作用的应力水平超过临界应力水平值，则试样并不会出现明显的稳定状态而会出现破坏状况。各含水率破坏偏应力值与其应力水平值如表 4-9 所示。

永久变形试验每次都进行 10000 次荷载循环。根据分析，需要取其第 10、30、100、300、600、1000、3000、6000、10000 次荷载循环数据进行受测试样累积永久变形的各项分析。

累积塑性变形量（$\sum \varepsilon_p$）是指受测试样在每次荷载循环作用之后，因残余应力存在而累积无法回复的塑性变形量。

图 4-27 和图 4-28 为路基填料在 w_{opt}、$w_{opt}+2.0\%$、$w_{opt}+4.0\%$ 等不同含水率下的反复荷载次数与累积塑性变形关系图。

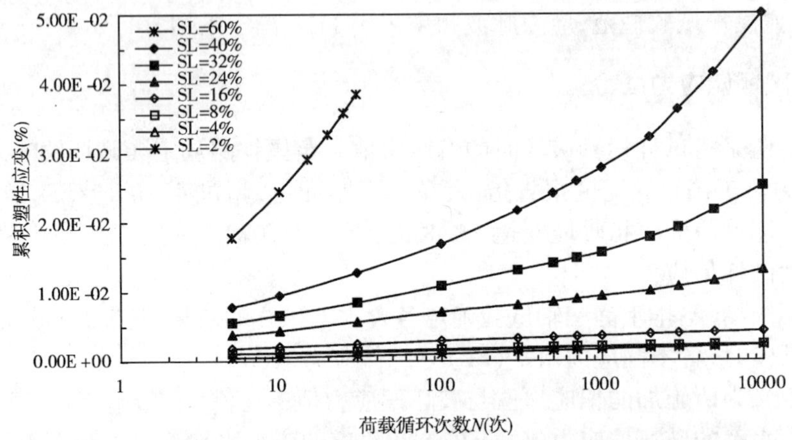

图 4-27　路基填料在 w_{opt} 下的循环荷载作用次数与累积塑性变形关系图

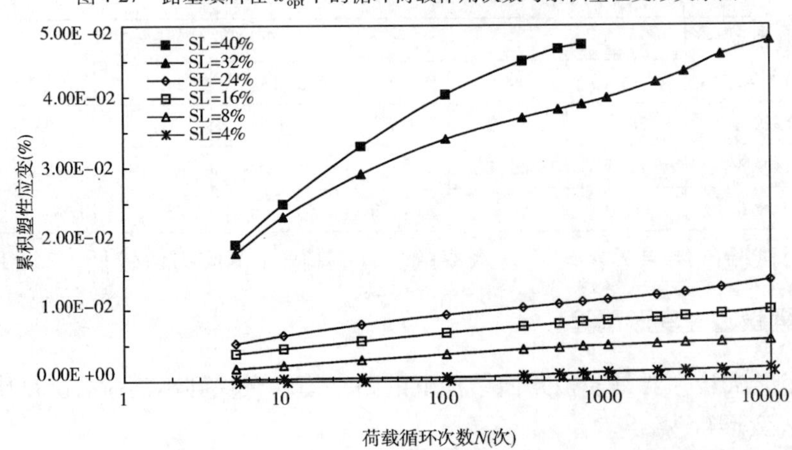

图 4-28　路基填料在 $w_{opt}+2\%$ 下的循环荷载作用次数与累积塑性变形关系图

从图中可以发现：在不同的应力水平条件下，随着反复荷载次数的增加，路基土体塑性变形逐渐累积，并且较大应力水平下会有较大的塑性变形。此外，应力水平高低决定初始塑性应变的大小。应力水平越高的情形下，在受载一开始时即有较大的塑性应变产生；反之，则有较小的塑性应变。

在含水率影响方面，相同应力水平下，含水率由 w_{opt} 增加至 $w_{opt}+2\%$，塑性应变会增大，但含水率增至 $w_{opt}+4\%$ 时，塑性应变反较 w_{opt} 时小。原因在于不同含水率下，试样破坏时的偏应力不同,因而在相同应力水平下所对应的偏应力也不同,且该填料含有的黏土颗粒对含水率的影响较为敏感。由表4-9可知,该土体 w_{opt} 时的破坏偏应力为 $w_{opt}+2\%$ 时的2.3倍,为 $w_{opt}+4\%$ 时的8.9倍。因此,在 $w_{opt}+4\%$ 时,含水率虽较 w_{opt} 时为高,但试样受到远较 w_{opt} 小的应力作用,故塑性应变有较 w_{opt} 小的可能。

此外,由图4-27～图4-29可明显发现路基土体在超出某一应力水平后,塑性应变迅速累积,而在高于该应力水平反复荷载作用下,路面处于不稳定状态,即所谓增量崩溃状态;在低于此应力水平下受反复荷载时,塑性应变在1000次加载后则有趋向和缓的现象,即处于稳定状态,与高应力水平下的塑性行为不同。

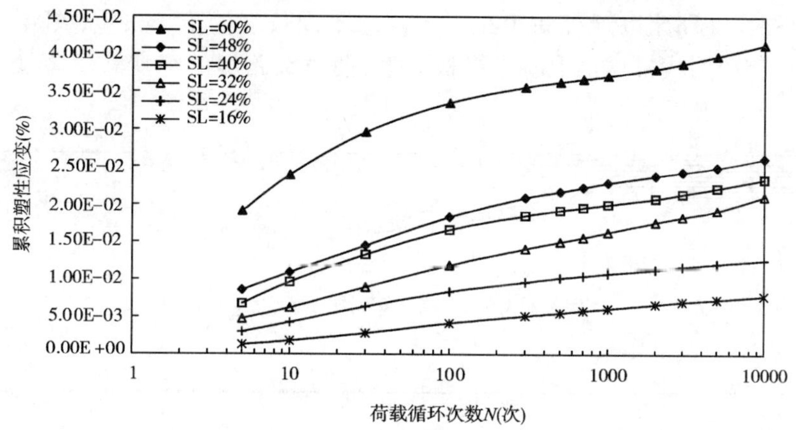

图4-29　路基填料在 $w_{opt}+4\%$ 下的循环荷载作用次数与累积塑性变形关系图

在 w_{opt}(图4-27)状态下,路基土体塑性变形在应力水平16%以上时,塑性应变有突然增大的趋势,且应变率开始增加,故可将16%确定为临界应力水平。而在 $w_{opt}+2.0\%$(图4-28)的高应力水平下,应变率在某一荷载次数下虽没有增加的趋势,但当应力水平提高到某一程度后,塑性应变仍有突然增大的行为发生,就塑性应变发展形态趋势不同而言,仍可将其作为判断临界应力水平的依据,即其应力水平可定为24%;在 $w_{opt}+4.0\%$(图4-29)状况下,应力水平达到24%时,塑性应变突然增大,且应变率开始增加,其临界应力水平可界定为24%。因此,路基土体受低于应力水平24%以下的应力作用,将不会有突然的车辙破坏发生。

此外,随着含水率的增加,路基土体所能承受应力水平有增大并趋于平缓的趋势,但由于含水率较高时,路基土体破坏时的偏应力较小,其虽能承载较大的应力水平,但将应力水平转换成路面实际所能承受应力大小,在 w_{opt} 时对应得临界应力为246.2kPa(临界应力水平为16%);$w_{opt}+2\%$ 时为136.4kPa(临界应力水平为24%);$w_{opt}+4\%$ 时为35.7kPa(临界应力水平为24%)。因此,含水率越高,路基土体所能承载的临界应力越低。

由此可见,含水率对路面临界应力的影响非常重要。为了确保路面在使用过程中的安全与稳定,要避免路基因行车荷载的反复作用而发生的累积塑性变形,可以从两方面考虑:一是增加路面厚度,降低行车荷载经路面传递到路基中的应力大小,亦即是作用荷载小于临界偏应力;二是保护或提高路基强度,在路基上部采取防护措施,如铺设土工复合材料防(排)水层,防止雨水经路面或边坡入渗,避免土体的回弹模量降低,临界偏应力增大,累积塑性变形增加,或者对路床部分进行改良,提高其强度,增加其临界偏应力,减少累积塑性变形。

4.3 土工格室楔形搭板处理桥头跳车技术研究

4.3.1 工程概况

试验段工程位于河北省青银高速公路窦妪互通上跨京广铁路立交桥西部桥台处，桥头路堤填土高达8.0m。地基土主要为亚黏土，硬塑，承载力达到120～200kPa，侧壁摩阻力15～35kPa。由于地基条件良好，且路堤采用良好工程特性的砂砾填料，其压缩性小，因此，在台背路桥过渡段处理时，在路床以下等间距布置了4层不同长度的土工格室（图4-30），依据其加筋机理和应力扩散作用代替钢筋混凝土搭板方案，使桥头路堤的突变式沉降变为连续斜坡式沉降，避免或减弱桥头跳车。

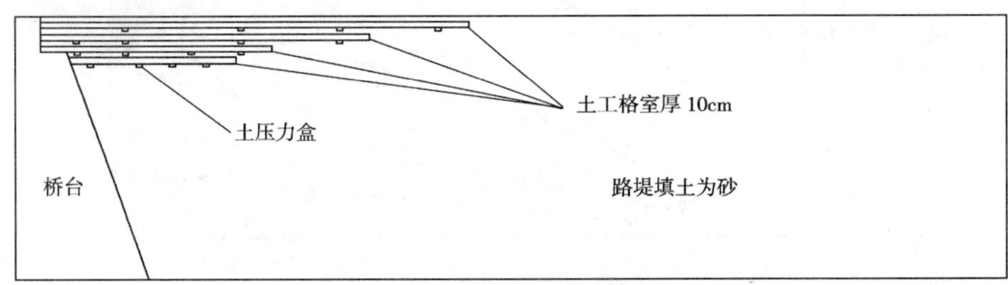

图4-30 土工格室柔性搭板处置方案图示

4.3.2 土工格室柔性搭板现场试验方案

为了研究分析土工格室柔性搭板的处理效果，在每层土工格室加筋结构层的底部距离台背不同位置处埋设钢弦式土压力盒。钢弦式土压力盒埋设时，采用人工在指定位置挖直径为30cm的圆坑，深度以略大于压力盒的高度为宜。在坑内铺3cm厚细砂。将土压力盒平放在细砂上，注意要求平面朝上。而后用细砂将坑填满，略高出地面，将数据线沿已挖好的沟槽引至路中心桥背处。

在高速公路南半幅距离路基中心2.5m处沿线路纵向埋设土压力盒：

第一层土压力盒距离台背位置依次为2.5m、6m、9m、12m；

第二层土压力盒距离台背位置依次为1.0m、2.5m、6m、9m；

第三层土压力盒距离台背位置依次为1.0m、2.5m、4.5m、6m；

第四层土压力盒距离台背位置依次为0.5m、2m、3m、4m。

4.3.3 试验结果分析

试验测试工作从铺设最下层土工格室加筋土结构层开始，为了比较加筋效果以及应力扩散情况，从2005年12月1日通车开始以后进行了近10个月的应力测试。

图4-31～图4-34为通车后不同时间各层土工格室加筋土结构层底部的竖向土压力沿线路纵向分布规律。

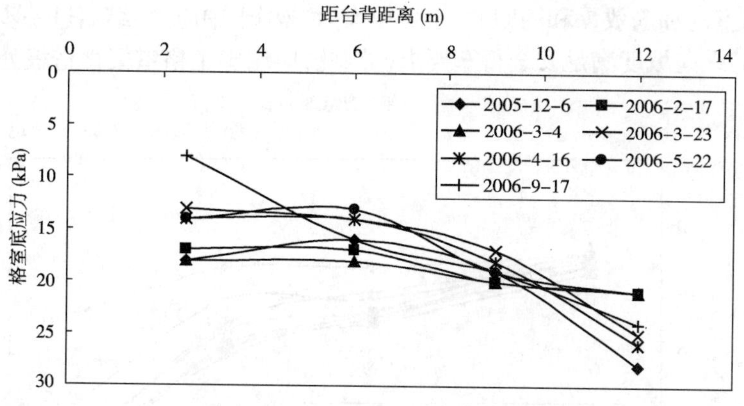

图 4-31 第一层土工格室底应力分布规律

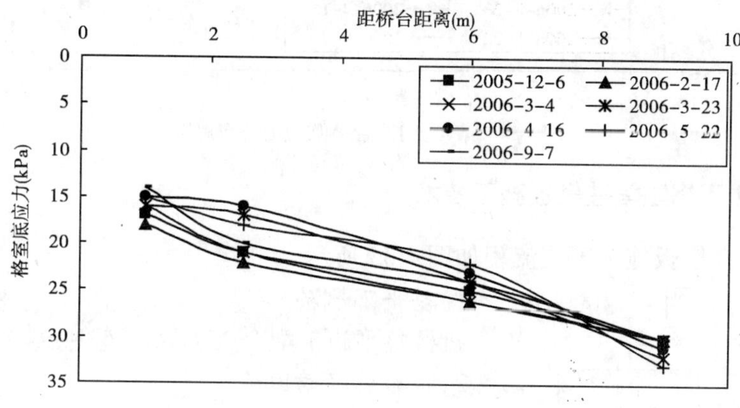

图 4-32 第二层土工格室底应力分布规律

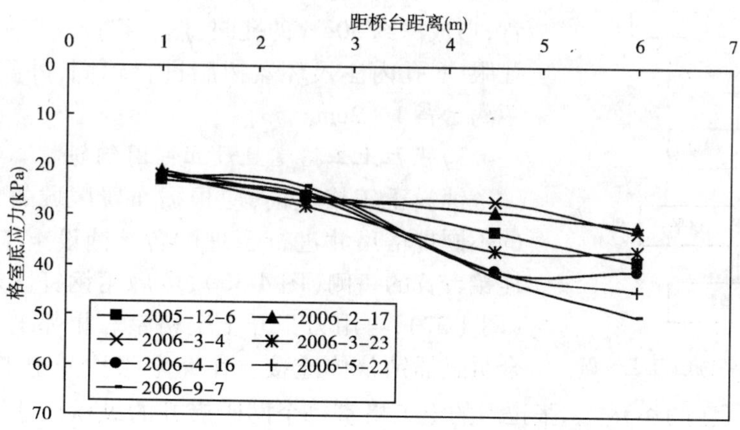

图 4-33 第三层土工格室底应力分布规律

可以看出,由于土工格室的存在,使得土中应力的分布发生了明显的变化。在距离桥台固定点越近处,其土中应力比正常值减小的越多,随着与桥台固定点间距的加大土中应力逐渐增大并趋近于理论值。

基于土工格室的加筋效果和网兜效应,可以有效减小土中应力,继而进一步减小路基及地基沉降,保证路面的纵向坡度满足安全行车要求。因此,应用土工格室柔性搭板处理桥头路基。

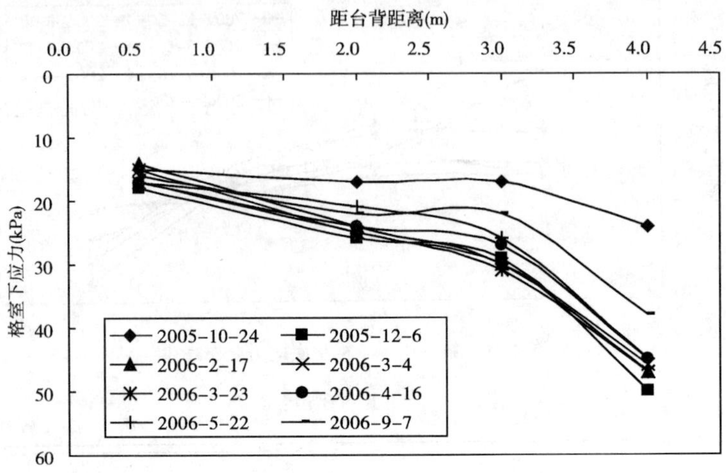

图 4-34　第四层土工格室底应力分布规律

4.3.4 土工格室柔性搭板施工技术

土工格室柔性搭板施工工艺流程如图 4-35 所示。

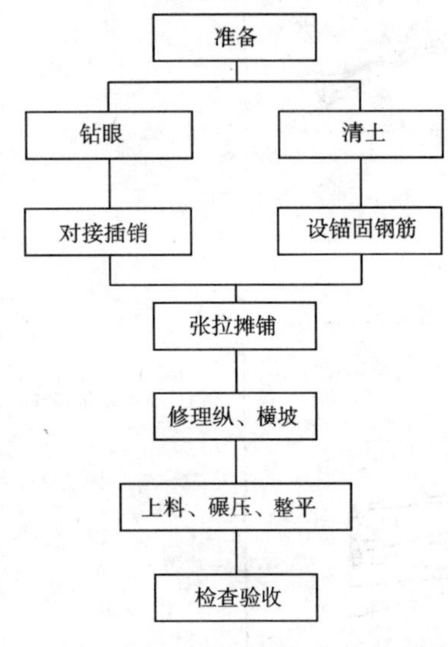

图 4-35　土工格室施工工艺流程

1)整平下承层

机械整平施工配合人工局部处理,专人指挥以免出错。

2)桥台钻眼锚固施工

在桥台背部每 30cm 依据最下部一层土工格室高度进行钻眼放样。施工时利用冲击器的冲击力将钻头钻入台背,形成深约 30cm 的孔眼,然后将折成直角的 $\phi8$ 钢筋插入孔眼中,孔内注入环氧树脂进行锚固,外露钢筋垂直向上,距离台背 1 ~ 2cm。

3)张拉土工格室且设立锚固钢筋

铺设土工格室前,应根据布置区域的大小对土工格室的不同规格尺寸进行合理配置。铺设土工格室时,应首先连接台背的一侧(图 4-36),然后用钢钎固定路基一侧边缘(图 4-37),再用力张开土工格室。相邻土工格室板块采用合页式插销整体连接。在完全张拉开土工格室后,在四周用钢钎或填土固定(图 4-38)。张拉后的土工格室每个网眼展开的纵横尺寸 A 和 B 与折叠时网眼焊距 L 之间存在如下关系:$A=0.75L$,$B=0.60L$(A 为展开后相邻焊缝间距离,B 为展开后网眼最大宽度)(图 4-39)。

4)回填

摊铺各层土工格室完毕后用装载机或人工往其孔眼内填塞砂、石料,以达到锁定及加筋补强作用(图 4-40)。填筑时,遵循先外后内的原则,每层必须分层填筑,每层松铺厚度不大于

30cm，但不宜小于20cm，格室未填料前，严禁机械设备在其上行驶。与路基填料结合处应挖土质台阶，不能用大型压路机碾压，应采用小型手推振动夯、手推振动压路机或重型蛙式打夯机（图4-41），以确保台背填料的压实度，锥坡内填料压实度不小于90%，路面底基层以下2m不小于95%。严禁使用羊足碾，以免损伤土工格室，压路机碾压轮迹应重叠0.3～0.5m。

图　4-36

图　4-37

图　4-38

图　4-39

图　4-40

图　4-41

5）检查验收

①桥台柔性搭板以压实度标准进行检查验收，其结构压实度与该部位路基压实度相同。

②桥台固定锚钉按锚钉总数的2%进行检查，要求锚钉锚固力不小于1kN。

③柔性搭板施工时，要坚持施工过程的全方位监理，每道工序都要检查验收，严格按设计要求执行。

④配合施工进度，选择具有代表性桥梁桥台地段进行沉降、回弹模量、变形模量等项目的现场测试，以获取必要的参数。

4.3.5 施工质量控制

(1)台背填料应采用砂类土或渗水性土。当采用非渗水性土时，应在土中加入石灰、水泥等稳定材料加固。土工格室填料必须为天然中粗砂，颗粒均匀，最大粒径不大于5 cm，且粉粒含量大于5%。

(2)土工格室技术指标：土工格室规格尺寸主要高度为10cm，格室片屈服强度不小于18MPa，格室片厚度(1±0.5)mm，拉伸模量不小于65MPa，常温焊缝剥离强度≥100N/cm，低温脆化温度小于-23℃，使用寿命为30年。购进的土工格室材料应有出厂合格证和测试报告，每5000m^2应随机抽样并测试，结果必须达到设计要求。

(3)整个土工格室锚固固定后，必须逐环逐道检查，以牢固、结实为主，检查内容有锚固插销是否结实，有无裂纹，外观有无破损、变化及污染。

(4)土工格室铺设时，下承层十分重要，是决定土工合成材料应用是否能达到设计要求的基本条件。铺设前，下承层压实度、平整度、纵横坡度、高程必须符合设计，再固定土工格室材料。土工格室应按设计要求张拉，无皱折，紧贴下承层的锚固端施工要符合设计要求。

(5)接缝连接强度严格按要求施工，上下层土工格室搭接缝相互交替错开。

(6)质量保证措施：

①各工序施工人员应有较强的责任心，关键技术由专人负责。

②按严格的程序检查，项目应设专门检查人员，发现问题及时处理，逐级检查，合格后方可申请铺设土工格室材料。

③铺设时发现土工格室材料有裂纹，应及时处理、拆换。

④每铺设一层，测量班及时复测高程，并在下一层高程处用红油漆画线，计算出各层的长、宽、高，确保精确性。

⑤派专人负责在已铺好的土工格室上填土，控制土质及压实度，确保台背回填的稳定性及桥台搭接处的平顺。

4.4 结　论

①提出了基于时间增量法分析路基施工及使用全过程的各沉降分量与总沉降量的基本原理和分析过程，为路堤堤身沉降计算开拓了新的方法。采用岩土工程三维有限元程序建立了路堤堤身沉降的计算模型，考虑了不同地基模量和路基模量变化对路基堤身沉降的影响规律。

②提出了基于室内静态、动态三轴压缩试验结果的高速公路路基变形特征，解决了静、动荷载作用下考虑含水率、压实度、临界动应力影响的高速公路路基稳定性和变形控制问题。

③提出了采用土工格室楔形搭板处理桥头跳车技术并进行了现场实施。通过实际工程应用，提出了土工格室楔形搭板的施工技术和质量控制措施。

第5章　水泥稳定碎石基层振动成型法在高速公路中的应用

5.1　半刚性基层存在的主要问题

半刚性基层因强度高、承载能力大、稳定性好、价格低廉(相对于柔性基层路面)等优点成为中国高速公路路面结构的主要形式,在我国高速公路建设中发挥了巨大的作用。但随着经济的快速发展,重载交通运输成为高速公路的主要运输形式,也成为控制路面结构设计及材料设计的关键因素。在此大环境下半刚性基层沥青路面的早期破坏现象十分严重,比如基层承载能力不足产生的结构性破坏、基层抗裂能力差导致的反射裂缝及由此引发的唧浆、水破坏等。几十年来,半刚性基层材料的应用及研究虽然取得了丰硕的成果,但远未达到完善的程度。半刚性基层沥青路面路用性能并不是都获得了预期的效果。工程实践中出现的问题主要表现为存在收缩裂缝,当有水渗入后可能出现唧浆现象;当结构组合设计不合理或半刚性基层自身存在质量问题时,往往会发生结构性破坏。这些问题的存在与当前半刚性基层材料设计方法和评价标准落后于当前技术发展水平息息相关。

1)室内成型方式与现场碾压方式不匹配

众所周知,室内试验要准确、有效地预测与控制现场施工质量,应满足两个最基本的条件,首先要求试件成型方式能够最大限度地模拟基层施工条件,使室内成果与基层实际应用效果有可比性;其次要求各种性能评价指标切实反映基层在其服务环境下的服务质量。如今现场大量使用振动压路机及轮胎压路机,而室内却采用重型击实法确定最佳含水率及最大干密度,用静压法试件强度作为设计标准控制水泥剂量。由此衍生出一系列问题:重型击实法确定的最佳含水率及最大干密度作为现场振动压实度的控制指标是否合适;混合料分别在静压与振动作用下其力学特性或许不同,那么用何种成型方式制作的试件,其强度控制现场质量更有效;用静压法进行室内研究所优化的配合比(包括级配、水泥含量等)在振动压实条件下路用性能是否最优。

2)质量控制指标单一

规范对混合料路用性能要求相对简单。除原材料性质外,对混合料只要求7d龄期的饱水无侧限抗压强度达到要求即可,而对混合料抗裂能力既无标准试验方法,也没有评价指标,这就使得设计或施工时只注重提高强度,甚至有可能导致强度过大;至于由此造成的许多负面影响(刚度过大、抗裂能力差等)却很少引起重视。

3)压实度标准偏低

压实度达到较高标准对水泥稳定碎石混合料强度、抗裂能力及抗疲劳能力的提高均有显著作用。压实度的增加可以大幅度提高半刚性材料强度,与此相适应,在较低的胶结料剂量下即可满足强度要求,而胶结料剂量的降低则可以显著提高水泥碎石混合料的抗裂能力;另一方面,压实度的提高可以大大减少水泥碎石混合料中的微裂隙,从而提高水泥碎石混合料抗疲劳能力。因此适当提高压实度标准,使得在强度满足要求的前提下,水泥稳定碎石混合料抗裂能力及抗疲劳能力提高。

目前,适当提高压实度标准有坚实的物质基础。与20年前的压实施工机械相比,如今的施工压实设备在性能及压实功能上有质的飞跃。而20年前压实度控制标准为室内重型击实法确定的最大干密度,因此有理由认为用性能大幅度提高的压实设备应该铺筑出压实度更高的、质量更好的基层。但如果室内成型条件不加以改变,还沿用重型击实法,只能导致现今的筑路机械修筑出与以前相差无几的半刚性基层,更严重的是,室内试验标准已严重阻碍了科技进步及生产的发展,使得承包商对使用新工艺、新设备没有积极性。

4)规范规定的级配范围较宽

规范规定的混合料级配范围太宽。此范围内,不同级配的混合料其力学性能有很大差异,因此不同级配的水泥碎石混合料各种力学指标即使全部满足规范要求,也很难说这些混合料具有良好的抗裂能力。

如上所述,水泥稳定碎石混合料出现早期破坏是与室内成型方式的不合理及标准单一导致水泥剂量过高、压实度标准偏低、级配不良等有密切关系。因此,为进一步提高路用性能,现实的措施是在合理的级配范围内,适当降低水泥剂量、提高压实度标准。但最佳级配范围如何确定,水泥剂量降低多少,压实度标准提高到什么程度,却需要以科学的方法去开发能够模拟现场压实工况的室内试件成型方式并提出切实可行的施工控制标准。

因此,半刚性基层沥青路面出现早期破坏现象并不表明半刚性基层沥青路面路用性能差,更不等于半刚性基层沥青路面不适宜作高等级路面的结构。只是工程实践中出现的一些问题反映出目前采用的材料设计、评价指标及试验方法等方面尚需进一步研究并改进。

5.2 振动成型原理

为模拟振动压实对材料的作用,采用自上而下振动的振动成型仪进行振动压实试验,确定材料的最佳含水率、最大干密度并测定振动成型试件的无侧限抗压强度。

振动成型仪其实相当于一个微缩的振动压路机。振动成型仪由两个在垂直平面上对称布置的振动器施加振动力。振动器用两个定位轴承把偏心块支撑在振动轴的轴承上,通过偏心块的高速旋转对被压材料施加呈正弦规律变化的激振力。

根据振动压路机的工作参数,天津市政工程研究院确定的水泥稳定碎石基层振动成型参数为:振动频率30Hz,偏心块夹角300°,激振力7612N,静压力2100 N,振幅1.4mm,振动总时间2min。

5.3 河北省青银高速公路基层结构设计

河北省青银高速公路基层厚度为37cm。下基层采用二灰碎石,设计厚度为18cm,设计强度为0.8MPa,上基层结构为19cm的水泥稳定级配碎石,设计强度为4.5MPa。

5.4 水泥稳定碎石基层振动成型法配合比设计

5.4.1 原材料性质

由于河北省青银高速公路里程较长,各标段所用原材料的产地不同,性质也有一定的差异,但均满足现行《公路路面基层施工技术规范》的相应要求,原材料的性质如表 5-1 ~ 表 5-3 所示。

(1)水泥

水泥指标 表 5-1

抗压强度(MPa)		抗折强度(MPa)		凝结时间	
3d	28d	3d	28d	初凝	终凝
17.9 ~ 28.8	37.6 ~ 41.6	3.0 ~ 5.0	6.2 ~ 9.4	4h ~ 5h26min	6h5min ~ 8h20min

(2)粉煤灰

粉煤灰指标 表 5-2

比表面积(cm^2/g)	烧失量(%)	SiO_2(%)	Al_2O_3(%)	Fe_2O_3(%)	CaO(%)	MgO(%)
3126 ~ 3942	7.08 ~ 17.15	42.3 ~ 52.38	22.4 ~ 33.75	2.82 ~ 10.6	2.59 ~ 3.5	0.69 ~ 1.13

(3)石灰

石灰指标 表 5-3

有效氧化钙镁含量(%)	石灰等级
55.5 ~ 65.2	Ⅱ或Ⅲ级

(4)集料

基层使用碎石规格种类为 10 ~ 30mm,5 ~ 10mm,0 ~ 5mm 三种。碎石的最大粒径均小于 31.5mm,压碎值均小于 30%。

5.4.2 混合料组成设计

针对工程用集料级配组成,提出级配范围(表 5-4)。对水泥稳定碎石级配范围的体积参数分析见表 5-5,其中上限级配振动成型试件 VCA_{max}值处于松堆及插捣之间,下限级配 VCA_{min}小于插捣 VCA,表明上、下限级配为骨架密实型级配,与规范级配范围相比,提出的级配范围具有如下特点:

① 4.75mm 通过率降低,粗集料含量增加,使得在级配范围内能形成骨架密实结构混合料;

②19 ~ 4.75 mm 集料所占比例较大,粗集料自身组成合理,可避免现场摊铺及碾压时产生离析;

③ 0.6mm 以下粉料含量相对较低,可大幅度提高半刚性材料的抗裂能力。

水泥稳定碎石混合料级配范围　　表 5-4

级配	下列筛孔(mm)的通过率(%)							
	31.5	26.5	19	9.5	4.75	2.36	0.6	0.075
上限	100	100	89	57	39	27	15	3.5
下限	100	90	76	47	29	17	8	0

水泥稳定碎石混合料体积参数分析　　表 5-5

级　配	振动成型试件粗集料间隙率 VCA_{mix}(%)	粗集料间隙率(%)	
		松堆	插捣
上限	40.7	43.9	37.6
下限	36.5	44.1	37.3

1)混合料最大干密度和最佳含水率

水泥稳定碎石混合料振动击实和重型击实确定的最大干密度及最佳含水率见表 5-6。由试验结果可知,相同水泥剂量下水泥稳定碎石振动击实确定的最佳含水率与重型击实确定的最佳含水率相近;而振动击实与重型击实确定的最大干密度有很大差别。与重型击实相比,振动法确定的最大干密度提高 1.019 ~ 1.043 倍,平均 1.025 倍。

水泥稳定碎石击实结果　　表 5-6

项　目		重型击实试验	振动击实试验			$\rho_{振动}/\rho_{重型}$
		4:100 *	3.5:100 *	4:100 *	4.5:100 *	4:100 *
2 标	最佳含水率(%)	4.8	4.6	4.8	5	—
	最大干密度(g/cm^3)	2.375	2.430	2.435	2.438	1.025
3 标	最佳含水率(%)	4.9	4.8	5.0	5.1	—
	最大干密度(g/cm^3)	2.352	2.405	2.410	2.412	1.025
4 标	最佳含水率(%)	5.0	4.7	4.8	5.0	—
	最大干密度(g/cm^3)	2.348	2.408	2.418	2.42	1.030
5 标	最佳含水率(%)	4.8	4.6	4.7	4.9	—
	最大干密度(g/cm^3)	2.358	2.420	2.430	2.433	1.030
6 标	最佳含水率(%)	5.0	4.6	4.8	5.0	—
	最大干密度(g/cm^3)	2.358	2.400	2.405	2.411	1.020
8 标	最佳含水率(%)	4.9	4.9	5.2	5.4	—
	最大干密度(g/cm^3)	2.395	2.438	2.440	2.443	1.019
9 标	最佳含水率(%)	4.9	4.8	5.0	5.2	—
	最大干密度(g/cm^3)	2.385	2.425	2.432	2.435	1.020
11 标	最佳含水率(%)	4.9	4.7	4.8	5.0	—
	最大干密度(g/cm^3)	2.385	2.440	2.445	2.450	1.025
12 标	最佳含水率(%)	4.7	4.3	4.4	4.5	—
	最大干密度(g/cm^3)	2.358	2.453	2.459	2.465	1.043
13 标	最佳含水率(%)	5.0	4.8	4.9	5.0	—
	最大干密度(g/cm^3)	2.378	2.430	2.435	2.440	1.024

注:* 表示水泥:级配碎石。

2)混合料抗压强度

水泥稳定碎石振动、静压成型试件无侧限抗压强度试验结果见表 5-7。由试验结果可知，水泥稳定级配碎石振动成型试件平均无侧限抗压强度是相应静压试件的平均无侧限抗压强度的 1.6 ~2.2 倍,平均 1.8 倍。在按照一定的设计强度标准进行水泥混合料的配合比设计时，振动试验方法要比传统的重型击实方法节省水泥 1.0% ~1.5%。

水泥稳定碎石 7d 抗压强度(单位:MPa)　　表 5-7

项　目		静压成型	振动成型			$R_{振动}/R_{静压}$
		4:100 *	3.5:100 *	4:100 *	4.5:100 *	4:100 *
2 标	平均抗压强度	5.07	9.18	9.72	10.33	—
	$R_{0.95}$	4.36	8.46	9.17	9.61	2.1
3 标	平均抗压强度	4.80	7.42	8.31	9.16	—
	$R_{0.95}$	4.16	6.42	7.03	7.91	1.7
4 标	平均抗压强度	5.22	7.63	8.64	9.38	—
	$R_{0.95}$	4.45	6.75	7.70	8.37	1.7
5 标	平均抗压强度	5.66	7.40	8.61	9.26	
	$R_{0.95}$	4.75	6.51	7.39	8.16	1.6
6 标	平均抗压强度	4.99	7.63	8.34	8.74	—
	$R_{0.95}$	4.54	6.75	7.32	8.13	1.6
8 标	平均抗压强度	4.79	8.23	9.01	9.30	—
	$R_{0.95}$	4.12	7.29	7.99	8.34	1.9
9 标	平均抗压强度	4.72	7.28	8.02	8.79	—
	$R_{0.95}$	4.17	6.49	7.12	7.86	1.7
11 标	平均抗压强度	4.82	7.6	8.42	9.10	—
	$R_{0.95}$	4.18	6.76	7.90	8.32	1.9
12 标	平均抗压强度	4.3	8.0	9.4	10.1	—
	$R_{0.95}$	3.5	5.8	7.9	8.3	2.2
13 标	平均抗压强度	4.4	6.7	7.6	8.1	—
	$R_{0.95}$	3.8	6.1	6.8	7.3	1.8

注:* 表示水泥:级配碎石。

3)设计总结

由设计结果可知,当前半刚性材料设计方法存在以下不足:

①振动法设计的水泥碎石混合料级配范围较规范窄,上下限均为骨架密实结构,0.075mm 通过率低;

②振动法设计的水泥碎石与重型击实法确定的最佳含水率相当,但最大干密度显著提高,平均为重型击实法的 1.025 倍,如以振动法确定的最大干密度的 98% 作为压实度控制标准,则现场密度将达到重型击实法的 100% 以上。

③根据强度试验结果,静压成型、水泥剂量 4:100 时,除 5、6 标外,其余标段均达不到设计

强度4.5MPa，但振动成型试件水泥剂量3.5∶100时，试件强度均远大于设计强度，因此若根据振动成型试验结果，考虑施工拌和等因素，则水泥剂量可确定为3.5∶100。最终根据施工经验等，青银高速公路水泥碎石水泥剂量确定为4∶100。

综上所述，振动法设计的水泥碎石级配范围窄、密度大（压实标准高）、水泥剂量小、强度高，以现有的施工机械，生产时能否将级配控制在设计级配范围之内、压实设备是否能达到振动法要求的压实度、现场混合料强度是否能满足设计要求等问题则需在施工中进行检验。

5.4.3 施工检测及结果

1）级配检验

仅以5标和8标为例，现场取料筛分，检验结果见表5-8。结果表明生产中的级配可控制在设计级配范围之内，说明设计级配合理。

水泥稳定碎石现场级配　　表5-8

项目	下列筛孔（mm）的通过率（%）							
	31.5	26.5	19	9.5	4.75	2.36	0.6	0.075
5标	100	97.4	77.6	55.9	36.4	22.3	11.6	1.0
8标	100	94.2	79.8	55.4	37.2	37.2	13.8	3.5
建议级配	100	100~90	89~76	57~47	39~29	27~17	15~8	3.5~0

2）压实度检验

以振动击实试验确定的最大干密度作为标准密度评定压实度，用灌砂法测定不同碾压遍数后基层压实度，碾压遍数与压实度关系如图5-1所示。

由图5-1可以看出：

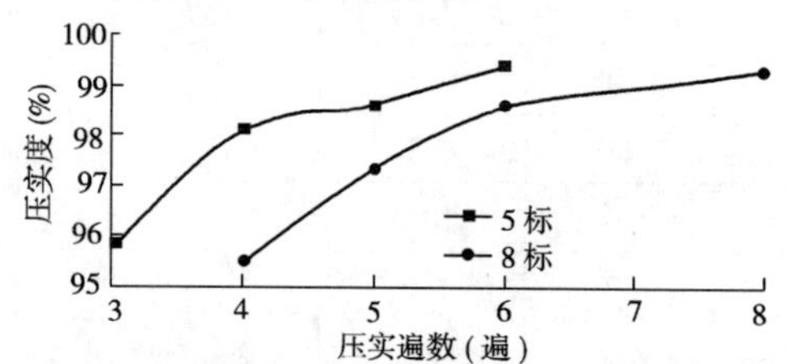

图5-1　水泥稳定碎石压实度与碾压遍数关系曲线

①虽然各施工单位的施工设备不尽相同，现场具体施工工艺也有较大差异，但碾压6遍后，混合料压实度均能达到99%以上，这说明现有的碾压设备能够满足振动法设计的半刚性基层混合料的压实要求。

②振动击实方法设计的半刚性基层混合料的碾压包括初压、复压和终压，碾压共计6~7遍：初压可使用轮胎压路机或振动压路机灭振碾压1遍；复压要使用振动压路机挂振碾压4遍；终压可使用轮胎压路机或光轮压路机静压1~2遍。

3）基层表观及芯样强度

现场摊铺、碾压过程中均未出现明显的离析现象，碾压后的基层表面粗糙、均匀。

第8标试验段芯样强度为7.2MPa，室内静压试件抗压强度为4.25MPa，室内振动成型试件抗压强度为7.65MPa。这表明振动成型方式与现场振动碾压效果更为吻合。

4）基层裂缝统计分析

青银高速公路基层于2004年10月完工，11月在基层表面洒铺透层油保护过冬。2004~2005年冬季石家庄地区最低温度为-12℃。2005年4月完成全线基层裂缝调查，调查结果见

表 5-9。

基层裂缝统计　　　　表 5-9

项目	左幅				右幅			
	标段总长度（m）	裂缝数量（条）	整个区间裂缝平均间距（m/条）	裂缝长度（$m/1000m^2$）	标段总长度（m）	裂缝数量（条）	整个区间裂缝平均间距（m/条）	裂缝长度（$m/1000m^2$）
2 标	7500	206	36	27	13500	290	47	21
3 标	17445	412	42	24	17445	230	76	13
4 标	16407	686	24	42	16407	689	24	42
5 标	—	—	—	—	13115	575	23	44
6 标	—	—	—	—	19250	866	22	45
8 标	15300	814	19	53	15300	760	20	50
9 标	17000	189	90	11	17000	199	85	12
10 标	18790	674	28	36	18790	806	23	43
总计	92442	2981	31	32	130807	4415	30	34

由表 5-9 可知:2、3、9 标裂缝数量较少,平均裂缝间距分别为 41m/条、59m/条及 87m/条。而 5、6、8 标裂缝数量较多,平均为 20m/条。这 3 个标段裂缝较多的主要原因是,约 1/2 路段采用传统的配合比修筑。而裂缝较少的 3 个标段则严格按照振动法配合比设计进行施工。

5)强度与基层裂缝间距的关系

静压成型及振动成型水泥稳定碎石混合料无侧限抗压强度与裂缝平均间距的关系如图 5-2 所示。

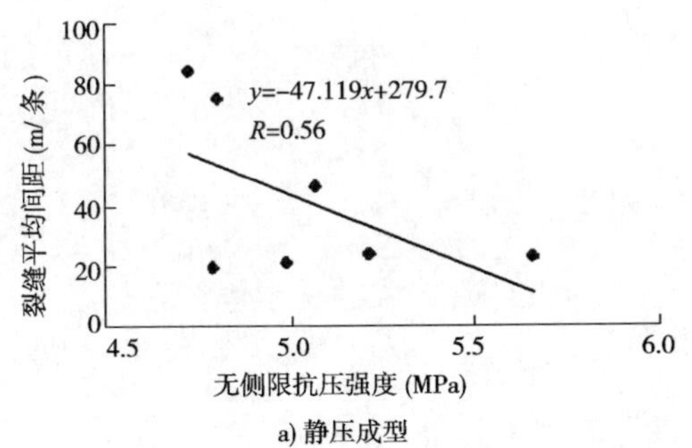

a) 静压成型

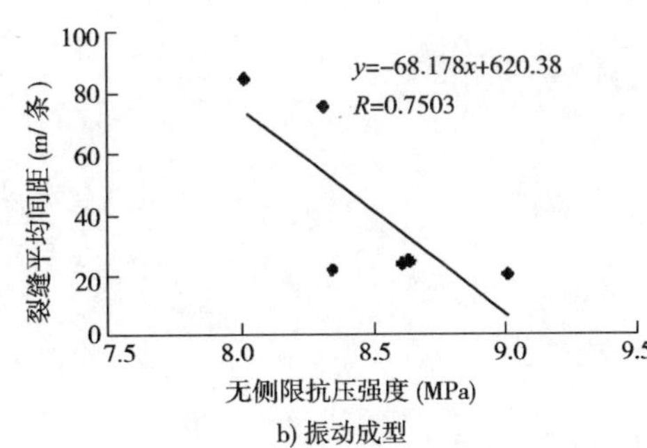

b) 振动成型

图 5-2　水泥稳定碎石混合料无侧限抗压强度与裂缝间距的关系

由图 5-2 可得,水泥稳定碎石混合料无侧限抗压强度与裂缝间距有较显著的相关关系。抗压强度越高,裂缝间距越小,即相同长度段裂缝数量越少。这说明为提高半刚性基层抗裂能力,不宜采用提高水泥剂量的途径增加强度。另一方面,与静压成型试件强度相比,振动成型试件的强度与裂缝间距关系更为显著。

由此可知,用振动法设计的混合料强度参数控制工程质量更为合理、有效。

5.5 结　论

①规范所用的重型击实法确定的半刚性材料最大干密度过小,以此为标准控制现场压实度存在质量隐患,而用振动法确定的混合料干密度控制现场质量更为合理。

②成型方式对混合料强度有显著影响,振动成型试件抗压强度远大于静压成型试件抗压强度。用静压法确定的混合料强度控制现场施工要求过高,导致水泥剂量过大。根据现场强度检测结果及振动法优化结果,认为在静压法确定的水泥剂量的基础上降低水泥剂量1%~1.5%是合理的,这样不仅降低了工程造价,满足强度设计要求,更重要的是显著提高了半刚性基层的抗裂能力。

③实体工程检测结果对比分析证明:振动法设计的水泥稳定碎石无侧限抗压强度与现场芯样的无侧限抗压强度基本吻合。采用优化的骨架密实型级配,并采用振动法设计的混合料在拌和、运输、摊铺及碾压中未发现明显离析,使用现有的施工设备,以振动法确定的最大干密度作为标准密度,基层压实度标准可定位在98%。

第6章　基于抗裂性能的半刚性基层设计优化技术

随着我国经济的迅速发展，以无机结合料稳定粒料（土）类为基层、沥青混凝土为面层的所谓“半刚性路面”大量用于高等级公路路面。该结构的突出优点表现在：具有较高的强度和承载能力，后期强度高且具有随龄期不断增长的特性。资料显示，近年来国内多数高速公路路面结构在使用期内的代表弯沉均在20（1/100mm）以内；刚度大，使得沥青面层弯拉应力值小于0.17MPa，抵抗行车疲劳破坏的能力高，甚至可认为半刚性基层上的沥青面层不会产生行车疲劳破坏。

虽然半刚性基层材料具有以往基层材料无法比拟的优点和广阔的使用前景，但在使用过程中还是出现了不少问题，主要表现为路面开裂。半刚性沥青路面开裂现象普遍，裂缝问题严重。分析原因，主要有以下几个方面：面层低温性能不良；基层的干燥和温度收缩开裂引起反射裂缝；面层、基层结构和其相互作用；行车荷载反复作用。

现场钻芯取样观察表明，15%以上的裂缝是由于半刚性基层干缩和温缩导致开裂引起的反射裂缝，因此从减小基层的干燥和温度收缩着手，通过系统研究半刚性基层材料的力学特性和收缩特性，提出科学有效的防治措施，以改善我国高等级公路的早期破坏现象。

6.1　半刚性基层材料防裂配合比设计方法

6.1.1　粗集料级配组成及含量研究

1）级配基本理论

（1）嵌挤原则

在目前集料级配研究中，往往借用球体代替骨料的颗粒进行探索，以搞清填充理论的基础并简化计算。实际上，骨料虽然不是球体，但它们颗粒间的排列、堆积的基本关系，还是和球体颗粒相同。

（2）干涉理论

C. A. G 魏矛斯的粒子干涉理论认为，颗粒间空隙应由次一级颗粒所填充，其所余空隙又由再次一级的颗粒所填充，但填隙的颗粒不得大于其间隙距离，否则大小颗粒之间势必发生干涉现象，这种既有填充，又有干涉，而不过分干涉的大小粒子间一定数量的分配的干涉理论为级配原则打下了基础。对各级粒子数量具体分配的级配原则，主要有连续级配、间断级配、折断级配三类，但连续级配是基础，后两者是结合填充理论发展而成的。

2）粗集料级配试验方案确定

（1）粗细集料分界尺寸及最大粒径

要得到良好的级配，首先要确定粗细集料的分界粒径，各国区分各不相同，英、法、日、德等国采用2mm，而美国 ASTM 标准则规定4.75mm 为分界点。在碎石组成的集料中，随着碎石粒径的增加，碎石集料的内摩擦角也会显著的提高。因此，对于骨架密实结构来说，形成骨架结构的石料应该偏粗一些。一般将粗细集料的分界尺寸定为4.75mm，即通过4.75mm 筛孔的石料属于细集料，通过4.75mm 以上筛孔的石料则属于粗集料。关于基层材料粗集料的最大粒径参照目前规范中的级配范围可以定为31.5mm。

(2)粗集料级配试验方案选择

粗集料在形成骨架结构时，4.75～26.5mm 之间的各档石料有多种组成方式，按常见级配形式可分为连续级配和多级嵌挤级配形式。课题组依据近年研究成果，为控制细集料含量，一种方法选取 K 法计算粗集料级配。根据前面叙述，将4.75mm 作为粗细集料的分界点，最大粒径为31.5mm，则计算中控制4.75mm 筛孔的通过率为0，取 $K=0.50\sim0.80$，计算步长取0.10。另一种方法采用多级嵌挤骨架结构。

本研究中，集料级配均采用级配中值，集料各种方案级配如图6-1 所示。由该图可知，级配 W-1、W-2、W-3 和 W-4 属于连续级配，是通过 K 法计算而得的级配。相比之下，级配 W-1 中粗颗粒较少，细颗粒较多；而级配 W-4 中粗颗粒最少，细颗粒最多。级配 W-2 和 W-3 介于两者之间。级配 W-5 和 W-6 为多级嵌挤骨架结构，级配 W-5 中19.0～26.5mm 的含量占多数，级配 W-6 中16.0～19.0mm 的含量较多。

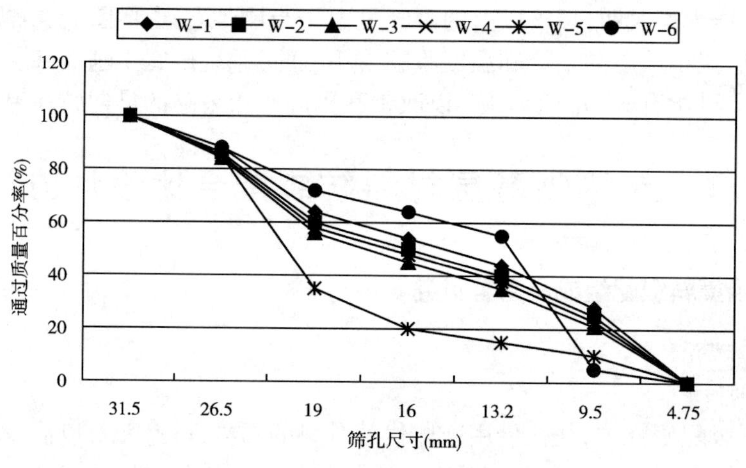

图6-1　粗集料各方案级配图

(3)粗集料空隙率测定

空隙率的大小决定着细集料、结合料及水分的用量，同时也对材料的整体性能产生影响，测试时：

①石料烘干称重，记为 $W_{干粗集料}$；

②喷水直至石料表面均被水淋湿，并称重，记为 $W_{湿粗集料}$；

③将配制好的粗集料装入直径为15cm 的钢模中进行压实；

④压实后测量粗集料表面至钢模顶部的距离，计算压实后粗集料所占体积 $V_{粗集料}$。

按照下式计算压实后粗集料的空隙率：

$$V_{空隙} = V_{粗集料} - \frac{W_{干粗集料}}{\dfrac{100}{\dfrac{P_1}{\gamma_1} + \dfrac{P_2}{\gamma_2} + \cdots + \dfrac{P_n}{\gamma_n}}} - \frac{W_{湿粗集料} - W_{干粗集料}}{\rho_{水}}$$

$$n = \frac{V_{空隙}}{V_{粗集料}}$$

式中：P_1，P_2，…，P_n——粗集料中各种粒径石料所占百分比；

γ_1、γ_2 … γ_n——各粒径石料的表观密度。

由公式可知，计算出各种级配的粗集料压实后的空隙率，结果见表 6-1。由表可知，多级嵌挤级配形式的粗集料的空隙率均大于连续级配的空隙率。而 16.0～19.0mm 含量多的嵌挤骨架结构级配（W-6）的空隙率要大于 19.0～26.5mm 的含量占多数的嵌挤骨架结构级配（W-5）。在由 K 法计算出的四种级配中，经过空隙率的测定发现，四种级配的空隙率从大到小的顺序为：$n_{W\text{-}4} > n_{W\text{-}3} > n_{W\text{-}2} > n_{W\text{-}1}$，说明 K 的取值越大，空隙率越小。

压实后粗集料空隙率　　表 6-1

级　配	干料重（g）	湿料重（g）	水质量（g）	粗集料体积（cm^3）	空隙体积（cm^3）	空隙率（%）
W-1	4295	4340	45	2333	710.4	0.305
W-2	4305	4335	30	2365	753.8	0.319
W-3	4326	4351	25	2380	766.3	0.322
W-4	4375	4385	10	2470	853.2	0.345
W-5	4460	4485	25	2626	963.5	0.367
W-6	4258	4287	29	2645	1052.8	0.398

6.1.2　半刚性材料细集料、结合料与集料配比研究

结合上面提出的粗集料的级配，通过捣实及振实空隙率来确定细集料和结合料的用量。

1）水泥稳定类骨架密实结构混合料组成计算

（1）细集料选择

综合各种研究成果，推荐细集料的级配范围见表 6-2。

水泥稳定碎石骨架密实结构中细集料的级配范围　　表 6-2

筛孔尺寸（mm）	9.5	4.75	2.36	1.18	0.6	0.075
上限	100	100	100	90	59	2
下限	100	90	75	50	30	0

（2）混合料组成计算方法

采用体积法计算水泥稳定碎石骨架密实结构混合料组成时，需要确定如下约束条件：

①水泥剂量在 3%～6% 之间；

②混合料经过压实后，粗集料形成的空隙体积应大于等于由水泥、细集料和水组成的填充

物体积。

试验步骤如下：

①用容量瓶或网篮法测定粗集料的表观密度；

②按照粗集料级配要求选择4500g左右的粗集料；

③装满标准容器的粗集料在各种状态下的质量，记为 $W_{粗料}$；

④将粗集料表面用水喷湿，将喷湿后的粗集料倒入直径15cm的钢模中，采用振动压实设备振动压实(振动：频率28～30Hz，静面压力104MPa，偏心块夹角90°)；

⑤用钢尺测量振实后石料表面距筒边缘的高度，测量时按径向测定4次取平均值，并计算出粗骨料所占体积；

⑥根据质量一定的粗集料压实后骨架所占体积及其实体所占体积，可以计算出粗颗粒骨架内部的空隙体积；

⑦用击实法测定水泥、细集料的最大干密度，此值可在2.0～2.2g/cm^{3}之间取值，混合料中水泥用量大时取高限，水泥用量小时取低限。

试验完毕得到各参数后，将各参数结果代入下式中计算：

$$\begin{cases}\dfrac{x}{y+W_{粗料}}=A\\[2ex]\dfrac{x+y}{\rho_{水泥、细集料}}=B\end{cases}$$

式中：x——混合料中水泥用量(g)；

y——混合料中细料用量(g)；

$W_{粗料}$——装满标准容器后粗料的质量(g)；

$\rho_{水泥、细集料}$——水泥、细集料的最大干密度(g/cm^3)；

A——混合料中预定水泥剂量(%)；

B——通过试验确定的粗集料空隙体积(cm^3)。

求出水泥和细集料的用量，由此可确定满足水泥剂量和空隙关系等要求的水泥、细集料和粗集料质量比例。计算出的水泥剂量和空隙关系等条件下水泥、细集料和粗集料质量之和与混合料总体积之比为理论上的最大干密度。

2)二灰稳定类骨架密实结构混合料组成计算

(1)细集料选择

细集料在二灰稳定碎石骨架密实结构和水泥稳定碎石骨架密实结构中的用量有很大差别。为了使石灰、粉煤灰、细集料和水形成二灰细料浆具有更好的裹附性，与水泥碎石骨架密实结果中的细集料相比，二灰碎石骨架密实结构中使用的细集料可以相对偏细一些，其级配范围见表6-3。

二灰稳定碎石骨架密实结构中细集料的级配范围 表6-3

筛孔尺寸(mm)	9.5	4.75	2.36	1.18	0.6	0.075
上限	100	100	100	90	59	2
下限	100	90	75	50	30	0

(2)混合料组成计算方法

体积法设计二灰碎石骨架密实结构的思路与水泥稳定碎石类基本一致,所不同的是填充和黏结作用的填充物发生了变化,使得约束条件有了变化:

①通常为保证粉煤灰活性,石灰与粉煤灰的比例在 1:2 ~ 1:4之间;

②骨架密实结构二灰碎石中石灰粉煤灰含量在 15% ~25% 之间;

③石灰、粉煤灰、细集料和水组成的填充物体积应小于等于粗集料形成的空隙体积。

计算前相关参数确定的具体步骤如下:

①用容量瓶或网篮法测定粗集料的表观密度;

②按照粗集料级配要求选择 4500g 左右粗集料;

③装满标准容器的粗集料在各种状态下的质量,记为 $W_{粗料}$;

④将粗集料表面用水喷湿,将喷湿后的粗集料倒入直径 15cm 的钢模中,采用振动压实设备振动压实(振动:频率 28 ~ 30Hz、静面压力 104MPa、偏心块夹角 90°);

⑤用钢尺测量振实后石料表面距筒边缘的高度,测量时按径向测定 4 次取平均值,并计算出粗骨料所占体积;

⑥根据重量一定的粗集料压实后骨架所占体积及其实体所占体积,可以计算出粗颗粒骨架内部的空隙体积;

⑦用击实法测定石灰、粉煤灰、细集料混合料的最大干密度,通过试验发现,二灰比例在 1:2 ~ 1:4范围内,混合料中二灰细集料的最大干密度为 1.2 ~ 1.5g/cm^3,若二灰的含量大取低值,二灰含量少取高值;

试验完毕得到各参数后,将各参数结果代入下式中计算:

$$\begin{cases} \dfrac{a}{b} = A \\ \dfrac{(a+b)}{(c+W_{粗料})} = B \\ \dfrac{(a+b+c)}{\rho_{石灰、粉煤灰、细集料}} = C \end{cases}$$

式中:　a ——混合料中石灰用量(g);

b ——混合料中粉煤灰用量(g);

c ——混合料中细料用量(g);

$W_{粗料}$ ——粗集料的质量(g);

$\rho_{石灰、粉煤灰、细集料}$ ——石灰、粉煤灰、细集料的最大干密度(g/cm^3);

A ——混合料中预定的石灰与粉煤灰之比(%);

B ——混合料中预定的石灰、粉煤灰与粗、细集料之比(%);

C ——通过试验确定出的粗集料空隙体积(cm^3)。

通过解三元一次方程组,可以得到满足以上约束条件下骨架密实结构的石灰、粉煤灰、细集料的质量,结合已知的粗集料质量,便可以得出各材料在混合料中所占的质量百分比。同时将石灰、粉煤灰、细集料、粗集料质量相加后除以总体积也可以初步确定出混合料的最大干密度。

6.1.3 研究方案确定

1)原材料性质分析

(1)水泥

水泥采用河北邢台凤达水泥厂的凤达牌32.5普通硅酸盐水泥,试验结果见表6-4。

水泥技术性能测试结果

表6-4

产地	细度(%)	安定性	初凝时间(h/min)	终凝时间(h/min)	抗折强度(MPa)		抗压强度(MPa)	
					3d	28d	3d	28d
凤达普硅	4.0	良好	4:10	7:10	3.7	8.3	20.4	47.9

(2)粉煤灰

粉煤灰取自邢台热电厂,测试指标见表6-5。

粉煤灰技术性能测试结果

表6-5

产地	烧失量(%)	细度(%)	化学成分含量(%)				
			SiO_2	Al_2O_3	Fe_2O_3	CaO	MgO
邢台电厂	9.81	26.16	50.87	28.91	3.14	3.57	0.70

注:细度为0.045mm方孔筛筛余百分率(%)。

(3)石灰

石灰取自石家庄井陉地区,检测指标结果见表6-6。

石灰技术指标测试结果

表6-6

石灰产地	CaO含量(%)	MgO含量(%)	CaO+MgO含量(%)	石灰等级
石家庄井陉	60.0	6.1	66.1	I

(4)碎石

室内试验选用邢台临城料场的碎石,试验指标见表6-7和表6-8。

碎石的物理指标

表6-7

项目 规格	含泥量(%)	针片状含量(%)	压碎值(%)	表观密度(g/cm^3)	吸水率(%)
10~30mm碎石	0.4	1.4	16.1	2.720	0.15
5~10mm碎石	0.4	2.2	—	2.722	0.14
石屑	3.1	—	—	2.724	—

各档碎石筛分结果

表6-8

石料规格	通过质量百分率(%)										
	31.5	26.5	19	16.0	13.2	9.5	4.75	2.36	1.18	0.6	0.075
10~30	100	90.6	50.9	28.9	16.7	7.9	0				
5~10	100	100	100	100	97.5	61.4	12.2	0			
石屑	100	100	100	100	100	100	98.9	76.2	53.1	41.7	12.0

(5)膨胀剂

试验选用河北天塔山建材有限公司生产的TTC-混凝土膨胀剂,以下简称膨胀剂,具体技术指标见表6-9。

膨胀剂技术指标　　表6-9

项目	MgO(%)	含水率(%)	总碱量(%)	氯离子(%)	限制膨胀率(%)			抗压强度(MPa)		抗折强度(MPa)		细度	
					水中7d	空气中21d	水中28d	7d	28d	7d	28d	比表面积(m^2/g)	1.25mm筛筛余(%)
指标	≤6.0	≤3.0	≤0.75	≤0.5	≥0.025	≥-0.020	≤0.10	≥26.0	≥46.0	≥4.5	≥6.5	≥250	≤0.5
实测	4.0	2.0	0.4	无	0.028	-0.005	0.07	≥29	≥58	≥6.5	≥8.0	280	0.3

2)配合比组成及分析

在水泥稳定类骨架密实结构混合料的拌和、压实阶段,填充物是由水泥、细集料和水组成的水泥细料浆。水泥稳定碎石类骨架密实结构的粗骨料空隙应该小一些,而且数量相对较少、稠度合适的填充物有利于较好的裹覆在石料表面,并在拌和、运输、压实过程中随粗骨料一起移动,从而减少离析。因此,适宜选用连续级配的粗骨料用来形成骨架。而二灰骨架密实结构中,石灰、粉煤灰、细集料和水在混合料成型中是充当填充物,当成型后,石灰与粉煤灰会发生火山灰反应,形成的水化产物的含量多少是影响二灰碎石整体强度的重要因素,而且只有当石灰、粉煤灰、细集料形成固化填充物数量达到一定程度时,才能有效地约束粗集料。与水泥碎石骨架密实结构相比,在二灰碎石类骨架密实结构中,粗集料形成的空隙体积应该大一些,这是因为较大的空隙率可以填充更多的石灰与粉煤灰。因此对于二灰骨架密实结构宜选用多级嵌挤骨架结构级配。

(1)配合比计算结果

在水泥稳定类骨架密实结构混合料中,初定水泥剂量$A=5\%$,水泥与细集料的击实试验规定,水泥和细集料的最大干密度$\rho_{水泥、细集料}=2.172g/cm^3$;二灰稳定类骨架密实结构混合料中,设石灰与粉煤灰比例$A=1:2.5$,结合料与集料的比例$B=15:85$,石灰、粉煤灰、细集料的最大干密度$\rho_{石灰、粉煤灰、细集料}=1.35g/cm^3$,配合比计算结果见表6-10、表6-11。

水泥稳定类骨架密实结构配合比计算结果　　表6-10

级　配	$W_{干粗集料}$(g)	$V_{空隙}$(cm^3)	水泥质量x(g)	细集料质量(g)
W-1	4295	710.4	244.2	588.4
W-2	4305	753.8	247.1	636.4
W-3	4326	766.3	248.8	649.3
W-4	4375	853.2	256.0	744.0

二灰稳定类骨架密实结构配合比计算结果 表 6-11

级配	$W_{干粗集料}$(g)	$V_{空隙}$(cm^3)	石灰质量(g)	粉煤灰质量(g)	细集料质量(g)
W-5	4460	963.5	246.9	617.2	436.6
W-6	4258	1052.8	243.4	608.5	569.4

根据表 6-10 和表 6-11 的计算结果,各试验方案的集料级配组成如图 6-2 所示。

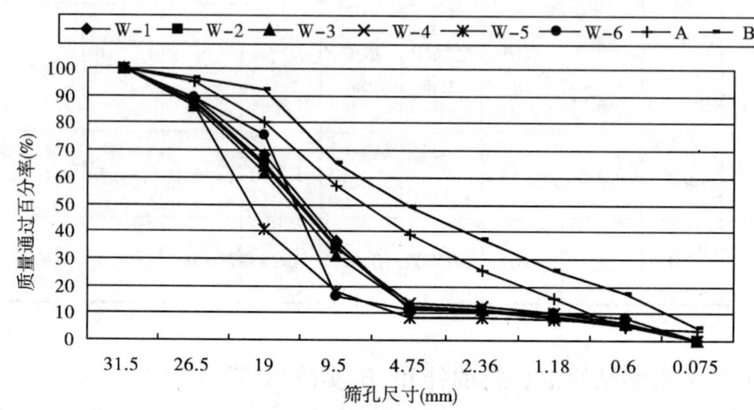

图 6-2 试验方案级配图

注:A 为水泥稳定碎石,B 为二灰稳定碎石

由图 6-2 发现 W-1 ~ W-4 四个级配的变化区间很小,综合考虑到各地材料和施工工艺的差异性,在配合比设计中集料级配选取在其范围内即可,故在进行混合料试验中,只选取W-4进行代表性试验。

(2)研究方案及混合料物理指标

按现行《公路工程无机结合料稳定材料试验规程》中重型击实方法确定混合料物理指标,各种混合料组成及试验结果见表 6-12。

不同集料级配半刚性材料击实结果 表 6-12

混合料名称	代号	混合料组成	最佳含水率(%)	最大干密度(g/cm^3)
水泥稳定碎石	W-1	水泥: 碎石 = 5: 95	6.1	2.401
	A	水泥: 碎石 = 5: 95	6.5	2.348
二灰稳定碎石	W-5	石灰: 粉煤灰: 碎石 = 5: 10: 85	9.0	2.048
	W-6	石灰: 粉煤灰: 碎石 = 5: 10: 85	8.4	2.055
	B	石灰: 粉煤灰: 碎石 = 5: 10: 85	9.6	2.015

为了提高水泥稳定类材料的抗裂性能,除了在集料级配上入手外,还采用掺加粉煤灰或外加剂等措施。试验中为了避免可能出现集料级配与外掺剂的交互作用,找出粉煤灰或膨胀剂对水泥稳定碎石的路用性能尤其是抗裂性能的作用规律,以下试验方案中的集料级配均采用规范中值,具体试验方案见表 6-13。

掺加不同材料水泥稳定类碎石的击实结果 表6-13

混合料名称	代号	混合料组成	最佳含水率(%)	最大干密度(g/cm^3)
水泥 粉煤灰碎石	CF3	水泥: 粉煤灰: 碎石 =1:4:95	6.2	2.345
	CF4	水泥: 粉煤灰: 碎石 =1.5:3.5:95	6.5	2.338
	CF5	水泥: 粉煤灰: 碎石 =5:5:90	6.8	2.275
	CF6	水泥: 粉煤灰: 碎石 =5:10:85	6.2	2.220
	CF7	水泥: 粉煤灰: 碎石 =5:15:80	8.6	2.092
膨胀剂水泥 稳定碎石	UC1	水泥: 碎石 =5:95(膨胀剂3%)	6.5	2.384
	UC2	水泥: 碎石 =5:95(膨胀剂5%)	6.5	2.384
	UC3	水泥: 碎石 =5:95(膨胀剂8%)	6.5	2.384
	UC4	水泥: 碎石 =5:95(膨胀剂10%)	6.5	2.384

注:膨胀剂剂量为占水泥剂量的百分率。

6.2 半刚性材料综合路用性能研究

6.2.1 力学性能研究

1)强度特性

(1)抗压强度试验结果及分析

根据室内试验得出的配合比,按照现行《公路工程无机结合料稳定材料试验规程》有关规定,成型15cm×15cm的圆柱体试件,标准养生至规定龄期前一天浸水24h,测试无侧限饱水强度。试验测试结果如图6-3所示。

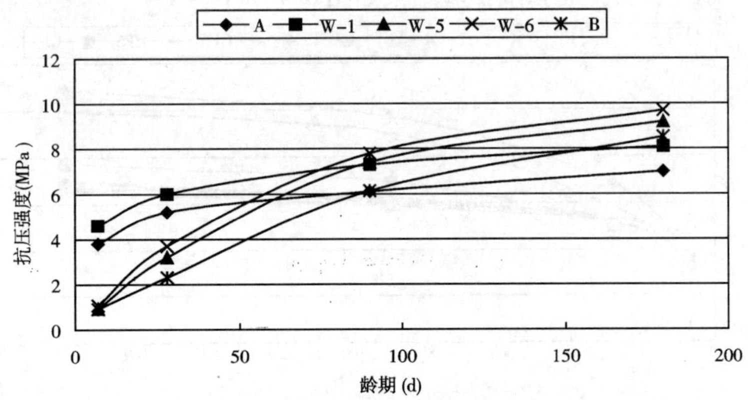

图6-3 不同级配材料抗压强度随龄期变化规律

对上述试验无侧限抗压强度试验结果的变化规律进行了回归处理,其结果见表6-14,表中 a 反映了材料强度增长率,a 越大,强度随龄期增长也越快。

不同级配半刚性材料无侧限抗压强度参数变化规律　表6-14

材料名称	代号	无侧限强度 $R_c = a \cdot \ln(T) + b$		
		a	b	R^2
水泥碎石	A	1.0777	2.4665	0.9991
	W-1	0.9562	1.9463	0.9938
二灰碎石	B	2.3408	-4.1634	0.9618
	W-5	2.6278	-4.6528	0.9737
	W-6	2.7189	-4.6061	0.9827

根据试验结果,可知:

①无侧限抗压强度均随龄期的增长而增大,但增长趋势各不相同。

水泥稳定碎石抗压强度增长规律:在28d以内,强度增长幅度达到最大;龄期超过28d时,强度增长幅度开始变小;当龄期大于90d后,强度的增长曲线变得相当平缓。二灰稳定类半刚性材料抗压强度增长规律:当龄期小于90d时,其强度增长率几乎呈线性变化,90d后强度的增长幅度明显变缓。

②水泥稳定碎石材料中,同龄期骨架密实结构抗压强度高于悬浮密实结构。

7d骨架结构W-1的抗压强度比同龄期悬浮结构A的抗压强度高17.4%,28d骨架结构W-1的抗压强度比同龄期A的抗压强度高13.3%,90d骨架结构W-1的抗压强度比同龄期A的抗压强度高16.4%,180d骨架结构W-1的抗压强度比同龄期A的抗压强度高13.6%。而在二灰稳定碎石材料中,7d骨架结构W-5、W-6的平均抗压强度比同龄期悬浮结构B提高了8.5%,28d平均抗压强度比同龄期B的抗压强度高了18.8%,90d平均抗压强度比同龄期B的抗压强度高19.2%,180d平均抗压强度比同龄期B的抗压强度高了9.7%。

以上分析表明,采用骨架密实结构能够显著提高半刚性材料各龄期的抗压强度。

不同结合料半刚性材料抗压强度试验结果如图6-4所示。

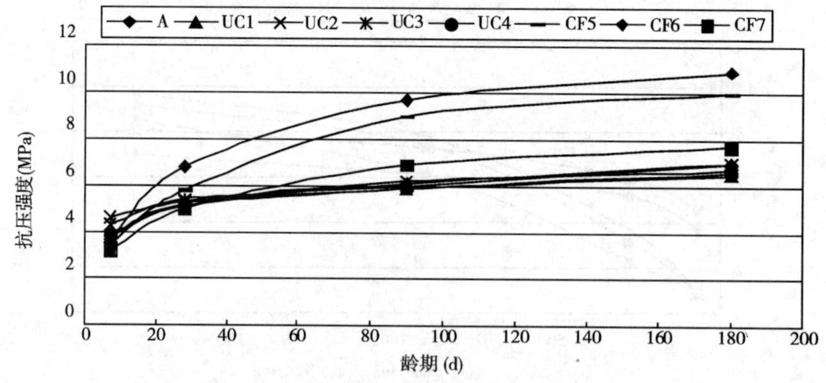

图6-4　不同结合料半刚性材料抗压强度变化规律

以上两种材料无侧限抗压强度参数变化规律经回归处理结果见表6-15,表中a反映了材料强度增长率,a越大,强度随龄期增长也就越快。

不同结合料半刚性材料无侧限抗压强度参数变化规律　　表 6-15

材料名称	代号	无侧限强度 $R_c = a \cdot \ln(T) + b$		
		a	b	R^2
水泥碎石	A	1.0777	2.4665	0.9991
膨胀剂水泥碎石	UC1	0.8186	2.2611	0.9957
	UC2	0.6536	3.2538	0.9902
	UC3	0.7823	2.7471	0.9711
	UC4	0.8062	2.3828	0.9917
粉煤灰水泥碎石	CF5	2.0822	-0.7183	0.9874
	CF6	2.2576	-0.6747	0.9977
	CF7	1.4141	0.4075	0.9971

不同材料组成的水泥稳定类半刚性混合料的抗压强度随龄期的变化有以下规律：

①掺加不同材料（掺膨胀剂或粉煤灰）的水泥稳定碎石的抗压强度均随龄期的增长而增大，但增长趋势各不相同。

膨胀剂水泥稳定碎石抗压强度增长规律：龄期在 28d 内时，其强度增长幅度达到最大；龄期大于 28d 时，强度增长幅度明显变小；90d 后，强度的增长曲线变得相当平缓。粉煤灰水泥稳定碎石抗压强度增长规律：当龄期大于 90d 时，强度的增长曲线开始变平缓。

②不同材料的早期（28d 前）强度中，膨胀剂水泥稳定碎石（UC2，水泥剂量 5%）最大，7d 强度为 4.6MPa；水泥粉煤灰稳定碎石（CF6，水泥剂量 5%）最小，7d 强度为 3.2MPa；水泥稳定碎石（A，水泥剂量 5%）居中，7d 抗压强度为 3.8MPa。而后期强度（90d 后），粉煤灰水泥稳定碎石（CF6）抗压强度最高，90d 抗压强度为 9.7MPa，180d 抗压强度为 10.9MPa；而水泥稳定碎石（A）与膨胀剂水泥碎石（UC2）90d、180d 抗压强度近乎相同。

③水泥粉煤灰碎石的抗压强度随龄期的增长趋势近乎相同。水泥剂量不同的粉煤灰水泥稳定碎石（A:5%、CF3:4.5%、CF4:3.5%），其各龄期抗压强度均随水泥剂量的增加而增大（即 A > CF3 > CF4）。

④相同水泥剂量（CF5、CF6 和 CF7）粉煤灰水泥碎石 7d 抗压强度分别比水泥稳定碎石（A）降低 7.9%、2.6% 和 16.8%，28d 抗压强度分别比水泥稳定碎石（A）升高了 11.5%、30.8% 和 -3.8%，90d 抗压强度分别比水泥稳定碎石（A）升高了 47.5%、59.0% 和 13.1%，180d 抗压强度分别比水泥稳定碎石（A）升高了 42.9%、56.7% 和 10%。

以上测试结果表明，水泥稳定碎石中掺入粉煤灰可以在保证早期强度不大降低的同时，提高后期强度。此外，在水泥稳定碎石中掺加粉煤灰存在一个最佳比例问题，粉煤灰掺加不足，火山灰反应不充分；而掺加过多，又延缓了火山灰反应生产物，从而影响强度的形成。

⑤膨胀剂不同掺加剂量的水泥稳定碎石抗压强度变化规律基本相同，膨胀剂掺加剂量对提高抗压强度有一定作用，但影响幅度不大。

⑥粉煤灰水泥稳定碎石抗压强度增长率高于水泥稳定碎石和膨胀剂水泥稳定碎石。

（2）劈裂强度试验结果及分析

试验对体积法计算出的骨架密实结构混合料和悬浮密实结构半刚性材料在不同龄期的劈

裂强度进行了测试,结果如图6-5所示。

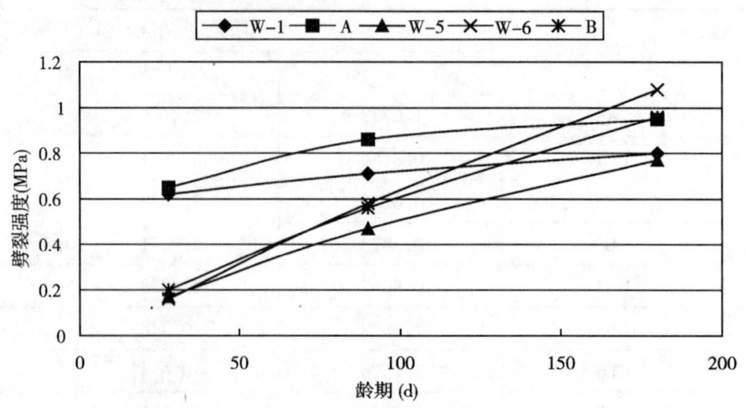

图6-5 不同级配半刚性材料劈裂强度变化规律

对上述劈裂强度试验结果的变化规律进行了回归处理,其结果见表6-16,表中a反映了材料强度增长率,a越大,强度随龄期增长也就越快。

不同级配半刚性材料劈裂强度参数变化规律 表6-16

材料名称	代号	无侧限强度 $R_c = a \cdot \ln(T) + b$		
		a	b	R^2
水泥碎石	A	0.1632	0.1116	0.9935
	W-1	0.0947	0.2989	0.9788
二灰碎石	B	0.005	0.0806	0.9943
	W-5	0.0039	0.0823	0.9888
	W-6	0.006	0.009	0.9969

试验结果表明:

①各类半刚性材料劈裂强度均随龄期的增长而增大,但增长趋势不同。

水泥稳定碎石劈裂强度增长规律:龄期$T \leqslant 28$d内时,强度增长幅度达到最大;龄期$T > 28$d时,强度增长幅度开始变小;在龄期$T > 90$d后,强度的增长曲线变得相当平缓。二灰稳定类半刚性材料劈裂强度增长规律:当龄期$T \leqslant 180$d时,强度增长率几乎呈线性变化。

②水泥碎石材料中,同龄期骨架密实结构的劈裂强度低于悬浮密实结构。

7d骨架结构W-1的劈裂强度比同龄期悬浮结构A的劈裂强度低8.7%,28d骨架结构W-1的劈裂强度比同龄期A的劈裂强度低4.6%,90d骨架结构W-1的劈裂强度比同龄期A的劈裂强度低17.4%,180d骨架结构W-1的劈裂强度比同龄期A的劈裂强度低16.8%。而在二灰稳定碎石材料中,28d骨架结构W-5、W-6的平均劈裂强度比同龄期悬浮结构B降低了17.5%,90d平均劈裂强度比同龄期B的劈裂强度降低了6.3%,180d平均劈裂强度比同龄期B的劈裂强度降低了3.6%。

以上分析表明,采用骨架密实结构在一定程度上降低了半刚性材料各龄期的劈裂强度。

不同结合料半刚性材料劈裂强度试验结果如图6-6所示。可见,不同材料组成的水泥稳定类半刚性混合料的劈裂强度随龄期的变化有以下规律：

①各类材料的劈裂强度均随龄期的增加而增大，但增长趋势互不相同。对于掺加膨胀剂的水泥稳定碎石，龄期 $T \leqslant 28\text{d}$ 时，其强度增长幅度达到最大；龄期 $T > 28\text{d}$ 时，强度增长幅度开始变小；在龄期 $T > 90\text{d}$ 后，强度的增长曲线变得相当平缓。对掺加粉煤灰的水泥稳定碎石，龄期 $T \leqslant 180\text{d}$ 时，其强度增长规律几乎呈线性变化

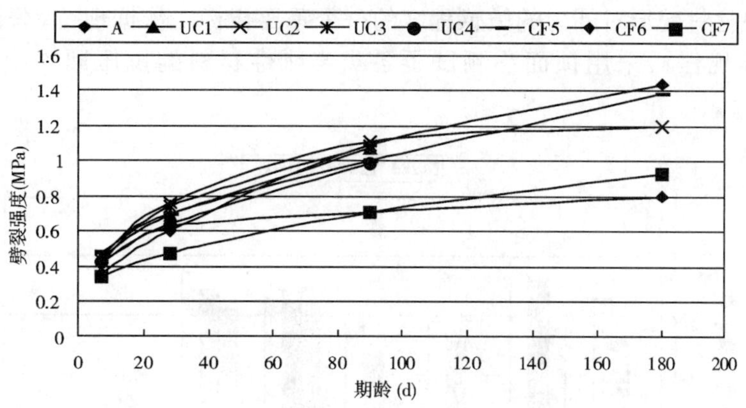

图6-6　不同结合料半刚性材料劈裂强度变化规律

②同一级配（规范级配）3种材料的7d劈裂强度相差不大；28d时劈裂强度从大到小排列顺序为：膨胀剂水泥稳定碎石 > 水泥粉煤灰碎石 > 水泥稳定碎石；90d后劈裂强度从大到小依次为：水泥粉煤灰碎石 > 膨胀剂水泥稳定碎石 > 水泥稳定碎石。

为了更加清楚地看到掺加膨胀剂提高材料的劈裂强度，计算了掺加膨胀剂与不加膨胀剂的劈裂强度增加百分率，具体计算如下：

$$\text{同一龄期劈裂强度增加百分率} = \left(\frac{\text{掺膨胀剂后的劈裂强度}}{\text{不加膨胀剂的劈裂强度}}\right) \times 100\%$$

按上面的公式计算整理后得到数据如图6-7所示。

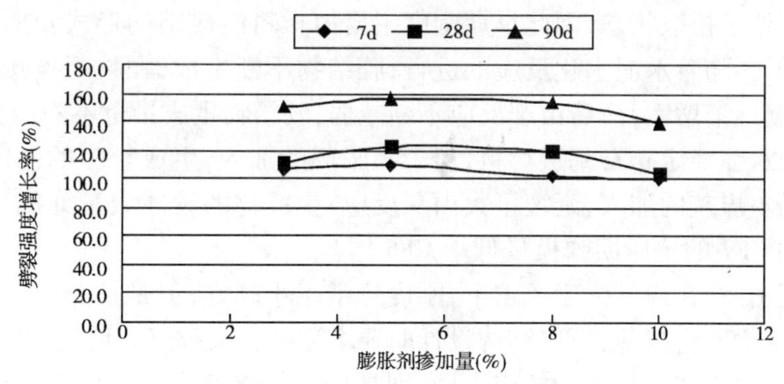

图6-7　掺加膨胀剂后水泥碎石劈裂强度增长百分率

由图6-7可知：掺加膨胀剂水泥稳定碎石的增长率随膨胀剂掺量大致呈抛物线变化，即劈裂强度增长率随膨胀剂掺量的增加而增加，当达到某一峰值时，劈裂强度增长率随着膨胀剂的增加而减小，该峰值近似为5%左右。与其他龄期相比，90d劈裂强度增长率最大。

掺膨胀剂水泥稳定碎石强度主要来源于水泥同碎石的作用,膨胀剂对强度的贡献缘于钙矾石晶体的生成。钙矾石加强了水泥稳定碎石结合性和致密性,从而提高了水泥稳定碎石强度。钙矾石的生成主要集中在强度形成的初期,这也与要求其早期膨胀相一致。

2)刚度特性

(1)抗压回弹模量

刚度是反映材料变形对外力的敏感程度的一个重要指标。依据现行《公路工程无机结合料稳定材料试验规程》,采用顶面法测试了各类半刚性材料的抗压回弹模量,试验结果如图6-8所示。

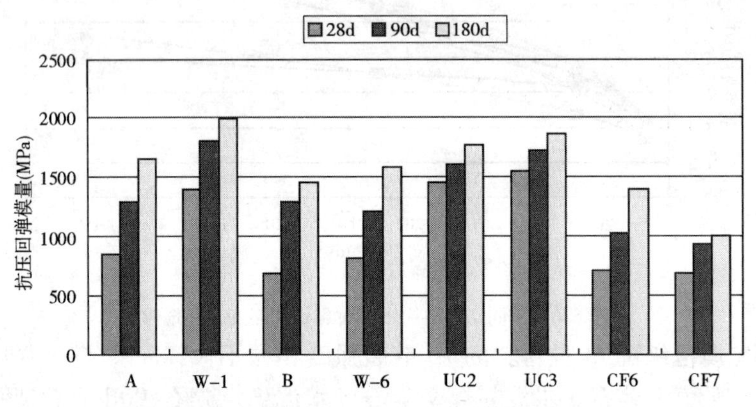

图6-8　不同材料抗压回弹模量

由图6-8可知:相同龄期条件下,骨架密实结构的抗压回弹模量高于悬浮密实结构;在同级配的半刚性材料中,水泥粉煤灰碎石和二灰碎石的抗压回弹模量较低,膨胀剂水泥稳定碎石抗压回弹模量最高,水泥稳定碎石居中。水泥稳定类材料刚度取决于原材料本身模量、反应生成物模量及其组成结构形式等。初期由于反应刚进行,胶结料的形成不足以使混合料成为一整体即混合料还处于松散状态,因此早期刚度主要由材料组成结构形式及原材料本身模量决定,所以数值较低。随着水泥水化反应的进行,胶结物不断生成,颗粒间连接和整体结构逐步加强,表现为刚度逐渐增大;往后由于反应不断减弱,胶结物生成量也不断减少,刚度增长趋于平稳。掺膨胀剂水泥稳定碎石基层材料,由于膨胀剂的加入,生成较多的晶体,所以其刚度有一定的增大。而粉煤灰的加入,延缓了火山灰反应,生成物的胶体数量降低,因此相同龄期而粉煤灰含量高的CF7的抗压回弹模量低于CF6。

从抗裂角度出发,在满足强度要求下,刚度尽量越小越好;但是从路面的结构设计角度来说,刚度越大则结构厚度越薄,所以结构设计时要求刚度越大越好。而且层间结构刚度相差不能太大,否则会使路面产生过大的拉应力,特别是在干燥收缩和温度收缩的综合影响下,也会使路面的抗裂性能降低,因此,基层刚度的选择应合理,这样不仅可提高抗裂性能,还可以优化路面结构设计。

(2)抗弯拉回弹模量

对上述试验方案进行抗弯拉回弹模量的测定,结果如图6-9所示。

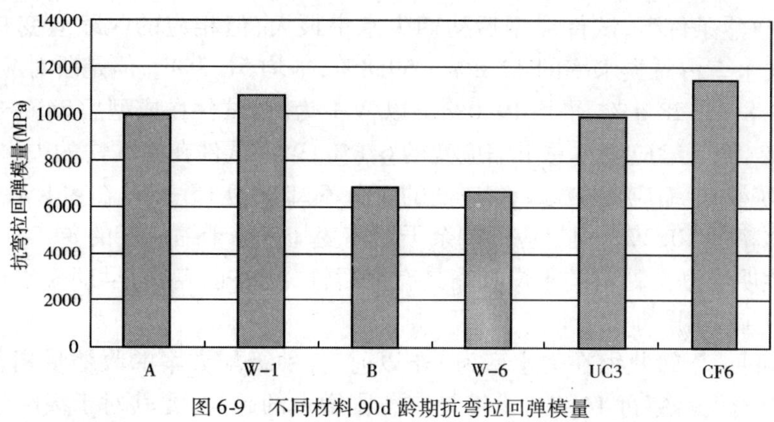

图6-9　不同材料90d龄期抗弯拉回弹模量

6.2.2　抗裂性能研究

根据干缩与温缩导致裂缝产生时间的不同，确定干缩试验在试件成型后马上测试，温缩试验在试件养生90d后测试。

1）干燥收缩性能试验

（1）不同级配的半刚性材料干燥收缩试验结果及分析

试验对体积法计算出的骨架密实结构混合料和悬浮密实结构混合料的干燥收缩性能进行了对比，试验温度为15～19℃，相对湿度为12%～18%，具体试验结果如图6-10、图6-11所示。

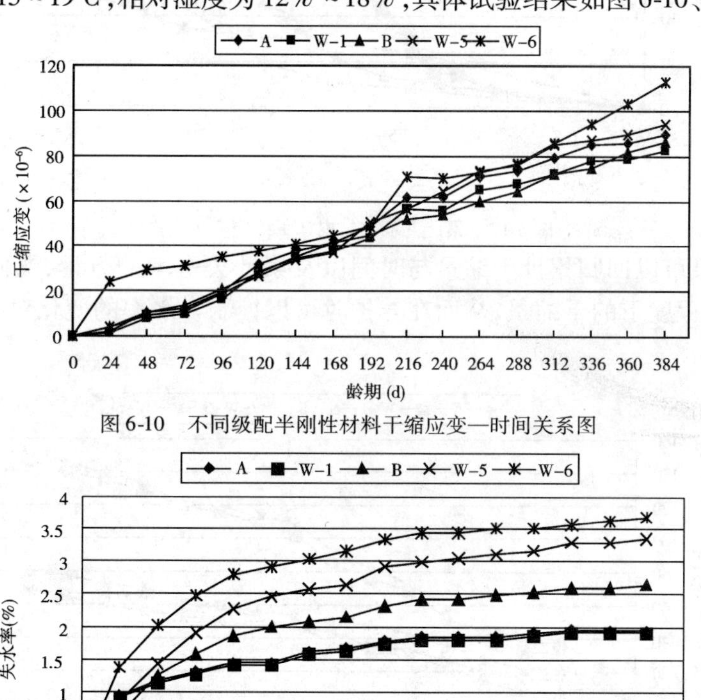

图6-10　不同级配半刚性材料干缩应变—时间关系图

图6-11　不同级配半刚性材料失水率—时间关系图

由图可知：自然条件下，试件成型后初期失水率最大，但相应的收缩应变却并不一定大。成型48h内的失水率占总失水率的42.8%～59.8%，平均51.3%。但是所对应的收缩应变占总收缩应变的9.8%～28.1%，平均19.0%。以W-1为例，试件在成型后24h内的失水率占总失水率的47.1%，而干缩应变占总干缩应变的6.8%；W-1试件在48h内的失水率占总失水率的59.8%，而对应的干缩应变占总干缩应变的百分率却仅为16.7%；在48h后W-1试件剩余失水率占总失水率的40.2%，但对应的剩余干缩应变却占总干缩应变的84.3%。

试验结果表明半刚性材料的干燥收缩具有滞后性，此外也表明，早期失水速度的减小，同样会起到抑制收缩作用。

图6-12中可见，干燥收缩在失水率为1%以前，各种级配方案的收缩量相差无几，收缩变化较为平缓。而当失水超过1%时，干缩量有急剧增大的趋势，尤其对于级配较差的方案（如水泥稳定碎石A、二灰稳定碎石B）更为明显。而良好级配方案的干缩量曲线较为平缓。这表明施工中养生的重要性，不能因养生不充分造成较大失水的发生，从而发生干燥收缩开裂。

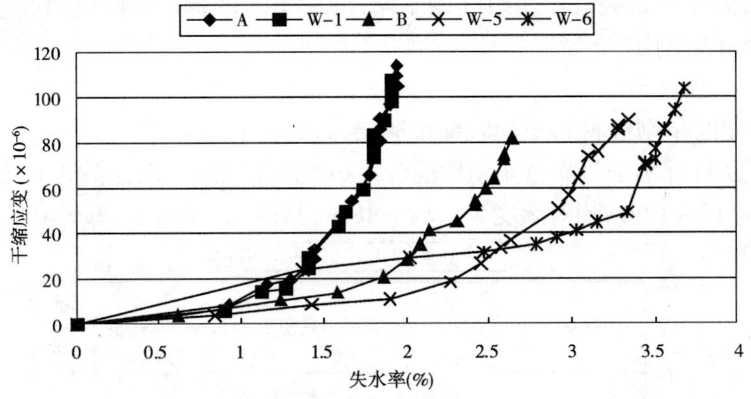

图6-12　累计失水率与累计干缩应变关系图

根据试验结果可以回归累计干缩量与时间以及累计失水率的方程，继而可以确定出在不同时间、不同失水程度下的干缩量，从而在养护时可以控制含水率的变化对干缩的影响。具体结果如图6-13所示。

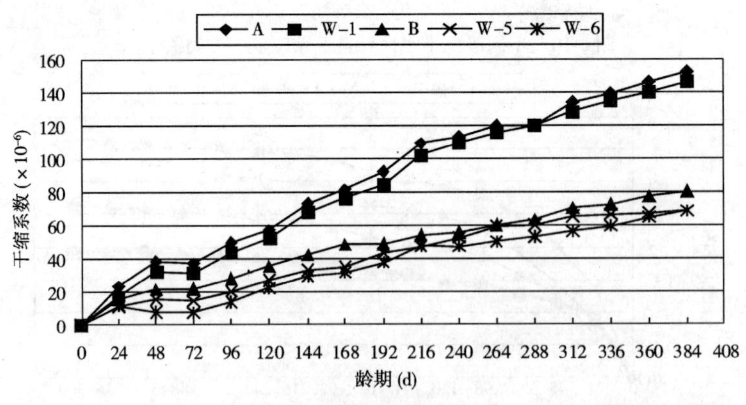

图6-13　不同级配半刚性材料干缩系数—时间关系图

由图可见：

①半刚性材料干缩系数—时间曲线近似呈波浪式变化，在24~48h内的干缩系数达到峰值，而后干缩系数逐渐变小，最后干缩系数再逐渐增大，且基本趋势相同。

②相同龄期的二灰稳定碎石（B、W-5和W-6）的干缩性能要优于水泥稳定碎石（A和W-1），早期平均干缩系数比水泥稳定碎石低57.9%，平均干缩系数比水泥稳定碎石的干缩系数平均减小了51.8%。

③同种材料的骨架密实结构的半刚性混合料干缩性能优于悬浮密实结构的。在水泥稳定碎石中，骨架密实结构W-1比悬浮结构A的早期平均干缩系数低26.7%，平均干缩系数低6.5%；在二灰稳定碎石中，骨架结构W-5和W-6比悬浮结构B的早期平均干缩系数低26.1%，平均干缩系数低18.4%。

骨架结构的干缩系数之所以要小于悬浮结构的。这是由于集料含量对干缩系数影响是随集料的增加，整体材料的比表面积和空隙率减少，从而减小了表面张力、吸附水及分子间力以及层间水作用范围，在宏观上表现为干缩系数的减小。

（2）不同结合料半刚性材料干燥收缩试验结果及分析

试验对水泥稳定碎石中掺加膨胀剂或粉煤灰以及各自不同掺量的混合料的干燥收缩性能进行了对比，试验温度为15~19℃，相对湿度为12%~18%，具体试验结果如图6-14、图6-15所示。

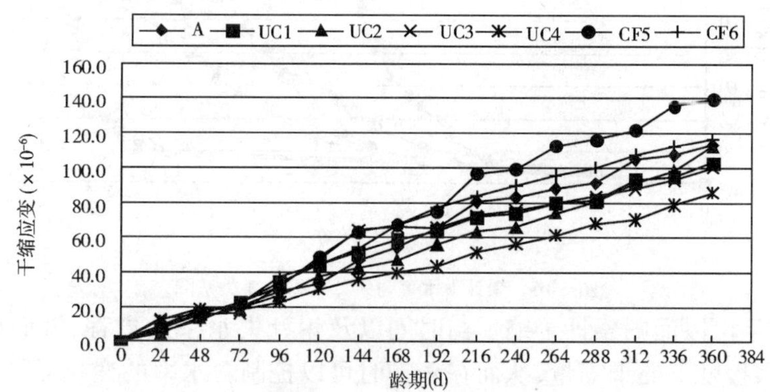

图6-14　不同结合料半刚性材料的干缩应变与时间关系图

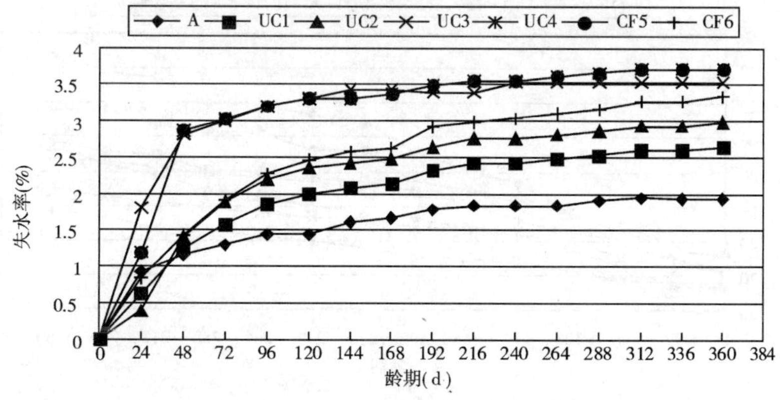

图6-15　不同结合料半刚性材料失水率—时间关系图

由图可知：与不同级配半刚性混合料的干缩试验结果相似，不同结合料稳定碎石在自然条件下，试件成型后初期失水量最大，但对应的收缩应变却不太大，特别是成型后48h内失水占总失水量的一半以上，但对应的干缩应变还不到总应变的30%。以UC2为例，UC2试件在成型后24h内的失水量占总失水量的百分率为13.1%，对应的干缩应变占总应变量的百分率为3.9%；UC2试件在48h内的失水量占总失水量的百分率为47.3%，对应的干缩应变占总应变量的百分率为11.8%；而在48h后UC2试件剩余失水量只占总失水量的52.7%，但对应的剩余干缩应变却占总干缩应变的88.2%。

再次说明半刚性材料具有干燥收缩滞后性。

由图6-16可见，失水率在1%前，干燥收缩量相差不大，干缩应变较为平缓。而当失水超过1%时，干缩量增长明显。在掺加膨胀剂水泥稳定碎石方案（UC1～UC4）中，随着膨胀剂掺加剂量的增大，其干缩应变急剧增大点而对应的失水率增大，表明膨胀的掺加，延缓了水泥稳定碎石因失水产生的最大干缩应变。对于粉煤灰水泥稳定碎石方案，其干缩应变急剧增大点而对应的失水率随粉煤灰比例的增大而增大。同样表明在水泥稳定碎石混合料中通过掺加粉煤灰能明显延缓最大干缩应变发生。

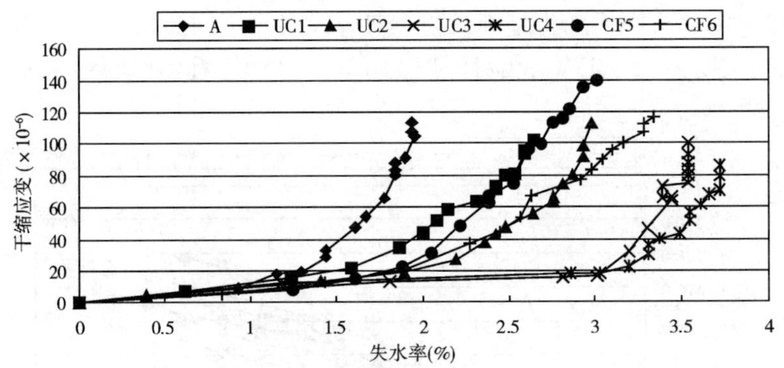

图6-16 累计失水率与累计干缩应变关系图

根据试验结果可以回归累计干缩量与时间以及累计失水率的方程，继而可以确定出在不同时间、不同失水程度下的干缩量，从而在养护时可以控制含水率的变化对干缩的影响。具体结果如图6-17所示。

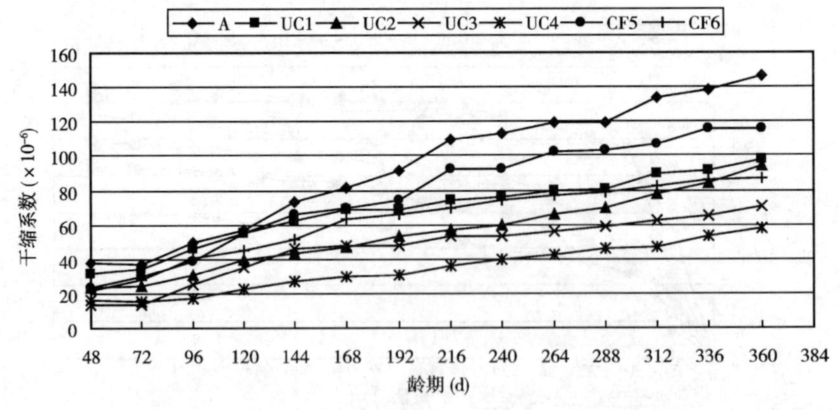

图6-17 不同结合料半刚性材料干缩系数—时间关系图

由图可见：

①不同结合料半刚性材料干缩系数—时间曲线近似呈波浪式变化，在 24 ~ 48h 内，干缩系数达到峰值，而后干缩系数逐渐变小，最后干缩系数在逐渐增大，且基本趋势相同。

②水泥稳定碎石中，掺入膨胀剂的 UC1 ~ UC4 方案平均干缩系数明显低于不掺膨胀剂的方案 A(83.2)，尤其是早期干燥收缩。掺加膨胀剂的 UC1 ~ UC4 方案的早期干缩系数比不掺膨胀剂的 A 方案分别降低 18.4%、38.4%、63.6% 和 58.2%，平均干缩系数分别降低 29.2%、42.5%、51.9% 和 63.6%。这说明随着膨胀剂掺加剂量的增加，水泥稳定碎石的抗干燥收缩性能也在增加。

③在水泥稳定碎石中掺入粉煤灰的 CF5 和 CF6 方案平均干缩系数明显低于不掺粉煤灰的方案 A。掺加粉煤灰的 CF5 和 CF6 方案的早期干缩系数比不掺膨胀剂的 A 方案分别降低 38.4% 和 43.6%，平均干缩系数分别降低 20.6% 和 36.2%。这说明在水泥稳定类混合料中掺加粉煤灰可以改善水泥稳定碎石的干缩性能，这是因为粉煤灰比水泥体轻，所以其反应生成物尤其是火山灰反应生成物比水泥稳定碎石多，其受毛细管张力、吸附水和分子间力作用及层间水和碳化作用较大。但水泥粉煤灰稳定碎石材料由于干密度大，生成物较多，颗粒之间的约束与牵制作用较强（宏观上表现为刚度较大），所以毛细管张力、吸附水和分子间力作用相对来说又较弱，从而其平均干缩系数表现为比同结构的水泥稳定碎石的要小。

2）温度收缩性能试验

（1）不同级配半刚性材料温度收缩试验结果及分析

试验取干缩性能较好的方案 W-1 和 W-6 进行温缩性能测试，同时为了增加可比性，试验中增加了悬浮密实结构的两种方案 A 和 B。具体试验结果如图 6-18 所示。

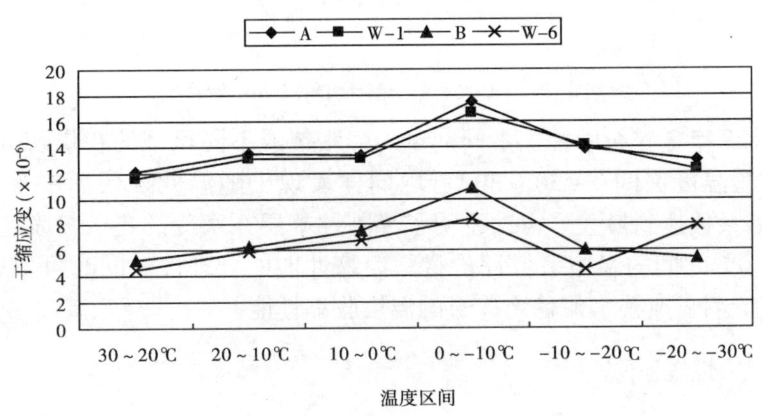

图 6-18　不同级配半刚性材料温缩结果

从图可知：不同级配的半刚性材料温度收缩系数曲线在试验温度区间（ −30 ~ 30℃）内表现出随温度降低而出现峰值，在 0 ~ −10℃ 区间，温缩系数达到最大。这说明半刚性基层在寒冷的冬天易发生温度收缩裂缝，因此，采用以 0 ~ −10℃ 之间的温缩系数评价材料温缩性能较为合理。混合料温缩性能的优劣顺序为：W-6 > B > W-1 > A。这与采用低温区段的平均温缩系数评价结果相同。

产生以上结果的原因为：随温度的下降，混合料的毛细管中弯曲液面内外压力差和弯曲液面表面张力增大,当这种作用力超过毛细管壁颗粒内部的连接力时,使温缩系数增大。在高温区弯曲液面内外压力差和弯液面表面张力较小,所以随温度下降,温缩系数变小,在0~10℃之间部分重力水和自由水(自由水冰点一般在4℃左右)开始结冰膨胀,抵消了部分收缩变形,但由于这部分水含量极少,所以冰冻作用不明显,表现在图上为温缩系数变小,并达到最小值;但温度低于0℃后,毛细管张力有可能大于颗粒的连接力,使温缩系数变大。温度低于-10℃后,温缩系数变化不大,甚至有减小的趋势,这可能是因为毛细管中水的冰点一般在-10℃~-20℃左右,当温度达到该区间时,大部分空隙水积聚冻结,使整体体积发生膨胀,从而表现为温缩系数在该区间内变小。

(2)不同结合料半刚性材料的温度收缩试验结果及分析

在水泥稳定碎石中掺加不同剂量的膨胀剂或不同比例的粉煤灰,其温度收缩试验结构如图6-19所示。

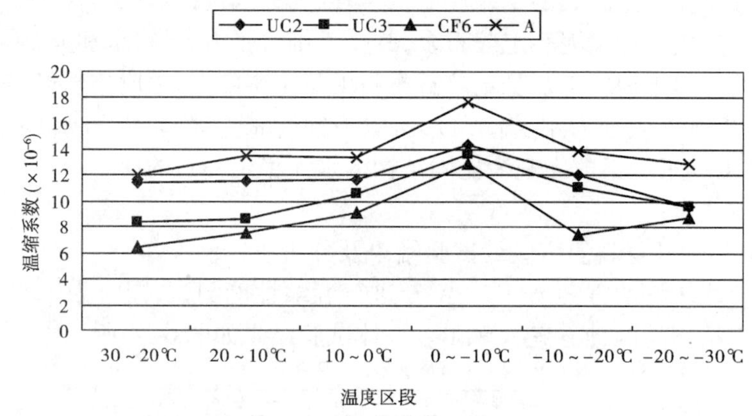

图6-19　不同结合料半刚性材料温缩试验结果

从图可知:水泥稳定碎石中掺加不同剂量的膨胀剂或不同比例的粉煤灰混合料的温度收缩系数曲线在试验温度区间(-30~30℃)内同样表现出随温度降低而出现峰值,且在0~-10℃区间,温缩系数达到最大。再次说明了半刚性基层在寒冷的冬天易发生温度收缩裂缝及采用以0~-10℃之间的温缩系数评价材料温缩性能的合理性。同时可以发现,通过掺加膨胀剂或粉煤灰能明显改善水泥稳定碎石的温度收缩性能。

6.2.3 耐久性能研究

1)疲劳性能研究

在进行疲劳试验时,采用加载波形频率为5Hz的正弦波,加载时间为0.01s,相当于60~65km/h的行车速度。疲劳试验结果见表6-17。

由表可知:骨架密实结构的W-1组与悬浮结构的A组规范级配相比,W-1组n值提高了42%左右。而与A组级配相同的水泥粉煤灰类CF6的n值比A组提高了9.71%,而膨胀剂水泥稳定类UC3的n值比A组提高了8.155%。二灰类n值普遍比水泥稳定碎石类和含粉煤灰的水泥稳定碎石类的n值要小,悬浮结构的二灰类B比悬浮结构的水泥稳定类A的n值减小了20.2%。

半刚性材料疲劳试验结果　　表6-17

代　号	应力水平 (S_r/S)	疲劳寿命 (N)	回归方程 $S_t/S = kN_t^n$ 参数		相关系数(R^2)
			k	n	
A	0.88	389	1.055	-0.0296	0.9958
	0.82	5124			
	0.78	24753			
W-1	0.88	4089	1.0524	-0.0208	0.9938
	0.82	360325			
	0.78	1356897			
B	0.86	1324	1.101	-0.0371	0.9787
	0.81	4782			
	0.76	24324			
UC3	0.88	438	1.067	-0.02737	0.9938
	0.85	3985			
	0.82	26538			
CF6	0.88	4983	1.064	-0.02698	0.9876
	0.85	15388			
	0.82	59887			

从本试验结果可以看出，骨架密实结构稳定类 n 值要高于悬浮结构稳定碎石；掺一定量粉煤灰或膨胀剂的水泥稳定类材料 n 值要高于同类结构的水泥稳定类材料。因此，在稳定碎石中采用骨架密实结构并掺加一定量的粉煤灰或膨胀剂，不仅能减少温缩系数，还能显著地提高其抗疲劳性能。

2）抗冲刷性能研究

采用自行研制的冲刷仪，根据击实结果，在最佳含水率和最大干密度的条件下，成型 ϕ15cm×15cm 圆柱体，为了增大其冲刷量，此处采用95%的压实度，自制冲刷仪如图6-20所示。

图6-20　自制冲刷仪

该试验方法是将试件在标准条件下养生28d，泡水24h，然后将其固定在冲刷仪上，加入适量的水，使液面超过试件顶面5mm，然后开启电源，进行冲刷试验，5min后，将试件取出，收集冲刷桶里的剩余物并烘干称重，可计算其冲刷量。具体试验结果见表6-18。

采用自行设计冲刷仪 180d 龄期的各方案冲刷结果　　表 6-18

代　　号	A	W-1	B	W-6	UC3	CF6
平均冲刷量(g/min)	14.8	13.4	9.6	9.2	13.8	12.2

由表可以看出,180d 龄期的各方案抗冲刷性能的优劣顺序为 W-6 > B > CF6 > W-1 > UC3 > A。

通过对以上四种半刚性材料的力学性能、抗裂性能和耐久性能研究,有以下结论:

(1)力学性能

①通过对以上半刚性材料力学性能研究,采用本课题推荐的抗裂设计方法设计的骨架密实结构方案各方面力学性能(除劈裂强度外)均优于规范的悬浮结构方案。

②各类半刚性基层抗压和劈裂强度均随龄期的增长而增大,但增长趋势是不同的。水泥稳定碎石和掺膨胀剂水泥稳定碎石抗压和劈裂强度增长规律类似,即当龄期 $T \leqslant 28$d 时,其强度增长幅度达到最大;龄期 $T > 28$d 时,强度增长幅度开始变小;龄期 $T > 90$d 后,强度的增长曲线变得相当平缓。二灰稳定碎石和粉煤灰水泥碎石抗压和劈裂强度增长规律类似,即当龄期 $T \leqslant 90$d 时,其强度增长率几乎呈线性变化,龄期 $T > 90$d 后,强度的增长幅度明显变缓。

③水泥稳定碎石中掺入粉煤灰可以在保证早期强度不过分降低的同时,最大限度地提高其后期强度。且在掺加过程中存在一个水泥与粉煤灰最佳比例问题,粉煤灰掺加不足,火山灰反应不充分;而掺加过多,则在一定程度上稀释了火山灰反应生产物,影响强度的形成。

④水泥稳定碎石中掺入膨胀剂对提高抗压强度有一定作用,但影响幅度不大。而掺加膨胀剂却可以明显提高水泥稳定碎石材料的劈裂强度,且掺加剂量与劈裂强度存在一个峰值,即存在一个峰值强度对应的最佳膨胀剂掺量。通过计算同一龄期掺加膨胀剂与不加膨胀剂的劈裂强度增加百分率,发现劈裂强度增长率随膨胀剂掺量的增加而增加,当膨胀剂掺加剂量近似超过 5%,劈裂强度增长率将随着膨胀剂的增加而减小,与其他龄期相比,90d 劈裂强度增长率最大。

⑤抗压回弹模量随着龄期的增长而增大。在相同龄期下,水泥粉煤灰碎石的抗压回弹模量最低,膨胀剂水泥稳定碎石抗压回弹模量最高,水泥稳定碎石居中。

⑥90d 抗弯拉回弹模量测定的大小分别为二灰稳定碎石最小,粉煤灰水泥碎石次之,膨胀剂水泥稳定碎石与水泥稳定碎石近似相同。这说明膨胀剂对水泥稳定碎石抗弯拉强度影响不大。

(2)抗裂性能

①半刚性材料的干燥收缩具有滞后性。

②由于集料含量对干缩系数影响是随集料的增加,而使整体材料的比表面积和空隙率减少,从而减小了表面张力、吸附水及分子间力以及层间水作用范围,所以同种材料的骨架结构的干缩性能优于悬浮结构。

③通过对累计失水率与累计干缩应变关系图观察发现,干燥收缩在失水率为 1% 以前,不同结合料方案的收缩量相差不大,收缩变化较为平缓。而当失水超过 1% 时,干缩量有急剧增大的趋势。在掺加膨胀剂水泥稳定碎石方案中,随着膨胀剂掺加剂量的增大,其干缩应变急剧增大点而对应的失水率增大。同理,在粉煤灰水泥稳定碎石中,其干缩应变急剧增大点而对应的失水率随粉煤灰比例的增大而增大。这表明在水泥稳定碎石混合料中通过掺加膨胀剂或粉

煤灰能明显改善材料的干缩性能，同时也说明施工初期中应注意洒水养生。

④水泥稳定碎石中掺加膨胀剂能显著降低早期干缩系数和平均干缩系数，且随着膨胀剂掺加剂量的增加，水泥稳定碎石的抗干燥收缩性能也在增加。其主要原因为膨胀剂与水泥中胶体反应，使水泥胶体在反应初期，发生微膨胀作用，从而提高水泥稳定碎石材料的干缩性能。而掺加粉煤灰也可以明显改善水泥碎石材料干缩性能，与掺膨胀剂不同，它的作用机理是因为粉煤灰比水泥体轻，其火山灰反应生成物比水泥稳定碎石多，受毛细管张力、吸附水和分子间力作用及层间水和碳化作用较大。但由于其干密度大，生成物多，颗粒之间的约束与牵制作用较强（宏观上表现为刚度较大），而毛细管张力、吸附水和分子间力作用相对来说又较弱，从而其平均干缩系数表现为比同结构的水泥稳定碎石的要小。

⑤半刚性材料的温度收缩系数曲线在试验温度区间（$-30 \sim 30$℃）内表现出随温度降低而出现峰值，且在$0 \sim -10$℃区间，温缩系数达到最大。这反映出半刚性基层在寒冷的冬天易发生温度收缩裂缝，采用$0 \sim -10$℃之间的温缩系数评价材料温缩性能较为合理。

⑥试验发现，骨架密实较悬浮结构能明显改善其温缩性能。而水泥稳定碎石材料中掺加膨胀剂或粉煤灰也能明显改善水泥稳定碎石的温度收缩性能。

（3）耐久性能

①疲劳试验发现，密实结构稳定类的疲劳性能要优于悬浮结构稳定类；掺一定量粉煤灰或膨胀剂的水泥稳定类材料疲劳性能也优于同类结构的水泥稳定类材料。

②冲刷试验发现，180d龄期密实结构稳定类的冲刷性能优于悬浮结构稳定类；掺一定量粉煤灰或膨胀剂的水泥稳定类材料冲刷性能也优于同类结构的水泥稳定类材料。

综上所述，采用骨架紧密结构稳定材料并掺加一定量的粉煤灰或膨胀剂，不仅能提高力学性能，同时可以减少温干缩系数，还能显著地提高其抗疲劳和抗冲刷能力。

6.3　半刚性材料收缩机理分析及抗裂评价指标研究

6.3.1　半刚性基层材料收缩机理分析

1）温度收缩机理分析

半刚性材料的宏观温度胀缩性是其中固、液、气三相热学性质相互作用综合效应的外观表现。组成半刚性整体结构的原材料各矿物，除黏土矿物外，一般具有较小的胀缩系数，而新生胶结物则具有较大的温度胀缩系数。由于组成复合材料的各矿物有不同的温度胀缩性，但又胶结为整体的材料，所以，其温度胀缩性是各组成单元体间相互作用的“综合效应”。一般气相大部分与大气贯通，在综合效应中影响较小，可以忽略，故半刚性基层材料的胀缩性可主要从固相胀缩、液相胀缩，以及两者的综合作用三个方面进行研究。

（1）固相复合材料的热胀缩分析

半刚性基层材料中的固相颗粒大部分为结晶体及部分非结晶体，其热学性质由质点间的键性和热运动以及结构组成所决定。组成晶体的质点（原子、分子和离子）间的键性一般较强，质点的热运动只是在其平衡位置附近的热振荡。影响晶体热膨胀缩性的因素主要有：晶体内质点间的健力、离子电荷及质点间距、晶格与晶体类型以及晶格的空间结构等。质点间的键力越强、离子的间距越小以及电子电荷越大时，热胀缩系数就越小；晶体质点的配位数越大，则热胀缩系数越大；层状晶体，垂直于层面方向的热胀缩系数要大于层向的热胀缩系数；精密堆积结构比敞旷式结构有较大的热胀缩系数。

(2)水对半刚性基层材料热胀缩性的影响

半刚性基层材料内部广泛分布有空隙，包括大空隙、毛细孔和凝胶孔。自由水存在于大空隙中，毛细水存在于毛细孔和凝胶孔中；表面结合水存在于一切固体表面；层间水存在于细胞及凝胶物层间；结构水和结晶水存在于矿物晶体结构内部。

水对半刚性基层材料热胀缩性的影响主要是通过三种作用过程实现的，即扩张作用、毛细管张力作用和冰冻作用。水有相当大的热胀缩系数，比固相部分的热胀缩系数大4～7倍。温度升高时，水的扩张压力使颗粒间距增大而产生膨胀；反之，则产生收缩。

从以上分析可以认为：

①半刚性基层材料中固相部分的收缩系数取决于各固相的成分及其含量配比；

②随着化学反应的进行以及新生物的结晶硬化，半刚性基层材料的收缩系数将不断增大；

③水对半刚性基层材料的胀缩性影响极大，当温度高于冰点时，水的存在会使其收缩系数显著增大；当温度低于冰点时，在含水率较大的情况下，水的冻结会引起整体材料胀缩，从而使其收缩系数减小；

④半刚性基层材料强度的增长，又会在一定程度上制约水的作用。

2)干燥收缩机理分析

干燥收缩是指半刚性基层材料因内部含水率变化(水分蒸发)而引起的体积收缩现象。干燥收缩的基本原理是由于水分蒸发而发生的“毛细管张力作用”、“吸附水及分子间力作用”、矿物晶体或胶凝体的“层间水作用”以及“碳化脱水作用”而引起的整体宏观体积的变化。

(1)毛细管张力作用

半刚性基层材料毛细管中水的弯液面存在着内外压力差(即毛细管张力)，以压的形式作用于毛细管壁，其大小与毛细管的半径成反比。当水分蒸发时，毛细管水面下降，弯波面的曲率半径变小，致使毛细管压力增大，从而产生收缩。

(2)吸附水和分子间力作用

毛细水蒸发完结后，随着相对湿度的继续变小，半刚性基层材料中的吸附水开始蒸发，使颗粒表面水膜变薄，颗粒间距变小，分子力增大，导致其宏观体积的进一步收缩。这一阶段的收缩量要比毛细管作用的影响大得多。当吸附水膜减薄到一定程度以后，收缩量逐渐减小，直至终止收缩。

(3)层间水作用

半刚性基层材料中有大量层状结构的晶体或非晶体，如黏土矿物、C-S-H凝胶、C-A-H结晶等，其层间夹有大量的层间水与水化离子。随着相对湿度的进一步下降，层间水蒸发，致使晶格间距减小，从而引起整体材料的收缩。因此，含黏土矿物(尤其是蒙脱石)和丰富火山灰反应生产物的半刚性基层材料，具有强的层间水作用，从而具有较大的干燥收缩性。

(4)碳化收缩作用

所谓碳化收缩是指 $Ca(OH)_2$ 与 CO_2 反应生成 $CaCO_3$ 过程中析出水分而引起的体积收缩。也有人认为碳化收缩是由于干燥收缩引起的压力使 $Ca(OH)_2$ 结晶分解，以及由于在无应

力空间 $CaCO_3$ 的沉淀而引起。

3)其他半刚性材料收缩机理分析

(1)水泥粉煤灰稳定碎石

在水泥粉煤灰稳定碎石混合料中,水泥的水化和粉煤灰的火山灰反应并不是各自孤立的,粉煤灰的存在将影响水泥的水化。粉煤灰对水泥水化的影响基本上可分为诱导期和加速期。诱导期粉煤灰将延迟水泥颗粒的水化,加速期粉煤灰将激化水泥颗粒的水化。水泥—粉煤灰系统的水化是非常复杂的,与纯水泥水化有很大的差异。粉煤灰的掺入会降低 CSH 的钙硅比和集料界面区域 $Ca(OH)_2$ 的生成量,从而降低混合料的收缩量,产生对混合料抗裂性能有利的影响。

(2)膨胀剂水泥稳定碎石

本研究采用的膨胀剂——U 型高效膨胀剂,是一种硫铝酸盐膨胀剂。水泥混凝土中广泛采用它与 $Ca(OH)_2$ 反应生成膨胀性物质钙矾石而补偿混凝土的收缩。本研究深入分析了掺膨胀剂水泥稳定碎石的物质变化情况和内部微观结构随龄期变化情况,认为掺膨胀剂水泥稳定碎石材料的膨胀剂的作用机理主要有两个方面:其一,膨胀剂与 $Ca(OH)_2$ 生成钙矾石的微膨胀补偿水泥稳定碎石的早期干燥收缩;其二,膨胀剂与 $Ca(OH)_2$ 生成钙矾石致密了结构,减少了毛细孔数量,从而降低了毛细管张力。

6.3.2 半刚性基层材料抗裂评价方法与指标研究

1)现行抗裂评价方法与指标研究

在固体力学中,人们对结构破坏的研究经历了三个阶段。第一阶段是弹塑性力学阶段,将材料看作是理想均匀、没有任何缺陷的连续介质,通过弹塑性分析按照经典的强度理论判断结构是否破坏。第二个阶段是断裂力学阶段,到 20 世纪中叶,Griffith、IrWin 等人的一些工作标志着断裂力学开始形成,断裂力学研究结构中存在宏观裂纹的问题,但仍将裂纹周围看作是均匀的连续介质。因此宏观断裂力学仅仅适用于宏观裂纹形成之后的阶段,对材料开始裂化到宏观裂纹形成之间的力学行为和物理过程并未进行理论分析和描述。第三个阶段是现代破坏力学阶段,以损伤力学的初步形成为标志,主要是考察材料细观缺陷的发生与发展、直至形成宏观裂纹的过程。

由于目前道路工程材料的受力理论分析还是以弹性理论为主,因而现有的抗裂评价指标都是建立在弹性理论的基础上。以半刚性材料的温缩系数、干缩系数、弹性极限抗拉强度、极限抗拉应变或极限抗拉能量等为评价指标,其中以拉应变为控制方式的评价指标运用得最为广泛和成熟,即温缩系数、干缩系数、温缩抗裂系数和干缩抗裂系数等。

2)推荐评价方法与评价指标

路面基层的实际工作过程中,干缩与温缩往往同时发生。夏季高温季节,基层在由于日夜温差而产生温缩的同时伴随着混合料的干缩:冬季,在我国北方地区,基层混合料一方面在温差作用下产生温缩,另一方面北方干燥的冷风使混合料产生风干,干温缩也是同时作用。因此,分别从抗干缩耐用性指数和抗温缩耐用性指数来控制混合料干缩、温缩性能存在不足。故同时考虑混合料的抗干缩耐用性指数和抗温缩耐用性指数,以抗裂指数为混合料抗裂设计的控制指标。

3）半刚性材料抗裂指标计算分析

采用推荐评价指标对水泥稳定碎石（A、W-1）、二灰稳定碎石（B、W-6）、膨胀剂水泥稳定碎石（UC3）和粉煤灰水泥稳定碎石（CF6）进行计算。具体计算结果见表6-19。

结果表明：

①仅考虑温度收缩作用时，从混合料抗温缩耐用性指数看，在四种材料六种方案中，除水泥稳定碎石材料A的抗温缩耐用性指数为1.1372，其他方案均小于1，说明混合料单纯在温度收缩的作用下，当基层内温度变化达到10℃时，二灰稳定类材料抗裂性能较好，而水泥稳定碎石材料，其抗裂性能较差，易发生温度收缩开裂现象。

半刚性材料抗裂性能指标分析表 表6-19

混合料名称代号	水泥碎石		二灰碎石		膨胀剂水泥碎石	粉煤灰水泥碎石
	A	W-1	B	W-6	UC3	CF6
抗弯拉强度	1.21	1.46	1.26	1.30	1.75	1.60
抗弯拉模量	9940	10815	6860	6619	9863	11460
抗弯拉模量	121.7	136.0	183.7	196.4	177.4	139.6
平均温缩系数	13.84	13.43	6.88	6.36	13.43	10.27
温缩抗裂系数	8.79	10.05	26.70	30.88	13.21	13.59
干缩系数	151.8	146.8	80	68.2	70.6	87.2
干缩抗裂系数	0.80	0.93	2.30	2.88	2.51	1.60
抗温缩耐用指数	1.1372	0.9948	0.3745	0.3238	0.7570	0.7357
抗干缩耐用指数	4.80	3.86	2.93	2.04	1.53	2.71
抗裂指数	6.9394	4.8504	3.3010	2.3657	2.2892	3.4466

在水泥稳定碎石材料中掺加粉煤灰或膨胀剂，能够在一定程度上降低抗温缩耐用指数，降低幅度分别为36.3%和33.4%，从而提高水泥稳定碎石材料的抗裂性能。同种材料相比，采用骨架结构较悬浮结构的抗温缩耐用指数有所降低，但幅度不大。

②仅考虑干燥收缩作用时，各类材料的抗干缩耐用指数均大于1，说明混合料单纯在干燥收缩作用下，当基层材料含水率的最大变化幅度Δw_m取该种材料最佳含水率的70%时，水泥稳定碎石类抗干缩耐用指数最大，抗裂性能也最差，二灰稳定碎石类次之。通过掺膨胀剂或粉煤灰可以明显降低水泥稳定碎石的抗干缩耐用指数，改善其抗裂性能。

6.4 半刚性基层沥青路面温度应力分析

6.4.1 温度场数值模拟与温度应力计算

1）半刚性路面温度应力计算模型

在不考虑沥青混凝土黏弹性的前提下，用ANSYS对路面突然降温时的温度场进行数值模拟计算。

(1)基本假定

①二维层状路面结构各层材料均为均质、弹性、各向同性的连续介质,它们的温度位移与应力的分布也是连续的。

②在温度应力分析中,层状路面结构各层材料的线膨胀系数不随温度的改变而改变。

③由于温度应力变化周期较长,变化速率缓慢,路面结构层内的温度可近似看作沿深度方向均匀分布,分别以平均温度来表示。

④忽略材料的起始温度和降温速率对胀缩应力的影响。

⑤材料的弹性模量、导热系数、泊松比和强度是表征材料特性的重要参数,通常将它们看作不随温度而变化的常数。

(2)有限元模型建立

由于基层开裂前和开裂后,基层内部各点的受力情况不同,因此,有必要对基层开裂前后的温度场和温度应力进行分别讨论。

①基层内部无裂缝

建立相应模型,认为土基以下1m处的温度为0℃,基层长度为10m,分别对以下两种路面结构(图6-21)进行温度场分析,网格划分如图6-22所示。

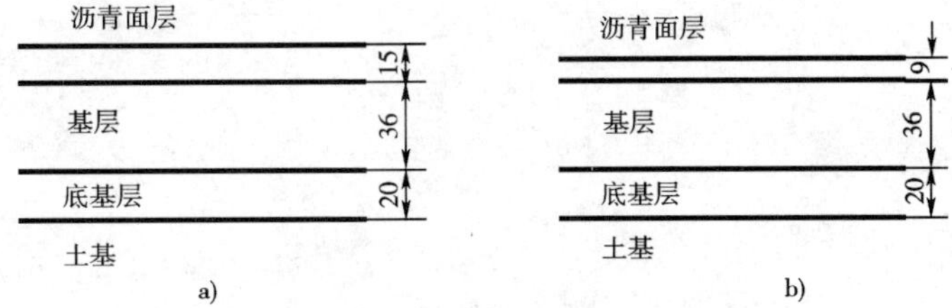

图6-21　两种路面结构示意图(尺寸单位:cm)

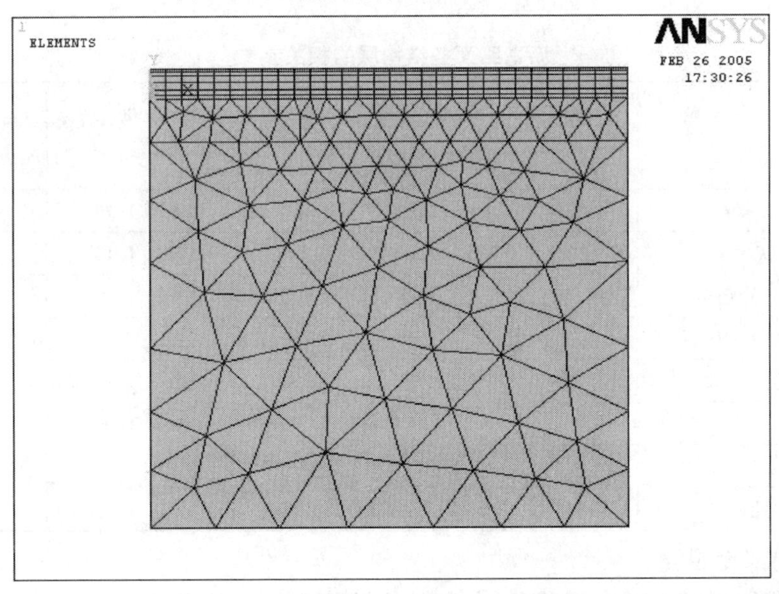

图6-22　模型网格划分图(基层无裂缝)

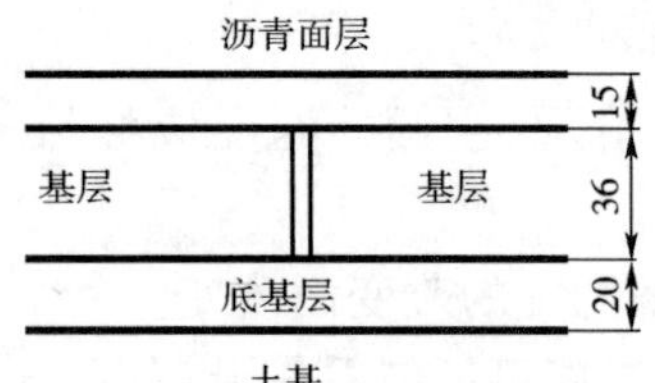

图 6-23　路面结构示意图（尺寸单位：cm）

②基层内部有裂缝

建立相应模型，基层长度为 10m，裂缝宽度为 6mm，分别对以下路面结构（图 6-23）进行温度场分析，网格划分如图 6-24 所示。

2）半刚性基层温度应力计算

为比较沥青面层铺筑后基层开裂前后四种半刚性材料在基层内温度应力的变化规律，在用有限元程序进行温度应力计算时，沥青路面各结构层的相关参数见表 6-20。

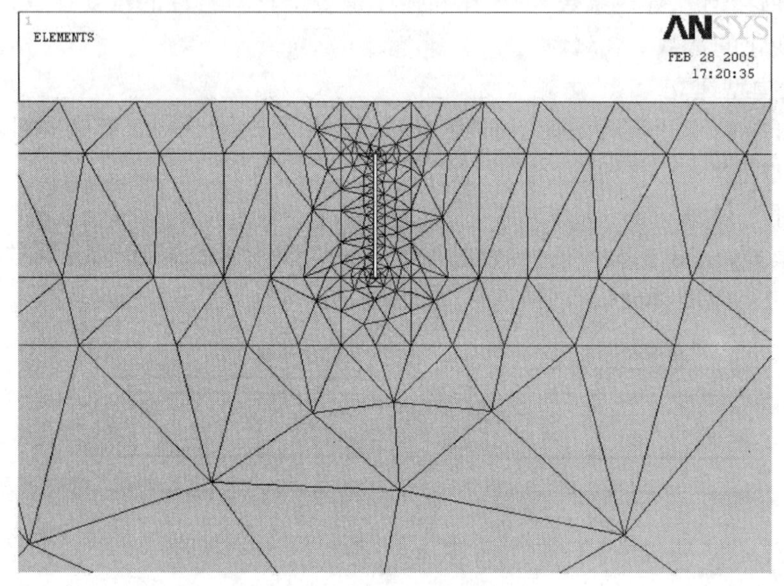

图 6-24　模型网络划分图（基层有裂缝）

沥青路面各结构层的相关参数　　表 6-20

结构层 \ 参数		厚度（cm）	弹性模量（MPa）	泊松比	导热系数［W/（m·℃）］	线膨胀系数（με/℃）
基层	水泥碎石	36	1295	0.25	1.1	11.1
	二灰碎石	36	1297	0.25	1.1	6.39
	粉煤灰水泥碎石	36	1028	0.25	1.1	7.7
	膨胀剂水泥碎石	36	1728	0.25	1.1	10
底基层		20	700	0.25	1.1	9
土基			45	0.35	1.0	5
沥青面层Ⅰ		15	1000	0.25	1.2	21
沥青面层Ⅱ		9				

（1）基层内部无裂缝

当半刚性基层内部不存在裂缝时，分别计算沥青面层分别为 15cm 和 9cm 时的半刚性路面结构内温度应力。结果如图 6-25 ~ 图 6-27 和表 6-21 所示。

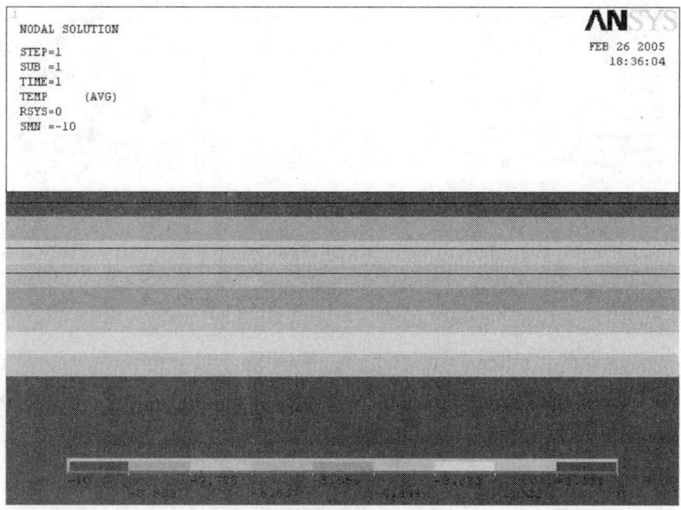

图 6-25　温度场图(基层无裂缝)

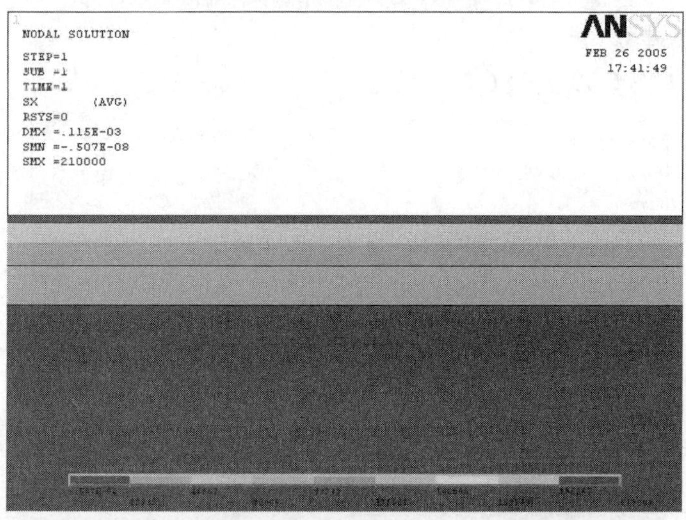

图 6-26　温度应力沿 x 轴变化图(15cm 沥青面层)

半刚性基层温度应力(基层无裂缝)　　表 6-21

种类 / 深度(cm)	水泥碎石面层(15cm)	水泥碎石面层(9cm)	二灰碎石	水泥粉煤灰碎石	膨胀剂水泥碎石
0	210000	204750	210000	210000	210000
5	204834	193200	185978	186667	196052
15	171996	162453	137933	157600	168155
25	152305	130755	89889	93333	140258
35	118152	103679	65635	69308	112362
45	91230	73302	50477	55829	84465
55	42000	49608	46200	49000	56568

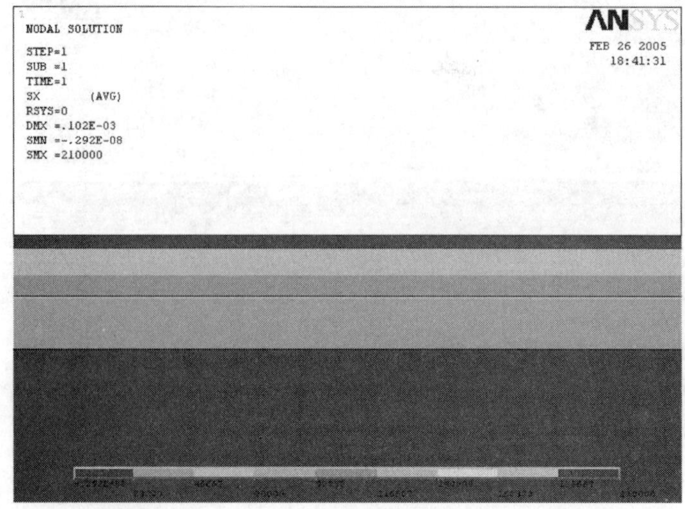

图 6-27 温度应力沿 x 轴变化图(9cm 沥青面层)

(2)有限元模型建立

结果如图 6-28 ~ 图 6-30 和表 6-22 所示。

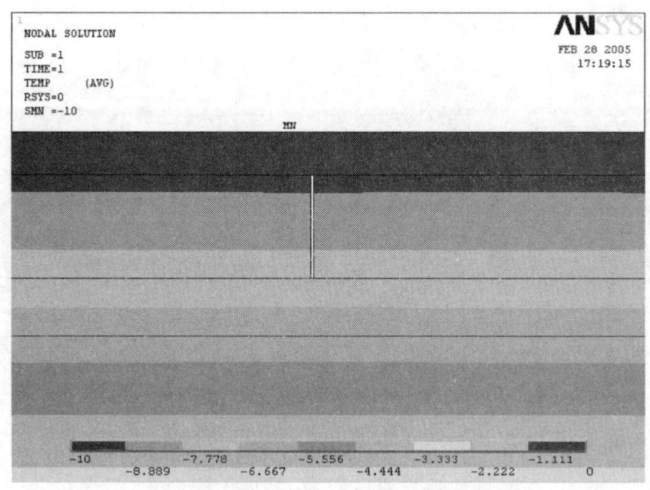

图 6-28 温度场图(基层裂缝)

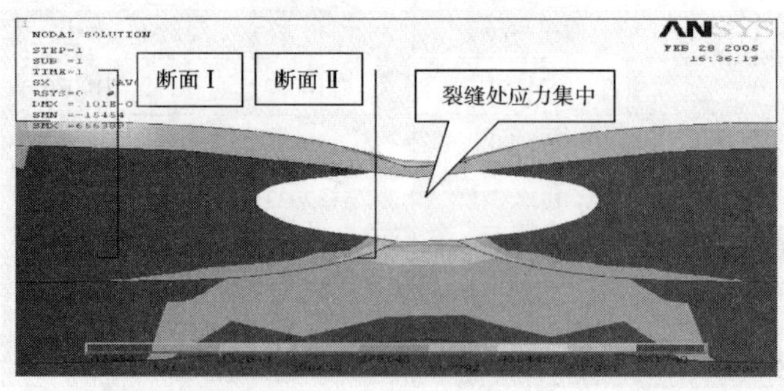

图 6-29 温度应力沿 x 轴变化图(基层有裂缝)

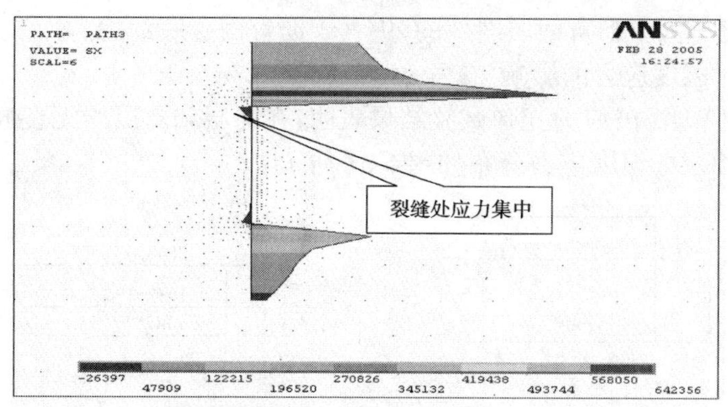

图 6-30　温度应力沿深度变化图（基层有裂缝）

半刚性基层温度应力（基层有裂缝）　　表 6-22

深度(cm) \ 材料种类		水泥碎石	二灰碎石	水泥粉煤灰碎石	膨胀剂水泥碎石
断面 Ⅰ	0	205113	207624	207212	204434
	5	192021	185948	186758	193332
	15	165835	142597	145850	171130
	25	139650	99245	104943	148927
	35	113465	55894	64035	126725
	45	87280	49960	54677	97078
	55	61095	41091	43288	67039
断面 Ⅱ	0	224385	216939	221238	242844
	5	259707	233347	236247	270892
	10	356487	270162	277370	364012
	14.2	642356	386761	413046	760613
	17.8	−26397	−12844	−13194	−35954
	25	−4105	477	1014	3874
	35	−4105	477	1014	3874
	45	−4105	477	1014	3874
	55	197462	137149	125783	204138

6.4.2 半刚性路面温度应力影响因素分析

1）沥青面层厚度对温度应力的影响分析

（1）面层厚度对温度场的影响

在寒冷和较寒冷的地区，一旦气温大幅度下降，在沥青面层中会产生较大的温度梯度。通常气温大幅度下降伴随着大风。在大风降温过程中，直接与大气接触的沥青面层表面的温度迅速下降，其温度可较气温低得多。据统计，在大风降温过程中，地面的最低温度可较该天的最低气温低 1 ~ 7℃。

温度向沥青面层底部传递是需要一定时间的，而且沥青面层内部和底部的温度不可能与其暴露表面的温度相同，始终有一温差。沥青面层越厚，表面温度与底面温度之差愈大。同时，表面温度的变化率大于沥青面层内部的，更大于沥青面层底部的。

(2)面层厚度对温度应力的影响

室内路面结构模型温度应力光弹试验结果表明，在面层和基层均无裂缝的情况下，路表面降温10℃，在沥青面层的温度应力分布如图6-31所示。

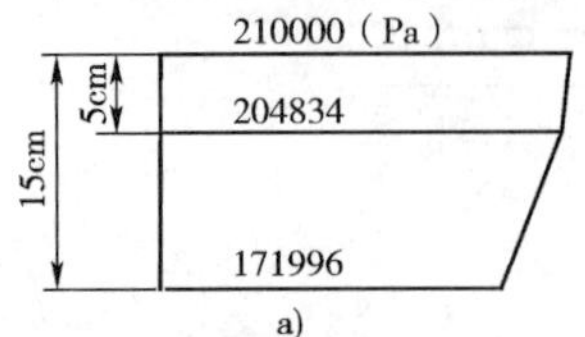

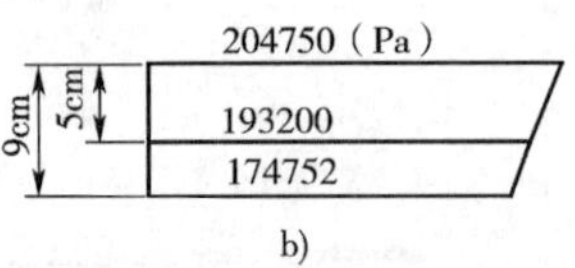

图6-31 降温10℃时沥青面层温度应力分布

由图6-31可知：

①路表面降温时，面层表面的温度应力随面层厚度的增加而增大。

面层厚15cm时，其表面温度应力(2.1×10^5Pa)较面层厚9cm时的(2.0475×10^5Pa)大2.5%；沥青面层内部相同深度(5cm)处的温度应力，15cm厚面层的温度应力(2.0483×10^5Pa)较9cm厚面层的温度应力(1.932×10^5Pa)大6.68%。

②同等降温条件下，较厚面层的温度应力减小较快。

沥青面层的应力随深度增加而减小，特别是面层较厚时，温度应力减小的更快。同样降温条件下，面层厚9cm时，沥青面层底部的温度应力较面层表面温度应力减小14.65%，单位深度温度应力减小率为1.628cm^{-1}；15cm厚面层底部的温度应力较面层表面温度应力减小18.10%，单位深度温度应力减小率为1.207cm^{-1}。

③同等降温条件下，较厚的沥青面层愈早出现对应裂缝。

当沥青面层较厚(超过某一厚度)时，可以减少或避免反射裂缝。但基层裂缝会引起沥青面层产生由上而下的对应裂缝。沥青面层愈厚，有可能愈早出现对应裂缝，或至少对延缓对应裂缝出现没有好处。光弹试验表明，在同样降温条件下，基层开裂后，裂缝上方面层表面的温度应力随面层厚度增加而增大。

基层开裂将引起面层的附加内力，但随着面层厚度的不同而不同。较薄的面层将引起反射裂缝，随着面层厚度的增加面层底部的应力有所降低，面层顶部的应力则逐渐增加，当面层顶面的应力超过底面时，将引起对应裂缝。

采用有限元软件ANSYS计算出的结果与光弹试验具有相同的规律性。可以预料，通过试验和计算，将会找到一个临界层厚度，面层厚度厚于此临界厚度时，裂缝将主要从表面开始，薄于此临界厚度时，裂缝将主要从底面开始。这个临界厚度可能与当地气温条件以及面层混合料的劲度模量和温缩性以及基层混合料的温缩性有关。

2)基层裂缝对温度应力的影响分析

新铺半刚性基层在未铺设面层前，其不可避免地会由于半刚性基层水分减少和经历昼夜温差的作用，产生由于基层材料干缩、温缩或两者共同作用下引起的收缩裂缝。在已开裂的半刚性基层上铺筑沥青面层，尤其是较薄的沥青面层，半刚性基层的裂缝会由于温度应力而使面层底面先开裂，并较快形成反射裂缝。

室内路面结构模型温度应力光弹试验结果表明，在基层已开裂的情况下，路表面降温

10℃,则路面结构的温度应力分布如图6-32所示。

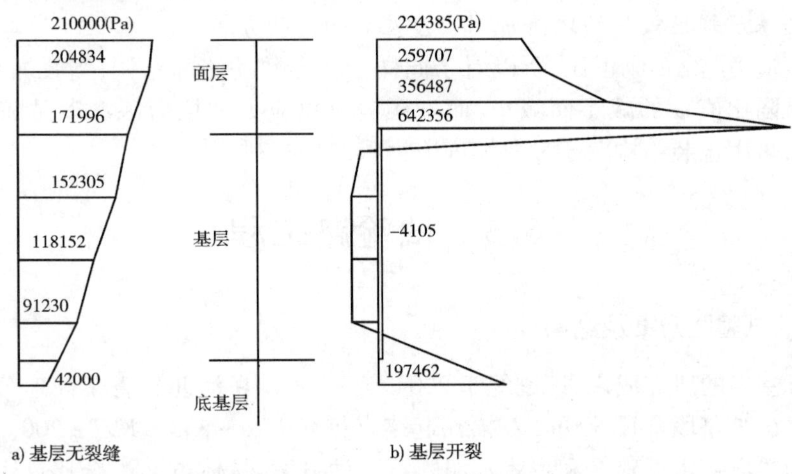

图6-32　基层开裂路面结构温度应力分布

在相同路面结构、相同材料(以水泥稳定碎石基层为例)和相同降温状况下,由于基层的裂缝的影响,使得面层表面温度应力较基层不开裂的增大6.85%;而面层内部随深度的增加,各层的温度应力也均较基层不开裂的有所增大,尤其是面层底部,基层有裂缝的温度应力较基层无裂缝的增大273.47%。

由此可知,在较薄的沥青面层下,半刚性基层的裂缝会由于温度应力而使面层底面先开裂,并较快形成反射裂缝。一旦行车产生的拉应力与温度应力相结合,反射裂缝形成得更快。在铺筑较厚面层的情况下,由于温度应力,基层的裂缝将促使面层表面先开裂,然后逐渐向下传播形成对应裂缝。

3)基层温缩系数对温度应力的影响分析

半刚性基层的温度收缩系数是一个复杂的物理参数,它与材料的级配组成密切相关,对于温度应力计算也至关重要。图6-33显示了面层和基层均无裂缝的情况下,四种半刚性基层材料的温度应力与其温缩系数的关系。

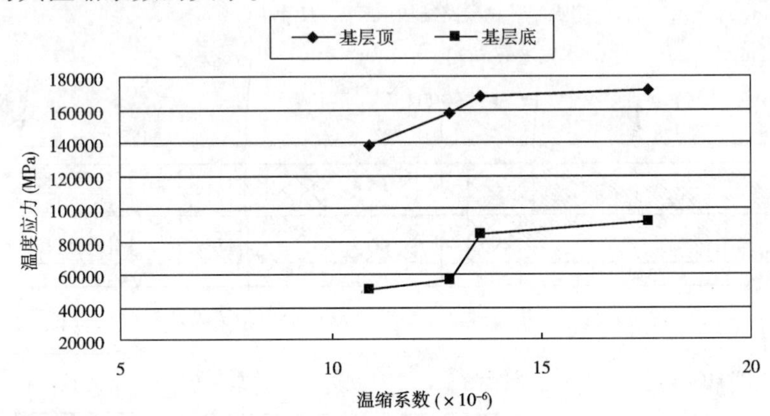

图6-33　温度应力随温缩系数的变化规律

从图6-33可知,半刚性基层的温度应力随温缩系数的增加而增大。由于四种半刚性材料的计算参数基本相同,只有温缩系数相差较大,这说明基层温度应力与其温缩系数有很强的正相关性。

4)面层与基层弹性模量的比值 ψ 对温度应力的影响分析

由于温度应力与 αE 成正比,所以对于同样结构参数的路面结构,当收缩系数 α 不变时,面层拉应力是随比值 ψ 的减小而减小,而基层表面拉应力和拉力区深度是随 ψ 值减小而增大,由此可见,采用正装结构对于改善温度应力状态是有利的。

6.5 试验路工程

6.5.1 试验路方案及结构

为了验证室内的研究成果,课题组于2004年7~8月在河北省青银高速公路宁晋地区铺筑了试验路。试验路段全长600m(双幅),起终点桩号K96+543~K97+200。试验路为两种不同配合比的粉煤灰水泥碎石和膨胀水泥碎石三种方案,具体方案配合比见表6-23。试验路结构图如图6-34所示,试验路方案布置示意图如图6-35所示。

试验路方案　表6-23

方案代号	配合比(质量比)	集料级配	最佳含水率(%)	最大干密度(g/cm^3)
F5	5:5:90	规范中值	6.8	2.275
F10	5:10:85	规范中值	6.8	2.172
PC	5:95	规范中值	6.6	2.342

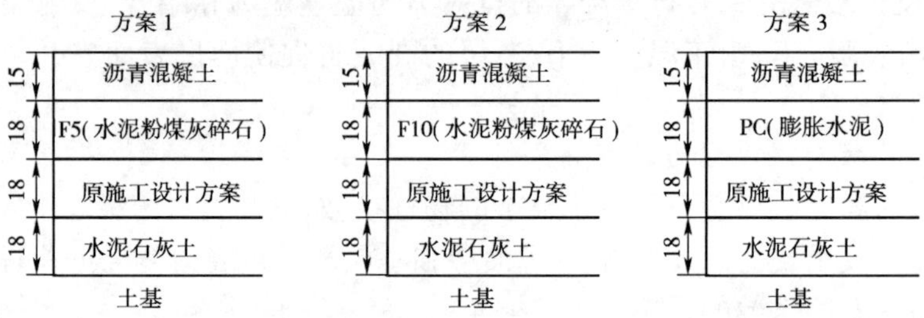

图6-34　试验路结构示意图(尺寸单位:cm)

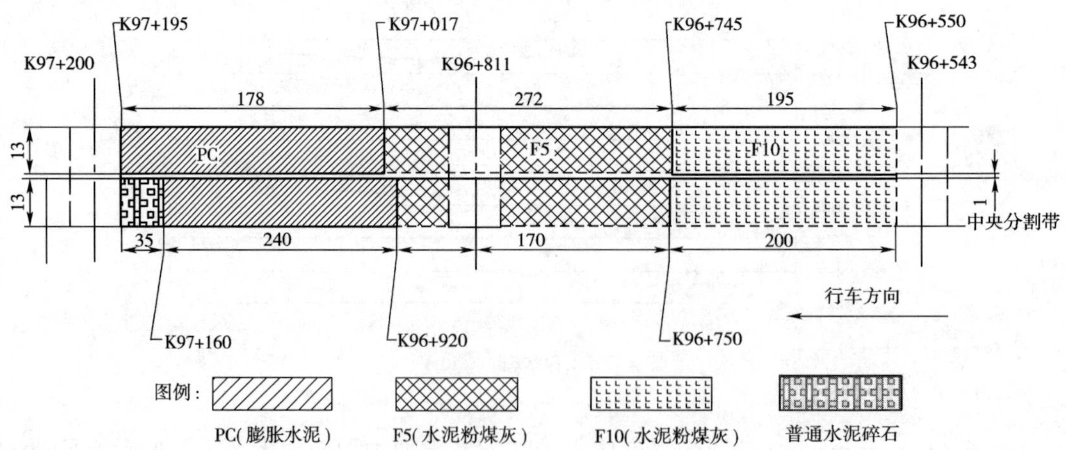

图6-35　试验路方案布置示意图(尺寸单位:cm)

6.5.2 试验路所有原材料物理指标

1)水泥

水泥采用河北邢台风达水泥厂生产的风达牌32.5普通硅酸盐水泥和河北辛集天塔山特种水泥厂生产的天塔山牌膨胀水泥,其检验结果见表6-24。

水泥技术性能测试结果　表6-24

产地	细度(%)	安定性	初凝时间(h/min)	终凝时间(h/min)	抗折强度(Mpa)		抗压强度(Mpa)	
					3d	28d	3d	28d
风达普规	4.0	良好	4:10	7:10	3.7	8.3	20.4	47.9
膨胀水泥	—	良好	3:05	4:55	3.6	8.2	18.4	44.8

2)粉煤灰

粉煤灰取自邢台热电厂,其具体测试指标见表6-25。

粉煤灰技术性能测试结果　表6-25

产地	烧失量(%)	细度(%)	化学成分含量(%)				
			SiO_2	Al_2O_3	Fe_2O_3	CaO	MgO
邢台电厂	9.81	26.16	50.87	28.91	3.14	3.57	0.70

注:细度为0.045mm方空筛筛余百分率(%)。

3)碎石

室内试验选用临城料场的碎石。具体试验指标见表6-26和表6-27。

碎石的物理指标　表6-26

规格＼项目	含泥量(%)	针片状含量(%)	压碎值(%)	表观密度(g/cm^3)	吸水率(%)
10~30mm碎石	0.4	1.4	16.1	2.720	0.15
5~10mm碎石	0.4	2.2	—	2.722	0.14
石屑	3.1	—	—	2.724	—

各档碎石筛分结果　表6-27

石料规格	质量通过百分率(%)										
	31.5	26.5	19	16.0	13.2	9.5	4.75	2.36	1.18	0.6	0.075
10~30mm	100	90.6	50.9	28.9	16.7	7.9	0				
5~10mm	100	100	100	100	97.5	61.4	12.2	0			
石屑	100	100	100	100	100	100	98.9	76.2	53.1	41.7	12.0

6.5.3 施工配合比设计及施工检验

根据筛分结果和《公路沥青路面设计规范》对水泥稳定基层配合比的要求,进行如表6-28和图6-36所示的配合比设计。

配合比设计表 表 6-28

石料规格		质量通过百分率(%)							
		31.5	26.5	19	9.5	4.75	2.36	0.6	0.075
10~30mm		100	90.6	50.9	7.9	0	0	0	0
5~10		100	100	100	61.4	12.2	0	0	0
石屑		100	100	100	100	98.9	76.2	41.7	12.0
PC	30:29:41	100.0	97.2	86.3	61.2	44.1	31.2	17.1	4.9
F5	32:29:39	100.0	97.0	84.3	59.3	42.1	29.7	16.3	4.7
F10	35:29:36	100.0	96.7	82.8	56.6	39.1	27.4	16.0	4.3
上限		100	100	89	67	49	35	22	7
下限		100	90	72	47	29	17	8	0

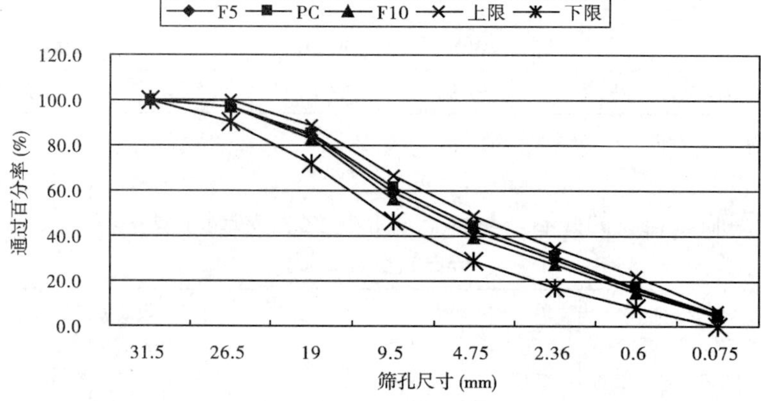

图 6-36 配合比设计图

施工配合比检验：根据表 6-28 配料，应用 HPC 稳定土拌和仪，先干拌 10s，然后加水湿拌 15s，现场配料如图 6-37 所示。

a) 配料图 1

b) 配料图 2

图 6-37 现场配料图

6.5.4 运输和摊铺

从料斗出来的料，卸入翻斗车中，每车 3 斗料，重 9t。从出料到工地，约需 5min。利用 WTD9500 多功能摊铺机（摊铺宽度 12.6m、松铺厚度 23cm、松铺系数 1.2～1.3）呈梯形摊铺，如图 6-38 所示。

a) 摊铺图 1

b) 摊铺图 2

图 6-38　现场摊铺图

6.5.5 碾压

先用 XP300 16～21T 级轮胎式压路机碾压两遍，然后采用英格索兰 50T 级振动压路机开大振碾压两遍，再开小振碾压两遍，最后采用 3Y 18—21T 级三光轮压路机复压两遍。测量压实度，要求压实度满足大于 98%，碾压如图 6-39 所示，各方案基层表面如图 6-40～图 6-43 所示。

图 6-39　现场碾压示意图

图 6-40　方案 F5 基层表面

6.5.6 养生

为了防止和抑制早期干缩裂缝，必须采取有效措施养生。在铺设试验路时，采用长沙圣华科技发展有限公司出产的新型混凝土节水保湿养护膜，洒水覆盖养生，如图 6-43 所示。该产品以新型可控高分子吸收材料为主材，根据混凝土的水化机理进行结构设计，具有极好的节水保湿保温性能，同时此产品可降解，降解物对环境无损害。

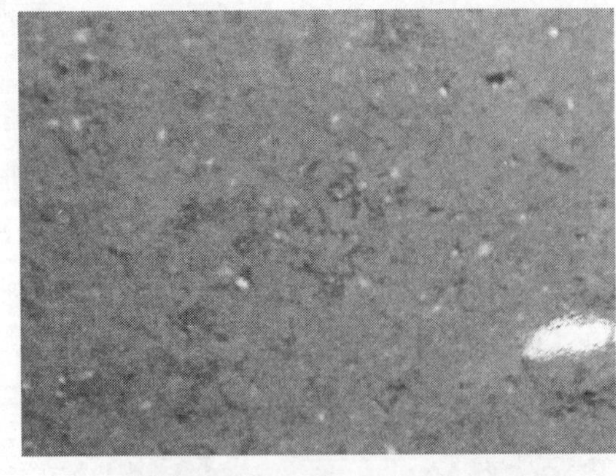

图6-41　方案F10基层表面

图6-42　方案PC基层表面

图6-43　养生图示

6.6　结　　论

①提出了基层混合料(包括水泥稳定类和二灰稳定类)抗裂配合比设计方法,对细集料含量和结合料配合比独立设计,通过振动法确定粗集料空隙率,以细集料和结合料的最大干密度填充粗集料间的空隙,以最小量的填隙料获得最大的混合料干密度。

②水泥稳定碎石混合料中加入适量粉煤灰(5%～10%),可以在保证早期强度不过低降低的前提下,提高其后期强度与抗裂性能。水泥稳定碎石中掺入膨胀剂可明显提高劈裂强度,掺加剂量为5%时,劈裂强度最大。通过计算同一龄期掺加膨胀剂与不加膨胀剂的劈裂强度增加百分率,发现劈裂强度增长率随膨胀剂掺量的增加而增大,当掺量超过5%时,增长率将随着膨胀剂的增加而减小,因此推荐采用90d劈裂强度增长率控制膨胀剂的最佳剂量。

③半刚性材料干燥收缩具有滞后性,骨架结构干缩性能优于悬浮结构,通过在水泥稳定碎石中掺加膨胀剂或粉煤灰能延缓早期产生较大干缩变形。

④水泥稳定碎石中掺加膨胀剂能显著降低平均干缩系数,且随着膨胀剂掺加剂量的增加,水泥稳定碎石的抗干燥收缩性能也在增加。

⑤采用0～－10℃之间的温缩系数评价材料温缩性能,试验发现,骨架密实较悬浮结构能明显改善其温缩性能。而水泥稳定碎石材料中掺加膨胀剂或粉煤灰也能明显改善水泥稳定碎

石的温度收缩性能。

⑥掺加膨胀剂水泥稳定碎石平均冲刷量比不掺的平均降低6.7%，掺加粉煤灰的水泥稳定碎石材料平均冲刷量比不掺的平均降低13.8%，骨架密实结构较悬浮密实结构冲刷量平均降低6.8%。这表明骨架密实结构的抗冲刷性能优于悬浮结构；掺一定量粉煤灰或膨胀剂的水泥稳定类材料抗冲刷性能也优于同类结构的水泥稳定类材料。

⑦干缩耐用指数计算结果表明，单纯考虑干缩作用时，掺加膨胀剂5%剂量的方案UC3的S_d值最低，表明其干缩性能最佳；骨架密实结构二灰稳定碎石方案W-6的S_d次之，表明其干缩性能较佳。

⑧温缩耐用指数计算结果表明，单纯考虑温缩作用时，骨架密实结构二灰稳定碎石方案W-6的S_t最低，表明温缩性能较佳。而悬浮密实结构二灰碎石方案B的S_t次之，掺加膨胀剂5%剂量的方案UC3的S_d值居第三位，表明其温缩性能也较好。

⑨结合地域和工程特点，给出干缩和温缩的权重系数，提出了以综合抗裂指标——抗裂指数作为混合料抗裂设计的控制指标。计算结果表明，掺加膨胀剂5%剂量的方案UC3的I值最低，表明其抗裂性能最佳；骨架密实结构二灰稳定碎石方案W-6的I次之，表明其干缩性能较佳。

⑩ANSYS计算结果表明，基层未开裂的路面结构，在同一种降温条件下，面层厚度为15cm的方案A较厚度为9cm的方案A′，基层顶部应力比（温度应力与抗弯拉强度比值）降低6.51%，基层中部应力比降低9.71%，基层底部应力比降低16.84%，说明不同等级公路，由于面层厚度不同，温度对基层产生的温度应力比（相对于抗弯拉强度）是不同的，面层越厚，温度对基层产生的应变比就越小，基层越不易开裂。

⑪相同降温条件、相同路面结构，温度对不同半刚性材料基层产生的温度应力比也是不同的，其大小顺序为：水泥稳定碎石基层>膨胀剂水泥稳定碎石>二灰稳定碎石>粉煤灰水泥稳定碎石，说明二灰稳定碎石抗裂性能优于水泥稳定碎石，而膨胀剂或粉煤灰的掺入也能在一定程度上降低水泥稳定碎石材料基层的温度应力比值，改善其抗裂性能。

⑫基层开裂后，在相同路面结构、相同材料（以水泥稳定碎石基层为例）和相同降温状况下，由于基层裂缝的影响，使得面层表面温度应力较基层不开裂的增大6.85%；而面层内部随深度的增加，各层的温度应力也均较基层不开裂的有所增大，尤其是面层底部，基层有裂缝的温度应力较基层无裂缝的增大273.47%。因此在较薄的沥青面层下，半刚性基层的裂缝会由于温度应力而使面层底面先开裂，并较快形成反射裂缝。一旦行车产生的拉应力与温度应力相结合，反射裂缝形成的更快。

⑬半刚性基层的温度应力随温缩系数的增加而增大，说明基层温度应力与其温缩系数有很好的相关性。

第 7 章　柔性基层沥青路面设计参数及路用性能

我国 90% 以上的高速公路沥青路面采用无机结合料稳定材料(即半刚性材料)作为基层和底基层修筑沥青路面结构。半刚性基层沥青路面作为目前我国沥青路面的主要结构类型主要是考虑:采用半刚性基层最大的优点是初期建设节省了大量投资。但是由于半刚性基层早期损坏严重,大量的维修工作造成公路建设总体成本的显著增加。目前,国外许多国家的设计规范推荐采用沥青稳定碎石基层(asphalt treated base,ATB)的沥青路面。沥青稳定碎石作为柔性结构层材料,应用于基层时主要承受由面层传来的车辆荷载的垂直力,并扩散到下面的垫层和土基中去。这就要求基层有足够的强度和刚度,良好的应力扩散能力,并能保证有良好的水稳定性、抗疲劳性和耐久性。设计良好的沥青稳定碎石不仅具有较高的强度和刚度而且应具有较高的抗剪强度和抗弯拉强度;其用于基层材料时,能有效地完成应力消散,避免应力集中;由于其与沥青面层材料相似,能与面层牢固黏结保证层间连续接触,避免沥青层内部出现较大的剪应力和弯拉应力;受水和冰冻病害小,裂缝自愈能力强,有效避免 DOWN-TOP 裂缝的产生和发展;因而具有良好的路用性能。而且,使用沥青稳定碎石作基层还有建设时间短、维修养护费用低、设计使用年限长等众多优点。随着我国经济水平、综合国力的增强,沥青稳定碎石基层必将以其良好的路用性能和长期效益得到应用和推广。

在国外沥青稳定碎石基层应用广泛,但是由于地理气候条件和交通荷载条件的差异使得我国不可能照搬其他国家的经验,而必须依靠自身的研究和实践总结得出适用于我国国情的路面结构设计方法、混合料组成设计方法、设计指标体系、施工工艺、施工质量检测办法。目前,在国内尽管已经有机构和人员对沥青稳定碎石基层进行了研究,但研究还不够系统、理论还不够完善,虽然修改后的《公路沥青路面施工技术规范》(JTJ F40—2004)已经有对沥青稳定碎石的技术指标和标准,但是由于工程经验不足,如何确定沥青稳定碎石类材料的性能特点,如何发挥其应用于基层在柔性路面结构中的作用,如何合理地设计符合基层受力、环境特点的混合料,如何在施工中实现和检验都还有待更多的公路建设者在研究、实践中探索、总结,为今后沥青稳定碎石基层路面结构的发展提供依据。

7.1　柔性基层沥青路面结构设计指标、模型与参数研究

7.1.1　模型参数的确定

沥青路面的车辙、疲劳开裂等破坏问题都与沥青混合料的材料特性有关。因此在路面结构分析中沥青混合料对应材料参数的确定就显得尤为重要。国外在进行路面结构设计时常采用动态模量作为设计参数,而我国路面结构设计参数常采用静态模量,二者不仅在数值上相差

很大，而且动模量的采用更能有效地反映荷载、环境及路面结构之间的相互作用。鉴于此，试验研究主要集中在两方面：一是应用频率扫描试验确定不同温度、不同荷载作用频率下对应的沥青混合料的动态模量及相位角，确定的动模量数值主要为疲劳开裂计算服务；二是根据黏弹性力学的室温叠加原理，应用试验确定的不同温度、不同荷载作用频率下沥青混合料的动态模量及相位角，通过 Sigmoidal 函数及非线性最小二乘法确定某一温度下沥青混合料的动态模量主曲线及相位角主曲线，并在此基础上通过傅里叶变换确定广义 Maxwell 模型的黏弹性参数，主要为车辙计算服务。

1）沥青混合料组成设计

（1）沥青技术指标

柔性基层所用沥青为滨州70号沥青，其性能指标测试结果见表7-1。

面层沥青采用河北海伟SBS改性沥青，该沥青的各项技术性能指标试验结果见表7-2。

基层沥青技术指标测试值　　表7-1

技术指标	单位	实测值	技术要求	试验方法
针入度（25℃，100g，5s）	0.1mm	67	60～80	T 0604
针入度指数 PI	—	-0.54	-1.8～+1.0	T 0604
延度（5cm/min，15℃）	cm	180	≥100	T 0605
延度（5cm/min，10℃）	cm	86	≥15	T 0605
软化点（环球法）	℃	47.4	44～54	T 0606
运动黏度（135℃）	Pa·s	0.349	实测记录	T 0625
含蜡量	%	1.8	≤3.0	T 0615
闪点	℃	290	≥260	T 0611
溶解度	%	99.9	≥99.5	T 0607
相对密度（15℃）	—	1.007	实测记录	T 0603
RTFOT 后残留物				
质量变化	%	0.2	≤±0.8	T 0610 或 T 0609
针入度比（25℃）	%	62.0	≥58	T 0604
延度（15℃）	cm	162	≥15	T 0605

面层沥青技术指标测试值　　表7-2

指标	单位	实测值	技术要求	试验方法
针入度（25℃、100g、5s）	0.1mm	61	60～80	T 0604
针入度指数 PI	—	0.49	≥-0.4	T 0604
延度（5℃、5cm/min）	cm	49.9	≥30	T 0605
软化点 $T_{R\&B}$	℃	75.2	≥65	T 0606
运动黏度（135℃）	Pa·s	1.107	≤3	T 0625 或 T 0619
闪点	℃	314	≥230	T 0611
溶解度	%	99.7	≥99	T 0607
弹性恢复（25℃）	%	94	≥80	T 0662
离析（48h 软化点差）	℃	0.6	≤2.5	T 0661
RTFOT 后残留物				
质量变化	%	0.0	≤0.8	T 0610 或 T 0609
针入度比（25℃）	%	82.0	≥65	T 0604
延度（5℃）	cm	28.0	≥25	T 0605
相对密度（25℃）	—	实测记录	1.026	T 0603

(2)集料技术指标

采用的粗集料、细集料、填料均由河北鹿泉产石灰岩加工而成,其技术性能指标的测试结果见表7-3~表7-5。

粗集料技术性质

表7-3

技术指标	单位	技术要求	粗集料试验结果			试验方法
			20~40mm	10~20mm	5~10mm	
集料压碎值	%	≤28	—	16.4	—	T 0316
洛杉矶磨耗损失	%	≤30	19.1	18.3		T 0317
表观相对密度	—	≥2.50	2.719	2.718	2.722	T 0304
表干相对密度	—	—	2.700	2.681	2.654	
毛体积相对密度	—	—	2.688	2.660	2.615	
吸水率	%	≤3.0	0.42	0.80	1.5	
对沥青的黏附性	级	≥4	—	5	—	T 0616
混合料针片状颗粒含量	%	≤18	6			T 0312
软石含量	%	≤5	0.2	1.1	0.8	T 0320
水洗法(<0.075mm 颗粒含量)	%	≤3	0.3	0.6	0.7	T 0310

细集料技术性质

表7-4

技术指标	单位	技术要求	试验结果		试验方法
			3~5mm	0~3mm	
表观相对密度	—	≥2.50	2.697	2.621	T 0328
含泥量(<0.075mm 颗粒含量)	%	≤3	0.7	1.9	T 0333

矿粉技术性质

表7-5

检测项目		单位	标准要求	试验结果	试验方法
表观相对密度		—	≥2.50	2.782	T 0352
粒度范围	<0.6mm	%	100	100	T 0351
	<0.15mm	%	90~100	97.6	
	<0.075mm	%	75~100	80.5	
含水率		%	≤1	0.1	T 0103
亲水系数		—	<1.0	0.7	T 0353

(3)基层沥青混合料组成设计

应用贝雷法设计公称粒径为40mm的沥青稳定碎石中集料的级配。各档集料的筛分结果见表7-6。

各档集料在各筛孔通过率　　表 7-6

筛孔(mm)	集料粒径(mm)						
	40～60	20～40	10～20	5～10	3～5	0～3	矿粉
53	100	100	100	100	100	100	100
37.5	86.5	98.8	100	100	100	100	100
31.5	52.4	85.7	100	100	100	100	100
26.5	20.8	52.1	100	100	100	100	100
19	1.5	6.4	96.3	100	100	100	100
16	0.8	1.8	79.4	100	100	100	100
13.2		0.6	49.9	100	100	100	100
9.5		0.2	12.8	94.4	100	100	100
4.75			0.8	1.1	69.2	100	100
2.36				0.1	3.5	83.8	100
1.18					1.5	59.2	100
0.6					0.8	35.6	100
0.3						22.6	100
0.15						16.3	96.7
0.075						9.1	86.0

集料的密度测试结果见表 7-7。

各档集料的密度测试结果　　表 7-7

集料名称	毛体积密度(g/cm^3)	视密度(g/cm^3)	松装密度(g/cm^3)	干捣密度(g/cm^3)
粗集料(40～60)	2.705	2.734	1.422	1.586
粗集料(20～40)	2.693	2.730	1.442	1.602
粗集料(10～20)	2.674	2.728	1.438	1.582
粗集料(5～10)	2.666	2.725	1.415	1.542
细集料(3～5)		2.720	1.420	1.592
细集料(0～3)		2.712	1.629	1.910
填料(矿粉)		2.735		

确定的各档集料的组成见表 7-8。

设计集料的级配组成　　表 7-8

集料类型	粗集料(mm)			细集料(mm)			填料(mm)
集料规格	40～60	20～40	10～20	5～10	3～5	0～3	矿粉
A	17.1	16.7	34.0	0	11.2	18.3	2.7
B	16.9	19.5	33.1	0	9.6	18.3	2.6

设计的混合料在各档筛孔的通过率见表 7-9。按各档集料的掺配比例，将油石比以 0.3% 为间隔，区间取为 3.2% ～4.1%，成型 ϕ152.4mm，高度 95.3mm 大马歇尔试件，进行马歇尔试

验。基于该沥青混合料是作为基层材料使用,根据计算结果,在保证各项技术指标达到规范的前提下,确定最佳油石比分别为3.6%和3.45%,对应的各项沥青混合料性能指标见表7-10。

设计的混合料在各筛孔的通过率　　表7-9

级配类型	通过下列各筛孔的质量百分率(%)													
	37.5	31.5	26.5	19	16	13.2	9.5	4.75	2.36	1.18	0.6	0.3	0.15	0.075
A	97.5	89.5	78.4	66.2	59.6	49.2	36.6	29.0	18.4	13.7	9.3	6.8	5.6	4.0
B	97.5	89.2	77.3	63.9	57.3	47.2	34.9	27.9	18.4	13.6	9.2	6.7	5.5	3.9

基层沥青混合料的性能指标　　表7-10

性能指标名称	级配类型	
	A	B
最佳油石比(%)	3.60	3.45
实测密度(g/cm^3)	2.448	2.451
矿料间隙率(%)	12.3	12.1
空隙率(%)	3.96	3.98
饱和度(%)	68.08	67.20
稳定度(kN)	24.76	25.38
流值(0.1mm)	36.7	34.06
残留稳定度(%)	100.3	98.5
TSR(%)	75.4	76.7

从以上实测结果可以看出,两种级配的各项性能指标均能满足规范的要求。为了优选混合料的级配组成,沿试件的直径方向将试件切割成两份,观察断面材料的组成情况,发现级配A混合料的粗细集料间搭配组成较好,虽然级配B对应的混合料的实测密度大于级配A,但试件局部存在肉眼可见的蜂窝状空隙,并且较高的设计密度将会引起施工过程中混合料压实困难及石料破碎等问题,这些对沥青混合料后期的使用性能必将产生一定的影响。鉴于此,将级配A作为试验路的最终级配。

(4)面层沥青混合料组成设计

参考规范推荐级配,结合现场材料的特点,对比成型的不同级配沥青混合料试件的路用性能,确定的AC-13及AC-20的级配见表7-11。通过马歇尔试验,结合当地的实际状况,确定的AC-20的最佳油石比为4.3%,AC-13的最佳油石比取为4.9%。对AC-20及AC-13混合料进行了车辙试验、融劈裂试验、浸水马歇尔试验、低温弯曲试验,检验结果表明,两种沥青混合料均能满足规范相应规定的要求。

基层沥青混合料级配组成　　表7-11

级配类型	通过下列各筛孔的质量百分率(%)											
	26.5	19	16	13.2	9.5	4.75	2.36	1.18	0.6	0.3	0.15	0.075
AC-13	100	100	100	99.0	74.3	46.9	29.9	21.8	13.6	9.9	7.3	5.9
AC-20	100	93.5	84.4	75.3	60.4	41.0	28.0	20.2	14.7	10.0	6.9	5.5

2）试验结果分析

首先根据频率扫描试验确定 3 种沥青混合料在不同温度下的动模量及相位角。计算结果如图 7-1 ~ 图 7-6 所示。

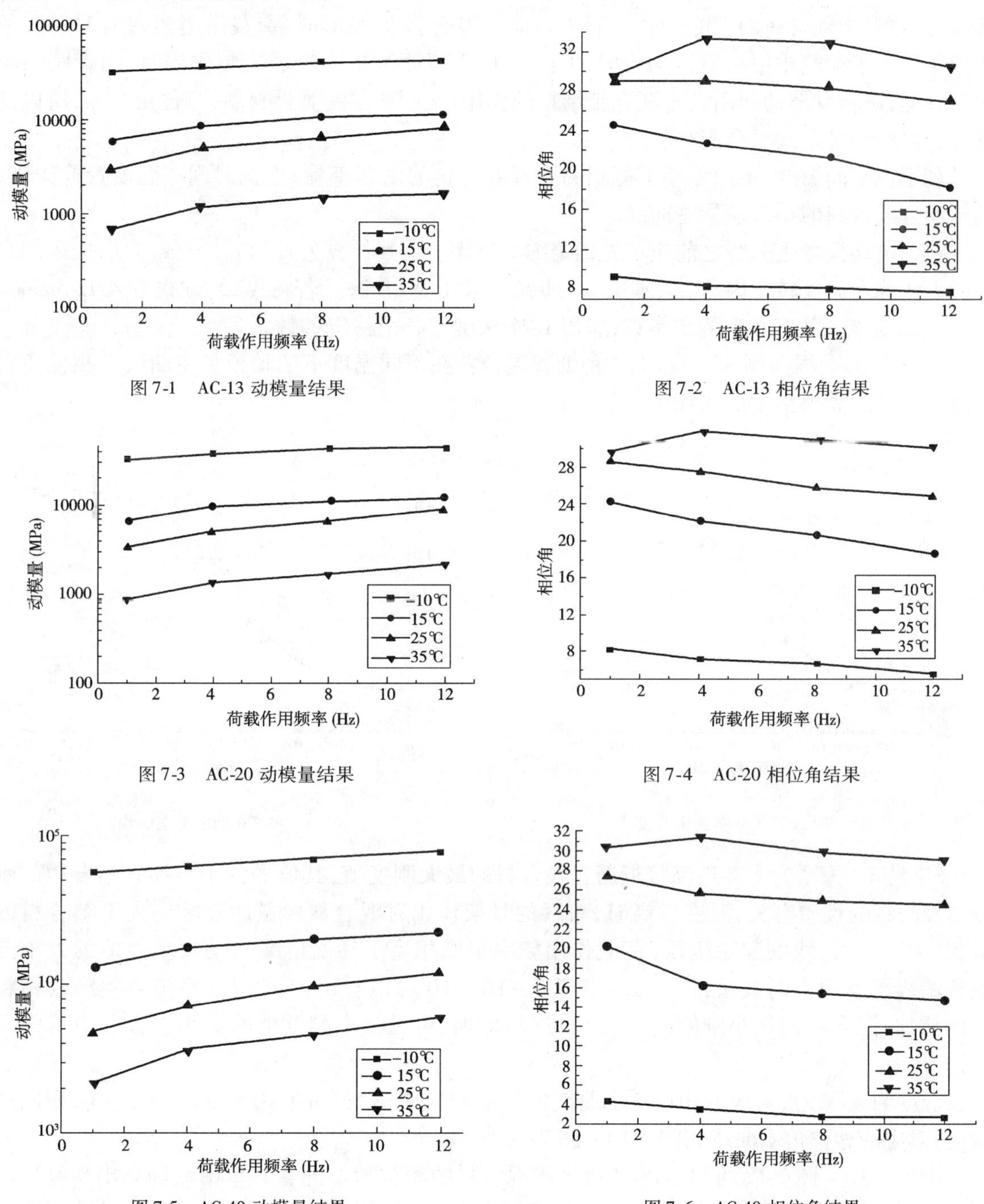

图 7-1　AC-13 动模量结果

图 7-2　AC-13 相位角结果

图 7-3　AC-20 动模量结果

图 7-4　AC-20 相位角结果

图 7-5　AC-40 动模量结果

图 7-6　AC-40 相位角结果

由于沥青为黏弹性材料，三种沥青混合料的动模量值均随着温度的升高而减小，随着荷载作用频率的增加动模量值随之增大。但是当温度较低时（－10℃）时，沥青混合料的黏弹性特征减弱,而其弹性特征变得较为明显,在图中表现为 -10℃的动模量曲线值基本为一平直的直线,基本不随荷载作用频率的变化而变化。

一般情况下,随着温度增加,相位角逐渐增大,以及荷载作用频率的增加,对应的相位角则减小,这与黏弹性材料的性能一致。而 3 种沥青混合料在 35℃时,荷载作用频率为 1Hz 时的相位角均小于荷载作用频率为 4Hz 时的相位角,主要原因是在高温低频作用时,沥青胶结料硬度降低,矿料骨架的作用大于沥青胶结料的作用,又因矿料是弹性材料,相位角为零,所以沥青混合料的相位角此时会变小。

利用在不同温度、不同频率下得到的沥青混合料的动态模量,根据时间—温度置换原理,确定沥青混合料的动态模量主曲线。

在确定动模量主曲线之前应首先确定缩减频率 f_{fict},其计算公式为 $f_{fict} = \alpha_T \times f$,应采用合适的方法确定温度转化因子 α_T,本文 α_T 的确定采用 WLF 法。若将 WLF 方程带入 lg-Sigmoidal 函数,则该式共有 6 个待定参数,应用 L-M 法确定各个待定参数。

现以 35℃数据为例,确定以上 3 种沥青混合料在不同温度下的动模量主曲线及相位角主曲线。拟合的动模量主曲线如图 7-7 ~ 图 7-9 所示。

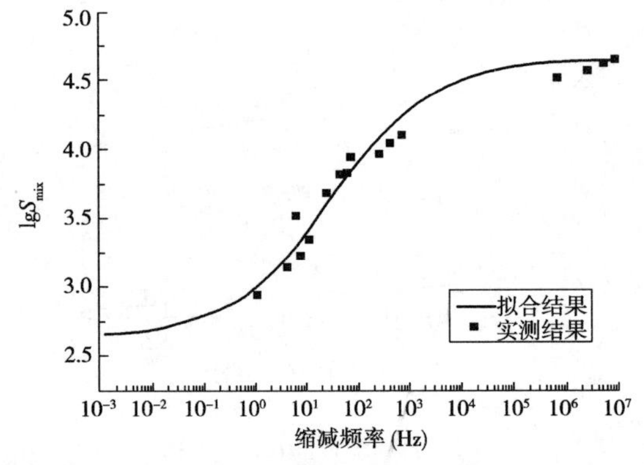

图 7-7　AC-13 动模量主曲线

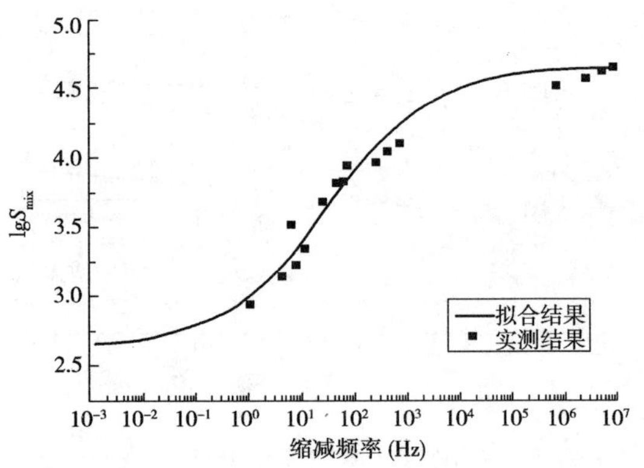

图 7-8　AC-20 动模量主曲线

Sigmoidal 模型的上部逐渐接近沥青混合料的最大刚度值,其值的大小与沥青结合料的刚度值及集料的性质有关,温度较高时,集料的骨架作用对混合料模量的贡献要大于结合料的贡献,因此,在曲线的起始阶段(荷载作用频率很低相当于高温情况),动模量数值的大小与集料的级配有很大的关系,这一点由图 7-7 ~ 图 7-10 可以看出,3 种混合料随着集料公称粒径的增加,混合料的最小刚度值(S_{min})也逐渐增加,可见最小刚度值的大小取决于集料的级配情况。

温度为 35℃时,对应的相位角主曲线的温度转化因子 α_T 可取用与确定动模量时相同的数值,对应的相位角主曲线如图 7-10 ~ 图 7-12 所示。

由图 7-10 ~ 图 7-12 可以看出,3 种沥青混合料的相位角都随着频率由低到高出现峰值后再逐渐减小,这符合黏弹性材料在黏弹态的力学性能变化规律。当频率大于一定数值后逐渐趋于稳定,此时对应沥青混凝土的相位角数值非常小,沥青混凝土表现为弹性性质。

3 种沥青混合料根据动态频率扫描试验,在 35℃时的黏弹性参数的拟合结果见表 7-12。

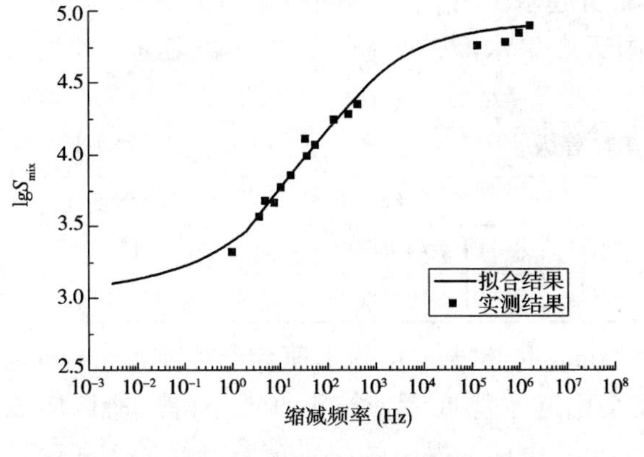

图 7-9　BL-40 动模量主曲线

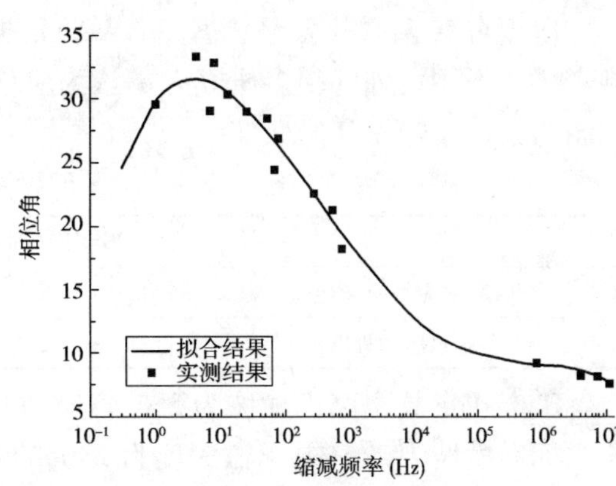

图 7-10　AC-13 相位角主曲线

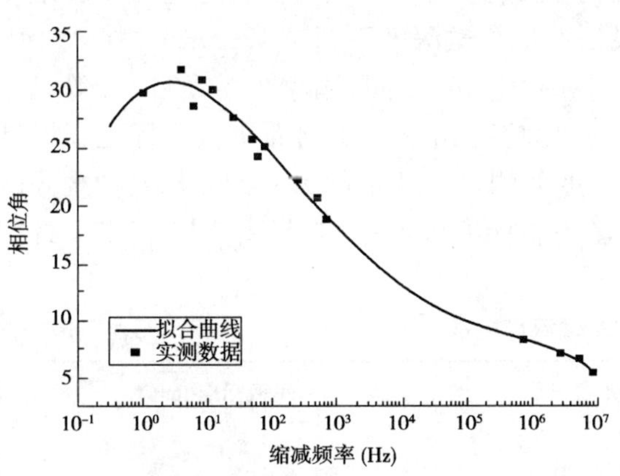

图 7-11　AC-20 相位角主曲线

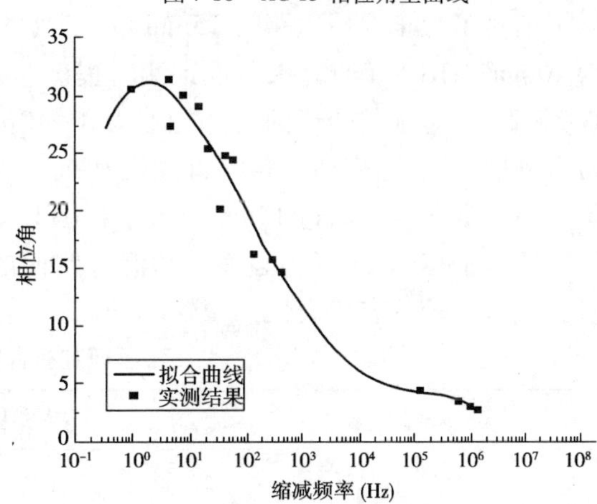

图 7-12　BL-40 相位角主曲线

沥青混合料的黏弹性参数　　表 7-12

级配类型	黏弹性参数								
	E_0	E_1	E_2	E_3	E_4	η_1	η_2	η_3	η_4
AC-13	261	5628	553	1803	9879	56	695	145	16
AC-20	373	2085	6247	750	10805	229	81	2025	22
BL-40	1227	17349	8968	3320	1096	55	170	474	2762

由表 7-12 的数据可以看出，E_0 的数值与集料的级配有一定的关系，这主要是由于在荷载作用频率很低时，沥青混合料的劲度模量主要取决于所用集料的级配，因为高温时沥青硬度降低，劲度模量的大小主要取决于集料的骨架作用。

7.1.2　沥青路面永久变形研究

1）沥青路面车辙的控制标准

车辙的产生直接影响着车辆与路面间的相互作用，亦即直接影响着车辆的制动效能和制动时车辆的方向稳定性，并且对前者的影响尤为显著。车辆减速行驶或停车的外力取决于汽车制动器的制动力和轮胎与地面间的摩擦力，而摩擦力的大小取决于路面材料特性、干湿状况、表面特性以及轮胎特性和行车速度等。其中以路面积水深度和行车速度对摩擦系数影响较大。

1979 年美国联邦公路总署(FHWA)根据车辙引起水漂程度的不同将车辙分成四个等级,见表 7-13。国内外的很多研究人员认为应该从雨天产生水漂,即汽车在水面上高速行驶失去控制为制定车辙深度的标准。

FHWA 的车辙等级 表 7-13

等　级	车辙深度(mm)	等　级	车辙深度(mm)
引起水漂的程度轻微	5 ~ 6	引起水漂的程度中	13 ~ 25
引起水漂的程度小	6 ~ 13	引起水漂的程度大	25 以上

Barksdale 指出路面横坡为 2%,车辙深度为 13mm 时,80km/h 的车速会产生水漂;英国则认为标准横坡为 2.5%,车辙深度为 13mm 时,将会引起水漂或者使抗滑性能下降。所以应该从行车安全及路面构造两方面来确定车辙的容许标准。日本提出的决定道路维修的永久变形目标值对于汽车专用道路为 25mm,大交通量的一般道路为 30 ~ 40mm,轻交通量的一般道路为 40mm;SHRP 在研究永久性预测时提出的极限条件是车辙深度不超过 12.5mm。在 AASHTO2002 中,对永久变形的设计标准为 8 ~ 13mm。我国"七五"期间,国家攻关项目"高等级公路半刚性基层、重交通道路沥青面层和抗滑表层的研究"提出的沥青路面车辙目标是在设计年限内车辙深度不超过 15mm。由于各国对车辙深度的测量方法不同,评价等级、养护维修的目标值也不相同,所以各国确定的沥青路面的车辙控制标准也不尽相同,表 7-14 列出了各国研究机构比较具有代表性的车辙标准。

各国研究机构容许车辙深度标准 表 7-14

标准制定者	道路等级	车辙标准(mm)
美国地沥青协会(AI)		13
英国		20
壳牌(Shell)石油公司	高速公路	10
	一般道路	30
比利时	干线公路	12
	次级道路	18

北美的大量路况调查表明,当路面现时服务能力指数 PSI = 2.5 时,路面永久变形深度为 15mm;我国同济大学路面设计、施工、养护的专家凭个人经验对路面永久变形深度提出的高速公路路面车辙标准建议值为 10 ~ 15mm。

综上所述,壳牌法、比利时法、我国同济大学对主要道路防漂滑安全要求均在 10mm 以上,AI 值以及 AASHTO2002 设计指南要求的限值也较为接近。永久变形限值需经过大规模的路况调查,并综合考虑交通组成、路面构造、行车安全舒适及经济性等因素后才能确定。由于各方面条件的限制,拟参考国内外已有的资料对永久变形设计提出控制指标,建议取用永久变形的容许限值为 13mm。

沥青混合料作为一种复合材料,是典型的弹、黏、塑性综合体,在低温小变形范围内接近线弹性体,在高温大变形活动范围内表现为黏塑性体,而在通常温度的过渡范围内则为一般黏弹性体。在行车荷载作用下，沥青混合料的特性十分复杂，实际工作范围内主要表现为非弹性体，变形在卸载后具有不可恢复性。

2)路面结构的数值模拟

采用 ANSYS 有限元分析程序计算柔性基层路面在沥青车辆荷载反复作用下产生车辙的大小,并通过正交设计确定计算方案,对影响车辙的因素进行了深入分析。

(1)基本假定

进行路面结构的有限元计算,需对边界、荷载等作适当简化,本文根据以下假设来建立含路基路面的有限元模型:

①除沥青层采用黏弹性材料外,其余各层都采用 D-P 模型进行模拟,对应的弹性模量及泊松比系数为 E_i、μ_i;

②假定路面上层表面作用有垂直均布荷载,该荷载在横断面不同位置处作用时间不等,但幅值为恒值,并假定一定深度处应力及位移均为零;

③各层之间的接触面为层间完全连续。

(2)几何尺寸的确定

分别采用有限单元法和理论法对双圆均布荷载作用下的上述路面结构模型进行计算分析比较,以确定模型尺寸选择的合理性。有限单元法计算是基于有限元软件 ANSYS,理论法计算则应用了弹性层状体系理论计算程序 BISAR 程序。鉴于 BISAR 程序只能计算弹性材料的力学响应,故各结构层取用的设计参数为 20℃下的弹性参数,基准模型取用的路面结构厚度及对应的参数值如图 7-13 所示。

沥青混凝土	18cm	E_1=1500MPa
沥青稳定碎石	20cm	E_2-1200MPa
二灰碎石	30cm	E_3=1500MPa
土基		E_4=40MPa

图 7-13　基准路面结构

对图 7-13 中的路面结构,当作用双圆均布荷载时,取荷载集度为 q = 0.7MPa,荷载作用区域半径 r = 10.65cm,双轮轮胎中心间距为 $3r$,采用不同方法计算不同尺寸模型的响应结果见表 7-15。

不同尺寸模型力学响应结果对比　　表 7-15

指　标	理论解	有限元模型尺寸(m)(长×宽×深)		
		5×5×5	5×5×7.5	5×5×10
表面弯沉(0.01mm)	41.32	31.6	39.13	46.7
柔性基层底部拉应力(MPa)	7.17×10^{-3}	7.490×10^{-3}	7.491×10^{-3}	7.489×10^{-3}
土基顶面压应变	1.844×10^{-4}	1.37×10^{-4}	1.36×10^{-4}	1.35×10^{-4}

从表 7-15 可以看出,土基顶面压应变及柔性基层层底的拉应力随着取用结构深度的变化不大,而受其影响比较大的就是表面弯沉值,而进行沥青混合料车辙分析时,主要考虑荷载作用后对路表的竖向及侧向变形的影响,鉴于此,取较为接近的弯沉值的模型尺寸作为后期结构计算的模型尺寸,故确定的基准模型的长、宽及模型竖向深度分别为 5m、5m 和 7.5m。

(3)边界条件

在建模时充分考虑了边界条件对模型的作用。模型底部所有节点 X、Y、Z 方向的位移被约束；左右两侧约束其 X 方向位移为 0；前后两侧约束 Y 方向的位移为 0。模型如图 7-14 所示。

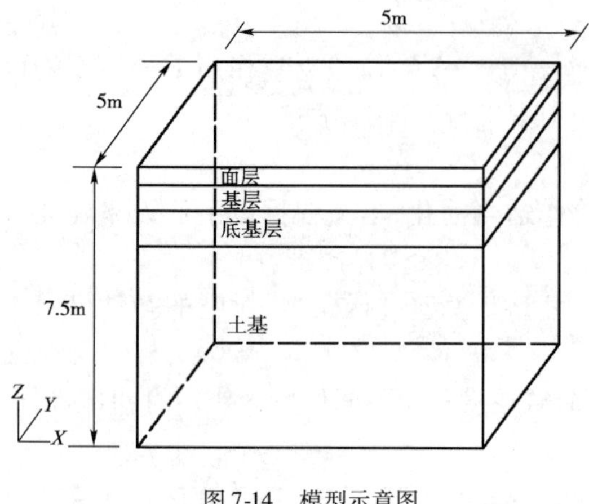

图 7-14　模型示意图

(4)单元类型

对于模拟沥青混合料的单元，根据 ANSYS 的设置，取用 Solid185 单元，该单元是 8 个节点的单元，可有效模拟三维结构的黏弹特性。对于土基及经处治的底基层采用 Solid45 单元，该单元为 8 个节点的单元，可以模拟 D-P 材料的特性。

3)车辙计算中相应参数的确定

(1)沥青层的代表温度

代表温度是一种等效温度，即某一时期内在不同季节温度下沥青路面上各种车辆组成的交通量形成的车辙量与在该温度下同种交通量形成的累积车辙量相等，实质上是一种以车辙量为权数的加权平均温度。

以石家庄地区为例，进行疲劳计算及车辙计算的代表温度可按以下方法确定。该地区的气温统计状况见表 7-16。

石家庄地区多年气温状况　　表 7-16

项目 \ 月份	一月	二月	三月	四月	五月	六月	七月	八月	九月	十月	十一月	十二月
累年各月极端最高气温(°C)	16.9	23.8	30.3	33.8	40.3	42.7	42.5	38.3	36.8	33	25.3	20.4

根据《壳牌路面设计手册》提供的年均温度加权计算方法，应用手册中给出的各地区的月均气温确定的加权温度法的数据，利用 BP 神经网络预测石家庄地区的加权温度。

对于车辙计算有效温度的确定，取该地区历年来各月份的极端最高气温，综合考虑对路面结构的影响，对应的加权年平均气温为 34.3℃，为便于试验测试对应的参数进行后期的车辙计算，确定的试验及计算温度为 35℃。

(2)荷载的作用面积

图 7-15 表示每个轮胎接触面积的大致形状，它由一个矩形和两个半圆形组成。假设长度为 L，宽度为 $0.6L$，接触面积 $A_c = \pi(0.3L)^2 + (0.4L)(0.6L) = 0.5227L^2$，式中 A_c 为接触面积，可由每个轮胎承受的荷载除以胎压求得。由于该接触面积不是轴对称的，所以不能用于层状理论分析。由于我国路面结构设计中采用的是标准单轴双轮荷载(BZ—100)，采用弹性层状理论进行路面结构计算，所以假设每个轮胎具有圆形接触面积，双圆荷载如图 7-16 所示。这个假设与实际轮胎与路面间的接触面积有一定的差异。因此，在应用有限元软件进行路面结构计算中，采用图 7-17 所示的矩形荷载式。单轴荷载 100kN(胎压 0.7MPa)是作用在四个轮胎上，每个轮胎承受 25kN，所以每个轮胎的接触面积为 $A_c = 25 \times 10^6/700\text{mm}^2 = 3.57 \times 10^4\text{mm}^2$，$L = 61\text{mm}$。

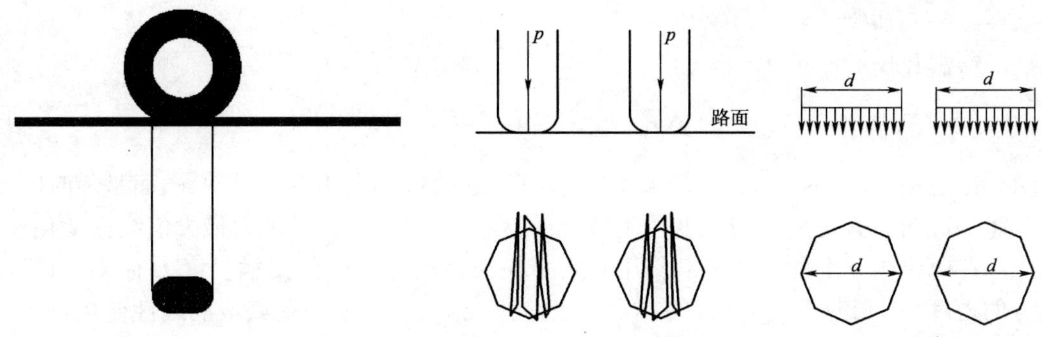

图 7-15　轮胎与路面接触印迹　　　图 7-16　双圆荷载作用示意图

根据 Huang Y X 给出的矩形荷载换算公式可得该矩形荷载的长度为 0. 228m,宽度为 0. 156m。

(3)荷载作用时间的确定

路表单元其荷载作用随时间的变化如图 7-18 所示。

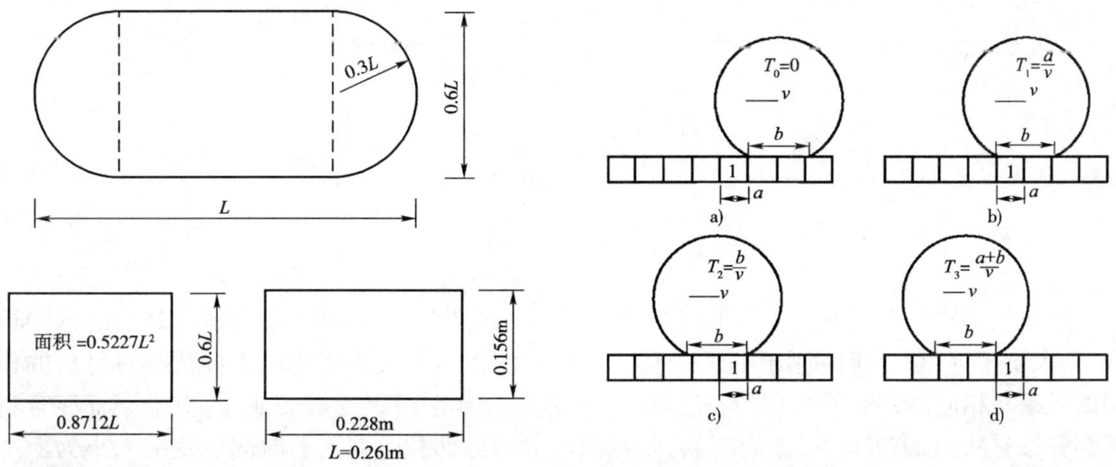

图 7-17　当量接触面　　　图 7-18　荷载步时间确定

在时间为 T_0 时,轮载作用在单元 1 的边界上,时间为 T_1 时,轮载覆盖了整个单元 1 的表面,此时作用在单元上的面荷载达到最大值。在时间为 T_2 时,轮载还是覆盖在整个单元 1 上,其面荷载还是处于最大值状态。因此,在时间 $T_1 \sim T_2$ 内,荷载大小为常数。在时间为 T_3 时,轮载离开单元 1 的表面,此时对应的荷载大小为 0。荷载作用的间隔时间可表示为

$$T_0 \sim T_1 \qquad t_1 = T_1 - T_0 = \frac{a}{v}$$

$$T_1 \sim T_2 \qquad t_2 = T_2 - T_1 = \frac{b}{v} - \frac{a}{v} = \frac{b-a}{v}$$

$$T_2 \sim T_3 \qquad t_3 = T_3 - T_2 = \frac{a+b}{v} - \frac{b}{v} = \frac{a}{v}$$

式中:a——网格划分的单元长度;

　　b——轮胎接触长度;

v——行车速度。

总的荷载作用时间为

$$T = t_1 + t_2 + t_3 = \frac{a}{v} + \frac{b-a}{v} + \frac{a}{v} = \frac{a+b}{v}$$

值得注意的是，从时间 $T_0 \sim T_1$ 及 $T_2 \sim T_3$ 阶段，荷载的大小并不是常数，而是随时间变化的，在 $T_0 \sim T_1$ 阶段其值从零线性变化到最大值，在 $T_2 \sim T_3$ 阶段，其值由最大值线性变化至零。

作用在每个单元上的总的荷载作用时间不仅和轮胎与路面的接触长度 L 有关，而且与网格划分的密度（单元的长度 a ）有关。$T_0 \sim T_1$ 阶段及 $T_2 \sim T_3$ 阶段荷载值的线性变化可表示为荷载逼进或离开计算单元时荷载对该单元的影响。

由图 7-19a）可以看出，在行车速度为常数的情况下，$T_0 \sim T_1$ 阶段与 $T_2 \sim T_3$ 阶段与荷载围成的两个三角形的面积相等，因此，若将 $T_2 \sim T_3$ 段移至 $T_0 \sim T_1$，则此时对应的荷载幅值与荷载作用时间的关系如图 7-19b）所示。

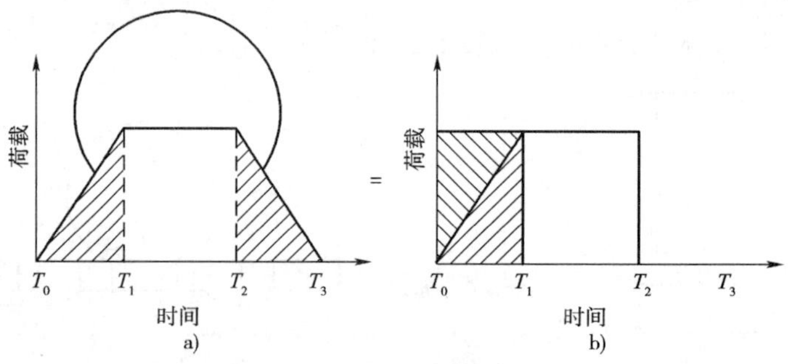

图 7-19　荷载作用时间转化

蠕变是沥青混合料的一个显著特点，如果采用蠕变模型描述沥青混合料对时间的依赖行为，则大小相等在不同时间作用的重复荷载对材料的作用与大小相等的连续荷载对材料的作用的效果是相同的，图 7-20a）是圆柱体试件在恒定荷载作用下的蠕变曲线，由于沥青混合料是黏弹性材料，对施加的荷载历史具有一定的记忆功能，因此，在下一时间应变的大小为上一时间结束时对应的应变大小，而并不是按图 7-20b）所示的荷载作用时间重新计算。所以对材料施以大小相同的连续荷载（荷载作用时间长）与重复荷载（单独的荷载作用持续时间不同，但是总时间与连续荷载相同）作用效果相同。鉴于此，在对有限元模型施加荷载时，可以将多

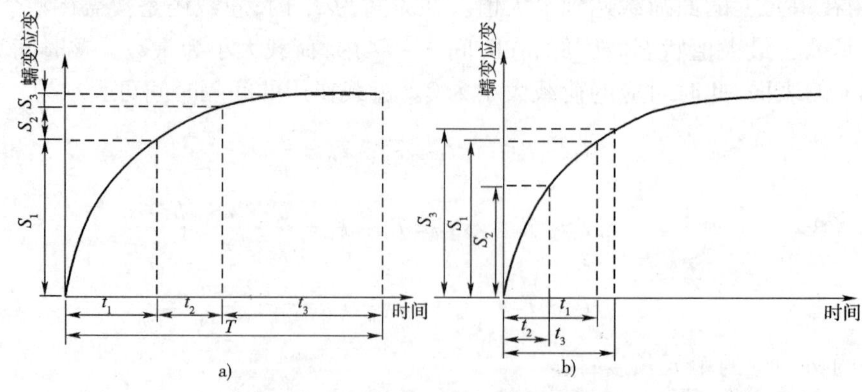

图 7-20　荷载作用时间转化简化图示说明

次重复荷载简化为持续时间相同的连续荷载，使得计算过程得以简化。

考虑到应用 ANSYS 计算某一确定温度下的路面结构的受力，为满足工程计算的需要，在同一温度下，仅取用常数泊松比，即剪切模量与松弛弹性模量呈线性关系。

4）车辙计算结果分析

选取行车速度、荷载作用次数、荷载、土基模量及荷载偏移 5 个参数作为计算变量，对柔性基层沥青路面的最大车辙值进行计算。通过计算得到的数据定量分析了行车速度、荷载作用次数、荷载、土基模量及荷载偏移 5 个因素对车辙的影响，为柔性基层沥青路面的设计与维护提供了参考。对计算结果进行回归统计，建立了新的车辙计算公式，并按照等效车辙的换算原则，推导出适用性更为广泛的柔性基层沥青路面轴载换算系数，为柔性基层沥青路面设计提供更为准确的参数。

计算的路面结构组成如图 7-13 所示。基于各因子的因素较多，若按一般的计算方法，五因素五水平试验需要计算 5^5 次，而若采用正交试验，则只需计算 5^2 次，并且具有很好的回归效果。鉴于此，本文采用正交试验安排计算方案。

根据研究需要，选用五因子五水平的方案来研究不同的因素对路面车辙深度的影响。故本试验属于五因子五水平试验，应选 $L_{25}(5^6)$ 正交表，表明该正交设计最多可以安排 6 个因素，每个因素取 5 个水平。具体安排见表 7-17。

因 子 水 平 表　　表 7-17

因子水平	荷载作用次数	偏移距离(m)	轴载大小(kN)	行车速度(km/h)	土基模量(MPa)
1	1000	0.14	75	40	40
2	10000	0.21	100	60	60
3	100000	0.28	125	80	80
4	1000000	0.35	150	100	100
5	10000000	0.42	175	120	120

将试验因子和各水平依次列入正交表中，即构成本次车辙影响因素分析的计算研究方案。具体计算方案和有限元计算结果见表 7-18、表 7-19。以动模量表示材料参数的计算结果，计算中考虑底基层的模量为 350MPa。

计算方案和结果　　表 7-18

试验号列号	A	B	C	D	E	F	车辙深度(mm)
	荷载大小	偏移距离	行车速度	荷载作用次数	空	土基模量	
N1	1(75kN)	1(0.14)	1(40)	1(1000)	1	1(40)	1.387
N2	1(75kN)	2(0.21)	2(60)	2(10000)	2	2(60)	1.579
N3	1(75kN)	3(0.28)	3(80)	3(100000)	3	3(80)	1.295
N4	1(75kN)	4(0.35)	4(100)	4(1000000)	4	4(100)	1.420
N5	1(75kN)	5(0.42)	5(120)	5(10000000)	5	5(120)	1.257

续上表

试验号列号	A	B	C	D	E	F	车辙深度(mm)
	荷载大小	偏移距离	行车速度	荷载作用次数	空	土基模量	
N6	2(100kN)	1(0.14)	2(60)	3(100000)	4	5(120)	0.971
N7	2(100kN)	2(0.21)	3(80)	4(1000000)	5	1(40)	2.851
N8	2(100kN)	3(0.28)	4(100)	5(10000000)	1	2(60)	2.148
N9	2(100kN)	4(0.35)	5(120)	1(1000)	2	3(80)	1.874
N10	2(100kN)	5(0.42)	1(40)	2(10000)	3	4(100)	1.947
N11	3(125kN)	1(0.14)	3(80)	5(10000000)	2	4(100)	1.349
N12	3(125kN)	2(0.21)	4(100)	1(1000)	3	5(120)	1.399
N13	3(125kN)	3(0.28)	5(120)	2(10000)	4	1(40)	3.615
N14	3(125kN)	4(0.35)	1(40)	3(100000)	5	2(60)	3.439
N15	3(125kN)	5(0.42)	2(60)	4(1000000)	1	3(80)	2.826
N16	4(150kN)	1(0.14)	4(100)	2(10000)	5	3(80)	1.842
N17	4(150kN)	2(0.21)	5(120)	3(100000)	1	4(100)	2.303
N18	4(150kN)	3(0.28)	1(40)	4(1000000)	2	5(120)	2.047
N19	4(150kN)	4(0.35)	2(60)	5(10000000)	3	1(40)	5.535
N20	4(150kN)	5(0.42)	3(80)	1(1000)	4	2(60)	4.058
N21	5(175kN)	1(0.14)	5(120)	4(1000000)	3	2(60)	2.674
N22	5(175kN)	2(0.21)	1(40)	5(10000000)	4	3(80)	3.139
N23	5(175kN)	3(0.28)	2(60)	1(1000)	5	4(100)	2.350
N24	5(175kN)	4(0.35)	3(80)	2(10000)	1	5(120)	3.039
N25	5(175kN)	5(0.42)	4(100)	3(100000)	2	1(40)	6.478

极 差 分 析 表 表 7-19

因　子	极小值	极大值	极差 R
第 1 列	1.2620	3.1996	1.9376
第 2 列	1.5098	3.0266	1.5168
第 3 列	2.1112	2.5136	0.4024
第 4 列	1.9662	2.7046	0.7384
第 5 列	2.1146	2.4456	0.3310
第 6 列	1.5626	3.6674	2.1048

由表 7-19 可以看出，土基模量、荷载大小及轮胎中心的偏移距离对车辙深度的影响较大，而行车速度及荷载作用次数对车辙的影响较小。

方差分析结果列于表 7-20 中。由表可知，当显著性水平 α 取 0.05 时，$F0.05(4,4)$ 为 6.390，故因素 F（土基模量）、A（荷载大小）对车辙指标作用高度显著。

方差分析数据表　　表 7-20

变差来源	S_j	自由度 f_j	$\overline{S_j}$	F_j	显著性	备　注
A	15.1788	4	3.7947	30.4	高度显著	$F0.05(4,4)=6.390$
B	9.0572	4	2.2643	18.2	显著	
C	0.4165	4	0.104125	0.84	不显著	
D	1.5058	4	0.37645	3.02	不显著	
F	16.5317	4	4.132925	33.1	高度显著	
误差(E)	0.4988	4	0.1247			

因素 B（轮胎中线偏移距离）作用显著；D（荷载作用次数）对车辙的大小有一定的作用，但并不是决定性因素，回归结果表明其作用不太显著；因素 C（行车速度）作用不显著。尽管以上 3 个因素在车辆实际运营中相互独立，但是事实上它们对路面的作用产生的效果是相同的，即 3 个因素都对荷载及路面结构的累积作用时间产生作用。

7.2　基于 GTM 的沥青稳定碎石级配设计及路用性能研究

7.2.1　原材料技术性质

1）沥青

采用欢喜岭 70 号沥青，按《公路工程沥青及沥青混合料试验规程》（JTJ 052—2000）进行常规指标测试，结果符合 A-70 要求。

2）集料

粗集料采用了河北鹿泉市石灰岩，细集料为石屑，矿粉为石灰岩磨制而成。经测定集料的各项性能指标均符合规范《公路工程集料试验规程》（JTJ 058—2000）。

3）沥青混合料组成级配的确定

研究共选取了 11 种级配，它们分别是用贝雷法、Superpave 法以及根据现行规范中值设计的最大公称粒径为 26.5mm、31.5mm、37.5mm 的 9 种级配，以及规范中的 AM-20 和 ATPB-30 两种级配。具体级配见表 7-21、表 7-22。

7.2.2　基于 GTM 的沥青稳定碎石级配设计

1）沥青稳定碎石的 GTM 组成设计

对 11 种级配采用 GTM 压实机进行试件成型。根据确定的 GTM 工作参数以及试件毛体积密度、旋转压实稳定度 GSI 及抗剪安全系数 GSF，确定 11 种级配的沥青用量范围和最佳沥青用量。11 种级配 GTM 试验参数随油石比的变化见表 7-23。

沥青混合料矿料级配(一) 表 7-21

方孔筛孔径(mm)	通过各筛孔的质量百分率(%)					
	ATB-25	ATB-30	ATB-40	BL-25	BL-30	BL-40
53	100	100	100	100	100	100
37.5	100	100	95	100	98.9	98.4
31.5	100	95	83.5	100	95.5	93.8
26.5	95	80	75	93	85.7	80.2
19	70	62.5	60	87	74.3	65.1
16	58	55	53	78.7	65.7	57.7
13.2	52	49.5	47	62.6	50.2	45.3
9.5	42	41	40	46.5	35	33.4
4.75	30	30	30	33	27.2	26.4
2.36	23.5	23.5	23.5	23.2	18	17.3
1.18	17.5	17.5	17.5	15.8	12.5	12.1
0.6	13	13	13	11.2	9.2	9
0.3	9.5	9.5	9.5	7.5	6.6	6.5
0.15	6.5	6.5	6.5	5.4	5.1	5.1
0.075	4	4	4	3.9	3.8	3.8

沥青混合料矿料级配(二) 表 7-22

方孔筛孔径(mm)	通过各筛孔的质量百分率(%)				
	SUP-25	SUP-30	SUP-40	AM-20	ATPB-30
53	100	100	100	100	100
37.5	100	100	95	100	100
31.5	100	95	86.5	100	90
26.5	95	86	78	100	82.5
19	80.5	71	64	95	69
16	72.5	64.5	58.5	72.5	58
13.2	62.5	56	50.5	62.5	50.5
9.5	53	47.5	40.5	52.5	37
4.75	35	32.5	29	27.5	1.5
2.36	23	22.5	19.5	13.5	1.5
1.18	14.5	13	13	9	1.5
0.6	10	9	9	6.5	1.5
0.3	7	7	6	5	1.5
0.15	5	4.5	4.25	4	1.5
0.075	3.5	3	3	2.5	1.5

11 种级配不同油石比下 GTM 试验参数的变化　　表 7-23

级配类型	油石比(%)	毛体积密度(g/cm^3)	GSI	GSF
ATB-25	2.8	2.470	1.06	1.18
	3.2	2.490	1.05	1.19
	3.6	2.511	1.12	1.26
	4.0	2.525	1.73	1.14
ATB-30	2.8	2.523	1.05	1.42
	3.0	2.553	1.54	1.32
	3.2	2.550	1.59	1.34
	3.6	2.514	3.28	1.15
ATB-40	2.8	2.505	1.01	1.19
	3.0	2.546	1.33	1.24
	3.2	2.544	1.49	1.26
	3.6	2.534	1.57	1.15
BL-25	3.0	2.444	1.03	1.34
	3.4	2.481	1.05	1.36
	3.8	2.507	1.11	1.36
	4.2	2.492	1.12	1.27
BL-30	2.8	2.478	1.00	1.33
	3.2	2.506	1.07	1.34
	3.6	2.507	1.13	1.35
	4.0	2.502	1.16	1.37
	4.4	2.501	1.23	1.39
BL-40	2.8	2.491	1.01	1.19
	3.2	2.507	1.06	1.20
	3.6	2.513	1.16	1.20
	4.0	2.510	1.25	1.18
SUP-25	3.0	2.496	1.01	1.14
	3.4	2.507	0.99	1.18
	3.8	2.511	1.05	1.20
	4.2	2.494	1.10	1.25
SUP-30	2.8	2.461	1.01	1.32
	3.2	2.496	1.05	1.31
	3.6	2.511	1.13	1.28
	4.0	2.514	1.19	1.29

续上表

级配类型	油石比(%)	毛体积密度(g/cm^3)	GSI	GSF
SUP-40	2.8	2.487	1.00	1.26
	3.2	2.490	1.01	1.26
	3.6	2.504	1.11	1.26
	4.0	2.514	1.08	1.27
	4.4	2.522	1.61	1.23
AM-20	2.4	2.428	1.04	1.35
	2.8	2.450	1.04	1.33
	3.2	2.455	1.08	1.26
	3.6	2.442	1.12	1.26
ATPB-30	1.2	2.375	0.99	1.35
	1.6	2.379	1.01	1.25
	2.0	2.381	1.10	1.19
	2.4	2.368	1.10	1.21
	2.8	2.330	1.09	1.21

由此可见,不同的级配类型试件的毛体积密度随油石比的变化趋势不尽相同,并不意味着密度一定会在最佳油量下出现峰值,但总体说来对应的密度还是较大。判定沥青混合料这种粒状塑性材料是否会出现塑性过大现象的指标 GSI 随油石比的增加而增大的情况。11 种级配当油石比分别大于 3.6%、3.0%、2.9%、3.4%、3.2%、3.2%、3.4%、3.2%、3.2%、2.8%、2.0%时,GSI 曲线呈急剧增加趋势,沥青混合料的塑性变形过大;从反映沥青混合料抗剪强度方面的强度稳定性参数 GSF 随油石比的变化情况来看,GSF 值在各油石比下均满足条件即大于 1.0,但 GSF 并未在最佳油量下都表现出峰值,因此综合 GTM 试验各参数结果确定 ATB-25、ATB-30、ATB-40、BL-25、BL-30、BL-40、SUP-25、SUP-30、SUP-40、AM-20、ATPB-30 最佳油量分别为 3.6%、3.0%、2.9%、3.4%、3.2%、3.2%、3.4%、3.2%、3.2%、2.8%、2.0%。

GTM 成型各级配沥青混合料的物理、力学指标(表 7-24、表 7-25)分析如下:

由表 7-24 可以看出,对于各种级配 GTM 成型的试件,无论是密度、VV、VMA 还是 VFA 都较大马歇尔成型条件下的体积指标有较大的差异,具体表现在 GTM 成型的试件密度较大、VV 小、VMA 小、沥青饱和度大、稳定度较大。原因在于 GTM 对试件采用搓揉旋转成型较大马歇尔对试件的简单冲击压实更加有利于集料的定向重排和进一步压实,更加符合路面结构材料实际受力。GTM 成型的试件随油石比的变化,体积指标表现出来的变化趋势相似于大马歇尔试验。

由表 7-25 数据可以看出对于 9 种连续密级配,最佳油量下对应的体积指标:空隙率在 1% ~3%之间,饱和度一般都在 70%以上。规范级配试件毛体积密度相对贝雷级配、SUP 级配较大,空隙率较小。同一级配不同公称尺寸之间体积指标的变化没有明显规律,但总体而言,公称最大粒径为 31.5mm 的级配密度相对较大。AM-20、ATPB-30 空隙率小于《公路沥青路面施工技术规范》(JTG F40—2004)中沥青稳定碎石混合料马歇尔试验配合比设计标准的要求。可见试件成型方法不同,对应的设计标准的要求也是不一样的。对于 GTM 设计方法而言,体积指标只能作为设计过程中的参考,不能作为设计依据。

GTM 成型各级配的物理、力学指标(一)　　表 7-24

级配类型	油石比(%)	VV(%)	VMA(%)	VFA(%)	稳定度(kN)	流值(0.1mm)
ATB-25	2.8	4.5	9.4	52.7	26	4.3
	3.2	3.1	9	66	29	5.1
	3.6	1.9	8.8	78.7	32.8	5.6
	4	0.4	8.2	95.6	23.6	5.8
ATB-30	2.8	2.3	7.4	69		
	3	0.9	6.5	86.7	34.3	6.5
	3.2	0.7	6.8	90.1	39.2	7.6
	3.6	0.2	7.2	97.4	29.9	6.3
ATB-40	2.8	3	8	63.8	37.5	5.8
	3	1.3	6.7	82.2	41.4	5.3
	3.2	1.2	7.3	82.8	39.1	5.5
	3.6	0.4	7.4	95.2	35	7.4
BL-25	3	4.8	10	52.3	31.2	5.8
	3.4	2.8	9	69.6	33.4	5.6
	3.8	1.2	8.4	86.5	36.9	6.1
	4.2	1	9.3	87	33.4	5.4
BL-30	2.8	4	9	55.7	31.8	5.9
	3.2	2.3	8.3	72.1	32.6	5.6
	3.6	1.7	8.6	80.1		
	4	1.4	9.2	85.4	33.3	7.3
	4.4	0.4	9.2	95.8	24.8	6.8
BL-40	2.8	3.4	8.5	59.5	33.2	4.7
	3.2	2.3	8.3	72.7	35.4	4.7
	3.6	1.9	8.8	78.9	28.3	4.5
	4	1	8.9	88.8	29.2	5.1
SUP-25	3.0	2.6	8.2	66.7	28.9	5
	3.4	1.6	7.9	79.3	30.7	5.2
	3.8	0.9	8.1	88.8	31.3	5.3
	4.2	0.8	8.8	91.4	34.7	5.7
SUP-30	2.8	4.5	9.3	51.8	33.3	4.2
	3.2	1.9	7.8	75.6	37.2	5.5
	3.6	1.2	8.1	84.8	34.9	5.1
	4	0.2	8	97.7	37.3	6.1

续上表

级配类型	油石比(%)	VV(%)	VMA(%)	VFA(%)	稳定度(kN)	流值(0.1mm)
SUP-40	2.8	3.5	8.5	58.7	32.3	4
	3.2	2.5	8.3	72.1	34.4	6
	3.6	2.4	8.7	73.8	22.5	3.9
	4	0.8	9	90.7	33.4	6.2
	4.4	0	9.3	100	29.4	5.3
AM-20	2.4	6.2	10	38.4	23	5.1
	2.8	4.7	9.5	50.2	22	5.4
	3.2	3.9	9.7	59.3	18.1	4.2
	3.6	3.6	10.5	63	20.8	5.7
ATPB-30	1.2	15.2	18.2	16.5		
	1.6	14.1	17.9	21.2		
	2	13.2	17.6	25		
	2.4	12.8	18.3	30		
	2.8	12.5	18.8	33.5		

GTM 成型各级配的物理、力学指标(二) 表 7-25

级配类型	最佳油石比 (%)	试件毛体积密度 (g/cm^3)	VV (%)	VMA (%)	VFA (%)	稳定度 (kN)	流值 (0.1mm)
ATB-25	3.6	2.511	1.9	8.8	78.7	32.8	5.6
ATB-30	3.0	2.553	0.9	6.5	86.7	34.3	6.5
ATB-40	2.9	2.526	2.4	7.5	72.4	38.6	5.5
BL-25	3.4	2.481	2.8	9.0	69.6	33.4	5.6
BL-30	3.2	2.506	2.3	8.3	72.1	32.6	5.6
BL-40	3.2	2.507	2.3	8.3	72.7	35.4	4.7
SUP-25	3.4	2.507	1.6	7.9	79.3	30.7	5.2
SUP-30	3.2	2.496	1.9	7.8	75.6	37.2	5.5
SUP-40	3.2	2.490	2.5	8.3	72.1	34.4	6.0
AM-20	2.8	2.450	4.7	9.5	50.2	22.0	5.4
ATPB-30	2.0	2.381	13.2	17.6	25.0		

2)路用性能的验证

(1)残留稳定度试验结果及分析

用 GTM 旋转压实成型的试件,为了统一于大马歇尔试验要求,将试件切割成大马歇尔试验时试件要求的高度 92.8 ~97.8mm 进行试验。试验结果如图 7-21 所示。

分析试验结果可以看出:

①9种级配的残留稳定度均远远大于规范中的要求。

②总体而言,ATB-30、ATB-40两种级配的水稳性较好,SUP-25级配水稳性相对较差。

③就残留稳定度而言,密级配沥青混合料的水稳定性与空隙率有一定的相关性,相对较小的空隙,表现出的水稳定性较好。

④对于密实型结构,水分不能充分进入试件的空隙中,浸水试验未能充分反映出水分对沥青混合料的侵蚀作用。

⑤每个级配虽然两种成型方法的MS_0值相差不大,但从MS、MS_1数值来看,由GTM成型的试件远大于由大马歇尔成型的试件。原因在于GTM在试验过程中对试件的搓揉压实较马歇尔击实更加有利于集料的定向重排,使试件进一步密实,从而表现出稳定度较好。

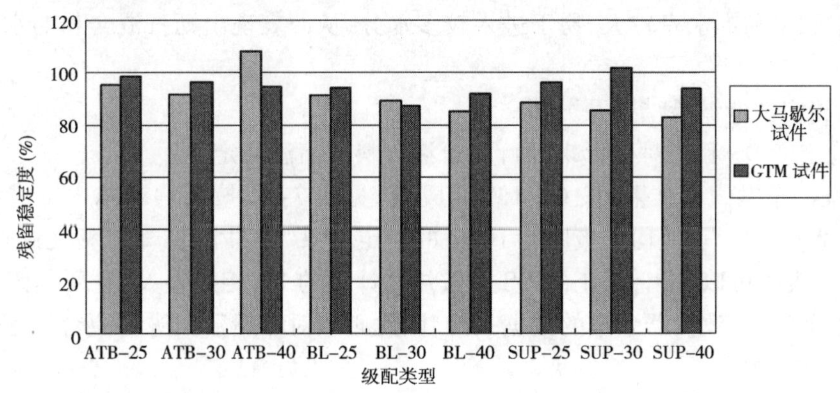

图7-21　GTM与大马歇尔残留稳定度对比

(2)冻融劈裂试验结果及分析

冻融劈裂试验采用GTM设计的最佳油石比,用GTM旋转压实成型,再切割成高度为92.8~97.8mm的试件进行试验,在试验中控制试件的体积密度以达到试件空隙率6%~8%的要求。试验结果如图7-22所示。

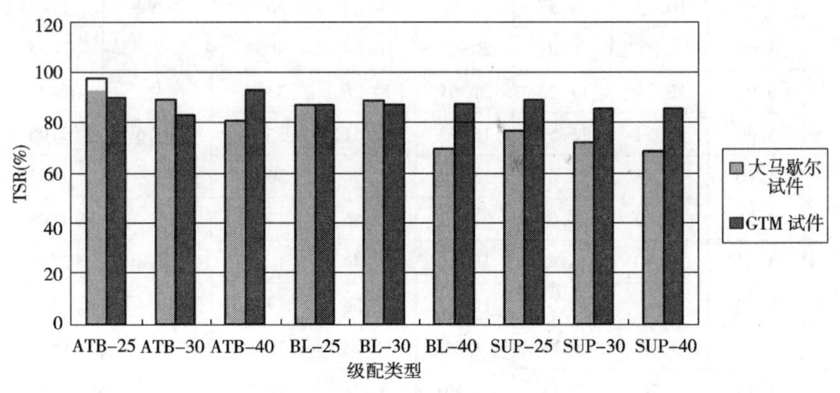

图7-22　GTM与大马歇尔冻融劈裂试验对比

数据分析可以看出:

①9种级配的冻融劈裂试验的残留强度比均满足规范的要求。

②总体而言,ATB-25级配水稳性相对较好,SUP-30、SUP-40两种级配水稳性相对较差。

③从试验数据来看，沥青混合料的水稳定性与矿料的最大尺寸大小无关。冻融劈裂试验测定的沥青混合料水稳定性优劣顺序与用浸水马歇尔试验测定的结果不同。

④从冻融抗压试验数据来看，其强度有明显的下降，说明经过真空饱水后，可以有效地提高水分在空隙中的填充程度，经过冻融后，加速了水对沥青膜的侵蚀作用，从而使抗压强度降低。因此冻融劈裂试验比残留稳定度试验更能实际地反映水损害的作用。

⑤GTM 试验的 TSR 优于大马歇尔的试验结果，而且无论是经过冻融循环的劈裂抗拉强度还是未进行冻融循环的劈裂强度，由 GTM 成型试件的结果远大于大马歇尔成型试件的结果，有的级配甚至达到近 2 倍。

⑥ 9 种级配冻融劈裂试验测定的结果几乎都小于浸水马歇尔试验测定的结果，这应该是冻融试件的空隙率和饱水率较大，易于进入较多水分，从而表现出沥青混合料的水稳定性相对较差。

(3)高温稳定性能试验结果及分析

采用动稳定度 DS 和相对变形来评价沥青混合料的高温稳定性。

10 种级配的车辙试验结果(按 GTM 密度成型)见表 7-26，按大马歇尔密度成型车辙板的 DS 试验结果见表 7-27，表中均是板厚为 10cm 的测定结果。ATPB-30 车辙板无法碾压成型，所以没有列出，从表中可以看出，修正的 DS 和按规范计算的 DS 相差很大，主要是因为大粒径的车辙板表面不平整，导致仪器采集的数据失准，因此必须对原始数据进行拟合处理，得出的 DS 数值才是相对准确的。

车辙试验试验结果(GTM) 表 7-26

级配类型	试验次数	10min (0.1mm)	20min (0.1mm)	30min (0.1mm)	45min (0.1mm)	60min (0.1mm)	修正的 DS (次/mm)	修正的 DS 均值 (次/mm)	规范计算的 DS (次/mm)	规范 DS 均值 (次/mm)
ATB-25	①	2.24	5.89	7.81	10.01	11.59	5761	5999	4200	2999
	②	3.99	10.57	14.57	17.60	20.33	5633		2172	
	③	3.07	5.79	7.56	8.97	10.64	6604		2625	
ATB-30	①	6.94	13.34	17.23	21.61	24.26	3357	3656	2423	2125
	②	5.96	12.54	16.59	18.93	22.51	3929		2100	
	③	4.70	8.84	11.09	13.74	16.74	3681		1853	
ATB-40	①	7.71	17.59	24.00	31.73	37.56	1302	1598	1105	1631
	②	4.77	10.70	14.43	18.51	21.44	1696		2250	
	③	4.20	8.81	11.97	16.67	20.56	1795		1537	
BL-25	①	1.91	5.04	7.43	9.06	11.44	2052	1920	1575	1752
	②	1.13	2.76	3.97	5.16	5.49	1909		1716	
	③	0.85	1.77	2.51	3.28	3.63	1800		1966	
BL-30	①	2.64	6.30	8.17	11.03	13.57	3563	3448	2250	2905
	②	2.27	5.51	7.54	10.33	12.37	3368		3150	
	③	1.77	4.19	6.59	8.83	10.97	3412		3316	

续上表

级配类型	试验次数	10min (0.1mm)	20min (0.1mm)	30min (0.1mm)	45min (0.1mm)	60min (0.1mm)	修正的 DS (次/mm)	修正的 DS 均值 (次/mm)	规范计算的 DS (次/mm)	规范 DS 均值 (次/mm)
BL-40	①	2.87	5.51	8.19	8.29	10.49	>6000	6000	3316	3498
	②	1.70	4.71	6.61	9.49	11.00	5160		3000	
	③	0.53	1.17	1.73	2.69	2.70	>6000		4177	
SUP-25	①	4.17	9.11	13.40	17.13	20.10	2553	2584	1658	2006
	②	3.29	6.27	8.89	11.53	14.73	2494		2100	
	③	1.24	2.69	3.71	4.82	4.99	2706		2261	
SUP-30	①	0.94	1.82	2.47	3.21	3.25	>6000	>6000	9000	9370
	②	0.81	1.77	2.31	3.13	3.20	>6000		7875	
	③	0.68	1.29	1.81	2.70	2.78	>6000		11235	
SUP-40	①	0.81	1.57	2.11	2.92	3.03	5727	6000	4672	4244
	②	1.84	4.41	6.11	6.51	7.23	>6000		5728	
	③	5.77	9.03	11.39	14.23	18.29	5931		2333	
AM-20	①	4.61	10.29	14.71	20.91	26.89	1178	1066	1212	1059
	②	2.04	3.39	4.47	5.73	6.42	913		952	
	③	1.53	2.83	3.86	4.95	5.52	1108		1013	

注：表格各时段的车辙深为其前后五个点的均值，修正后的 DS 数值为按拟合二次多项式推导而得。

车辙试验结果(大马歇尔)　　表 7-27

级配名称	45min 变形 (mm)	60min 变形 (mm)	动稳定度 (次/mm)	标准差 σ	变异系数 C_v(%)
ATB-25	3.035	3.367	1901	66	3.5
ATB-30	3.086	3.399	2026	194	9.6
ATB-40	3.747	4.021	2354	464	19.7
SUP-25	2.958	3.206	2588	437	16.9
SUP-30	2.750	2.977	2789	238	8.5
SUP-40	2.410	2.669	2518	548	21.8
BL-25	2.188	2.360	3683	263	7.1
BL-30	1.924	2.081	4115	795	19.3
BL-40	2.247	2.396	4265	541	12.7

从试验结果可以看出：

① 9 种密级配的动稳定度均远满足规范夏炎热 1 ~ 3 区≥1000 次/mm 的要求。

②BL-40 级配高温稳定性最好，SUP-25 级配高温稳定性最差。SUP-25 级配组成较其他级配粗集料含量明显偏小，影响了它的抗车辙能力。BL 类型混合料为骨架密实型级配，表现出较好的抗变形能力。

③规范计算出的DS和修正的DS值(各时段的车辙深为其前后五个点的均值)有较大的差别。由于级配粗集料较多,车辙板面不平整影响了试验过程中采集数据的准确性,因此,必须对原始数据进行分析处理,用拟合的二项式反推45min和60min的车辙深度再按规范计算。

④级配随着粗集料含量增多,呈现动稳定度相应的增大,即高温稳定性越好的规律。但动稳定度还与粗集料内部的级配有关。

⑤ATB-40、BL-25级配出现异常可能是因为在成型车辙板的时候过度碾压导致沥青胶浆上浮,表面泛油,动稳定度大大降低。

⑥按GTM设计密度成型的车辙板动稳定度远大于按大马歇尔设计密度成型的车辙板动稳定度。GTM成型试件更加符合路面材料实际受力的特点,旋转搓揉作用更加有利于混合料的进一步密实,从而较大马歇尔方法设计出的混合料沥青用量少、密度大、空隙率小,抗车辙能力好。可见,不同的成型方法对评价级配的抗车辙性能有重大影响。

(4)低温性能试验结果及分析

低温试验时针对同一种级配采用了两种不同尺寸的小梁试件来分析小梁尺寸的差异对试验结果的影响。试验结果见表7-28。

各种级配低温弯曲试验数据　　表7-28

级配类型	试验方法	抗弯拉强度(MPa)	最大弯拉应变(με)	弯拉劲度模量(MPa)	应变能(J)
ATB-25	GTM	10.94	626.6	17461.9	0.217
	大马歇尔	5.975	1897	3185	0.174
ATB-30	GTM	11.71	667.0	17563.8	0.094
	大马歇尔	7.138	1758	4336	0.175
ATB-40	GTM	11.01	541.7	20333.8	0.124
	大马歇尔	7.023	1624	4326	0.162
BL-25	GTM	8.90	928.4	9589.3	0.206
	大马歇尔	7.916	1828	4420	0.173
BL-30	GTM	10.00	723.7	13812.3	0.167
	大马歇尔	9.354	1912	4945	0.188
BL-40	GTM	10.17	732.2	13893.2	0.115
	大马歇尔	7.991	1600	5015	0.168
SUP-25	GTM	8.70	642.8	13541.6	0.188
	大马歇尔	9.616	2351	4175	0.185
SUP-30	GTM	10.95	649.2	16860.4	0.146
	大马歇尔	10.860	1993	5489	0.179
SUP-40	GTM	9.64	790.4	12193.8	0.108
	大马歇尔	8.995	1667	5346	0.166

注:表中小梁试件尺寸为40mm×40mm×250mm。

根据试验结果可以看出:

①从抗弯拉强度看,两种试验方法得出的BL与SUP级配结果差别不大,而ATB级配试

验结果相差较多。

②从最大弯拉应变看，两种试验方法差别很大，GTM 试验的结果远不满足规范的要求。原因在于 GTM 试验级配的沥青用量较小，影响了混合料的低温抗裂性能。

③单独以抗弯拉强度或应变来评价混合料的低温性能，没有规律性。用应变能指标来评价混合料的低温性能，由 GTM 试验结果可以看出，同一类型的级配随着最大公称粒径变大，低温应变能变低；而大马歇尔试验结果没有表现出同样的规律。总体来看 ATB-25、BL-25、SUP-25 低温抗裂性较好，ATB-40、BL-40、SUP-40 低温性能相对较差。

④从应变能指标看，大马歇尔总体优于 GTM，由此可见，正因为 GTM 设计的混合料沥青用量较少，使混合料具有较高的低温劲度，在一定程度上影响了级配的低温性能。

⑤虽然同一级配 GTM 设计的密度大于大马歇尔，空隙率较小，但低温应变能低于大马歇尔。可见，尽管空隙率对混合料的低温性能有影响，空隙率越大，低温性能越差。但就影响沥青混合料低温抗裂性能的因素而言，沥青的性质和沥青的含量是最为重要的，降低沥青结合料的黏度、增大沥青用量均能有效提高沥青混合料的低温抗裂性能。GTM 设计的沥青用量偏低，从而表现出低温抗裂性能较差。为了分析不同试件尺寸对沥青混合料低温性能的影响，本研究分别采用 40mm × 40mm × 250mm 和 50mm × 50mm × 240mm 的试件进行低温试验，结果见表 7-29。

选做的 3 种级配低温弯曲试验数据（GTM）　　表 7-29

级配类型	抗弯拉强度（MPa）	最大拉应变（$\mu\varepsilon$）	弯拉劲度模量（MPa）	应变能（J）
ATB—30	12.21	1250.8	9762.9	0.213
SUP—25	7.97	2869.3	2778.7	0.395
SUP—40	10.44	1358.4	7685.5	0.419

注：表中小梁试件尺寸为 50mm × 50mm × 240mm。

根据试验结果可以看出：

①从抗弯拉强度值看，同一级配尺寸的差异对试验结果无明显影响。

②从最大弯拉应变值看，同一级配，尺寸越大，最大弯拉应变越大。

③从应变能看，同一级配，尺寸越大，应变能越大。可见评价不同级配的低温性能应该在同一尺寸下分析。

(5) 模量试验结果及分析

模量试验结果见表 7-30、表 7-31。

贝雷 3 种级配在最佳油量下对应的抗压回弹模量值（单位：MPa）　　表 7-30

级配类型	试件 1	试件 2	试件 3	试件 4	试件 5	试件 6	试件 7	平均值
BL-25-3.4	1780	2172	2434	2265	1898	1985	2375	2130
BL-30-3.2	2272	1998	2115	2128	2023	2247	2419	2172
BL-40-3.2	2234	2226	1921	2461	2162	2353	1906	2180

GTM 提供的贝雷 3 种级配试件在最佳油量下对应的模量值 表 7-31

级配类型	编号	平衡状态					冻融试验(控制试件高度)				
		转数(次)	静态剪切模量(kPa)	平均值(kPa)	静态压模量(kPa)	平均值(kPa)	转数(次)	静态剪切模量(kPa)	平均值(kPa)	静态压模量(kPa)	平均值(kPa)
BL-25-3.4	1	392	20028	19118	60085	57354	39	21169	21574	63507	64723
	2	377	19103		57310		58	22020		66060	
	3	343	18649		55946		64	21559		64677	
	4	342	21009		63027		65	22587		67760	
	5	384	18890		56670		71	21834		65503	
	6	372	17031		51093		70	20277		60832	
BL-30-3.2	1	434	22047	22076	66142	66226	71	21307	21509	63921	65523
	2	325	20554		61661		129	21871		65612	
	3	442	22381		67142		85	21033		68100	
	4	374	21072		63216		110	21982		65945	
	5	414	22533		67598		149	21346		64039	
	6	359	23866		71598						
BL-40-3.2	1	349	20396	18987	61189	56961	55	18164	21916	54491	65747
	2	286	20480		61440		67	20068		60203	
	3	310	18451		55353		124	21572		64715	
	4	349	17480		52441		47	20623		61868	
	5	351	17480		52441		120	26565		79694	
	6	348	19633		58899		167	24503		73510	

由表中数据可以看出：

①两种不同的试验方法均表明:3 种级配下的模量值差异不大,模量与级配最大公称粒径及粗集料含量无相关性。

②由于两种试验方法条件不同,模量数值也产生较大差异。GTM 试验条件在过程中难以控制,由其得出的模量值随试验条件变化而变化。

③GTM 在成型不同试件时由于提供的压实功大小不同,造成其内部结构的排列组合不同,从而表现出力学性能上的差异。旋转压实功越大,使混合料内部颗粒移到更加稳定位置,使试件进一步达到密实状态,混合料更易形成嵌挤骨架结构,其力学性能也相应提高。

(6)渗水性能试验及分析

当沥青路面防渗能力较差时,不仅影响沥青路面本身的稳定性,而且还影响到整个结构层的稳定性。因此,沥青路面必须具有较高的抗渗能力,这在潮湿多雨地区尤为重要。本研究对设计的 9 种密级配,依照《公路工程沥青及沥青混合料试验规程》(JTG 052—2000)进行了渗水试验。

结果表明:9 种级配的沥青混合料板注入水后,在 1h 内,高度基本保持不变。由试验情况可知,试件基本不透水或根本不透水。

7.3　沥青稳定碎石级配设计方法及性能研究

7.3.1　沥青稳定碎石基层的级配组成设计方法研究

1)基于现行规范推荐方法设计沥青稳定碎石基层

《公路沥青路面施工技术规范》(JTG F40—2004)中对沥青稳定碎石混合料级配范围和配合比设计方法作出了明确规定:热拌沥青混合料(HMA)适用于各种等级公路的沥青路面。其种类按集料公称最大粒径、矿料级配、空隙率划分。各层沥青混合料应满足所在层位的功能性要求,便于施工,不容易离析。沥青面层集料的最大粒径宜从上至下逐渐增大,并应与压实层厚度相匹配。沥青混合料必须在对同类公路配合比设计和使用情况调查研究的基础上,充分借鉴成功的经验,选用符合要求的材料,进行配合比设计。沥青混合料的矿料级配应符合工程规定的设计级配范围。采用马歇尔试验配合比设计方法,仍然沿袭传统的体积指标设计,要求选定材料、确定矿料级配、设计沥青用量。与过去使用的旧规范相比,在统一了计算沥青混合料空隙率等体积指标的测定方法和计算方法的基础上,考虑了集料吸收一部分沥青的影响,将沥青用量分为吸入集料部分和有效沥青用量两部分,采用有效相对密度计算体积指标。

2)基于Superpave法设计沥青稳定碎石基层

Superpave沥青混合料设计的四个基本步骤为:材料选择→集料级配设计→计算沥青胶结料含量→混合料水敏感性评估。

(1)材料选择

Superpave胶结料依据路面最低和最高气温条件、交通荷载条件确定使用的胶结料等级。Superpave对集料的要求包括粗集料的棱角性、细集料棱角性、扁平细长颗粒含量、黏土含量;料源特性的要求包括坚固性、安定性、有害物质含量。

(2)集料级配设计

Superpave中独特地提出了集料级配设计中对控制点和禁区的要求。有了控制点和禁区的界定之后,尝试至少3个以上的级配,改变每种规格集料的百分数比例,配制粗、中、细不同程度的合成级配,供性能对比后优选。

(3)沥青胶结料含量选择

Superpave中力学性能测试是在旋转压实仪(SGC)成型试件后,测试相应的体积参数,将设计空隙率控制为4%,在此设计空隙率下,对其他体积特性参数如矿料间隙率VMA、沥青饱和度VFA、胶粉比DP等参数进行控制,进而保证设计的沥青混合料在施工和开放交通阶段能体现良好的密实特性。

(4)混合料水敏感性评估

制作两组试件,压实到100mm高度,空隙率为6%~8%。一组做条件处理:70%~80%真空饱水,选择不少于16h(-18℃)冻融周期,然后做热水浸泡24h(60℃)。与未做条件处理的一组试件都做间接抗拉强度试验,计算抗拉强度比TSR(要求不小于80%)。

3)基于贝雷法设计沥青稳定碎石基层

贝雷法设计出的级配具有良好的粗集料嵌挤形成骨架结构,从而保证混合料的稳定性;同时又有合理的细集料填充形成密实结构,从而保证混合料的耐久性。但仅可以用于解决级配设计问题,还不能解决级配确定后相应最佳沥青用量的确定。通过贝雷法只能找到良好的集料级配,沥青用量的确定还需借助马歇尔、维姆、Superpave 等设计方法。

4)基于力学法设计沥青稳定碎石基层

力学法的依据是混合料的强度形成理论中的表面理论。力学法设计沥青稳定碎石步骤如下:

①将混合料充分压实,测出不同沥青用量下的混合料试件密度、空隙率;

②将试件进行抗压强度和劈裂强度试验,得出不同沥青用量下的 R、r 值;

③绘制 $R \times r$,R、r 与沥青用量关系曲线图,确定最佳沥青用量范围;

④综合空隙率、矿料间隙率,确定最佳沥青用量。

5)不同设计方法的比较

(1)不同设计方法设计沥青稳定碎石混合料的级配比较

①基于规范推荐的设计方法和基于 Superpave 设计方法的级配设计都是连续密级配沥青混合料。无论何种粒径混合料,基于 Superpave 设计方法设计的集料级配曲线线位较基于规范推荐的设计方法级配曲线线位高,说明与基于规范推荐的设计方法的集料级配相比,基于 Superpave 设计方法设计的集料级配细集料含量较大,粗集料含量较低,中间筛孔的集料也较多。

②基于贝雷法设计的集料级配为骨架密实结构沥青混合料。无论何种粒径混合料,相对于基于规范推荐的设计方法和基于 Superpave 设计方法,基于贝雷法设计的集料级配中细集料含量较低,说明基于贝雷法设计的集料级配在粗集料骨架形成后用于填充作用的细集料更少。

③对于不同粒径的混合料,基于贝雷法设计的集料级配线位呈多种方式与基于规范推荐的设计方法和基于 Superpave 设计方法的集料级配线位交差,说明基于贝雷法设计的集料级配中粗集料和中间筛孔的集料组成无固定比例,基于贝雷法设计的集料级配依据最合理的嵌挤方式确定粗集料和中间筛孔的集料组成比例。

④在集料级配设计中,基于规范推荐设计方法采用级配范围加以约束,基于 Superpave 设计方法采用控制点和禁区加以限制,基于贝雷法的设计采用参数 CA、FA_c、FA_f加以检验,力学法没有对集料级配设计的限制。

(2)不同设计方法设计沥青稳定碎石混合料的体积指标比较

①对于相同粒径混合料,基于 Superpave 设计方法确定的最佳沥青用量最小,其次为基于规范推荐的设计,基于力学设计方法确定的最佳沥青用量最大。

②对于 SUP 类型混合料,基于 Superpave 设计方法确定的最佳沥青用量和马歇尔试验检验确定的最佳沥青用量相比,旋转压实成型设计的最佳沥青用量较低,说明旋转压实成型的混合料在搓揉作用下具有更加密实的混合料组成结构,采用更少的沥青用量却能达到更低的空隙率、更高的沥青饱和度、更大的粉胶比和更小的沥青膜有效厚度。

③对于 BLF 类型混合料,由贝雷法确定集料级配,基于力学法确定的最佳沥青用量和马歇尔试验检验确定的最佳沥青用量相比,前者设计的沥青用量较高,说明力学法设计的最佳沥青用量是使得混合料具有最高抗剪强度的用量,力学法是从混合料力学性能出发的设计方法,混合料体积指标最合理的沥青用量低于混合料力学性能最好的沥青用量。采用更高的沥青用量使得混合料空隙率降低、沥青饱和度升高、粉胶比变大、有效沥青膜厚度增加。

④在不同沥青混合料类型都采用马歇尔设计方法时，ATB类型和SUP类型连续密级配沥青混合料的最佳沥青用量大于BLF类型骨架密实结构沥青混合料，这是因为骨架密实结构沥青混合料细集料含量少，粗集料骨架的空隙由精确计算的细集料用量合理填充，在相同空隙率情况下，更少的沥青用量却有较高的沥青饱和度。BLF类型混合料中，细集料的填充用量存在一个"最恰当"的数值，当大于这个数值时，过多的细集料含量起到干涉作用并将粗集料骨架撑开，破坏粗集料互相嵌挤的骨架结构，空隙率降低，且由于细集料用量的增加最佳沥青用量也在增加，沥青饱和度增加同时矿料间隙率有所降低；当用于填充的细集料用量减少时，空隙率增加，最佳沥青用量降低，沥青饱和度减小。

不同设计方法设计沥青稳定碎石混合料的技术指标见表7-32。通过各种设计方法设计混合料的物理、力学指标比较，考虑各种设计方法的优缺点，可以得出采用贝雷法设计混合料的集料级配、马歇尔试验确定混合料的最佳沥青用量的设计方法能最简便合理的设计出性能优良的沥青稳定碎石基层混合料。

不同设计方法设计沥青稳定碎石混合料技术指标比较表 表7-32

项　目	规范推荐方法	Superpave方法	力　学　法
粗集料比例	较高	较低	—
中等集料比例	较低	较高	—
细集料比例	较高	中等	—
沥青用量	中等	较低	较高
空　隙　率	较高	较低	中等
饱　和　度	较低	较高	中等
粉　胶　比	中等	较低	较高
有效沥青膜厚度	中等	较低	较高

7.3.2 沥青稳定碎石基层路用性能研究

1）沥青稳定碎石基层抗永久变形性能

选用车辙试验评价沥青稳定碎石作为基层的抗永久变形能力。车辙试验多用于面层沥青混合料的高温稳定性能评价，以动稳定度作为评价指标；车辙试验用于基层沥青稳定碎石的抗永久变形性能评价时，不仅要将动稳定度作为评价指标，还应考虑竖向变形指标，以此评价其抗永久变形能力。动稳定度高、竖向变形小，抗永久变形性能好。车辙试验结果见表7-33。

车辙试验结果 表7-33

级配名称	45min变形（mm）	60min变形（mm）	动稳定度（次/mm）	标准差 σ	变异系数 C_v（%）
ATB-25	3.035	3.367	1901	66	3.5
ATB-30	3.086	3.399	2026	194	9.6
ATB-40	3.747	4.021	2354	464	19.7
SUP-25	2.958	3.206	2588	437	16.9
SUP-30	2.750	2.977	2789	238	8.5
SUP-40	2.410	2.669	2518	548	21.8
BLF-25	2.188	2.360	3683	263	7.1
BLF-30	1.924	2.081	4115	795	19.3
BLF-40	2.247	2.396	4265	541	12.7

从表中数据可以看出：

①车辙试验中不仅采用动稳定度指标评价沥青稳定碎石基层的抗永久变形性，而且要分析45min和60min下的竖向变形指标。评价沥青稳定碎石基层的抗永久变形性能不仅要有较高的动稳定度，还要有较低的竖向变形。

②车辙数据中竖向变形指标与动稳定度指标有一定相关性，竖向变形指标较高则动稳定度较低、竖向变形指标较低则动稳定度指标较高。

③BLF类型混合料为骨架密实型沥青混合料，其竖向变形指标最小、动稳定度指标最大，抗永久变形性能最好。抗永久变形性能与混合料类型及密实度密切相关，骨架密实型沥青混合料比悬浮密实型混合料具有更大的内摩擦阻力，混合料内部嵌挤能力大，抵抗竖向变形能力强。连续密级配沥青混合料，集料悬浮于沥青胶浆和沥青砂浆中，不能形成砂石嵌挤，集料嵌挤作用微弱，抗永久变形能力较低。

④连续密级配混合料中SUP类型混合料由于采用SGC压实标准密度成型车辙试件，其竖向变形指标较小、动稳定度指标较大，表现出较优越的抗永久变形性能；ATB类型混合料也是连续密级配混合料，其车辙试件采用大马歇尔标准击实密度成型，其竖向变形指标较大、动稳定度指标较小，抗永久变形性能较差。

⑤沥青稳定碎石基层混合料中混合料设计空隙率也是抗永久变形的重要因素。空隙率小的混合料抗永久变形能力较大，空隙率大的混合料在荷载作用下发生压密现象。SUP类型混合料试验压实荷载较大，采用搓揉方法击实试件比击实方法获得更大的密实度、更小的沥青用量、压实更充分，抗永久变形能力增加。

⑥连续密级配沥青稳定碎石基层中，沥青稳定碎石基层中动稳定度指标随着沥青用量的增加呈先增大后减小的趋势。开始时沥青用量的增加会增大混合料的黏聚力，在嵌挤形成的摩擦阻力微弱的情况下对抗剪强度的增加有贡献，混合料抗永久变形能力增加，竖向变形指标降低，动稳定度指标增大；沥青用量继续增加时，沥青膜厚度继续增大，混合料内自由沥青数量增加，黏聚力增大抗剪强度的同时沥青的润滑作用对抗剪强度的降低作用更为显著，故而抗永久变形能力反而下降，竖向变形指标增大，动稳定度指标降低。

⑦骨架密实结构沥青稳定碎石基层中动稳定度指标随着沥青用量的增加有降低的趋势。沥青用量高、沥青膜厚度较厚时，集料内部对抗剪强度起主要作用的内摩擦阻力降低，致使抗剪强度下降，混合料在集料接触面上易产生“滑动”和“相对移动”，形成集料内部颗粒的重新排列、嵌挤密实，竖向变形增大，动稳定度降低。

⑧沥青稳定碎石基层由于其公称最大粒径较大、沥青用量较小，动稳定度指标较沥青面层沥青混凝土高，抗永久变形性能更好。沥青稳定碎石基层动稳定度指标均大于普通沥青混合料中关于动稳定度不小于800次/mm的要求。

⑨沥青稳定碎石基层中，对于同种类型的混合料，较大公称粒径的混合料具有更小的竖向变形和更大的动稳定度，抗永久变形能力随着公称粒径的增大而有所增加，但不是随着公称粒径的增大无限增加。

⑩车辙试验仪的加载方式是模拟路表面沥青混合料在车轮的反复作用下产生车载的情况，采用小型的车轮在块状试件上进行往复行走试验。小车轮的行走在混合料块状试件的表面形成像实际路表那样的辙槽。车辙轮载作用下产生的有竖向永久变形的结构型车辙、侧向

流动横向变形的失稳性车辙、轮胎摩擦作用的磨损性车辙，对于沥青稳定碎石基层不存在失稳性车辙和磨损性车辙，仅仅只有结构性车辙。车辙试验在评价沥青稳定碎石基层的抗永久变形性能的试验条件、评价指标都需要继续研究。

2）沥青稳定碎石基层抗疲劳性能

采用三分点加载的应力控制弯曲疲劳试验。采用美国 MTS 公司生产的土壤沥青闭环液压伺服系统试验机，整个试验过程可通过程序进行控制，试验数据由计算机自动采集。疲劳试验结果如图 7-23 所示。

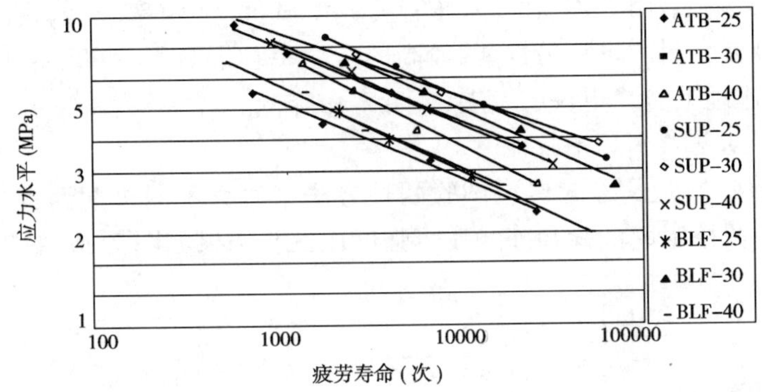

图 7-23　疲劳试验曲线

从图 7-24、图 7-25 中可以看出：

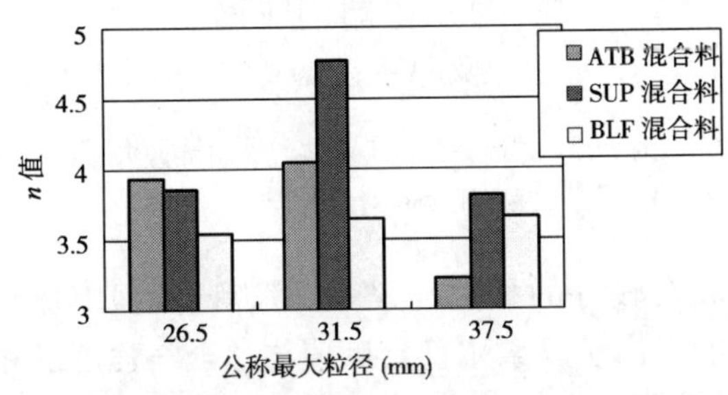

图 7-24　不同公称最大粒径混合料 n 值对比图

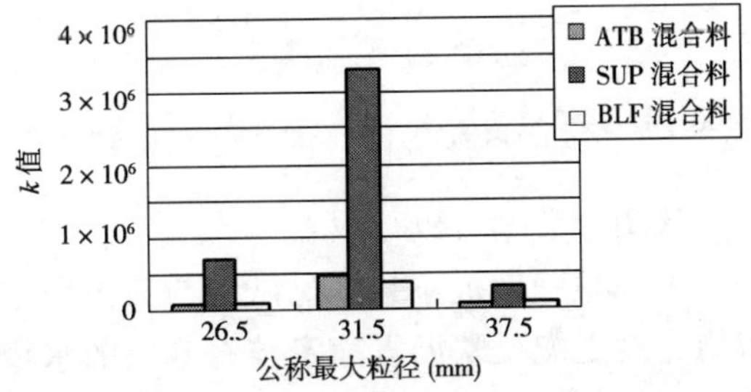

图 7-25　不同公称最大粒径混合料 k 值对比图

①在相同粒径的混合料中 SUP 类型混和料 n 值最大，ATB 类型混合料次之，BLF 类型混合料最小；SUP 类型混和料疲劳曲线最陡，ATB 类型混合料次之，BLF 类型混合料疲劳曲线最平缓；SUP 类型混和料疲劳寿命对应力水平变化最敏感，ATB 类型混合料次之，BLF 类型混合料疲劳寿命对应力水平变化最不敏感。

②在相同粒径的混合料中 SUP 类型混和料 k 值较大，ATB 类型混合料 k 值略高于 BLF 类型混合料；SUP 型混合料疲劳曲线线位高，抗疲劳性能好，ATB 类型混合料抗疲劳性能略好于 BLF 类型混合料。

③同类型混合料中公称粒径 31.5mm 混合料 n 值最大，26.5mm 混合料 n 值大于公称粒径 37.5mm 混合料；公称粒径 31.5mm 混合料疲劳曲线最陡，公称粒径 37.5mm 混合料较公称粒径 26.5mm 混合料混合料疲劳曲线平缓；公称粒径 31.5mm 混合料疲劳寿命对应力水平变化最敏感，公称粒径 37.5mm 混合料疲劳寿命对应力水平变化最不敏感。

④同类型混合料中公称粒径 31.5mm 混合料 k 值最大,公称粒径 26.5mm 混合料 k 值与公称粒径 37.5mm 混合料较为接近;公称粒径 31.5mm 混合料疲劳曲线线位最高,抗疲劳性能最好;公称粒径 26.5mm 混合料与公称粒径 37.5mm 混合料抗疲劳性能较差。

⑤连续密级配混合料中细集料含量较高,沥青用量较高,混合料劲度模量较高,应力作用下应变较小,疲劳破坏次数增加,疲劳寿命较高,抗疲劳性能较好;骨架密实结构混合料集料互相嵌挤,混合料劲度模量较低,应力作用下应变较大,尤其是应力水平较大时应变增加较快,疲劳破坏次数减少,疲劳寿命降低,抗疲劳性能较差。

⑥SUP 类型混合料采用 SGC 压实标准密度成型试件,空隙率较低,抗疲劳性能最好。较低的空隙率能提高混合料的抗疲劳性能,较高的空隙率在混合料内部潜在的存在更多的薄弱面,在弯拉应力的作用下裂缝更快的发展,疲劳寿命降低。

3)沥青稳定碎石基层水稳定性能

采用浸水马歇尔试验及冻融劈裂试验两种方法来研究不同级配沥青混合料的水稳定性能。浸水马歇尔残留稳定度试验和冻融疲劳强度比试验结果如图 7-26、图 7-27 所示。

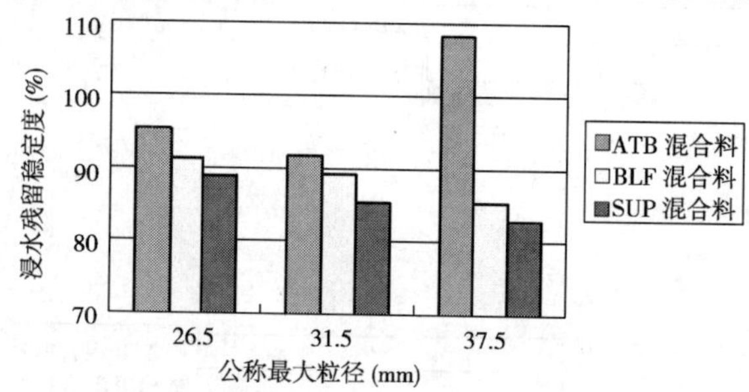

图 7-26 不同公称最大粒径混合料浸水残留稳定度对比图

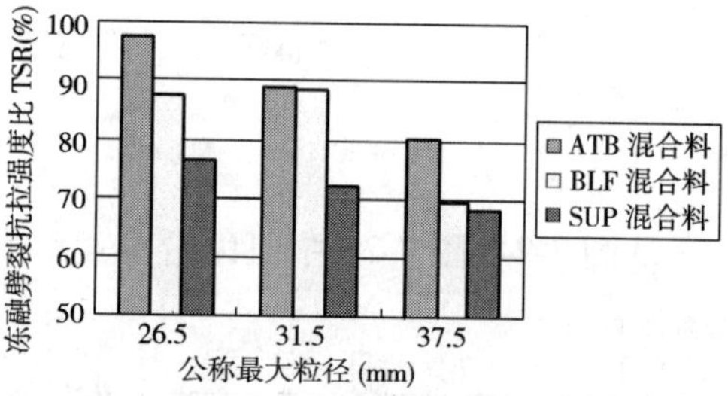

图 7-27 不同公称最大粒径混合料冻融劈裂抗拉强度比 TSR 对比图

从图中数据可以得出:

①冻融劈裂抗拉强度比试验与残留稳定度试验有较好的相关性,冻融劈裂抗拉强度比残留稳定度更能反映沥青稳定碎石基层的水稳定性能。由于马歇尔稳定度值与混合料强度的相关性较低,残留稳定度试验数据的大小与水损害对性能的影响程度相关性较低。

②各种类型混合料均能满足普通沥青混合料浸水残留稳定度不小于 80% 的要求;ATB 类型混合料和 BLF 类型混合料能满足冻融劈裂抗拉强度比不小于 75% 的要求;SUP 混合料冻融劈裂抗拉强度比较低。

③在相同粒径的混合料中 ATB 类型混合料浸水残留稳定度值最大,BLF 类型混合料次之,SUP 类型混合料最小。

④在相同粒径的混合料中 ATB 类型混合料冻融劈裂抗拉强度比最大,BLF 类型混合料次之,SUP 类型混合料最小。

⑤同类型混合料中公称粒径 26.5mm 混合料浸水残留稳定度值最大,公称粒径 31.5mm 混合料次之,公称粒径 37.5mm 混合料最小。

⑥同类型混合料中公称粒径 26.5mm 混合料冻融劈裂抗拉强度比最大,公称粒径 31.5mm 混合料次之,公称粒径 37.5mm 混合料最小。

⑦连续密级配沥青混合料比骨架密实沥青混合料细集料含量更多、沥青胶浆更多,试件密

实成型较容易,混合料离析较轻微,水稳定性能较好。

4)沥青稳定碎石基层低温抗裂性能

采用低温弯曲破坏试验,中央集中加载,测定临界状态下混合料的抗弯拉强度、最大弯拉应变、弯拉劲度模量评价沥青稳定碎石的低温抗裂性能的优劣。试验采用美国MTS公司生产的土壤沥青闭环液压伺服系统试验机,整个试验过程可通过程序进行控制,试验数据由计算机自动采集。

从图7-28~图7-31中可以得出:

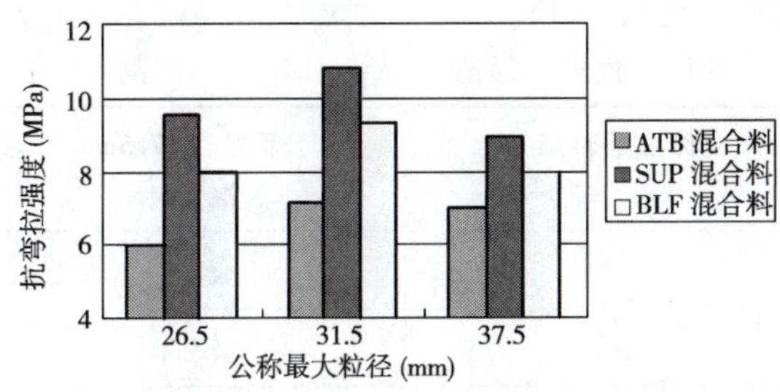

图7-28 不同公称最大粒径混合料抗弯拉强度对比图

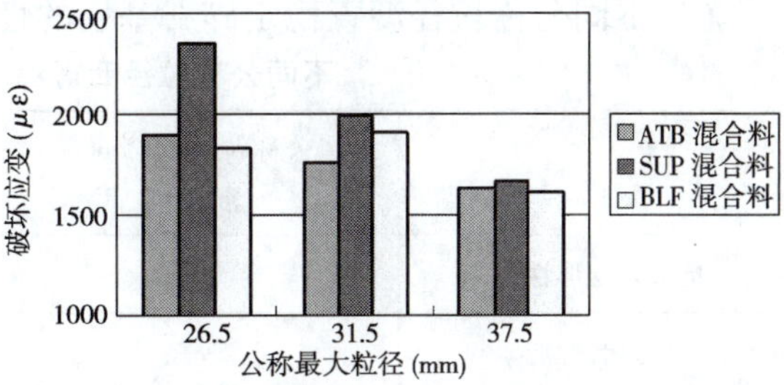

图7-29 不同公称最大粒径混合料破坏应变对比图

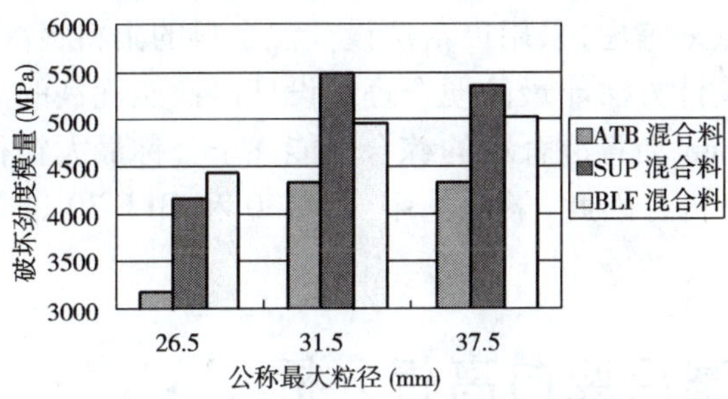

图7-30 不同公称最大粒径混合料破坏劲度模量对比图

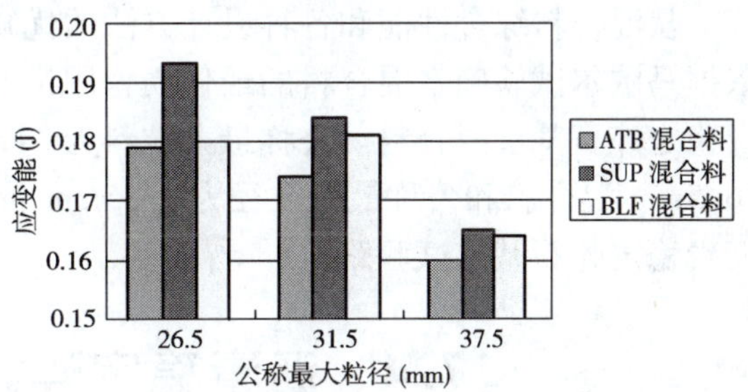

图7-31 不同公称最大粒径混合料应变能对比图

①对于相同粒径的混合料,SUP类型沥青混合料的抗弯拉强度、弯拉应变以及弯曲应变能均较大,表明其具有较好的低温抗裂性能,而ATB类型沥青混合料的抗弯拉强度小,弯拉应变、弯曲应变能相对较小,其低温抗裂性能最差。这是由于SUP类型混合料采用旋转压实法成型试件,其密度相对较大,而采用马歇尔方法制作的骨架密实结构沥青混合料BLF和连续密级配沥青混合料ATB其相对密度较小。混合料空隙率对混合料低温抗裂性影响较大,空隙率大的混合料内部微空隙也较多,应力松弛极限降低、温度应力减小,低温抗裂性较差;相同空隙率状态下,混合料的类型与低温抗裂性的关系并不密切。

②对于相同类型混合料,公称粒径26.5mm混合料破坏弯拉应变、劲度模量、应变能最大,抗弯拉强度较大;公称粒径31.5mm混合料抗弯拉强度最大,破坏弯曲应变、劲度模量、应变能均较大;公称37.5混合料抗弯拉强度、破坏弯曲应变、劲度模量、应变能最小。这是由于较小粒径的混合料细集料含量较高、矿粉含量较高、沥青用量较高,混合料应力松弛极限较低,温度应力较低。混合料的粒径与混合料的低温抗裂性相关,较小粒径的混合料具有较好的低温抗裂性,较大粒径的混合料低温抗裂性较差。

5)不同设计方法设计沥青稳定碎石级配的性能比较

根据试验结果可以得出如下结论:

(1)不同设计方法设计沥青稳定碎石基层的性能比较见表7-34。

不同设计方法设计沥青稳定碎石基层的性能比较表　　表7-34

项　目	规范推荐方法	Superpave方法	贝雷法	力学法
抗永久变形性能	中等	较高	较高	较低
抗疲劳性能	中等	较高	较低	中等
水稳定性	较高	较低	中等	中等

(2)不同公称粒径沥青稳定碎石基层的性能比较见表7-35。

不同公称粒径沥青稳定碎石基层的性能比较表　　表7-35

项　目	公称粒径26.5mm混合料	公称粒径31.5mm混合料	公称粒径37.5mm混合料
抗永久变形性能	较低	中等	较高
抗疲劳性能	较高	中等	较低
水稳定性	较高	中等	较低

从混合料综合性能和各种设计方法的优缺点来考虑,采用贝雷法设计混合料的集料级配、依据马歇尔试验确定混合料的最佳沥青用量的设计方法能最简便合理地设计出性能优良的沥青稳定碎石基层混合料。公称最大粒料为31.5mm沥青混合料的综合性能优于公称最大粒径26.5mm混合料和公称最大粒径为37.5mm混合料。因此,最后选用ATB-30和BLF-30铺筑沥青稳定碎石基层试验路。

7.4　沥青稳定碎石基层竖向离析分析

7.4.1　竖向离析现象

以沥青稳定碎石基层混合料BLF-30为例分析,设计油石比为3.2%,设计现场空隙率为5%,一次摊铺和压实厚度为17cm,把芯样按如图7-32所示锯开进行试验,结果如表7-36所示。

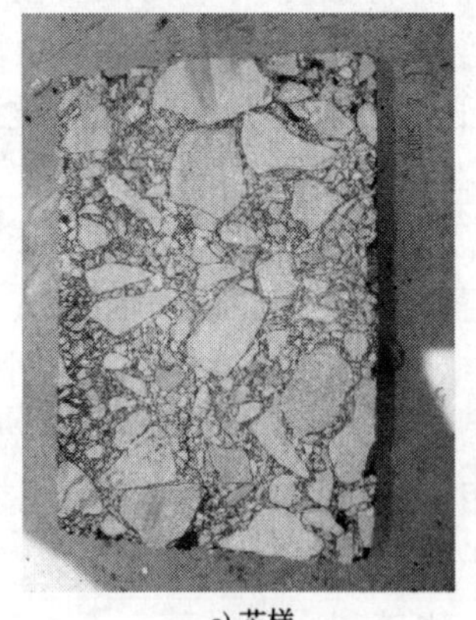

a)芯样

b)芯样分开

图7-32　将芯样锯成上、中、下三部分示意图

芯样锯成三部分分析的试验结果 表7-36

桩号	芯样部位	平均厚度(cm)	空隙率(%)	油石比(%)
K119+513	上	6.0	4.7	3.3
	中	5.2	2.5	4.2
	下	4.5	6.0	2.2
K119+540	上	5.9	4.3	3.5
	中	7.0	3.6	4.3
	下	5.8	7.1	2.1
K120+900	上	4.6	4.0	3.6
	中	5.2	3.7	4.5
	下	7.0	7.4	2.0
K120+975	上	4.7	4.3	3.8
	中	6.0	3.6	4.0
	下	6.8	7.1	2.1
K121+130	上	4.6	4.7	3.3
	中	6.3	2.5	4.4
	下	5.5	6.0	2.4

由试验数据可以看出：

沥青稳定碎石铺筑层由于竖向离析，整个铺筑层分为三层不同的层次，铺筑层底部集料最粗，上部次之，细集料集中在中部；中部油石比最大，上部次之，底部最小，上、中、下部油石比最大值相差2.5%；空隙率底部最大，上部次之，中部最小，上、中、下部空隙率最大值相差4.7%。上部的空隙率与油石比最接近设计值，中部和底部的偏离值较大，但上、中、下部总体平均值与设计值相比偏离很少，一方面说明配合比控制比较好，另一方面也表明如果不把芯样锯成三部分分别检测，难以发现产生了竖向离析。

7.4.2 竖向离析产生的原因

1)布料螺旋处产生的竖向离析

混合料随螺旋旋转而产生上下滚动、抛掷，由于粗细集料的粒径、比表面积及运动惯性不同，螺旋布料器转速越高，粗细集料的运动速度差异越大，离心力差异也越大，使厚的铺筑层粗细集料分离，粗集料向铺筑层的上部和下部集中。

2)导料板处塌落面产生的竖向离析

如图7-33所示，布料螺旋前的导料板的离地间隙较大，混合料大骨料沿一个塌落角向下承层滚动，从而使铺筑层下部粗集料聚集，上、中部细料偏多，在摊铺过程中，由于不断有原状混合料供应上部，所以摊铺层上部混合料接近原状混合料，也更接近所设计的混合料。

7.4.3 竖向离析的防治措施

1)降低螺旋分料器的转速

产生离析的主要环节在摊铺机螺旋分料过程，在摊铺作业中功率消耗最大的环节也在螺旋分料过程，为整机功率的50%~60%。现有摊铺机考虑功率因素，使输料槽混合料为螺旋布料器1/2~2/3高度，螺旋布料器只有埋于混合料内部的部分才有输料能力，因此输料效率低，为满足大厚度摊铺层的输料量要求，须将转速提高，从而使混合料竖向离析严重。在摊铺公称最大粒径大、一次铺筑厚度大的沥青稳定碎石时须设法使螺旋布料器的转速不能过快。

a)

b)

图7-33 粗集料沿塌落面滚落产生竖向离析

目前为防止沥青混合料在摊铺过程中的横向、纵向、竖向离析，国内外沥青摊铺机厂开始生产新型抗离析摊铺机，新型抗离析摊铺机提高了整机功率，采用混合料全埋螺旋、高压低速大转矩马达驱动螺旋低速旋转的输料方式，输料效率高，螺旋转速较低也可以满足供料要求，因此可减小第一阶段的竖向离析。若因条件限制采用普通沥青混凝土摊铺机，则摊铺速度不宜采用规范值（2～6m/min），因为规范要求的摊铺速度是针对公称最大粒径小、摊铺厚度也较小的普通沥青混合料规定的。在摊铺公称最大粒径大、厚度大的沥青稳定碎石时必须进一步减小摊铺速度，使摊铺速度在1.5m/min以下，输料槽料高为螺旋分料器2/3高度以上，同时应采用两台摊铺机联合作业的方式以减少摊铺宽度，从而可使螺旋布料器在较低的转速下满足供料要求。

2）合理设置离地间隙，形成封闭的输料槽

为减小第二阶段的竖向离析，应合理设置螺旋布料前导料板的离地间隙，使离地间隙尽量小，形成尽量封闭的输料槽。

螺旋前机架后板和可伸缩的导料板共同起导料的作用，与振捣梁前护板组成输料槽。机架后板与导料板设置160～170mm离地间隙的主要目的是防止摊铺机在行走与转运的过程中触地，造成行走和转运困难。国外有些稳定土摊铺机在刮板输料器出料口下方设置了一块挡板，以便形成较封闭的输料槽，但在我国常常拆掉，主要是由于我国稳定土材料不规格，常有超粒径的集料将刮板输料器卡死。

由于我国沥青稳定碎石铺筑层以下还有两层以上的稳定土底基层，沥青稳定碎石铺筑层下承层平整度较高（≤±10mm）；沥青稳定碎石混合料一般由可二次筛分的间歇式沥青拌和机生产，可排除超粒径碎石，混合料的最大粒径是稳定的。

3）材料设计

为减少沥青稳定碎石的竖向离析，在材料设计时应根据施工采用的摊铺机类型及一次摊铺厚度选择合适的公称最大粒径，当采用混合料全埋螺旋、高压低速大转矩马达驱动螺旋的摊铺机及摊铺厚度相对较小时，可选择较大的公称最大粒径，反之则选择较小的公称最大粒径，混合料的级配宜采用较光滑的连续级配以减小各粒级之间的速度和离心力差异。材料设计时应尽可能采用黏度较大的沥青，合理确定沥青用量，沥青用量太高导致矿料表面自由沥青过多，沥青用量过少，将使得混合料松散，这两者都使集料间黏结力下降，施工过程中应将沥青用量严格控制在允许波动范围内。

7.5 柔性基层沥青路面结构组合及试验路铺装与观测分析

7.5.1 试验路结构的设计方案

柔性基层应用依托河北省青银高速 K119 + 490 ~ K138 + 280 全长 18.79km 进行相关内容的实施。柔性基层沥青路面结构试验段方案,是以我国路面设计程序(HPDS)的计算结果为基础,并参考国外柔性基层沥青路面结构,经综合分析后确定柔性基层试验路段结构(按全厚式和混合式两种结构进行)。试验路路面结构示意图分布如表 7-37 ~ 表 7-42 及图 7-34 所示。

K119 + 490 ~ K125 + 250 右幅为全厚式结构　　表 7-37

路面各层结构	厚度(cm)	级配类型	平整度指标(mm)	设计宽度(m)	内侧边距离中桩距离(m)
细粒式沥青混凝土	4	AC-13	0.6	12.5	1.0
中粒式沥青混凝土	6	AC-20	0.8	12.5	1.0
粗粒式沥青混凝土	6	AC-25	1.0	12.5	1.0
粗粒式沥青碎石	16	BL1-30	1.2	12.9	0.8
粗粒式沥青碎石	17	BL1-30	1.4	13.3	0.6
乳化沥青稀浆封层	0.5 ~ 0.6				
二灰碎石处治土基	15				
水泥石灰稳定土基	18				
土基					

K125 + 250 ~ K130 + 600 右幅为全厚式结构　　表 7-38

路面各层结构	厚度(cm)	级配类型	平整度指标(mm)	设计宽度(m)	内侧边距离中桩距离(m)
细粒式沥青混凝土	4	AC-13	0.6	12.5	1.0
中粒式沥青混凝土	8	AC-20	0.8	12.5	1.0
大粒径沥青混凝土	18	LSAM-40	1.0	12.9	0.8
大粒径沥青混凝土	18	LSAM-40	1.2	13.3	0.6
乳化沥青稀浆封层	0.5 ~ 0.6				
二灰碎石处治土基	16				
水泥石灰稳定土基	18				
土基					

K130 +600 ~ K138 +280 右幅为混合式结构　　表 7-39

路面各层结构	厚度（cm）	级配类型	平整度指标（mm）	设计宽度（m）	内侧边距离中桩距离（m）
细粒式沥青混凝土	4	AC-13	0.6	12.5	1.0
中粒式沥青混凝土	8	AC-20	0.8	12.5	1.0
热喷改性沥青加碎石封层					
大粒径沥青混凝土	15	BL2-30	1.0	12.9	0.8
水泥稳定碎石	18				
水泥石灰稳定土	18				
土基					

K129 +320 ~ K138 +280 左幅为混合式结构　　表 7-40

路面各层结构	厚度（cm）	级配类型	平整度指标（mm）	设计宽度（m）	内侧边距离中桩距离（m）
细粒式沥青混凝土	4	AC-13	0.6	12.5	1.0
中粒式沥青混凝土	6	AC-20	0.8	12.5	1.0
粗粒式沥青混凝土	6	AC-25	1.0	12.5	1.0
热喷改性沥青加碎石封层					
粗粒式沥青碎石	12	LSAM-30	1.2	12.9	0.8
水泥稳定碎石	18				
水泥石灰稳定土	18				
土基					

K127 +260 ~ K129 +320 左幅按原设计结构层（半刚性基层）（对比结构）　　表 7-41

路面各层结构	厚度（cm）	级配类型	平整度指标（mm）	设计宽度（m）	内侧边距离中桩距离（m）
细粒式沥青混凝土	4	AC-13	0.6	12.5m	1.0
热喷改性沥青加碎石封层					
中粒式沥青混凝土	6	AC-20	0.8	12.5	1.0
粗粒式沥青混凝土	8	AC-25	1.0	12.5	1.0
水泥稳定碎石	18				
二灰稳定碎石	18				
水泥石灰稳定土	18				
土基					

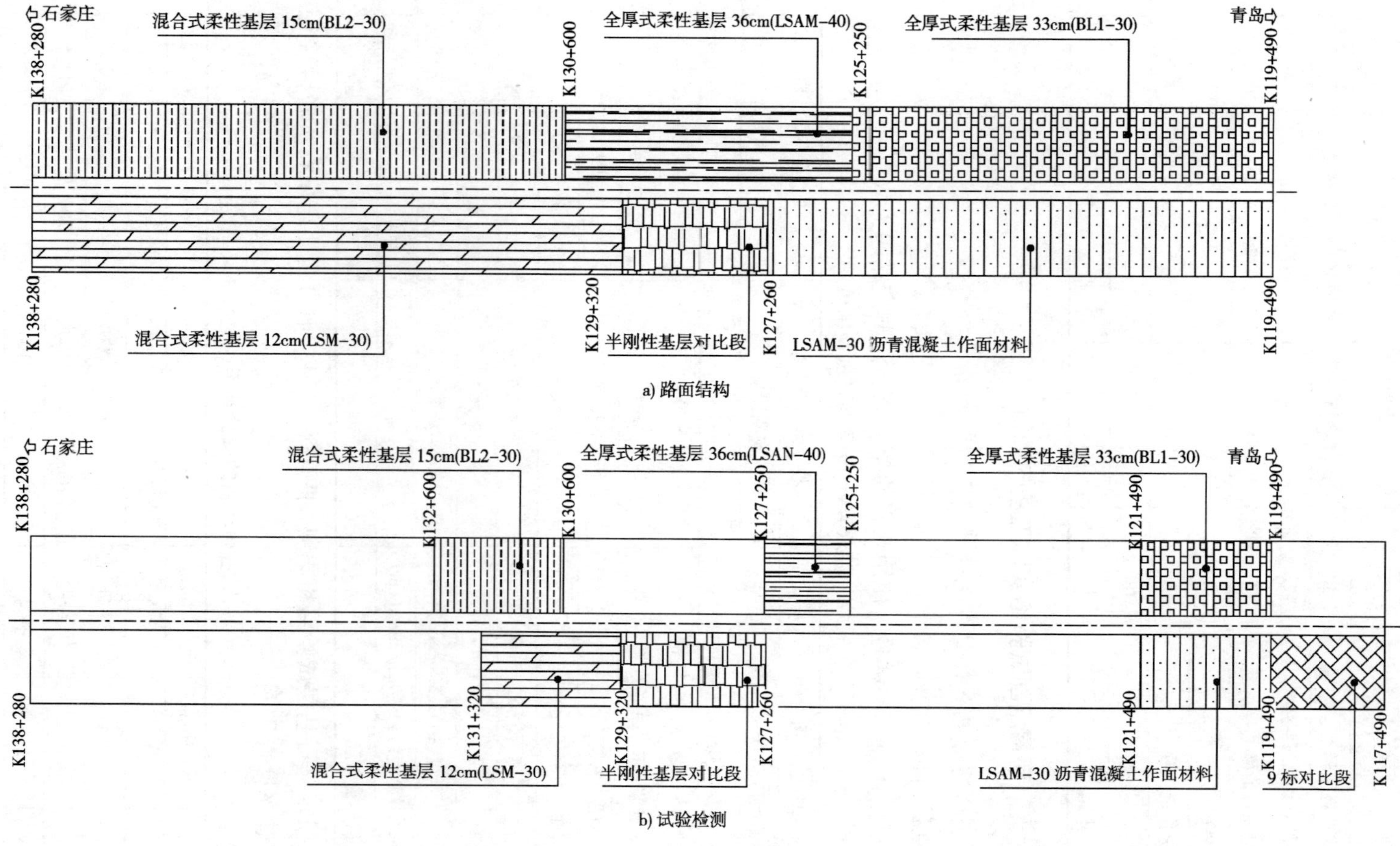

图 7-34　试验路路面结构分布示意图

K119 +490 ~ K127 +260 左幅为大粒径沥青混凝土作面层材料的试验路　表 7-42

路面各层结构	厚度(cm)	级配类型	平整度指标(mm)	设计宽度(m)	内侧边距离中桩距离(m)
细粒式沥青混凝土	4	AC-13	0.8	12.5	1.0
热喷改性沥青加碎石封层					
大粒径沥青混凝土	14	LSAM-30	1.2	12.5	1.0
水泥稳定碎石	18				
二灰稳定碎石	18				
水泥石灰稳定土	18				
土基					

7.5.2 沥青路面试验路实体工程的铺筑

1)试验路沥青混合料配合比设计

(1)原材料技术指标

沥青稳定碎石基层试验路使用欢喜岭 70 号沥青,测定结果见表 7-43。

欢喜岭 70 号沥青试验结果　表 7-43

试 验 项 目		技 术 要 求	试 验 结 果	试验方法
密度(15℃)(g/cm^3)		实测记录	1.014	T 0603
针入度(25℃,100g,5s)(1/100mm)		60 ~ 80	67	T 0604
延度(15℃,5cm/min)(cm)		>100	>100	T 0605
软化点(环与球)(℃)		≥44	47.4	T 0606
溶解度(三氯乙烯)(%)		≥99.5	99.85	T 0607
闪点(COC)(℃)		≥260	280	T 0611
薄膜加热试验(163℃,5h)	质量损失(%)	≤ ±0.8	0.8	T 0609
	针入度比(%)	≥58	67.5	T 0604
	延度(10℃,5cm/min)(cm)	≥4	>50	T 0605
	延度(15℃,5cm/min)(cm)	≥15	>50	T 0605
含蜡量(%)		≤3	1.5	T 0615

沥青稳定碎石基层试验路粗集料、细集料、填料均取自河北鹿泉石灰岩,各档粗、细集料和填料的通过率见表 7-44。

各档集料的筛分结果(单位:%)　表 7-44

筛孔尺寸(mm)	25 ~ 50mm	20 ~ 40mm	10 ~ 20mm	5 ~ 10mm	3 ~ 5mm	0 ~ 3mm	矿粉
37.5	86.5	98.8	100	100	100	100	100
31.5	52.4	85.7	100	100	100	100	100
26.5	20.8	52.1	100	100	100	100	100
19	1.5	6.4	96.3	100	100	100	100
16	0.8	1.8	79.4	100	100	100	100

续上表

筛孔尺寸(mm)	25～50mm	20～40mm	10～20mm	5～10mm	3～5mm	0～3mm	矿粉
13.2		0.6	49.9	100	100	100	100
9.5		0.2	12.8	94.4	100	100	100
4.75			0.8	1.1	69.2	100	100
2.36				0.1	3.5	83.8	100
1.18					1.5	59.2	100
0.6					0.8	35.6	100
0.3						22.6	100
0.15						16.3	96.7
0.075						9.1	86.0

集料在不同状态下的密度值测试结果见表 7-45。

不同状态下集料密度测定值　　表 7-45

集料名称	毛体积相对密度	表观相对密度	松装密度(g/cm^3)	干捣密度(g/cm^3)
粗集料(40～60mm)	2.705	2.734	1.422	1.586
粗集料(20～40mm)	2.693	2.730	1.442	1.602
粗集料(10～20mm)	2.674	2.728	1.438	1.582
粗集料(5～10mm)	2.666	2.725	1.415	1.542
细集料(3～5mm)		2.720	1.420	1.592
细集料(0～3mm)		2.712	1.629	1.910
填料(矿粉)		2.735		

集料的压碎值为 18.5%,冲击值为 12.8%。

(2)配合比设计

沥青混合料配合比设计分三个阶段进行。配合比设计方法采用了试验室配合比设计、生产配合比设计、生产配合比验证的三阶段设计方法。

目标配合比设计:试验室提供试验路级配见表 7-46。

试验室提供试验路级配　　表 7-46

级配类型	通过下列筛孔(mm)的质量百分率(%)													
	37.5	31.5	26.5	19	16	13.2	9.5	4.75	2.36	1.18	0.6	0.3	0.15	0.075
ATB—30	100.0	95.0	80.0	62.5	55.0	49.5	41.0	30.0	23.5	17.5	13.0	9.5	6.5	3.0
BLF—30	98.9	95.5	85.7	74.3	65.7	50.2	35.0	27.2	18.0	12.5	9.2	6.6	5.1	3.8

试验路目标配合比见表 7-47 和表 7-48。

试验路 ATB-30 目标配合比 表 7-47

筛孔尺寸(mm)	20~40mm碎石	10~20mm碎石	5~10mm碎石	3~5mm碎石	0~3mm碎石	矿粉	合成通过率(%)	ATB-30 目标级配 上限(%)	下限(%)	中值(%)
比例(%)	40.0	21.0	10.0	0.0	27.0	2.0				
37.5	98.8	100.0	100.0	100.0	100.0	100.0	100.0	100.0	100.0	100.0
31.5	85.7	100.0	100.0	100.0	100.0	100.0	94.3	100.0	90.0	95.0
26.5	52.1	100.0	100.0	100.0	100.0	100.0	80.8	90.0	70.0	80.0
19	6.4	96.3	100.0	100.0	100.0	100.0	61.8	72.0	53.0	62.5
16	1.8	79.4	100.0	100.0	100.0	100.0	56.4	66.0	44.0	55.0
13.2	0.6	49.9	100.0	100.0	100.0	100.0	49.7	60.0	39.0	49.5
9.5	0.2	12.8	94.4	100.0	100.0	100.0	41.2	51.0	31.0	41.0
4.75	0.0	0.8	1.1	69.2	100.0	100.0	29.3	40.0	20.0	30.0
2.36	0.0	0.0	0.1	3.5	83.8	100.0	24.6	32.0	15.0	23.5
1.18	0.0	0.0	0.0	1.5	59.2	100.0	18.0	25.0	10.0	17.5
0.6	0.0	0.0	0.0	0.8	35.6	100.0	11.6	18.0	8.0	13.0
0.3	0.0	0.0	0.0	0.0	22.6	100.0	8.1	14.0	5.0	9.5
0.15	0.0	0.0	0.0	0.0	16.3	96.7	6.3	10.0	3.0	6.5
0.075	0.0	0.0	0.0	0.0	9.1	86.0	4.2	6.0	2.0	4.0

试验路 BLF-30 目标配合比 表 7-48

筛孔尺寸(mm)	20~40mm碎石	10~20mm碎石	5~10mm碎石	3~5mm碎石	0~3mm碎石	矿粉	BLF-30合成通过率(%)	BLF-30目标级配(%)
比例(%)	31.1	39.9	0.0	6.0	21.5	1.5		
37.5	98.8	100.0	100.0	100.0	100.0	100.0	100.0	98.9
31.5	85.7	100.0	100.0	100.0	100.0	100.0	95.6	95.5
26.5	52.1	100.0	100.0	100.0	100.0	100.0	85.1	85.7
19	6.4	96.3	100.0	100.0	100.0	100.0	69.4	74.3
16	1.8	79.4	100.0	100.0	100.0	100.0	61.2	65.7
13.2	0.6	49.9	100.0	100.0	100.0	100.0	49.1	50.2
9.5	0.2	12.8	94.4	100.0	100.0	100.0	34.2	35.0
4.75	0.0	0.8	1.1	69.2	100.0	100.0	27.5	27.2
2.36	0.0	0.0	0.1	3.5	83.8	100.0	19.7	18.0
1.18	0.0	0.0	0.0	1.5	59.2	100.0	14.3	12.5
0.6	0.0	0.0	0.0	0.8	35.6	100.0	9.2	9.2
0.3	0.0	0.0	0.0	0.0	22.6	100.0	6.4	6.6
0.15	0.0	0.0	0.0	0.0	16.3	96.7	5.0	5.1
0.075	0.0	0.0	0.0	0.0	9.1	86.0	3.2	3.8

通过马歇尔试验,最终确定最佳沥青用量见表 7-49。

柔性基层沥青混合料的目标配合比性能指标　　表 7-49

级配类型	最佳油石比(%)	毛体积密度相	空隙率	饱和度	稳定度(kN)	流值(mm)	残留稳定度	TSR(%)	矿料间隙率
ATB-30	3.4	2.452	4.0	66.77	24.09	3.16	110	91.3	11.9
BLF-30	3.2	2.420	5.5	57.4	28.54	6.89	84.2	87.9	12.9

由表 7-49 可以看出:试验路配合比设计比试验室配合比设计沥青用量较低,原因有:采用不同的沥青品种、集料的代表性较差、试验仪器人员等试验条件的差异等;与 ATB-30 混合料相比,BLF-40 混合料设计空隙率较大,为后期沥青稳定碎石基层在不同空隙率状态下的使用性能及耐久性研究提供对比;ATB-30 混合料和 BLF-40 混合料在满足矿料间隙率、沥青饱和度、稳定度和流值的混合料设计后,残留稳定度和冻融劈裂抗拉强度比也较高,水稳定性能够得到保证。

生产配合比设计:ATB-30 试验路热料仓配合比见表 7-50。

ATB-30 沥青稳定碎石基层试验路热料仓配合比　　表 7-50

热料仓	6 号	5 号	4 号	3 号	2 号	填料仓	合成级配(%)	目标级配(%)		
规格	25 ~ 40mm	16 ~ 25mm	11 ~ 16mm	4.8 ~ 11mm	0 ~ 4.8mm	矿粉				
比例	35.1	14.1	7.9	11.9	27.6	3.3		上限	中值	下限
37.5	100.0	100.0	100.0	100.0	100.0	100.0	100.0	100.0	100	95.0
31.5	84.4	100.0	100.0	100.0	100.0	100.0	94.5	100.0	95	90.0
26.5	47.3	100.0	100.0	100.0	100.0	100.0	81.5	85.0	80	75.0
19	1.0	70.9	100.0	100.0	100.0	100.0	61.1	66.5	62.5	58.5
16	0.0	35.8	100.0	100.0	100.0	100.0	55.8	60.0	55	50.0
13.2	0.0	3.5	76.3	100.0	100.0	100.0	49.4	54.5	49.5	44.5
9.5	0.0	0.0	1.8	82.9	100.0	100.0	40.9	45.0	41	37.0
4.75	0.0	0.0	0.0	8.0	98.1	100.0	31.3	33.0	30	27.0
2.36	0.0	0.0	0.0	0.5	69.4	100.0	22.5	26.5	23.5	20.5
1.18	0.0	0.0	0.0	0.0	50.9	100.0	17.3	20.5	17.5	14.5
0.6	0.0	0.0	0.0	0.0	33.0	100.0	12.4	16.0	13	10.0
0.3	0.0	0.0	0.0	0.0	16.4	100.0	7.8	11.5	9.5	7.5
0.15	0.0	0.0	0.0	0.0	7.8	95.4	5.3	8.5	6.5	4.5
0.075	0.0	0.0	0.0	0.0	4.3	85.5	4.0	5.0	4	3.0

BLF-30 试验路热料仓配合比见表 7-51。

BLF-30 沥青稳定碎石基层试验路热料仓配合比 表 7-51

热料仓	6 号	5 号	4 号	3 号	2 号	填料仓	合成级配(%)	目标级配(%)		
规格	25~40mm	16~25mm	11~16mm	4.8~11mm	0~4.8mm	矿粉				
比例(%)	21.3	22.2	21.6	9.5	22.0	3.3		上限	中值	下限
37.5	100.0	100.0	100.0	100.0	100.0	100.0	100.0	100.0	98.9	93.9
31.5	84.4	100.0	100.0	100.0	100.0	100.0	96.7	100.0	95.5	90.5
26.5	47.3	100.0	100.0	100.0	100.0	100.0	88.8	90.7	85.7	80.7
19	1.0	70.9	100.0	100.0	100.0	100.0	72.4	78.3	74.3	70.3
16	0.0	35.8	100.0	100.0	100.0	100.0	64.4	70.7	65.7	60.7
13.2	0.0	3.5	76.3	100.0	100.0	100.0	52.1	55.2	50.2	45.2
9.5	0.0	0.0	1.8	82.9	100.0	100.0	33.6	39.0	35	31.0
4.75	0.0	0.0	0.0	8.0	98.1	100.0	25.7	30.2	27.2	24.2
2.36	0.0	0.0	0.0	0.5	69.4	100.0	18.6	21.0	18	15.0
1.18	0.0	0.0	0.0	0.0	50.9	100.0	14.5	15.5	12.5	9.5
0.6	0.0	0.0	0.0	0.0	33.0	100.0	10.6	12.2	9.2	6.2
0.3	0.0	0.0	0.0	0.0	16.4	100.0	6.9	8.6	6.6	4.6
0.15	0.0	0.0	0.0	0.0	7.8	95.4	4.9	7.1	5.1	3.1
0.075	0.0	0.0	0.0	0.0	4.3	85.5	3.8	4.8	3.8	2.8

生产配合比验证:生产配合比验证阶段马歇尔试验、水稳定性试验结果见表 7-52。

生产配合比验证阶段马歇尔试验结果 表 7-52

级配类型	油石比(%)	毛体积相对密度	空隙(%)	饱和度(%)	稳定度(kN)	流值(mm)	残留稳定度(%)	TSR(%)	矿料间隙率(%)
ATB-30	3.4	2.450	4.0	65.32	23.76	3.77	95.1	87.6	12.0
BLF-30	3.2	2.423	5.5	58.94	25.51	5.43	90.2	83.4	12.8

(3)全厚式柔性基层 BL1-30、LSAM-40 混合料

BL1-30 目标配合比设计见表 7-47 和表 7-48。

柔性基层大粒径沥青混凝土 LSAM-40 矿料目标配合比见表 7-53。

LSAM-40 矿料目标配合比 表 7-53

级配类型	各档集料的百分比组成(%)							油石比(%)
	粗 集 料			细 集 料			矿粉	
	40~60	20~40	10~20	5~10	3~5	0~3		
LSAM-40	17.1	16.7	34	0	11.2	18.3	2.7	3.6

沥青混合料马歇尔试验:按调整后的目标配合比,在油石比 3.2% ~4.1% 之间,以 0.3% 间隔不同油石比进行马歇尔试验,结果见表 7-54。

马歇尔试验结果汇总表　　表 7-54

油石比（%）	理论密度（g/cm^3）	实测密度（g/cm^3）	空隙率（%）	饱和度（%）	稳定度（kN）	流值（0.1mm）	矿料间隙率（%）
3.2	2.564	2.430	5.2	58.7	22.74	41.73	12.7
3.5	2.553	2.432	4.7	63.1	24.6	38.60	12.9
3.8	2.542	2.444	3.9	69.3	23.51	37.07	12.8
4.1	2.531	2.431	4.0	69.6	23.00	48.10	13.3

确定最佳油石比及对应各项指标：

油石比　　$OAC_1 = 3.6\%, OAC_2 = 3.4\%$

$$OAC = (OAC_1 + OAC_2)/2 = 3.5\%$$

基于该沥青混合料是作为基层材料使用的前提下，油石比确定为 3.6%，对应的各项混合料性能指标见表 7-55。

沥青混合料性能指标　　表 7-55

最佳油石比（%）	实测密度（g/cm^3）	空隙率（%）	饱和度（%）	稳定度（%）	流值（0.1mm）	残留稳定度（%）	TSR（%）	矿料间隙率（%）
3.6	2.448	3.96	68.08	24.76	39.7	100.3	75.4	12.3

（4）混合式柔性基层 BL2-30、LSAM-0 混合料

BL2-30 矿料目标配合比见表 7-56。

BL2-30 矿料目标配合比　　表 7-56

级配类型	各档集料的百分比组成（%）					油石比（%）
	粗集料			细集料	矿粉	
	20～40	10～20	3～5	0～3		
BL2-30	31.7	27.3	17.5	20.7	2.8	3.4

沥青混合料马歇尔试验：按调整后的目标配合比，在油石比 2.6%～4.2% 之间，以0.4%间隔不同油石比进行马歇尔试验，结果见表 7-57。

马歇尔试验结果汇总表　　表 7-57

油石比（%）	理论密度（g/cm^3）	实测密度（g/cm^3）	空隙率（%）	饱和度（%）	稳定度（kN）	流值（0.1mm）	矿料间隙率（%）
2.6	2.602	2.403	7.6	44.0	32.08	33.74	13.6
3.0	2.586	2.421	6.4	52.2	29.14	39.96	13.3
3.4	2.571	2.439	5.1	60.9	28.02	45.80	13.0
3.8	2.556	2.445	4.3	67.3	28.22	39.16	13.1
4.2	2.541	2.448	3.7	72.9	26.33	42.80	13.4

基于该沥青混合料是作为基层材料使用的前提下，油石比确定为 3.4%，对应的各项混合料性能指标见表 7-58。

沥青混合料性能指标　　表 7-58

稳定度(kN)	流值(0.1mm)	空隙率(%)	饱和度(%)	残留稳定度(%)	冻融残留强度比(%)	矿料间隙率(%)
>14.0	实测	4~6	55~70	>80	>75	>12.0

确定最佳油石比及对应各项指标：

油石比　$OAC_1 = 3.4\%, OAC_2 = 3.63\%$

$$OAC = (OAC_1 + OAC_2)/2 = 3.5\%$$

由于该沥青混合料作为基层材料使用，最佳油石比确定为 3.4%，对应的混合料各项性能指标见表 7-59。

混合料性能指标　　表 7-59

最佳油石比(%)	实测密度(g/cm^3)	空隙率(%)	饱和度(%)	稳定度(%)	流值(0.1mm)	残留稳定度(%)	TSR(%)	矿料间隙率(%)
3.4	2.444	4.9	61.9	28.01	36.55	81.0	81.8	12.8

混合式柔性基层 LSM-30 矿料目标配合比见表 7-60。

LSM-30 矿料的目标配合比　　表 7-60

级配类型	各档集料的百分比组成(%)							油石比(%)
	粗集料			细集料			矿粉	
	40~60	20~40	10~20	5~10	3~5	0~3		
LSM-30	0	40	21	10	0	27	2	3.4

按调整后的目标配合比，在油石比 2.6%~4.2% 之间，以 0.4% 间隔不同油石比进行马歇尔试验，结果见表 7-61。

马歇尔试验结果汇总表　　表 7-61

油石比(%)	理论密度(g/cm^3)	实测密度(g/cm^3)	空隙率(%)	饱和度(%)	稳定度(kN)	流值(0.1mm)	矿料间隙率(%)
2.6	2.584	2.401	7.09	45.85	25.67	3.17	13.09
3.0	2.568	2.441	4.97	58.52	24.83	3.01	11.98
3.4	2.553	2.452	4.00	66.77	24.09	3.16	11.93
3.8	2.538	2.468	2.78	76.33	25.79	4.93	11.69
4.2	2.524	2.477	1.87	84.07	25.25	4.22	11.71

确定最佳油石比及对应各项指标：

油石比　$OAC_1 = 3.4\%, OAC_2 = 3.35\%$

$$OAC = (OAC_1 + OAC_2)/2 = 3.38\%$$

由于该沥青混合料作为基层材料使用，最佳油石比确定为 3.4%，对应的混合料各项性能指标见表 7-62。

沥青混合料性能指标　　表 7-62

最佳油石比(%)	实测密度(g/cm^3)	空隙率(%)	饱和度(%)	稳定度(%)	流值(0.1mm)	残留稳定度(%)	TSR(%)
3.4	2.452	4.0	66.77	24.09	3.16	110	91.3

LSAM-30 矿料目标配合比见表 7-63。

LSAM-30 矿料目标配合比　　表 7-63

级配类型	各档集料的百分比组成(%)						油石比(%)
	粗集料				细集料	矿粉	
	25~40	20~40	10~20	5~10	0~3		
LSAM-30	21.8	6.0	29.9	17.8	20.5	4.0	3.5

按调整后的目标配合比,在油石比 2.6%~4.6%之间,以 0.4%间隔不同油石比进行马歇尔试验,结果见表 7-64。

马歇尔试验结果汇总表　　表 7-64

油石比(%)	理论密度(g/cm^3)	实测密度(g/cm^3)	空隙率(%)	饱和度(%)	稳定度(kN)	流值(0.1mm)	矿料间隙率(%)
2.6	2.589	2.428	6.2	49.3	27.2	41.5	12.3
3.0	2.574	2.439	5.3	57.2	29.9	36.3	12.3
3.4	2.559	2.431	5.0	61.4	23.0	47.4	12.9
3.8	2.530	2.435	3.8	70.3	25.0	58.5	12.5
4.2	2.529	2.441	3.5	73.8	22.0	54.6	13.2
4.6	2.515	2.458	2.3	82.5	21.5	52.0	12.9

确定最佳油石比及对应各项指标:

油石比　　$OAC_1 = 3.45\%, OAC_2 = 3.4\%$

$$OAC = (OAC_1 + OAC_2)/2 = 3.43\%$$

基于该沥青混合料是作为基面层材料使用的前提下,油石比确定为 3.5%,对应的各项混合料性能指标见表 7-65。

沥青混合料性能指标　　表 7-65

最佳油石比(%)	实测密度(g/cm^3)	空隙率(%)	饱和度(%)	稳定度(%)	流值(0.1mm)	残留稳定度(%)	TSR(%)
3.5	2.442	4.4	64.9	23.41	57.4	105.5	81.2

2)试验路沥青混凝土路面柔性基层施工技术

(1)原材料技术要求

①原材料质量。所有进场的原材料质量必须符合设计和规范要求,并按规定的频率进行检验。粗细集料应按规范要求进行分档,不能将两档或两档以上的规格料混为一档,否则很难保证施工合成级配要求。

②粗细集料堆放。粗细集料堆放场地进行硬化,硬化采用同规格料摊铺碾压的方式,摊铺厚度为 50cm,分两次摊铺和碾压,并根据排水要求做成不小于 1.5%的坡度;料场四周挖排水沟;不同规格料分区堆放,中间用红砖砌墙隔挡,挡墙高度为 2m,并根据存放高度需要在挡墙上加沙袋增高隔挡;集料要分层堆放,并用标志牌进行标记产地、规格、拟使用部位和检验状态;集料堆放高度尤其是粗集料堆放高度不宜超过 5m。

(2)施工设备技术要求

柔性基层单层铺筑厚度一般较大,为保证施工的连续性,各种施工设备必须配备且满足大生产量的要求。

①拌和设备。采用意大利产西姆 SIMCB340 型拌和站，额定产量 340t/h。

②运输设备。采用斯太尔自卸汽车，车厢尺寸为 2.2m×5.3m×1.8m，最大装载 40t。

③摊铺设备。采用一台 ABG525 和一台 ABG423 摊铺机摊铺，这两种摊铺机均具有自动找平系统，可根据需要采用挂钢丝和非接触式自动平衡梁两种方式进行平整度和高程控制。

④碾压设备。采用的压路机设备为：XP260、XP261 轮胎压路机各一台，戴纳派克 CC501 一台、BW202-AHD-2 一台、BW202-AD-2 一台。

（3）柔性基层施工技术及工艺

沥青稳定碎石基层由于其粒径大、摊铺厚度大的特点，除了遵守《公路沥青路面施工技术规范》（JTG F40—2004）对沥青混合料的施工工艺的详细规定外，还应该考虑其特殊性和工程经验不足因素，结合工程实际对其特殊的施工工艺加以研究。通过不断总结，本课题较好的解决了大粒径厚度为 12～18cm 柔性基层沥青混合料的施工离析、压实和平整度控制问题。

①集料堆集和运输。

集料堆放要求：不同规格料应分区堆放，并砌墙分隔；分层堆放集料（特别是粗集料）；在料场场地容许的情况下，尽可能减少料堆的高度，堆放高度均不超过 5m；细集料用彩条布压沙袋覆盖防雨。

必须分层堆料和取料，尽可能防止粗集料产生滚动离析现象。如果粗集料在料堆底部发生了离析，应当用装载机将料重新拌和后，才能送到冷料斗中。加强料堆卸料和装料的管理，是减少随机离析的关键。

装载机司机在给冷料斗装粗集料时应特别小心。因其粒径较大快速装运时可能造成料仓额外损耗，应当比正常情况下慢一些，同时，粗集料应卸到冷料斗的中心位置，尽可能不撞击冷料斗的斗壁。应尽量使冷料斗装满一些，并且填料频繁些，以便使仓内始终有一定量的存料，减少上料过程粒料对料仓的冲击作用。

②沥青混合料拌和。

a. 拌和设备。试验路段设置五个冷料仓，由于冷料仓集料规格可能发生变化，需严格控制热料仓比例。依据矿料规格选择合适的振动筛规格，做好保证级配稳定的振动筛组合、倾角和振荡力设置，满足各热料仓储量基本均衡。标定拌和楼的各种传感器，尤其是沥青的用量传感器，进行热料仓集料筛分试验和沥青用量抽提试验完成校检。逐盘采集打印材料用量、沥青混合料数量，做好过程控制和总量检验。经拌和站热料筛分后，混合料的级配基本上没有改变，能有效消除冷料离析的影响；但是另一方面，因粗集料离析可能出现热料仓溢料和等料现象，影响混合料的产量，生产过程中要严禁手动调整现象，以免影响级配，造成施工离析。工程实际每小时产量控制在 280t 左右，即达到额定产量 340t 的 83% 左右，主要就是等料和溢料造成的，但不管产量如何，均不允许手动调整。

b. 拌和。混合料干拌时间不少于 5s，湿拌时间为 30～40s，不低于 30s。拌和厂拌和的沥青混合料以均匀一致，无花白料、无结团或块或严重的粗细料离析现象为拌和原则，不符合要求时不得使用，并应及时调整。

柔性基层矿粉用量少，采用普通矿粉，不掺消石灰。拌和机设置二级除尘装置，回收粉尘使用掺量不大于 20%。

c. 储料仓。沥青混合料从拌和缸内投入到储料仓时，必须从储料仓中心位置卸入，而不能偏向储料仓的一侧，否则会造成沥青混合料沿侧壁滚落而发生离析。安装设备时必须注意卸料口位置的检校。

③沥青混合料运输。运输时选用 1t 以上的自卸车作为运料车，并应确保在摊铺机前等待的运料车不少于 3 辆。车厢板涂抹防黏剂，每次使用后必须清扫，防止混合料黏滞硬结。

装料：用料车装料时，拌和楼下的锥体形底部的卸料门应当快速开启，打开时门要开到最大使混合料流出不受限制，以减少离析。运料车车厢位置不可停在一个位置一次性装料，要往复移动车厢位置均匀下料。必须采用前、后、中三步装料法，即先装车的前部，再装车的后部，最后装车的中间，以最大可能地防止混合料滚落离析。当车辆较长时，还可以增加装料步数。如车厢高于 1.2m 则分两层往返下料，减小集料下料过程中的离析。从储料仓向料车卸料时，应尽可能保证储料仓的料量不少于其总容量的一半，以尽可能减少放料次数，减少离析情况的发生。

如果允许粗集料颗粒滚到料车斗的尾门，卸到摊铺机料斗的首批材料将是在尾门处积聚的粗集料颗粒。如果允许粗集料颗粒滚动到料车斗的前端，那么卸到摊铺机料斗的末批材料将是在车斗前端积聚的粗集料。这两种情况都将引起装载离析。如果两种离析首尾相接，表现出来的离析程度更大。

运输：运料车不得超载、紧急制动、急转弯。为防止污染和保温，运料车装料后宜用苫布覆盖保温、防雨、防污。本工程采用防水隔热帆布覆盖，要求全部覆盖，经理部安排专人统一覆盖。

卸料：为了减少离析，将沥青混合料从料车向摊铺机受料斗卸料的方法也很重要。料车驾驶员卸料时应关着后门提升料车斗，提升到混合料能够移向料车后门的位置时再开后门卸料，在等待正在卸料的时间内，车身应保持部分地升起状态。料车应在摊铺机前 10 ~ 30cm 前停住，并挂空挡，要严禁料车剧烈撞击摊铺机，造成摊铺机起伏而降低摊铺层的平整度。一旦料车与摊铺机相接触，后门就应打开，混合料卸入摊铺机料斗，这一方法将一次性地将混合料从料车卸出并涌入摊铺机受料斗。当混合料一次性移动时，对于自卸料车操作手来说，驾驶员通常会等待并在料车床空了后才会将车底升到最高位置。这种操作会造成车身前部积聚的最粗集料颗粒不能和 HMA 一起移入料斗，而是以单独颗粒滚落到摊铺机料斗。最好的办法是当车内剩余 20% ~ 30% 的混合料时，将料车身升到最高位置，使车身前部的粗集料颗粒融入混合料的整体中，最大限度地减少离析的可能性。

④沥青混合料摊铺。试验路段采用德国 ABG 公司生产的 ABG525 型、ABG423 型两台摊铺机前后相距 6 ~ 8m 成梯队方式同步摊铺，保证 50cm 搭接宽度，上下层搭接位置错开 200mm 以上。摊铺机保持缓慢、均匀、连续不间断地摊铺，不得随意变速或停顿，以提高平整度，减少混合料离析。

ATB-30 和 BLF-30 试验路段摊铺速度设置为 1 ~ 1.3m/min，摊铺机夯锤 2.0 级，熨平板 2.5级，以保证熨平板下更均匀的喂送混合料并完成熨平板更好地振动压实。

运料车在摊铺机前 100 ~ 300mm 处停住，空挡等候，由摊铺机推动前进开始缓缓卸料，避免撞击摊铺机。混合料在摊铺机料斗传送带两侧的平板上易黏滞，运料车倒料完毕后进行料车更换时，不宜频繁地收起摊铺机的料斗两侧挡板来防止黏滞，以减少卸料时造成的横向离析和蜂窝状离析。

ATB-30 试验路段一次摊铺 12cm，采用钢丝绳引导的高程控制方式找平；BLF-30 试验路段第一层17cm一次摊铺，采用钢丝绳引导的高程控制方式找平，第二层16cm一次摊铺，采用平衡梁摊铺厚度控制方式找平。

ATB-30试验路段松铺系数为1.18，BLF-30试验路段松铺系数为1.2。

⑤碾压。在沥青稳定碎石基层施工过程中要做好碾压工艺的方案设计，试验段的实施中依据现场观测结果对碾压工艺随时进行调整，对比各种碾压方式和碾压工艺对沥青稳定碎石基层施工的影响。

针对沥青稳定碎石基层的特点，在碾压工艺对比方案的设计上考虑以下几方面：

a. 碾压厚度对沥青稳定碎石基层压实性能的影响；

b. 对比初压、复压、终压阶段使用不同类型、吨位压路机对压实性能的影响；

c. 分析不同压路机台数、排列方式、压实遍数、碾压行走速度对压实性能的影响；

d. 分析温度对压实性能的影响。

ATB-30试验段和BLF-30试验段碾压工艺见表7-66和表7-67。

沥青稳定碎石ATB-30试验段碾压工艺 表7-66

试验路段	ATB-30（压实厚度12cm、松铺系数1.18）		
碾压工艺	（一）	（二）	（三）
桩号	K138+240~K138+280	K138+200~K138+240	K138+160~K138+200
初压	钢轮BW202-AD-2 静压1遍	钢轮BW202-AD-2静压1遍	轮胎XP 260碾压1遍 轮胎XP 261碾压1遍
复压	钢轮BW202-AHD-2强振4遍 轮胎XP 261碾压1遍 轮胎XP 260碾压1遍	钢轮BW202-AHD-2强振2遍 轮胎XP 261碾压1遍 轮胎XP 260碾压1遍 钢轮BW202-AHD-2强振2遍	钢轮BW202-AHD-2强振4遍
终压	钢轮BW202-AD-2 静压1遍	钢轮BW202-AD-2强振1遍 钢轮BW202-AD-2静压1遍	钢轮BW202-AD-2强振1遍 钢轮BW202-AD-2静压1遍

沥青稳定碎石BLF-30试验段碾压工艺 表7-67

试验路段	BLF-30（压实厚度17cm、松铺系数1.2）			
碾压工艺	（四）	（五）	（六）	（七）
桩号	K119+490~K119+520	K119+520~K119+570	K119+570~K119+603	K119+603~K119+620
初压	轮胎XP 261碾压1遍 轮胎XP 260碾压1遍	轮胎XP 260碾压1遍 轮胎XP 261碾压1遍	钢轮BW202-AD-2 静压1遍	钢轮BW202-AD-2 静压1遍
复压	钢轮CC501强振2遍 钢轮BW202-AHD-2 强振2遍	钢轮CC501弱振1遍 钢轮BW202-AHD-2 强振2遍 钢轮CC501弱振1遍	钢轮CC501弱振1遍 钢轮BW202-AHD-2 强振2遍 钢轮CC501弱振1遍 轮胎XP 261碾压1遍 轮胎XP 260碾压1遍	钢轮CC501弱振1遍 钢轮BW202-AHD-2 强振2遍 钢轮CC501弱振1遍 钢轮BW202-AHD-2 强振2遍
终压	钢轮BW202-AD-2 强振1遍 钢轮BW202-AD-2 静压1遍	钢轮BW202-AD-2 强振1遍 钢轮BW202-AD-2 静压1遍	钢轮BW202-AD-2 强振1遍 钢轮BW202-AD-2 静压1遍	钢轮BW202-AD-2 强振1遍 钢轮BW202-AD-2 静压1遍

在沥青稳定碎石基层的铺筑过程中，不同类型压路机在路面压实中的作用和效果与面层情况下的使用有差异：

a. 沥青稳定碎石基层不再需要初压阶段的稳压，静力光轮压路机仅用于碾压成型的终压阶段，主要起光面、整平作用。沥青稳定碎石压实厚度较大，混合料松铺系数较大，静力光轮压路机用于初压的稳压作用失去意义，也没有必要进行静力初压以对混合料进行保温作用，所以不推荐对沥青稳定碎石基层进行静力初压。

b. 沥青稳定碎石基层的初压阶段由轮胎压路机来完成。轮胎压路机具有特别好的搓揉作用，混合料压实后密水性好，碾压均匀，碾压后无冷却微裂缝，轮胎加热碾压无需洒水，减少混合料热损失，比钢轮压路机更易获得较大的压实度。将轮胎压路机安排在初压阶段，是希望在混合料温度尽可能高的情况下，利用轮胎压路机对混合料的搓揉作用尽快地将混合料颗粒致密排列，保证混合料的密实、稳定，尤其保证较厚铺筑层情况下的底部混合料的压实。由于沥青稳定碎石基层的下承层温度低，沥青稳定基层的下部温度受下承层温度的影响比混合料中部温度低，又由于随深度的增加压实功降低，压实效果比中上部都差，在尽可能高的温度情况下尽快碾压成型有利于提高压实效果。轮胎压路机的搓揉效果不仅给混合料提供正压力作用，更重要的是提供正压力和横向力的共同作用，使得不同深度下的混合料受到多向应力作用。如果初压阶段采用振动压路机，轮胎压路机用于复压阶段时，轮胎压路机的搓揉作用深度就极大地受到限制。混合料已经经历了有激振力的强大正压力作用，轮胎压路机吨位重量的正压力对混合料的压实，尤其是深度较大处的混合料压实作用微弱。振动压路机会使得一部分压实层表面集料破碎，集料破碎面上没有沥青的裹覆，对振动压路机成型混合料后再使用轮胎压路机，会使表面已经破碎又没有沥青裹覆的集料发生松散，轮胎搓揉下破裂面被摩擦光滑、棱角断裂。大吨位轮胎压路机的轮迹也难以在终压中消除。所以不推荐沥青稳定碎石基层在振动压路机后使用轮胎压路机复压。

c. 振动压路机用于沥青稳定碎石的复压阶段。振动压路机在自重和振动共同作用下对混合料连续快速冲击，冲击力使得单位线压力大大提高，相同频率的压力波传入铺筑层内使得混合料的颗粒发生移动重新进行排列，使得混合料更密实、更稳定，获得良好的压实效果。但是当集料较为软弱时，在振动压路机的激振力的高强度作用和石料可能的共振作用下，粗颗粒集料、棱角尖锐集料、混合料表面集料易发生破碎和磨光现象。由于压实层厚度大，尽可能地选用高频率、高振幅、有较大的激振力、较深的作用范围的压路机，如果混合料发生较严重的集料破碎现象时改用高频率低振幅，降低碾压速度，保证压实度的要求。振动压路机用于初压时，由于沥青稳定碎石基层粒径较大，采用高频率高振幅时，容易造成集料破碎，在碾压表面粉碎集料，破坏集料颗粒间的沥青膜；改用高频率低振幅时，压路机激振力作用深度和强度降低，尤其是底部温度较低的混合料压实不紧密；为防止粘轮，振动压路机的钢轮必须有良好的洒水雾化功能，水的侵入将造成混合料的大量热损失，降低混合料温度，加快最低碾压温度的到来，缩短有效压实时间。所以，推荐振动压路机用于沥青稳定碎石基层的复压阶段，在轮胎压路机良好的搓揉密实后进一步在激振力作用下将集料排列在更稳定和致密的状态。与较虚的混合料状态相比，振动压路机在混合料初期密实状态时，在激振力下作用下材料发生共振，更能发挥整体密整作用，提高压实度。振动压路机的压轮为刚性，与混合料呈线接触状态，接触面积小，应力大，较大吨位的载重加上激振力的共同作用，振动压路机对混合料施加的应力比轮胎压路机大得多,在提供较大击实功的同时对集料的冲击应力也很大,容易造成集料破碎。

压路机组合对沥青稳定碎石基层碾压效果的影响分析如下:

试验路分析影响混合料压实的各项影响因素,从主要因素考虑 ATB-30 试验段设置三种碾压工艺、BLF-30 试验段设置四种碾压工艺,从不同类型混合料的七种组合方式中对压路机组合方式进行研究。

采用碾压工艺(一)进行碾压后发现:振动压路机复压 4 遍集料破碎现象严重,压实表面粉末增多,有松散小粒料,色泽灰白;轮胎压路机轮迹未完全消除,等两台振动压路机碾压完成造成轮胎压路机待机;从表面碾压状态来看,振动压路机碾压后轮胎压路机碾压效果微弱;压实完成后混合料表面温度仍然很高,有效压实时间可以延长,压路机组合遍数可以增加。

采用碾压工艺(二)进行碾压后发现:复压中首先采用振动压路机造成集料的严重破碎,压实表面粉末增多,色泽灰白;振动压路机为防止粘轮的洒水措施造成混合料的热损失,加剧了混合料的降温速率,不利于碾压成型;从表面碾压状态来看,振动压路机碾压 2 遍后使用轮胎压路机搓揉效果作用不显著,但是与振动压路机碾压 4 遍后使用轮胎压路机碾压效果相比,轮胎压路机搓揉作用较显著;振动压路机碾压过后的轮胎碾压破坏了混合料已经形成的整体性,改变了振动压路机激振力形成的颗粒排列稳定状态,抵消了一部分振动压路机对集料颗粒排列密实的作用;轮胎压路机碾压后的振动压路机碾压有利于消除轮胎压路机的碾压痕迹;增加碾压遍数可以获得更好的压实效果,在混合料温度降至最低压实温度前,有效地利用了有效压实时间。

采用碾压工艺(三)进行碾压后发现:轮胎压路机碾压前的静力稳压失去意义;轮胎压路机在混合料较虚状态下的搓揉作用显著且作用深度大,不同深度混合料的三向应力状态应力大小有所不同,底部混合料主要受到正压力作用,中上部混合料不仅受到正应力作用而且横向力作用显著,混合料颗粒发生位移使得混合料致密、发生颗粒转动使得颗粒排列更加稳定;轮胎压路机作用下混合料颗粒完好;振动压路机能在轮胎压路机之后进一步提高压实效果,在混合料初步密实的情况下,振动压路机对混合料整体共振密实,集料破碎现象有所缓解;初压使用轮胎压路机,复压紧跟振动压路机能有效地消除轮胎压路机的碾压轮迹,提供密实、均匀、平整的碾压表面。

ATB-30 试验路铺筑以上三种碾压工艺试验段,从试验段的现场碾压情况和钻芯压实度测定情况,最后确定 ATB-30 试验路采用碾压工艺(三)铺筑剩余 8.8km ATB 试验路。

采用碾压工艺(四)进行碾压后发现:轮胎 XP261 碾压速度较慢,轮胎 XP260 碾压速度较快,先 XP261 后 XP260 的机械安排造成 XP260 压路机等待;XP261 的慢速碾压造成后碾压一侧混合料温度降低较多,碾压温度的降低不利于保证宽度范围内均匀的碾压质量;混合料较虚状态的散热较快,减小了有效压实时间;大吨位的振动压路机在高频率高振幅振压下集料破碎严重,表面有颗粒松散、散落,色泽灰白;一台 CC501 碾压两遍再上两台 BW202-AHD-2 碾压,造成两台 BW202-AHD-2 待机,损耗有效压实时间。

采用碾压工艺(五)进行碾压后发现:轮胎压路机在高温状态下有效地克服骨架密实结构混合料的集料内摩擦阻力,将混合料搓揉密实;大吨位 CC501 振动压路机由高频率高振幅改为高频率低振幅有效地缓解了集料破碎状况,集料破碎现象大为减轻;在较大自重和激振力作用下对骨架密实结构混合料也有很好的压实效果;XP260 在 XP261 前碾压有利于混合料保温,延长有效压实时间;XP26 和 XP260 以及 CC501 和 BW202-AHD-2 振动压路机的次序调整提高机械利用率,有利于在更高温度下更快地压实成型;终压完成后表面温度比低限值仍有富余,表面平整、均匀。

采用碾压工艺(六)进行碾压后发现:振动压路机首先复压不利于骨架密实结构混合料的密实,在振动压路机仅正应力较大的碾压下难以克服集料间较大的内摩擦阻力,骨架嵌挤状态不易趋于更加密实稳定状态;振动压路机采用高频率低振幅大大降低了作用深度,位于较厚压实厚度底部的混合料难以获得良好的压实性能;表面灰白,集料破碎;轮胎压路机搓揉作用不显著,仅在表面重新搓揉排列集料颗粒;轮胎压路机接地面积大,接地应力减小,对混合料进一步压实效果不显著;目测上看振动压路机不如轮胎压路机碾压轮迹竖向变形大,振动压路机使用后轮胎碾压轮迹变形更小,碾压前后竖向变形较碾压工艺(五)小;轮胎压路机轮迹在终压后可以消除。

采用碾压工艺(七)进行碾压后发现:一直使用振动压路机,难以克服粗颗粒集料间的内摩擦阻力,尤其是部分粗集料局部范围嵌挤密实的情况下,难以在振动压路机的竖向激振力作用下使颗粒移动、转动,达到整体密实;尤其是大吨位的振动压路机,在混合料没有整体密实时,更容易在粗集料部分形成嵌挤处破碎集料;混合料没有经历轮胎压路机搓揉作用,当振动碾压之后,人脚进行踩压时颗粒有较明显的横向移动,表面颗粒较松散,人在其上行走会留有较深的前部脚印;终压完成后表面温度比低限值仍有富余,表面平整、均匀。

对于 BLF-30 试验路,从试验段的现场碾压情况和钻芯压实度测定情况,最后确定 BLF-30 试验路采用碾压工艺(五)铺筑剩余 5.5km BLF 试验路。

不同碾压工艺下沥青稳定碎石基层压实度测定结果见表 7-68。

不同碾压工艺下沥青稳定碎石基层压实度测定结果　　表 7-68

试验路	ATB-30(压实度要求≥97%)			BLF-30(压实度要求≥97%)			
碾压工艺	(一)	(二)	(三)	(四)	(五)	(六)	(七)
压实度(%)	99.3 (0.55/0.01)	99.9 (1.05/0.01)	100.4 (0.69/0.01)	101.7 (0.95/0.01)	100.9 (0.47/0)	101.2 (0.20/0)	100.4 (0.81/0)

注:括号内数值为标准差和变异系数。

BLF-30 试验路各碾压工艺压实度均大于 ATB-30 试验段,与其添加了大吨位的振动压路机 CC501 有关,说明较大吨位的压路机有利于提高混合料压实度,在集料坚硬破碎轻微的路段尽可能使用较大吨位的压路机。

碾压工艺(一)因其压实遍数最少压实度最小,说明在温度降低到最低压实温度前尽可能地增加压实遍数有利于增大混合料压实度。

碾压工艺(二)压实度与碾压工艺(三)相比,压实度较低,说明在初压阶段选用轮胎压路机碾压效果更好,在混合料最高温度下轮胎压路机的搓揉作用效果最好,能获得最大的混合料压实度。

碾压工艺(四)采用大吨位的振动压路机 CC501(25t),高频率、高振幅的碾压方式获得了最大的压实度,说明高频率、高振幅有利于提高压实度,获得最致密的混合料结构,但是因为其冲击力的增大,集料易破碎,要依据集料的坚硬程度确定是否采用高频率高振幅的碾压方式。

压实度中大量存在压实度≥100%的情况,是因为压实度的计算是以当日马歇尔试件标准密度为基准来计算,采用击实成型马歇尔试件与工地现场的碾压成型方式有差异,马歇尔试验击实功较小,工地现场振动冲击力和轮碾搓揉作用都可能使得混合料得到更充分的压实,大于室内马歇尔试件的标准密度。

不同碾压工艺下沥青稳定碎石基层空隙率测定结果见表7-69。

不同碾压工艺下沥青稳定碎石基层空隙率测定结果　　表7-69

试验路	ATB-30(马歇尔试验设计空隙率)			BLF-30(马歇尔试验设计空隙率5.5%)			
碾压工艺	(一)	(二)	(三)	(四)	(五)	(六)	(七)
现场空隙率(%)	4.5 (0.52/0.12)	4.0 (0.99/0.23)	3.9 (0.37/0.16)	5.2 (0.88/0.22)	5.4 (0.34/0.08)	5.6 (0.29/0.08)	5.7 (0.72/0.13)

注:括号内数值为标准差和变异系数。

压实度以当日马歇尔标准密度为基准,压实度的计算受到马歇尔试件样本是否具有代表性的影响,还受到马歇尔试件试验条件的影响,所以不能仅仅采用压实度来评定压实工艺的差异,所以在分析压实度基础上还需要分析现场空隙率。现场空隙率以设计混合料最大理论相对密度为基准。压实度指标能排除拌和楼提供混合料差异的影响,现场空隙率指标能排除马歇尔试验方法的影响,两个指标各有优劣。不同碾压方式的现场空隙率差异较大,说明现场空隙率能作为碾压工艺的评价指标。

在ATB-30试验段中,碾压工艺(三)的现场空隙率最小;在BLF-30试验段中,碾压工艺(四)的现场空隙率最小。这说明无论何种类型沥青混合料的压实中,采用轮胎压路机初压的碾压工艺现场空隙率最小,有利于获得最密实的压实效果。

在ATB-30试验段中,碾压工艺(一)比碾压工艺(二)现场空隙率小,且其现场空隙率大于马歇尔试验设计空隙率,说明碾压遍数不足时难以保证压实质量,在混合料有效压实温度下增加碾压遍数有利于压实度的提高,尽可能地在有效温度内充分碾压。

在BLF-30试验段中,碾压工艺(四)与碾压工艺(五)相比,碾压工艺(四)现场空隙率更小,说明振动压路机采用高频率高振幅比高频率低振幅的现场空隙率更小,压实更致密。

在BLF-30试验段中,碾压工艺(七)是仅采用振动压路机的碾压方式,碾压工艺(七)现场空隙率最大,与最小现场空隙率的碾压工艺(四)现场空隙率相差0.5%,并且现场空隙率大于马歇尔试验设计空隙率,说明仅采用振动压路机铺筑粒径较大、集料较粗的沥青温度碎石基层并不合适。尤其是骨架密实结构的沥青稳定碎石,轮胎压路机的高温碾压才能获得较好的压实性能。

在不同碾压工艺下,ATB-30试验段将12cm厚的钻芯试件切割成上、下两部分,空隙率测定结果见表7-70。

不同碾压工艺下的芯样上、下两部分空隙率结果　　表7-70

试验路	ATB-30(马歇尔试验设计空隙率4.0%)		
碾压工艺	(一)	(二)	(三)
现场空隙率(%)	4.5 (0.52/0.12)	4.0 (0.99/0.23)	3.9 (0.69/0.20)
上部芯样空隙率(%)	4.1 (0.45/0.15)	3.7 (0.66/0.24)	3.7 (0.78/0.25)
下部芯样空隙率(%)	5.0 (0.53/0.10)	4.3 (1.03/0.21)	4.1 (0.57/0.21)

注:括号内数值为标准差和变异系数。

从芯样切割成上、下两部分的空隙率可以看出下部芯样空隙率均大于上部芯样空隙率，说明混合料表面压实效果更好，压实功随深度递减，底部混合料的压实较难。良好的底部压实效果是压实工艺的选择的重要因素。

在 ATB-30 试验段中，碾压工艺（三）芯样上、下两部分空隙率差值最小，碾压工艺（二）次之，碾压工艺（一）差值最大，说明采用轮胎压路机初压的碾压工艺，底部混合料能获得更好的压实，压实更均匀，集料离析、细料上浮现象较轻；轮胎压路机的集料重新排列致密作用比振动压路机好，混合料在多向应力作用下更密实；在尽可能高的温度下增加碾压遍数有利于提高压实质量。

在不同碾压工艺下，BLF-30 试验段将 17cm 厚的钻芯试件切割成上、中、下三部分，空隙率测定结果见表 7-71。

不同碾压工艺下的芯样上、中、下三部分空隙率结果　　表 7-71

试验路	BLF-30（马歇尔试验设计空隙率 5.5%）			
碾压工艺	（四）	（五）	（六）	（七）
现场空隙率（%） （即芯样总体空隙率）	5.2 （0.88/0.22）	5.4 （0.34/0.08）	5.6 （0.29/0.08）	5.7 （0.72/0.13）
上部芯样空隙率（%）	5.0 （0.74/0.20）	5.3 （0.54/0.09）	5.6 （0.32/0.07）	5.7 （0.38/0.07）
中部芯样空隙率（%）	3.9 （0.45/0.18）	4.1 （0.32/0.08）	4.4 （0.45/0.12）	4.9 （1.19/0.24）
下部芯样空隙率（%）	6.9 （0.62/0.10）	7.0 （0.72/0.11）	7.3 （1.04/0.15）	7.3 （0.82/0.11）

注：括号内数值为标准差和变异系数。

从芯样切割成上、中、下三部分的空隙率可以看出下部芯样空隙率最大，上部空隙率次之，中部空隙率最小，说明混合料不同深度下的空隙率不仅受到压实功影响还受到压实厚度和混合料离析的影响，排除压实厚度和混合料离析的影响因素后分析不同压实工艺的差异。

芯样上部空隙率最接近芯样总体空隙率，除碾压工艺（七），其他 3 种碾压工艺下芯样上部空隙率均小于芯样总体空隙率，说明碾压工艺（七）仅采用振动压路机碾压效果欠佳，由于轮胎压路机行走作用于碾压表面时对混合料施加了横向力作用，表面混合料不仅在竖向获得最密实的嵌挤，而且在横向获得了外力密实成型，所以使用胶轮压路机的碾压工艺在表面显著地提高了压实效果。

芯样中部空隙率最小，排除混合料离析的影响因素，可以看出：即使在较大厚度情况下，中部混合料仍然可以获得极好的压实；压实厚度较大时同一深度处的混合料能获得更好的压实效果，例如压实厚度为 12cm 时，其 6 ~ 12cm 范围内空隙率比压实厚度 17cm 时 6 ~ 12cm 范围内空隙率大，原因是 12cm 压实厚度情况下 6 ~ 12cm 范围内混合料的下承层为温度低、刚性大的材料，而 17cm 压实厚度下 6 ~ 12cm 范围内混合料的下承层为同样高温和柔性的沥青混合料，所以相同深度处压实厚度较大的情况下空隙率较小；从空隙率的变化规律来看，混合料中部的压实也和不同的压路机类型有关——碾压工艺（四）中部空隙率最小，说明采用轮胎压路机初压，加之振动压路机的高频率、高振幅的碾压，对中部混合料的压实效果最好；碾压工艺（五）的中部空隙率较碾压工艺（六）小，说明先轮胎后振动的压路机安排对中部混合料压实效果更好；碾压工艺（七）中部空隙率最大，说明没有轮胎压路机的多向应力作用，中部混合料在横向密实度较差。

芯样下部空隙率最大，排除混合料离析的影响因素，可以看出：压实厚度的最底部压实功最小，温度较低，碾压效果最差；不同的碾压方式和碾压组合对底部混合料的碾压有影响——碾压工艺（四）空隙率小于碾压工艺（五），说明高频率、高振幅的碾压对底部的混合料致密优于高频率、低振幅的碾压，在集料破碎现象不严重的路段，对于粒径大、集料粗、厚度大的沥青稳定碎石基层尽可能的采用高频率、高振幅的碾压；碾压工艺（五）空隙率小于碾压工艺（六）和碾压工艺（七），说先轮胎后振动的碾压组合对底部混合料的压实明显的优于先振动后轮胎的碾压方式；碾压工艺（六）和碾压工艺（七）底部空隙率很接近，都比较大，说明轮胎压路机在振动压路机之后使用，其搓揉效果作用深度很小，对底部混合料压实效果微弱，振动压路机对底部混合料的压实成型效果不好，尤其是在压实厚度较大的情况下效果更差。

不同碾压工艺下沥青稳定碎石基层渗水系数测定结果见表 7-72。

不同碾压工艺下的渗水系数测定结果 表 7-72

试验路	ATB-30（马歇尔试验设计空隙率 4.0%）			BLF-30（马歇尔试验设计空隙率 5.5%）			
碾压工艺	（一）	（二）	（三）	（四）	（五）	（六）	（七）
现场空隙率（%）	4.5（0.52/0.12）	4.0（0.99/0.23）	3.5（0.69/0.20）	3.8（0.92/0.24）	4.6（0.44/0.10）	5.0（0.25/0.05）	5.7（0.72/0.13）
渗水系数（ml/min）	254（69.3/0.27）	149（29.2/0.20）	86（15.6/0.18）	294（17.9/0.10）	321（23.9/0.07）	1227（288/0.24）	1912（538/0.28）

注：括号内数值为标准差和变异系数。

从渗水系数的结果来看，渗水系数对不同的碾压工艺较为敏感，其值在几十至几千范围内变化。渗水系数的大小与混合料本身的设计空隙率关系密切，设计空隙率大的混合料渗水系数较大，所以渗水系数只能对比同种类型混合料的不同碾压工艺压实性能。

ATB-30 试验段中，碾压工艺（三）渗水系数最小、碾压工艺（二）次之、碾压工艺（一）最大，说明初压使用轮胎压路机能获得更好的混合料密水性能，有利于提高沥青稳定碎石基层的水稳定性，能防止或推迟水损坏的发生；碾压过程中尽可能地在有效压实温度下增加混合料的压实，提高混合料密水性。

BLF-30 试验段中，碾压工艺（四）和碾压工艺（五）渗水系数较小，碾压工艺（六）和碾压工艺（七）渗水系数迅速增大，说明初压选用轮胎压路机有利于提高混合料成型后的密水性能；碾压工艺（四）和碾压工艺（五）的渗水系数的变异系数小于碾压工艺（六）和碾压工艺（七）的变异系数，除了统计规律中取样因素的原因，还说明轮胎压路机能提高碾压成型的均匀性；碾压工艺（四）和碾压工艺（五）的渗水系数差值不大，这是因为碾压工艺（四）在复压阶段采用了高频率、高振幅的碾压方式情况下获得了较大的密实度、更好的密水性能，但同时由于集料破碎严重又导致渗水严重、密水性能下降，水分在没有沥青裹覆的集料表面渗透速率加快，两种作用相互抵消，所以碾压工艺（四）和碾压工艺（五）的渗水系数数据接近。

压实表面的渗水系数与现场空隙率有较好的相关性，空隙率大的渗水系数较大，空隙率小的渗水系数较小，说明渗水系数同空隙率一样可以作为碾压工艺的评定指标。尽管渗水系数对碾压工艺较为敏感，可以更直观的表征不同碾压工艺的碾压效果，但是渗水系数不宜单独作为碾压工艺的评定指标，其原因有：渗水系数测定方法较为麻烦，试验过程中有效数据的比例较小；渗水系数受到测定点位样本代表性的影响，选取不同测定点位处渗水系数值差异较大；渗水系数受试验人员的主观因素影响较大，如试验操作中密封不严实将得到比实际值更大的渗水系数；渗水系数试验数据值的变异性较大，需采用大样本、较多的试验数据来保证数据的稳定可靠；渗水系数是在压实路面的表面测定水从空隙中的流量大小，其受内部空隙的分布状态影响较大，在相同现场空隙率的情况下，不同的空隙分布状态渗水系数变化显著，例如上部空隙率较大时渗水系数值可能较大，中部密实、下部空隙大的情况比中部空隙较大、下部空隙较小的情况渗水系数较小等；渗水系数不能准确全面的评价不同深度处的混合料压实效果。

不同碾压工艺下沥青稳定碎石基层平整度测定结果见表 7-73。

不同碾压工艺下的平整度测定结果　　表 7-73

试验路	ATB-30（马歇尔试验设计空隙率 4.0%）			BLF-30（马歇尔试验设计空隙率 5.5%）			
碾压工艺	（一）	（二）	（三）	（四）	（五）	（六）	（七）
平整度（mm）（最大间隙）	2.5	2.3	2.1	2.1	2.3	2.5	1.9

注：1. 括号内数值为标准差和变异系数；

2. 平整度为 3m 直尺测定距离路表面的最大间隙，连续检测 10 尺计算。

试验段中各种碾压工艺的对比无法采用标准差平整度指标，因为标准差平整度测定仪多以 100m 为间距，标准差数据自动记录、计算、输出，所以平整度采用 3m 直尺测定最大间隙平整度值来评定。最大间隙平整度值受人为主观因素影响大，凭检测人员的经验，肉眼选取最大间隙处进行量测，所以尽可能增大检测密度来反映最不利的路面平整度。

ATB-30 试验段中，碾压工艺（一）间隙值最大，碾压工艺（一）先振动碾压后轮胎碾压，终压只采用一遍静压，故而轮胎碾压轮迹较严重，平整度最差，说明轮胎碾压不适宜在碾压后期使用，如在后期使用也应该加强终压中碾压轮迹的消除工作；碾压工艺（二）在轮胎碾压后增加了振动压路机复压和振动 + 静力的终压方式，有利于消除碾压轮迹，保证压实均匀、平整；碾压工艺（三）在初压阶段采用轮胎压路机碾压，在混合料温度仍然较高时采用振动压路机往复多次的振动碾压，经复压和终压之后轮胎压路机的碾压轮迹可以完全消除，提高路面平整度。

BLF-30 试验段中，碾压工艺（七）间隙最小，说明沥青稳定碎石基层仅采用振动压路机压实能获得很好的平整度，但是碾压工艺（七）现场空隙率最大，在降低现场空隙率和压实度要求的情况下有可能可以提高路面平整度，对于沥青稳定碎石基层绝对不能因为追求较高的平整度而降低压实度要求；碾压工艺（四）和碾压工艺（五）的平整度优于碾压工艺（六）和碾压工艺（七），说明先轮胎后振动的碾压安排有利于沥青稳定碎石基层平整度；碾压工艺（四）比碾压工艺（五）平整度好，说明轮胎碾压后采用高频率高振幅的碾压方式比高频率低振幅的碾压方式能获得更好的平整度。

从 ATB-30 试验路使用的碾压工艺(三)和 BLF-30 采用的碾压工艺(五)之后的全长试验路的平整度标准差值来看,沥青稳定碎石基层的平整度都在 1.8mm 以上。即使沥青稳定碎石基层的平整度值较低也可以在其上铺筑的 2~3 层、厚 10~15cm 的沥青面层中完成找平,保证沥青路面的平整度。沥青稳定碎石基层与面层混合料材料特性相似,两者的模量值相近,即使沥青稳定碎石表面平整度较差也不影响沥青面层的性能,所以平整度指标不作为选择碾压工艺的关键指标。

在试验路中采用了连续密级配的沥青混合料 ATB-30 和骨架密实级配的沥青混合料 BLF-30 作为对比研究。连续密级配沥青混合料 ATB-30 混合料集料间内摩擦阻力较小,细集料含量高,混合料更容易压实成型,BLF-30 为骨架密实型混合料,集料间粗集料嵌挤,内摩擦阻力大,粗集料含量高,细集料含量小,混合料压实成型较为困难。在 ATB-30 试验路铺筑过程中发现,对于连续密级配沥青混合料采用较小吨位的振动压路机、高频率、高振幅的振动方式能获得良好的压实效果。考虑到 BLF-30 试验路骨架密实结果压实困难的状况,为 BLF-30 试验路添加配置一台大吨位(25t)振动压路机 CC501。BLF-30 试验路大吨位振动压路机的使用,有利于解决骨架密实结构中的压实问题,能保证良好的压实质量,在采用大吨位的振动压路机时不宜再采用高频率、高振幅的碾压方式,高频率、高振幅的碾压方式将造成严重的集料破碎现象,改用高频率、低振幅的碾压方式在保证压实度的情况下,集料不易破碎。

从 ATB-30 试验段和 BLF-30 试验段几种碾压工艺的压实性能测定中可以看到:

不同类型混合料的强度形成原理不同,集料颗粒的粗细不同,内部空隙状态和分布不同。连续密级配混合料 ATB-30 由于细料含量高,集料离析较轻,内部空隙较小,分布较均匀;骨架密实结构混合料 BLF-30 粗集料含量高,集料容易离析,内部空隙大,空隙均匀性较差。ATB-30 钻芯试件切割成上、下两部分空隙率极差较小,BLF-30 钻芯试件切割成上、中、下三部分空隙率极差较大。

ATB-30 试验路中渗水系数在 86~254ml/min 范围变化,渗水系数在不同的碾压工艺下差异不大,这是因为 ATB-30 为连续密级配沥青混合料,混合料易于压实,先轮胎后振动和先振动后轮胎的碾压方式差异不大;BLF-30 试验路中渗水系数在 174~1912ml/min 范围变化,不同碾压工艺下渗水系数差异很大,这是因为 BLF-30 为骨架密实型混合料,混合料本身不易压实,先轮胎后振动和先振动后轮胎的碾压方式差异较大;相近的空隙率条件下,ATB-30 渗水系数较 BLF-30 小,连续密级配混合料中空隙较小且分布均匀,不像 BLF-30 在空隙大又分布不均匀的情况下渗水系数增大。因此对于骨架密实型混合料应该更加注重压实工艺的选择。

骨架密实结构由于粗颗粒集料的增多,在局部范围可能形成粗集料密集和嵌挤,形成集料抵触、难以压实的情况,加之粗细集料的离析,BLF-30 沥青稳定碎石基层平整度比 ATB-30 差,尽管基层平整度指标要求较低,但是在骨架密实结构混合料选择碾压工艺时,在保证充分压实之后,尽可能的选用能提供均匀压实的碾压工艺,避免在碾压后期采用轮胎压路机。沥青稳定碎石基层 BLF-30 必须在尽可能高的温度下充分利用轮胎压路机的搓揉效果初压,在兼顾集料破碎的情况下尽可能地采用高频率、高振幅的振动压路机复压。

当轮胎压路机用于初压时,在两台轮胎压路机中宜选择行走速度先快后慢的组合。

XP260 压路机先行碾压,碾压速度为 4.7km/h,XP261 压路机紧跟碾压,碾压速度为 2.0km/h。选择先快后慢的组合原因如下:

机械条件——XP260 压路机仅设置三挡行走速度供选择,最小行走速度为 4.7km/h;XP261 压路机行走速度可调。

机械效率——先快后慢的碾压安排有利于消除 XP260 机械等待,加快后续压实机械的工作进程。

碾压温度——先快速地碾压可以尽快地将较虚的混合料初期压实,很好地起到保温作用,减小混合料的热损失,延缓温度的降低,提高后续压路机的碾压温度、延长后续压路机在有效压实温度内的工作时间。

在混合料较虚的状态下,如果选用快速的轮胎碾压,轮胎对混合料的正压力减小、横向力增加,快速经过的轮胎荷载作用的接地时间减小,混合料弹性恢复作用比慢速碾压较大;如果选择慢速的轮胎碾压,轮胎的正压力较大,荷载作用时间长,所以选用慢速碾压比快速碾压会获得更大的初期压实度。但是,从先快后慢和先慢后快的一个周期完成下来的效果看,先快后慢能获得更好的压实效果,原因是:沥青稳定碎石基层的下承层温度比沥青混合料低得多,由于热传递作用底部混合料随着时间的增加温度越来越低,直至与下承层材料温度均衡为止,及早地碾压能保证底部混合料热损失较小、温度较高,获得较好的碾压效果;由于较虚的混合料比密实混合料散热快,慢速的碾压会使得先开始碾压的路幅一侧与后开始碾压的路幅一侧混合料温度差异较大,温度又是直接影响压实性能的重要因素,先使用慢速的碾压易造成路幅两侧碾压温度的不均匀性,势必影响压实的均匀性;在先快速碾压的成型、保温作用下,混合料温度降低不多,之后采用的慢速碾压时混合料温度仍然较高,慢速碾压也能获得极好的压实效果,先快后慢的压实性能良好;有一遍快速搓揉碾压的混合料颗粒排列有所紧密,在慢速搓揉碾压下获得更进一步的致密。所以在初压阶段采用先快后慢的碾压方式更有利于达到良好的压实性能。

当轮胎压路机用于复压时,宜先慢后快。原因是:慢速碾压比快速碾压能获得更长的荷载作用时间,压实效果更好;复压时混合料温度降低,在尽可能高的温度下先进行效果好的慢速碾压有利于混合料的压实;快速碾压轮迹较浅,有利于轮迹消除,保证终压后表面平整均匀。所以在复压阶段采用先慢后快的碾压方式更有利于达到良好的压实性能。

振动压路机和静力压路机均宜慢速行驶碾压,通常情况下以压路机的碾压遍数来说明压实数量,对于压实的要求用压实遍数来描述,但是仅仅从压实遍数说明数量并不能保证良好的压实质量,其中重要的原因就是没有控制好压路机的行驶碾压速度,在控制好压实速度的情况下才可以用压实遍数来描述压实的操作要求。一遍碾压速度为 6km/h 的碾压与一遍碾压速度为 3km/h 的碾压相比,碾压密度小,混合料颗粒荷载作用时间减少,碾压效果大为降低;两遍碾压速度为 6km/h 的碾压与一遍碾压速度为 3km/h 的碾压,其机械工作时间是基本相同的,但是前者的碾压效果也不如后者的碾压效果好。在混合料最低压实温度到来前,尽可能地增加碾压遍数,不是单纯地要求碾压遍数的增加,而是在保证每一遍碾压效果的前提下尽可能多地让混合料在高温情况下经受外部强大压力的作用,减小沥青稳定碎石基层在通车运营后的竖向变形,增强抗永久变形能力。

压实厚度对沥青稳定碎石基层碾压效果的影响分析如下:

以往沥青混合料铺筑多为面层,公称粒径小,结构层厚度小(通常为4~7cm),每一结构层采用一次摊铺。考虑面层越厚混合料冷却速度越慢,温度下降到停止碾压以前用于压实的有效时间也就越长;面层越薄热损耗越快,压实有效时间大大降低。面层的压实厚度一般要求至少大于集料的最大粒径的2倍,以2.5~3倍为宜,有利于提高面层的密实度、均匀性和平整度。所以在面层混合料的铺筑中,对于碾压厚度的研究都集中于关注最小碾压厚度的要求。

沥青稳定碎石基层混合料粒径较面层混合料大,结构层厚度大。由于碾压机械的碾压作用效果随混合料深度递减,所以对于沥青稳定碎石基层的碾压厚度不仅要考虑保证最小碾压厚度的要求,还要考虑压路机作用的深度范围限制最大碾压厚度,将沥青稳定碎石基层的混合料铺筑层厚度设置在合理的范围内,保证密实、均匀的压实效果。《公路沥青路面施工技术规范》(JTG F40—2004)中规定:对于沥青混凝土的压实层最大厚度不宜大于100mm,沥青稳定碎石压实层厚度不宜大于120mm,当采用大功率压路机且经试验证明能达到压实度时允许增大到150mm。

沥青稳定碎石基层不能套用面层的施工工艺,所以本研究中突破规范对压实层厚度的要求,对更厚压实层厚度对压实性能的影响进行研究。ATB-30试验路段采用12cm压实厚度,BLF-30采用17cm+16cm分两层压实,对比压实厚度变化情况下的压实效果。

试验段铺筑后检测压实度,如果满足要求则压实厚度设置合理,如果因为压实厚度过大,压实度不满足则减小压实厚度并分层铺筑。经检测ATB-30试验路采用12cm压实厚度和ATB-30采用17cm+16cm两层压实能保证较好的压实效果,压实度大于97%,现场空隙率≤7%。

从表7-71中可以看出,BLF-30试验段压实厚度为17cm,钻芯试件切割成上、中、下三部分,下部芯样的空隙率最大,不同碾压工艺下最小空隙率为6.5%,最大空隙率为7.3%,采用的碾压工艺(五)空隙率为6.6%,小于现场空隙率≤7%的要求。因此提出有效压实深度的概念。

有效压实深度是指在一定碾压工艺下,某一深度下钻芯取样的试件向上5cm范围内混合料空隙率达到要求的最大现场空隙率,该深度即为混合料在此种碾压工艺下的有效压实深度。

混合料有效压实深度在15~20cm时,从有效压实深度考虑沥青稳定碎石基层的最大压实厚度推荐为18cm。

压实厚度不宜无限增加,除了受到压实机械有效压实深度的限制外,还要考虑过厚的铺筑厚度对混合料在深度方向上会产生严重的竖向离析现象的情况。沥青稳定碎石基层混合料粒径大,较小粒径的面层会出现更为严重的集料离析和温度离析;沥青面层压实厚度小,压实厚度方向的竖向离析很轻微,且影响不大,沥青稳定碎石基层随着压实厚度的增大,不可避免的出现显著的竖向离析,所以最大压实厚度的确定也要考虑集料的竖向离析的影响。

压实温度对沥青稳定碎石基层碾压效果的影响分析如下:

压实温度是对混合料压实效果至关重要的影响因素,压实温度对碾压效果的影响最大。过高的温度下影响混合料耐久性,过低温度下减小空隙能力很低,所以碾压温度不宜过高也不宜过低,必须限制在一个合理的范围内。

沥青混合料的拌和温度不宜过高,高温下的沥青易于老化,影响混合料的抗裂性和耐久性,高于 190℃的混合料沥青老化现象严重,应废弃不用,施工单位为节约生产成本一般不愿意废弃,所以要尽可能地控制混合料出厂温度的波动范围,保持混合料温度的稳定,有利于压实质量和压实均匀。

混合料的压实中要防止过碾压,过碾压其中一种就是混合料已经冷却,压路机的反复压实已经失去意义,仍然不停的碾压,非但不能把混合料压实,相反只能把混合料压碎、棱角破碎。当混合料温度降低到最小压实温度时,必须停止碾压。

混合料压实中必须在有效压实时间内合理安排碾压方案。有效压实时间是指混合料从摊铺后的温度降至最低允许碾压温度所需的时间。有效压实时间的长短除了与自然气候、下承层温度等因素有关,还取决于压实厚度的大小和混合料降温速率的快慢。较厚的沥青稳定碎石基层混合料内部热能较高,较大粒径的集料蕴热能力强,混合料降温速率慢。施工过程中要尽可能地延长压实有效时间,并在压实有效时间内合理安排碾压工艺、增加压实遍数,最大限度的利用好压实有效时间。

沥青稳定碎石的初压在尽可能快的情况下紧跟摊铺机碾压,第一遍初压在最大碾压速度的限制下宜采用较快速度的碾压,这是因为:尽可能早的碾压可以使得混合料在压实后的保温效果尽快发挥,延缓混合料的降温速率;较快的碾压可以使得碾压先开始的一侧和后开始的一侧温度差异较小,碾压效果均匀。复压紧跟初压后开始,压路机碾压段总长度尽量缩短,不超过 50 ~ 60m。终压紧接在复压后进行,碾压至无轮迹为止。压路机的碾压不应机械的一遍完了一遍开始,不同压路机间穿插碾压,增大机械周转利用率,提高有效压实时间利用率。

粗细集料、沥青技术标准按《公路沥青路面施工技术规范》(JTG F40—2004)执行,沥青稳定碎石基层试验路段施工温度控制见表 7-74。

沥青稳定碎石基层试验路施工温度(单位:℃)　　表 7-74

<table>
<tr><td colspan="2">沥青加热温度</td><td>155 ~ 165</td><td>混合料废弃温度,高于</td><td>190</td></tr>
<tr><td colspan="2">集料加热温度</td><td>165 ~ 175</td><td>运输到现场温度,不低于</td><td>150</td></tr>
<tr><td colspan="2">沥青混合料出料温度</td><td>155 ~ 165</td><td>混合料摊铺温度,不低于</td><td>145</td></tr>
<tr><td colspan="2">混合料储料仓储存温度</td><td>150 ~ 160</td><td>开始碾压的混合料内部温度,不低于</td><td>140</td></tr>
<tr><td rowspan="3">碾压终了的表面温度,不低于</td><td>钢轮压路机</td><td>80</td><td rowspan="3">开放交通的路表温度,不高于</td><td rowspan="3">50</td></tr>
<tr><td>轮胎压路机</td><td>85</td></tr>
<tr><td>振动压路机</td><td>75</td></tr>
</table>

7.5.3 柔性基层试验路不同路面结构组成路用性能观测与分析

分别对沥青试验路不同路面结构在竣工时以及通车 1 年 7 个月(检测日期 2007 年 7 月 31 日)的各项指标进行了检测,检测结果对比分析如下。

1)指标对比情况

(1)弯沉指标对比(表 7-75)

弯沉指标对比(单位:0.01mm)　　表7-75

评测区间	行车道竣工时	行车道通车1年7个月			超车道通车1年7个月		
	代表值 平均弯沉	平均弯沉	标准差	代表弯沉	平均弯沉	标准差	代表弯沉
	全厚式结构 BL1-30 (右幅)	全厚式结构 BL1-30(右幅)			全厚式结构 BL1-30(右幅)		
K119 +490 ~ K120 +490	14.2	7.0	0.8	8.3	7.2	1.1	9.0
K120 +490 ~ K121 +490	14.0	8.0	1.3	10.1	8.4	1.0	10.0
	全厚式结构 LSAM-40 (右幅)	全厚式结构 LSAM-40(右幅)			全厚式结构 LSAM-40(右幅)		
K125 +260 ~ K126 +260	13.8	7.4	1.0	9.0	7.7	1.2	9.7
K126 +260 ~ K127 +260	13.6	7.3	0.9	8.8	7.2	1.0	8.8
	混合式结构 BL2-30 (右幅)	混合式结构 BL2-30(右幅)			混合式结构 BL2-30(右幅)		
K130 +620 ~ K131 +620	13.4	7.4	1.2	9.4	7.8	1.3	9.9
K131 +620 ~ K132 +620	14.2	7.6	1.1	9.4	7.6	1.0	9.2
	混合式结构 LSAM-30 (左幅)	混合式结构 LSAM-30(左幅)			混合式结构 LSAM-30(左幅)		
K130 +320 ~ K129 +320	12.8	10.4	2.2	14.0	9.4	1.6	12.0
K131 +320 ~ K130 +320	12.6	10.5	2.2	14.1	10.0	1.7	12.8
	半刚性基层 对比 (左幅)	半刚性基层对比(左幅)			半刚性基层对比(左幅)		
K128 +260 ~ K127 +260	13.3	10.6	2.7	15.0	8.8	1.6	11.4
K129 +320 ~ K128 +260	13.9	8.3	1.8	11.3	8.3	1.3	10.4
	LSAM-30 作面层 (左幅)	LSAM-30 作面层(左幅)			1.0717		
K120 +500 ~ K119 +500	12.7	9.1	2.1	12.6	8.4	1.7	11.2
K121 +200 ~ K120 +500	13.1	9.9	2.4	13.8	8.2	1.6	10.8
	九标段对比	九标段对比			九标段对比		
K118 +500 ~ K117 +500		9.5	2.7	13.9	8.7	1.8	11.7
K119 +500 ~ K118 +500		9.2	2.2	12.8	8.9	1.9	12.0

(2)平整度指标对比(表 7-76)

平整度指标对比　　表 7-76

评测区间	行车竣	超车竣	行车道通车 1 年 7 个月			超车道通车 1 年 7 个月		
	标准差(mm)		IRI (m/km)	标准差 (mm)	RQI	IRI (m/km)	标准差 (mm)	RQI
	全厚式结构 BL1-30(右幅)		全厚式结构 BL1-30(右幅)			全厚式结构 BL1-30(右幅)		
K119 +500 ~ K120 +500	0.30	0.33	0.55	0.33	97.70	0.60	0.36	97.66
K120 +500 ~ K121 +500	0.28	0.27	0.49	0.29	97.76	0.49	0.29	97.76
	全厚式 LSAM-40(右幅)		全厚式结构 LSAM-40(右幅)			全厚式结构 LSAM-40(右幅)		
K125 +300 ~ K126 +300	0.28	0.29	0.50	0.30	97.75	0.55	0.33	97.70
K126 +300 ~ K127 +300	0.26	0.27	0.50	0.30	97.75	0.49	0.30	97.76
	混合式 BL2-30(右幅)		混合式结构 BL2-30(右幅)			混合式结构 BL2-30(右幅)		
K130 +600 ~ K131 +600	0.37	0.33	0.78	0.47	97.46	0.77	0.46	97.48
K131 +600 ~ K132 +600	0.27	0.28	0.54	0.32	97.71	0.53	0.32	97.73
	混合式 LSAM-30(左幅)		混合式结构 LSAM-30(左幅)			混合式结构 LSAM-30(左幅)		
K130 +300 ~ K129 +300	0.31	0.32	0.59	0.35	97.66	0.56	0.33	97.69
K131 +300 ~ K130 +300	0.34	0.30	0.67	0.40	97.58	0.56	0.33	97.69
	半刚性基层对比(左幅)		半刚性基层对比(左幅)			半刚性基层对比(左幅)		
K128 +300 ~ K127 +300	0.64	0.51	1.26	0.75	96.90	0.99	0.60	97.22
K129 +300 ~ K128 +300	0.65	0.61	1.13	0.68	97.06	1.06	0.64	97.14
	LSAM-30 作面层(左幅)		LSAM-30 作面层(左幅)			LSAM-30 作面层(左幅)		
K120 +500 ~ K119 +500	0.50	0.38	0.88	0.53	97.36	0.70	0.42	97.55
K121 +500 ~ K120 +500	0.52	0.41	0.91	0.54	97.32	0.75	0.45	97.50
	九标段对比(左幅)		九标段对比(左幅)			九标段对比(左幅)		
K118 +500 ~ K117 +500			0.77	0.46	97.48	0.71	0.42	97.54
K119 +500 ~ K118 +500			0.83	0.50	97.41	0.74	0.44	97.51

注:RQI 指道路行驶质量指数。

(3)车辙情况

路面车辙检测是试验路通车 1 年 7 个月后最热的时期采用 3m 直尺对行车道进行直接量测的数据,并按数理统计技术进行了数理统计,由于路面竣工时车辙是没有的,所以无法和竣工时对比。统计出来的车辙数据只能代表不同路面结构的综合性能。表 7-77 是通车 1 年 7 个月后的车辙数据。

通车 1 年 7 个月后车辙数据　　表 7-77

评 测 区 间	行车道通车 1 年 7 个月		
	平均值(mm)	标准差(mm)	代表值(mm)
	全厚式结构 BL1-30(右幅)		
K119 +500 ~ K120 +500	2.7	0.632	3.65
K120 +500 ~ K121 +500	2.2	0.518	2.98
	全厚式结构 LSAM-40(右幅)		
K125 +260 ~ K126 +200	2.7	0.242	3.06
K126 +200 ~ K127 +200	2.8	0.337	3.31
	混合式结构 BL2-30(右幅)		
K130 +600 ~ K131 +600	2.2	0.242	2.56
K131 +600 ~ K132 +600	2.1	0.211	2.42
	混合式结构 LSAM-30(左幅)		
K131 +300 ~ K130 +300	5.4	0.549	6.09
K130 +300 ~ K129 +400	5.3	0.955	6.73
	半刚性基层对比(左幅)		
K129 +300 ~ K128 +300	5.0	0.850	6.28
K128 +300 ~ K127 +300	4.8	0.657	5.79
	LSAM-30 作面层(左幅)		
K121 +500 ~ K120 +500	5.6	0.394	6.19
K120 +500 ~ K119 +500	5.5	1.128	7.19
	九标段对比		
K119 +500 ~ K118 +500	3.3	0.422	3.93
K118 +500 ~ K117 +500	3.0	0	3.0

2)不同路面结构路用性能分析评价

(1)弯沉指标分析

从弯沉对比表中可知,沥青路面试验路在通车 1 年 7 个月后,从总体上讲,路表代表弯沉有一定的下降,路面强度都有所提高,这和《公路沥青路面设计规范》(JTG D50—2006)中所讲的路面弯沉变化规律是相符合的。上行(右幅)路面强度提高比下行(左幅)略大,这是因为下行重车多的原因。

全厚式结构比混合式结构路面强度衰减慢,混合式结构比半刚性基层结构路面强度衰减慢,这是因为:①柔性基层结构(包括全厚式结构和混合式结构)在行车过程中的进一步压实增加了刚度。②柔性基层的弹簧作用减轻了对底基层及路基的冲击力,降低了对底基层及路基的损坏。

(2)平整度指标分析

从平整度对比表中可知,按标准差进行比较,全厚式结构的平整度比混合式结构平整度衰减慢,混合式结构的平整度比半刚性基层结构平整度衰减慢,这进一步说明了柔性基层的弹簧作用降低了结构的剪应力,这和前面所述的国内学术界理论上的分析结果是一致的。

(3)车辙指标分析

从车辙指标表中可知,按上行道(右幅)进行对比,全厚式结构车辙比混合式结构车辙略大一点,全厚式结构大粒径沥青混凝土 LSAM-40 结构比全厚式结构 BL1-30 车辙略略小一点。经分析发生车辙主要原因是压密变形,全厚式由于沥青混凝土厚度大,压密变形就略大,大粒径沥青混凝土 LSAM-40 作柔性基层,由于粒径大,压密变形就小些,所以车辙就略小点。按下行道(左幅)进行对比,左幅重车多,车辙比右幅大,柔性基层混合式结构 LSAM-30 和半刚性基层及 LSAM-30 沥青混凝土作面层时的车辙都差不多,无法比较。

总之,通过上述对比分析,柔性基层在路面强度衰减、平整度衰减方面上的优越性已显现出来,并且整体路况也非常好。虽然柔性基层增加了沥青混凝土路面的总厚度,但是和半刚性结构比较,在抗车辙性能上并不用担心。由于通车时间只有 1 年 7 个月,时间太短,沥青混凝土试验路(6 种基层结构)现状还非常好,按《高速公路养护质量检评方法(试行)》进行评定,试验路的 RQI(道路行驶质量指数)平均值为 97.5 分以上,并且通车后这两个夏季也没出现极端高温天气,柔性基层的优越性(如抗车辙能力、减少沥青路面反射裂缝,降低沥青路面水损坏等)还没有充分显现出来。

7.6 结 论

(1)柔性基层沥青路面的使用状况调查

对国内外已有的柔性基层沥青路面的路况调查结果显示,其主要破坏形式为路面结构的车辙及开裂破坏。并且现场的调查结果表明路面结构的开裂除了常见的反射裂纹外,还有表面裂纹(Top-Down 裂纹)。

(2)柔性基层沥青路面结构分析和路面设计方法

从柔性基层沥青路面的病害入手,以车辙为设计指标,通过有限元程序 ANSYS 模拟路面结构的车辙及开裂,分析了相关因素对车辙的影响程度并计算了路面结构的疲劳寿命。在此基础上提出了基于车辙控制的柔性基层沥青路面设计方法。

(3)沥青稳定碎石基层的合理设计方法

分别对现行规范的设计方法、Superpave 设计方法、贝雷法、力学法四种沥青稳定碎石基层的设计方法进行研究。通过对不同方法设计的沥青稳定碎石基层的路用性能比较研究,提出了科学合理的沥青稳定碎石基层设计方法。

在分析国内外现有研究成果的基础上,针对柔性基层的特点采用不同类型沥青稳定碎石混合料级配,提出了 GTM 进行不同级配沥青混合料配合比设计的方法,通过大量的室内试验,说明了由 GTM 设计的混合料表现出了良好的综合路用性能,但同时 GTM 设计方法也存在一些不完善的地方。

(4)沥青稳定碎石基层竖向离析分析

研究分析沥青稳定碎石基层在实际铺筑过程中产生的竖向离析现象，分析了竖向离析产生的原因，根据不同的成因，有针对性地提出了防止措施，大大减少了铺筑过程中竖向离析现象的产生。

(5)柔性基层沥青路面结构组成及路用性能研究

通过研究、分析国外永久路面、长寿路面的结构特点，并依托工程，对柔性基层沥青路面结构组成及路用性能，柔性基层施工技术及施工工艺进行研究。研究分析了试验段沥青混凝土路面全厚式柔性基层、混合式柔性基层、半刚性基层等6种路面结构。根据沥青混凝土路面各层的路用性能，建设性地提出了不同结构层沥青混合料的配合比设计适合方法。通过试验段、实体工程的铺筑及施工方法的研究，提出了控制柔性基层沥青混合料最佳出料温度、摊铺温度、压实温度；解决了混合料离析、混合料碾压时温度差异的控制技术问题；解决了混合料碾压设备的合适组合和碾压工艺控制技术问题。

第8章　大粒径碎石沥青混合料设计参数及路用性能

纵观我国沥青路面常用的混合料类型，从矿料粒径大小来分有细粒式、中粒式和粗粒式。一般细、中粒式常用于沥青路面的表面层，粗粒式用于沥青路面的联结层或底面层。在交通量小，轴载不大的情况下，他们都能很好地发挥作用；但在交通量日益增大，轴载不断增加的情况下，应用这些混合料就易产生车辙、推移和耐久性等破坏，这主要是由于现行的密级配沥青混凝土强度形成主要依赖于沥青与矿料之间的黏结力，而矿料自身并未形成嵌挤。在沥青混合料设计过程中，一方面通过增大矿料粒径来提高沥青混合料的承载能力；另一方面通过增大粗集料之间的相互嵌挤来提高沥青混合料的整体强度，抵抗重载作用下产生的剪切和竖向变形，从而提高沥青路面的强度，大粒径沥青混合料就是基于这种思想而产生的。

通常所说的大粒径沥青混合料（large-stone asphalt mixes，简称LSAM）是指矿料的粒径一般大于25mm，最大可达63mm的沥青混合料。

研究表明，大粒径沥青混合料的应用有以下几个方面的优点：

①由于集料粒径的增大，级配良好的大粒径沥青混合料，可以抵抗较大的塑性和剪切变形，承受重载交通的作用，具有良好的抗车辙能力，提高了沥青路面的高温稳定性。尤其对于重车、低速路段的路面，需要持荷时间较长时，设计良好的大粒径沥青混合料与传统沥青混合料相比，具有明显的抵抗永久变形的能力。

②大粒径沥青混合料与传统的沥青混合料相比，减少了沥青用量，粗集料增多，集料比表面积减少，在降低沥青用量的同时，使混合料得到更厚的沥青膜，这不仅使较粗集料要求的破碎功和沥青用量降低，减少了生产费用，还有利于混合料抗老化和水损害。

③可一次性摊铺较大厚度，缩短工期，具有良好的经济效益。

④大粒料的使用，可以减少粒料的单价，降低工程成本。

⑤沥青层内部储温能力高，热量不易散失，利于寒冷季节施工，延长施工期。

由于上述特性，深入开展大粒径沥青混合料性能的研究，对于减轻沥青路面的车辙、剪切病害，延长沥青路面使用寿命，节约工程费用，具有重要经济和社会效益。

8.1　基于弹性体系的大粒径沥青路面结构分析

本节将采用三维有限元技术，建立基于弹性体系的大粒径沥青路面结构模型进行分析。在模型中将荷载圆简化为21.3cm×21.3cm的正方形，其所受压力值为0.7MPa。有限元模型如图8-1所示，水平方向的X与Y轴方向各为4m，Z轴深度方向根据路面结构的不同，需依据理论弯沉值的大小进行调整（Z轴正方向指向深度方向）。

选择了8种沥青混凝土路面结构，其中5种含有大粒径沥青混凝土材料，其余3种是采用普通沥青混合料的常见的路面结构。8 种路面组合见表 8-1,各结构层材料参数见表 8-2。

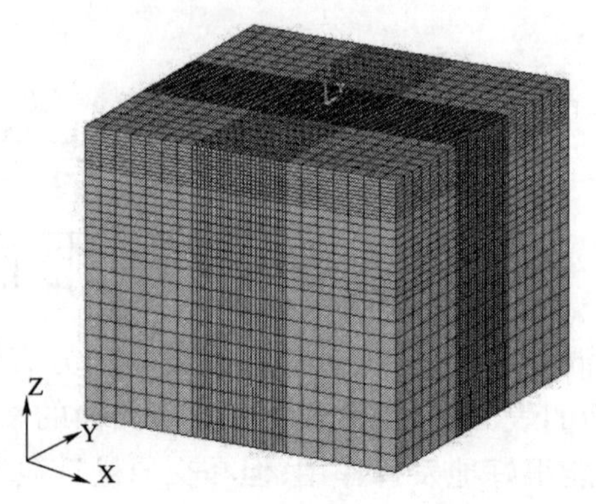

图 8-1　有限元模型示意图

8 种路面结构层组合列表　　表 8-1

类　型	第一结构层	第二结构层	第三结构层	第四结构层	第五结构层	第六结构层
A 路面组合	4cm 细粒式沥青混凝土	6cm 中粒式沥青混凝土	6cm 粗粒式沥青混凝土	33cm 沥青碎石	15cm 二灰稳定碎石	18cm 水泥稳定土
B 路面组合	4cm 细粒式沥青混凝土	8cm 中粒式沥青混凝土	36cm 大粒径沥青混凝土	16cm 二灰稳定碎石	36cm 水泥稳定土	
C 路面组合	4cm 细粒式沥青混凝土	8cm 中粒式沥青混凝土	15cm 大粒径沥青混凝土	18cm 水泥稳定碎石	18cm 水泥稳定土	
D 路面组合	4cm 细粒式沥青混凝土	6cm 中粒式沥青混凝土	6cm 粗粒式沥青混凝土	12cm 沥青碎石	18cm 水泥稳定碎石	18cm 水泥稳定土
E 路面组合	4cm 细粒式沥青混凝土	14cm 大粒径沥青混凝土	18cm 级配碎石	18cm 二灰稳定碎石	18cm 二灰稳定土	
F 路面组合	4cm 细粒式沥青混凝土	14cm 大粒径沥青混凝土	18cm 二灰稳定碎石	18cm 级配碎石	18cm 二灰稳定土	
G 路面组合	4cm 细粒式沥青混凝土	14cm 大粒径沥青混凝土	18cm 水泥稳定碎石	18cm 二灰稳定碎石	18cm 二灰稳定土	
H 路面组合	4cm 细粒式沥青混凝土	14cm 粗粒式沥青混凝土	18cm 水泥稳定碎石	18cm 二灰稳定碎石	18cm 二灰稳定土	

路面结构层参数表　　表 8-2

路面材料	弹性模量(MPa)	泊松比	路面材料	弹性模量(MPa)	泊松比
细粒式沥青混凝土	1400	0.25	中粒式沥青混凝土	1200	0.25
粗粒式沥青混凝土	1000	0.25	大粒径沥青混凝土	2400	0.25
沥青碎石	700	0.25	水泥稳定碎石	1500	0.25
二灰稳定碎石	1500	0.25	水泥稳定土	1000	0.25
二灰稳定土	700	0.25	级配碎石	300	0.25
土基	35	0.35			

8.1.1 路面结构的响应

1)路表弯沉

计算结果表明,路表弯沉在路面的横断面上基本上呈 W 形,即在双轮作用的中心处弯沉最大(图 8-2)。而其在纵断面上则呈 V 形,即在双轮作用位置处弯沉达到峰值,路表弯沉迅速的由最大位置处向四周递减,且递减的频率也越来越小。

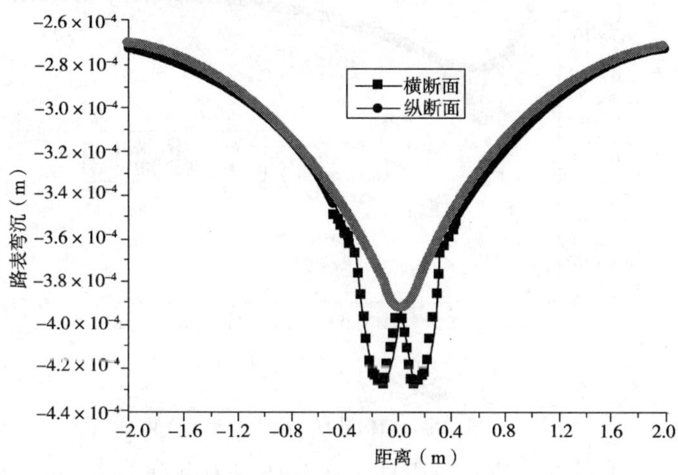

图 8-2　路表弯沉分别在横断面和纵断面方向对比图

由表 8-3 中的数值可以看出,8 种路面结构中含有大粒径沥青混凝土材料的路面组合比未使用该材料的路面组合的路表弯沉明显偏小,这说明大粒径沥青混凝土材料具有较强的抗变形能力。经综合比较,考虑弯沉、结构总厚度以及大粒径沥青混凝土层厚,G 组合的路表弯沉较小,路面总厚度适当,大粒径沥青混凝土层较薄,能充分发挥该材料的力学特点。

8 种路面组合弯沉与结构厚度关系表　　表 8-3

路面组合	路表最大弯沉($\times10^{-4}$m)	结构总厚度(cm)	LSAM 层厚(cm)
A	4.62	82	0
B	3.36	100	36
C	4.79	63	15
D	5.26	64	0
E	5.04	72	14
F	4.58	72	14
G	4.24	72	14
H	4.75	72	0

2)竖向压应力

图 8-3 为典型路面组合结构竖直压应力随深度变化图。计算结果显示 8 种路面组合的竖直压应力在荷载间距中心处和荷载作用中心处随深度的变化规律大体相同,荷载间隙中心处的竖向应力随深度的增加,由拉变压,达到峰值后逐渐减小至零。而荷载作用中心处的竖向压

应力随深度先略微变大,然后逐渐减小至零。随着深度的增加,荷载间隙中心处和荷载作用中心处的竖向压应力逐渐趋于一致。

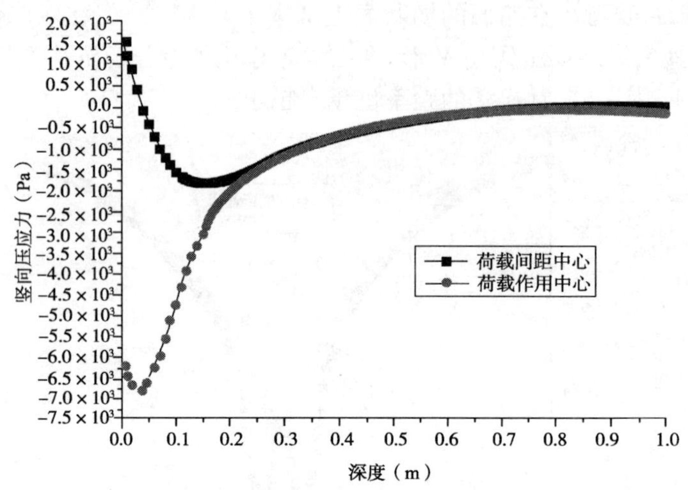

图 8-3 路面组合结构竖直压应力随深度变化图

表 8-4 给出了 8 种组合各结构层接触面上竖直压应力的峰值大小。综合以上 8 个组合的比较,可以看出 G 组合中大粒径沥青混凝土材料能较好的发挥自身的特点,使路面结构中的竖直压应力显著降低,所以 G 组合在抵抗竖向压应力方面具有较好的效果。

8 种路面组合各结构层接触面上竖直压应力(MPa)峰值比较表 表 8-4

给合方式	A 组合	B 组合	C 组合	D 组合	E 组合	F 组合	G 组合	H 组合
路表	0.7293	0.7355	0.7352	0.7295	0.7367	0.7392	0.7394	0.7300
第一层底面	0.6809	0.7135	0.7119	0.6818	0.6787	0.6924	0.7041	0.6999
第二层底面	0.4702	0.4667	0.4578	0.4734	0.1750	0.2360	0.2460	0.2709
第三层底面	0.2763	0.0591	0.1355	0.2828	0.0816	0.0569	0.0809	0.0916
第四层底面	0.0584	0.0283	0.0397	0.1361	0.0293	0.0244	0.0242	0.0275
第五层底面	0.0239	0.0047	0.0088	0.0445	0.0091	0.0086	0.0072	0.0080
第六层底面	0.0070			0.0097				

3)水平应力

表 8-5 示出了 8 种路面组合在各层结构层底面的水平应力峰值。可以看出,8 种组合都在路表和路面结构上部的结构层底面产生压应力,而在中、下部的结构层底面产生拉应力。数据分析显示,在采用了大粒径沥青混凝土材料的路面结构中,大粒径沥青混凝土材料层上部的水平应力会大幅度减小,而该材料层底面的水平应力会有所增加,但幅度不大。这使得采用了大粒径沥青混凝土材料的路面结构在汽车荷载反复作用下,产生的疲劳效应比未采用大粒径沥青混凝土材料的路面结构小。所以采用大粒径沥青混凝土材料的路面结构更能抵抗荷载产生水平拉应力的疲劳作用,使路面整体结构具有较长的寿命。

8 种路面组合结构层各接触面上水平应力(MPa)峰值比较表　　表 8-5

给合方式	A 组合	B 组合	C 组合	D 组合	E 组合	F 组合	G 组合	H 组合
路表	-0.6674	-0.5403	-0.5954	-0.6833	-0.5845	-0.5303	-0.4975	-0.6664
第一层底面	-0.2574	-0.1918	-0.2344	-0.2413	-0.3527	-0.3246	-0.3001	-0.2335
第二层底面	-0.1512	-0.1410	-0.1718	-0.1666	0.1000	-0.0449	-0.0679	-0.0935
第三层底面	-0.0707	0.0193	-0.0227	-0.0854	-0.0298	0.0583	0.0143	-0.0087
第四层底面	-0.0467	0.0173	0.0511	-0.0406	0.0458	0.0128	0.0471	0.0501
第五层底面	0.0341	0.0142	0.0436	0.0475	0.0316	0.0283	0.0246	0.0279
第六层底面	0.0295			0.0480				

注:正号表示受拉,负号表示受压。

4)剪应力

表 8-6 为 8 种组合路面结构层各接触面上剪应力(MPa)峰值对比表。由表可以看出,路面结构中的剪应力在第一层底面达到最大值,然后逐渐递减。各组合的材料各不相同,其峰值也不同,但其波动不大。由于大粒径沥青混凝土具有较高的弹性模量,使得路面结构具有很强的刚度,其路表承受的剪应力也相应的降低。大粒径沥青混凝土材料层顶面的剪应力有所降低,其底面的剪应力则基本不变。以上的这些受力特点,使路面结构因为剪应力而发生破坏的可能性大大降低。

8 种组合路面结构层各接触面上剪应力(MPa)峰值对比表　　表 8-6

给合方式	A 组合	B 组合	C 组合	D 组合	E 组合	F 组合	G 组合	H 组合
路表	0.0612	0.0505	0.0518	0.0607	0.0512	0.0459	0.0448	0.0596
第一层底面	0.1440	0.1146	0.1195	0.1428	0.1485	0.1297	0.1228	0.1311
第二层底面	0.1268	0.1051	0.1157	0.1259	0.0646	0.0968	0.0836	0.0803
第三层底面	0.0809	0.0260	0.0637	0.0821	0.0326	0.0261	0.0417	0.0455
第四层底面	0.0283	0.0152	0.0294	0.0553	0.0212	0.0161	0.0177	0.0200
第五层底面	0.0183	0.0009	0.0031	0.0319	0.0029	0.0025	0.0021	0.0024
第六层底面	0.0021			0.0035				

对竖向压应力、水平应力及剪应力进行分析可以看出,使用大粒径沥青混凝土的路面在荷载下的响应比未使用大粒径沥青混凝土的路面更有益于抵抗变形和延长路面使用寿命。在不考虑结构厚度的前提下,B 组合的受力状况较理想,路表弯沉值小,但其总造价较高。E 组合由于在大粒径沥青混凝土下部设置了级配碎石层,对提高路面寿命有很好的效果,但由于其较低的弹性模量,使得 E 组合中路表弯沉较大,大粒径沥青混凝土抗压的力学特点在路面结构中不明显。在考虑工程造价和实际应用前景的前提下,G 组合较好的体现出大粒径沥青混凝土的力学特点。我国现在广泛采用半刚性基层沥青路面结构,所以在以下的研究中,选择 G 组合路面结构作为典型的路面结构来进行研究。

8.1.2　各层材料模量对路面结构的影响

①路基材料的弹性模量比路面材料模量对路表弯沉的影响要大很多,这也证明了在一些

国际知名的柔性路面设计法中通过控制路基顶面压应变来控制路表弯沉的方法是合理和有效的。在实际生产中只要适当提高路基弹性模量就可以大幅度地降低路表弯沉值。

②当第一层材料弹性模量增大时,路面各层底的压应力值都降低;当第二至五层的路面材料的弹性模量以及土基弹性模量增大时,则弹性模量变大的层位以上的层底竖直压应力值增大,而其层位以下的层底竖直压应力值则减小。路面材料的弹性模量对路面竖向压应力的分布影响不大。

③当路面材料的弹性模量上下变化时,层底水平拉应力的变化规律比较复杂。一般说来,若该层处于受压状态,当该层的弹性模量增大时,该层的层顶水平压应力增大,而层底的水平压应力减小或水平拉应力增大。若该层处于受拉状态,当该层的弹性模量增大时,该层的层顶水平压应力增大或水平拉应力减少,层底的水平拉应力增大。当路面材料的弹性模量变化时,水平拉应力的变化幅度不大。

④剪应力并不是在路表最大,而是递增至第一层底面达到峰值,然后再递减。当路面材料弹性模量上下变化时,剪应力的变化规律比较复杂。唯一明显的规律就是在材料弹性模量增大时,该层位以上的剪应力值降低。由上面的分析可以看出,除了土基模量对路表弯沉的影响较大外,路面材料弹性模量的变化对路面弯沉及各种应力的影响不大。

8.1.3 各层材料泊松比对路面结构的影响

①路面材料的泊松比对路表弯沉的影响程度不大,而路基材料的泊松比当小于某个数值时,对路表弯沉的影响量会突然变大。

②当材料的泊松比由小变大时,各层竖向压应力的变化趋势有些杂乱,除了第二层泊松比由小变大时,路表、第一层和第二层底竖直压应力变大,其余的情况均为泊松比由小变大,层底竖直压应力值降低或不变。这种变化趋势与前面的材料弹性模量引起的变化不同。材料的弹性模量发生变化,引起应力重新分布,某些层位的竖直压应力减小,而相应层位的竖直压应力增加。而当泊松比发生变化时,除了极个别位置竖直压应力增加外,整体上是竖直压应力减少。这种情况可能是因为泊松比表示的是两个方向的变形情况,当其增大时,表示在同样竖向变形的情况下,水平变形增大,从而把竖向方向的力转化为水平方向的力,导致竖向压应力整体性的降低。由此可见竖向压应力在泊松比变化的情况下,变化的幅度不大。

③路面结构中中上层材料的泊松比变化对水平拉应力影响较大。材料泊松比的主要影响该层以及与其相连层位的水平拉应力,影响量的大小随层位而变化。对于别的层位,泊松比的影响量较小,一般在10%以内。

④路面材料的泊松比变化对水平拉应力的影响随着层位的不同,影响幅度的大小和范围也不同。靠上的层位影响的范围大,不仅包括其本身,对与其接触的层也有影响。中部层位的影响范围相对减少,但也影响接触层位。而靠下的层位仅对本身有影响,且影响量不大。这说明路面上部材料的泊松比对路面应力影响较大,在施工中应对该层材料进行严格的质量控制,从而保证其泊松比稳定。

8.1.4 各层材料厚度对路面结构的影响

①大粒径沥青层的厚度对路表弯沉的影响程度较大,而其他层的厚度对路表弯沉的影响

均比较小。

②除第一层外，结构层厚度的加厚可以显著影响该层及该层下面的竖向压应力，影响幅度的大小与层位有关。而第一层由于本身厚度较薄，所以其厚度小范围变化时，影响程度较小。

③除了第一层厚度变化对路面水平拉应力的影响主要集中在路面上部外，其余各层厚度变化的影响主要都在路面的中下部，且影响量都较大。这是因为有限地增加路面结构层的厚度可以有效增加路面整体的刚度，从而导致路面结构应力重分布，应力值变化。由于第一层的结构层较薄，所以其在路面整体中起的结构作用有限，故有限增加该层厚度，应力的变化相对别的结构层来说较小。

④路面厚度的变化对剪应力的影响量大小因层位而不同。大粒径沥青混凝土层厚度的变化对路面剪应力的影响十分显著，随着厚度的增加路面的剪应力都有不同程度的降低。而其他层位厚度的变化对路面剪应力的影响比较有限，均没有大粒径沥青混凝土显著。

8.1.5 各层层间接触状况对路面结构的影响

计算结果显示：对普通的路面结构形式，光滑接触层越靠上，其对路面结构的影响越大；采用大粒径沥青混凝土的路面却是中间的光滑接触层对弯沉影响最大。

8.2 大粒径碎石沥青混合料设计参数研究

8.2.1 级配组成设计

1）体积法级配组成设计（用于面层）

体积设计法的基本思路是实测粗集料排列状况所形成的骨架空隙率，计算其空隙体积，使细集料、沥青、矿粉及其沥青混合料设计空隙体积之和等于主骨架所形成的体积。这种思想既保证细集料和沥青所组成的胶浆能充分填充骨架空隙且不产生干涉，又充分利用细集料的填充、黏结作用，把嵌挤原则和填充原则有机地结合起来。

粗集料级配确定：通过分析粗集料不同的排列方式对其形成的间隙率 VCA 和嵌挤力的影响，根据所得的结果，确定出达到最小 VCA 和最佳嵌挤时粗集料的合理含量。选用 6 因素 24 水平的配方均匀设计法，按照《公路工程集料试验规程》的方法测定捣实密度及计算 VCA_{DRC}。试验结果见表 8-7 和图 8-4，根据级配达到嵌挤且 VCA_{DRC} 最小为原则，最终确定表中序号 10 级配为选取级配。

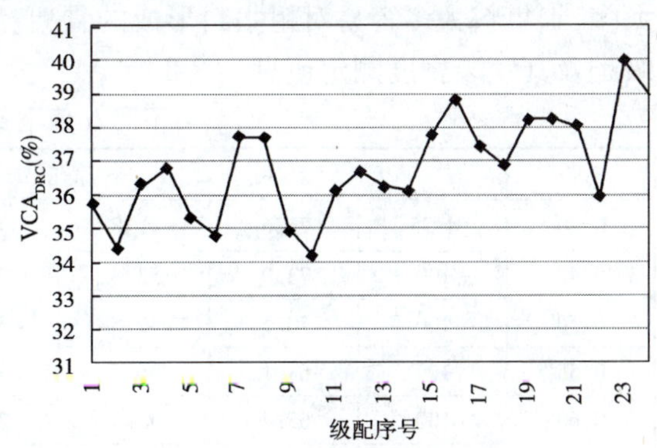

图 8-4　干捣试验结果

干捣试验结果　　表 8-7

序号	干捣密度(1)	干捣密度(2)	干捣密度均值	毛体积密度	VCA_{DRC}
1	1.709	1.738	1.723	2.681	35.72
2	1.741	1.763	1.752	2.672	34.42
3	1.684	1.731	1.708	2.680	36.30
4	1.674	1.715	1.695	2.680	36.77
5	1.709	1.747	1.728	2.671	35.32
6	1.725	1.744	1.735	2.661	34.81
7	1.642	1.693	1.668	2.678	37.72
8	1.645	1.690	1.668	2.677	37.70
9	1.701	1.773	1.739	2.674	34.95
10	1.735	1.779	1.757	2.668	34.16
11	1.690	1.731	1.711	2.678	36.12
12	1.655	1.738	1.696	2.678	36.66
13	1.665	1.735	1.699	2.664	36.21
14	1.690	1.715	1.703	2.66	36.09
15	1.642	1.687	1.665	2.674	37.76
16	1.610	1.665	1.637	2.6763	38.82
17	1.700	1.655	1.677	2.681	37.43
18	1.672	1.703	1.687	2.673	36.89
19	1.639	1.670	1.655	2.679	38.22
20	1.655	1.649	1.652	2.6745	38.24
21	1.652	1.661	1.657	2.674	38.06
22	1.684	1.725	1.704	2.660	35.94
23	1.595	1.620	1.607	2.678	39.99
24	1.626	1.630	1.628	2.670	39.03

细集料级配确定：细集料对混合料的强度和空隙率有着重要的作用。细集料的用量不能太多，细集料太多容易对粗集料形成的骨架产生干涉并进而影响混合料的路用性能。细集料级配及其紧装密度测定值见表 8-8。

不同 *N* 值下各级配的紧装密度　　表 8-8

N	各筛孔(mm)通过率(%)							紧装密度(g/cm^3)
0.40	4.75	2.36	1.18	0.6	0.3	0.15	0.075	
0.45	100	73.0	53.4	39.4	28.9	21.1	0	1.784
0.50	100	70.5	49.8	35.5	25.1	17.8	0	1.813
0.55	100	68.1	46.5	32.0	21.9	15.0	0	1.820
0.60	100	65.7	43.4	28.9	19.1	12.6	0	1.768
0.65	100	63.5	40.4	26.1	16.6	10.6	0	1.755
0.70	100	61.3	37.7	23.5	15.0	8.9	0	1.760

2）Superpave 级配设计（用于面层）

Superpave 级配组成设计，主要是根据泰波理论，把 0.45 次方作为级配组成的最大密实曲线。本研究采用级配最大公称粒径为 31.5mm，级配从 Superpave 禁区中央穿过。对于设计出的级配先采用大型马歇尔仪成型，后采用 GTM 成型。最大公称粒径 31.5mm 级配控制点和禁区如表 8-9 及图 8-5 所示。

Superpave 级配（级配 B）及其控制点和禁区表　　表 8-9

筛孔（mm）	控制点通过率（%）		禁区通过率（%）		通过率（%）
37.5	100				100
31.5	90	100			95.2
26.5					89
19					81
16					73
13.2					62
9.5					51
4.75			39.5	39.5	39.5
2.36	17.2	43.2	30.8	26.8	28.8
1.18			24.1	18.1	21.1
0.6			17.6	13.6	15.6
0.3			11.4	11.4	11.4
0.15					7.6
0.075	1	6.6			4.6

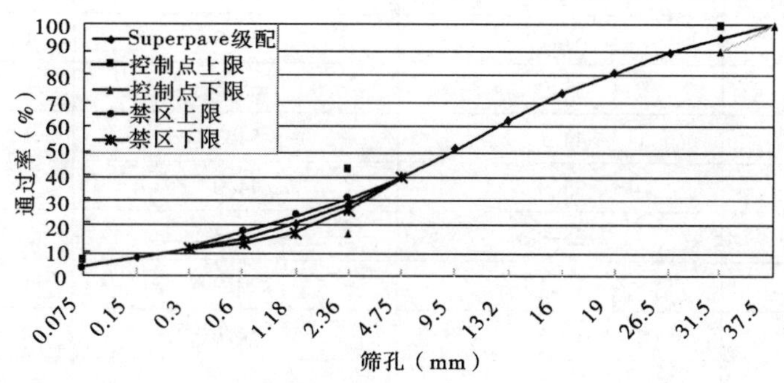

图 8-5　Superpave 级配（级配 B）

3）贝雷法级配设计（用于基层）

贝雷法的主体思想是以集料形成的骨架作为混合料的承重主体，调整粗细集料的比例，以获得适当的 VMA，来保证足够的沥青用量，从而使设计的混合料具有良好的抗车辙能力和耐久性。

研究采用最大公称粒径分别为 37.5mm、31.5mm 及 26.5mm 三种级配。根据贝雷法思想其控制筛孔如表 8-10 所示（因国外没有 31.5mm 的筛孔，对最大公称粒径为 31.5mm 的级配控制筛孔纯按理论值进行研究）。

设计级配控制筛孔表 表 8-10

控制筛孔 最大公称粒径	尺寸 D(mm)		
	37.5	31.5	26.5
D/2	19	16	13.2
PCS	9.5	6.9	4.75
SCS	2.36	1.5	1.18
TCS	0.6	0.3	0.3

设计的级配其贝雷参数范围见表 8-11。

贝雷级配设计参数范围表 表 8-11

公称尺寸(mm)	37.5	31.5	26.5
CA 比	0.80 ~ 0.95	0.75 ~ 0.90	0.70 ~ 0.85
FA_c 比	0.35 ~ 0.50	0.35 ~ 0.50	0.35 ~ 0.50
FA_f 比	0.35 ~ 0.50	0.35 ~ 0.50	0.35 ~ 0.50

根据贝雷法的设计思想和步骤，设计出最大公称粒径分别为 37.5mm、31.5mm、26.5mm 三种级配及其参数值具体如表 8-12 所示。

贝雷法拟定级配及其参数表 表 8-12

筛孔级配(mm)	BL-37.5(级配-C)	BL-31.5(级配-D)	BL-26.5(级配-E)
53	100		
37.5	95.0	100.0	100.0
31.5		91.4	
26.5	75.2	86.1	95.2
19	64.7	73.8	81.3
16	55.9	65.6	73.6
13.2	44.1	54.3	62.7
9.5	33.9	44.0	52.4
4.75	25.0	29.3	32.9
2.36	17.1	20.9	24.0
1.18	12.3	14.6	16.5
0.6	8.7	10.4	11.8
0.3	7.2	7.8	8.3
0.15	4.6	6.2	7.5
0.075	4.1	4.1	4.1
设计参数			
CA	0.87	0.86	0.80
FA_c	0.50	0.46	0.50
FA_f	0.50	0.48	0.50

4)级配小结

分别用体积设计法和 Superpave 设计法针对最大公称粒径为 31.5mm 进行了面层级配设计,体积设计法中粗集料级配应用了均匀设计法。Superpave 设计时打破了禁区的界限,级配从禁区中央穿过。用贝雷法对其级配进行了基层级配设计,其最大公称粒径分别为 37.5mm、31.5mm 和 26.5mm。所有设计级配如表 8-13 和图 8-6、图 8-7 所示。

级 配 表 　　表 8-13

级配种类 方孔筛孔径 (mm)	面层级配通过率(%)		基层级配通过率(%)		
	级配-A (体积设计-31.5)	级配-B (Superpave-31.5)	级配-C (贝雷-37.5)	级配-D (贝雷-31.5)	级配-E (贝雷-26.5)
53			100.00		
37.5	100	100	95.0	100.0	
31.5	89.2	95.2		91.4	100.0
26.5	70.7	89.0	75.2	86.1	95.2
19	68.4	81.0	64.7	73.8	81.3
16	56.7	73.0	55.9	65.6	73.6
13.2	53.5	62.0	44.1	54.3	62.7
9.5	42.0	51.0	33.9	44.0	52.4
4.75	24.4	39.5	25.0	29.3	32.9
2.36	18.0	28.8	17.1	20.9	24.0
1.18	13.7	21.1	12.3	14.6	16.5
0.6	10.8	15.6	8.7	10.4	11.8
0.3	8.8	11.4	7.2	7.8	8.3
0.15	7.4	7.6	4.6	6.2	7.5
0.075	4.4	4.6	4.1	4.1	4.1

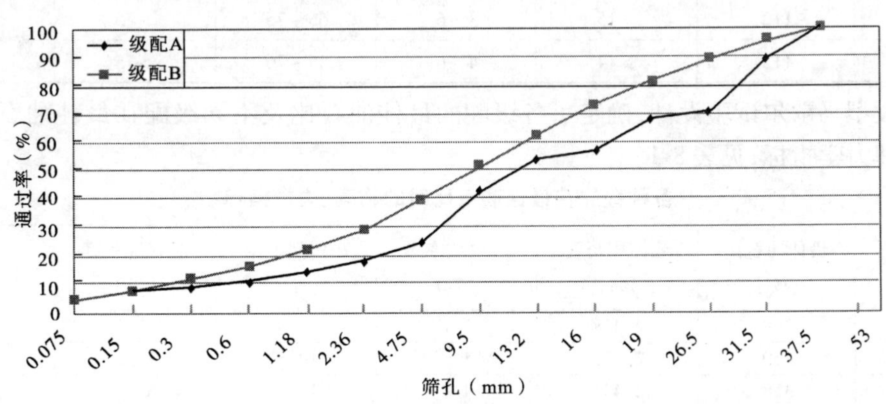

图 8-6 面层级配图

由级配结果可知,对于面层级配 A、B,级配 A 曲线在级配 B 曲线的下方,级配 A 较级配 B 粗集料含量多,细集料含量少,且级配 A 曲线多呈齿状,而级配 B 则平缓。对于基层级配 C、

D、E,除其最大公称粒径不同外,级配近似成平行状。这表明贝雷法设计的三种级配只是最大公称粒径上的变化。

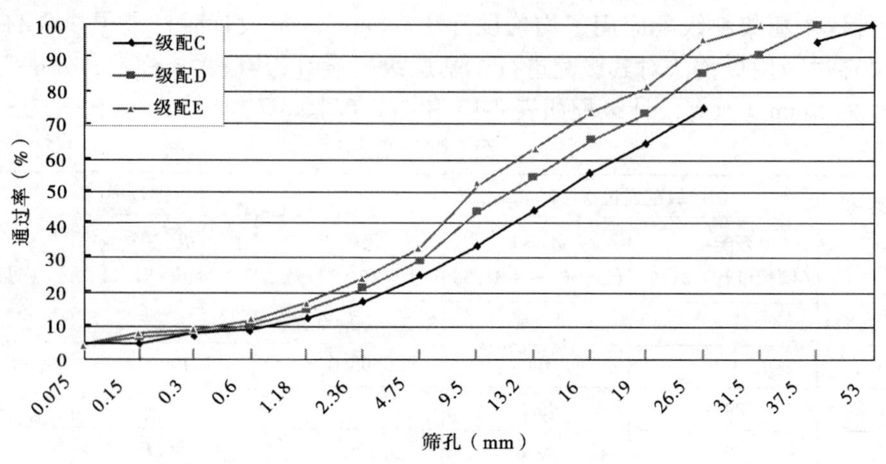

图 8-7 基层级配图

8.2.2 最佳油石比的确定

当矿料级配确定之后,如何确定沥青混合料的最佳油石比,直接关系着大粒径沥青混合料的路用性能。

先选用马歇尔试验设计法,后用 GTM 设计法对级配进行了设计。对设计出的各种矿料级配进行马歇尔试验,以热拌沥青混合料传统马歇尔试验技术标准为依据,同时结合大马歇尔试验的特性,按如表 8-14 所示的技术标准值确定最佳油石比。

热拌沥青混合料大马歇尔试验技术标准值 表 8-14

试验项目	击实次数(次)	稳定度(kN)	空隙率(%)	沥青饱和度(%)	残留稳定度(%)	间隙率(%)
面层级配	112	>15	3~6	65~75	>75	12
基层级配	112	>14	4~6	55~70	>75	12

根据大型马歇尔试验设计,确定了各级配的最佳油石比及不同级配在最佳油石比下成型试件的物理力学指标,见表 8-15。

各种级配在最佳油石比时的物理、力学指标 表 8-15

级配		最佳油石比(%)	毛体积密度(g/cm^3)	空隙率(%)	矿料间隙率(%)	沥青饱和度(%)	稳定度(kN)
面层	A	3.7	2.458	4.1	12.3	65.2	20.3
	B	4.0	2.471	3.5	12.5	71.9	24.7
基层	C	3.8	2.441	4.8	13.3	63.9	20.0
	D	3.8	2.430	5.1	13.5	62.2	20.5
	E	3.9	2.437	4.7	13.2	64.3	21.8

从表中试验数据可以看出,几种级配的 LSAM 所确定的油石比成型试件后测得的各项技术指标均满足要求。由于级配粒径增大、粗集料含量提高、矿料表面积相对降低,沥青混合料

对沥青用量变化较为敏感，当沥青用量稍有变化时，就有可能导致沥青混合料马歇尔试验的某项技术指标超出规范要求值。因此，在进行 LSAM 最佳沥青用量确定过程中，必须根据规范要求严格控制试验条件。

8.3　大粒径碎石沥青混合料路用性能试验研究

8.3.1　LSAM 水稳定性研究

水损害是沥青路面的主要病害之一，水害会使沥青与集料脱离，使路面出现松散、剥离、坑洞等病害，严重危害道路的使用性能。基于残留稳定度和冻融劈裂试验，对所设计的 5 种级配进行了水稳性测试。

1）浸水马歇尔试验

采用马歇尔试验残留稳定度评价沥青混合料的水稳定性试验结果见表 8-16。用残留稳定度（MS_0）评价沥青混合料的水稳定性，MS_0 越大，水稳定性越好。根据试验结果可以得出：

① 5 种级配的残留稳定度均满足规范中对高等级公路大于 75% 的要求。

②对于面层级配 A 和 B 的残留稳定度而言，级配 A 要稍低于级配 B，这跟 A 级配的空隙率稍大于 B 级配有关。

③对于基层级配 C、D、E 三种级配的残留稳定度相差不多，非常接近，由此可以看出级配的最大公称粒径对于残留稳定度的影响很小。

④面层级配的值都要略低于基层级配。

浸水马歇尔试验结果　表 8-16

级配类型		MS(kN)	MS1(kN)	MS0(%)	空隙率(%)
面层	A	21.6	19.3	89.2	4.1
	B	25.3	23.6	93.4	3.5
基层	C	21.3	20.8	97.4	4.8
	D	19.5	18.9	97.0	5.1
	E	16.9	16.6	98.5	4.7

2）冻融循环劈裂试验

采用冻融循环劈裂试验强度比评价沥青混合料的水稳定性试验结果见表 8-17。用冻融劈裂强度比（TSR）评价沥青混合料的水稳定性，TSR 越大表明沥青混合料的水稳定性越好，且对于年降雨在 500 ~ 1000mm 的湿润区规范要求 TSR 须大于 70% 。从试验结果来看：

① 5 种级配 TSR 值都能满足要求。

②对于面层级配，级配 A 略小于级配 B。

③对于 C、D 和 E 三种基层级配，级配 E 的 TSR 最好，D 次之，C 最差，即随着最大公称粒径的减小，TSR 值增大。

综合 5 种级配的水稳定性试验结果可以看出，级配 E 的水稳定性最好，对于面层级配，B 的水稳性要略好于 A，这跟 B 的空隙率稍小于 A 有关。对于基层级配 C、D 和 E，E 级配的水稳定性最好。

冻融循环劈裂试验结果　　表 8-17

级配类型		RT1 (MPa)	RT2 (MPa)	TSR (%)	空隙率 (%)
面层	A	0.57	0.54	96	6.1
	B	0.91	0.78	85	5.8
基层	C	0.42	0.38	92	6.7
	D	0.71	0.59	82	7.2
	E	0.58	0.55	96	6.6

8.3.2 LSAM 高温稳定性研究

采用动稳定度 DS 和相对变形指标来评价沥青混合料的高温稳定性。5 种级配的车辙试验结果见表 8-18 和表 8-19。从车辙试验结果可知：

①5 种级配均远满足规范对高速公路大于 800 次/mm 的要求。

②面层级配 A 优于 B，符合高温稳定性越好的规律。但动稳定度还与粗集料内部的级配有关，例如基层级配中，D 级配的粗集料含量大于 E 级配，而动稳定度却小于 E 级配。

③对于 C 和 E 这两种基层级配，级配 C 的动稳定度大于级配 E，满足集料粒径越大，抗车辙能力越好的规律。D 级配的 DS 较小，可能是没有形成力学嵌挤所致，空隙率相对较大但还能满足高温稳定性基本要求。

④稳定度与车辙数据没有很好的相关性。

⑤从车辙深度数据分析来看，每一级配的车辙深度与其动稳定度成反比，这说明动稳定度与车辙深度反映的高温稳定性规律一致。

车辙试验动稳定度(DS)结果　　表 8-18

级配类型		车辙板 1 (次/mm)	车辙板 2 (次/mm)	车辙板 3 (次/mm)	均值 (次/mm)	油石比 (%)	粗集料含量 (%)
面层	A	3874	4461	2564	3633	3.7	75.6
	B	1738	1243	1684	1555	4.0	60.5
基层	C	3403	2921	4451	3592	3.8	75.0
	D	1315	1763	1422	1500	3.8	70.7
	E	2135	2916	3288	2780	3.9	67.1

注：表中均是板厚为 10cm 的测定结果。

60min 时车辙深度　　表 8-19

级配类型		车辙板 1 (mm)	车辙板 2 (mm)	车辙板 3 (mm)	均值 (mm)	油石比 (%)	粗集料含量 (%)
面层	A	2.20	2.24	3.33	2.59	3.7	75.6
	B	4.74	5.46	5.57	5.26	4.0	60.5
基层	C	2.265	2.79	1.94	2.33	3.8	75.0
	D	4.46	3.61	3.94	4.00	3.8	70.7
	E	4.09	2.88	3.12	3.37	3.9	67.1

注：表中均是板厚为 10cm 的测定结果。

8.3.3 LSAM 低温抗裂性研究

低温抗裂性能按照《公路工程沥青及沥青混合料试验规程》进行，将轮辙成型的试件切割成 40mm×40mm×250mm 的小梁，试验温度为 0℃，加载速率为 50mm/min，采用 MTS 材料试验机进行试验。试验结果如表 8-20 和表 8-21 所示。根据试验结果可知：

①从抗弯拉强度值来看，最大公称粒径相等的面层级配 A、B 与基层级配 D 基本相近，而对基层级配 C、D、E，随着最大公称粒径的减小，其抗弯拉强度值成阶梯状分布且依次增大，说明混合料的抗弯拉强度与其级配的最大公称粒径相关，最大公称粒径越小，强度越高，与混合料的设计指标关系不大。

②从最大弯拉应变来看，面层级配 A 和基层级配 E 抗裂性能较好，B、C、D 较接近。

③从弯曲劲度模量来看，基层级配 D、E 较好，面层级配 A、B 值较接近。

④从应变能来看，面层级配 B 的低温抗裂性能优于级配 A，基层级配中级配 D 最好，级配 E 稍差，级配 C 最差。

综合分析低温弯曲试验结果表明：面层级配 A 和级配 B 的抗裂性能相近，基层级配中，级配 D 和级配 E 低温抗裂性能都较好，级配 C 最差。

不同级配沥青混合料低温弯曲试验结果一　表 8-20

级配类型		抗弯拉强度(MPa)	最大弯拉应变(με)	弯拉劲度模量(MPa)
面层	A	9.22	1760.5	5406.7
	B	11.10	1671.5	7138.7
基层	C	7.66	1486.6	5058.3
	D	9.39	2394.7	4200.7
	E	9.92	2020.5	5014.0

不同级配沥青混合料低温弯曲试验结果二　表 8-21

级配类型		最大荷载(N)	最大挠度(mm)	应变能(J)
面层	A	1966	0.29	0.283
	B	2368	0.28	0.323
基层	C	1633	0.25	0.207
	D	2002	0.40	0.394
	E	2116	0.34	0.354

8.3.4 LSAM 疲劳特性研究

各种级配类型的沥青混合料小梁疲劳试验结果如图 8-8 和图 8-9 所示（试验温度 15℃）。由试验数据分析可得：

①由面层级配混合料疲劳曲线可知，级配 B 的抗疲劳性能优于级配 A。由基层级配混合料疲劳曲线可知，级配 C 优于级配 D，级配 E 最差。同时，基层沥青混合料的抗疲劳性能要优于面层沥青混合料的抗疲劳性能。

②空隙率是影响沥青混合料疲劳性能的重要因素。一般来说,空隙率越小,抗疲劳性能越好。因为空隙率越大,沥青混合料内部微裂缝越多,在荷载反复作用下,易从微裂缝处发生破坏,从而使疲劳性能降低。例如面层级配 B 优于 A,但基层级配的抗疲劳性能与其空隙率并没有表现出应有的相关性,可能是由于混合料之间空隙率相差不大的缘故。

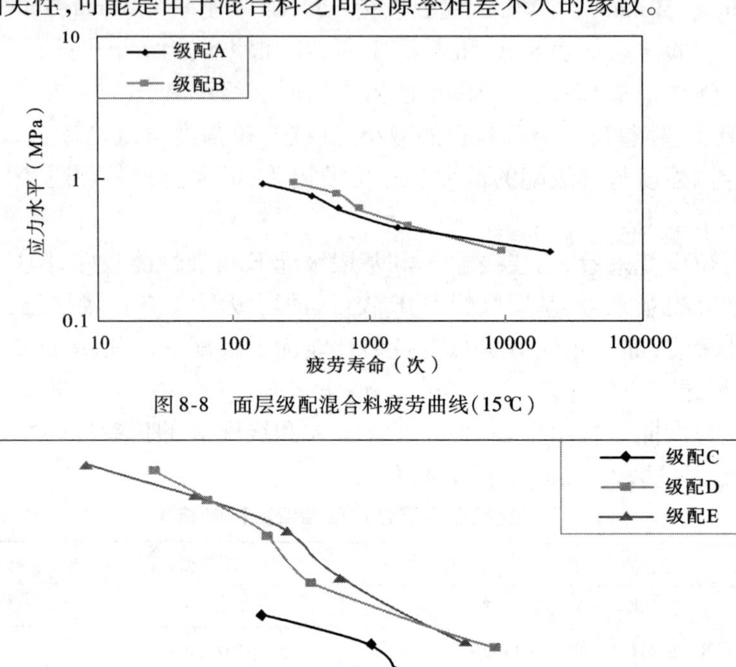

图 8-8　面层级配混合料疲劳曲线(15℃)

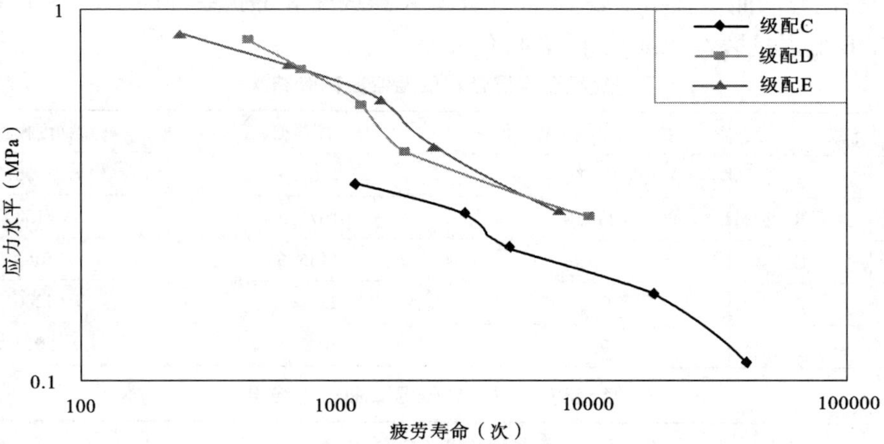

图 8-9　基层级配混合料疲劳曲线(15℃)

8.3.5 LASM 渗水性能研究

对设计的几种级配,依照《公路工程沥青及沥青混合料试验规程》进行了渗水试验。5 种级配的沥青混合料板注入水后,在一个小时内,高度基本保持不变,试件基本不透水或根本不透水。由此可知,LSAM 增大了集料的粒径和摊铺厚度,使混合料内部没有形成连同的空隙,能更好地抵抗水损害。

8.4　大粒径碎石沥青混合料的 GTM 设计及路用性能分析

8.4.1 GTM 设计方法

1)原材料

沥青:采用欢喜岭 AH-70 号沥青,各项指标见表 8-22。

沥青技术指标 表8-22

试验项目		埃索沥青	备注
密度(15℃)(g/cm³)		1.015	
针入度(25℃,5s,100g)(1/10mm)		66	
延度(15℃,5cm/min)(cm)		>100	
软化点(环与球)(℃)		47.4	
溶解度(三氯乙烯)(%)		99.88	
闪点(COC)(℃)		306.8	
薄膜加热试验(163℃,5h)	质量损失(%)	0.12	质量减少
	针入度比(%)	69.7	
	延度(15℃,5cm/min)(cm)	>100	

集料:粗集料采用石灰岩,细集料为石屑,矿粉为石灰岩磨制而成,集料的各项性能指标均符合规范要求。按《公路工程集料试验规程》实测各档集料密度(粗集料为毛体积密度和视密度,细料及矿粉为视密度)见表8-23。

集料密度测定结果 表8-23

筛孔尺寸(mm)	37.5	31.5	26.5	19	16	13.2	9.5	4.75
毛体积密度(g/cm³)	2.722	2.721	2.72	2.72	2.722	2.729	2.73	2.728
筛孔尺寸(mm)	2.36	1.18	0.6	0.3	0.15	0.075	矿粉	
表观密度(g/cm³)	2.721	2.709	2.703	2.703	2.683	2.69	2.842	

2)油石比的确定

为确定5种LSAM的最佳油石比,各级配选定4种油石比分别在140~145℃温度下进行拌和,并用GTM成型试件。根据试件毛体积相对密度、旋转压实稳定度GSI及抗剪安全系数GSF,确定沥青用量范围和最佳沥青用量。

A级配GTM试验参数随油石比的变化见表8-24。根据试验结果,试件的毛体积密度随油石比的增加而增大,未出现峰值。判定沥青混合料这种粒状塑性材料是否会出现塑性过大现象的指标GSI随油石比的增加而增大,但当油石比大于3.3%时,GSI大于1.05,沥青混合料的塑性过大;从反映沥青混合料抗剪强度方面的强度稳定性参数GSF随油石比的变化情况来看,GSF值在各油石比下均满足条件,即大于1.0,当油石比等于3.3%时,GSF值最大,当油石比大于3.3%时,随油石比的增加GSF值减小。由此可知,A级配的最大油石比为3.3%,考虑到应用该级配所在地的气候特点、高速公路渠化交通的特点以及施工控制等因素,A级配的油石比范围定为2.9%~3.3%,取3.1%作为最佳油石比。

A级配GTM试验参数随油石比变化表 表8-24

序号	油石比(%)	毛体积密(g/cm³)	GSI	GSF
1	2.5	2.462	0.93	1.25
2	2.9	2.485	1.01	1.28
3	3.3	2.505	1.09	1.36
4	3.7	2.512	1.24	1.32

B 级配 GTM 试验参数随油石比的变化见表 8-25。根据试验结果,试件的毛体积密度随油石比的增加而增大,未出现峰值。判定沥青混合料这种粒状塑性材料是否会出现塑性过大现象的指标 GSI 随油石比的增加而增大,但当油石比大于 3.7% 时,GSI 大于 1.05,沥青混合料的塑性过大;从反映沥青混合料抗剪强度方面的强度稳定性参数 GSF 随油石比的变化情况来看,GSF 值在各油石比下均满足条件,即大于 1.0,油石比等于 3.3% 时,GSF 值最大,当油石比大于 3.3% 时,随油石比的增加 GSF 值减小。由此可知,A 级配的最大油石比为 3.7%,考虑到应用该级配所在地的气候特点、高速公路渠化交通的特点以及施工控制等因素,A 级配的油石比范围定为 3.3% ~3.7%,取 3.5% 作为最佳油石比。

B 级配 GTM 试验参数随油石比变化表 表 8-25

序　号	油石比(%)	毛体积密度(g/cm^3)	GSI	GSF
1	2.9	2.462	0.97	1.19
2	3.3	2.487	1.01	1.25
3	3.7	2.505	1.06	1.24
4	4.1	2.512	1.15	1.22

C 级配 GTM 试验参数随油石比的变化见表 8-26。根据试验结果,试件的毛体积密度随油石比的增加而增大,未出现峰值。判定沥青混合料这种粒状塑性材料是否会出现塑性过大现象的指标 GSI 随油石比的增加而增大,但当油石大于 3.4% 时,GSI 大于 1.05,沥青混合料的塑性过大;从反映沥青混合料抗剪强度方面的强度稳定性参数 GSF 随油石比的变化情况来看,GSF 值在各油石比下均满足条件,即大于 1.0,油石比等于 3.4% 时,GSF 值最大,当油石比大于 3.4% 时,随油石比的增加 GSF 值减小。由此可知,C 级配的最大油石比为 3.4%,考虑到应运该级配所在地的气候特点、高速公路渠化交通的特点以及施工控制等因素,C 级配的油石比范围定为 3.0% ~3.4%,取 3.2% 作为最佳油石比。

C 级配 GTM 试验参数随油石比变化表 表 8-26

序　号	油石比(%)	毛体积密度(g/cm^3)	GSI	GSF
1	2.6	2.458	1.01	1.32
2	3.0	2.472	1.03	1.34
3	3.4	2.486	1.07	1.38
4	3.8	2.501	1.23	1.37

D 级配 GTM 试验参数随油石比的变化见表 8-27。根据试验结果,试件的毛体积密度随油石比的增加而增大,未出现峰值。判定沥青混合料这种粒状塑性材料是否会出现塑性过大现象的指标 GSI 随油石比的增加而增大,但当油石大于 3.7% 时,GSI 大于 1.05,沥青混合料的塑性过大;从反映沥青混合料抗剪强度方面的强度稳定性参数 GSF 随油石比的变化情况来看,GSF 值在各油石比下均满足条件即大于 1.0,油石比等于 3.3% 时,GSF 值最大,当油石比大于 3.3% 时,随油石比的增加 GSF 值减小。由此可知,D 级配的最大油石比为 3.7%,考虑到应运该级配所在地的气候特点、高速公路渠化交通的特点以及施工控制等因素,D 级配的油石比范围定为 3.3% ~3.7%,取 3.5% 作为最佳油石比。

D 级配 GTM 试验参数随油石比变化表　　表 8-27

序　号	油石比(%)	毛体积密度(g/cm^3)	GSI	GSF
1	2.9	2.431	0.96	1.29
2	3.3	2.448	0.99	1.34
3	3.7	2.461	1.06	1.33
4	4.1	2.475	1.17	1.31

E 级配 GTM 试验参数随油石比的变化见表 8-28。根据试验结果,试件的毛体积密度随油石比的增加而增大,未出现峰值。判定沥青混合料这种粒状塑性材料是否会出现塑性过大现象的指标 GSI 随油石比的增加而增大,但当油石大于 3.6% 时,GSI 大于 1.05,沥青混合料的塑性过大;从反映沥青混合料抗剪强度方面的强度稳定性参数 GSF 随油石比的变化情况来看 GSF 值在各油石比下均满足条件即大于 1.0,油石比等于 3.6% 时,GSF 值最大,当油石比大于 3.6% 时,随油石比的增加 GSF 值减小。由此可知,E 级配的最大油石比为 3.6%,考虑到应运该级配所在地的气候特点、高速公路渠化交通的特点以及施工控制等因素,E 级配的油石比范围定为 3.2% ~3.6%,取 3.4% 作为最佳油石比。

E 级配 GTM 试验参数随油石比变化表　　表 8-28

序　号	油石比(%)	毛体积密度(g/cm^3)	GSI	GSF
1	2.8	2.432	0.94	1.26
2	3.2	2.447	1.02	1.36
3	3.6	2.462	1.03	1.39
4	4.0	2.470	1.08	1.31
5	4.4	2.478	1.21	1.30

综上所述,各级配确定最佳油石比时各参数见表 8-29。

GTM 组成设计试验结果表　　表 8-29

级　配		GSI	GSF	毛体积密度(g/cm^3)	用油量范围(%)	最佳油石比(%)
面层	A	1.01	1.28	2.484	2.9 ~3.3	3.1
	B	1.04	1.28	2.522	3.3 ~3.7	3.5
基层	C	1.02	1.37	2.481	3.0 ~3.4	3.2
	D	1.04	1.35	2.468	3.3 ~3.7	3.5
	E	1.03	1.39	2.466	3.2 ~3.6	3.4

注:GSI 应变稳定值(最终应变除以中间最小应变),GSF 安全系数(抗剪强度除以最大剪切力)。

由于混合料的最大公称粒径较大,在 GTM 对 5 种 LSAM 进行成型过程中,能听到石头棱角破碎的声音,对其成型的试件表面及断面破碎情况分析,只是试件表面的棱角和试件内部粗集料棱角被破坏,如图 8-10 和图 8-11 所示。

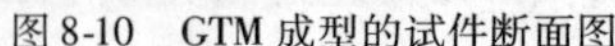

图 8-10 GTM 成型的试件断面图

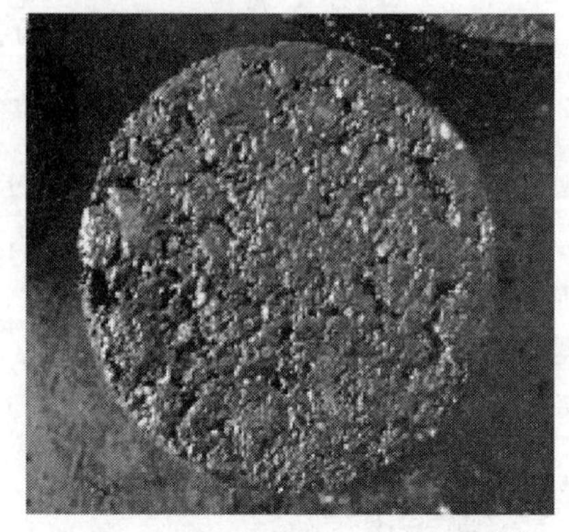

图 8-11 GTM 成型的试件表面图

8.4.2 路用性能的验证

1）残留稳定度及冻融劈裂性能研究

残留稳定度试件是在 GTM 设计的最佳油石比下，用 GTM 旋转压实成型试件，为了更有利于两种设计方法的对比分析，将试件切割成大马歇尔试验时试件要求的高度 92.8 ~ 97.8mm 进行试验。试验结果如表 8-30 所示，根据试验结果可以看出：

LSAM 残留稳定度试验结果 表 8-30

级配类型		MS(kN)	MS_1(kN)	MS_0(%)	空隙率(%)
面层	A	32.5	31.6	97.0	4.1
	B	35.2	39.4	112.7	2.7
基层	C	28.3	31.2	109.9	4.2
	D	32.3	31.7	98.1	4.3
	E	35.9	31.6	88.2	4.1

①5 种级配的残留稳定度均满足规范中对高等级公路大于 75% 的要求。

②对于面层级配 A 和 B 的残留稳定度而言，级配 A 要稍低于级配 B，这跟 A 级配的空隙率稍大于 B 级配有关，且与马歇尔设计的混合料结果一致。

③对于基层级配 C、D、E，残留稳定度随着最大公称粒径的增大而递减。这与马歇尔设计的混合料结果不一致；对于沥青混合料，设计理论不同，其内部颗粒排列组合方式不同，得出的路用性能也可能不同。

冻融劈裂试验采用 GTM 设计的最佳油石比，用 GTM 旋转压实成型，再切割成高度为 92.8 ~ 97.8mm 的试件进行试验，在试验中控制转数以达到试件空隙率 6% ~ 8% 的要求。试验结果如表 8-31 所示，根据试验结果可以看出：

①用 GTM 设计的这 5 种 LSAM 的 TSR 普遍低于马歇尔设计的混合料，这是由于不同的空隙率造成的。

②在面层混合料中，级配 B 的 TSR 值要高于级配 A。

③在基层混合料中，级配 D 的 TSR 值最高，级配 E 居中，级配 C 最低。这与大马歇尔成型的混合料差别不是很大。

LSAM 冻融劈裂试验结果　表 8-31

级配类型		RT1(MPa)	RT2(MPa)	TSR(%)	空隙率(%)
面层	A	1.21	1.44	83.9	6.0
	B	0.85	0.96	88.4	6.5
基层	C	0.91	1.20	76.1	6.2
	D	1.22	1.41	86.7	6.3
	E	1.07	1.32	80.8	5.9

2)高温稳定性能研究

5 种级配的车辙试验结果见表 8-32 和表 8-33。根据试验结果可以看出:

①由 GTM 成型的 LSAM 动稳定度都要高于大马歇尔成型的混合料。这可能是 GTM 成型的混合料沥青含量低、混合料更密实的缘故。

②面层级配中,级配 A 的动稳定度高于级配 B 的,这与大马歇尔成型的混合料规律一致,但车辙深度则相反。

③对于基层级配,级配 E 动稳定度最高,级配 D 最小。这与马歇尔设计的混合料车辙结果相近,只有级配 C 的排序相对降低,动稳定度值变化不大。

④基层级配 GTM 成型的车辙深度与大马歇尔成型的规律相符,值也相近。

车辙试验动稳定度(DS)结果　表 8-32

级配类型		车辙板 1(次/mm)	车辙板 2(次/mm)	均值(次/mm)	油石比(%)	粗集料含量(%)
面层	A	4200	5725	4964	3.1	75.6
	B	2864	4200	3532	3.5	60.5
基层	C	3316	4200	3758	3.2	75.0
	D	2864	3000	2932	3.5	70.7
	E	4846	5250	5048	3.4	67.1

注:表中均是板厚为 10cm 的测定结果。

60min 时车辙深度　表 8-33

级配类型		车辙板 1(mm)	车辙板 2(mm)	均值(mm)	油石比(%)	粗集料含量(%)
面层	A	9.19	5.66	7.43	3.1	75.6
	B	4.21	6.98	5.60	3.5	60.5
基层	C	5.87	3.44	4.66	3.2	75.0
	D	5.35	3.60	4.48	3.5	70.7
	E	5.24	4.03	4.64	3.4	67.1

注:表中均是板厚为 10cm 的测定结果。

3)低温性能研究

5 种混合料低温性能研究试验结果如表 8-34 和表 8-35 所示。试验数据分析可知:

不同级配沥青混合料低温弯曲试验结果一　　表 8-34

级配类型		抗弯拉强度(MPa)	最大弯拉应变(με)	弯拉劲度模量(MPa)
面层	A	9.72	1388	7010
	B	10.66	1394	7640
基层	C	8.45	1122	7530
	D	9.27	1573	5890
	E	9.81	1578	6210

不同级配沥青混合料低温弯曲试验结果二　　表 8-35

级配类型		最大荷载(N)	最大挠度(mm)	应变能(J)
面层	A	2315	0.24	0.240
	B	2480	0.10	0.148
基层	C	1841	0.95	0.112
	D	1797	0.17	0.154
	E	2449	0.17	0.179

①从抗弯拉强度结果分析:基于 GTM 法与大马歇尔法设计的混合料低温弯曲试验结果很接近,且面层和基层级配规律也一致。即面层级配 B 优于级配 A,基层级配 E 优于级配 D,级配 C 最差。这与大马歇尔法的设计结果相一致。

②从最大弯拉应变结果分析:GTM 法较大马歇尔法设计的混合料低温弯曲试验结果整体偏小。对于面层级配,级配 A 比级配 B 大;基层级配中,级配 D 优于级配 E,级配 C 最差。这与大马歇尔法的设计结果较一致。

③从弯拉劲度模量结果分析:GTM 法较大马歇尔法设计的混合料低温弯曲试验结果整体偏大。面层级配 B 优于级配 A;基层级配中:级配 C 优于级配 E,级配 D 最差。这与大马歇尔法的设计结果一致。

④从应变能结果分析:GTM 法较大马歇尔法设计的混合料低温弯曲试验结果整体偏小。面层级配 A 优于级配 B;基层级配中,级配 E 优于级配 D,级配 C 最差。这与大马歇尔法的设计结果不一致。

8.5 大粒径碎石沥青混合料施工技术特征研究

8.5.1 集料级配离析测量和评价方法

沥青混合料的离析是造成沥青路面局部损坏的根本原因之一。在水存在的条件下,沥青路面中已产生离析的沥青混合料受汽车动荷载作用时会加速破坏,进一步发展成为坑槽、推挤等破坏现象,不仅影响路面美观,严重时甚至影响路面的使用功能。大粒径沥青混合料由于最大公称粒径大于或等于 26.5mm,粗集料含量较多,因此,比一般的沥青混合料更加容易产生集料离析问题。

1)LSAM 生产施工中的离析问题

在沥青混凝土路面面层施工中主要有 3 种集料级配离析:随机离析(料窝离析)、纵向离析(边沿离析)和运输离析。

(1)随机离析

随机离析大多发生在对 HMA 有竖向移动的过程中。沿车道发生的离析可能是横向离析或是纵向离析。离析区域可能有规律地发生,也可能在路面中断断续续地发生。料窝离析通常是因为料场对粗集料的堆积不当或冷料进料过程中有问题。

在堆料时粗集料容易沿料堆向下滚落到料堆底部,在送向冷料斗之前,必须用前端装载机将集料拌和均匀。如果没有重新拌和,粗集料会被装载机集中地放在一个冷料斗中,明显地改变混合料中集料的级配。

间歇式拌和楼冷料斗中级配的改变将导致热料仓中每一级集料数量的改变。集料通过干燥滚筒后级配基本和冷料斗中一样,但是通过振动筛进入热料仓后,由于各热料仓在等待其数量时,粗集料仓中多余的粗集料会溢出,减少了因堆料离析而导致混合料出现离析的可能性。

在连续式滚筒式拌和楼的生产过程(无论是平行流还是对流),因料堆或冷进料斗中粗集料离析,一般要在摊铺机后面铺筑的混合料上出现。滚筒式拌和楼的生产过程是按照先进先出原则(先到先服务原则)。因为滚筒式拌和楼是连续运转,从冷料仓到拌和楼的过程中,材料级配基本上是不改变的。从冷进料仓卸下已经离析的粗集料,当从筒式拌和楼出料时,集料的尺寸和级配只有很小的变化。随机离析在卡车装料时也可能发生。如果从桨叶式拌和楼卸出一盘 HMA,因为混合料是一起从桨叶式拌和机卸到卡车上,一般不会有随机离析问题。如果混合料是从储料仓卸到卡车上,拌和楼操作员不断地开关储料仓上的卸料门,将少量混合料送入卡车以完成装料时,就有可能发生随机离析现象。

(2)纵向离析

仅发生在摊铺机一侧连续的离析,通常是由于卡车在由拌和楼或储料仓不正确的装料引起。如果混合料没能卸在卡车底的中间位置,最粗的颗粒就可能滚到一侧并沿边上堆积。当混合料装进摊铺机漏斗时,离析的混合料将会置于道路的同一侧,这样就会在摊铺机一侧纵向出现离析的粗纹理区。因为大多数卡车装料都能装在卡车底中部,这种纵向离析一般是间断性的。

纵向离析一般发生于储料仓顶部的混合料,这是由运送 LSAM 或传统 HMA 方法形成的。给储料仓送料的常用方法有刮板传送器、桶式提升器或传送带。传送装置将混合料用分批器或直接送进储料仓的中心,如果混合料被送进储料仓的一侧,大料会滚动到储料仓的一侧并最终卸到拖运卡车的同一侧。纵向离析是由混合料送进储料仓的方式引起,它常常出现在摊铺机的同一侧。此外,这类离析是连续性的。因此,如果卡车在储料仓下从相反方向装料,离析就会转到摊铺机的另一侧位置。这一方法有助于区别离析的原因。

(3)运输离析

LSAM 运输离析发生在卡车运送混合料到摊铺机的过程中。当运输道路不平整时,极容易发生离析现象。这种离析频率和装料的方法以及卡车对摊铺机的卸料方法等有关。一般来说,卡车在拌和楼或储料仓的装料过程就是这种离析发生的地点。在卡车装料过程中,为避免装料和运输离析,最好移动卡车位置,将混合料在卡车中装成前后中三小堆,减少集料滚动的距离。

如果摊铺机司机将摊铺机装料斗的混合料彻底清空,那么卡车斗后门堆积的粗集料将直接送到摊铺机料斗的底部，并通过螺旋传送器直接传送到摊铺机的熨平板形成离析。如果卡车清空，装料期间已滚到车内前端的粗集料将最后卸到摊铺机料斗中。一旦摊铺机料斗几乎清空，摊铺机后铺筑的混合料表面很快出现离析现象。

2）离析原因分析

（1）集料变异性大

集料没有专业化生产料场，不同的料场之间岩石性质不同、加工机械不同导致加工的集料规格不同，从而导致集料来源杂、变异性大、质量不稳定。不同性质石料、不同规格集料相互掺和使用，级配变化太大，往往不能达到配合比的设计要求，生产的沥青混合料容易造成离析。石料自身与沥青的黏附性是影响混合料离析的重要因素。当集料酸性较高（SiO_2 含量偏大）时，集料与沥青的黏附性降低，从而产生离析现象。

（2）集料保管不当

采石场及拌和厂的生产场地和材料堆放场地不合规定，不同材料之间没有分隔墙，不能完全互相分开，或材料存放在不平整坚硬的地面上，装载机铲料时很容易将地面的黏土等杂物带入料仓。移动式拌和厂的材料场没有设防雨棚，下雨对集料的含水率影响很大。尤其是砂子、石屑等细集料，不同部位的含水率也不一样，干燥状态和潮湿状态的流动情况差异很大，拌和机的供料控制会有很大的波动，直接影响到沥青混合料的配合比。

（3）沥青黏附性低

沥青混合料的黏附性取决于沥青与集料的共同作用。如果沥青自身的黏附能力不足以与集料黏结成整体或黏结力太弱，都会导致混合料在各种外力或环境作用下产生离析。

（4）沥青加热温度偏高

沥青混合料在搅拌机内加热时，温度一般达到 160～180℃，直接影响到沥青的氧化和组分的挥发，同时搅拌时间和沥青用量也会影响沥青的老化。一般来讲，温度越高，沥青膜越薄，沥青的老化越严重。对间歇式搅拌机，黏附在集料表面的沥青膜要受到集料高温和热空气的同时作用，轻质油分迅速挥发且与氧气发生化学反应，从而加速沥青的老化。对连续式搅拌机来说，混合料的加热与搅拌在滚筒的不同部位进行，除受温度影响产生老化外，热空气中氧气的作用使沥青氧化更为严重。老化严重程度与离析现象有直接的关系，即沥青老化程度越严重，混合料的离析现象越严重。

（5）混合料来源不同

由于拌和能力不足，同一铺筑现场使用的混合料由几个拌和厂供料。这种供料方式能缓解拌和机供料不足的矛盾，但是也带来了不同拌和厂所使用的材料来源不同、实际配合比不同等问题。

（6）不同规格的混合料使用同一台拌和机搅拌

使用间歇式沥青混合料拌和机，采用同一筛孔对不同层位不同粒径的混合料穿插进行拌和，会影响混合料的级配，尤其是拌和上层较细的混合料时，超粒径料的排出往往不能实现。

（7）温差

由于集料烘干筒的加热温度、加热时间、天气状况等不可能恒定，拌和的混合料温度有波动。同时，混合料在运输过程中必然会降温，但降温的程度是不一样的，尤其是混合料在不盖苫布时，表面降温快，内部降温慢，造成温度离析。降温的程度与天气、环境条件（风、温度）、混合料类型、车辆装载混合料厚度有密切的关系。当温度差在 10 ~ 16℃范围内时，将会发生轻度的离析；当温度差在 17 ~ 21℃范围内时，将会发生中度的离析；温度差超过 21℃时，将会发生重度的离析。

（8）装料、卸料操作不规范

混合料运输车停在拌和机下面，没有随着装入混合料的增加而逐步挪动，特别是对于大型搅拌机和大型运输车，造成混合料在运输车内像小山一样堆积，装料时粗集料向下滚得快，下料时也滚得快，造成摊铺时混合料离析。

（9）摊铺离析

混合料从运料车卸到摊铺机的过程中，因密度和温度的变化，一定程度上会产生粗细集料的分离；另外，摊铺机的螺旋拨料器在向两侧摊铺时，在加长的接头部位，如调整不好，往往会有一个不平顺的坎，摊铺的混合料在这里也会发生离析。

（10）摊铺宽度太大

由于追求平整度而采取全幅摊铺的方式，一方面是混合料横向移动距离太长，形成集料两边粗、中间细的粗细集料离析现象，摊铺宽度越宽，混合料的离析越严重；另一方面是熨平板对混合料的压实程度不一样，尤其是熨平板加长部分，是靠拉杆吊在摊铺机上保持平衡的，往往没有振动夯实作用，所以沿路面横向方向的混合料不仅集料级配不均匀，而且压实程度也不一样，使摊铺过程的压实度大幅度减小，进一步影响压实的完成，反过来又影响平整度。

（11）混合料压实不均匀

压路机在压实混合料时不可能做到压实温度、遍数、速度都一样，边上和中间压实度总有差异，早压的温度和晚压的温度也必然不同，压路机的吨位也会因为附加设施而稍有变化，再加上铺到路上的混合料温度本身就有相当的差异，从而导致路面混合料的压实度不均匀也会产生离析。

（12）沥青面层厚度太薄

沥青面层设计压实厚度太薄，与压实设备的功能不相符，压实设备不论采用多大功能均不能起到良好碾压效果。

3）沥青混合料摊铺之前离析评价

如果混合料在级配设计出来后就能够在试验室里初步判断混合料是否容易离析，那么，可以通过调整级配重新设计。如果这种配比下的混合料的路用性能比较优异，能够满足设计要求，也可以把它作为一个警告指标。在参考国内外资料后开发出了一种评价集料离析的试验装置，并且提出了评价指标，如图 8-12 所示。

试验温度：130 ~ 140℃。

试验方法：首先在挡板上贴上蜡纸，以防止沥青混合料粘在挡板上。把拌和好的沥青混合料装入料斗，摊平后打开料斗下的阀门，使混合料自然下落。等料完全掉入挡板下部的两个料仓后，把前后料仓的混合料分别装入容器，进行抽提试验得到两个集料级配。

试验结果如图 8-13 ~ 图 8-24 所示。

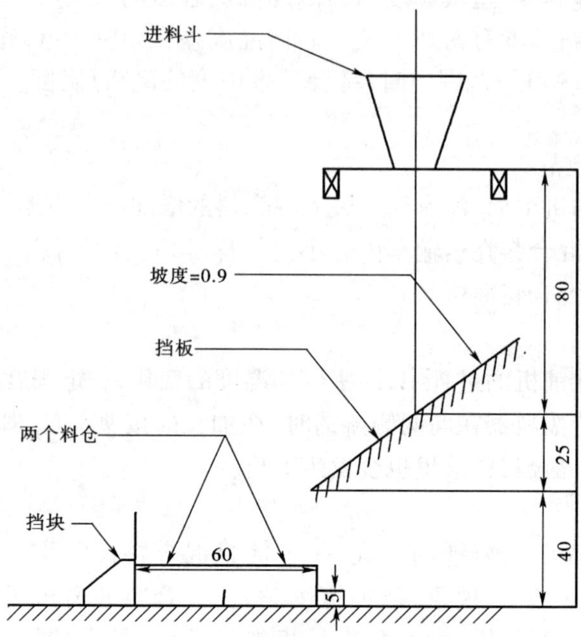

图 8-12　集料离析评价仪(尺寸单位:cm)

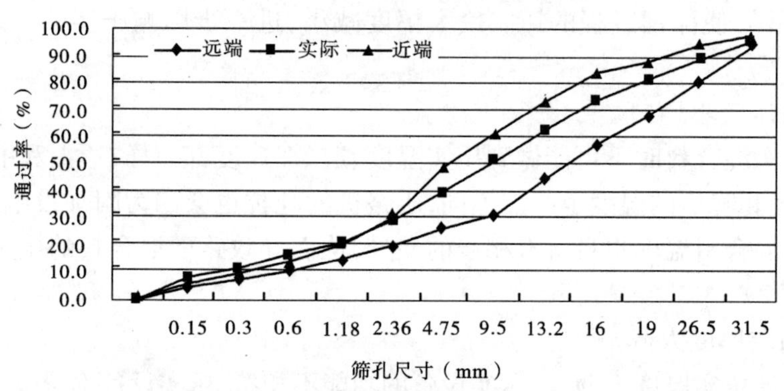

图 8-13　级配 SP-31.5-1 抽提结果

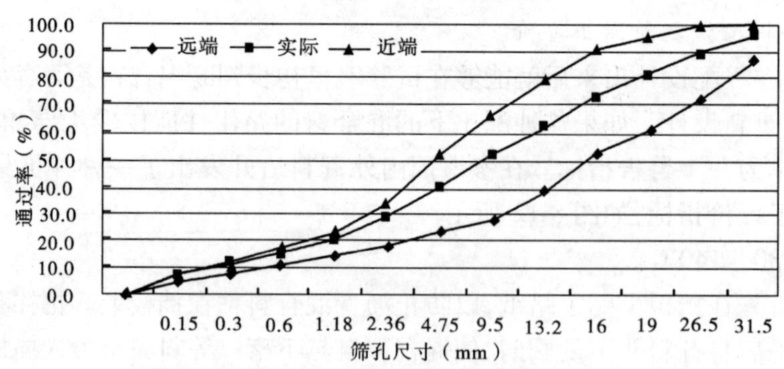

图 8-14　级配 SP-31.5-2 抽提结果

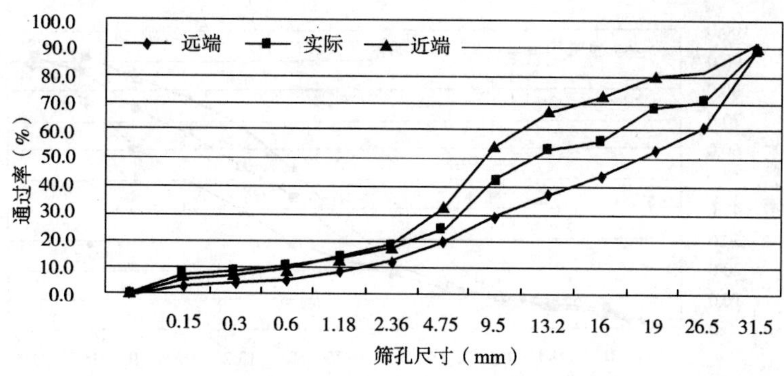

图 8-15　级配 TJ-31.5-1 抽提结果

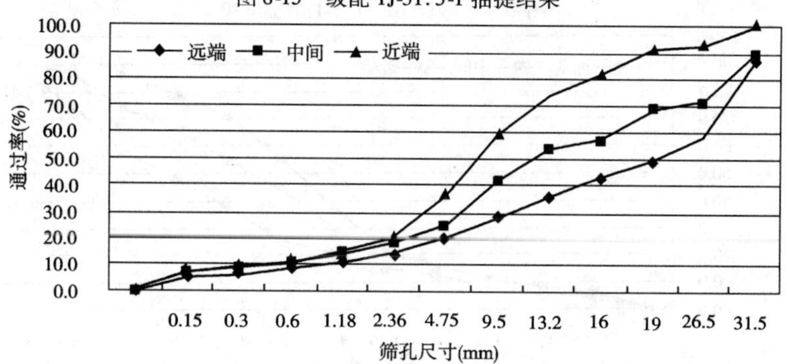

图 8-16　级配 TJ-31.5-2 抽提结果

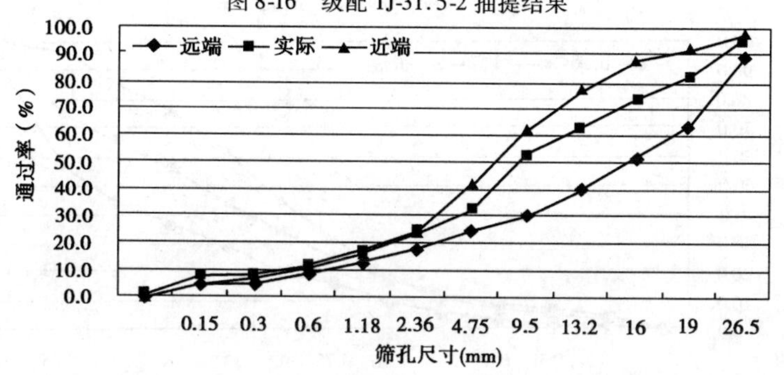

图 8-17　级配 BL-26.5-1 抽提结果

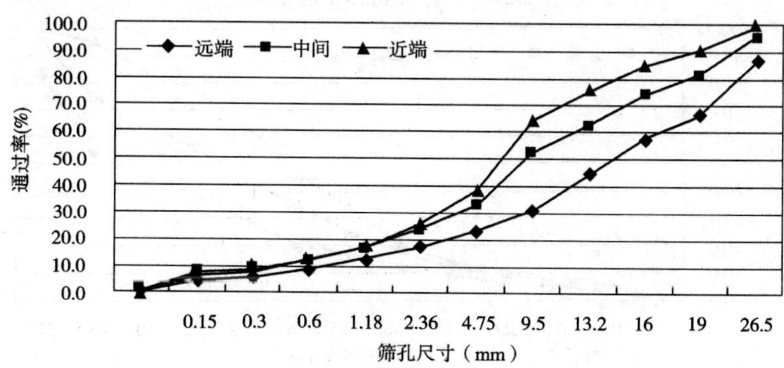

图 8-18　级配 BL-26.5-2 抽提结果

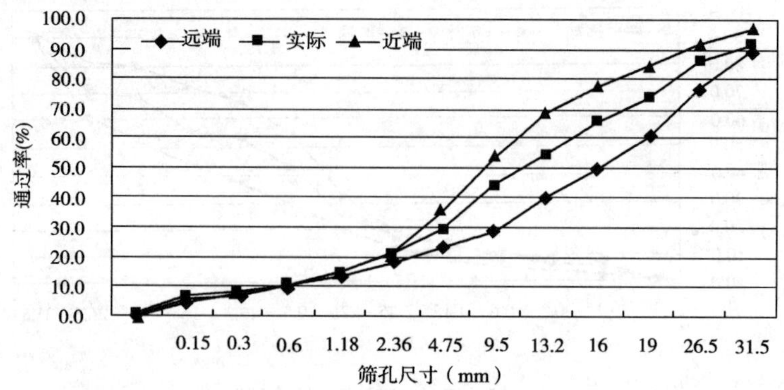

图 8-19　级配 BL-31.5-1 抽提结果

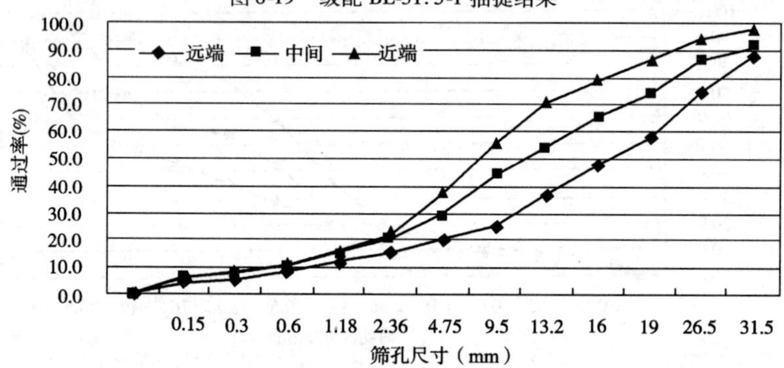

图 8-20　级配 BL-31.5-2 抽提结果

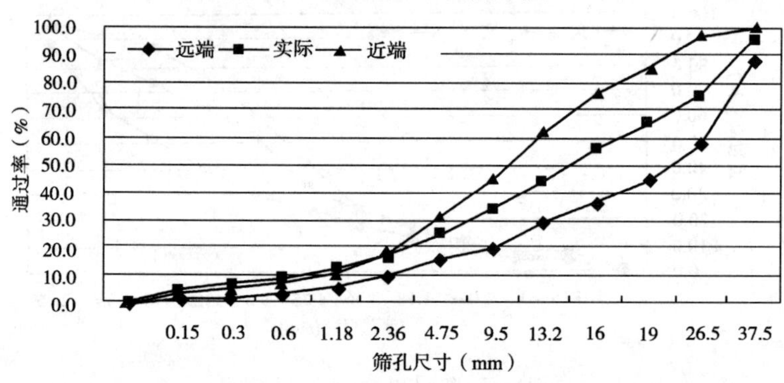

图 8-21　级配 BL-37.5-1 抽提结果

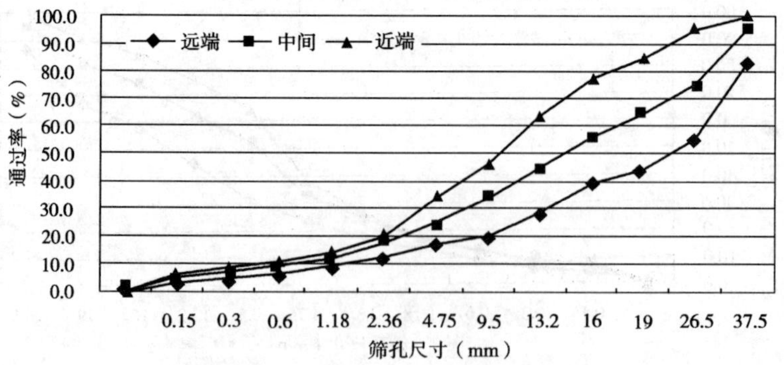

图 8-22　级配 BL-37.5-2 抽提结果

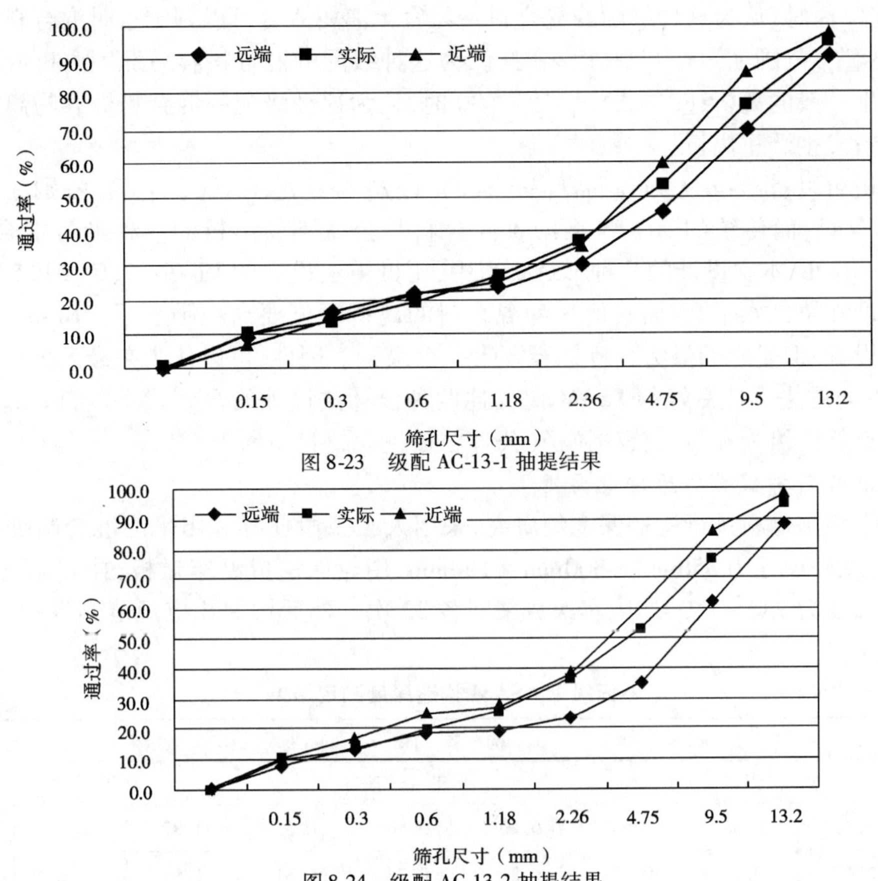

图 8-23　级配 AC-13-1 抽提结果

图 8-24　级配 AC-13-2 抽提结果

试验结果分析：

①参照《公路沥青路面施工技术规范》中密级配沥青碎石混合料矿料级配范围，来确定选定的大粒径沥青混合料的离析程度。规范中的密级配沥青碎石级配范围见表 8-36。

密级配沥青碎石混合料矿料级配范围　　表 8-36

级配类型		通过下列筛孔（mm）的质量百分率（%）														
		53	37.5	31.5	26.5	19	16	13.2	9.5	4.75	2.36	1.18	0.6	0.3	0.15	0.075
特粗式	ATB-40	100	90 ~ 100	75 ~ 92	65 ~ 85	49 ~ 71	43 ~ 63	37 ~ 57	30 ~ 50	20 ~ 40	15 ~ 32	10 ~ 25	8 ~ 18	5 ~ 14	3 ~ 10	2 ~ 6
	ATB-30		100	90 ~ 100	70 ~ 90	53 ~ 72	44 ~ 66	39 ~ 60	31 ~ 51	20 ~ 40	15 ~ 32	10 ~ 25	8 ~ 18	5 ~ 14	3 ~ 10	2 ~ 6
粗粒式	ATB-25			100	90 ~ 100	60 ~ 80	48 ~ 68	42 ~ 62	32 ~ 52	20 ~ 40	15 ~ 32	10 ~ 25	8 ~ 18	5 ~ 14	3 ~ 10	2 ~ 6

试验结果显示大粒径沥青混合料中矿料大于 4.75mm 的集料离析比较严重，这说明 LSAM 这种沥青混合料都比较容易离析，在进行施工时必须采用一些措施来控制。

②为了更方便地区分沥青混合料的离析程度，可以使用$\Delta\sum P_i$指标把混合料离析程度划为 3 个水平，$\Delta\sum P_i$ 是离析测量装置的前后料仓混合料级配通过率之差：a. 对于 LSAM，当 $\Delta\sum P_i$ 范

围在 0 ~ 100 以内时,认为这种级配的混合料不易发生离析或者可以判定这时混合料没有发生离析;b. 当 $\Delta\sum P_i$ 范围在 100 ~ 200 以内时,认为这种级配的混合料容易发生离析或者判定这时混合料发生一般的离析;c. 当 $\Delta\sum P_i$ 大于 200 时,认为这种级配的混合料极容易离析或者判定这时混合料发生严重离析。

通过分析可以看出:a. 大粒径沥青混合料的 $\Delta\sum P_i$ 都超过了 100,属于要特别注意离析问题的那种混合料;而传统的 AC-13 型沥青混合料是公认不易离析的一种沥青混合料,它的 $\Delta\sum P_i$ 小于 100。b. 本文设计的几种 LSAM 当中,用贝雷法设计的 BL-26.5、BL-31.5 两种混合料的离析程度在第二水平上,而其他 3 种混合料的离析程度要高一个水平。BL-37.5 虽然也是用贝雷法设计,但是它的最大公称粒径要大一个级别。因此,可以认为在最大公称粒径相同的情况下,用贝雷法设计良好的 LSAM 比其他两种设计法设计的要好。c. 影响 LSAM 离析水平的因素有良好的级配和最大公称粒径(公称粒径越大越容易离析)。

4)沥青混合料摊铺碾压后评价离析

在试验室用车辙板进行构造深度的研究,采用人工手段使拌和出来的混合料处于正常或离析的状态,试件尺寸为 350mm × 300mm × 100mm,用轮碾法成型车辙板,拌和温度为 140 ~ 160℃,压实温度为 130 ~ 140℃,压实次数来回各 22 次。然后按照相应规范测量构造深度,试验结果见表 8-37。

不同级配 LSAM 构造深度测定结果 表 8-37

级配	构 造 深 度(mm)								
	离析(细料在上)			正 常			离析(粗料在上)		
SP31.5	0.47	0.66	0.53	0.50	0.56	0.53	1.87	1.84	1.48
TJ31.5	0.67	0.71	0.75	0.87	0.72	0.81	1.80	2.52	2.49
BL26.5	0.59	0.36	0.46	0.85	0.74	0.81	0.94	1.00	1.02
BL31.5	0.71	0.72	0.75	0.80	0.83	0.78	2.03	2.38	2.21
BL37.5	0.78	0.69	0.73	0.88	0.79	0.82	2.67	2.59	2.79

试验结果表明:

①大粒径沥青混合料发生集料离析时,细料碾压后出来的构造深度与不离析时的构造深度相差不大,而粗料部分碾压后的构造深度与不离析时的构造深度最大相差 2 ~ 3 倍;

②大粒径沥青混合料发生集料离析程度与构造深度相关性非常好;

③粗集料含量越高,大粒径沥青混合料的构造深度也越大。

8.5.2 温度离析及其影响

温度离析是混合料在拌和、运输、摊铺和碾压过程中,由于各种原因使得同一车混合料在不同的位置产生较大的温度差异,从而使沥青路面的碾压温度不一致,这就导致了沥青路面在不同地点沥青混凝土的性质有很大的差异,为以后沥青路面病害的产生埋下隐患。本文采用大马歇尔击实仪成型试件,同一种级配每个试件的重量、击实次数等其他条件都相同,击实温度分别为 105 ~ 110℃、115 ~ 120℃、125 ~ 130℃、135 ~ 140℃、145 ~ 150℃、155 ~ 160℃ 条件下进行物理力学性质测定。试验结果如图 8-25 ~ 图 8-27 所示。

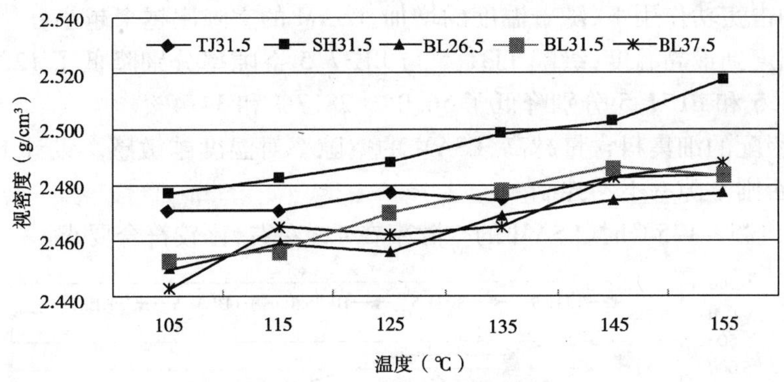

图 8-25　不同级配 LSAM 的视密度

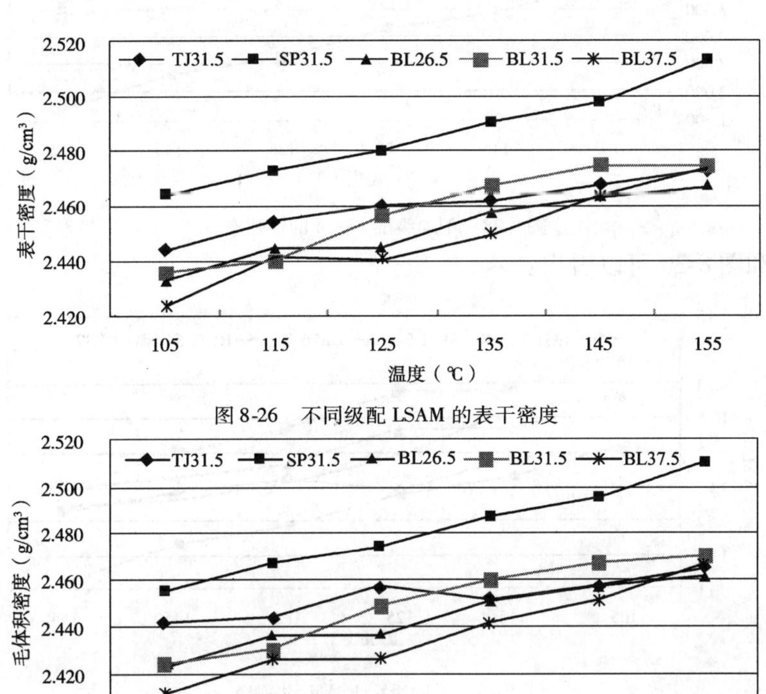

图 8-26　不同级配 LSAM 的表干密度

图 8-27　不同级配 LSAM 的毛体积密度

由试验结果可以看出：

①不同 LSAM 试件在 6 个不同温度下的密度分布在 2.4 ~ 2.5g/cm³ 之间，比一般的沥青混合料要稍为高一些，从低温到高温呈上升趋势；

②对于每一种级配而言，尽管温度相差了 50℃，但它的最高密度和最低密度之间相差小于 2%。

空隙率是控制沥青混合料各种路用性能的重要指标，不合理的空隙率会使沥青混合料产生较大的水损害，且对沥青混合料的高温稳定性、强度和疲劳寿命都有很大的影响。由图 8-28 分析得出：

①在相同的击实功作用下，随着温度的增加，LSAM 的空隙率越来越小。

②从最低温度到最高温度，级配 TJ31.5 与 BL37.5 空隙率分别降低了 12.6% 和 23.2%，而 SP31.5、BL26.5 和 BL31.5 分别降低了 56.0%、28.7% 和 34.4%。

由此看来，级配的细集料含量越高，LSAM 的空隙率对温度越敏感。设计 LSAM 时细集料的含量要合理，否则空隙率不易控制。

③当温度在 125～145℃时，LSAM 的空隙率在 4% 左右，比较符合要求。

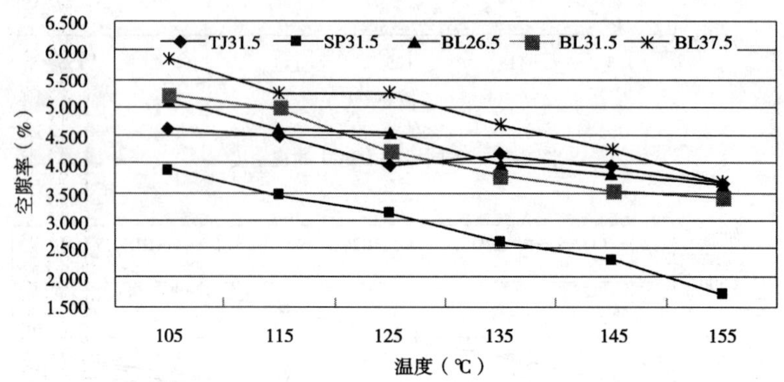

图 8-28　不同级配 LSAM 的空隙率

由图 8-29 和图 8-30 可以看出：

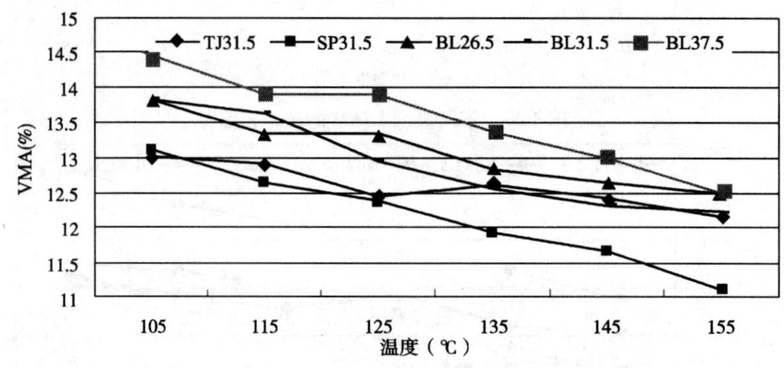

图 8-29　不同级配 LSAM 的 VMA

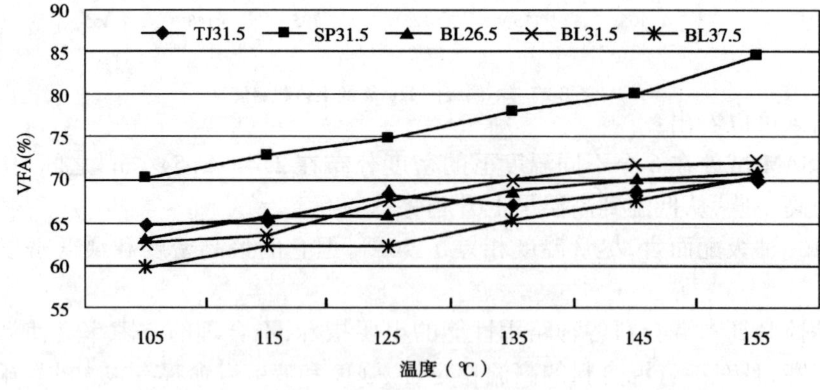

图 8-30　不同级配 LSAM 的 VFA

①6 种温度条件下，所有级配的混合料的 VMA 和 VFA 基本都满足规范要求；

②5 种级配的 VMA 随着温度的升高而降低，VFA 随着温度的升高而升高；

③LSAM 的 VMA 和 VFA 对于温度不敏感；

④用贝雷法设计的 3 种级配的混合料的 VMA 偏高，而 VFA 偏低，其余两种级配的混合料与之相反。

从图 8-31 和图 8-32 可以看出：

①LSAM 的稳定度随着温度的升高而升高，而流值并没有什么明显的规律；

②当级配中细集料含量高一点时，同温度下稳定度更大一些，流值并没有这种规律。

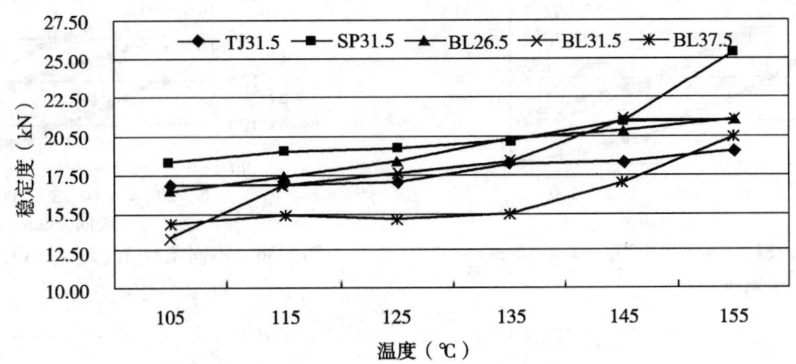

图 8-31　不同级配 LSAM 的稳定度

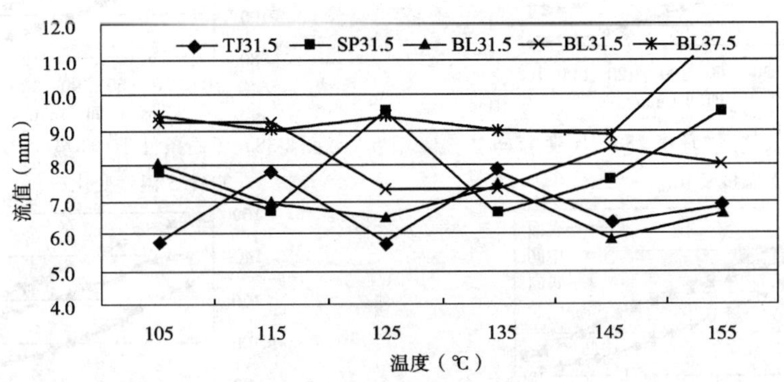

图 8-32　不同级配 LSAM 的流值

8.5.3 大粒径沥青混凝土降温规律研究

在试验室研究了大粒径沥青混凝土摊铺后的降温规律，为进行碾压施工作有效的指导。室内试验模拟时自制了三种高度的木箱，用来装热拌沥青混合料，以可控温的环境箱模拟降温环境。模拟的三种设计厚度为 12cm、15cm 和 18cm，松铺系数采用 1.15。木箱内尺寸分别为 30cm × 30cm × 13.8cm、30cm × 30cm × 17.25cm 和 30cm × 30cm × 20.7cm。室内模拟试验时，将热混合料装入木箱放置在 15℃、25℃和 35℃的环境中，用温度传感器和电子温度采集仪对沥青混合料表面、中间和底面 3 个部位的温度进行采集。级配 TJ31.5、SP31.5 和 BL31.5 三种混合料的实测温度如图 8-33 ~ 图 8-59 所示。

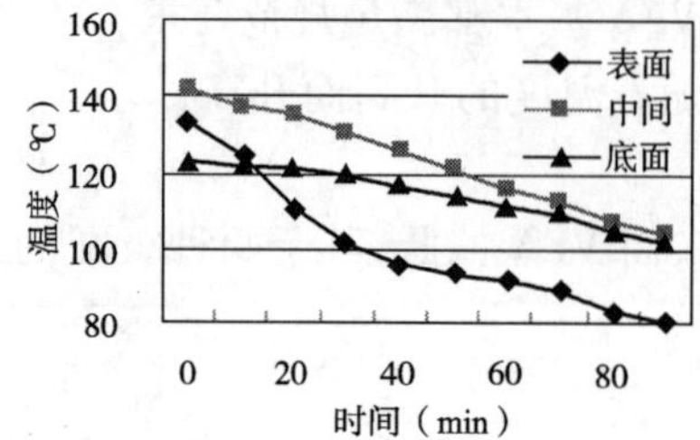

图 8-33　不同条件下（环境 15℃，厚度 12cm）TJ31.5 温度变化

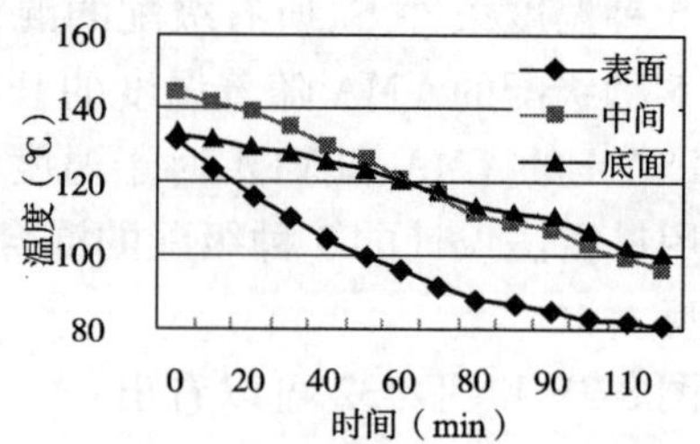

图 8-34　不同条件下（环境 25℃，厚度 12cm）TJ31.5 温度变化

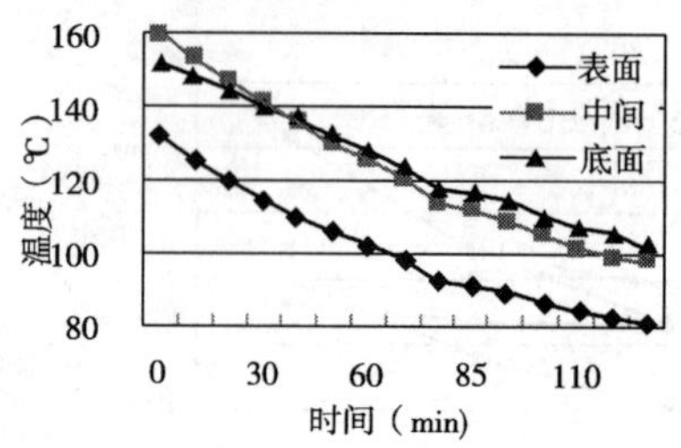

图 8-35　不同条件下（环境 35℃，厚度 12cm）TJ31.5 温度变化

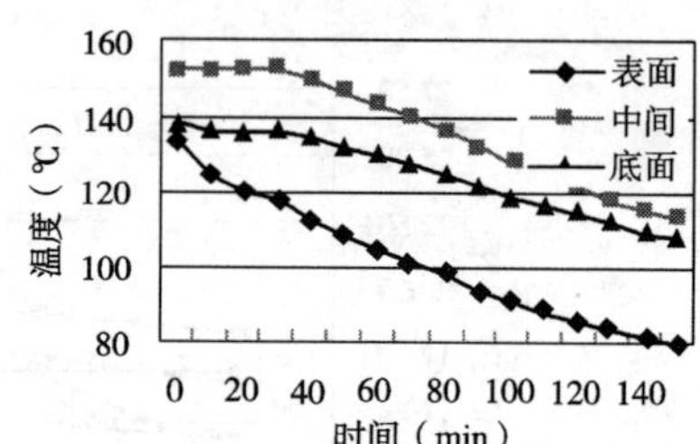

图 8-36　不同条件下（环境 15℃，厚度 15cm）TJ31.5 温度变化

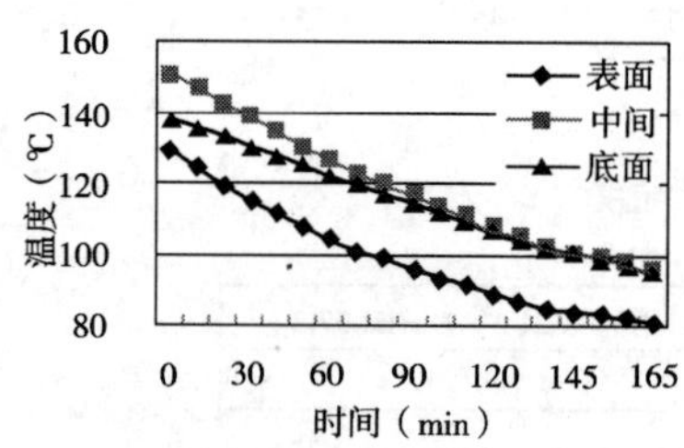

图 8-37　不同条件下（环境 25℃，厚度 15cm）TJ31.5 温度变化

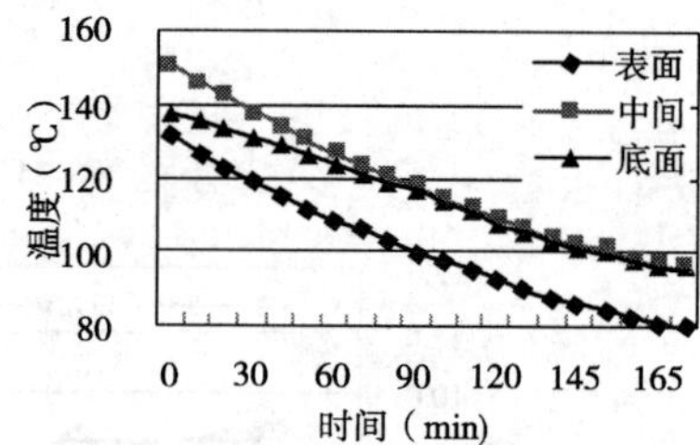

图 8-38　不同条件下（环境 35℃，厚度 15cm）TJ31.5 温度变化

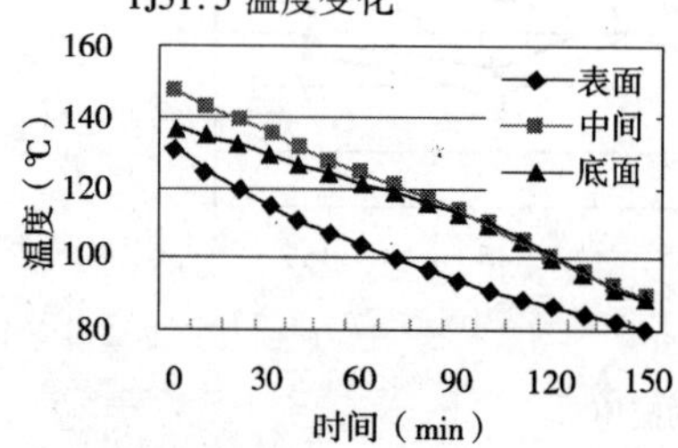

图 8-39　不同条件下（环境 15℃，厚度 18cm）TJ31.5 温度变化

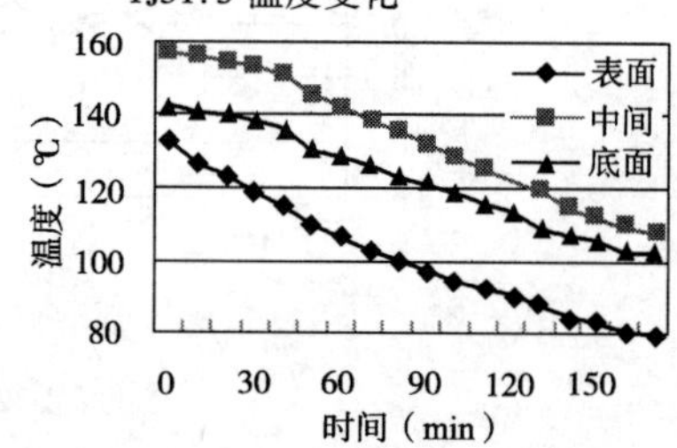

图 8-40　不同条件下（环境 25℃，厚度 18cm）TJ31.5 温度变化

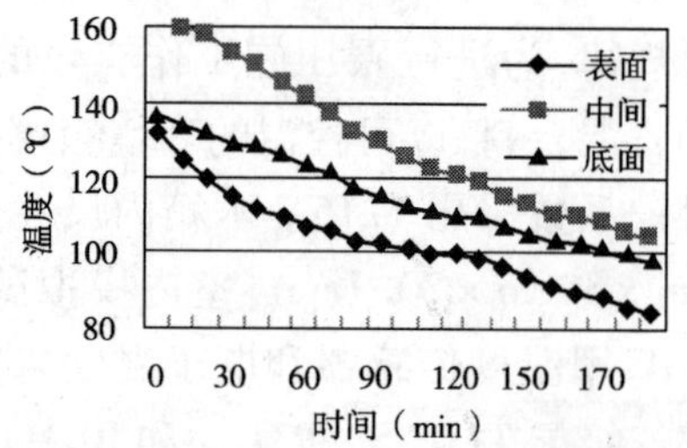

图 8-41　不同条件下（环境 35℃，厚度 18cm）TJ31.5 温度变化

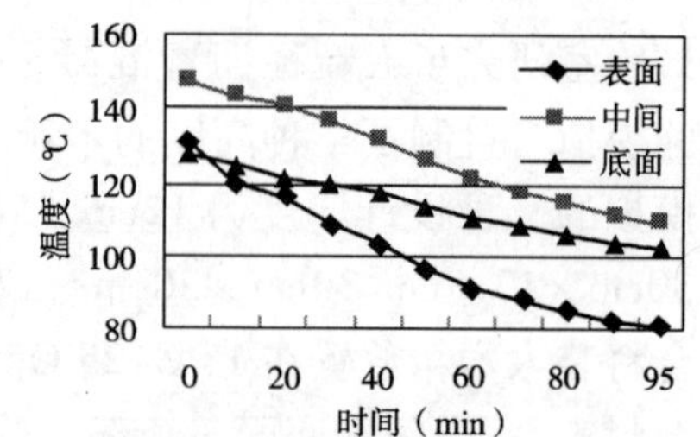

图 8-42　不同条件下（环境 15℃，厚度 12cm）SP31.5 温度变化

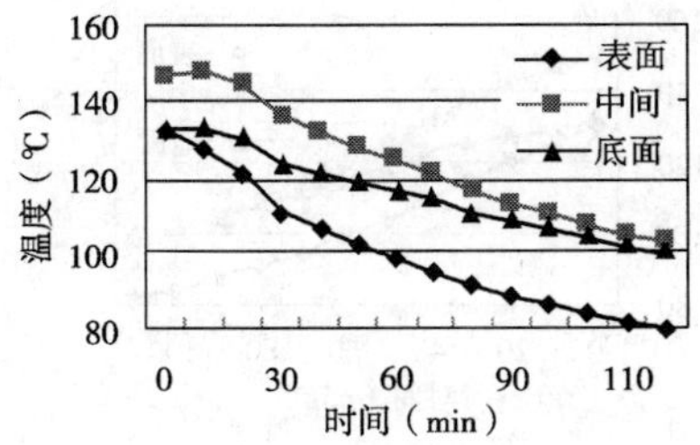

图 8-43　不同条件下（环境 25℃，厚度 12cm）SP31.5 温度变化

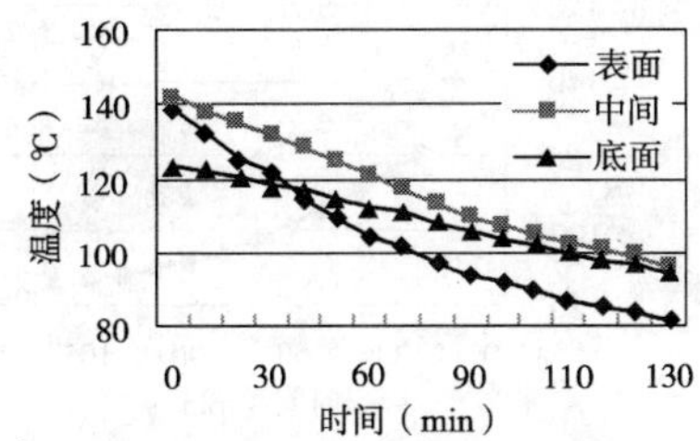

图 8-44　不同条件下（环境 35℃，厚度 12cm）SP31.5 温度变化

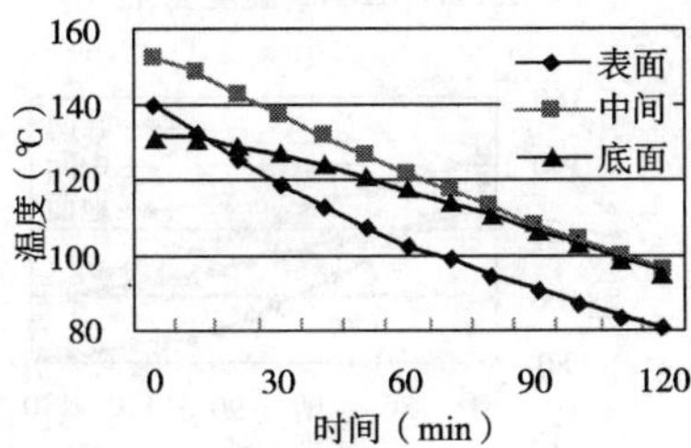

图 8-45　不同条件下（环境 15℃，厚度 15cm）SP31.5 温度变化

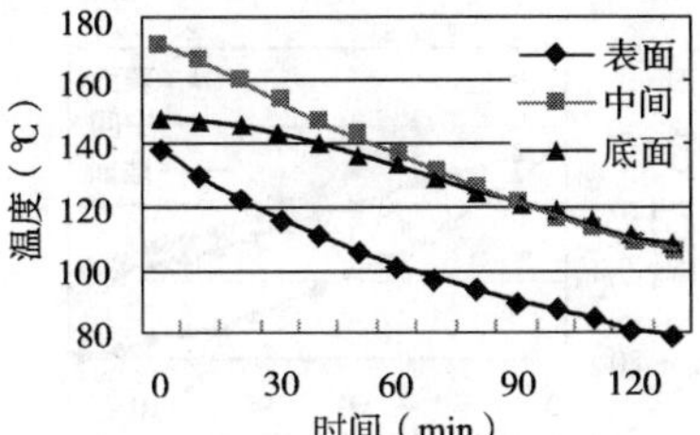

图 8-46　不同条件下（环境 25℃，厚度 15cm）SP31.5 温度变化

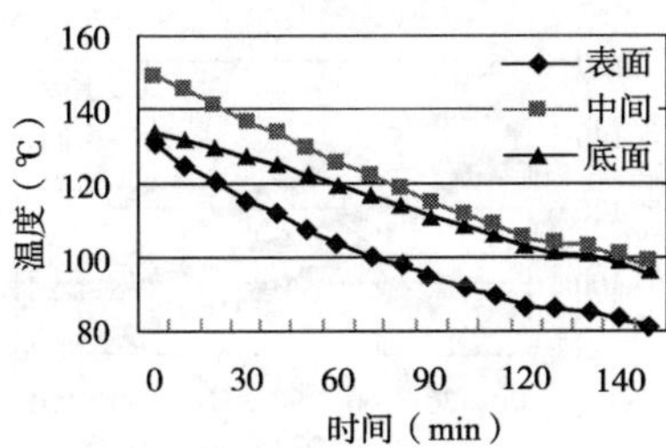

图 8-47　不同条件下（环境 35℃，厚度 15cm）SP31.5 温度变化

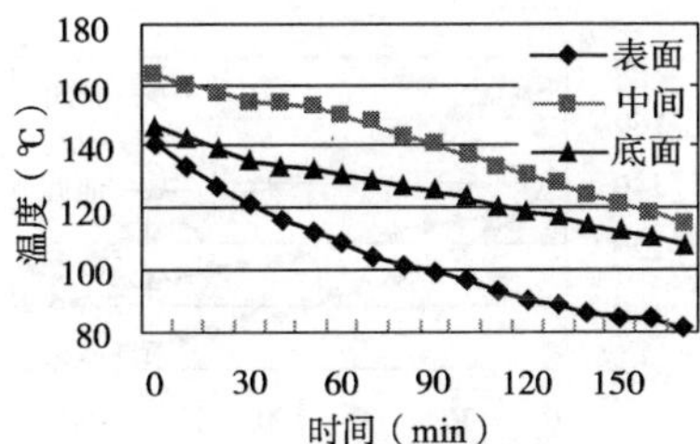

图 8-48　不同条件下（环境 15℃，厚度 18cm）SP31.5 温度变化

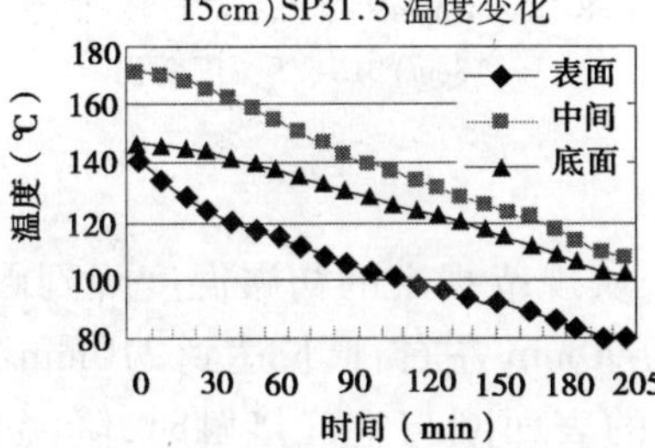

图 8-49　不同条件下（环境 25℃，厚度 18cm）SP31.5 温度变化

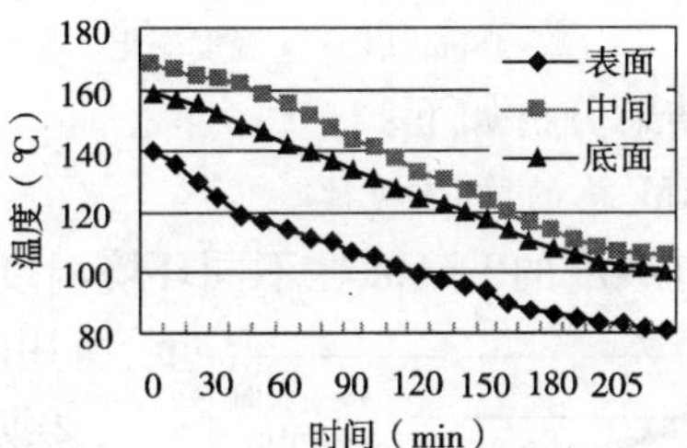

图 8-50　不同条件下（环境 35℃，厚度 18cm）SP31.5 温度变化

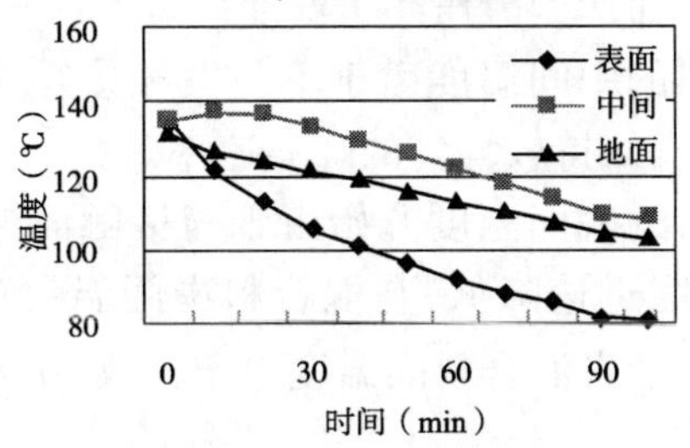

图 8-51　不同条件下（环境 15℃，厚度 12cm）BL31.5 温度变化

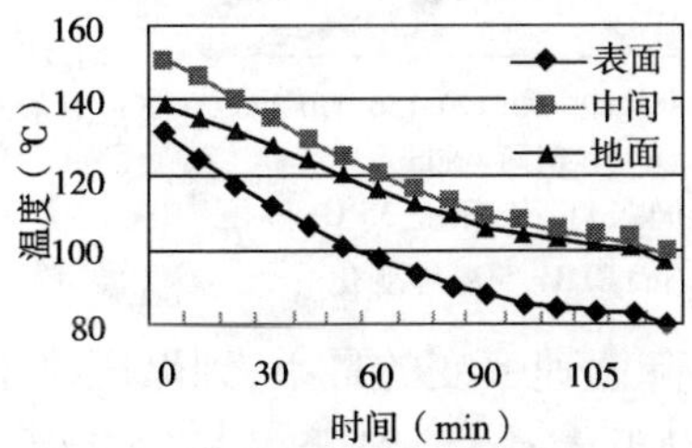

图 8-52　不同条件下（环境 25℃，厚度 12cm）BL31.5 温度变化

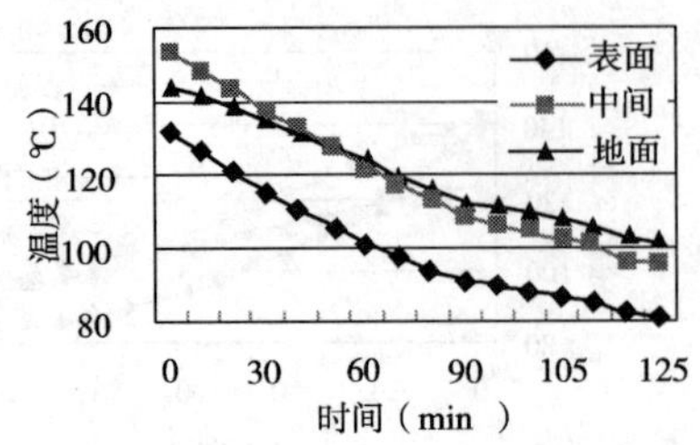

图 8-53　不同条件下(环境 35℃,厚度 12cm)BL31.5 温度变化

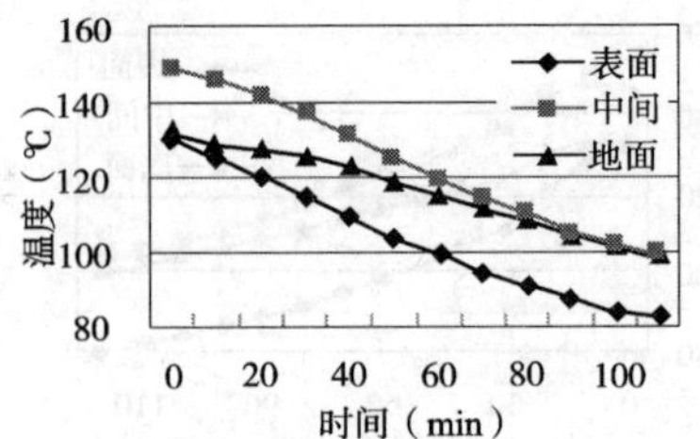

图 8-54　不同条件下(环境 15℃,厚度 15cm)BL31.5 温度变化

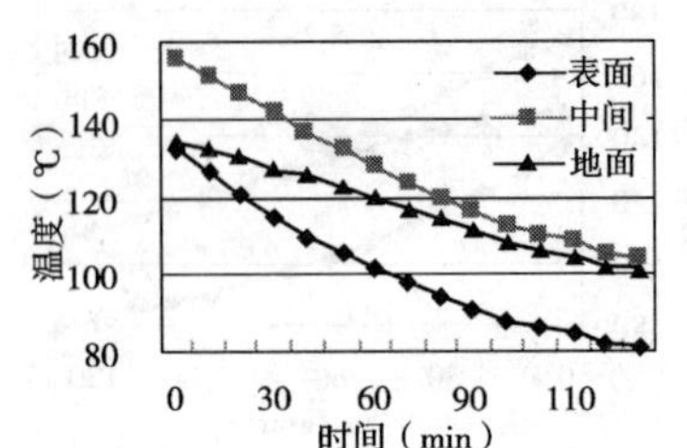

图 8-55　不同条件下(环境 25℃,厚度 15cm)BL31.5 温度变化

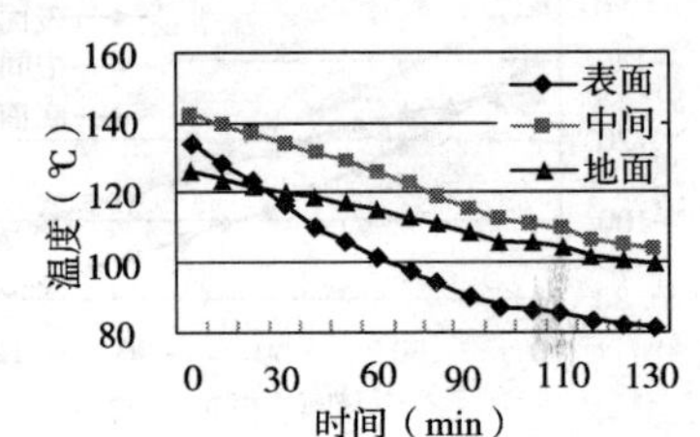

图 8-56　不同条件下(环境 35℃,厚度 15cm)BL31.5 温度变化

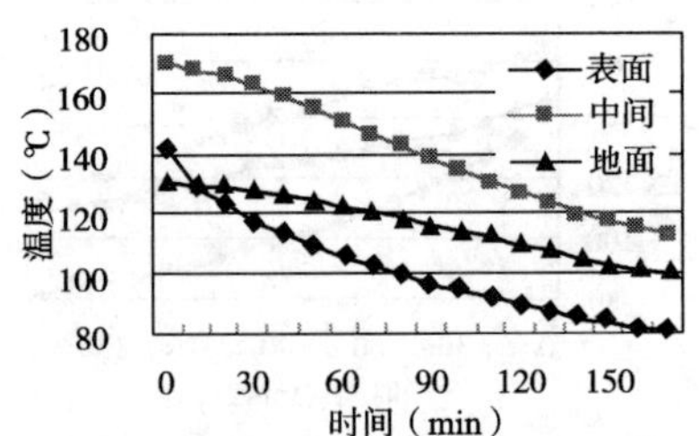

图 8-57　不同条件下(环境 15℃,厚度 18cm)BL31.5 温度变化

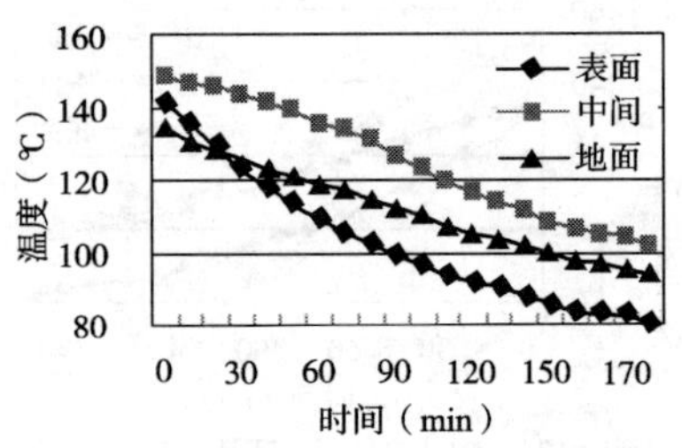

图 8-58　不同条件下(环境 25℃,厚度 18cm)BL31.5 温度变化

试验结果分析如下：

1)LSAM 总的降温规律

①所有级配的 LSAM 在不同环境温度和厚度下,从规范规定的初碾温度降到碾压终了温度,所用时间最短为 90min 左右,最长达到 210min 左右。

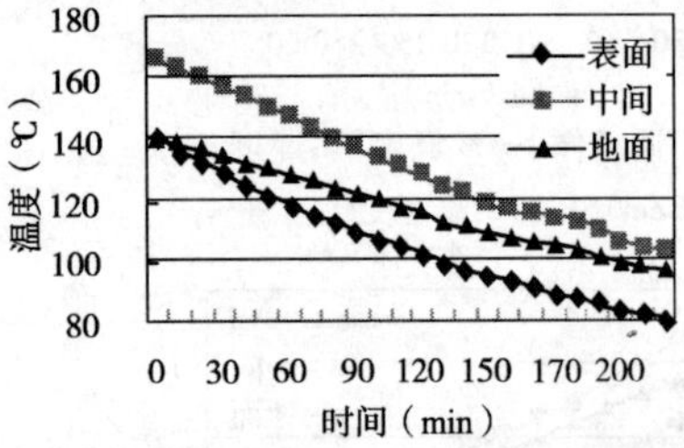

图 8-59　不同条件下(环境 35℃,厚度 18cm)BL31.5 温度变化

②沥青混合料的表面刚与空气接触时,降温速率大,表面温度迅速降低,与混合料中间温差达到 15～25℃,然后保持这种温差直至表面达到碾压终了温度。

③沥青混合料的中间温度由于不与空气接触,降温速率开始稍小,然后一直保持较均匀的降温速率。

④沥青混合料的底面温度开始由于与接触面温差大,降温速率大,表面温度迅速降低,与混合料中间温差达到 15～25℃,然后降温速率变的最小,到碾压终了温度时与沥青混合料的温度趋于一致,相差很小。

2)各种因素对 LSAM 降温规律影响

(1)环境温度的影响

通过分析图 8-60 ~ 图 8-62，研究气温对大粒径沥青混合料碾压时温度降低的影响，可以得出以下结论：

①随着环境温度的升高，每种级配下的 LSAM，在厚度相同的情况下，它们表面降低相同的温度需要的时间也越来越长；

②环境温度越高，混合料表面降至终碾温度时，内部温度与表面温度的差值越小；

③环境温度在混合料热量散失的初期（30min 以内）对表面降温速率有很大的影响，热的空气屏蔽区一旦形成，常温区离混合料表面较远，环境温度的影响减弱；

④环境温度对中间温度几乎没有什么影响，混合料中间一直以较为稳定的降温速率降温到终碾完成为止。

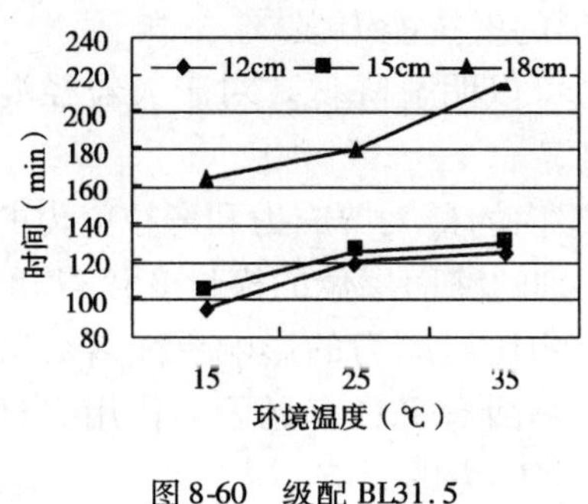

图 8-60　级配 BL31.5

图 8-61　级配 SP31.5

(2)摊铺厚度的影响

由图 8-63 ~ 图 8-65 分析可以得出摊铺厚度对大粒径沥青混合料碾压时降温规律的影响有以下几点：

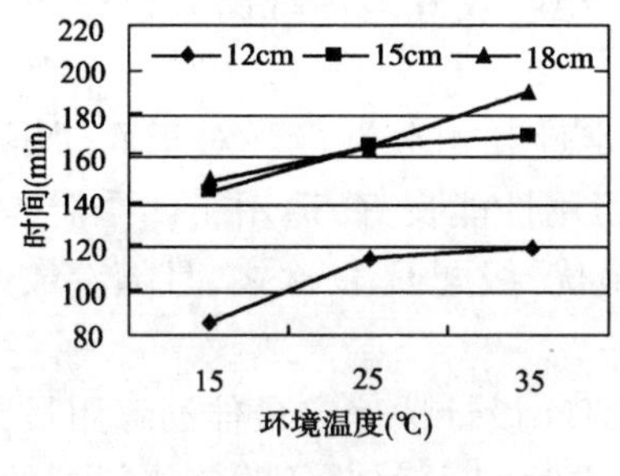

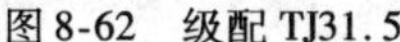

图 8-62　级配 TJ31.5

图 8-63　级配 BL31.5

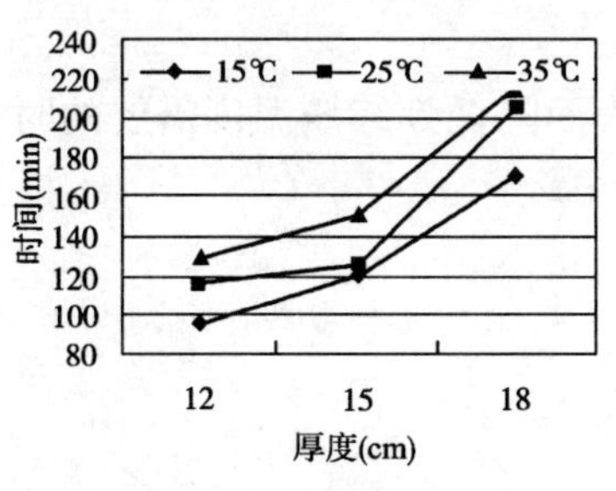

图 8-64　级配 SP31.5

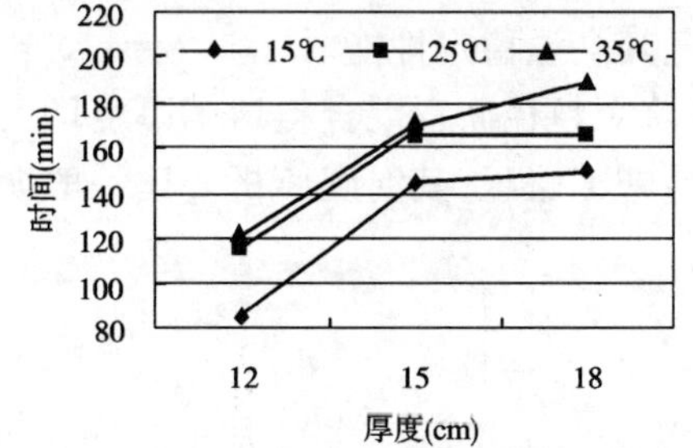

图 8-65　级配 TJ31.5

①摊铺厚度由 12cm 增大到 18cm 时，混合料表面降低到终碾温度需要的时间也越来越

长,当环境温度一样时,一般增长 80 ~ 100min;

②摊铺厚度越厚,混合料表面降低到终碾温度时,与中间和底面温度的差距越小。这是因为摊铺厚度越大,混合料的储热能力越强,在混合料上部更容易形成热空气屏蔽区,这样表面温度与中间温度及底面温度差距随即缩小。

8.6 结　论

①级配良好的大粒径沥青混凝土比一般沥青混合料有相对较高的弹性模量。使用大粒径沥青混凝土的路面结构在同等荷载作用下明显比使用一般沥青混合料的路面结构产生的路表弯沉和应变小,所以该路面结构的结构刚度高,对变形的抵抗能力强。

②随着大粒径混凝土层厚度增加,各层底的应力可以明显降低。对于大粒径混凝土的路面结构,其剪应力增加相对于一般沥青混凝土不明显。

③一定范围内土基弹性模量的变化对路面结构层内的最大剪应力和弯拉应力的影响不十分明显,但对结构的路表弯沉有很大的影响。相对于别的路面层位的模量变化,基层模量的变化对弯沉的影响较大,各层位的模量变化对应变的影响比对应力的影响更显著。这表明采用大粒径沥青混凝土这种高弹性模量的结构层,对减小路面弯沉具有显著的作用。材料泊松比的变化对水平应力的影响较明显,而对竖向压应力和剪应力的影响不大。

④首次基于弹塑性理论,分析了大粒径沥青混凝土的受力特点,表明 LSAM 使路面材料的塑性变形大大降低,从而大大提高了路面结构的使用寿命。路面的塑性应变与荷载大小呈线性关系,荷载越大,塑性应变越大。

⑤在考虑工程造价和实际应用前景的前提下,G 组合较好地体现出大粒径沥青混凝土的力学特点,具有较好的推广前景。

⑥5 种大粒径沥青混合料都具有良好的高温稳定性和耐久性能。对于面层混合料,体积设计法设计的级配 A 除了抗疲劳性能较差外,其余路用性能良好,适用于四季温差大的地区,作中下面层使用。基层混合料中,级配 E 综合性能最优,级配 C、D 次之,且随着最大公称粒径的增加,成型时混合料离析现象较严重。

⑦针对 5 种大粒径沥青混合料级配,首次采用 GTM 设计法确定最佳沥青用量,结果表明:GTM 设计法得到的混合料最佳油石比、矿料间隙率、空隙率小于大马歇尔法得到的混合料,试件标准密度、稳定度大于大马歇尔法。因而 GTM 设计得到的混合料各路用性能优于大马歇尔设计法,尤其高温稳定性能。

⑧随着大粒径沥青混合料摊铺厚度增大,混合料表面降低到终压温度需要的时间长,储存热量多,易施工碾压,其温度离析要比一般沥青混凝土要轻。

第9章 沥青混合料级配优化及应用技术

大量路面病害调查表明，路面早期病害无不与沥青混合料的级配有关。首先，松散和坑槽就与沥青混合料级配不当有关，级配离析造成局部路段级配偏粗，空隙率过大，在交通荷载与水的综合作用下，造成路面松散与坑槽；其次，车辙与沥青混合料级配偏细有直接的因果关系；而拥包也与混合料级配不均匀有很大关系。

级配矿料和沥青是沥青混合料的两大构成要素，相比于沥青，级配表现出更大的复杂性和多变性，如在规范规定的级配范围内，级配可有无数种走向和变化，会表现出不同的性能，应该说级配更有优化与选择的空间。而在我国的沥青混合料设计中，注重的只是用马歇尔法确定沥青用量，矿料级配确定成了简单的配制，而仅根据已有矿料经简单配制，其级配曲线落在规范推荐的范围内即可。这固然与基层设计人员的技术素质有关，而更重要的是与规范中没有一个完整的级配设计体系和调整方法有关。另外，在混合料设计过程中，级配的选择和沥青用量的确定缺乏必要的联系，往往是先确定级配，再确定沥青用量，这样也不利于级配的优选。

由此可见，矿料级配是影响沥青混合料性能的主要因素，是平衡与协调各项性能的重要手段。同时，由于沥青路面是材料与结构的统一体，就沥青路面结构设计而言，沥青路面使用功能对沥青路面各层有着不同的性能要求，而级配也是满足路面各结构层不同性能要求的主要调整因素，因此研究级配优化方法具有非常重要的意义。

9.1 沥青混合料级配特征及稳定性评价方法

级配是把各种不同粒径的集料，按照一定的比例搭配起来，使其达到较高的密实度或强度。分形是研究自然界中大量存在的不规则现象的新理论工具，已经在图形学、材料学、数学、地质地貌学等众多的领域广泛应用，在描述和评价众多具有统计自相似形的不规则体方面积累了大量的经验。而在沥青混合料中，原材料（如集料）的几何构形、颗粒分布（级配）、混合料的空隙特征和路面的表面特征，以及试验数据的分布趋势等，在一定的尺度范围内都存在一定的随机性和统计自相似性，很难用常规的数学语言加以准确描述；因此引入分形理论从一个新的角度来描述和解释这种不规则性，并尝试给出带有分形特征的评价指标。

关于级配的传统理论主要有最大密度曲线理论、粒子干涉理论两种。在传统级配理论的基础上，随着路用性能要求、施工机械及工艺的发展和变化，又产生了传统连续式密级配、间断级配沥青混合料、折断级配沥青混合料和多级嵌挤密级配沥青混合料等几种级配类型。

9.1.1 矿料级配的分形特征

分形理论是基于分形几何学发展起来的。分形几何就是研究无限复杂但具有一定意义上的自相似图形与结构的几何学，它为人们提供了一种描述自然界不规则复杂现象中的秩序和结构的新方法。本节借用分形理论对影响沥青混合料性能的因素进行描述和评价。

1)粗集料颗粒形状的分形描述及评价

粗集料是沥青混合料的主要成分,对路面性能有十分重要的影响。在我国《公路沥青路面施工技术规范》中对用于高等级公路面层的粗集料颗粒形状要求比较含糊。美国对于粗集料颗粒形状的限制除了破损面(与距路面的距离和交通量有关)(ASTM D 5821)和针片状含量(小于10%)进行规范外,还提供了颗粒指数的试验方法。概括说来,这些控制措施和指标主要是从抽样数据的分布概率和装填特性来定性评价料堆整体的集料形状,目的是防止不合适的材料供应。这些方法在科学研究中的缺陷是工作量大,耗时长,且很难准确到个体集料。

图形分形技术的研究和扩展,为从另外一个角度定量研究集料整体(料堆)或集料个体(颗粒)的形状提供了简洁且有说服力的方法,它有机地将图像处理技术和分形技术结合在一起,通过集料的分维值来表征集料的不规则程度。使用该方法时首先对集料边界进行识别和提取,进而计算斜率密度函数 SDF(slop-density function)并最终求得集料形状分布的分维数。

(1)边界识别和提取

集料的边界识别和提取是通过将集料样品的黑白照片数字化成栅格分布的像素图像来实现的,每个像素点根据颜色的不同在 0 ~ 255 范围内赋予不同的灰度水平,0 表示纯黑,255 表示最亮的浅色(白色)。为了使图片中集料形状能够清晰地呈现,在给集料照相时必须选择与集料颜色对比明显的背景色,通过数字化后集料图像中较大的像素颜色变化梯度曲线就可以发现集料在图像中的区域,进而发现集料边界的轮廓,如图 9-1 所示。

a) 集料区域识别　　b) 集料边界提取

图 9-1　集料边界的识别和提取

集料形状轮廓一旦决定,就可以仅仅根据平面长度尺寸计算一些形状参数,如对细长颗粒的判断;另外根据集料轮廓区域以内相邻像素灰度水平的变化比率也可以判断集料颗粒的表面构造,表面越粗糙,变化比率越明显。

(2)斜率密度函数 SDF

SDF 是沿某一形状边界采集角度的变化频率,对于封闭边界来说,采集起终点重合,角度变化范围在 0 ~ 2π 之间。由于它可以给出上文提取的轮廓图形沿边界斜率每一次变化的图形估计,因此 SDF 曲线的本质可以反映集料颗粒的形状特征,曲线越是参差不齐,集料颗粒的棱角性就越丰富。图 9-2 是 3 种标准形状的典型曲线。

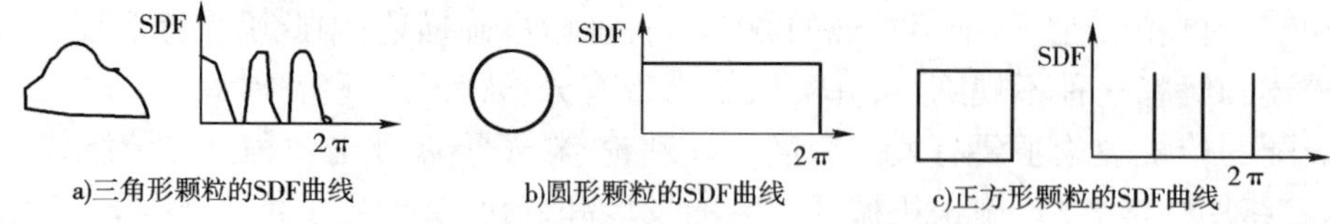

a)三角形颗粒的SDF曲线　　b)圆形颗粒的SDF曲线　　c)正方形颗粒的SDF曲线

图 9-2　3 种标准形状的 SDF 曲线

(3)计盒法求集料形状分维数

既然图形边界的 SDF 曲线可以良好地反映集料形状,因此集料形状分维数 D 的计算可以通过采用计盒法求 SDF 曲线的维数来确定。计算时用一系列不同边长 δ_i 的小正方形盒子去覆盖 SDF 曲线,记录每次覆盖所需要的盒子数量 $N(\delta_i)$。对于比较光滑平直的曲线,其分维数

D 为 1，因为此时盒子尺度 δ_i 和对应覆盖 SDF 曲线的盒子数量 $N(\delta_i)$ 成线性比例，即 $N \propto \delta^{-1}$；当曲线比较粗糙时，所需盒子数 $N(\delta_i)$ 将随着盒子尺寸 δ_i 的增加而呈幂律衰减，即 $N \propto \delta^{-D}$，服从分形的概念，因此在双对数坐标系上直线斜率的绝对值即为 SDF 曲线的分维数，曲线越复杂，分维值 D 越大，相应集料的棱角性越强。D 在 1 ~ 2 之间分布，对极度复杂的曲线其维数可以无限接近 2。因此，未破碎的卵石分维值最小，长方形颗粒分维值最大，而五角形接近圆形，在破碎集料中分维值最小。因此破碎集料棱角性越明显，则维数就越大。

2）*矿料级配的分形描述及评价*

沥青混合料是由粗集料形成骨架，细集料和沥青胶浆填充骨架间隙而形成的，集料的比例占到混合料总质量的 95% 左右，因此集料的级配对混合料的强度和稳定性影响最为直接。对抗滑表层混合料而言，除满足普通混合料所要求的各种性能外，还必须能形成良好的表面构造，并可在抗滑性能与其他性能间达成平衡。

矿料级配一般用不同筛孔通过率表示，并假设各级筛孔上的集料颗粒是大小相等，形状相同的球体，做这样的假设实际上是为了理论推导的需要；事实上，集料的大小分布并不像假设的那样规则，即便是同一筛孔上的集料其尺寸分布也不完全一样，而是呈现出一定的分形分布。

（1）粒径分布的分形表示

定义粒径分布函数 $F(x)$ 为

$$F(x) = \frac{N(x)}{N_0}$$

式中：$N(x)$——粒径不大于筛孔 x 的集料总数；

N_0——所考虑的集料总数。

对所研究的矿料级配，设想把粒径用线段表示，并按照线段的长度将其分成 n 级序列，每级的集料数目为 $n_i(i=1,2,\cdots,n)$，则显然有

$$\sum_{i=1}^{n} n_i = N_0$$

考察图 9-3 实际上是类似于 Cantor 点集的有限层次上的统计自相似分形，并且其拓扑维数为 0。根据分形的定义式，构造无量纲分量 $\frac{x}{x_{max}}$，并且考虑当 $x = x_{max}$ 时 $N(x_{max}) = N_0$ 成立，则粒径不大于筛孔 x 的集料总数为

$$N(x) = N_0\left(\frac{x}{x_{max}}\right)^{-D}$$

进而可得粒径分布函数 $F(x) = \left(\frac{x}{x_{max}}\right)^{-D}$，其分维数 D 可以表征粒料的相对粗细，D 值越大，说明通过筛孔 x 的颗粒越多，对应粒料则整体越细。

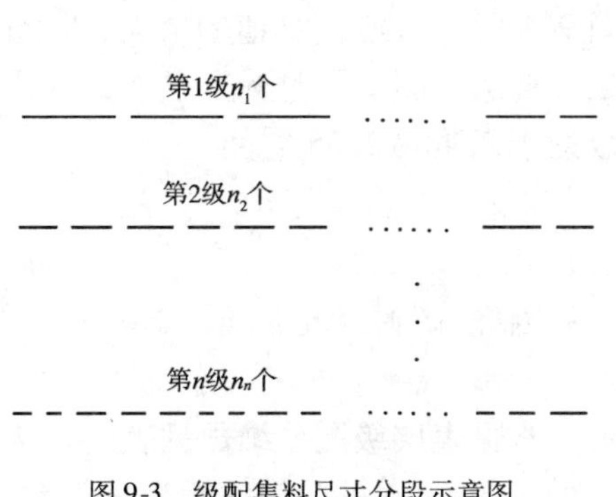

图 9-3　级配集料尺寸分段示意图

（2）矿料级配的分形特征

集料粒径分布函数是以通过筛孔 x 的集料个数所占的比例来说明集料粒径的分布状态，习惯上级配是用不同筛孔的质量通过百分率来表示的，因此定义沥青混合料质量分布函数为

$$P(x) = \frac{M(x)}{M_0}$$

式中：$P(x)$——集料质量通过率（%）；

$M(x)$——粒径不大于 x 的集料总质量（kg）；

M_0——集料总质量（kg）。

已知集料粒径分布为分形，假设对应体积分布也是分形，则拓扑维数 $d=3$，由上式知

$$V(x) = V_0\left(\frac{x}{x_{max}}\right)^{-(D-3)}$$

$$dV(x) = -V_0(D-3)\left(\frac{1}{x_{max}}\right)^{-(D-3)} x^{-(D-2)}dx$$

式中：$V(x)$——粒径不大于 x 的集料颗粒体积；

V_0——整形（$D=1$）时的体积；

x_{max}——最大筛孔尺寸（mm）；

$dV(x)$——区间 $(x, x+dx)$ 内集料颗粒的体积。

根据定义有

$$M(x) = \int_{x_{min}}^{x} \rho dV(x) = -V_0\rho(D-3)\left(\frac{1}{x_{max}}\right)^{-(D-3)} \int_{x_{min}}^{x} x^{-(D-2)}dx$$

$$= -V_0\rho\left(\frac{1}{x_{max}}\right)^{-(D-3)} \left[x^{-(D-3)} - x_{min}^{-(D-3)}\right]$$

式中：ρ——集料密度（g/cm^3）；

x_{min}——最小筛孔尺寸（mm）。

于是当 $x = x_{max}$ 时，有

$$M_0 = -V_0\rho\left(\frac{1}{x_{max}}\right)^{-(D-3)} \left[x_{max}^{-(D-3)} - x_{min}^{-(D-3)}\right]$$

故质量分布函数

$$P(x) = \frac{x^{-(D-3)} - x_{min}^{-(D-3)}}{x_{max}^{-(D-3)} - x_{min}^{-(D-3)}}$$

上式即为用质量通过率表示的矿料级配分形表达式，不同 D 值对应不同的级配组成，如图 9-4 所示。随着 D 值的增大，级配逐渐由开级配向密级配过渡。D 值的变化，导致了级配类型的变化。图中同时标出了 AC-16 上、下限级配曲线，经试算符合 AC-16 范围的分形级配维数处于 2.40 ~ 2.55 之间。

当最小粒径 $x_{min}=0$ 时，有

$$\lg P(x) \propto -(D-3)\lg x$$

因此，矿料级配曲线的斜率 k 与 D 有如下关系：

$$k = -(D-3) = 3 - D$$

常见表层级配分维数见表 9-1，为便于比较，其中也包括了 AC-I、AC-II 和 DAC-16 等几种级配。DAC-16 的分维区间为 2.3951 ~ 2.5602，与试算得到的 2.40 ~ 2.55 十分接近。

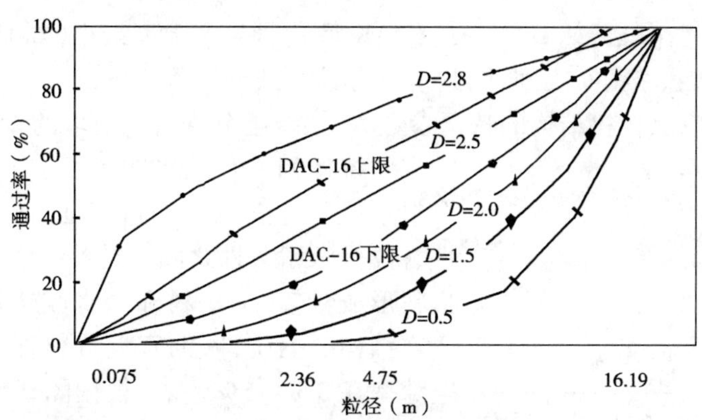

图 9-4　分形理论确定的级配曲线

不同级配分形回归计算表　　表 9-1

级配名称		斜率 k	相关系数		级配分维数	
			R^2	平均	D	平均
DAC-16	上限	0.4398	0.9901	0.986	2.5602	2.478
	下限	0.6049	0.9821		2.3951	
AC-16I	上限	0.4240	0.9816	0.987	2.5760	2.514
	下限	0.5473	0.9933		2.4527	
AC-16II	上限	0.5157	0.9935	0.994	2.4843	2.387
	下限	0.711	0.9941		2.2890	
SAC-16	上限	0.4097	0.9618	0.962	2.5903	2.540
	下限	0.5094	0.9625		2.4906	
AK-16A	上限	0.428	0.994	0.990	2.5720	2.505
	下限	0.5617	0.9852		2.4383	
AK-16B	上限	0.4823	0.9968	0.983	2.5177	2.447
	下限	0.6241	0.9696		2.3759	
SMA-16	上限	0.399	0.9083	0.885	2.6010	2.576
	下限	0.4491	0.8617		2.5509	
OGFC-16	上限	0.5148	0.9602	0.940	2.4852	2.381
	下限	0.7232	0.9196		2.2768	

①D 与级配范围。级配范围可通过分维数区间来表示，级配上限较级配下限具有更高的分维数。不同类型级配的微小差异可以通过其上下限分维数及平均值之间的差异来反映，AC-16I 比 AC-16II 的 4.75mm 通过率大，级配整体偏细，因此对应分维数都较大，这和图 9-4 所示的规律是一致的，AK-16A 和 AK-16B 的情况与此类似；DAC-16 是规范中对密级配沥青混合料的称谓，它在范围上涵盖了 AC-16I 和 AC-16II 的大部分，因此表现为其平均分维数和二者分维数平均值相当。

②D 与沥青混合料结构。不同的沥青混合料结构特征也可通过分维数的差异来估计。公称最大粒径 16mm 的矿料级配分维数分布范围为 2.28～2.61，骨架密实型混合料分维数最大

（如 SMA），悬浮密实型次之（如 DAC、AC 和 AK 型），骨架空隙型最小（如 OGFC）；SAC 混合料结构介于骨架密实和悬浮密实之间，因此也具有较大的分维数。

空隙率 V_a 是反应混合料结构的特征参数之一，级配分维数和对应的设计空隙率之间存在一定的统计相关性，如图 9-5 所示。良好的抗滑级配混合料不但要有满意的构造特征，而且能够在路面稳定性、抗滑性、耐久性之间维持“平衡”。理想的模式是粗集料形成骨架，细集料和沥青胶浆填充其间形成骨架密实结构。据统计，沥青混合料保持各种性能均衡时空隙率在 3% ~5% 左右，根据图 9-5 的分析结果，对应的分维值应该控制在 2.50 ~2.60 之间。

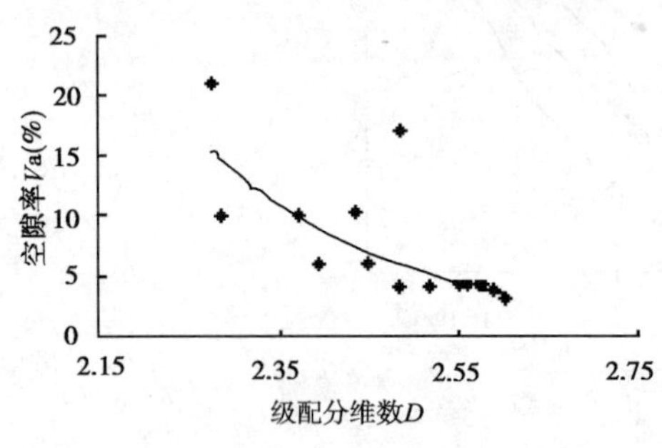

图 9-5　空隙率与分维数的关系

③D 与矿粉含量。分维数与矿料级配有关，在一定程度上反映矿料体系内部的不规则程度，矿料细度越大，则比表面积越大，体系的不规则性也就越显著，对应分维值也就越大。因此在矿料级配中，尽管矿粉含量很小，但对分维值影响要较细集料含量显著得多；矿粉含量增加，分维数变大，这种趋势在矿粉含量较少时更加明显，如图 9-6 和图 9-7 所示。所以，要获得各项性能比较均衡的级配，矿粉的含量不宜过少，应处于 6% ~10% 范围内。

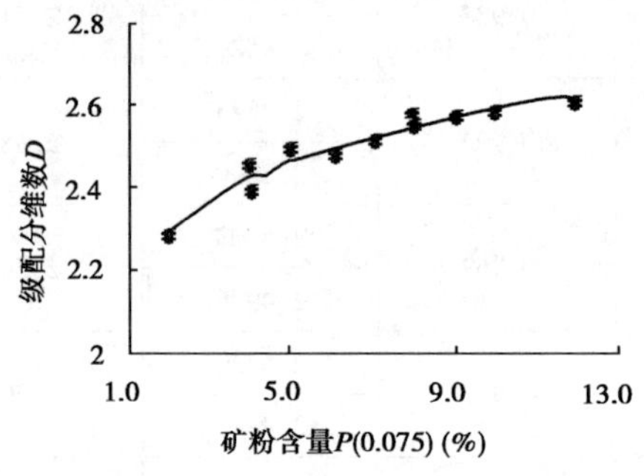

图 9-6　矿粉含量与分维数的关系

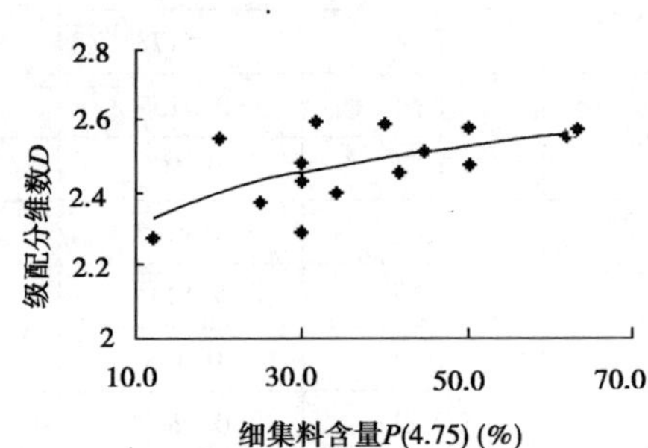

图 9-7　细料含量与分维数的关系

④ R^2 与级配连续性。比较表 9-1 各级配分维数回归相关系数 R^2 可知：R^2 越大，说明级配的连续性越好。AC、AK、DAC 等级配属于连续级配的范畴，相关性最好，SAC 在连续密级配的基础上吸收了部分骨架密实级配（SMA）的优点，相关性略低一些；OGFC 和 SMA 都属于间断级配，粗集料都具有相似骨架结构，而细集料之间的差别使 SMA 的间断程度更为显著，因此 SMA 的相关性最差。

R^2 反映矿料级配分形度大小，其值越大，说明级配的实际组成和级配分形理想模型拟合的程度越高。连续级配与级配分形的前提相近，一般都具有较高的相关系数；间断级配由于在某一档或几档断开或接近断开，而使原本一个具有分形特征的散料体系裂断成两个或多个更小的分形体系，也即分形体所存在的统计意义上的无标度区上下限发生变化，因此在同一尺度范围内间断级配的相关系数明显低于连续级配。

（3）矿料级配的分形评价

①级配的分形评价模式。级配分维数取决于集料级配的组成特征，并同混合料的密实度

和结构特征有一定的关系。因此，可利用分形理论，通过如下 D 和 R^2 组合的方式来实现对级配的定量评价：

$$\{D,R^2\}$$

其中，D 主要反映级配的组成及潜在的混合料性能方面的暗示，R^2 与级配的连续性有关，二者结合才能比较完整地描述一个级配，该评价方式也适合于其他级配形式的评价。

②级配分形评价的适用性分析。根据分形级配表达式可知，给定一个 D 值可求得唯一的矿料级配，D 是反映级配的唯一特征参数，其大小可作为区分不同矿料级配的标准。当对两条已知级配进行分维分析时，由于 D 在双对数坐标上表示为级配曲线的回归斜率，而双对数在一定程度上可能会掩盖两种不同级配之间的微小差异而得到相同的 D 值，表面上看起来似乎破坏了分维数与矿料级配之间的唯一性，其实不然，因为被双对数坐标掩盖的那部分信息可以通过另一个增加的参量 R^2 来体现，R^2 反映了实际级配与分形级配之间的拟合程度，其值越大，拟合程度越高，级配筛孔的连续性也就越好。

③级配评价模式的进一步延展。事实上，间断级配应该理解为一个多度域分形更为合理，即在不同的尺度区间存在不同特征的分形，当间断级配比较接近或相关系数过低时，分维数和相关系数的组合已不能合理评价该级配，而必须按不同区间来分段评价，分段越多则相关系数越大。以 SMA-16 为例，据双对数坐标上数据点的分布，在4.75mm 筛孔处将级配划分为粗、细两部分，并进行回归求取其维数，结果分别见图9-8 和表9-2，可见经过分段回归后，SMA-16 上下限的级配分维数都比分段前有所下降，而相关系数更大。

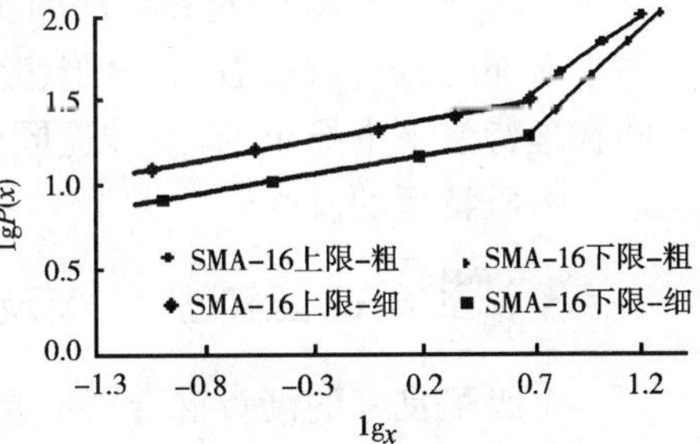

图9-8 SMA-16 级配回归图

不同级配分形回归计算表 表9-2

级配名称	分段	相关系数		级配分维数	
		R^2	平均	D	平均
SMA-16 上限	粗集料	0.9766	0.9776	2.1382	2.455
	细集料	0.9786		2.7721	
SMA-16 下限	粗集料	0.9962	0.9881	1.8133	2.300
	细集料	0.9800		2.7875	

因此，在级配分形分析时，如果级配间断情况比较近似或相关系数过小时，可进一步做分段回归处理，并可采用如下的扩充方式进行级配的定量描述和比较：

$$\{D_1,R_1^2;D_2,R_2^2;\cdots;D_i,R_i^2;\cdots;D_n,R_n^2\} \qquad i=1,2,\cdots,n$$

其中，i 为间断级配分形分段数；D_i 和 R_i^2 为相应的分维数和相关系数。

9.1.2 分形级配计算方法与传统级配计算方法的关系

分形级配公式是从本质上对集料级配的描述，其分维数的变化会导致级配类型的变化，因而建立分形级配公式与传统级配计算公式之间的联系就显得很有必要。

传统级配计算方法主要有三种:N 法、I 法和 K 法。三种级配计算方法的出发点各有差异,因此各自参数的取值范围不同。在 N 法、K 法和 I 法中,N 和 I 存在一个换算关系,即 $I=\left(\frac{1}{2}\right)^{N}$;虽然 I 法和 K 法的参数取值范围比较接近,但在理论上缺乏联系。由于级配的分形理论在推导过程中并未涉及最小粒径为零点的问题,可以认为上述三种方法是分形理论的不同表现形式,在本质上是可以统一的,也就是说常用的 N 法、K 法和 I 法所表示的幂律形式的级配曲线本质上是分形的,只不过从前尚未从分形的角度考虑过。为了得到上述该法的真正分维,必须进行公式比较。首先推导最小粒径 $x_{min}=0$ 时的分形级配公式,有

$$p_x=\left(\frac{x}{x_{max}}\right)^{3-D}$$

实际中各级配计算方法的参数取值转化为真分维数结果如下:

$N\in[0.30,0.70]$,可得 N 法的真分维 $D\in[2.30,2.70]$

$K\in[0.65,0.80]$,可得 K 法的真分维 $D\in[2.38,2.68]$

$I\in[0.64,0.70]$,可得 I 法的真分维 $D\in[2.36,2.49]$

由上面的分析可以看出,分形级配公式实际上包括了传统的理论级配计算方法,它们是从不同物理背景下推导出的,其殊途同归的原因在于分形是集料级配的本质,上面的计算结果正是这一本质特征的反映。

9.1.3 SGC 压实过程分析及级配稳定性评价方法

一个级配良好的沥青混合料应是一种在铺筑过程中易于压实,而在开放交通后交通荷载的作用下又有足够的阻力,使其难于进一步压实的混合料。要使设计的混合料达到这一要求,就必须使其不但具有良好的施工和易性,还要求其压实后具有良好的稳定性。

1)试验用沥青混合料

Superpave 级配设计是以"禁区"和"控制点"为级配确定的依据,建议至少选择三个试验级配,分别对应于从禁区上通过、通过禁区和在禁区下沿两条级配。而且建议推荐选择禁区下级配,认为该级配的混合料较易满足设计参数要求,且综合性能好,抗车辙性能好。

选用 Sup12.5 的两组级配,分别从"禁区"上和"禁区"下通过,图 9-9 中 M1 和 M2,分别代表细级配和粗级配,采用 Superpave 沥青混合料体积设计法,设计结果见表 9-3,并得到最大压实次数下的密实曲线,如图 9-10 所示。

Superpave 法体积参数结果汇总表 表 9-3

压实次数	级配类型	沥青用量	体积参数				
			$\%G_{mm}@N_{ini}$	$\%G_{mm}@N_{des}$	V_a(%)	VMA(%)	VFA(%)
$N_{max}=160$	M1	4.7	85.8	95.8	4.2	15.5	72.9
	M2	5.2	85.7	96.0	4.0	16.0	75.0
$N_{des}=100$	M1	4.4	85.1	94.8	5.2	15.1	65.5
		4.9	86.6	96.9	3.1	15.0	79.3
		5.4	87.6	98.1	1.9	15.0	87.3
		5.9	87.6	98.1	1.9	16.2	88.2

续上表

压实次数	级配类型	沥青用量	体积参数				
			$\%G_{mm}@N_{ini}$	$\%G_{mm}@N_{des}$	$V_a(\%)$	VMA(%)	VFA(%)
$N_{des}=100$	M2	4.4	84.3	94.1	5.9	16.2	63.7
		4.6	84.4	94.5	5.5	16.3	66.2
		5.1	85.5	95.7	4.3	16.7	74.3
		5.6	86.6	97	3.0	16.8	82.2
		6.1	87.8	98.4	1.6	16.3	90.2

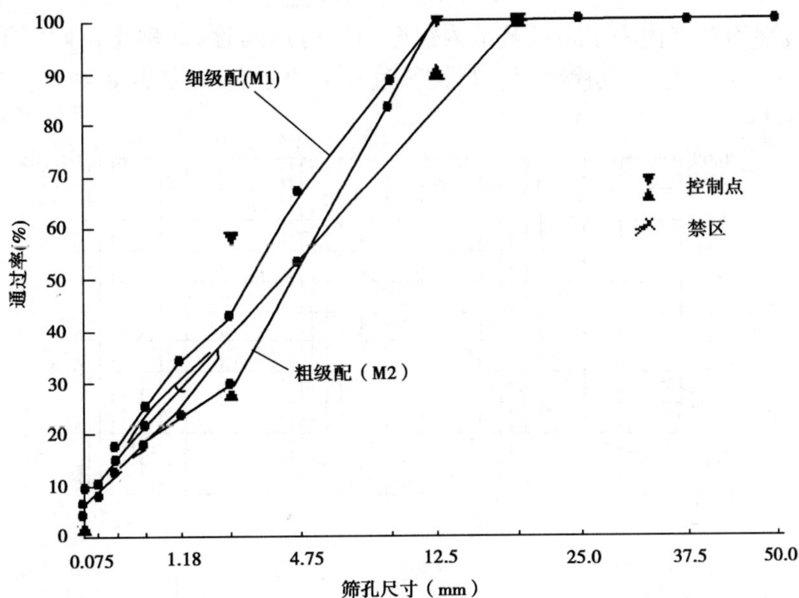

图 9-9　试验选用的两种级配

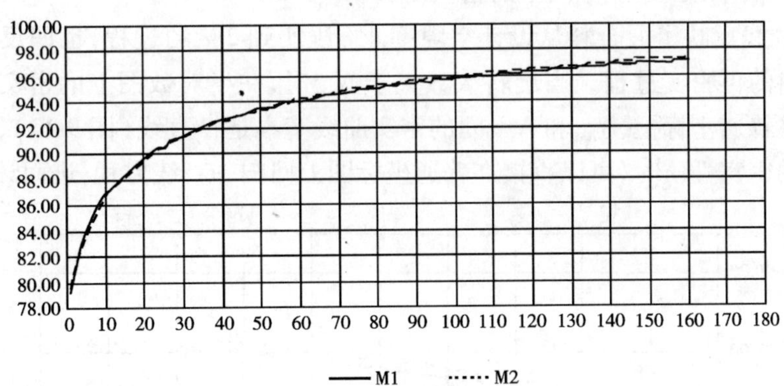

图 9-10　常规坐标中混合料 M1 和 M2 在最大压实次数下的密实曲线

2）密实度斜率分析

密实曲线为指数曲线，混合料 M1、M2 在 N_{max} 下压实得到的密实曲线，可拟合成一指数曲线如下：

$$\% G_{mm} = AN^{b}$$

式中：A、b——回归参数。

对回归曲线方程进行求导，就可求出曲线上任一点的斜率，反映了该点处压实速率，代入 N_{ini} 和 N_{des}，就可以计算出混合料在最佳沥青含量下 N_{des} 和 N_{ini} 处的曲线斜率和在该点的压实速率。

（1）$N_{ini} \sim N_{des}$ 间在常用半对数图上的密实度斜率

半对数关系图上 M1、M2 不同级配混合料密实曲线如图 9-11 所示，$N_{ini} \sim N_{des}$ 间的密实曲线的平均斜率，采用的计算公式如下：

$$\text{Slope} = \frac{\% G_{mm}@N_{des} - \% G_{mm}@N_{ini}}{\ln N_{des} - \ln N_{ini}}$$

密实度曲线平均斜率代表了在此范围内混合料的可压实性，即斜率反映了混合料中集料的骨架强度，然而这部分曲线仅代表混合料铺筑过程中的压实，即从开始经 N_{des} 压实次数后达到 4% 空隙率的过程。

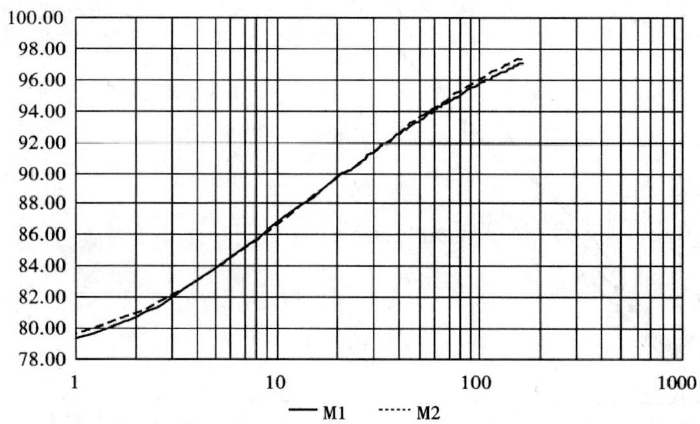

图 9-11 半对数坐标图上混合料 M1 和 M2 在最大压实次数下的密实曲线

（2）$N_{des} \sim N_{max}$ 间在普通坐标图上的密实度斜率

$N_{des} \sim N_{max}$ 曲线反映了混合料从设计空隙率 4% 压实到 2% 的过程，也即反映了混合料开放交通后混合料的再密实过程。当旋转次数大于 N_{des} 时，在半对数图上的密实曲线不完全呈一直线。然而在普通坐标上，N_{des} 和 N_{max} 间的密实曲线基本是一直线（图 9-12），所以在确定此范围内混合料的密实性质时，可以直接在普通坐标图上回归一直线方程，进而计算密实曲线的斜率。

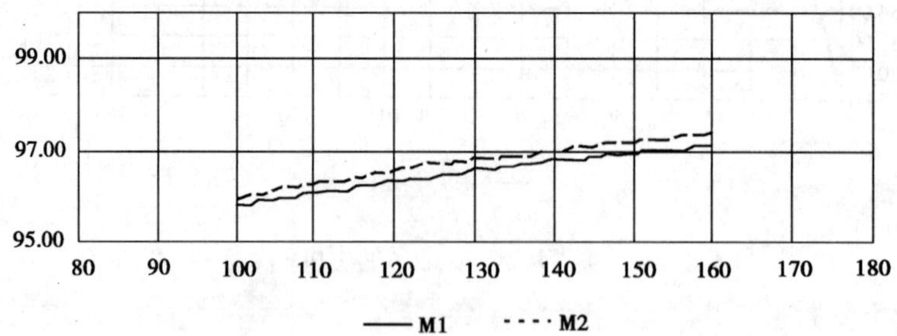

图 9-12 混合料 M1 和 M2 在 $N_{des} \sim N_{max}$ 间的密实曲线

通过对密实曲线的分析，计算斜率见表9-4，数据表明：

密实特性结果汇总表　　表9-4

压实次数	级配类型	沥青用量	致密特性			
			半对数坐标下 $N_{des} \sim N_{ini}$ 平均斜率	自然坐标下的斜率		自然坐标下 $N_{max} \sim N_{des}$ 平均斜率
				斜率@N_{ini}	斜率@N_{des}	
$N_{max}=160$	M1	4.7	9.12	0.468	0.042	0.0222
	M2	5.2	9.39	0.474	0.042	0.0236
$N_{des}=100$	M1	4.4	8.79	0.452	0.040	—
		4.9	9.42	0.487	0.044	—
		5.4	9.63	0.499	0.045	—
		5.9	9.64	0.493	0.044	—
	M2	4.4	8.97	0.460	0.041	—
		4.6	9.19	0.474	0.042	—
		5.1	9.31	0.477	0.043	—
		5.6	9.50	0.483	0.043	—
		6.1	9.64	0.492	0.044	—

①相同级配的混合料，随着沥青用量的增大，$N_{des} \sim N_{ini}$平均斜率增大，压实速率增大，混合料可压实性增大。

②两种不同级配M1和M2混合料在各自最佳用量下，在两种旋转水平下（N_{ini}和N_{des}），无论是在定点还是$N_{ini} \sim N_{des}$间的平均值，混合料M2的密实度斜率都比混合料M1的大；这表明混合料M2具有更大的被压实速率。

③考察$N_{des} \sim N_{max}$间的密实度斜率，可以发现粗型混合料M2仍比混合料M1的值大。这就意味着在同样的交通量情况下，混合料M2比混合料M1更易被压实达到极限密度，抗变形能力较差。沥青混合料设计一般认为：粗型混合料中的集料结构具有更高的骨架强度，也就具有更好的抗车辙能力，然而由这里的密实度数据得出的结论刚好与之相反。

3）密实度能量指数CEI与交通密实指数TDI分析

比照沥青路面空隙率的在施工和服务期间的变化，旋转压实机SGC得到的密实曲线也可分为反映施工期间的混合料密实度变化（施工密实）和开放交通后密实度变化（交通密实），如图9-13所示。

（1）施工过程中的压实能指数CEI（construction energy index）

施工过程中的压实能指数CEI是混合料在铺筑过程中，使其压实到一指定的密实度时，摊铺机和压路机所做的功。一般以混合料的松散状态压实到92% G_{mm}密实曲线下的面积来表示压路机在施工期间所做的功。如果混合料所需的压实能越低，则这样的混合料施工和易性越好。

当然密度曲线下的面积似乎反映了混合料压实过程中的内在性质，如图9-14这种情况，单纯从密实斜率的角度不能区分，而密实曲线下的面积却可以反映某种信息。曲线1和曲线2的平均斜率是一样的，但如果计算面积的话，很明显曲线1的面积值要大一些。

（2）交通密实指数TDI（traffic densification index）

如在92% G_{mm}水平下开放交通，混合料在交通荷载下不断被密实。在目前的混合料设计

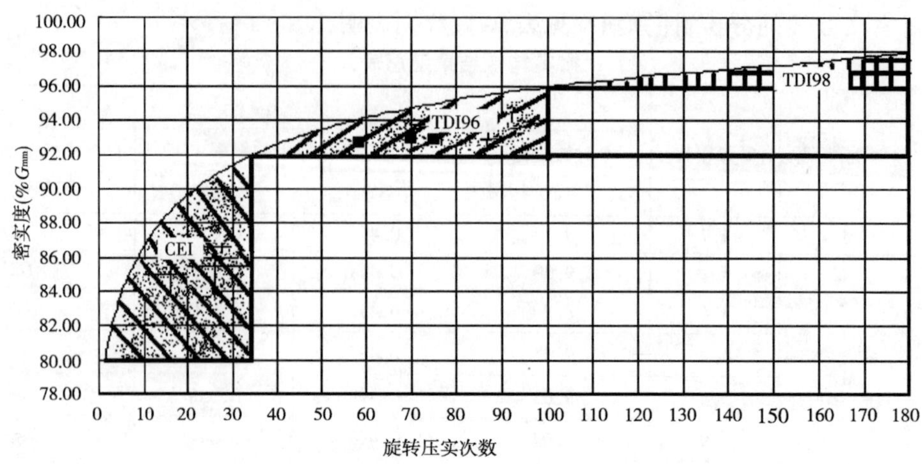

图 9-13　密实度能量指数 CEI、TDI96、TDI98 示意图

中,要求混合料的目标设计空隙率为 4%。预计在路面服务早期,由于交通荷载作用,混合料的密度是 96% G_{mm}。TDI96 定义:把混合料从 92% G_{mm} 密实到 96% G_{mm} 所做的功,在数值上等于密度曲线上这两点间的面积。TDI98 定义:把混合料从 96% G_{mm} 进一步密实到 98% G_{mm} 时所做的功。当混合料被压实到 98% G_{mm} 时,混合料已经达到了极限密实程度,也即混合料处于塑性破坏区。TDI98 值越高,则意味着要使混合料达到极限密度时,需要更多的交通荷载作用。

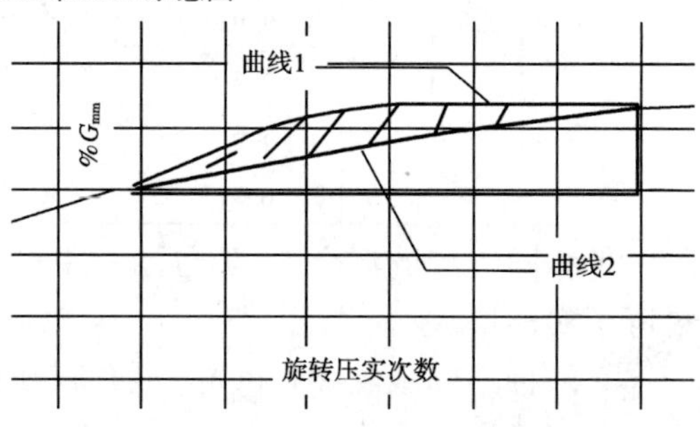

图 9-14　密实度曲线斜率和曲线下面积示意图

按照上述前提和方法,计算 M1、M2 混合料的能量特性参数,见表 9-5。

混合料 M1 和 M2 压实能量特性参数表　　表 9-5

压实次数	级配类型	沥青用量	压实能量特性参数		
			CEI ≤92%	TDI 92% ~96%	TDI 96% ~98%
$N_{max}=160$	M1	4.7	2418.7	6980.6	4437.4
	M2	5.2	2328.4	6227.7	3957.6
$N_{des}=100$	M1	4.4	3219.3	—	—
		4.9	1737.1	4523.4	—
		5.4	1171.8	3106	—
		5.9	1171.5	3199.5	—
	M2	4.4	4106.8	—	—
		4.6	3302.1	—	—
		5.1	2595.8	—	—
		5.6	1707.4	4334.1	—
		6.1	1082.8	3011.8	—

从表 9-6 中数据可以看出：

①对于相同级配的混合料，增加沥青用量，CEI 减小，其消耗的压实能量降低。沥青在其中起着润滑的作用，沥青混合料的施工压实好。CEI 与沥青用量的变化关系上，最佳用量处是一个拐点。在最佳用量前，随着沥青用量的增加，CEI 减小量较大，但当沥青用量超过其最佳用量后，CEI 变化幅度减小，这说明沥青膜已达到一定厚度后，增加沥青用量对施工和易性的改善有限，但反而会使混合料的抗变形能力降低。

②比较相同沥青用量(4%)两种不同级配混合料的 CEI，粗级配混合料 M2 大于细级配混合料，说明相同沥青用量下粗型的混合料较难压实。

③比较 M1 和 M2 分别在其最佳用量下的交通密实指数(TDI96 和 TDI98)(表 9-6)。数据表明：在交通荷载作用下，混合料 M2 比混合料 M1 易变形。这意味着粗型级配混合料 M2 要比细级配混合料的抗变形能力差。

4)车辙试验结果与西部环道试验的分析

为了进一步验证混合料的荷载变形能力，对 M1 和 M2 两种级配的混合料进行了车辙试验，以进行进一步验证密实曲线结果的合理性。

分别对 M1 和 M2 级配混合料进行车辙试验，试验结果见表 9-6。

沥青混合料车辙试验结果　　表 9-6

混合料种类	车辙试验动稳定度（次/mm）			动稳定度 DS（次/mm）
	试件 1	试件 2	试件 3	
M1	1218	1245	1167	1210
M2	887	1298	755	980

从表 9-6 结果可以看出，细型级配混合料 M1 的车辙动稳定度平均值大于粗型级配 M2。另外发现，细型级配车辙三组试验结果接近，而粗型级配试验结果离散性大。粗集料的不同分布状况对混合料变形能力的影响较大，不同试件中粗集料的不同分布使车辙试验结果离散性大。

另外，美国 SHRP 研究为了验证 Superpave 成果，铺筑了多组不同级配沥青混合料试验环道，于 1995 年 10 月建成，1996 年 3 月开始试验，经过 1.5×10^6 次标准轴载作用后，1996 年 11 月，5 个粗级配路段因车辙过大，疲劳裂缝多，而铣刨 50mm 并重新铺筑 50mm 新的粗级配混合料；1997 年 6 月，经过 2.8×10^6 次标准轴载的作用，这 5 段重铺的粗级配路段和另外 3 段粗级配混合料路段又产生破坏，被翻修重铺；1997 年 10 月，经过 3.4×10^6 次标准轴载作用，有 6 个路段因车辙太大而翻修，其中一段是从未翻修的路段，5 段为已翻修过的，这些都为粗级配；1998 年 1 月，经过 4.1×10^6 次标准轴载作用，细级配路段和粗级配路段依然完好。结果表明，级配从禁区上方通过时，混合料有好的路用性能。

9.2　嵌挤密实型混合料级配优化设计技术

9.2.1　粗细集料的划分标准

将集料划分为粗集料和细集料，有利于对沥青混合料结构进行分析，有利于实际工程中质量控制。因而,在级配组成设计中首先对粗细集料划分标准进行研究。由于集料尺寸的不同,试验容器体积就会对其产生一定的体积效应,从而对试验结果产生一定的影响。所以试验开始,首先进行了试验容器体积对于矿料尺寸的选择和限制研究,以便减少试验中容器体积效应造成的误差。试验中对于相同粒径的集料采用不同尺寸的容器装填,通过对于松装、紧装密度、空隙特征等指标的量测,分析矿料粒级以及容器体积对于混合料装填特性的影响。

1)试验容器体积

试验所用容器尺寸参数见表9-7。

容器尺寸参数　表9-7

项目 体积(L)	直径(mm)		均值(mm)	高度(mm)				均值(mm)	底面积(mm^2)	计算体积(L)
	1	2		1	2	3	4			
2	135	135	135	143.5	143.5	143.5	143.5	143.5	14310	2.05
3	152	152	152	159.0	159.0	160.0	160.0	159.5	18150	2.89
5	175	175	175	199.0	199.0	199.0	199.0	199.0	24050	4.79
10	207	207	207	304.0	304.0	304.0	304.0	304.0	33650	10.23
15	257	257	257	295.0	296.0	295.0	296.0	295.5	51870	15.33

2)试验方法

对于某一级矿料,采用不同的容器进行装填测试,记录其密度和孔隙指标,可以得到一个容器体积与体积特征参数的关系曲线。根据这个关系曲线的拐点求出对应于该级矿料的最小容器尺寸。按同样的步骤对其他各级粒径进行测试,得到对应于不同粒径的最佳容器尺寸。

3)试验结果分析

由表9-8和表9-9可以看出,对于松装和插捣试验,体积效应可以忽略的点(在此点以后,随着容器体积的增大,集料的密度和空隙逐渐稳定)出现并不同步。一般来说,对于松装试验,由于没有外界功的作用,完全依靠集料自身重量实现集料分布,因而容器体积效应比较明显;而对于干插捣试验,由于捣实功的影响,使容器的体积效应不太明显。但随着集料粒径的增加,这种差异逐渐减小,可能是集料重量增加所致。所以在试验过程中,对于同种公称粒径集料选择容器时,应该以松装试验要求为主来选择合适的容器体积。

松装试验结果汇总　表9-8

粒径(mm)	容器体积(L)	松装密度(g/cm^3)	容器平均直径(mm)
2.36	5	1.487	175
4.75	5	1.525	175
9.5	10	1.528	175
13.2	10	1.532	207
16.0	10	1.554	207
19.0	10	1.462	207
26.5	10	1.358	207
31.0	15	1.541	207
37.5	20	1.510	257

插捣试验结果汇总　　表 9-9

粒径(mm)	容器体积(L)	插捣密度(g/cm^3)	容器平均直径(mm)
2.36	5	1.640	175
4.75	5	1.662	175
9.5	5	1.692	175
13.2	5	1.673	207
16.0	10	1.676	207
19.0	10	1.616	207
26.5	10	1.566	207
31.0	10	1.682	207
37.5	15	1.632	257

通过对试验结果进行分析总结,得到沥青混合料集料容量筒的规格要求见表 9-10。

沥青混合料集料试验容量筒规格要求　　表 9-10

粗集料公称最大粒径(mm)	容量筒容积(L)	容量筒规格(mm)			筒壁厚度(mm)
		内径	净高	底厚	
<9.5	5	175	200	5.0	2.5
9.5 ~26.5	10	205	305	5.0	2.5
≥26.5	20	355	305	5.0	3.0

4)粗细集料划分标准

传统划分标准主要有两种,一种是将 4.75mm 作为粗细集料分界点,也就是说间断点孔径为 4.75mm;另一种是将 2.36mm 作为粗细集料划分标准。实际上,粗细集料应该是相对的,如果将以上的划分标准用于细级配沥青混合料,如公称最大粒径是 4.75 mm 的沥青混合料,就会发现这种定义显然是不合适的。目前关于粗细集料的定义最完善的是贝雷法,该法粗细集料的定义不同于传统的以 4.75mm 筛孔为界的划分方法,粗细集料的分界点是随公称最大粒径变化的,即是动态的。贝雷法中粗细集料的分界筛孔称为第一控制筛孔,可按照下式确定:

$$PCS = NMPS \times 0.22$$

式中:PCS——第一控制筛孔尺寸(primary control sieve)(mm);

NMPS——公称最大粒径(同 Superpave 中的定义)(mm)。

式中的比例因子 0.22 是按照如下方法确定的。当集料颗粒全为圆形时,达到嵌挤状态的第一控制筛孔尺寸与公称最大粒径之比为 0.155;当集料颗粒全为扁平时,这个比值为 0.289,如图 9-15 所示。由于集料颗粒不可能全为圆形和方形,因此取二者的均值 0.22 为比例因子。虽然 0.22 不能完全准确地反映所有沥青混合料的情况,但分析表明比例因子在 0.18 ~0.28 这个范围所得到的主控筛孔等关键筛孔并未发生实质性变化,因而对级配影响不大。

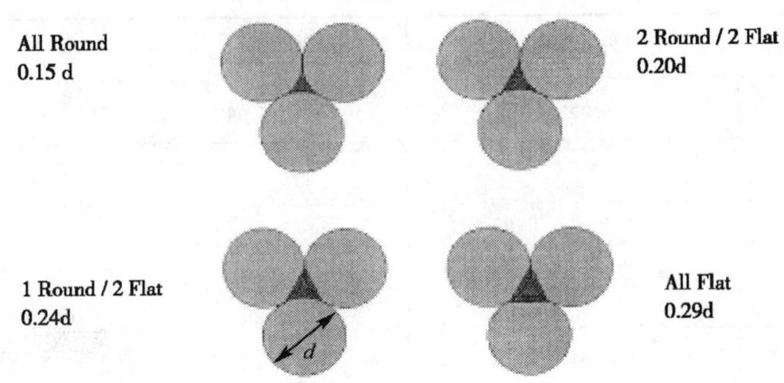

图 9-15　颗粒形状组成与相应的空隙率

9.2.2 粗集料级配组成研究

1)粗集料的逐级填充试验研究(单因素试验)

粗集料中包含了多级粒径,且各级粒径含量有较大的波动范围(即试验的水平数较大),若采用正交试验在整个试验范围内全面研究矿料间隙率 VCA 的变化规律,试验工作量很大。因而在此先采用逐级填充试验,以初步寻找粗集料的较优级配,研究各档料对于混合料形成骨架的作用次序,从而得出粗集料的大致变化规律。本试验采用河北石家庄武阳安邑的玄武岩。

(1)试验方法及步骤

①为研究各级粒径之间填充与干涉作用对粗集料嵌挤结构形成的影响,应用逐级填充理论,将较低一级粒径 D_1 以不同比例填充到 D_0 中,选取最小间隙率且最大骨架强度对应的集料比例作为不同粒径间形成嵌挤密实结构时的组成比例。

②以 D_0 和 D_1 形成的最密实嵌挤结构为基准,将下一级粒径 D_2 再以不同比例填充 D_0 和 D_1 的形成骨架间隙,测定并计算不同比例关系对应的松方体积、密度及间隙率,以最小间隙率和最大骨架强度确定三级粒径之间形成嵌挤密实结构的最优组成比例关系。

③同步骤②,将更低一级粒径集料填充到已形成的嵌挤骨架的间隙中,并确定它们之间的合理比例。依次逐级填充,直至各级粗集料全部填充到已形成的嵌挤结构中,并最终得出形成粗集料嵌挤结构的各级粒径的不同组成比例与间隙率的关系曲线,即粗集料的级配比例关系。

④通过上述试验得到的逐级组成比例与间隙率的关系曲线,综合各种试验手段对应的测试结果,确定合理的松方密度及对应的间隙率,选出形成最密实嵌挤结构时的一组数据作为粗集料的最终级配组成比例。

(2)试验结果及分析

试验结果见表 9-11 和图 9-16,试验发现:

①在粗集料范畴内,由于各级粒径差别不大,干涉是必然的,但不同数量构成的矿料混合料的干涉程度是不同的。4.75 ~ 2.36mm 集料对于粗集料骨架主要起干涉作用,即随着该档集料的增加,振实 VCA 在稍微减小之后就逐渐增大,CBR 值则一直减小,说明此档集料对于粗集料嵌挤结构的撑持作用比较大,因而在粗集料嵌挤结构的设计中,应该尽量减少其用量,具体如图 9-17 所示。

粗集料单因素试验振实试验结果汇总　　表 9-11

第一组				
16～13.2mm 颗粒比例(%)	13.2～9.5mm 颗粒比例(%)	振实密度 (g/cm^3)	振实 VCA (%)	骨架强度 CBR
100	0	1.648	41.222	38.53
80	20	1.667	40.686	39.00
60	40	1.667	40.816	45.67
40	60	1.664	41.057	46.95
30	70	1.676	40.697	42.39
25	75	1.642	41.922	43.00
15	85	1.702	39.894	50.82
10	90	1.695	40.115	40.09
5	95	1.681	40.684	42.59
0	100	1.666	41.228	38.00
确定的最优配比为 16～13.2mm∶13.2～9.5mm＝20∶80				
第二组　4.75mm				
16.0～9.5mm 颗粒比例(%)	9.5～4.75mm 颗粒比例(%)	振实密度 (g/cm^3)	振实 VCA (%)	骨架强度 CBR
100	0	1.670	40.964	39.14
80	20	1.674	40.831	45.36
60	40	1.695	40.076	43.38
40	60	1.688	40.326	43.48
30	70	1.673	40.864	43.51
25	75	1.654	41.506	36.14
15	85	1.667	41.063	38.90
10	90	1.680	40.613	39.29
5	95	1.654	41.503	40.38
0	100	1.665	41.138	39.24
综合考虑,确定的最优配比为 16～9.5mm∶4.75mm＝50∶50				
第三组　2.36mm				
16～4.75mm 颗粒比例(%)	4.75～2.36mm 颗粒比例(%)	振实密度 (g/cm^3)	振实 VCA (%)	骨架强度 CBR
100	0	1.642	39.862	35.36
80	20	1.686	34.402	47.73
60	40	1.672	34.322	31.58
40	60	1.675	35.586	40.79
30	70	1.698	37.461	33.66
25	75	1.684	39.478	34.78
15	85	1.699	40.730	20.66
10	90	1.691	41.479	26.92
5	95	1.688	42.991	21.34
0	100	1.700	45.841	25.95
综合考虑确定的最优配比为 16～9.5mm∶2.36mm＝80∶20				

②VCA 与骨架强度 CBR 值大致规律一致,但不具有一一对应关系,即 VCA 最小,CBR 值不一定最大。因而综合考虑 VCA 和 CBR 后确定最优配比。确定过程中,并不是参考具体的

测试值,而是根据试验组合与测试值之间曲线的走势来确定。

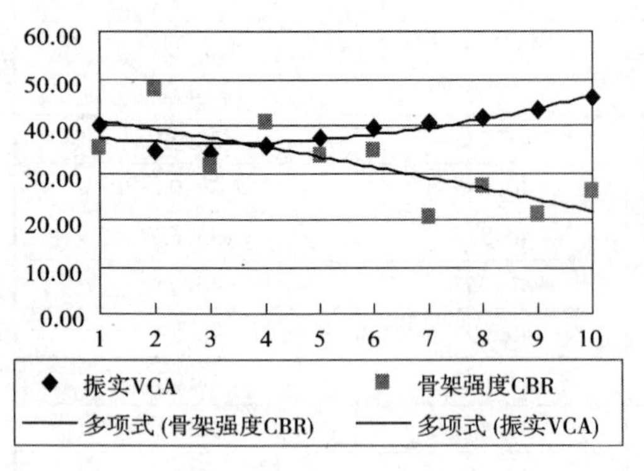

图 9-16 2.36mm 集料含量与 VCA 及 CBR 之间的关系曲线

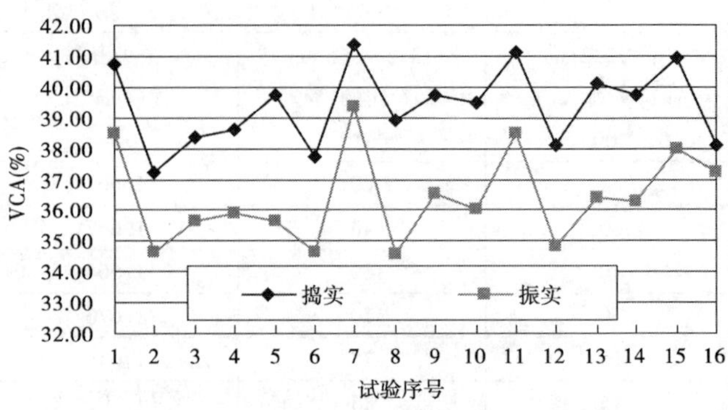

图 9-17 集料 VCA 与各种试验组合的关系曲线图

③从表 9-11 得到对于此种粗集料的最优配比为 16 ~ 13.2mm∶13.2 ~ 9.5mm∶9.5 ~ 4.75mm∶4.75 ~ 2.36mm = 8∶32∶40∶20。单一粒径粗集料的 VCA 偏大,其骨架是不密实的。对于中值粗集料级配来说,其组成接近最优配比,但是相对而言,9.5mm、4.75mm的粗集料含量少于最优配比,而且 2.36mm 的集料含量偏多,而此档集料对粗集料嵌挤骨架结构干涉作用比较明显。

2)粗集料的均匀设计试验研究(多因素试验)

为了比较深入地分析各级粗集料对沥青混合料骨架的影响因素,研究粗集料间隙率 VCA 随粒径大小、各级数量搭配和主要控制粒径等的相关性或影响规律,将集料分为四个因素:16.0 ~ 13.2mm,13.2 ~ 9.5mm,9.5 ~ 4.75mm,4.75 ~ 2.36mm,并分别以 X_1、X_2、X_3、X_4 代表其对应的各自粗集料的含量,取水平数 $n = 16$。每因素水平数为 16 主要是有以下 3 点考虑:

①VCA 与各因素比例之间不是明显的函数对应关系,而是存在相关关系,并可能是二次非线性的相关关系。四因素的配方设计,由三个独立的因素、三个变量的二次非线性回归方程组成。为得到较好的相关结论,回归方程的自由度不应当小于 5,水平数至少为 15。

②水平数为 16 时,表示散布均匀程度的均匀度偏差 D 比水平数为 15、17、18、19、20 的偏差都小。

③水平数取值过大,工作量会很大。表 9-12 给出了四因素 16 水平的无限制配方均匀设计方案。

粗集料配方均匀设计方案组成表 表 9-12

粒径及比例 / 序号	16.0 ~ 13.2mm X_1(%)	13.2 ~ 9.5mm X_2(%)	9.5 ~ 4.75mm X_3(%)	4.75 ~ 2.36mm X_4(%)
1	68.51	14.79	8.87	7.83
2	54.58	10.42	1.09	33.91
3	46.14	2.59	30.44	20.83
4	39.75	36.44	2.23	21.58
5	34.48	20.66	29.44	15.42
6	29.95	8.13	9.67	52.25

续上表

序号 \ 粒径及比例	16.0～13.2mm X_1(%)	13.2～9.5mm X_2(%)	9.5～4.75mm X_3(%)	4.75～2.36mm X_4(%)
7	25.94	60.97	8.59	4.50
8	22.32	32.14	9.96	35.58
9	19.01	15.38	47.16	18.45
10	15.95	1.32	23.27	59.46
11	13.10	46.26	31.75	8.89
12	10.42	24.29	22.44	42.85
13	7.90	7.50	71.38	13.22
14	5.51	65.56	11.75	17.18
15	3.23	35.09	55.90	5.78
16	1.05	15.06	39.32	44.57

均匀试验设计中，采用的石料是河北武阳安邑的玄武岩，采用两种干插捣和振动成型，测定均匀设计法安排的16组试验各自的VCA及骨架强度值，见表9-13。

均匀设计试验各组合粗骨料间隙率VCA表　　表9-13

粒径比例	16.0～13.2mm X_1(%)	13.2～9.5mm X_2(%)	9.5～4.75mm X_3(%)	4.75～2.36mm X_4(%)	插捣VCA (%)	振实VCA (%)	骨架强度 CBR
1	68.51	14.79	8.87	7.83	40.72	38.51	52.72
2	54.58	10.42	1.09	33.91	37.20	34.65	98.53
3	46.14	2.59	30.44	20.83	38.37	35.63	41.37
4	39.75	36.44	2.23	21.58	38.60	35.92	39.24
5	34.48	20.66	29.44	15.42	39.75	35.65	50.78
6	29.95	8.13	9.67	52.25	37.75	34.64	76.05
7	25.94	60.97	8.59	4.50	41.39	39.36	30.95
8	22.32	32.14	9.96	35.58	38.94	34.56	59.13
9	19.01	15.38	47.16	18.45	39.74	36.51	37.93
10	15.95	1.32	23.27	59.46	39.49	36.03	34.87
11	13.10	46.26	31.75	8.89	41.12	38.49	40.94
12	10.42	24.29	22.44	42.85	38.08	34.86	92.30
13	7.90	7.50	71.38	13.22	40.09	36.39	73.68
14	5.51	65.56	11.75	17.18	39.71	36.29	25.56
15	3.23	35.09	55.90	5.78	40.93	38.00	74.41
16	1.05	15.06	39.32	44.57	38.12	37.22	55.44

集料VCA与各种试验组合的关系曲线如图9-17所示。从图9-17中可以看出，捣实和振实两种情况下，试验组合下的VCA变化趋势大体相同，说明在有外界功作用的情况下，VCA的变化趋势与各档集料配方具有良好的相关性。如果仅仅从VCA的角度来判定粗集料的最佳组成，那么组合2、6、8、12无疑是最好的。从骨架强度CBR来看，组合2、6、8、12、13是最好的（此时粗集料组合表现出较大的力学强度）。对这些最佳组合来说，VCA与骨架强度、CBR值大致规律一致，但不具有一一对应关系，即VCA最小，CBR值不一定最大。这与CBR试验具有一定的经验性有关，与路面结构实际发生值尚有一定差异，但它相对地揭示了沥青混合料矿料级配强度这一力学特性。

综合逐级填充试验和均匀试验设计的研究成果，将关键筛孔上下浮动2%，非关键筛孔上下浮动5%，得到粗集料各档集料组成见表9-14，级配见表9-15。

粗集料各档集料相对组合比例　　表9-14

粗集料粒径范围(mm)	16～13.2	13.2～9.5	9.5～4.75	4.75～2.36
组合比例(%)	8	32	40	20

粗集料级配　　表9-15

粗集料粒径(mm)	16	13.2	9.5	4.75	2.36
通过量(%)	100	87～97	58～62	18～22	0

3)粗集料级配组成确定方法

通过以上逐级填充试验和均匀设计试验，分析了各粒径颗粒对矿料混合料密实和变形特性的影响，分析了关键粒径，以及各试验指标的合理性与科学性，据此提出粗集料级配确定方法：根据经验初拟3条级配；进行VCA和CBR试验；根据试验结果，调整关键粒径通过率。

9.2.3 细集料级配组成研究

对于细集料级配的确定，一般按照泰波公式的计算方法设计成连续级配。然后在参照上面的研究成果，根据各档细集料在矿料级配中的作用进行适当的调整即可。对于本研究所用材料细集料级配，按照泰波公式的计算方法并参照上面的研究成果确定如下：2.36～1.18mm∶1.18～0.6mm∶0.6～0.3mm∶0.3～0.15mm∶0.15～0.075mm＝29.6∶24.1∶18.5∶18.5∶9.3，即细集料级配见表9-16。

细集料级配　　表9-16

细集料粒径(mm)	2.36	1.18	0.6	0.3	0.15	0.075
通过量(%)	100	70.4	46.3	27.8	9.3	0

9.3 沥青混合料路用性能试验研究

以河北省青银高速公路沥青路面为依托，根据级配优化的原则提出了表面层用13.2mm沥青混合料级配，并将其与规范的DAC-13、AK-13、SMA-13级配范围中值同时进行路用性能试验，包括高温稳定性、低温抗裂性、抗滑性和水稳定性，用以比较其性能。

对比试验级配组成见表9-17。

表面层对比级配组成表　　表9-17

筛孔(mm)	16	13.2	9.5	4.75	2.36	1.18	0.6	0.3	0.15	0.075	油石比(%)
设计级配SJ	100	94	75	46	33	25	17.5	13.5	8.5	6	5.0
DAC-13中值	100	95	76.5	53	37	26.5	19	13.5	10	6	4.9
AK-13A中值	100	95	70	41.5	30	22.5	16.5	12.5	8.5	6	5.0
SMA-13中值	100	95	62.5	26	20.5	19	16	13	11.5	10	5.9
OGFC-13中值	100	97.5	70	23.5	17	11.5	9	7.5	6	4.5	4.6

路用性能试验中使用的原材料和沥青与级配优化过程使用的相同。

9.3.1 沥青混合料高温车辙试验结果及分析

对比级配的沥青混合料高温车辙试验结果见表 9-18。

对比级配沥青混合料高温车辙试验结果　　表 9-18

级配类型	SJ13 1号	SJ13 2号	SJ13 3号	DAC 1号	DAC 2号	DAC 3号	AK13 1号	AK13 2号
动稳定度(次/mm)	7392.55	8166.16	7200.42	4358.58	4280.32	4894.66	4920.96	5568.45
级配类型	AK13 3号	SMA13 1号	SMA13 2号	SMA13 3号	OGFC13 1号	OGFC13 2号	OGFC13 3号	
动稳定度(次/mm)	6455.50	8184.61	9581.98	8330.84	3113.26	3720.28	4279.54	

5 种对比级配的高温稳定性按由大到小的顺序排列如下:SMA > SJ > AK > DAC > OGFC。

根据试验结果可以得到以下结论:

①嵌挤密实结构的沥青混合料高温稳定性明显优于传统结构沥青混合料,这说明通过级配优化可以提高沥青混合料的高温稳定性。

②对于沥青混合料的组成,动稳定度并不是与粗集料含量呈线性关系。即粗集料越多,沥青混合料的动稳定度值并不一定越大。例如 OGFC,缺少细集料的填充,其粗集料的嵌挤结构不稳定,因而粗集料含量存在一个最佳值。

③通过对比马歇尔试验与车辙试验结果发现,马歇尔稳定度与动稳定度没有相关性。例如 SMA 的马歇尔稳定度值虽低,但其动稳定度却最大。

9.3.2 沥青混合料低温抗裂性能试验结果及分析

对比级配沥青混合料低温抗裂试验结果见表 9-19。

对比级配沥青混合料低温抗裂试验结果　　表 9-19

级配类型	SJ13 1号	SJ13 2号	SJ13 3号	DAC 1号	DAC 2号	DAC 3号	AK13 1号	AK13 2号
J_{1c}(kJ/m^2)	579.82	547.14	563.48	571.68	618.82	683.33	425.47	517.79
级配类型	AK13 3号	SMA13 1号	SMA13 2号	SMA13 3号	OGFC13 1号	OGFC13 2号	OGFC13 3号	
J_{1c}(kJ/m^2)	480.86	462.18	595.79	444.32	240.45	185.10	249.10	

表中,J_{1c}为积分的临界值,是评价材料断裂时应变能释放率的指标,反映材料的抗开裂能力,其值越大,表示材料的抗开裂性能越好。根据试验结果,4 种对比级配的低温抗裂性能按由大到小的顺序排列如下:DAC > SJ > SMA > AK > OGFC。

根据试验结果可以得到以下结论:

①随着空隙率的增大,沥青混合料的 J_{1c} 值降低,对比级配中普通密级配 DAC 的 J_{1c} 最大,OGFC 的 J_{1c} 最小,这主要是由于大空隙的存在,使得微裂缝扩展容易;

②粗集料的含量对于低温抗裂性能有重要影响，随着级配中粗集料含量的增加，沥青混合料的 J_{1c} 值降低，设计级配 SJ 中粗集料含量适当，而且与细集料形成了嵌挤结构，因而也具有较好的低温抗裂性能，SMA 依靠沥青胶浆的胶黏作用也具有较高的低温柔性。

9.3.3 沥青混合料抗滑性试验结果及分析

对比级配的沥青混合料表面摩擦系数及构造深度试验结果分别见表 9-20 与表 9-21。

对比级配沥青混合料摩擦系数测定结果 表 9-20

级配类型	SJ13 1号	SJ13 2号	SJ13 3号	DAC13 1号	DAC13 2号	DAC13 3号	AK13 1号	AK13 2号
摩擦系数	57	65	51	49	57	59	61	54
级配类型	AK13 3号	SMA13 1号	SMA13 2号	SMA13 3号	OGFC13 1号	OGFC13 2号	OGFC13 3号	
摩擦系数	63	52	56	60	53	55	58	

对比级配沥青混合料构造深度测定结果 表 9-21

级配类型	SJ13 1号	SJ13 2号	SJ13 3号	SJ13 4号	DAC13 1号	DAC13 2号	DAC13 3号	DAC13 4号	AK13 1号	AK13 2号
构造深度(mm)	0.93	0.84	0.91	0.98	0.76	0.69	0.72	0.66	0.88	0.85
级配类型	AK13 3号	AK13 4号	SMA13 1号	SMA13 2号	SMA13 3号	SMA13 4号	OGFC13 1号	OGFC13 2号	OGFC13 3号	OGFC13 4号
构造深度(mm)	0.88	0.84	1.17	1.17	1.20	0.93	1.32	1.75	1.83	1.62

5 种对比级配的抗滑性能按由大到小的顺序排列如下：AK > SJ > SMA > OGFC > DAC。按构造深度排序如下：OGFC > SMA > SJ > AK > DAC。

根据试验结果可以得到以下结论：

(1)通过优化矿料级配可以改善沥青混合料的抗滑性能。

(2)使用不同的抗滑评价指标，对于相同的沥青混合料可能作出不同的评价结果。抗滑表层的抗滑性能是由良好的微观构造(取决于集料本身)、宏观构造构成的。两个指标评价的角度不同，所以就得到了不同的评价结果。摩擦系数主要与沥青混合料集料特别是粗集料的表面构造和磨光性有关；而构造深度主要取决于沥青混合料级配、空隙率及最大粒径；在抗滑性能评价过程中，对于高速公路沥青路面的抗滑指标必须要求表面构造深度与摩擦系数(摆值) 同时满足规范要求，而且表面构造深度更加重要。

(3)不同级配沥青混合料的摩擦系数随着混合料空隙率的增大而增大，但并不意味着空隙率越大，摩擦系数就越大。因此，单从摩擦系数的角度考虑，存在一个最佳空隙率范围，在此空隙率范围内，摩擦系数随着空隙率的增大而显著增加，超过此范围，摩擦系数增加很少，甚至降低，例如 OGFC。原因可能是，摩擦系数不仅受粗集料微观构造的影响，也与摆式仪胶皮经过面积内的接触点多少有关。当混合料比较密实时，粗集料太少，这时滑块与试板之间的摩擦阻力会因为沥青和细集料的较多掺入而变小，而当空隙率太大时，粗集料虽多，但由于试块单位面积内与胶皮接触点的减少而导致摩擦阻力降低，从而使摩擦系数有减少的趋势。由上可知，只有当粗细集料搭配合理，既有一定数量的粗集料，又有适量的细集料时，摩擦系数才能最大。

9.3.4 沥青混合料水稳定性试验结果及分析

对比级配的沥青混合料残留稳定度与冻融劈裂试验结果分别见表9-22与表9-23。

对比级配沥青混合料残留稳定度测定结果　　表9-22

级配类型	SJ13	DAC13	AK13	SMA13	OGFC13
残留稳定度（%）	95.8	99.5	82.5	94.6	80.3

对比级配沥青混合料冻融劈裂测定结果　　表9-23

级配类型	SJ13	DAC13	AK13	SMA13	OGFC13
残留强度比（%）	85.1	84.7	72.4	88.6	78.3

5种对比级配的水稳定性能按由大到小的顺序排列如下：DAC > SJ > SMA > AK > OGFC。

根据试验结果可以得到以下结论：

①在沥青和集料一致的情况下，水稳定性和剩余空隙率有很大关系。传统密级配的水稳定性最好；SMA马歇尔稳定度虽小，但具有较好的水稳定性，可能是其沥青和矿粉含量较高造成的。

②空隙很大的OGFC仍保持有较高的残留稳定度，其一是因为采用改性沥青，另外一个原因可能是其沥青膜较厚。

冻融劈裂试验由于空隙水在冻融过程中体积大小发生了改变，必然会对裹覆集料的沥青膜产生力的作用。首先在真空条件下使水充分进入试件的开口空隙；冷冻过程中，空隙水结冰体积增大，对沥青膜产生压力，同时由于低温条件下沥青膜变脆，塑性变形能力减弱，这样在压力的共同作用下易产生破裂；当试件放入60℃水浴后，冰再次融化为水，将有一部分水沿沥青膜的裂缝进入集料与沥青膜之间，破坏集料与沥青膜之间的黏结作用，同时由于冰变成水后体积减小，对沥青膜的压力消失，并且相对于压力作用时集料与沥青膜间距的减小，压力的消失必将使这一间距趋于恢复而增大，相当于集料与沥青膜之间又受到拉力；随着水温的升高，水的体积再次膨胀而形成压力，之后将试件再放入25℃水浴中，水的体积又一次减小并产生拉力。这一冻融过程很好地模拟了实际路面上空隙水在行车荷载作用下对沥青膜的挤压破坏作用。

5种对比级配的水稳定性能按由大到小的顺序排列如下：SMA > SJ > DAC > OGFC > AK。

根据试验结果可以得到以下结论：冻融劈裂试验试验条件苛刻，很好地模拟了实际路面上空隙水在行车荷载作用下对沥青膜的挤压破坏作用。在此过程中，SMA沥青混合料表现出了优异的抗水损害性能，其次是设计级配SJ，其粗细集料搭配均匀，保证了级配的稳定性。普通密级配沥青混合料AC由于沥青膜较薄，在冻融循环过程中，抗水损害性能减弱；OGFC由于空隙率很大，矿粉沥青比相对较大，沥青膜较厚，在冻融循环试验后，抗水损害性能勉强满足规范要求；级配AK最差，50次击实条件下，其空隙率处于一个不利的范围，在此空隙率范围水容易渗进而难以排出，存留于沥青混合料空隙中的水分将产生很大动水压力，对沥青混合料的破坏作用是不言而喻的。

因而建议对于沥青混合料的抗水损害性能采用冻融劈裂来进行，浸水马歇尔试验指标残留稳定度不能充分评价和区分沥青混合料抗水损害性能。

9.4 沥青混合料级配变异及施工控制技术

9.4.1 实体工程及试验路沥青混合料组成设计

1）*矿料级配的拟定*

在级配设计方面根据室内研究结果，初拟三种级配，进行矿料级配优化设计。矿料级配计算结果见表9-24，级配曲线如图9-18所示。在三种级配中，其中级配3添加了7%的天然砂，目的是为增加沥青混合料施工和易性，并提高沥青混合料的密实度。

AC-13 矿料级配计算 表9-24

工程名称：青银路建设项目										使用部位：上面层
筛孔尺寸（mm）	16	13.2	9.5	4.75	2.36	1.18	0.6	0.3	0.15	0.075
	通过量（%）									
合成级配 级配1	100	98.5	76.0	54.8	34.3	20.3	12.9	8.9	6.9	5.5
合成级配 级配2	100	98.4	75.2	49.4	31.1	19.0	12.5	9.1	7.3	5.9
合成级配 级配3	100	98.5	76.0	50.1	32.4	22.3	14.6	9.0	6.9	5.6
规范要求范围	100	90~100	68~85	38~68	24~50	15~38	10~28	7~20	5~15	4~8

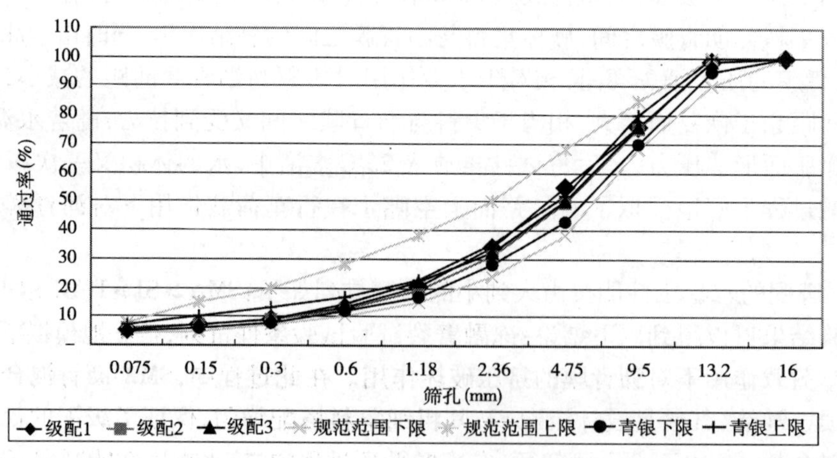

图9-18 三种级配走向曲线图

2）试验路配合比方案的确定

通过对三种级配的综合比选，级配 1 混合料油石比在 4.8% ~4.9% 的 VMA 值在 14% ~ 15% 之间，混合料的空隙率 VV 为 4.0% 左右，沥青用量也较合适，见表 9-25。因此，将级配 1 及其设计结果作为配比设计方案。马歇尔试验结果及验证试验结果见表 9-26 与表 9-27。

级配 1 马歇尔试验　　表 9-25

级配 1:10 ~15 碎石:5 ~10 碎石:3 ~5 碎石:机制砂:矿粉 =32:18:14:30:6							
油石比（%）	毛体积相对密度（g/cm³）	最大理论相对密度（g/cm³）	VV（%）	VMA（%）	VFA（%）	MS（KN）	FL（mm）
3.8	2.393	2.648	9.09	16.03	43.31	16.13	2.30
4.3	2.453	2.626	6.27	14.50	56.74	19.02	2.96
4.8	2.489	2.608	4.86	14.25	65.91	20.54	3.25
5.3	2.501	2.588	3.99	14.50	72.49	17.31	4.12
5.8	2.522	2.570	1.87	13.67	86.30	13.68	5.57

AC-13 沥青混合料马歇尔试验结果　　表 9-26

最佳油石比（%）	毛体积相对密度（g/cm³）	空隙率（%）	饱和度（%）	稳定度（kN）	流值（mm）
4.86	2.495	4.28	69.4	20.5	3.51
规范推荐值	实测值	4 ~6	65 ~75	≥8	1.5 ~4

AC-13 沥青混合料验证试验结果　　表 9-27

	残留稳定度（%）	冻融劈裂残留强度比（%）	动稳定度（次/mm）		弯曲破坏应变	渗水系数
			60℃	65℃		
实测值	92	92.6	>6000	5308	3556	不渗水
规范要求	≥85	≥85	≥2800	—	≥2500	≤120

9.4.2 沥青路面施工控制

采用德国产 BENNINGHOVEN 拌和楼，为间歇式拌和设备，每盘料平均拌和时间约为 50 ~60s，日拌和能力为 100t 左右，有冷料仓和热料仓各 4 个，各温度控制环节性能良好。

根据现场摊铺能力组织大吨位自卸运输车辆，保证摊铺机前等待卸料的车辆不少于 5 辆。为了确保在运输过程中混合料温度不至于下降太快，在运输途中加盖一层厚棉篷布，经多次对混合料出温度和到达温度测定，温度分别在 160℃ 和 140℃ 左右，可以满足沥青混凝土施工规范的要求。

铺筑采用 Titan8820 摊铺机。该摊铺机具有调节摊铺厚度装置，采用雪橇式摊铺厚度控制方式来保证表面层的高程；并安排专人对局部摊铺缺陷（离析、不平整等）进行修复处理，后跟一人随时测定混合料摊铺温度并做记录，如图 9-19 所示。

多级嵌挤密级配沥青混合料（图 9-20）由于骨架嵌挤作用较好，与一般传统密级配沥青混合料相比，在达到相同密度时需要的压实功要大一些。因此碾压模式及摊铺、碾压温度就成为能否达到满意效果的关键因素。

图 9-19　摊铺现场

图 9-20　多级嵌挤密级配沥青混合料

图 9-21　碾压现场

在施工时，施工摊铺宽度为 6m，上面层目标厚度为 4cm，松铺厚度为 5cm，松铺系数为 1.25。

确定的碾压模式：初压时光轮碾压，复压先振动压路机（12t）碾压、后轮胎压路机（20t）碾压，终压光轮静碾压。为了保证施工压实度，对振动压路机的碾压模式进行了不同组合的尝试。

在确定碾压模式时，在保证压实度的前提下，要防止石料破碎，同时要保证路面的平整度。通过多次调试，确定了嵌挤密级配沥青路面的碾压模式，依次为：钢轮静压 1 遍，12t 钢轮振压前进静压后退振压 2 遍，20t 胶轮压 4 遍，钢轮静压 1 遍，如图 9-21 所示。

采用以上碾压模式，保证了路面的压实度，石料破碎少，路面平整度好。

轮胎压路机的搓揉效果好，能促使混合料颗粒移动和就位，对石料的压碎少，所以复压阶段以轮胎压路机为主。振动压路机对提高密实度的效果好，用于复压阶段的前期碾压。混合料的温度高，能很快达到较高的密实度，既防止了热量散失，石料破碎现象也很少。振动压路机前行时不开振，后退时开振，可保证路面平整度。

在施工完成后，对路面弯沉、平整度和抗滑性进行了测试。

采用法国洛克鲁瓦式连续路面自动弯沉仪，测点密度约为 280 点/（公里 · 方向）。为青岛—银川方向（上行）代表弯沉值为 12.6（0.01mm），银川—青岛方向（下行）代表弯沉值为 13.3（0.01mm），各公里区间评测路段弯沉代表值全部符合设计要求。

路面平整度检测采用丹麦产 GREENWOOD 激光平整度仪。通过计算机对原始数据进行分析和处理，按照每百米计算国际平整度指数 IRI 值。上行行车道总检测点数为 145，IRI 平均值为 0.95，下行行车道总检测数为 143，IRI 平均值为 0.95，上下行车道≥2.0，点数为 0，合格率为 100%。

抗滑性采用横向力系数测试车测试，横向力系数 SFC 值为 68，路面抗滑能力指数 SRI 为 98.5，符合规范要求。

开放交通一年后，对铺筑的嵌挤密级配沥青路面进行了回访，路面平整、密实、抗滑，未见破损或车辙，表现出良好的使用性能和表面特性。

9.5　结　　论

①通过分析矿料及矿料级配的自相似特征和室内试验，揭示了级配分维数和相关系数的现实含义、主要影响因素和变化规律，提出了矿料级配的分形评价模式。

②对级配走向分形特征研究，发现级配分形特征参数对揭示矿料级配内部颗粒分布的不规则性有重要的意义；不同走向级配马歇尔指标与分形特征参数之间具有良好的一致性。在不同走向级配分形特征研究的基础上，根据路面使用环境的不同，提出了基于分维数的级配走向选择方法。

③提出了以 CBR 和 VCA 为设计参数的粗集料级配确定方法和细集料级配确定方法，建议使用采用密实度能量指数（密实能量指数 CEI 和交通密实指数 TDI）对级配的稳定性进行评价，采用 $VCA_{mix} < VCA_{DLC}$ 和骨架接触度 SSC 判断级配的骨架性，最后给出了多级嵌挤密实级配沥青混合料设计方法和流程图。

第 10 章　沥青路面抗滑表层设计优化及应用技术

碎石沥青混凝土(SAC)矿料级配设计和检验方法是沙庆林院士将面层的主要功能和早期损坏结合在一起提出的,该方法不仅能计算矿料级配中粗集料、细集料任意筛孔的通过量,还可以根据不同种类岩石对矿料级配进行检验并将其调整到所需结构类型(紧密骨架密实结构、一般骨架密实结构、悬浮密实结构)。以该方法设计的新 SAC 将具有 6 个技术经济特点:V_a 小且可调整,不易产生水破坏;高温抗永久形变能力强,优于其他各种矿料级配;用作表面层时抗滑性能好,特别是表面构造深度远大于规范要求;容易碾压密实;表观均匀一致,少见离析现象;节约投资。

鉴于当前高速公路沥青路面存在的早期损坏状况,兼具抗高温永久变形能力、密实(密水)以及较大表面构造深度和摩擦系数的沥青混合料表面层的研究已迫在眉睫。而 SAC 矿料级配设计和检验方法的提出,从设计出发根本上解决了沥青路面的密实性和抗滑性能这两个矛盾体,同时保证了不降低沥青路面的高温强度。该研究成果对于高速公路降低交通事故发生率,特别是提高沥青路面使用性能和使用寿命,具有重要的现实意义。

10.1　骨架密实结构 SAC13 设计方法研究

10.1.1　SAC 系列的矿料级配设计

SAC 矿料级配分粗集料、细集料和填料三部分。粗细集料的分界线统一定为 4.75mm。SAC 是以粗集料为主的断级配,发展初期粗集料为含量≥60%,中期为 60% ~70%,近几年来主要为 65% ~75%。SAC 实际上包括悬浮式密实结构、一般骨架密实结构和紧密骨架密实结构三种。

计算得到的由 SAC30 到 SAC13 各种 SAC 的矿料级配列在表 10-1 中。表中 4.75mm 筛孔以上各个筛孔的通过量,是用粗集料的计算公式得出,4.75mm 筛孔以下各个筛孔的通过量,是用细集料的计算公式得出。

SAC 系列的矿料级配　　表 10-1

SAC	通过下列筛孔(mm)的质量(%)												
	31.5	26.5	19	16	13.2	9.5	4.75	2.36	1.18	0.6	0.3	0.15	0.075
30-1	100	89.6	72.5	65.0	57.5	46.6	30	21.4	15.2	11.0	7.8	5.6	4.0
30-2	100	90.9	75.5	68.7	61.7	51.4	35	24.3	16.9	11.9	8.3	5.7	4.0
30-3	100	92.0	78.3	72.0	65.6	56.0	40	27.1	18.5	12.7	8.6	5.9	4.0
25-1		100	79.2	70.2	61.4	48.7	30	21.4	15.2	11.0	7.8	5.6	4.0
25-2		100	81.6	73.5	65.3	53.4	35	24.3	16.9	11.9	8.3	5.7	4.0

续上表

SAC	通过下列筛孔(mm)的质量(%)												
	31.5	26.5	19	16	13.2	9.5	4.75	2.36	1.18	0.6	0.3	0.15	0.075
25-3		100	83.7	76.4	69.0	57.9	40	27.1	18.5	12.7	8.6	5.9	4.0
20-1			100	86.1	72.9	54.8	30	22.2	16.4	12.3	9.1	6.7	5.0
20-2			100	87.8	75.9	59.2	35	25.2	18.2	13.3	9.6	6.9	5.0
20-3			100	89.2	78.6	63.2	40	28.2	19.9	14.2	10.0	7.1	5.0
16-1				100	82.6	59.6	30	22.9	17.5	13.4	10.3	7.9	6.0
16-2				100	84.7	63.7	35	26.0	19.4	14.5	10.8	8.1	6.0
16-3				100	86.5	67.5	40	29.0	21.2	15.5	11.3	8.2	6.0
13-1					100	67.9	30	24.0	19.2	15.5	12.4	10.0	8.0
13-2					100	71.3	35	27.3	21.3	16.8	13.1	10.2	8.0
13-3					100	74.5	40	30.5	23.3	17.9	13.7	10.5	8.0

由于 SAC10 粗集料的粒径范围小，只是 4.75～13.2mm，按照我国习惯用的筛孔，只有 4.75～9.5mm、9.5～13.2mm 两个粒级的矿料，而且后一粒级的矿料含量只有 2.5%。如将 9.5mm作为实际最大粒径，大于 9.5mm 的颗粒作为超尺寸颗粒废弃，则大于 4.75mm 的粗集料只有一个粒级，其用量却高达 70%。为了更好地控制矿料级配，需要在筛孔 4.75mm 和 9.5mm之间增加一个筛孔为 7.5mm 的筛。

用上述公式计算得的 SAC10 的矿料级配列在表 10-2 中。

SAC10 的矿料级配　　表 10-2

筛孔(mm)	9.5	7.5	4.75	2.36	1.18	0.6	0.3	0.15	0.075
SAC10-1	100	66.3	30	24.0	19.2	15.5	12.4	10.0	8.0
SAC10-2	100	69.9	35	27.3	21.3	16.8	13.1	10.2	8.0
SAC10-3	100	73.2	40	30.5	23.3	17.9	13.7	10.5	8.0

矿料级配表的使用说明：

①不同公称最大粒径 SAC 的矿料级配表中，对每一种矿料级配都有三个不同的矿料级配，它们的主要差别在 4.75mm 筛孔的通过量，并分别作为紧密骨架密实结构、一般骨架密实结构和悬浮密实结构的参考矿料级配。但它们并不是直接应用的级配，表中的矿料级配必须经过后述矿料级配检验方法之一，VCA_{DRF} 方法初步检验合适后或检验调整后才能使用。因为表列矿料级配并不适用于不同品种岩石加工制成的碎石。

②表 10-1 中 SAC30、SAC25 用做底面层或基层，SAC25、SAC20 用做中面层，SAC16、SAC13 用做表面层，SAC10 用做很薄(厚 2～2.5cm)和超薄面层(厚 1.5～2.0cm)。

10.1.2 SAC 矿料级配的检验方法

1)级配检验的内容

物理性质检验内容包括空隙率 V_a、矿料间隙率 VMA 和沥青饱和度 VFA 检验。

力学性质检验内容包括水稳定性、高温抗永久形变能力和抗剪切形变能力等。

2)紧密骨架密实结构矿料级配检验方法

(1)利用粗集料的干捣实孔隙率 VCA_{DRC} 检验(简称 VCA_{DRF} 方法)

在表 10-1 和表 10-2 中选定初试级配后，可根据原材料试验数据进行级配初步检验。其原理是使粗集料形成的空隙率刚好由细集料体积、填料体积、沥青体积和压实成型后所要求的剩余空隙率填满。当不满足要求时还可用此原理进行级配的调整，直到满足要求为止。

假定

$$P_{ca} + P_{fa} + P_{fi} = 100\% \tag{10-1}$$

式中：P_{ca}——矿料级配中粗集料的含量百分率（%）；

P_{fa}——矿料级配中细集料的含量百分率（%）；

P_{fi}——矿料级配中小于0.075mm 填料的含量百分率（%）。

则粗集料干捣实孔隙率 VCA_{DRC} 为

$$VCA_{DRC} = 1 - \frac{GCA_{DRC}}{G_{b.ca}} \quad 或 \quad GCA_{DRC} = G_{b.ca}(1 - VCA_{DRC}) \tag{10-2}$$

式中：VCA_{DRC}——粗集料干捣实孔隙率（%）；

GCA_{DRC}——粗集料干捣实密度（g/cm^3）；

$G_{b.ca}$——粗集料的毛体积密度（g/cm^3）。

因此，VCA_{DRF} 方法进行矿料级配检验的基本方程为

$$\frac{P_{ca}}{GCA_{DRC}} \times (VCA_{DRC} - V_a) = \frac{P_{fa}}{G_{b.fa}} + \frac{P_{fi}}{G_{a.fi}} + \frac{P_B}{G_B} \tag{10-3}$$

式中：V_a——沥青混凝土中的空隙率，预定值，通常为3%～4%；

P_B——油石比（%）；

$G_{b.fa}$——细集料的毛体积密度（g/cm^3）；

$G_{a.fi}$——填料的视密度（g/cm^3）；

G_B——沥青的密度（g/cm^3）。

式（10-3）等号左侧为粗集料的干捣实孔隙率减去预留 V_a 后的孔隙率，也就是可容纳细集料、填料和沥青体积的孔隙率，等号右侧为细集料、填料体积率与沥青体积率之和。

作为骨架密实结构，在规定沥青混凝土中的空气率 V_a 后，式（10-3）等号右侧的值应等于左侧的值。如果右侧的值明显大于左侧的值则会使沥青混凝土中粗集料形成的骨架被沥青砂胶撑开甚至粗集料悬浮在沥青砂胶中，这将直接影响沥青混凝土的高温抗永久形变的能力，但这种沥青混凝土的密实、透水性小和抗滑性能好的特点是肯定的。如果等号右侧的值明显小于左侧的值，则沥青混凝土中的空气率将明显大于预定的值，使沥青混凝土的透水性增大，容易产生水破坏，其高温抗永久形变能力也不能保证。因此，可称式（10-3）为用 VCA_{DRF} 方法检验矿料级配时的基本检验方程。

（2）用沥青混凝土中粗集料的孔隙率 VCA_{AC} 检验（简称 VCA_{AC} 方法）

粗集料在沥青混凝土中所处的状态，不仅与矿料级配有关，还与试件制作所采用的方法有很大的联系。当级配经初步检验调整后，即可选用适当的方法进行试件的制作，同时用压实成型试件的粗集料孔隙率对级配进行再次检验与调整，即所谓的 VCA_{AC} 检验。其原理是对预定类型密实结构的沥青混凝土，压实成型试件的粗集料骨架间隙率恰好被细集料、填料、沥青的体积和预留的空隙率所填满。当不满足此要求时也可用此原理进行级配的调整，直到满足为止。

两种方法都是检验矿料级配是不是骨架密实结构，但两种检验方法得到的结果可能会产生明显差异。其重要的原因是两面各击实 75 次马歇尔击实方法得到的功能偏小。因此，在没有用马歇尔试验做沥青混合料配合比前，可以先用 VCA_{DRF} 方法对矿料级配进行初步检验；沥青混合料的马歇尔试验得出合适的沥青用量和相应的沥青混凝土试件的毛体积密度后，再用 VCA_{AC} 方法进行最终检验。必要时，对级配进行调整。

3）一般骨架密实结构矿料级配检验方法

采用 VCA_{DRF} 作为检验的标准是检验矿料级配是否属于紧密骨架密实结构。实际工程中，并不全都要求使用紧密骨架密实结构。在某些情况下，只需使用一般骨架密实结构沥青混凝土。在检验矿料级配是否属于一般骨架密实结构时，只需采用介于粗集料松装孔隙率 VCA_{DRL} 和干捣实孔隙率 VCA_{DRC} 之间的某个风干粗集料孔隙率就可以。

一般骨架密实结构检验的方法与紧密骨架密实结构的检验方法相同，也是先用 VCA_{DRF} 方法对原材料进行初步检验，然后用 VCA_{AC} 方法对沥青混凝土进行最终检验。在车辙不是主要危险的高等级公路上，可以不要求沥青混凝土的粗集料形成骨架，只要求沥青混凝土的粗集料形成一般骨架和沥青混凝土密实不透水性好，用作表面层时抗滑性能好。

4）悬浮式密实结构矿料级配检验方法

悬浮密实结构检验的方法与一般骨架密实结构和紧密骨架密实结构的检验方法相同，只是在风干粗集料孔隙率的取值有所不同。计算表明，用 VCA_{DRF} 方法进行矿料级配检验时，风干粗集料的孔隙率 VCA_{DR} 每增加 1%，粗集料的含量要减少 1.0% ~1.3%；紧密骨架密实结构 SAC13 的 VCA_{DRC} 一般为 40% ~41%，SAC16 的 VCA_{DRC} 约为 40% 左右；疏松粗集料的 VCA_{DRL} 较 VCA_{DRC} 约大 6%。因此，对于 SAC13 来讲，其悬浮式密实结构的 VCA_{DR} 要大于 47%。

SAC 矿料级配设计与检验方法提出了全新的级配设计理念，提供了检验级配的具体操作方法，并为实际工程中检验矿料级配合适与否提供了理论依据。

10.1.3 应用 SAC 级配设计与检验方法设计 SAC13

1）原材料性质试验

（1）沥青技术指标试验

沥青有两种，一种为天津燕鑫通海沥青有限公司提供的 SBS 改性沥青（简称天津沥青），另一种为青岛路法特沥青有限公司生产的 SBS 改性沥青（简称青岛沥青）。根据现行试验规程对所用 SBS 改性沥青进行试验，结果列于表 10-3 中。由表中结果可以看出，该沥青技术指标满足要求。

（2）矿料的技术性质试验

试验所用的 2.36mm 以上集料为山东章丘产玄武岩，机制砂为隆尧产石灰岩，填料为水泥。

①粗集料。依据 SAC 的设计要求，粗集料要进行技术性质检测试验。根据现行试验规程进行试验，该粗集料满足 SAC 级配对其提出的技术指标要求。试验结果见表 10-4 和表 10-5。

②细集料。依据 SAC 的设计要求，细集料也要进行技术性质检测试验。根据现行试验规程进行试验，该细集料满足 SAC 级配对其提出的技术指标要求。细集料的试验指标及试验结果汇于表 10-6 和表 10-7。

沥青技术性能指标试验　　表 10-3

检测项目		单位	技术要求	试验结果		试验方法
				天津沥青	青岛沥青	
针入度(25℃,100g,5s)		0.1mm	≥60(40~60)	60.0	56.0	T 0604—2000
延度(5℃,5cm/min)		cm	≥30(20)	54.8	30.0	T 0605—1993
软化点(环球法)		℃	≥65(60)	65.0	68.0	T 0606—2000
运动黏度(135℃)		Pa·s	≤3	1.42	1.0	T 0625—2000
闪点(COC)		℃	≥230	262	292	T 0611—1993
密度(25℃)		g/cm^3	实测	1.031	1.012	T 0603—1993
溶解度(三氯乙烯)		%	≥99	99.4	99.9	T 0607—1993
离析(48h 软化点差)		℃	≤2.5(2.0)	0.48	0.2	T 0661—2000
弹性恢复(25℃)		%	≥80(85)	92.5	95.0	T 0662—2000
TFOT 后残留物	质量变化	%	≤ ±0.8(0.6)	0.03	-0.01	T 0609—1993
	残留针入度比	%	≥65	82.0	75.0	T 0604—2000
	延度(5℃,5cm/min)	cm	≥25(15)	39.6	21.0	T 0605—1993

注:括号中的值是对青岛沥青的技术要求。

面层用粗集料技术性质要求与试验结果　　表 10-4

项目	单位	技术要求	试验值	试验方法
集料压碎值	%	≤20	11.1	T 0316—2000
洛杉矶磨耗损失	%	≤30	15.6	T 0317—2000
视密度	g/cm^3	≥2.6	2.8510	T 0304—2000
吸水率	%	≤2.0	0.60	T 0304—2000
与沥青的黏附性	级	≥5 级	5	JTJ 052—2000、T 0616
坚固性	%	≤12	—	T 0314—2000
细长扁平颗粒含量	%	≤15	10.3	T 0312—2000
水洗法 <0.075mm 颗粒含量	%	≤1.0	0.7	T 0310—2000
石料磨光值	%	≥42	46	T 0321—2000
软石含量	%	≤1.0	—	T 0320—2000
破碎砾石的破碎面颗粒的含量				
一个破碎面	%	≥80	—	
两个或两个以上破碎面	%	≥60		

集料密度试验结果　　表 10-5

矿料规格(mm)	G_{sd}(g/cm^3)	G_b(g/cm^3)	w_a(%)
16~13.2	2.8335	2.8213	0.369
13.2~9.5	2.8266	2.8118	0.527
9.5~4.75	2.8136	2.7949	0.670
4.75~2.36	2.7986	2.7740	0.888

面层用细集料技术性质要求与试验结果　　表 10-6

项 目 单 位		技术要求	试验值	试 验 方 法
视密度	g/cm^3	≥2.6	2.7120	T 0328—2000
坚固性(>0.3mm 颗粒部分)	%	≤12	7.5	T 0340—1994
砂当量	%	≥60	86.2	T 0334—1994

细集料试验和回归计算结果　　表 10-7

粒级	4.75~2.36mm		2.36~1.18mm		1.18~0.6mm		0.6~0.3mm		0.3~0.15mm		0.15~0.075mm	
	测定值	回归值	测定值	回归值	测定值	回归值	测定值	回归值	测定值	回归值	测定值	回归值
G_b(g/cm^3)	2.6624	2.6538	2.6220	2.6341	2.6131	2.6149	2.6005	2.5953		2.5756		2.5559
G_{sd}(g/cm^3)	2.6888	2.6849	2.6624	2.6704	2.6600	2.6562	2.6418	2.6417		2.6272		2.6127
w_a(%)	0.989	1.146	1.540	1.330	1.560	1.509	1.588	1.693		1.876		2.060

由于实际试验测定 0.3~0.15mm 和 0.15~0.075mm 两个粒级细集料的表干密度(G_{sd})、毛体积密度(G_b)和吸水率(w_a)有困难,测定结果的准确性也不好。可根据 SAC 系列中提供的方法中关于细集料的 G_b、G_{sd} 随粒径减小而减小,w_a 随粒径减小而增大的规律,利用 4.75~2.36mm、2.36~1.18mm、1.18~0.6mm、0.6~0.3mm 四个粒级的试验结果进行回归计算取得。细集料的 G_{sd}、G_b 和 w_a 的回归方程如下,计算结果见表 10-7。

$$G_{b,di} = 2.6294 + 0.0653\lg d_i$$

$$G_{sd,di} = 2.6669 + 0.0482\lg d_i$$

$$w_{a,di} = 1.3735 - 0.6104\lg d_i$$

式中:$G_{b.di}$——细集料某粒级的毛体积密度(g/cm^3);

$G_{sd.di}$——细集料某粒级的表干密度(g/cm^3);

$w_{a.di}$——细集料某粒级的吸水率(%);

d_i——某粒级细集料的下限筛孔尺寸(mm)。

③填料。SAC 系列沥青混合料中填料全部使用水泥,试验结果见表 10-8。其性质满足 SAC 级配对其提出的技术指标要求。

面层用填料技术性质要求与试验结果 表 10-8

检测项目		单位	标准要求	试验结果	试验方法
表观密度		g/cm^3	不小于 2.50	3.0376	T 0352—2000
粒度范围	<0.6mm	%	100	100	T 0351—2000
	<0.3mm	%	90～100	100	
	<0.075mm	%	75～100	98.6	
亲水系数		—	小于 1.0	—	T 0353—2000

2）骨架密实形成标准的确定

在国内外有关骨架形成问题的研究中，都会涉及某一状态下粗集料的 VCA（松装状态下的 VCA_{DRL}、捣实状态下的 VCA_{DRC}、振实状态下的 VCA_{DRV} 和压实成型状态下的 VCA_{AC}）。特别是当应用 SAC 矿料级配设计与检验方法时，最为关键的是要准确确定粗集料间形成的可用空隙率 VCA_{DRU}，它是级配设计的基础。

VCA 的大小与许多因素有关，包括粗集料粒径的大小、级配组成、几何形状、表面微观纹理、颗粒间排列组合方式、外在约束条件（即试验时使用的容器的大小与形状等）以及试验方法等。在沥青混合料中，VCA 还与沥青玛蹄脂性质（主要是劲度）以及沥青玛蹄脂相对粗集料的体积比例相关。此外，当用粗集料和混合料的体积特征参数 VCA_{DRC} 和 VCA_{AC} 来判断沥青混合料是否形成骨架时，还要考虑这两个参数之间存在的系统误差。这种误差主要由它们的压实功能差异、测量容器大小不同、测量换算密度指标不统一和沥青胶泥裹覆撑持作用等引起。

为了便于分析影响粗集料 VCA 的因素以及研究骨架密实的形成条件与粗集料 VCA 的关系，表 10-9 和图 10-1 中列出了 6 种矿料级配。其中，SAC1、SAC2、SAC3 为用 SAC 级配设计与检验方法确定的紧密骨架密实结构、一般骨架密实结构和悬浮密实结构；AC13 为在规范推荐的级配范围中优化的级配范围，SMA 为规范上推荐的级配范围，SUP 级配为同济大学许志鸿教授推荐的级配范围，试验时均取中值进行。

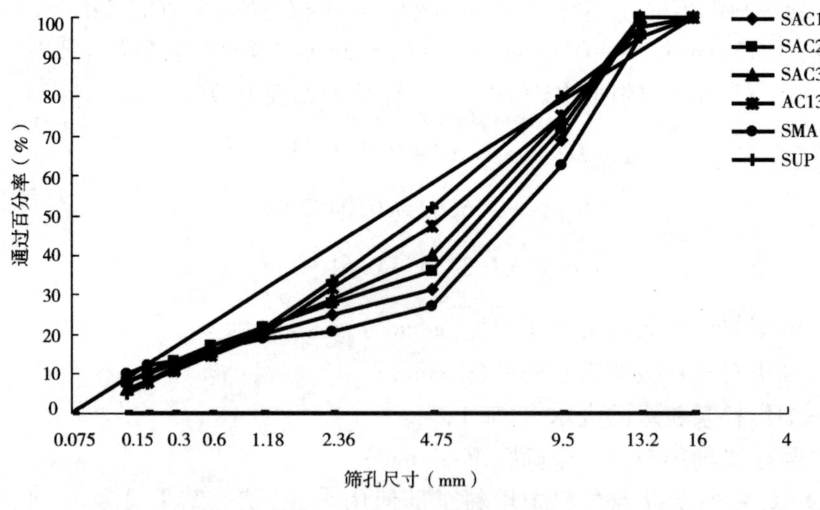

图 10-1 沥青混合料矿料级配

沥青混合料矿料级配　　表 10-9

方孔筛孔径（mm）	通过各筛孔的质量比分率(%)					
	SAC1	SAC2	SAC3	AC13	SMA	SUP
16	100	100	100	100	100	100
13.2	100	100	100	95～100	90～100	90～100
9.5	68.9	72.0	74.5	70～80	50～75	74～86
4.75	31.4	36.0	40.0	43～52	20～34	46～58
2.36	24.9	27.9	29.0	28～35	15～26	28～39
1.18	19.8	21.7	21.2	17～23	14～24	17～26
0.6	15.8	17.0	15.5	12～17	12～20	10～19
0.3	12.5	13.2	11.3	8～13	10～16	6～16
0.15	9.9	10.3	8.2	6～10	9～15	4～11
0.075	7.9	8.0	6.0	5～7	8～12	3～7

此外，由于两次所取粗集料的密度有一些变化，表 10-10 列出了试验使用的粗集料的密度值。

发生变化的粗集料密度和吸水率值　　表 10-10

矿料规格（mm）	G_{sd}（g/cm^3）	G_b（g/cm^3）	w_a（%）
16～13.2	2.7572	2.7175	0.461
13.2～9.5	2.7500	2.7099	0.568
9.5～4.75	2.7927	2.7712	0.776

研究表明：在一定数量粗集料基础上，考虑 VCA_{DRL}、VCA_{DRV} 与 VCA_{AC} 的关系，判定沥青混合料的结构类型：

①当 $VCA_{AC} > VCA_{DRL}$，沥青混合料为悬浮密实结构；

②当 $VCA_{DRV} < VCA_{AC} \leqslant VCA_{DRL}$，沥青混合料为一般骨架密实结构；

③当 $VCA_{AC} = VCA_{DRV}$，沥青混合料为紧密骨架密实结构；

④当 $VCA_{AC} < VCA_{DRV}$，沥青混合料为骨架空隙结构。

由于沥青混合料的设计空隙率存在一定的可接受范围，在上述判定条件中将条件放宽 ±1% 是可以接受的。由此，可以很容易地判定本节中选用的 6 种矿料级配：SMA 为骨架空隙结构、SAC1 为紧密骨架密实结构，SAC2 为一般骨架密实结构，SAC3、AC13、SUP 为悬浮密实结构。

从结构类型上来讲，SMA 实际上为骨架空隙结构，而它所表现出来的密实是通过多使用沥青达到的，因此，SMA 沥青混合料对沥青用量极其敏感。

对选定的矿料而言，其 VCA_{DRL} 和 VCA_{DRV} 也就基本确定了。此时骨架结构的形成主要依赖于混合料的成型方式，如果压实功能小，VCA_{AC} 大，所需要形成骨架的粗集料数量相应就少，如果压实功能大，所需要形成骨架的粗集料数量相应就多。

因此，要得到优良的骨架结构和路用性能，应该从起决定作用的原材料选择入手，当确定了粗集料（4.75mm 以上）用量后，具体各筛孔的通过率可按照一条直线进行计算，使其具有较大的幂值，以保证有合适的粗集料 VCA，同时将粗集料作为一个整体考虑，这个整体形成了骨架承担荷载。这样就大大简化了试验数量，提高了设计效率和质量。

3）SAC13 级配设计与检验

（1）初选矿料级配

研究表明，当矿料级配中粗集料含量为 70% 左右时能形成紧密骨架结构；一般 VCA_{DRL} 比

VCA_{DRV}大4.0% ~6.0%，粗集料间隙率 VCA 每增加1%，粗集料的含量要减少1.0% ~1.3%。SAC1 和 SAC2 初选矿料级配见表 10-11。

SAC1、SAC2 初选矿料级配 表 10-11

筛孔(mm)	通过率(%)								
	13.2	9.5	4.75	2.36	1.18	0.6	0.3	0.15	0.075
SAC1	100	67.8	30.0	19.0	12.0	10.0	8.5	7.0	6.0
SAC2	100	72.0	36.0	27.9	21.7	17.0	13.2	10.3	8.0

(2)用 VCA_{DRF}方法检验矿料级配

用 VCA_{DRF}方法对表中 SAC13 初选矿料级配进行初步检验。检验的目的是在预估油石比 P_B 情况下，确定所选定的矿料级配是否符合预定的结构类型。

计算结果表明 SAC1：V_a = 3.497% ；SAC2：V_a = 2.963% 。

此结果可以接受，即 VCA_{DRF}方法检验矿料级配 SAC1、SAC2 分别满足紧密骨架密实结构和一般骨架密实结构的要求，进而可以用 VCA_{AC}方法对成型试件进行矿料级配检验。

(3)用 VCA_{AC}方法检验矿料级配

试件成型选择马歇尔击实法，则 VCA_{AC}方法就是对由该方法制成的试件进行矿料级配检验、调整，以使最终取得符合要求的矿料级配，供生产使用。

①确定拌和、击实温度。沥青和矿料的加热温度、拌和温度和击实温度对马歇尔试件能达到的 $G_{b.s}$及沥青混凝土的路用性能有显著影响。因此，应根据沥青的黏温曲线确定沥青混凝土的拌和、初压、正常以及终压温度。沥青混合料的拌和温度应控制在沥青的黏度为(0.17 ± 0.02)Pa · s，初压温度应控制在沥青的黏度为(0.28 ±0.03)Pa · s，正常碾压温度应控制在沥青的黏度≤2Pa · s，终压温度应控制在沥青的黏度≤20Pa · s。室内做马歇尔试验时，沥青混合料的拌和与开始击实的温度也应按此控制。

沥青的拌和温度为 177 ~185℃，初压温度为 164 ~170℃，正常碾压温度为≥126℃，终压温度≥95℃。

②进行马歇尔试验。将粗、细集料筛分成不同粒级后，进行马歇尔试验。用马歇尔试验方法制作 SAC13 试件时，应采用标准马歇尔试验方法。经综合考虑确定：沥青的加热温度为 175℃，矿料的加热温度为 195 ~200℃，沥青混合料的拌和温度为 180℃，马歇尔试件的击实温度为 160 ~165℃。马歇尔试验结果列在表 10-12 中。

马歇尔试验结果 表 10-12

级配类型	P_B (%)	$G_{b.s}$ (g/cm^3)	最大理论密度 G_{mm} (g/cm^3)	V_a (%)	矿料间隙率 VMA (%)	沥青饱和度 VFA (%)
SAC1	4.4	2.4206	2.6031	7.0	16.8	58.2
SAC2	4.4	2.4805	2.5943	4.4	14.4	69.5

由马歇尔试验可以看出，经初步检验合适的矿料级配 SAC1 成型沥青混凝土试件后的空隙率较大，而 SAC2 成型沥青混凝土试件后的空隙率稍大，主要原因是现行马歇尔试验两面各击实 75 次的击实功能较小，该方法得到的粗集料间隙率常大于干捣实粗集料的间隙率(配重振实与干捣实方法测定的粗集料间隙率很接近)。此时就需要用 VCA_{AC}方法对矿料级配进行

检验、调整,得到最终合适的矿料级配。

③沥青混凝土体积分解计算。根据马歇尔试验结果和沥青混凝土体积分解计算公式可计算得到沥青混凝土各部分体积。

④用 VCA_{AC} 方法检验矿料级配。根据沥青混凝土体积分解计算,按照 VCA_{AC} 方法进行矿料级配检验,计算结果表明 SAC1 的 V_a 较大,矿料级配应进行调整使 V_a 达到可接受的水平;SAC2 的 V_a 合适,矿料级配不需要再进行调整。

⑤用 VCA_{AC} 方法调整 SAC1 的矿料级配。矿料级配的调整可选择调整粗集料、细集料及填料,使其调整后计算得到的矿料级配在以马歇尔击实方法下得到的沥青混凝土 V_a 是合适的,且其他各项指标满足技术要求。

按照 VCA_{AC} 方法进行矿料级配检验。通过计算发现,当调整粗集料时,调整后的粗集料、细集料和填料的数量基本上没有变化;而调整填料和细集料时,调整后的粗集料基本相同,只是细集料、填料数量不同。考虑到初试级配室内马歇尔试验结果、沥青膜厚度及现场施工时易于碾压等情况,选定调整填料后的结果进行下一步计算,求得粗、细集料任意筛孔的通过量。

⑥用 VCA_{AC} 方法对调整后的 SAC1 级配再次进行检验。

马歇尔试验:将调整后的级配以同样的条件用马歇尔击实法成型试件。

沥青混凝土体积分解计算:采用 $G_{b.s}$ 的 1.015 倍进行 VCA_{AC} 方法检验。

用 VCA_{AC} 方法检验矿料级配:若空隙率可以接受,那么可确定该级配为最终设计级配。

4)沥青混合料路用性能检验

(1)马歇尔试验

对 SAC2 和调整后的 SAC1 级配,选用 P_B、$P_B\pm0.3\%$ 三个油石比进行马歇尔试验,考察马歇尔试件在不同油石比下的物理力学指标,见表 10-13。

SAC13 马歇尔试验结果　　表 10-13

级配类型	P_B (%)	$G_{b.s}$ (g/cm³)	G_{mm} (g/cm³)	V_a (%)	VMA (%)	VFA (%)	MS (kN)	FL (0.1mm)
SAC1	4.1	2.4661	2.6109	5.7	15.0	61.8	13.5	41.5
	4.4	2.4760	2.5994	4.7	14.7	67.8	13.0	38.3
	4.7	2.4897	2.5881	3.8	14.5	73.8	14.1	39.4
SAC2	4.1	2.4645	2.6057	5.4	14.7	63.1	14.3	37.4
	4.4	2.4805	2.5943	4.4	14.4	69.5	13.8	33.6
	4.7	2.4946	2.5830	3.4	14.2	75.8	14.6	34.9

为保证级配的密实性,建议 SAC 级配混合料的设计空隙率为 3% ~4%。由表中的结果,应该选取 $P_B=4.7\%$ 为室内级配设计的最佳油石比。但考虑到马歇尔成型方法击实功能较小,混合料的设计空隙率为 3% ~4% 应理解为在与现场施工水平相当的击实功能下的取值,即对马歇尔试件的密度提高 1.015 倍后计算得到的空隙率为 3% ~4%,以接近施工时的碾压水平。

(2)路用性能检验

①车辙试验。车辙试验所用试件油石比为 4.4%,密度为相应的马歇尔击实密度。为了验证矿料级配,还采用泰州产 AH-90 重交沥青进行了车辙试验。试验采用轮压为 0.7MPa,试

件在60℃保温室中保温5h后进行试验。试验结果记录了动稳定度DS、轮作用5000次试件产生的相对永久形变,见表10-14。

车辙试验结果　　表10-14

级配类型	SAC1		SAC2	
沥青种类	SBS改性沥青	泰州AH-90号	SBS改性沥青	泰州AH-90号
动稳定度(次/mm)	9545	1038	9150	980
相对永久变形(%)	2.40	14.20	2.60	14.90

试验结果表明,虽然改性沥青和AH-90重交通沥青的SAC1、SAC2均表现出极好的高温性能,但SAC2的高温抗变形能力较SAC1要低。因而,施工中保证级配曲线与设计时的一致性是非常重要的。

②水稳性试验。水稳性评价采用残留稳定度试验。SAC1和SAC2的残留稳定度分别为91.8%和94.6%。结果表明,设计的SAC1、SAC2具有良好的水稳定性能。

③渗水试验。在轮碾法成型的试件板上进行渗水试验。两个级配的渗水系数均为0mL/min,表明设计的SAC1、SAC2的抗渗透性能良好。

④构造深度试验。在轮碾法成型的试件板上进行构造深度试验。SAC1、SAC2级配车辙试验后和车辙试验前的构造深度比值分别为1.1mm/1.3mm=0.85>0.5和1.0mm/1.1mm=0.91>0.5,表明设计的SAC1、SAC2的抗滑性能良好。

10.2 SAC13沥青混合料路用性能研究

10.2.1 级配选择

为了比较不同结构类型沥青混合料的路用性能,选取了用SAC级配设计与检验方法设计的紧密骨架密实结构SAC1(SAC1-1)、一般骨架密实结构SAC2(SAC2-1)和悬浮密实结构SAC3三种不同结构类型的矿料级配,不同筛孔的通过量见表10-9。其中,SAC1和SAC2使用了两种不同的改性沥青:SAC1、SAC2使用天津改性沥青,SAC1-1、SAC2-1使用青岛改性沥青;填料均为水泥。

10.2.2 沥青混合料组成设计

由于两次所取粗集料的密度有一些变化,表10-15列出了变化的粗集料的密度值,同时对由该集料设计的级配SAC1(SAC1-1)、SAC2(SAC2-1)、SAC3进行了VCA_{DRF}与VCA_{AC}方法检验,结果表明级配仍保持原有结构。

发生变化的粗集料密度和吸水率值　　表10-15

矿料规格(mm)	G_{sd}(g/cm^3)	G_b(g/cm^3)	w_a(%)
16~13.2	2.7572	2.7175	0.461
13.2~9.5	2.7500	2.7099	0.568
9.5~4.75	2.7927	2.7712	0.776

1)沥青混合料技术指标要求

高速公路的SAC13马歇尔试验技术指标建议值见表10-16。

SAC13 沥青混合料技术要求　　表 10-16

技术指标	击实次数（双面）	试件尺寸	V_a（%）	VFA（%）	MS（kN）	FL（mm）	VMA（%）
SAC13	75	ϕ101.6mm×63.5mm	3～4	65～75	>7.0	2～4	14

2）确定最佳沥青用量

不同级配相应成型方式下试件的物理力学指标见表 10-17。

对 SAC 级配，马歇尔试验可以做 2～3 个 P_B，一个 P_B 为经过 VCA_{DRF} 方法初步检验的 P_{B1}，第二个 P_B 可以是 P_{B1} 减 0.2%～0.3%。当高温抗永久变形能力是主要矛盾的情况下，第二个 P_B 可以是 P_{B1} 减 0.4%～0.5%；当抗水破坏是主要矛盾的情况下，第二个 P_B 可以是 P_{B1} 加 0.2%～0.3%。考虑到本研究为同时解决沥青路面抗滑和水破坏，马歇尔试验选用了 P_{B1}、P_{B1}±0.3% 进行试验。为了便于级配之间在同一条件下比较的需要，统一规定室内设计 V_a 为 3%～4%，由此确定的各级配的最佳 P_B 见表 10-18。

不同级配相应成型方式下试件的物理力学指标　　表 10-17

级配	P_B（%）	$G_{b.s}$（g/cm³）	G_{mm}（g/cm³）	V_a（%）	VMA（%）	VFA（%）	MS（kN）	FL（0.1mm）
SAC1	4.1	2.4530	2.5761	4.8	14.0	65.8	13.6	41.3
	4.4	2.4586	2.5650	4.1	14.0	70.4	13.2	47.0
	4.7	2.4776	2.5541	3.0	13.6	77.9	14.8	44.1
SAC2	4.1	2.4479	2.5738	4.9	14.0	65.2	16.4	48.1
	4.4	2.4684	2.5628	3.7	13.6	72.9	16.9	49.6
	4.7	2.4689	2.5519	3.3	13.8	76.5	16.0	45.7
SAC3	4.1	2.4519	2.5677	4.5	13.7	67.0	18.4	44.5
	4.4	2.4615	2.5567	3.7	13.6	72.6	18.1	48.7
	4.7	2.4794	2.5459	2.6	13.2	80.2	18.5	60.2
SAC1-1	4.1	2.4611	2.5761	4.5	13.7	67.4	13.6	41.3
	4.4	2.4660	2.5650	3.9	13.7	71.9	13.2	47.0
	4.7	2.4850	2.5541	2.7	13.3	79.7	14.8	44.1
SAC2-1	4.1	2.4606	2.5738	4.4	13.6	67.7	17.7	48.1
	4.4	2.4724	2.5628	3.5	13.4	73.8	17.7	52.2
	4.7	2.4776	2.5519	2.9	13.5	78.4	16.4	54.2

沥青混合料在最佳油石比下的物理力学指标　　表 10-18

级配类型	最佳 P_B（%）	$G_{b.s}$（g/cm³）	G_{mm}（g/cm³）	V_a（%）	VMA（%）	VFA（%）
SAC1	4.5	2.4649	2.5614	3.8	14	72.8
SAC2	4.4	2.4684	2.5628	3.7	14	72.9
SAC3	4.4	2.4615	2.5567	3.7	14	72.6
SAC1-1	4.6	2.4604	2.5577	3.8	14	73.0
SAC2-1	4.3	2.4684	2.5664	3.8	14	71.7

10.2.3 沥青混合料的温度敏感性

试验采用COOPER试验机对沥青混合料进行间接拉伸试验，并用间接拉伸劲度模量与温度的变化关系评价沥青混合料的温度敏感性。

根据不同温度下沥青混合料在水平变形量为5μm时所施加的荷载，计算得到的模量均值、标准差s、变异系数C_v、代表值，其结果见表10-19。

不同温度几种级配的动态间接拉伸试验结果（样本数$n=6$） 表10-19

温度（℃）	测定指标		SAC1	SAC2	SAC3	SAC1-1	SAC2-1
5	施加荷载（kN）		8.42	9.20	9.30	8.55	9.32
	模量	均值（MPa）	12474	13754	13871	12673	13580
		s（MPa）	714	411	653	694	760
		C_v（%）	5.72	2.99	4.71	5.48	5.60
		代表值（MPa）	11300	13078	12796	11531	12330
10	施加荷载（kN）		6.65	7.66	6.92	7.30	7.43
	模量	均值（MPa）	10850	12466	11392	11960	11946
		s（MPa）	333	371	1027	554	709
		C_v（%）	3.07	2.98	9.02	4.63	5.94
		代表值（MPa）	10302	11856	9407	11048	10778
15	施加荷载（kN）		4.82	4.85	4.95	5.27	4.82
	模量	均值（MPa）	8860	8551	9053	9258	8373
		s（MPa）	635	596	438	635	673
		C_v（%）	7.17	6.97	4.84	6.86	8.04
		代表值（MPa）	7815	7570	8332	8213	7266
20	施加荷载（kN）		3.30	3.52	3.17	3.67	3.92
	模量	均值（MPa）	6459	6855	6288	7081	7489
		s（MPa）	555	356	512	978	534
		C_v（%）	8.59	5.19	8.14	13.81	7.13
		代表值（MPa）	5546	6269	5445	5472	6610

由表10-19中结果可以看出，动态模量随着温度的上升有明显下降。对动态模量随温度的变化关系进行分析（图10-2）并用线性方程进行拟合，表10-20列出了不同级配混合料动态模量随温度变化的拟合方程和相关系数。

混合料动态模量平均值随温度变化的拟合方程、相关系数 表10-20

级配类型	拟合方程	相关系数
SAC1	$y=-400.73x+14670$	0.9962
SAC2	$y=-492.27x+16560$	0.9805
SAC3	$y=-501.75x+16423$	0.9994
SAC1-1	$y=-389.56x+15113$	0.9783
SAC2-1	$y=-436.92x+15809$	0.9756

由图 10-2 及表 10-20 中结果可以看到：

①间接拉伸劲度模量与温度有很好的相关性，说明沥青混合料的动态模量对温度的依赖性很强，利用线性回归方程可以计算一定温度范围内的模量值。

②线性方程的斜率表征了沥青混合料动态模量对温度变化的敏感性，斜率越大，敏感性越强。

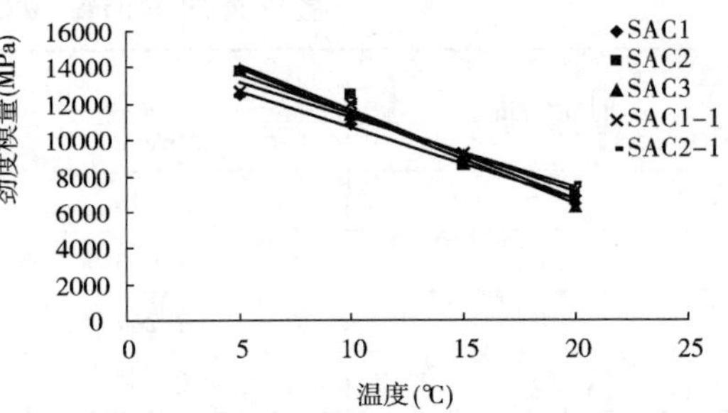

图 10-2　混合料动态模量平均值随温度变化的关系

③沥青混合料的结构类型对温度敏感性有较大的影响，紧密骨架密实结构沥青混合料 SAC1 的温度敏感性最小，随着路面使用温度的变化性质最为稳定；其次为一般骨架密实结构 SAC2；悬浮密实结构 SAC3 的温度敏感性最大。

④沥青结合料品种对沥青混合料的温度敏感性也有较大的影响，结构类型相同的沥青混合料青岛沥青的温度敏感性小于天津沥青的温度敏感性：SAC1 < SAC1-1，SAC2 < SAC2-1。

10.2.4 沥青混合料路用性能

1）高温稳定性

（1）车辙试验

由于车辙试验方法简单、试验结果直观且能较好地模拟沥青路面上车轮行驶的实际情况，世界各国普遍地使用车辙试验仪来检验评价沥青混凝土的抗高温永久形变能力。

改性沥青 60℃和重交通 70 号沥青 60℃时的沥青混合料车辙试验结果见表 10-21 和表 10-22。由于 ε_r 数值上为永久变形量的两倍，因此，表中数据记录了 3 块试验板动稳定度、永久变形量、变形速率测定值的算术平均值、变异系数。

改性沥青 60℃车辙试验结果（样本数 $n=3$）　　表 10-21

时间（min）	变形量（mm）				
	SAC1	SAC2	SAC3	SAC1-1	SAC2-1
2.5	0.497	0.477	0.388	0.450	0.500
5	0.797	0.662	0.573	0.737	0.787
10	0.947	0.852	0.718	0.935	1.052
20	1.097	0.992	0.928	1.092	1.277
30	1.162	1.087	1.087	1.155	1.397
45	1.237	1.172	1.218	1.284	1.517
60	1.292	1.232	1.283	1.349	1.606
120	1.447	1.395	1.453	1.534	1.847
ε_r（%）	2.89	2.79	2.91	3.07	3.69
$C_{v(120)}$	10.7	4.9	5.9	2.9	13.0
DS	11550	10500	9750	9750	7088
$C_{v(DS)}$	12.9	0.0	10.9	10.9	15.7
RD	0.155	0.163	0.170	0.185	0.241
$C_{v(RD)}$	0.9	8.3	8.3	11.9	14.2
m	65.4	61.1	49.4	61.0	57.0

注：$C_{v(120)}$ 为 120min 时永久变形的变异系数；$C_{v(DS)}$ 为 DS 的变异系数；RD 为 60min～120min 的变形速率，$C_{v(RD)}$ 为变形速率的变异系数；m 为 10min 时变形量占 120min 时变形量的百分比。表 10-22 相同。

重交通 70 号沥青 60℃车辙试验结果(样本数 $n=3$)　　表 10-22

时间(min)	变形量(mm)		
	SAC1	SAC2	SAC3
2.5	1.416	1.247	0.935
5	1.915	1.729	1.305
10	2.284	2.091	1.770
20	2.767	2.584	2.330
30	3.091	2.950	2.760
45	3.498	3.431	3.287
60	3.870	3.805	3.687
90	4.474	4.411	4.365
120	5.031	4.967	4.972
ε_r(%)	10.06	9.93	9.94
$C_{v(120)}$	4.6	4.1	3.4
DS	1694	1684	1574
$C_{v(DS)}$	21.3	19.9	19.5
RD	1.161	1.162	1.285
$C_{v(RD)}$	14.1	10.9	1.1
m	45.4	42.1	35.6

根据试验结果,可以认为:

①当使用相同沥青结合料的时,天津改性沥青和重交通 70 号沥青的动稳定度大小排序相同为:SAC1、SAC2、SAC3,即紧密骨架密实结构沥青混合料高温抗永久形变能力最好,其次为一般紧密骨架密实结构,悬浮密实结构最差。

②即便使用 70 号重交通沥青,SAC 矿料级配也具有很高的动稳定度。

③改性沥青的品种对沥青混合料高温抗永久变形的能力有一定的影响,一般来说,沥青的针入度越小,沥青黏度越大,相同级配沥青混合料的动稳定度越高,但本研究的结论刚好相反:青岛沥青针入度小,但其动稳定度也小;天津沥青针入度大,其动稳定度也大,其原因还有待于进一步研究。

根据表 10-21 和表 10-22 中的结果可以绘出不同级配、不同沥青结合料沥青混合料永久变形量在整个试验过程中随时间的变化情况图 10-3 和重交通 70 号沥青混合料永久变形量在整个试验过程中随时间的变化情况图 10-4。

由图分析得到:

①沥青混合料的永久变形在初始阶段发展很快,但随着荷载作用次数的增加,沥青混合料的空隙率越来越小,变形曲线趋于平缓。这与一些高速公路在通车后一两年内迅速在行车道形成明显的车辙现象是相符的。

②沥青混合料无论是使用改性沥青,还是使用重交通 70 号沥青,其测得的永久变形量相差均不是很大,但永久变形的排序与 DS 的排序截然不同。使用天津改性沥青时,一般骨架密实结构的永久变形量最小,紧密骨架密实结构的永久变形量居中,悬浮密实结构的永久变形量

最大;而当同时使用重交通 70 号沥青时,紧密骨架密实结构的永久变形量最大,悬浮密实结构的永久变形量居中,一般骨架密实结构的永久变形量最小。出现这种情况的主要原因应该在于试验机器的稳定性上,有资料显示,对于变形量很小的试件,特别是对一些改性沥青混合料,DS 很高(达到或超过 10000 次),传感器的测量精度影响很大,同时加上某些厂家使用的计算软件在取值上只保留两位小数,因此,很容易出现同一组试件试验结果变异性较大(相差 30% ~50% 是比较普遍的)的情况。例如,对 DS 为 6300 的沥青混合料,用位移传感器读数精度为 ±0.02mm 测得的 DS 可在 4725 ~7875 之间变化。

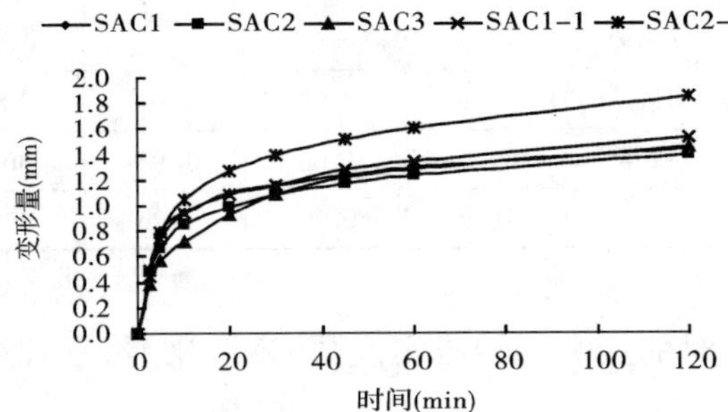

图 10-3　不同级配、不同沥青结合料永久变形量与时间关系变化图

SAC1　SAC2　SAC3

变形量(mm)

时间(min)

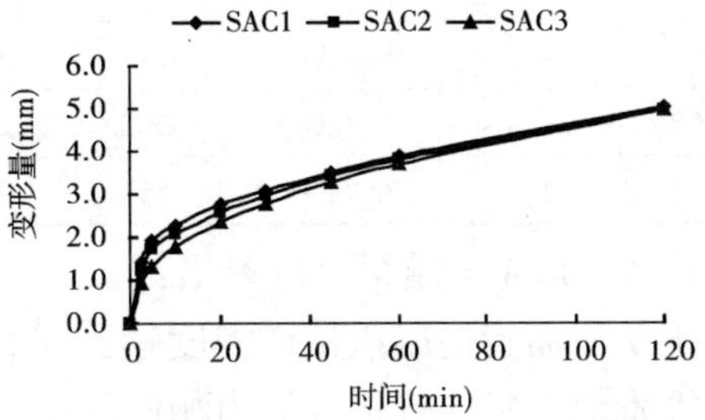

图 10-4　重交通 70 号沥青永久变形量与时间关系变化图

③永久变形量反映出的改性沥青品种对沥青混合料高温抗永久变形的影响相同:青岛改性沥青混合料的永久变形量大,天津改性沥青混合料的永久变形量小。

④相对永久形变指标与永久变形量指标基本相同,使用改性沥青后 SAC 的相对永久形变指标均能满足沙庆林院士提出的重交通道路作用 5000 周次(60℃、轮压为 0.7MPa)$\varepsilon_r < 5\%$ 的要求;而对于重交通 70 号沥青,即使使用了 SAC 矿料级配也难以达到沙庆林院士提出的一般交通道路作用 3000 周次 $\varepsilon_r < 7\%$ 的要求。

⑤从表 10-21 和表 10-22 中的结果可以看到,在整个试验阶段,各级配前 10min(约 500 次)的永久变形量占到 2h(约 5000 次)时总变形量的 35% 以上,使用改性沥青后则更为明显,均占到 50% 以上,最高是 SAC1 使用天津改性沥青时达 65.4%。这表明各级配的永久变形量更主要地源于初期的压密变形。

(2)SGC 旋转试验

美国 Superpave 用旋转击实仪 SGC 来评价沥青混凝土的抗高温永久形变能力,要求旋转击实试验在最大锤击次数 N_{max} 时的压实度(相对于最大理论密度)不大于 98%。如大于 98%,则说明在使用过程中,沥青混凝土的空隙率还会缩小,沥青混凝土的稳定性不够。

根据工程所在地的气候、交通条件,选择了更大的击实次数 $N_{max}=253$ 次来验证各级配的最大压实度,结果见表 10-23。

不同级配在最大压实次数($N_{max}=253$ 次)时的压实度　　表 10-23

级配类型	SAC1	SAC2	SAC3	SAC1-1	SAC2-1
$\%G_{mm}$	98.0	99.0	99.3	98.7	99.6

由表 10-23 中结果看到,只有 SAC1 满足要求。用最大压实次数下的压实度评价沥青混合料的高温稳定性时与车辙试验的 DS 和 RD 评价相同,由此可见,稳定骨架的形成对沥青混合

料抵抗行车荷载作用下的进一步压密有较好的作用。

(3)GTM 旋转试验

用 GTM 旋转试验机在试件成型过程中得到的稳定度指数 GSI、抗剪强度安全系数 GSF 以及使沥青混凝土试件密度达到平衡状态时的最大旋转压实次数 GN_{max} 三个指标对不同级配进行试验(沥青为天津改性),结果见表 10-24。

不同级配 GTM 压实成型试件的物理力学指标 表 10-24

级配类型	P_B (%)	$G_{b.s}$ (g/cm³)	G_{mm} (g/cm³)	V_a (%)	VMA (%)	VFA (%)	GSI	GSF	旋转次数
SAC1	4.5	2.4839	2.5614	3.0	13.2	77.1	0.99	2.07	309
SAC2	4.4	2.5009	2.5628	2.4	12.4	80.6	1.00	1.93	309
SAC3	4.4	2.4884	2.5567	2.7	12.6	78.9	0.99	1.26	309

由表 10-24 中结果可以看出:

①从使沥青混凝土试件密度达到平衡状态时的最大旋转压实次数 GN_{max} 来看,三种结构类型沥青混合料的抗形变能力相同。

②从 GTM 试验的稳定度指数指标 GSI 和抗剪强度安全系数 GSF 来看,SAC1 和 SAC2 能够同时满足美国工程兵试验的要求,而且 SAC1 具有更高的抗剪强度安全系数,而 SAC3 的 GSF 值不满足要求。由此可知,紧密骨架密实结构高温稳定性最好,一般骨架密实结构次之,悬浮密实结构最差。这主要是由于粗集料之间形成了良好的嵌挤作用,骨架越稳定,高温稳定性和抗剪强度越好。

③用 GTM 旋转试验的 3 个指标评价沥青混合料的高温稳定性时,得到了与用车辙试验的 DS 和 RD、SGC 试验的最大压实次数时的压实度相同的结果。

综合考虑上述所有评价沥青混合料高温抗变形能力的指标可以看出,沥青混合料的高温抗变形能力依次为:紧密骨架密实结构、一般骨架密实结构、悬浮密实结构。

2)低温抗裂性

采用低温弯曲试验的最大弯拉应变 ε_B 和弯曲劲度模量 S_B 来评价不同级配沥青混合料的低温性能。低温弯曲试验结果见表 10-25。

由表中试验结果可以分析得到:

①当同时使用天津改性沥青时,SAC1、SAC2、SAC3 的 S_B 与 ε_B 互有高低:SAC1 的 S_B 最大,ε_B 居中;SAC2 的 S_B 与 ε_B 均最小;SAC3 的 S_B 居中,ε_B 最大。此外,试验结果的变异系数较大,很难进行性能高低的准确排序。

②众所周知,沥青结合料的品种和等级对沥青混合料的低温性能有重要影响。但本研究中所选用的两种改性沥青对不同级配并没有显示出一致性影响:SAC1-1 与 SAC1 相比,S_B 减小,ε_B 增大,抗低温开裂性能提高;而 SAC2-1 与 SAC2 相比,S_B 和 ε_B 同时增大,抗低温开裂性能无法判断。

③试件的制备对沥青混合料在低温下试件破坏时的 ε_B、S_B 值有较大的影响。切割制作高度为 35mm 试验用棱柱体小梁的方式一般有两种:一种是切去轮辙板的表面,另一种是切去轮辙板的底面。众所周知,不管是轮辙板,还是实际碾压的路面,一般表面的空隙率要大于底面的空隙率。这样一来,采用第一种方式切割的试件其低温抗开裂能力要高于第二种方式切

割制成的试件。表 10-25 中的试验均采用了第二种制件方式。SAC1 和 SAC2 级配采用第一种制件方式进行上述试验的结果见表 10-26。

沥青混合料低温弯曲试验结果(切去底面)　　表 10-25

级配类型	P (N)	d (mm)	R_B (MPa)	ε_B ($\times10^{-6}$)	ε_B 均值	ε_B C_v	S_B (MPa)	S_B 均值	S_B C_v
SAC1	1293.3	0.565	10.56	2966	2890	8.34	3559	3907	14.20
	1318.3	0.565	10.76	2966			3628		
	1269.5	0.602	10.36	3161			3279		
	1439.7	0.582	11.75	3056			3846		
	1485.8	0.485	12.13	2546			4763		
	1414.5	0.504	11.55	2646			4364		
SAC2	1163.5	0.502	9.50	2636	2765	25.35	3604	3655	21.38
	1225.7	0.680	10.01	3570			2803		
	1201.2	0.707	9.81	3712			2642		
	1182.0	0.417	9.65	2189			4407		
	1161.5	0.410	9.48	2153			4405		
	1162.2	0.444	9.49	2331			4070		
SAC3	1114.7	0.450	9.10	2363	2971	20.17	3852	3788	16.05
	1432.2	0.462	11.69	2426			4820		
	1551.2	0.723	12.66	3796			3336		
	1226.2	0.587	10.01	3082			3248		
	1455.8	0.673	11.88	3533			3363		
	1321.3	0.500	10.79	2625			4109		
SAC1-1	1360.3	0.672	11.1	3528	3017	17.03	3148	3384	9.51
	1298.1	0.583	10.6	3061			3462		
	1198.3	0.516	9.78	2709			3611		
	1349.3	0.603	11.01	3166			3479		
	1219.8	0.662	9.96	3476			2865		
	990.8	0.412	8.09	2163			3739		
SAC2-1	1571	0.671	12.82	3523	3308	11.22	3640	3912	16.26
	1598.7	0.608	13.05	3192			4089		
	1780.3	0.555	14.53	2914			4988		
	1429.5	0.545	11.67	2861			4078		
	1423.2	0.703	11.62	3691			3148		
	1583.8	0.698	12.93	3665			3528		

注:1. R_B、ε_B、S_B、P、d 为试件破坏时的抗弯拉强度、最大弯拉应变、弯曲劲度模量、最大荷载、跨中挠度。

2. 当一组测定值中某个数据与平均值之差大于标准差的 k 倍时,该测定值应舍弃,并以其余测定值的平均值作为试验结果。当试验数目 n 为 3、4、5、6 个时,k 分别取为 1.15、1.46、1.67、1.82。

制件方法不同时沥青混合料低温弯曲试验结果(切去表面)　　表 10-26

级配类型	P (N)	d (mm)	R_B (MPa)	ε_B ($\times10^{-6}$)	ε_B 均值	ε_B C_v	S_B (MPa)	S_B 均值	S_B C_v
SAC1	1756.3	1.12	14.34	5880	7376	16.53	2438	2154	16.75
	1978.7	1.45	16.15	7613			2122		
	2303.4	1.34	18.80	7035			2673		
	1876.5	1.78	15.32	9345			1639		
	2004.6	1.51	16.36	7928			2064		
	1573.8	1.23	12.85	6458			1990		
SAC2	1211.5	1.66	9.89	8715	9240	12.43	1135	1331	8.99
	1600.4	1.93	13.06	10133			1289		
	1446.1	1.59	11.80	8348			1414		
	1573.7	1.88	12.85	9870			1302		
	1399.6	1.47	11.43	7718			1480		
	1782.3	2.03	14.55	10658			1365		

试件的制作虽然不是同时进行的,但试件密度的控制方式是相同的。由上述两表中结果可以计算得到,切割轮辙板上部与切割轮辙板底部比,试件破坏时的最大弯拉应变 SAC1 级配为 2.55 倍,SAC2 级配为 3.34 倍;试件破坏时的弯曲劲度模量 SAC1 级配为 11/20,SAC2 级配为 9/25。可见,如何切割轮辙板制作试验用的试件对低温弯曲试验结果有非常显著的影响,不同的制件方式可能关系到设计的沥青混合料是否满足规范的要求。因此,现行规范应该在规定试验指标的同时,应规定试件的制作方法,特别是对试件表面粗糙度较大的粗集料断级配沥青混合料。

3)老化性能

沥青路面的老化使沥青混合料的劲度提高,这对沥青路面的高温抗车辙能力是有益的,但对沥青路面低温抗裂性能和抗疲劳性能是有害的。鉴于英国 COOPER 试验机控温精度和传感器精度高,本项目采用间接拉伸试验测定劈裂动态模量对沥青混合料的老化性能进行评价。

根据试验方案设计进行试验,不同级配沥青混合料在未老化、短期老化、长期老化的动态间接拉伸试验结果见表 10-27。

由表中结果可以看出:

①不同矿料级配经历短期老化、长期老化后,它们达到相同目标水平变形时所施加的荷载、劲度模量都明显增大。

②长期老化前须先进行短期老化试验,即长期老化实际包含了沥青混合料短期老化阶段。在整个老化过程中,短期老化阶段沥青混合料的荷载、劲度模量的变化幅度大于短期老化 - 长期老化阶段的变化。

③几种沥青混合料经短期老化、长期老化后,其劲度模量与未老化沥青混合料劲度模量的比值范围:短期老化为 1.34 ~ 1.73,长期老化为 1.52 ~ 2.27;当同时使用天津改性沥青时,沥

青混合料劲度模量的增加量从小到大为 SAC3、SAC2、SAC1，即悬浮密实结构沥青混合料的抗老化能力要强，一般骨架密实结构沥青混合料居中，紧密骨架密实结构沥青混合料抗老化能力最差。

沥青混合料在未老化、短期老化、长期老化的动态间接拉伸试验结果　　表 10-27

试验状态	测定指标		SAC1	SAC2	SAC3	SAC1-1	SAC2-1
未老化	空隙率(%)		4.8	4.7	3.9	4.7	4.8
	施加荷载(kN)		1.80	2.13	2.08	2.65	2.90
	模量	均值(MPa)	3735	4136	4222	5145	5607
		s(MPa)	193	300	599	204	346
		C_v(%)	5.16	7.26	14.19	3.97	6.18
		代表值(MPa)	3418	3642	3236	4809	5038
短期老化	空隙率(%)		4.4	4.4	3.7	5.0	5.1
	施加荷载(kN)		3.30	3.52	3.17	3.67	3.92
	模量	均值(MPa)	6459	6855	6288	7081	7489
		s(MPa)	555	356	512	978	534
		C_v(%)	8.59	5.19	8.15	13.81	7.14
		代表值(MPa)	5546	6269	5445	5472	6610
	老化后/未老化(均值)		1.73	1.66	1.49	1.38	1.34
长期老化	空隙率(%)		4.9	4.7	4.0	5.3	5.5
	施加荷载(kN)		4.45	4.08	3.85	4.33	4.83
	模量	均值(MPa)	8483	7869	7624	8403	9224
		s(MPa)	443	447	154	343	322
		C_v(%)	5.22	5.67	2.01	4.08	3.49
		代表值(MPa)	7754	7134	7372	7839	8694
	老化后/未老化(均值)		2.27	1.90	1.81	1.52	1.55

④沥青结合料的品种对沥青混合料的抗老化性能有很大的影响。从表中结果可以看出，不论是紧密骨架密实结构 SAC1，还是一般骨架密实结构 SAC2，使用青岛改性沥青后，沥青混合料的抗老化性能均有很大提高。

⑤空隙率对沥青混凝土的老化有较大的影响，特别是对于长期老化过程。一般认为空隙率越大，沥青混凝土越容易老化。

4）水稳定性

采用浸水马歇尔试验及冻融劈裂试验两种方法来评价不同级配沥青混合料压实试件的水稳定性能。

(1）浸水马歇尔试验

根据现行试验规程进行浸水马歇尔试验，结果见表 10-28 和图 10-5。

浸水马歇尔试验结果 表 10-28

级配类型	SAC1	SAC2	SAC3	SAC1-1	SAC2-1
MS(kN)	18.86	16.66	18.13	12.93	17.44
	18.10	15.70	16.98	12.54	17.11
	15.98	16.09	12.93	13.43	18.10
MS_1(kN)	15.82	13.09	13.03	13.38	15.23
	16.95	13.60	13.63	11.70	16.85
	14.14	15.32	14.38	12.05	15.89
MS(kN)	17.65	16.15	16.01	12.97	17.55
MS_1(kN)	15.64	14.00	13.68	12.38	15.99
MS_0(%)	88.6	86.7	85.4	95.4	91.1

注:MS、MS_1 分别为试件浸水 30min、48h 的稳定度值,MS_0 为试件的残留稳定度。

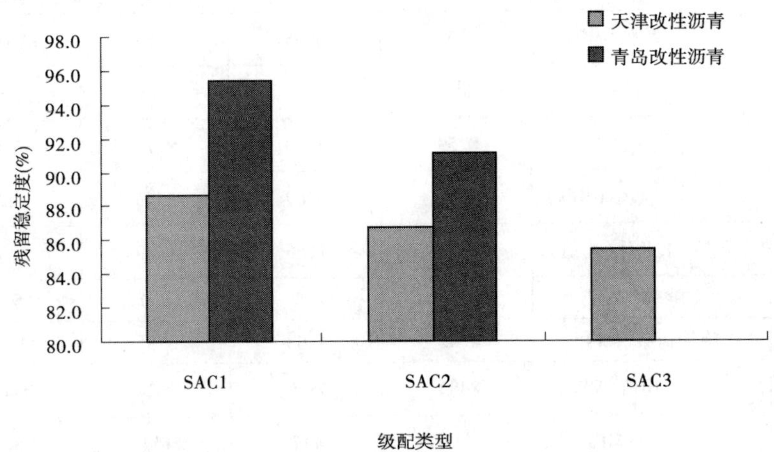

图 10-5 不同级配、不同沥青残留稳定度柱形图

由图表中的试验结果可以看出:

①3 种结构类型 SAC 沥青混合料的残留稳定度指标均满足规范要求。当使用相同的沥青结合料时,沥青混合料的残留稳定度值由高到低为:紧密骨架密实结构 > 一般骨架密实结构 > 悬浮密实结构,即紧密骨架密实结构沥青混合料具有最好的抗水破坏能力;

②沥青结合料的品种对沥青混合料的水稳定性能有很大的影响。从图 10-5 及表 10-28 中的结果可以看出,不论是紧密骨架密实结构 SAC1,还是一般骨架密实结构 SAC2,使用青岛改性沥青后,沥青混合料的水稳定性能均有很大提高。

随着沥青路面在使用期间内不断地老化,沥青混合料的劲度模量不断增大,沥青混合料的各种路用性能也将随之不断变化,一般表现为沥青路面的高温抗车辙能力提高,低温抗裂性能和抗疲劳性能均会降低,但对水稳定性的影响则未见有研究成果。为了了解沥青路面在使用期间内的水稳定性,本研究对经过短期老化的沥青混合料进行了浸水马歇尔试验,结果见表 10-29。

短期老化后沥青混合料浸水马歇尔试验结果　　表 10-29

级配类型	SAC1	SAC2	SAC3	SAC1-1	SAC2-1
MS(kN)	18.93	19.32	20.90	20.09	21.63
	18.86	18.02	21.85	19.51	21.05
	16.02	19.65	19.96	18.98	20.45
MS_1(kN)	16.24	16.66	18.92	17.11	18.47
	16.94	17.70	19.27	16.71	18.65
	16.80	16.09	19.99	18.42	19.78
MS(kN)	17.94	19.00	20.90	19.53	21.04
MS_1(kN)	16.66	16.82	19.39	17.41	18.97
MS_0(%)	92.9	88.5	92.8	89.2	90.1
与未老化之比	1.05	1.02	1.09	0.94	0.99

由表 10-29 中的结果看到：

①经过短期老化后使用天津改性沥青的 3 种结构类型沥青混合料 SAC1、SAC2 和 SAC3 的残留稳定度值均有所增加。其中，悬浮密实结构 SAC3 增加最多为 9%，一般骨架密实结构 SAC2 增加最少为 2%，紧密骨架密实结构 SAC1 增加量居中为 5%，即通过试验没有得出规律性结论。

②而经过短期老化后使用青岛改性沥青的 SAC1-1 和 SAC2-1 的残留稳定度值则均有所降低，分别降低了 SAC1-1 为 6%，SAC2-1 为 1%。

③无论使用何种改性沥青、何种结构类型沥青混合料，经过短期老化后，其残留稳定度均能满足规范提出的要求。

(2)冻融劈裂试验

根据现行试验规程进行冻融劈裂试验，结果见表 10-30 和图 10-6。

冻融劈裂试验结果　　表 10-30

级配类型	SAC1	SAC2	SAC3	SAC1-1	SAC2-1
R_{T1}(MPa)	1.02	1.02	1.15	1.12	1.20
	1.03	1.18	1.15	1.13	1.41
	0.95	1.01	1.07	1.15	1.22
R_{T2}(MPa)	1.03	0.89	0.94	1.05	1.19
	0.89	0.79	0.90	1.06	1.09
	0.93	0.91	0.80	1.06	1.16
R_{T1}(MPa)	1.01	1.07	1.13	1.13	1.28
R_{T2}(MPa)	0.94	0.86	0.88	1.06	1.14
TSR(%)	93.0	80.6	78.2	93.1	89.7

注：R_{T1}、R_{T2} 分别为试件未经冻融循环、经冻融循环的劈裂抗拉强度，TSR 为冻融劈裂试验强度比。

由图表中的试验结果可以看出：

①天津改性沥青 SAC3 的冻融劈裂强度比不能满足要求，SAC2 和 SAC1 能够满足要求；而

使用青岛改性沥青的 SAC1-1 和 SAC2-1 的冻融劈裂强度比指标均能满足规范要求。

②试验结果再次表明：当使用相同的沥青结合料时，沥青混合料的水稳定性由高到低为：紧密骨架密实结构 > 一般骨架密实结构 > 悬浮密实结构。

③沥青结合料的品种对一般骨架密实结构沥青混合料 SAC2 的水稳定性能有很大的影响，使用青岛改性沥青后，SAC2 沥青混合料的水稳定性能有了很大提高；而 SAC1 的水稳定性并没有什么改变。

5）渗透性能

沥青路面的透水性常用渗水系数表示，室内用路面渗水仪测定碾压成型的沥青混合料试件的渗水系数。为了模拟实际施工状态的压实水平，车辙试验板的密度统一取为沥青混合料最大理论密度的 93%。经测定，3 种级配沥青混合料均为不透水，此时就要求施工过程中采取一切措施保证设计级配的实现，使铺筑的沥青路面真正做到不透水。

6）抗滑性能

（1）构造深度试验

根据现行试验规程用手工铺砂法进行构造深度试验，结果见表 10-31。

构造深度试验结果 表 10-31

级配类型	SAC1	SAC2	SAC3	SAC1-1	SAC2-1
4.75mm 以上含量（%）	68.6	64.0	60.0	68.6	64.0
构造深度（mm）	1.22	1.01	0.94	1.20	1.02

表中的构造深度都是在车辙试验前的车辙板上测定的，其结果可以模拟新建路面的测量状况。由表中结果可以看出：

①SAC3 种结构类型沥青混合料的构造深度远远大于沥青路面设计的要求值。

②在最大粒径相同的情况下，反映路表宏观粗糙程度的构造深度同沥青混合料中 4.75mm 以上粗集料含量之间有着很好的相关关系（图 10-7），4.75mm 以上粗集料含量越多，构造深度越大。

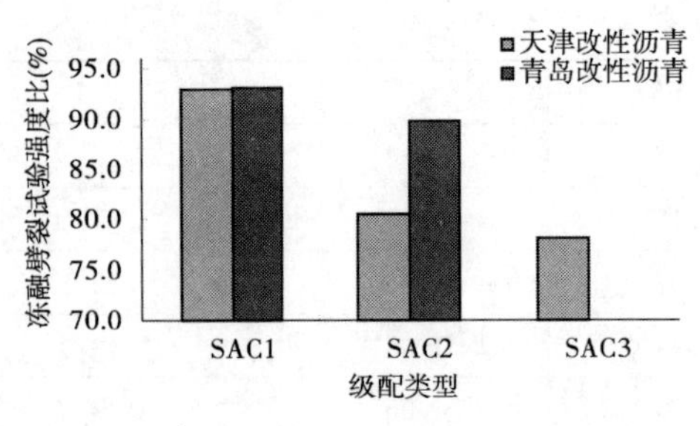

图 10-6 不同级配冻融劈裂试验强度比柱形图

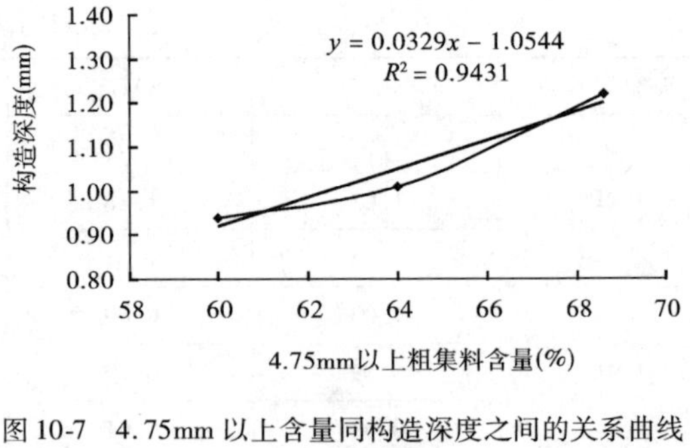

图 10-7 4.75mm 以上含量同构造深度之间的关系曲线

③本研究所用的两种改性沥青结合料的试验结果显示，沥青结合料的品种对沥青混合料构造深度的影响很小；而矿料级配类型是影响构造深度大小的主要因素，不同结构类型矿料级配沥青混合料构造深度大小关系为：紧密骨架密实结构 SAC1 > 一般骨架密实结构 SAC2 > 悬浮密实结构 SAC3。

（2）摩擦系数试验

根据现行试验规程进行摩擦系数试验，结果见表 10-32。

摩擦系数试验结果　　　　表 10-32

级 配 类 型	SAC1	SAC2	SAC3	SAC1-1	SAC2-1
4.75mm 以上含量(%)	68.6	64.0	60.0	68.6	64.0
摆值(BPN)	60	62	63	60	61

摩擦系数也是在车辙试验前的车辙板上测定的。由表中结果可以看出：

①SAC3 种结构类型沥青混合料的摩擦系数远远大于规范要求值。

②不同级配沥青混合料的摩擦系数排序为：SAC3 > SAC2 > SAC1。不同级配沥青混合料的摩擦系数与沥青混合料中 4.75mm 以上粗集料含量之间有着很好的相关关系(图 10-8)，4.75mm以上粗集料含量越多，摩擦系数反而越小；究其原因，沥青路面的摩擦系数不仅受粗集料微观构造的影响，也与摆式仪滑块经过面积内的接触点多少有关。当前者的影响效果大于后者时，则粗集料越多，沥青路面的摩擦系数越大；反之，粗集料越少，沥青和细集料越多，滑块经过面积内的接触点越多，抗滑力越大。对新建沥青路面，粗集料表面裹附有沥青，从而降低了粗集料微观构造对摩擦系数的影响，而级配中细集料掺入的增加则使得滑块与试板之间的接触点增多，摩擦力增大。即细集料含量越多，沥青路面的摩擦系数越大。

③两种改性沥青结合料的试验结果显示，沥青结合料的品种对沥青混合料摩擦系数的影响也很小。

虽然构造深度和摩擦系数都是反映沥青路面抗滑性能的指标，但前者主要反映高速行车时路面的抗滑性能，当路面处于潮湿状态时这种作用体现得更为明显，其值大小更多地依赖于沥青混合料的级配组成；后者则侧重于低速行驶的情况，其值决定于粗集料外露的程度及石料的物理性质和微观构造。因此，应更加重视构造深度指标评价的抗滑性能。

(3)抗滑性能衰减规律研究检测结果及分析

为了加速沥青混凝土抗滑性能的衰减，环境温度采用与车辙试验相同的温度 60℃，每 2h 测定一次构造深度。此处选用构造深度指标是因为试验后车辙宽度较窄，摩擦系数测定有很大的困难。测定结果见表 10-33，对应的抗滑指标衰减曲线如图 10-9 所示。

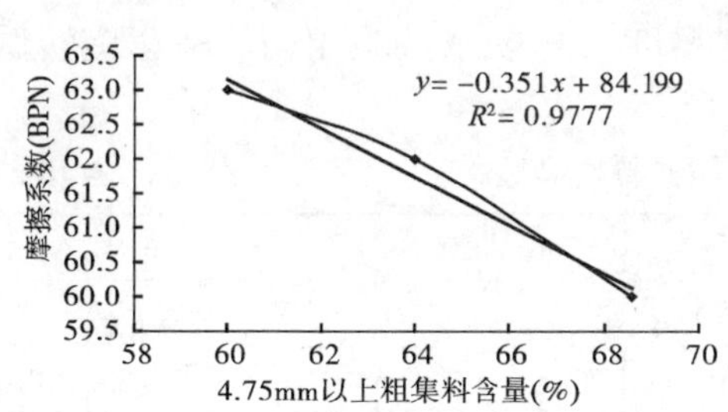

图 10-8　4.75mm 以上含量同摩擦系数之间的关系曲线

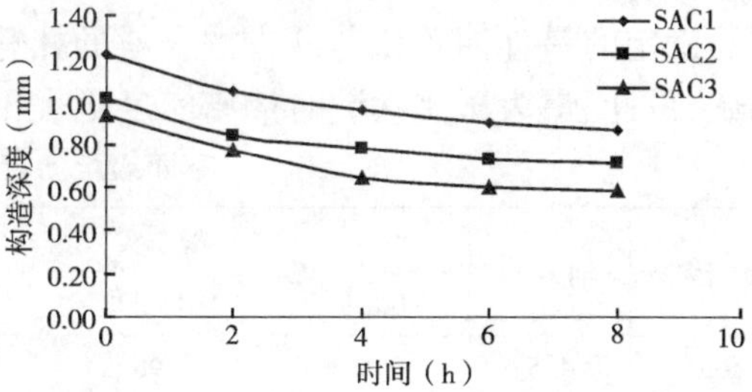

图 10-9　构造深度随时间的衰减曲线

构造深度衰减试验结果　　　　表 10-33

级 配 类 型	构造深度(mm)/($TD_{后}/TD_{前}$)				
	0h	2h	4h	6h	8h
SAC1	1.22	1.05/0.861	0.96/0.787	0.90/0.738	0.87/0.713
SAC2	1.01	0.84/0.832	0.78/0.772	0.73/0.723	0.71/0.703
SAC3	0.94	0.77/0.819	0.64/0.681	0.60/0.638	0.58/0.617

由表中结果可以看出：

①在试验的前4h，各级配构造深度的衰减均较快，衰减幅度占全部衰减值的70%以上；随着时间的延长，衰减速率放慢，直到试验6h后才逐渐趋于稳定。

②SAC1为紧密骨架密实结构，虽然构造深度的降幅较SAC2稍大，为0.35mm，但石料之间较强的相互嵌挤作用使粗糙的表面特性仍保持在一个较稳定的状态，在衰减基本稳定后表现出比其他级配更好的宏观构造，因此抗滑能力最好；SAC3为悬浮密实结构，混合料结构稳定性相对较差，不利于保持宏观构造的耐久性，其构造深度的降幅最大，为0.36mm，考虑到其初始构造深度也最小，因而可以判定SAC3的综合抗滑性能最差，在荷载的挤压中将会伴有细料和沥青上浮的现象。

③3种结构类型沥青混凝土的构造深度衰减8h后，$TD_{后}/TD_{前}$仍满足法国提出的大于0.5的标准。

④综合考虑这3种结构类型沥青混凝土的初始抗滑值和衰减幅度，其抗滑能力为：紧密骨架密实结构SAC1 > 一般骨架密实结构SAC2 > 悬浮密实结构SAC3。

10.3 沥青混合料压实特性分析

10.3.1 SAC13沥青混合料的压实特性

从所选不同级配沥青混合料的旋转压实曲线出发，根据压实特性参数探讨了不同结构类型级配沥青混合料的压实特性。

1）旋转压实成型

对所选级配采用美国SGC旋转压实仪成型，成型压力为0.6MPa，压实角度为1.25°，旋转速度为30转/min，选择初始压实次数N_{ini}为10次、设计压实次数N_{des}为153次、最大压实次数N_{max}为253次。由于试验目的是探讨SAC13级配的压实特性，因此油石比选择的是按马歇尔试验确定的最佳油石比。沥青混合料的拌和、成型温度与马歇尔试验相同。SGC旋转试件在初始、设计、最大压实次数时的密实度见表10-34。

不同级配沥青混合料压实特性参数　　表10-34

级配类型	油石比	密实度			拟合方程	曲线斜率	
		$\%G_{mm}@N_{ini}$	$\%G_{mm}@N_{des}$	$\%G_{mm}@N_{max}$		$@N_{ini}$	$@N_{des}$
SAC1	4.5	85.1	96.8	98.0	$\%G_{mm}=77.644N^{0.0436}$	0.3743	0.0276
SAC2	4.4	86.2	97.8	99.0	$\%G_{mm}=78.853N^{0.0426}$	0.3705	0.0272
SAC3	4.4	86.5	98.0	99.3	$\%G_{mm}=79.066N^{0.0426}$	0.3715	0.0273
SAC1-1	4.6	86.2	97.4	98.7	$\%G_{mm}=79.040N^{0.0415}$	0.3609	0.0264
SAC2-1	4.3	86.4	98.3	99.6	$\%G_{mm}=78.781N^{0.0438}$	0.3817	0.0281

2）密实度比例指数分析

图10-10是不同级配沥青混合料在N_{max}下压实得到的密实曲线（不同级配相差较小以致图上难于分辨），拟合成幂指数曲线，并对回归曲线方程进行求导，代入N_{ini}和N_{des}，即可以计算

出混合料在 N_{ini} 和 N_{des} 处的曲线斜率。回归方程和曲线斜率见表 10-34。

(1) $N_{ini} \sim N_{des}$ 间在半对数图上的密实度斜率 k_1

在半对数关系图上，N_{ini} 和 N_{des} 间的密实曲线基本呈一直线，如图 10-11 所示。

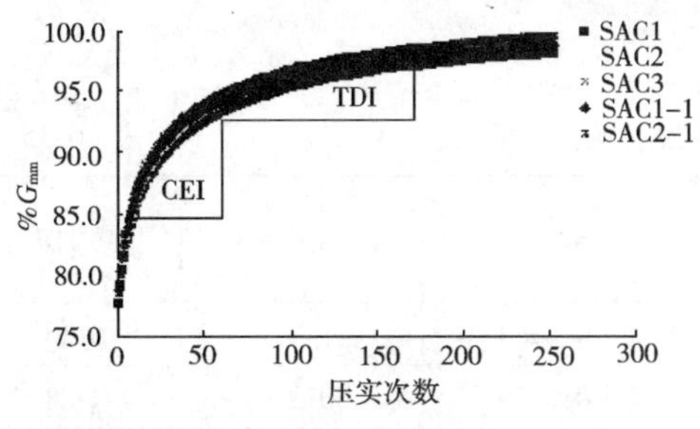

图 10-10　常规坐标中不同级配沥青混合料在最大压实次数下的密实曲线

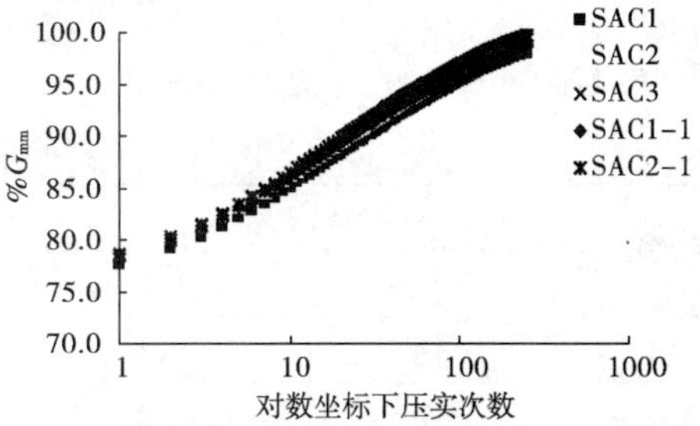

图 10-11　半对数坐标上不同级配沥青混合料的密实曲线图

直线的斜率反映了 $N_{ini} \sim N_{des}$ 范围内混合料的可压实性，代表了混合料铺筑过程中的压实。k_1 越大，说明混合料具有更大的被压实速率。

$N_{ini} \sim N_{des}$ 曲线仅代表混合料铺筑过程中的压实，而并不能反映交通荷载下的密实。

(2) $N_{des} \sim N_{max}$ 间在普通坐标图上的密实度斜率 k_2

当旋转次数大于 N_{des} 时，在半对数图上的密实曲线不完全呈一直线。从普通坐标的密实曲线图上发现，当压实次数大于 N_{des} 后，密实度增长缓慢，N_{des} 和 N_{max} 间的密实曲线基本呈直线，用直线拟合其相关系数均大于 0.992。直线拟合后得到 N_{des} 和 N_{max} 间密实曲线的斜率 k_2，其大小反映了混合料在开放交通期间的密实能力。k_2 越大，说明在开放交通期间混合料密实速率越大，其抗车辙的能力就越差。

由上述数据可以看到：

①使用相同的天津改性沥青时，SAC1 在 N_{ini} 和 N_{des} 处的斜率均最大，SAC2 和 SAC3 虽然在 N_{ini} 处的斜率相差较大一些，而在 N_{des} 处的斜率基本相同；但使用青岛改性沥青后，SAC1-1 在 N_{ini} 和 N_{des} 处的斜率明显减小，而 SAC2-1 在 N_{ini} 和 N_{des} 处的斜率明显增大，因而无法说明结构类型对沥青混合料压实性能的影响。

②使用相同的天津改性沥青时，3 种结构类型混合料 $N_{des} \sim N_{max}$ 间的密实度斜率相同，这表明在同样交通量的情况下，SAC1、SAC2、SAC3 混合料的密实速率是相同的；使用青岛改性沥青后，SAC1-1 的 k_2 减小，而 SAC2-1 的 k_2 则增大，表明开放交通后 SAC2-1 更容易被碾压密实。

3) 沥青混合料压实、密实能量指数

(1) 压实能量指数 CEI

压实能量指数 CEI 是指混合料在铺筑过程中，使其压实到一指定的密实度时，摊铺机和压路机所做的功。沥青混合料旋转压实曲线的面积大小表示外力所做功的大小，初始压实次数 N_{ini} 时的密实度反映了摊铺机的压实功，通常要求沥青路面竣工时的密实度为 93%，所以由 $N_{ini}=10$ 至密实度 93% 的密实曲线反映了混合料在碾压阶段的压实特性。以 $N_{ini}=10$ 至密实度 93% 的压实曲线下面积表征压实能量指数 CEI，如图 10-10 所示。对密实度曲线进行拟合回归，再对 N_{ini} 和 93% 两点围成的区域积分，就可得到 CEI，此值越小，表示混合料所需的压实能越小，则这种混合料在施工时就越容易压实。

以 SAC1 为例，由密实度曲线可知混合料达到密实度为 93% 所需要的压实次数为 56 次，则 CEI 就是对密实度曲线进行如下积分：

$$\mathrm{CEI} = \int_{10}^{56} 77.644 N^{0.0436} \mathrm{d}N$$

不同级配的 CEI 结果见表 10-35。

沥青混合料压实特性参数　　表 10-35

级配类型	密实曲线斜率		斜率 k_1	斜率 k_2	CEI	TDI
	@ N_{ini}	@ N_{des}				
SAC1	0.3743	0.0276	4.2006	0.0129	4143.2	6226.0
SAC2	0.3705	0.0272	4.1465	0.0129	3073.9	4428.2
SAC3	0.3715	0.0273	4.1322	0.0129	2713.7	4049.3
SAC1-1	0.3609	0.0264	3.9944	0.0128	3072.0	4993.4
SAC2-1	0.3817	0.0281	4.2527	0.0134	2713.6	3862.7

（2）密实能量指数 TDI

如路面在密实度为 93% 水平下开放交通，则混合料在交通荷载下不断被密实。由密实度 93% 至设计密实度 96% 时，密实曲线下的面积表示交通荷载对沥青混合料的压密作用，用密实能量指数 TDI 表示，如图 10-10 所示。TDI 越大，说明由 93% 至 96% 外力所做的功越大，沥青混合料的抗密实能力大，在使用阶段较为稳定。对密实度曲线进行拟合回归，再对 93% 至 96% 两点围成的区域积分，就可得到 TDI。

同样以 SAC1 为例，由密实度曲线可知混合料达到密实度为 96% 所需要的压实次数为 122 次，则 TDI 就是对密实度曲线进行如下积分：

$$\mathrm{TDI} = \int_{56}^{122} 77.644 N^{0.0436} \mathrm{d}N$$

由表 10-35 中 CEI 和 TDI 结果可以看出：

①混合料的 CEI 大，其相应的 TDI 也大，二者的排序基本相同。使用天津改性沥青时，SAC1 混合料同时具有最大的 CEI 和 TDI，说明该混合料虽难于压实，但使用阶段稳定；SAC3 混合料同时具有最小的 CEI 和 TDI，说明该混合料虽易于压实，但使用阶段不稳定。使用青岛改性沥青后，SAC1-1 和 SAC2-1 的 CEI 和 TDI 比 SAC1 和 SAC2 均有所减小，表明沥青结合料对 CEI 和 TDI 的影响较大；

②对 CEI，美国的相关研究表明：粗型混合料从旋转压实 8 次到密度比例为 92% G_{mm} 所需要做的功比同等情况下中、细型混合料的要多，与本文结论相同。

4）压实特性参数综合分析

沥青混合料的几个压实特性参数既有联系但又不可相互取代。即便是密实曲线斜率相同的两种沥青混合料，其压实、密实能量指数却可大不相同，说明单纯从密实曲线斜率的角度不能区分压实特性，应采用几个参数来共同评价压实特性比较合理。

①$N_{ini} \sim N_{des}$ 密实度斜率 k_1 与压实能量指数 CEI 虽然都反映了混合料施工时的压实性能，理论上二者是一致的。但试验数据表明：压实到一指定的密实度时，混合料 SAC1 的被压实速率很快，而相应所需要的功也最大。因此，对于 SAC1 这种无推移的混合料应趁高温时就振动

碾压以快速达到密实。

②$N_{des} \sim N_{max}$密实度斜率 k_2 与密实能量指数 TDI 同样都反映了交通荷载对沥青混合料的压密作用,理论上二者也是一致的。但试验数据表明二者也并不总是一致:SAC 三种结构的 k_2 相同,TDI 却相差较大。

③SAC 三种结构的 k_2 相同,但却可以通过 TDI 区分三者在交通荷载作用下的密实状况,似乎 TDI 比 k_2 更好些;但进一步分析发现,k_1 和 k_2 是密实曲线的斜率,表征了曲线的变形速率,由其表征混合料被压实的速率,从理论上讲是正确的;而 CEI 和 TDI 是用密实曲线上两点间的面积来计算的,而这部分面积是否能代表压实能量还值得怀疑,其原因在于:一是量纲不对,如果是力和相应位移的乘积,应是牛顿·米,而 CEI 和 TDI 量纲却是米·秒;二是能量不连续,即从 93% ~98% 计算面积,可以从 93% ~96%,再从 96% ~98%,但这两种计算结果却不相同。

④在评价混合料压实性能方面,能量是个较有说服力的参数。但曲线面积和能量之间的关系尚有许多不明确的地方,还需进一步研究。

施工单位都希望混合料在野外易于压实到一指定的密度。由上述分析可以看到,SAC 混合料的压实应趁高温时快速振动压实。

10.3.2 不同成型方法的对比

沥青混合料试件成型方式对沥青混合料体积参数有较大的影响,并影响到沥青混合料的设计结果和路用性能。目前,国内外常用于室内试件的成型方式主要有马歇尔击实成型、SGC 旋转压实成型和 GTM 旋转压实成型三种。本研究在对马歇尔击实和旋转压实方法进行分析比较的基础上,对马歇尔击实方法的技术标准提出建议。

1)马歇尔击实成型

沥青混合料用马歇尔设计方法确定的最佳油石比和相应的马歇尔试件的体积参数见表 10-36。

2)SGC 旋转成型

在马歇尔设计方法确定的最佳油石比下,用 SGC 旋转成型仪(成型压力为 0.6MPa,压实角度为 1.25°,旋转频率为 30r/min)以最大成型次数(N_{max} = 253 次)成型试件后,打印出每一旋转次数时的试件高度。据此可按试件的直径和高度及混合料的质量估算出每一次旋转压实后的试件密度,然后再根据试件实测试件毛体积密度对上述密度进行修正,得出修正后不同旋转次数下的密度。试验结果见表 10-36。

旋转压实试件试验结果　　表 10-36

级配类型	最佳油石比	%G_{mm}			达 V_a =4% 所需压实次数	N_{des} = 153 次	
		N_{ini} = 10	N_{des} = 153	N_{max} = 253		毛体积密度	V_a
SAC1	4.5	85.1	96.8	98.0	122	2.4784	3.2
SAC2	4.4	86.2	97.8	99.0	91	2.5056	2.2
SAC3	4.4	86.5	98.0	99.3	83	2.5061	2.0
SAC1-1	4.6	86.2	97.4	98.7	97	2.4915	2.6
SAC2-1	4.3	86.4	98.3	99.6	81	2.5220	1.7

由表中结果可以得到如下一些结论：

①在相同油石比下，设计压实次数时旋转压实成型试件的毛体积密度比马歇尔成型试件大0.0135～0.0536g/cm^3，V_a 小0.6%～2.1%。这说明相同条件下，旋转压实成型比马歇尔击实成型的压实 V_a 小，压实效果好。这主要是由二者不同的成型机理引起的，旋转压实更有利于混合料的密实成型。

②在设计旋转压实次数 N_{des}＝153 次条件下，用沥青混合料在马歇尔设计方法确定的最佳油石比时，其密实度均大于96.0%，V_a 均小于4.0%。在最大旋转压实次数 N_{max}＝253 次条件下，沥青混合料的密实度基本上都大于98.0%。上述结果表明，马歇尔试验确定的最佳油石比偏大，因此 N_{des} 和 N_{max} 时的 V_a 偏小。

③现把各种沥青混合料旋转试件与马氏试件的毛体积密度和空隙率之间的关系列于表10-37 中。当然，这些关系还有待更多的试验数据来验证。

旋转试件与马氏试件的毛体积密度和空隙率的关系 表 10-37

级配类型	旋转压实(153 次)		马歇尔击实(75 次)		毛体积密度间关系	空隙率间关系
	毛体积密度	V_a	毛体积密度	V_a		
SAC1	2.4784	3.2	2.4649	3.8	$G_{b.sS}=1.005G_{b.sM}$	$V_{aM}=1.188V_{aS}$
SAC2	2.5056	2.2	2.4684	3.7	$G_{b.sS}=1.015G_{b.sM}$	$V_{aM}=1.681V_{aS}$
SAC3	2.5061	2.0	2.4615	3.7	$G_{b.sS}=1.018G_{b.sM}$	$V_{aM}=1.850V_{aS}$
SAC1-1	2.4915	2.6	2.4604	3.8	$G_{b.sS}=1.013G_{b.sM}$	$V_{aM}=1.462V_{aS}$
SAC2-1	2.5220	1.7	2.4684	3.8	$G_{b.sS}=1.022G_{b.sM}$	$V_{aM}=2.235V_{aS}$

根据试件测试结果的比较，由于旋转压实仪设计压实次数下的混合料密实度比马歇尔击实双面 75 次的好，因此为了模拟施工现场的压实情况设计沥青混合料，在第 1 节应用 VCA_{AC} 方法进行级配检验时，在马歇尔密度基础上提高了1.015 倍。

由于沥青混合料的集料类型、矿料级配、试件尺寸和沥青含量都会影响旋转压实与马歇尔击实的比较结果，此外，美国 SHRP 计划所公布的设计压实次数在中国的应用还有待进一步检验，因此根据我国常用石料和级配对旋转压实和马歇尔击实成型方法的比较还需更深入地进行。这也是 SAC 矿料级配设计与检验方法已经考虑到的问题，并在矿料级配初步检验过程中体现出来。

3）GTM 旋转成型

GTM 成型方法与 SGC 成型方法原理上是相同的，但 GTM 成型方法能通过抗剪强度参数 GSI 和 GSF 设计出抗车辙性能良好的沥青混合料。因此，GTM 设计方法在国内不断得到推广。

将不同成型方式得到的试件的体积参数列于表 10-38 中。其中，GTM 成型为压实到极限平衡状态，SGC 成型为压实到最大压实次数（253 次），马歇尔击实成型为双面各击实 75 次。

不同级配 GTM、SGC 和马歇尔击实成型试件的体积参数 表 10-38

级配类型	GTM 成型				SGC 成型				马歇尔击实成型			
	$G_{b.s}$	V_a	VMA	VFA	$G_{b.s}$	V_a	VMA	VFA	$G_{b.s}$	V_a	VMA	VFA
SAC1	2.4839	3.0	13.2	77.1	2.5109	2.0	12.3	83.9	2.4649	3.8	13.9	72.8
SAC2	2.5009	2.4	12.4	80.6	2.5379	1.0	11.1	91.3	2.4684	3.7	13.6	72.9
SAC3	2.4884	2.7	12.6	78.9	2.5385	0.7	10.9	93.5	2.4615	3.7	13.6	72.6

由表中结果可以看出：

①在相同油石比下，SGC 成型试件的毛体积密度最大，其次是 GTM，马歇尔击实成型试件的密度最小。这应该是因为旋转压实对混合料产生的揉搓碾压作用有利于集料之间的错动，使集料向着最密实的状态排列。

②SGC 成型试件的毛体积密度比 GTM 成型试件大 0.0270 ~ 0.0501g/cm^3，V_a 小 1.0% ~ 2.0%。而且 SGC 成型试件旋转最后 100 次的试件密度变化率均大于 0.02g/cm^3（0.0323 ~ 0.0341g/cm^3 之间），并没有达到 GTM 成型时的极限平衡状态。这主要是由于两种成型方法所选用的成型压力和旋转角度不同，而与级配组成相关性不大，同时说明旋转角度对试件的密实度起更大的作用。因此，GTM 成型方法成型的试件并不一定具有最大的密度。

③SGC 成型试件的毛体积密度比马歇尔成型试件大 0.0460 ~ 0.0770g/cm^3，V_a 小 1.8% ~ 3.0%。这么大的差异主要是由两种成型方法的密实方式不同引起的。

④VMA，特别是 VFA，是依赖于沥青混合料不同成型方式得到的试件密度。一般而言，在相同油石比条件下，试件的密度越大，V_a 越小，VMA 越小，VFA 越大。因此，如果要求马歇尔试件的设计 V_a 为 3% ~ 4%，其 VFA 很难达到对重载交通要求的 65% ~ 70%。考虑到马歇尔成型方法上的缺陷导致的成型试件的密度较小的情况，可以将马歇尔试件的设计 V_a 设定为 4.5% 左右，以平衡各指标之间的取值。以本文的 SAC 级配为例，将马歇尔试件的毛体积密度提高 1.015 倍后，相应的混合料的 V_a 会降低 1.4% ~ 1.5%，若马歇尔试件的设计 V_a 为 4.5% 左右，在考虑了马歇尔成型方法上的缺陷后，刚好能达到真正要求的 V_a 为 3% ~ 4%，而此时马歇尔试件在 V_a 为 4.5% 时的体积参数基本平衡。

10.4　SAC13 沥青混合料试验路的施工技术研究

10.4.1　工程概况

2005 年的 9 月 26 日 ~ 9 月 30 日在河北省青银高速公路青岛方向 K104 + 710 ~ K102 + 500（长 2210m）和石家庄方向 K102 + 500 ~ K104 + 207（长 1707m）铺筑了两种 SBS 改性沥青 SAC13 试验段。其中，青岛方向 K104 + 710 ~ K103 + 793（长 917m）段使用的是天津 SBS 改性沥青，其他路段使用的均是青岛 SBS 改性沥青。试验段的路面结构如下：

①表面层：4cm 紧密骨架密实结构 SAC13。

②黏结防水层：洒布量为 2.0 ~ 2.2kg/m^2 SBS 改性沥青，黏结防水层上需均匀稀疏（满铺一层料的 50% ~ 60% 用量）洒布干燥、洁净的 9.5 ~ 16mm 的碎石。

③中面层：6cmAC20C。

④下面层：6cmAC25C。

⑤基层：18cm 水泥稳定级配碎石，18cm 石灰、粉煤灰稳定级配碎石。

⑥底基层：石灰、粉煤灰稳定土。

黏结防水层的设置能有效阻隔因表面层沥青混凝土不均匀导致的孔隙率过大时雨水的下渗，减小中下面层发生水破坏的可能性。

10.4.2 试验段的设计与施工

1) 试验段用材与规格

试验段采用的 SBS 改性沥青,2.36mm 以上集料为山东章丘产玄武岩,机制砂为隆尧产石灰岩,填料为水泥,水泥的密度为 3.0515g/cm³。由于机制砂的颗粒组成不能很好地满足设计级配曲线的要求,需加入符合要求的天然砂,其密度及吸水率见表 10-39。

天然砂密度、吸水率试验结果　　表 10-39

矿料规格	4.75	2.36	1.18	0.6	0.3	0.15	0.075
G_b(g/cm³)	2.5109	2.5261	2.5413	2.5561	2.5712	2.5863	2.6015
G_{sd}(g/cm³)	2.5272	2.5483	2.5691	2.5895	2.6103	2.6312	2.6521
w_a(%)	0.649	0.879	1.094	1.307	1.521	1.736	1.945

2) 配合比设计

沥青混合料配合比设计采用试验室配合比设计、目标配合比设计及生产配合比设计三阶段设计方法。

(1) 目标配合比设计

按设计的紧密骨架密实级配 SAC1 和 SAC1-1,根据现场原材料的筛分情况,进行了目标配合比的设计。

各种规格料的筛分和配合比计算结果见表 10-40。

矿料筛分结果及配合比计算结果　　表 10-40

筛孔直径(mm)	矿料规格(mm)种类					合成级配(%)	设计级配(%)
	10~15	5~10	机制砂	天然砂	水泥		
	各规格种类矿料通过百分率(%)						
16	100.0	100.0	100.0	100.0	100.0	100.0	100.0
13.2	94.1	100.0	100.0	100.0	100.0	97.8	100.0
9.5	18.3	98.7	100.0	100.0	100.0	69.3	68.9
4.75	0.4	13.6	100.0	99.0	100.0	31.1	31.4
2.36	0.0	0.2	89.4	96.4	100.0	24.7	24.9
1.18	0.0	0.0	54.5	90.4	100.0	20.3	19.8
0.6	0.0	0.0	34.8	70.7	100.0	16.8	15.8
0.3	0.0	0.0	16.7	35.0	100.0	12.3	12.5
0.15	0.0	0.0	10.3	5.9	100.0	9.5	9.9
0.075	0.0	0.0	7.0	1.3	97.0	8.6	7.9
配合比	37.0	37.0	11.0	8.0	7.0		

计算的目标配合比合成级配与设计级配比粗集料含量只少 0.3%，两个级配中每个筛孔的差值也比较小。用 VCA_{DRF} 方法进行检验，合成级配为紧密骨架密实结构。

采用与设计方法相同的条件进行马歇尔试验，马歇尔试件的物理力学指标见表 10-41。

沥青混合料马歇尔试件物理力学指标　表 10-41

级配类型	P_B (%)	$G_{b.s}$ (g/cm³)	G_{mm} (g/cm³)	V_a (%)	VMA (%)	VFA (%)	MS (kN)	FL (0.1mm)
SAC1	4.1	2.4661	2.6080	5.4	14.9	63.4	12.97	28.3
	4.4	2.4746	2.5966	4.7	14.8	68.3	12.49	29.4
	4.7	2.4929	2.5853	3.6	14.4	75.2	12.22	35.4
SAC1-1	4.1	2.4642	2.6068	5.5	15.0	63.6	15.31	30.3
	4.4	2.4741	2.5951	4.7	14.9	68.8	13.85	35.1
	4.7	2.4766	2.5835	4.1	15.1	72.6	15.16	25.8

对表 10-41 中的结果用 VCA_{AC} 方法进行检验，当油石比取 4.4% 时，目标配合比的级配检验结果会与设计级配检验结果相同，符合紧密骨架密实结构的要求。

对目标配合比进行了路用性能检验，包括水稳定性、高温稳定性、低温稳定性、渗水性能和抗滑性能，检验方法依照现行规范进行，结果均满足现行规范要求。具体指标见表 10-42。

SAC1 和 SAC1-1 的路用性能检验　表 10-42

检测项目			级配类型		设计要求	试验方法
			SAC1	SAC1-1		
水稳定性	残留稳定度(%)		87	95	>85	T 0709—2000
高温稳定性	动稳定度(次/mm)		7487	6235	不小于 3600	T 0719—1993
	永久形变(mm)		1.27	1.34	—	
	相对形变(作用 5000 周次)(%)		2.54	2.68	<5	
低温抗裂性	弯曲试验破坏应变(με)		8243	4358	不小于 2500	T 0715—1993
	抗弯拉强度(MPa)		14.98	14.79	—	
	弯曲劲度模量(MPa)		1818	3659	—	
抗滑性能	表面构造深度(mm)	轮辙前	1.1	1.1	0.55	T 0731—2000
		轮辙后	0.9	1.0	—	
渗透性能	渗水系数(mL/min)		不透水	不透水	不大于 100	T 0730—2000

确定 SAC1 和 SAC1-1 的目标配合比为 10～15mm∶5～10mm∶机制砂∶天然砂∶水泥 = 37.0%∶37.0%∶11.0%∶8.0%∶7.0%，最佳 P_B 为 4.4%。

(2)生产配合比设计

根据试验室配合比设计与目标配合比设计，进行矿料级配组成的生产配合比设计。从拌和机各热料仓取料进行单项筛分，确定各料仓的材料用量及矿料级配。拌和机中筛孔孔径从大到小依次为 20mm×20mm、15mm×15mm、10mm×10mm、5mm×5mm、3mm×3mm。

热料仓的筛分和配合比计算结果见表 10-43。

矿料筛分结果及配合比计算结果　　表 10-43

筛孔直径 (mm)	矿料规格(mm)种类					生产配合比合成级配(%)	目标配合比合成级配(%)	设计级配 (%)
	4 号仓	3 号仓	2 号仓	1 号仓	水泥			
	各规格种类矿料通过百分率(%)							
16	100.0	100.0	100.0	100.0	100.0	100.0	100.0	100.0
13.2	98.3	100.0	100.0	100.0	100.0	99.2	97.8	100.0
9.5	33.7	98.4	100.0	100.0	100.0	68.5	69.3	68.9
4.75	0.4	1.8	57.8	98.2	100.0	31.8	31.1	31.4
2.36	0.0	0.0	0.6	90.4	100.0	25.1	24.7	24.9
1.18	0.0	0.0	0.3	67.8	100.0	20.4	20.3	19.8
0.6	0.0	0.0	0.3	46.0	100.0	15.9	16.8	15.8
0.3	0.0	0.0	0.1	28.5	100.0	12.3	12.3	12.5
0.15	0.0	0.0	0.0	14.8	100.0	9.5	9.5	9.9
0.075	0.0	0.0	0.0	8.1	97.0	8.0	8.6	7.9
配合比	47.0	18.0	8.0	20.5	6.5			

计算的生产配合比合成级配与设计级配比粗集料含量只多了0.4%,两个级配中每个筛孔的通过率都极为接近,最大差值为0.8%。用VCA_{DRF}方法进行检验,合成级配为紧密骨架密实结构。

马歇尔试验试件的物理力学指标列于表10-44。

沥青混合料马歇尔试件物理力学指标　　表 10-44

级配类型	P_B (%)	$G_{b.s}$ (g/cm^3)	G_{mm} (g/cm^3)	V_a (%)	VMA (%)	VFA (%)	MS (kN)	FL (0.1mm)
SAC1	4.1	2.4663	2.6083	5.4	14.7	63.1	12.03	33.9
	4.4	2.4734	2.5969	4.8	14.7	67.7	12.40	33.8
	4.7	2.4842	2.5857	3.9	14.6	73.1	12.65	35.4
SAC1-1	4.1	2.4622	2.6024	5.4	15.1	64.4	10.76	33.3
	4.4	2.4642	2.5907	4.9	15.3	68.1	10.02	33.2
	4.7	2.4741	2.5791	4.1	15.2	73.2	11.59	34.8

用VCA_{AC}方法对表10-44中的结果进行检验,当油石比取4.4%时,生产配合比的级配检验结果会与设计级配检验结果相同,符合紧密骨架密实结构的要求。

(3)设计结果

设计级配SAC1、SAC1-1与目标配合比合成级配的路用性能均能满足要求,此处考虑生产配合比合成级配与设计级配、目标配合比合成级配的偏差较小,省略了生产配合比的路用性能检验,确定了生产配合比4号仓:3号仓:2号仓:1号仓:水泥=47.0%:18.0%:8.0%:20.5%:6.5%,最佳油石比为4.4%。

3)试验段铺筑

在正式进行施工前应进行试验路的铺筑。

(1)混合料的拌和

混合料拌和采用江苏无锡锡通产 LHB4000 型,共有 5 个热料仓。考虑到筛孔孔径的设置,5 号仓中有超粒径矿料,因此只使用了 4 个热料仓。SAC 料的拌制过程与普通沥青混凝土的拌制过程基本相同,拌料时间:干拌时间为 6s,湿拌时间为 40s。沥青加热温度为 173 ~ 178℃,矿料加热温度高于沥青加热温度 20 ~ 25℃,同时考虑到天气状况及使用了混合料再拌转运车,沥青混凝土的出厂温度为 180 ~ 190℃。试验段过程中对混合料的出厂温度进行了检验,其结果见表 10-45。

沥青混合料出厂温度(单位:℃)　　表 10-45

样本数	平均值	最大值	最小值	极差	标准偏差	变异系数
$n = 15$	186.8	189	184	5	1.42	0.76

(2)混合料的摊铺

试验段采用 1 台 ABG525 摊铺机并配有沥青混合料转运车整幅摊铺。摊铺混合料时,摊铺机前进速度与供料速度协调,为 2.5 ~ 3.0m/min,松铺系数取为 1.125(松铺厚度为4.5cm)。摊铺机开工前 1h 预热熨平板不低于 100℃,并将夯锤的振动频率和振幅调整为 20Hz(约 1200 次/min)和 5mm。设定工作仰角为 11.5%。

(3)混合料的碾压

压实设备配有戴那派克 CC622 双驱双振压路机一台、戴那派克 CC422 双驱双振压路机一台、英格索兰 DD—130 双驱双振压路机 1 台、英格索兰 DD—110 双驱双振压路机 1 台、徐工 YL25 型轮胎压路机 1 台。压实方法:初压:CC—422 压路机(双振 2 遍),复压:DD—130 压路机 + CC622 压路机(各振压 2 遍) + 大吨位轮胎压路机一遍 + DD—110 压路机(振压 1 遍),终压:DD—110 压路机(静压至消除轮迹)。并注意靠近中央分隔带边缘和路线外侧在初压和复压时增加一倍碾压遍数。压路机的碾压速度:初压 2km/h;复压:3km/h;终压:5km/h。振动压路机选择的振动频率为 25Hz,振幅为 0.5mm。

如果混合料不产生推移,初压、复压、终压都应安排在温度较高的时候进行,温度越高越容易提高路面的平整度和压实度,一般要求初压温度控制在 165℃ 以上,碾压完成温度不低于 110℃。

为了趁温度较高时进行施工作业,试验段特意安排在午后 12 点至 15 点进行,当天气温约为 21℃,地面温度约为 27℃,晴天,但风力较大。表 10-46 记录了施工过程中混合料摊铺 1h 内的温度变化情况。

沥青混合料摊铺后 1h 内温度变化情况(单位:℃)　　表 10-46

测量部位	摊铺后时间(min)								
	0	5	10	15	25	35	45	55	60
表面	162	151	143	137	118	102	85	69	61

试验段的施工没有发现 SAC13 存在推挤现象,因此,从第一遍开始就可以用振动压路机紧跟摊铺机进行振动碾压。

(4)试验段现场检测

试验段施工前与施工完成以后,进行了一般常规试验检测。

①马歇尔试验结果见表10-47。

沥青混合料马歇尔试验检测结果　　表10-47

P_B(%)	$G_{b.s}$(g/cm³)	G_{mm}(g/cm³)	V_a(%)	VMA(%)	VFA(%)	MS(kN)	FL(0.1mm)
4.63	2.4432	2.5969	5.9	16.0	62.9	10.7	28.6
4.44	2.4568	2.5969	5.4	15.4	65.0	11.9	31.8

②抽提筛分(通过率)试验结果见表10-48。

抽提筛分(通过率)试验结果(单位:%)　　表10-48

组别	P_B(%)	筛孔尺寸(mm)									
		16	13.2	9.5	4.75	2.36	1.18	0.6	0.3	0.15	0.075
1	4.37	100	98.6	64.5	30.8	22.9	18.6	14.4	10.4	7.3	4.9
2	4.63	100	97.9	63.9	31.6	23.4	18.4	14.2	11.5	9.0	7.1
3	4.44	100	99.0	68.6	33.1	24.2	18.1	12.9	10.7	9.3	8.3
生产配合比	4.40	100	99.2	68.5	31.8	25.1	20.4	15.9	12.3	9.5	8.0

注:表中1、2、3为试验段施工过程前期、中期和后期取料的结果。

由表中数据看出,施工前期拌和楼似乎还没有稳定,各筛孔通过量均小于生产配合比合成级配,矿料级配整体偏粗;施工中期虽然粗集料、细集料和填料各自总量与生产配合比相差较小,但粗集料偏粗且4.75mm以下连续6个筛孔通过量均偏小;施工后期虽然4.75mm控制筛孔通过量略大,但其下连续5个筛孔通过量偏小。

③现场 V_a 和压实度。试验段施工完成以后,在现场进行了钻芯取样,表10-49列出的是试验段芯样的压实度和现场 V_a。

沥青路面的压实度和现场 V_a　　表10-49

桩号	组别	$G_{b.s}$ (g/cm³)	G_{mm} (g/cm³)	现场 V_a(%)	标准密度 (g/cm³)	压实度 (%)	表面层厚度 (mm)	无核密度 (g/cm³)	无核密度与标准密度比
K104+400	1	2.4515	2.5969	5.6	2.4734	99.1	36.9	2.288	1.07
	2	2.4068		7.3		97.3	34.3	2.281	1.06
	3	2.3936		7.8		96.8	33.8	2.266	1.06
K104+500	1	2.4751		4.7		100.1	40.8	2.314	1.07
	2	2.4153		7.0		97.7	38.0	2.276	1.06
	3	2.4030		7.5		97.2	35.4	2.256	1.07
K104+570	1	2.4536		5.5		99.2	39.1	2.256	1.09
	2	2.4623		5.2		99.6	34.0	2.253	1.09
	3	2.3919		7.9		96.7	34.6	2.215	1.08

注:1.组别的1指距中央分隔带边缘0.75m,2指距中央分隔带边缘4.5m,3指距中央分隔带边缘8.25m。

2.压实度为钻件的 $G_{b.s}$ 与标准密度(生产配合比确定的 $G_{b.s}$)的比值。

由表中数据可以看出,现场 V_a(要求≤7%)和压实度(要求≥98%)的合格率分别为55.6%和44.4%,这与摊铺层厚度较薄及施工时混合料温度散失快致使压实温度较低有很大的关系;而路线外侧的 V_a 较路线中部及内部的大表明压路机在路线外侧的碾压存在不足,施工时应注意增加路线外侧碾压遍数，同时防止漏压现象。

此外，由表面层实测厚度数据可以看出，试验段采用的松铺系数 1.125 较小，将松铺系数调整到 1.2 ~ 1.225（松铺厚度 4.8 ~ 4.9cm）是合适的。

为了标定无核密度仪，在钻芯取件之前，进行了无核密度检测，其结果显示测点钻芯试件的毛体积密度与无核密度的平均比值为 1.07。

④无核密度检测结果。用无核密度仪测定了沥青路面的 V_a。纵向 1m 取一个断面，共取了 10 个横断面，每个横断面上间隔 1m 一个测点，即每个横断面上 12 个测点，共测定了 120 个点。下面的 V_a 值是用无核密度测定值乘以 1.07 后计算得到的。

a. 在 10 个横断面中，V_a（%）变化最大的 3 个横断面是：

横断面号	变化范围	极差
4	2.92% ~ 15.70%	12.78%
5	3.16% ~ 18.47%	15.31%
10	4.92% ~ 13.48%	8.56%

b. 在 12 个纵断面中，V_a（%）变化最大的 3 个纵断面是：

纵断面号	变化范围	极差
1	5.16% ~ 13.48%	8.32%
6	5.46% ~ 18.47%	13.01%
12	4.12% ~ 15.70%	11.58%

c. 将每个断面上凡 $V_a > 7\%$ 的位置进行了标注，见表 10-50。这些位置都是容易受水侵害，直到沥青剥落导致破坏的潜在位置。

无核密度仪检测沥青路面的空隙率　　表 10-50

K104	0	1	2	3	4	5	6	7	8	9	10	11
593	6.00	7.00	5.10	7.49	5.58	7.55	6.27	5.85	5.97	4.25	5.62	8.83
592	7.68	6.64	8.90	5.71	5.82	6.64	5.06	4.60	5.92	3.55	3.20	7.17
591	8.85	6.89	4.65	8.00	5.71	6.36	6.77	6.94	4.97	4.14	3.71	4.56
590	8.43	5.38	5.14	5.67	5.02	9.05	5.28	5.19	5.70	3.75	2.92	15.70
589	10.21	5.11	5.87	4.58	7.08	18.47	3.16	3.55	3.98	6.10	11.16	5.95
587	5.42	5.95	4.13	6.20	4.83	6.74	4.53	6.45	5.04	4.19	4.62	4.12
586	5.54	5.45	4.02	5.35	5.41	5.46	4.07	3.94	6.93	3.37	3.13	9.44
585	5.16	5.66	3.07	4.65	5.66	6.96	4.41	3.74	5.90	3.96	3.69	6.85
584	6.73	6.34	4.80	5.31	7.74	7.56	6.75	6.34	4.80	5.14	3.23	5.95
583	13.48	8.13	6.37	4.92	6.27	6.72	6.93	7.24	5.73	8.66	6.04	7.75

由表中结果看到，沥青路面的不均匀性很大，这应该是由沥青混凝土矿料离析、温度离析以及碾压不均匀共同造成的。

⑤抗滑性能检测。使用手工铺砂法和摆式仪法对310m试验段的抗滑性能进行了检测，结果见表10-51。

表面层抗滑检测结果　　表10-51

桩号范围	构造深度				摆　值			
	样本量	平均值	标准偏差	变异系数	样本量	平均值	标准偏差	变异系数
K104+400	9	0.98	0.15	15.15%	9	61	2.83	4.68%

由表中表面构造深度及摆值的数据可以看出，沥青路面具有很好的抗滑性能。

⑥渗水试验。由于沥青路面表面构造深度较大，很难将现场渗水试验做成功。同一标段的AC13的表面构造深度只有0.4～0.5mm，其渗水试验也没有做成功。其问题在于，当水的开关打开后，量筒中的水从渗水仪四周流出，用腻子根本密封不住。

(5)矿料级配的调整

由现场试验检测结果看出，试验段铺筑级配的室内马歇尔试件V_a、现场V_a均较大，不能形成紧密骨架密实结构。由此可知，实际路面铺筑的沥青混合料的结构类型与施工过程中矿料级配能否保持与生产配合比的一致性是密切相关的。考虑到天气状况等诸多因素，应对级配进行调整，以保证铺筑的沥青混凝土路面有良好的使用性能。

级配调整时，还是取各热料仓筛分计算的矿料级配进行调整，对调整后的结果有很大的影响。

分析抽提筛分结果和用各热料仓的配合比与集料的实际颗粒组成计算的沥青混合料的矿料级配发现，二者结果相差很大。产生这样结果的主要原因：一方面，一次抽提筛分取料质量只有2.5kg左右，使得所取料的均匀性及代表性受到影响；另一方面，热料仓取料筛分的取料质量也只有几千克，对结果同样也有影响。由于特殊原因，试验段生产时拌和楼数据无法输出，级配调整以试验段施工后期抽提筛分结果，即第三个抽提筛分结果为依据进行调整。

经过计算，所得合成级配见表10-52。

调整后所得级配生产配合比合成级配　　表10-52

筛孔尺寸(mm)	13.2	9.5	4.75	2.36	1.18	0.6	0.3	0.15	0.075
通过率(%)	99.3	72.5	35.9	27.8	22.3	17.0	12.8	9.6	7.8

由表中结果看到，生产配合比合成级配与SAC2设计级配比粗集料含量仅少了0.1%，两个级配中每个筛孔的通过率也都极为接近，最大差值为0.7%，在确定的各筛孔通过量允许误差范围内。因此，该生产配合比满足使用要求。室内马歇尔试件的物理力学指标见表10-53。

生产配合比沥青混合料马歇尔试验结果　　表10-53

级配类型	P_B(%)	$G_{b.s}$(g/cm^3)	G_{mm}(g/cm^3)	V_a(%)	VMA(%)	VFA(%)	MS(kN)	FL(0.1mm)
SAC2	4.4	2.4906	2.5905	3.9	13.9	72.3	14.64	34.0
SAC2-1	4.4	2.4835	2.5853	3.9	14.1	72.5	13.28	30.6

10.4.3 试验段的跟踪观测

随着交通量的不断增长，目前，该高速公路交通量折合成小客车为年平均日交通量41305辆，其中大车占11%。为了掌握行车荷载作用下SAC13沥青路面的变化状况，课题组于2006

年的 7 月、10 月、12 月,2007 年的 12 月和 2008 年 6 月对试验段进行了 5 次观测,主要观测了试验路段上的坑洞、裂缝、车辙、抗滑性能以及平整度的变化情况。

从外观情况来看,经历了两年半的车辆行驶和两个冬季的低温考验后,试验段路面表面状况良好,除在 K558 +400 涵洞处发现三条裂缝(青岛方向两条,石家庄方向一条)外,没有发现松散、凹陷等病害,试验段的车辙深度、构造深度、摩擦系数及平整度等观测数据分别列于表 10-54 ~ 表 10-58 中。为了增加可比性,各表中同时列出了随机选取的主线上某段的测试数据。

1) 车辙深度

前两检测由 3m 直尺测得,测试时每 100m 取一段面,分别测定行车道和超车道;第三次、第五次检测由车辙深度自动测试车辆分别测定行车道和超车道,测试时可同时输出轮左、轮右处的车辙深度,取其平均值作为行车道或超车道的车辙深度测定结果;第四次没有检测车辙深度。4 次观测数据见表 10-54。

车辙深度观测数据 表 10-54

行车方向		检测日期	样本数	行车道(cm)			超车道(cm)		
				平均值	s	C_v	平均值	s	C_v
青岛方向	SAC1	06.07	$n=3$	0.10	0	0	0.10	0	0
		06.10	$n=3$	0.21	0.06	28.57	0.10	0.04	40.00
		06.12	$n=15$	0.27	0.05	17.92	0.17	0.05	30.68
		08.06	$n=31$	0.44	0.04	9.88	0.26	0.04	16.77
	SAC2	06.07	$n=6$	0.15	0.04	27.74	0.12	0.02	18.75
		06.10	$n=6$	0.23	0.04	17.39	0.14	0.04	28.57
		06.12	$n=30$	0.31	0.05	14.60	0.18	0.03	17.61
		08.06	$n=61$	0.51	0.06	12.08	0.28	0.04	13.74
	SAC2-1	06.07	$n=13$	0.19	0.08	40.92	0.12	0.04	33.33
		06.10	$n=13$	0.26	0.06	23.07	0.15	0.04	26.67
		06.12	$n=65$	0.34	0.04	11.55	0.15	0.03	17.78
		08.06	$n=129$	0.57	0.08	14.35	0.26	0.04	14.77
石家庄方向(SAC2-1)		06.07	$n=18$	0.17	0.06	34.93	0.07	0.06	80.14
		06.10	$n=18$	0.23	0.05	21.74	0.17	0.05	38.46
		06.12	$n=84$	0.49	0.05	10.36	0.41	0.03	7.12
		08.06	$n=171$	0.33	0.06	18.15	0.16	0.02	15.92
主线 AC	青岛方向	06.12	$n=50$	0.35	0.03	9.08	0.15	0.03	17.09
		08.06	$n=100$	0.83	0.10	12.38	0.20	0.05	27.08
	石家庄方向	06.07	$n=10$	0.13	0.03	22.74	0.05	0.04	80.00
		06.10	$n=10$	0.21	0.04	23.53	0.17	0.04	26.67
		06.12	$n=50$	0.45	0.04	8.18	0.44	0.02	4.83
		08.06	$n=100$	0.36	0.04	10.58	0.17	0.03	17.95

由表中观测数据可看到：

①由上述检测结果看出，交通量的发展对沥青路面产生的永久变形起重要作用。随着交通荷载作用次数的增加，行车道和超车道的永久变形量逐渐增大，其中，SAC 级配初期变形量增加速度较 AC 级配快，到达一定作用次数后，SAC 级配变形量的增加速度较 AC 级配显著降低。

②由青岛方向 3 种沥青混凝土路面的车辙深度来看，与室内试验结果基本相同，即 SAC1 的抗高温形变能力最好，SAC2 其次，SAC2-1 最差。

③路面开放交通两年半后，SAC2-1 与 AC13 相比，石家庄方向的行车道 SAC2-1 比 AC13 小 0.03cm，超车道 SAC2-1 比 AC13 小 0.01cm；而青岛方向的行车道 SAC2-1 比 AC13 小 0.26cm，超车道 SAC2-1 比 AC13 大 0.06cm。

2）抗滑指标

（1）构造深度

前两次检测由手工铺砂仪测定，测试时每 100m 取一段面，分别测定行车道和超车道的轮迹带，取左右轮迹带的平均值作为测定结果；第三次、第五次检测由激光构造深度自动测试车辆分别测定行车道和超车道，测试时输出轮左、轮右值，取其平均值作为测定结果。4 次观测数据见表 10-55。

构造深度观测数据　　表 10-55

行车方向		检测日期	样本数	行车道(mm)			超车道(mm)		
				平均值	s	C_v	平均值	s	C_v
青岛方向	SAC1	06.07	$n=3$	1.02	0.12	11.88	1.14	0.16	13.91
		06.10	$n=3$	1.22	0.15	12.71	1.19	0.26	22.10
		06.12	$n=3$	1.18	0.11	9.09	1.19	0.25	20.86
		08.06	$n=6$	1.01	0.08	8.06	1.30	0.14	10.42
	SAC2	06.07	$n=6$	0.86	0.10	11.32	0.92	0.10	10.36
		06.10	$n=6$	0.96	0.07	7.44	0.91	0.12	13.19
		06.12	$n=6$	1.10	0.12	11.26	1.26	0.20	16.12
		08.06	$n=12$	0.81	0.12	14.95	0.97	0.11	11.19
	SAC2-1	06.07	$n=13$	0.98	0.10	10.16	1.02	0.13	12.85
		06.10	$n=13$	1.04	0.12	11.65	0.90	0.11	12.06
		06.12	$n=13$	1.17	0.18	15.14	1.36	0.14	10.56
		08.06	$n=26$	1.14	0.07	6.39	1.27	0.07	5.41
石家庄方向(SAC2-1)		06.07	$n=18$	0.99	0.06	6.38	0.90	0.09	9.97
		06.10	$n=18$	1.03	0.09	8.87	0.87	0.07	8.48
		08.06	$n=34$	1.22	0.09	7.08	1.25	0.10	8.16

续上表

行车方向		检测日期	样本数	行车道(mm)			超车道(mm)		
				平均值	s	C_v	平均值	s	C_v
主线 AC	青岛方向	06.12	$n=10$	0.65	0.05	7.00	0.81	0.06	7.45
		08.06	$n=20$	0.60	0.08	12.68	0.61	0.06	10.24
	石家庄方向	06.07	$n=10$	0.52	0.05	10.45	0.55	0.06	11.26
		06.10	$n=10$	0.60	0.04	6.45	0.56	0.06	10.21
		06.12	$n=10$	0.75	0.08	10.99	0.56	0.08	8.60
		08.06	$n=20$	0.75	0.09	11.47	0.77	0.11	14.52

由表中观测数据可看到：

①SAC13 段的构造深度要远远高于 AC13 段的构造深度，表明 SAC13 级配沥青混凝土路面上高速行车时的抗滑性能极好。

②青岛方向 3 种 SAC13 试验段中：紧密骨架密实结构 SAC1 的构造深度较一般骨架密实结构 SAC2 的构造深度普遍要大一些，这与室内试验结果相符；而 SAC2-1 的构造深度也较 SAC2 的构造深度普遍要大一些，这主要与施工时铺筑 SAC2-1 的粗集料（10～15mm 料）的变化有关。

③相比于试验段完成时测得的构造深度（SAC1 为 0.98，SAC2 为 0.89，SAC2-1 为 1.06），观测构造深度有增大的，也有减小的，这与测点的选取、沥青路面的不均匀性等许多因素均有关。

④构造深度的减小，其原因为沥青路面在行车荷载作用下被逐渐压密，而构造深度的增大，可能是由于沥青混合料中细集料被行车带走造成的；此外，测试手段的不统一也给数据的分析带来一定困难。

（2）摩擦系数

摩擦系数由摆式摩擦仪测得，测试点为测定构造深度的点。测试时分别测定行车道和超车道的轮迹带，取左右轮迹带的平均值作为测定结果，两次观测数据见表 10-56。

摩擦系数观测数据（摆值）　　表 10-56

行车方向		检测日期	样本数	行车道(BPN)			超车道(BPN)		
				平均值	s	C_v	平均值	s	C_v
青岛方向	SAC1	06.07	$n=3$	54.73	2.96	5.40	55.00	1.64	2.98
		06.10	$n=3$	54.88	2.32	4.23	55.43	5.92	10.68
	SAC2	06.07	$n=6$	54.92	2.78	5.06	56.20	1.36	2.41
		06.10	$n=6$	55.24	6.21	11.24	55.73	4.58	8.21
青岛方向	SAC2－1	06.07	$n=13$	56.54	2.12	3.74	54.73	1.69	3.09
		06.10	$n=13$	61.16	4.18	6.84	59.38	4.13	4.96
石家庄方向(SAC2－1)		06.07	$n=18$	54.8	2.86	5.22	55.8	2.22	3.98
		06.10	$n=18$	58.8	2.54	4.32	61.4	2.09	3.39
主线 AC 石家庄方向		06.07	$n=10$	47.3	1.59	3.37	51.9	3.30	6.36
		06.10	$n=10$	47.1	2.35	4.99	51.9	2.50	4.82

由表中观测数据可看到：

①SAC13 段的摩擦系数要远远高于 AC13 段的摩擦系数，表明 SAC13 级配沥青混凝土路面的抗滑性能极好。

②对 3 种 SAC13 试验段：2006 年 7 月份测定的摩擦系数相差较小，经过了一个夏季的车辆荷载作用后，到 2006 年 10 月检测时，SAC1 和 SAC1-1 的摩擦系数变化较小，SAC2-1 的摩擦系数明显增大。究其原因，可能是由于沥青路面初期矿料表面被沥青膜裹附，而经历夏季行车荷载作用后，矿料表面裸露出来从而增大了摩擦系数。

(3)横向力系数

表 10-57 列出了 2005 年 12 月与 2007 年 12 月测定的横向力系数值。

横向力系数观测数据　　表 10-57

行车方向		检测日期	样本数	平均值	s	C_v	衰减比值
青岛方向	SAC1	2005.12	$n=3$	60.5	3.38	5.59	
		2007.12	$n=3$	52.4	0.63	1.21	13.39%
	SAC2	2005.12	$n=6$	65.5	1.03	1.58	
		2007.12	$n=6$	52.6	1.17	2.23	19.69%
	SAC2-1	2005.12	$n=13$	65.5	1.34	2.05	
		2007.12	$n=13$	53.2	1.08	2.03	18.78%
石家庄方向(SAC2-1)		2005.12	$n=18$	56.9	2.23	3.92	
		2007.12	$n=18$	51.7	1.90	3.72	9.14%
主线 AC	青岛方向	2005.12	$n=20$	66.7	6.12	9.18	
		2007.12	$n=20$	50.1	1.08	2.16	24.89%
	石家庄方向	2005.12	$n=20$	58.9	2.85	4.84	
		2007.12	$n=20$	48.3	2.68	5.55	18.00%

由表中观测数据可看到：

①3 种 SAC13 试验段的横向力系数均有较大的衰减，但对相同行车方向仍较 AC13 段衰减幅度小，且衰减后的横向力系数大 2～3SFC，表明 SAC13 级配沥青混凝土路面的抗滑性能较好，能大大提高雨季高速行车的安全性。

②从青岛方向 3 种 SAC13 试验段的检测数据看到：紧密骨架密实结构 SAC1 的横向力系数衰减值要小于一般骨架密实结构 SAC2 和 SAC2-1，即当施工条件等均具备的情况下应尽量选取紧密骨架密实结构沥青混凝土作为抗滑表层。

3)平整度

第三次(2006 年 12 月)、第四次(2007 年 12 月)次试验段观测时，由平整度自动测试车辆分别测定了行车道和超车道的平整度，测试时每 100m 输出一个轮左、轮右值，取其平均值作为测定结果。

由表 10-58 中列出的平整度指数 IRI(m/km)和道路行驶质量指数 RQI 观测数据看到，

SAC13 段和 AC13 段的 IRI、RQI 相差很小，这与试验段完成时测定的 SAC13 段的平整度值为 0.56、AC13 段的平整度值为 0.45 相比，已经很接近了。上述数据表明，由于黏结防水层的铺设所影响到的路面平整度经过行车荷载的继续碾压已经消失。

平整度观测数据　　表 10-58

行车方向		检测日期	检测指标	样本数	行车道			超车道		
					均值	s	C_v	均值	s	C_v
青岛方向	SAC1	2006	IRI(m/km)	$n=3$	1.17	0.20	17.02	0.94	0.26	27.24
			RQI	$n=3$	97.01	0.25	0.25	97.27	0.31	0.32
		2007	IRI(m/km)	$n=3$	1.04	0.06	5.51			
			RQI	$n=3$	97.17	0.07	0.07			
	SAC2	2006	IRI(m/km)	$n=6$	1.05	0.16	15.51	0.80	0.05	6.52
			RQI	$n=6$	97.15	0.20	0.20	97.44	0.06	0.06
		2007	IRI(m/km)	$n=6$	0.92	0.13	13.61			
			RQI	$n=6$	97.30	0.14	0.15			
	SAC2-1	2006	IRI(m/km)	$n=13$	1.01	0.23	22.70	0.94	0.25	26.26
			RQI	$n=13$	97.19	0.31	0.32	97.28	0.30	0.31
		2007	IRI(m/km)	$n=13$	1.02	0.18	17.63			
			RQI	$n=13$	97.18	0.23	0.23			
石家庄方向（SAC2-1）		2006	IRI(m/km)	$n=18$	1.06	0.12	11.37	0.99	0.18	18.41
			RQI	$n=18$	97.15	0.15	0.15	97.22	0.22	0.23
		2007	IRI(m/km)	n=18	1.04	0.07	7.01			
			RQI	n=18	97.17	0.09	0.09			
主线AC	青岛方向	2006	IRI(m/km)	$n=10$	0.95	0.20	21.08	0.93	0.24	26.24
			RQI	n=10	97.27	0.24	0.24	97.29	0.29	0.29
	石家庄方向	2006	IRI(m/km)	$n=10$	1.01	0.19	19.20	0.97	0.17	17.18
			RQI	$n=10$	97.20	0.24	0.24	97.25	0.19	0.20

工程实践是对矿料级配设计方法、路用性能、压实特性等最好的检验方法，通过试验段施工得出如下结论：

①试验段施工过程中级配的调整验证了 SAC 矿料级配设计方法的适用性，特别是 VCA_{DRF} 和 VCA_{AC} 检验方法的灵活性。

②在合理的碾压方式下，SAC13 沥青混合料的压实性能良好。

③在分析施工过程中存在问题的基础上，提出了保证矿料级配一致性的重要性及施工中

提高沥青路面均匀性应重点注意的重要环节。

④试验段跟踪观测数据表明,SAC13 路段少见裂缝和未见水破坏产生;SAC13 级配中,紧密骨架密实结构 SAC1 沥青混合料的高温抗变形能力较一般骨架密实结构沥青混合料 SAC2 和 SAC2-1 好;此外,SAC13 沥青混合料的抗滑性能要好于 AC13 级配,紧密骨架密实结构 SAC1 沥青混合料的抗滑性能的衰减幅度最小。

10.5 结 论

①通过 SAC13 级配设计的具体应用,提出了应用 VCA_{AC}检验方法的技巧和保证沥青混凝土性能稳定的不同筛孔通过量的误差范围。

②明确了粗细集料的分界筛孔为 4.75mm 及用毛体积密度计算粗集料骨架间隙率 VCA 的方法,分析了影响粗集料 VCA 大小的因素,建议了振实法确定粗集料的紧装密度,并根据 VCA_{DRL}、VCA_{DRV}与 VCA_{AC}之间的关系,提出了判定沥青混合料结构类型的界限:紧密骨架密实结构($VCA_{AC} = VCA_{DRV}$)、一般骨架密实结构($VCA_{DRV} < VCA_{AC} \leqslant VCA_{DRL}$)、悬浮密实结构($VCA_{AC} > VCA_{DRL}$)和骨架空隙结构($VCA_{AC} < VCA_{DRV}$)。

③对以 SAC 矿料级配设计与检验方法设计的紧密骨架密实结构 SAC1、一般骨架密实结构 SAC2、悬浮密实结构 SAC3 三种结构、两种改性沥青混合料的温度敏感性及路用性能进行细致比较:

a. 沥青混合料的温度敏感性:结构类型对温度敏感性有较大的影响,SAC1 的温度敏感性最小,随着路面使用温度的变化性质最为稳定,其次为 SAC2,SAC3 的温度敏感性最大;沥青结合料品种对沥青混合料的温度敏感性也有较大的影响,结构类型相同的沥青混合料青岛沥青的温度敏感性小于天津沥青的温度敏感性。

b. 沥青混合料的高温抗永久变形能力:结构类型对温度敏感性有较大的影响,SAC1 的高温抗永久变形能力最好,其次为 SAC2,SAC3 最差;沥青结合料品种对沥青混合料的高温抗永久变形能力也有较大的影响,结构类型相同的沥青混合料青岛沥青的高温抗永久变形能力低于天津沥青的高温抗永久变形能力。

c. 沥青混合料的低温抗裂性能:不同结构类型沥青混合料的弯曲破坏劲度模量与最大抗弯拉应变互有高低,无法判断结构类型对抗低温开裂性能的影响;本文选用的两种改性沥青对沥青混合料的低温抗裂性能影响也不明显。

d. 沥青混合料的抗老化能力:结构类型对抗老化能力有较大的影响,SAC1 的抗老化能力最差,SAC2 居中,SAC3 最好;沥青结合料品种对沥青混合料的抗老化能力也有较大的影响,结构类型相同的沥青混合料青岛沥青的抗老化性能好于天津沥青的抗老化性能。

e. 沥青混合料的水稳定性能:结构类型对水稳定性有较大的影响,SAC1 的水稳性最好,SAC2 居中,SAC3 最差;结构类型相同的沥青混合料青岛沥青的水稳性较天津沥青的水稳性好。即便沥青混合料经过短期老化,SAC1 的水稳性仍最好。

f. 沥青混合料的抗滑性能:结构类型对构造深度有较大影响,SAC1 的初始构造深度大、衰减较慢,其次为 SAC2,SAC3 的初始构造深度小、衰减较快;结构类型对摩擦系数基本上无影响。此外,沥青结合料的品种对抗滑性能的影响不明显。

综合上述试验研究,紧密骨架密实结构的使用品质最优,一般骨架密实结构居中,悬浮密实结构较差;即紧密骨架密实结构沥青混凝土是抗滑表层与解决水破坏问题的首选矿料级配类型。

④对沥青混合料旋转压实曲线得到的压实特性参数进行了分析,SAC1 的压实较困难,SAC3 的压实较容易;施工时应趁混合料高温时快速振动压实。

⑤列出了提高沥青混凝土路面均匀性的关键措施。

⑥试验路证实了 SAC 矿料级配设计与检验方法设计的沥青混凝土路面具有较好的工程实用性,该方法设计的矿料级配同时解决了高速公路沥青路面的抗滑性能差、抗高温变形能力差等多重问题,具有很好的应用价值。

第 11 章　沥青路面工程施工质量控制技术

11.1　热沥青混合料的生产管理技术

11.1.1　原材料的管理

热沥青混合料由集料、粉料和沥青三部分组成，原材料的管理主要涉及在储存、运输、装卸、检验各个环节中如何保证原材料的质量和安全生产。

1）集料

（1）集料的堆放与储存

集料的堆放与储存应满足如下要求：集料应堆放在坚硬、清洁的场地；堆放场地应有良好的排水结构，以保证雨水不致滞留在堆放场地；堆放场地，尤其砂的堆放场应设有雨棚或遮雨的篷布；不同规格的集料应用隔墙或料槽分隔开；不正确的集料堆放会导致材料粗细颗粒的分离，导致集料的级配变化，从而严重影响搅拌设备的稳定生产和成品料组成的稳定性。

（2）集料的装卸

在装载机向冷料仓输送集料过程中，应满足如下要求：装载机应在料堆的全部高度和各个方向上进行采掘；装载机取样时应垂直面向料堆材料流动的方向；装载机取料时应使用大臂使铲斗向上滚卷，以免对料堆产生很大的扰动；装载机手应避免从料堆最底部取样；发现粗细料离析时装载机手应将粗细料就地翻动混合后再装料，不应一斗粗料一斗细料地向冷料仓供料；装载机手在向冷料仓装料时应仔细对准料仓防止发生混仓；装载机手应及时向冷料仓加料，使其经常保持相对的满仓状态，不应等冷料仓内集料下降很多时才加料。

（3）集料的质量管理

集料的质量管理应满足如下要求：保持集料规格、特性的一致性；每批材料进场时均应按国家规范对集料的规格、级配、含泥量、针片状含量等特性进行取样分析，证明合格后方可进场堆放，并签发验收单；验收单应对集料的来源（石场）、原石的品种和特性、集料的规格和数量、进场日期、堆放地点以及特性试验的结果等进行登记；不同规格或同一规格但不同来源的集料必须分开堆放，严禁混杂；定期检查料堆的级配特性，监测其有无变化；经常检查集料的含水率，以便及时调整搅拌设备的生产率。

2）粉料

（1）粉料的储存与输送

粉料在储存中最主要的问题是要防止受潮和结块；粉料罐应装备有破拱装置。

（2）矿粉的质量管理

每批矿粉进场时均应按国家规范对矿粉的规格、级配等特性进行取样分析，证明合格后方可进场堆放，并签发验收单；验收单应对矿粉的来源（石场）、原石的品种和特性、矿粉的规格和数量、进场日期、堆放地点以及特性试验的结果等进行登记；经过搅拌设备一级除尘器的粉尘的一部分可回用，但 0.075mm 以下的粉料不得超过填料总量的 25%。

3）沥青材料

（1）沥青材料的储存与运输

沥青在沥青库内的储存条件应能保证在储存期内沥青的性能品质保持不变；在非施工季节需要较长时间储存的沥青，其储存温度通常低于 100℃；沥青在拌和站内的存放时间不应超过 15d；不同来源、不同标号的沥青应分开存放，不得混杂；液态沥青在拌和站储存时应保证搅拌站连续工作的需要，并为供应延迟和试验所需的时间留有余地；液态沥青在拌和站的储存应备三组沥青罐：A 组——正在使用，温度应保持在所要求的拌和温度水平上，通常为 160℃ 左右；B 组——正在升温为进入使用做准备；C 组——已经腾空，准备接收运来的液态沥青，或已经装满备用沥青，沥青的温度为 120℃ 左右。

沥青罐车在运往工地的过程中应有保温措施，长距离的运输应装备加热升温系统。

（2）沥青材料的质量管理

沥青材料在进入拌和站时应附有原厂的质量合格证和出厂检验单；拌和场对每批到场的沥青均应取样检验以验明是否符合国家规范的要求；拌和场取样检验后应签发验收单，记录沥青来源、标号、数量、到货日期、发票号码、存放地点、检验品质以及使用沥青的路段等；沥青品质检验的各项指标应符合规范要求；每批沥青在检验后应留有不少于 4kg 的料样备查。

（3）沥青材料的安全管理

在拌和场沥青处于高温状态，存在灼伤、燃烧和溢锅的危险；在沥青罐、高温管道等处应划出专门的安全通道；所有接触热沥青的操作人员应配备防护用品；应经常检查沥青罐、管道是否存在泄漏；经常检查导热油罐的液面是否下降，液面的下降表明导热油已泄入沥青；防止雨水、蒸汽等进入沥青罐，特别是在将热沥青加入新罐或已腾空的沥青罐时应检查罐底是否有水或乳化沥青，否则将会导致沥青激烈地发泡溢锅而造成严重事故；拌和场应按规定配备应有的消防设施。

11.1.2 热沥青混合料的生产质量要求

热沥青混合料的生产质量包括集料的烘干质量管理、混合料的组成质量（各成分含量的正确性）管理和混合料的储存质量。

①集料的烘干质量，包括通过干燥筒的矿料应保持在要求的温度范围内；矿料中所含的水分应得到充分蒸发，其残余的水分应在规定范围内。

②混合料的组成质量，包括生产的混合料中各种粒径的矿料应保持规定的比例关系，混合料中沥青与矿料应保持准确的比例关系。

③混合料的储存质量，包括混合料在储存过程中温度保持在规定范围内，集料不发生明显离析，沥青不发生明显滴漏和老化。

11.1.3 热沥青混合料搅拌设备性能

按照生产工艺的不同沥青混合料搅拌设备分为间歇式和连续式。间歇式设备是一种按照分批称量、分批搅拌的方式进行生产的设备,也称批搅拌设备。连续式搅拌设备是按连续计量、连续搅拌的工艺进行生产的设备,也称滚筒式搅拌设备。图11-1是间歇式设备生产工艺的工序流程框图。

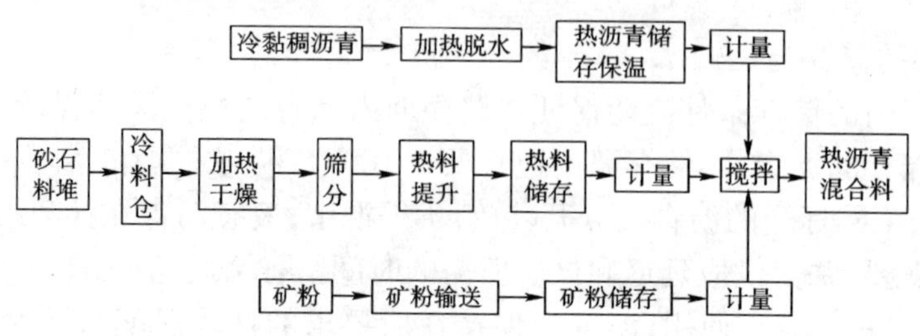

图11-1　间歇式搅拌设备的工艺流程

1)技术经济指标

沥青混合料搅拌设备的性能可以从搅拌设备的生产能力指标、成品料的生产质量指标、能量消耗指标和环保质量指标4个方面来进行评价。

2)影响搅拌设备性能的因素

热沥青混合料搅拌设备是由多台设备共同组成的联合机组,整个机组的性能一方面取决于每台组成设备的性能,另一方面也取决于它们之间协同工作的结果。搅拌设备各系统对搅拌设备上述4方面技术经济指标的影响程度是不同的。对于设备的生产能力与燃油消耗影响最大的是设备的干燥筒和搅拌器的性能以及它们之间匹配关系;对于环保指标影响最大的是设备的除尘系统;对成品料烘干质量影响最大的是干燥筒和温度控制系统的性能;对成品料储存质量影响最大是成品料仓和成品料输送系统的性能。

对于混合料的组成及其均匀性质量的影响则主要取决于以下4个方面的因素:各冷料仓的给料系统能否保持一稳定不变的流量;热料筛分系统能否将热集料按规定的粒径段正确地分离出来;集料、矿粉、沥青的计量控制系统能否按要求的配比将规定重量的原材料送入搅拌缸;搅拌器能否将每批原材料充分拌和形成均匀的混合料。因此,对影响成品料配合比正确性和均匀性原因的分析也主要涉及搅拌设备的冷料供给、热料筛分、计量控制、搅拌等四个系统。

3)热沥青混合料搅拌设备的调试

沥青混合料搅拌设备的调试工作包括以下5方面的内容:矿料、粉料、沥青秤的标定,冷料给料系统的标定,计量控制系统的调试,生产配合比的调试和搅拌设备生产能力的调试。

4)沥青混合料搅拌设备的操作控制

热沥青混合料搅拌设备是一种由多个系统组成的联合机组,虽然搅拌设备生产过程的自动化程度较高,但各个系统仍有不少需要人来操作和控制的地方。对各个系统的正确操作是充分发挥设备性能和保证成品料质量的必要条件。

(1)集料、矿粉、沥青供料系统的操作控制

装载机手应面对料堆没有粗料滚落的一面进行装料,在装料时应将插入料堆的铲斗用动臂使之向上堆聚,然后退出,不要用转动铲斗的方法来挖掘;对于已经发生明显粗料离析的部

位,应重新混合后再行装料;装载机手应经常保持各冷料仓满仓,在装载时要避免发生混仓;应检查冷料的流动情况,避免发生断续供料、涌料的情况;给料皮带的速度在标定生产率时应维持在中等转速下工作,调速的范围不可超出最大转速的20% ~80%;矿粉应防止吸潮结块,为此破拱用的压缩空气要经过水分离才可使用,矿粉不宜过夜储存,所有矿粉输送装置中的粉料在工作结束后均应排空;在搅拌设备运转之前应先启动导热油炉将沥青罐中的沥青升温至规定温度,并预热沥青供料系统的各个部分,在启动沥青泵时应关闭进油阀,使之空载启动,然后再慢慢打开进油阀,逐渐加载。工作结束时应将沥青泵反转若干分钟以便将管道内沥青抽回沥青罐内。

(2)干燥加热系统的操作控制

工作开始时应在冷料供给系统停机时先用手动控制方式启动干燥滚筒,点燃燃烧器用小火预热筒体5~10min后再上料,上料时应逐步增加进料量,根据出料口的热料温度逐步加大供油量,直至达到规定的生产量和稳定的温度工况后再转入自动控制方式;工作中当冷料系统突然停止供料或发生其他事故时应先关闭燃烧器让滚筒继续旋转,引风机继续抽风,待筒体完全冷却后再关机。在工作结束时应以同样的方式逐步关机;应经常检查红外线测温器的镜头是否清洁,抹去灰尘,保持良好的感应能力。当冷料的含水率较高时会发生自动控制系统失控,温度上下振荡,此时应改用手动控制,并检查热料的残余含水率,如过高则应降低生产量。应定时检查热集料的残余含水率,特别是在雨天之后,残余含水率应控制在0.1%以下。废气温度不宜过高或过低,一般应控制在135~180℃左右,如废气温度居高不下,而集料温度又一并随之升高,多半是由于冷料含水率太大造成的,应及时降低生产量。布袋除尘器的内外压差应保持在50~150mm水柱内,压差过大表示布袋已严重堵塞,需及时处理或更换新袋。

(3)热料筛分储存系统的操作控制

经常检查热料筛分装置是否过载,筛网是否堵塞或有破洞,如发现筛面上物料堆积过高应停机予以调整;应定期抽样检查热料仓的混仓率,混仓率不应超过10%;当热料仓供料失衡而需改变冷料仓的流量时应逐渐调节,不应突然加大某一料仓的供料,否则将严重影响集料的级配。

(4)计量控制和搅拌系统的操作控制

每天开机待工作稳定后应连续打印2h的称量数据,并分析其系统误差和随机误差。如发现超出规定要求,应及时检查系统工作,分析原因,予以排除。搅拌系统不应在搅拌过程中停车,当搅拌设备因等待卡车而停止工作时搅拌缸内混合料应放空。拌缸工作结束后应用热矿料进行擦洗,以除去搅拌缸内的残留沥青,通常用粗骨料、细骨料各洗1~2次。采用提升料斗将混合料卸入成品料仓时,料斗必须定位于料仓的中央卸料,否则将在筒体内出现纵向离析,即粗料将滚向料仓的一边。采用刮板输送机将混合料卸入配料斗后再卸入成品料仓时,配料斗每次放料应保存一部分混合料,以免材料全部放空后刮板输送的混合料直接落入料仓内而引起离析。从成品料仓向卡车卸料时,不允许卡车一边移动一边卸料而应成堆卸料,否则将引起严重离析,也不允许卡车司机为达到额定容量而在料堆上加盖小量的混合料。从成品仓卸料时,卸料门应迅速开大,不允许让混合料慢慢流出,以免造成离析;在向卡车卸料时不允许向车槽的中央卸料,应向车槽前部卸料再向尾部卸料,然后再在中央卸料。

11.2 热沥青混合料生产质量的过程控制技术

11.2.1 热沥青混合料生产质量的过程控制

1)过程控制和总量控制的基本内容

热沥青混合料过程控制和总量控制的基本内容包括:逐锅记录各热料仓的集料、矿料、沥青以及混合料总量的称量数据;根据这些数据和各热料仓采样分析的筛分曲线,逐锅计算矿料的级配、矿粉的含量和沥青的含量(或油石比),并与设定的控制值进行比较,实时评定其是否超差;实时监测和采集烘干筒出料口的热集料、热料仓(细料仓)中的热集料以及成品料的温度,并与设定的温度控制值进行比较以判断是否符合要求;按一个工作日(或台班)作为一个计算周期,对该段时间内的样本总体进行统计分析(总量检验),计算上述各项指标的平均值、标准差和变异系数。

2)搅拌设备计量—控制系统的检查

由于过程控制所依据的各项数据是由搅拌设备的计量—控制系统提供的,因此实施混合料生产质量的过程控制前,必须严格地标定计量—控制系统,达到如下要求:各计量秤的精度符合二级称重装置精度要求;控制系统采集的各称量值在称量信号已经足够稳定后采集。

3)矿料级配的计算方法

由于搅拌设备提供的集料称量数据是各热料仓粒径的集料重量,而集料的级配是依靠热料仓的筛分曲线计算而得到的。如果热料仓的筛分曲线不能反映当前各热料仓的真实粒径分布情况,那么据此计算而得集料级配是没有实际意义的。因此必须以当天的热料仓采样筛分的结果作为计算的依据,而不应采用生产配合比试验时得到的各仓热料筛分曲线来计算,同时应注意各热料仓的取样必须具有充分的代表性。

在已知各热料仓粒径分布曲线后,即可根据各热料仓集料和矿粉的称量数据来计算矿料的级配曲线。

4)热沥青混合料生产质量过程控制的评价标准

现行规范规定的热沥青混合料的频度和质量要求中对逐锅检查的矿料级配和沥青用量(油石比)规定的允许偏差与试验室取样检查规定的允许偏差完全相同,不尽合理。因为计算机采集的集料、矿粉、沥青的称量数据只反映了计量控制系统产生的控制误差,并未包括计量秤本身的误差、由于搅拌不均匀而产生的混合料组成比例的变化,以及混合料在输送至成品料仓和取样过程中产生的离析而导致的组成比例变化。如果各计量秤是二级精度电子秤并经过正确的标定,秤的误差是可以忽略不计的,但是在搅拌、输送、取样过程产生混合料组成的不均匀却是不可避免的。因此,如果把计算机逐锅采集的控制数据和试验室取样分析的结果规定相同的允许偏差,则最后实际生产出的混合料的矿料级配和油石比必然会超过规范规定的标准。这就是说计算逐锅在线监测的允许偏差必须小于试验室试样分析规定的偏差标准。

参照美国 ASTM D 955《Standard Specification for Mixing Plants for Hot - Mixed, Hot - Laid Bituminous Paving Mixtures》中对间歇式热沥青混合料搅拌设备计量—控制系统规定的公差标准,见表 11-1。

搅拌设备自动配料系统按批给料的允许偏差　表 11-1

材　料	占每锅沥青混合料总重的百分比(%)
各粒径段的集料	±1.5
矿粉	±0.5
沥青材料	±0.1
回零(集料)	±0.5
回零(沥青材料)	±0.1

11.2.2 热沥青混合料生产质量的试验室取样检测控制标准

热沥青混合料生产质量控制的检测项目与频度如表 11-2 所示。

成品料生产质量控制的检测项目与频度　表 11-2

料堆级配分析	每天 1 次
冷料仓级配分析	每天 1 次
热料仓级配分析	每天 1 次
料堆含水率	雨天后或必要时
热骨料残余含水率	雨天后或必要时
混合料抽提组成分析	每天 1 或 2 次,每次 6 个料样
马歇尔试验	每天 2 组
混合料试件的理论密度	每天 2 次
成品料温度	每车若干点

混合料组成分析由于取样和分析过程受许多随机因素的影响而带有很大的随机性,因此用 1 ~2 个试样的结果来代表成品料生产质量的总体是没有实际意义的。因此规定每组试样应有至少 6 个料样组成。

11.2.3 热沥青混合料试验室取样方法

1)冷集料的取样

冷集料的取样通常应在料堆或皮带输送机上进行,而尽量避免在卡车上取样。

在料堆上取样时应遵循的操作要点:应在料堆的上、中、下几个均匀分布的部位取大致相等数量的试样混合后作为一份代表性的料样;不应在料堆底脚处和顶部取样;取样时应移去料堆表面的集料,用方边铁锹铲入料堆内部取样;为避免取样时料堆上方的粗集料向下滚落,可在取样处上方架一挡板。

在皮带输送机上取样应遵循的操作要点:在皮带输送机上取样往往容易取具有代表性的料样;取样应在皮带输送机的出料口用接料器定时抽取若干份试样混合后成为一份代表性的料样;取样时应在皮带的全宽度上采集,以避免集料在宽度方向的离析。

2)热集料的取样

烘干后的热集料通常可以在热料仓下方取样口取样或在搅拌缸下方取样。

在热料仓下方取样应遵循的操作要点:由于在热料仓内通常都存在着离析,因此各热料仓的取样应在全宽度上进行;现在的沥青混合料搅拌设备常配置有专门的取样小车,如没有应在热料仓下方焊上几根钢杆用以支承取样器,将所取料样拌和均匀后作为一份试样。

在搅拌缸下方取样应遵循的操作要点:在取样前搅拌缸和计量斗的材料均应放空;在其余的热料仓仓门关闭的状态下将所需采样的热料仓的集料卸入计量料斗至一定的数量,不得在计量料斗斗门打开的情况下,直接放入搅拌器下方的接料斗,以免由于下落高度太高而形成集料离析;在搅拌缸卸料门全开的情况下,将接料用的装载机铲斗升高至尽可能接近搅拌缸卸料口的下方;在手动操作状态下将计量斗内的热集料放入装载机铲斗内;为了减少部分细料粘在计量斗和搅拌缸的壁上而引起的误差,第一次放入铲斗的材料应废弃不用,而用第二次放入铲斗的集料供热集料的取样之用;将装载机铲斗放至地面用方锹从12个方向和部位插入料层内取样,将所取料样搅和均匀后作为一份试样。

3)集料的取样数量

集料取样数量应根据最大粒径的尺寸来定,尺寸愈大所需的取样量也愈大。集料筛分所需集料的数量可按现行规范选取,由于我国规范提供的是圆孔筛的尺寸,对于方孔筛也可参考美国 ASTM 的标准选用(表 11-3)。

筛分试验所需最少取样量度　　表 11-3

最大公称粒径(圆孔筛)(mm)	取样数量(kg)	最大公称粒径(方孔筛)(mm)	取样数量(kg)
10	10	2.36	10
16	16	4.75	10
20	20	9.5	10
25	25	12.5	15
31.5	30	19	25
40	40	25	50
63	60	37.5	75
80	80	50	100
		63	125
		75	150
		90	175

4)成品混合料的取样

成品料的取样分为4类:从搅拌缸下直接取样,从成品料斗中取样,从装料卡车上取样,从摊铺机后方未碾压处取样。

(1)从搅拌缸下直接取样

这种取样方法最能反映搅拌设备本身的生产质量,取样时应遵循以下操作原则:搅拌缸下直接采样宜采用专门的旋转机械手取样;如没有专用的机械手取样器而用手持的取样器取样时应在搅拌缸下方的接料卡车通道边上搭一平台,让取样人员有一个良好的站立位置;取样器中接受的材料通常会有一高出取样器的堆帽,应用刮板沿取样器边缘将材料刮平。

(2)从成品料斗中取样

从成品料斗中取得的料样将反映混合料从搅拌缸卸入成品料斗过程中有可能产生的离析

情况。取样时应遵循以下操作原则:在料斗的三个不同方向取三份料样,拌和后成为一个试样;宜选用方铲作为取样工具,取样时应斜向伸入料堆内部至 30cm 处取样;不得在料斗内料堆的顶部或根部取样;装样的容器应清洁。

(3)从装料卡车上取样

从装料卡车上所取的料样反映了混合料从搅拌器卸入斗车、斗车卸入成品料仓和成品料卸入卡车过程中发生的材料离析情况。取样时应遵循以下操作原则:在卡车上取样应搭建专门的取样平台,使取样人员能方便地选择卡车的取样部位和稳定地操作;禁止取样人员站在卡车栏板上取样;不得在满载卡车的顶部和表面处取样;取样时应在卡车车槽的长度和宽度方向的三分之一处用方铲斜插入料堆内部至 30cm 处取样;可随机地选择卡车进行取样,然后将三份料样拌和后作为一份试样。

(4)从摊铺机后方未碾压处取样

从摊铺机后方取样最能反映出混合料从搅拌设备拌和好后装卸、运输、摊铺至路面上的全过程发生的材料离析情况。取样时应遵循以下操作原则:在摊铺机后方未经碾压处取样时,应选择卡车正在向摊铺机料斗中装料的过程中进行,而避免在空载和满载卡车交替过程中进行;取样的部位可选择在摊铺机宽度的 1/3 ~ 1/2 处;取样时应用铁锹将摊铺层全厚铲出,并注意不应将下层的材料铲入;可随机地选择连续三辆卡车摊铺的混合料进行取样,然后将三份料样拌和后作为一份试样。

11.2.4 成品料组成分析试验技术

在成品料的组成分析中,沥青含量分析试验方法主要有溶剂离心分离法、核子射线法和燃烧法。溶剂离心分离法是目前规范规定使用的方法,是一种对材料、操作等因素十分敏感的试验方法,如果不能正确使用就可能造成重大试验误差,而使试验结果完全失去可靠性。离心分离法试验误差主要来源于以下三方面:抽提过程中矿粉损失引起的误差;成品料的集料中含有残余水分引起的误差;集料吸入部分沥青而引起的误差。

11.3 热沥青混合料的运送与摊铺作业质量控制

11.3.1 混合料的运送与装卸

1)卡车的类型和混合料的运送方式

在施工前,施工单位要对所有运料车的驾驶员进行岗前培训,使每个驾驶员掌握运输路线、运料顺序、作业程序、注意事项以及发生故障时的处理方法,同时要加强汽车保养。

在沥青混合料成品运达工地之前,应对工地具体摊铺位置、运输路线、运距和运输时间、施工条件、摊铺能力以及所需混合料的种类和数量等作详细核对。

为了减少在摊铺机前频繁换车卸料的情况,应采用核载质量大于 15t(高速公路上大于 18 ~ 20t)的大型自卸汽车运送沥青混合料到摊铺现场。为了避免由于向现场供料不足而造成摊铺机停工,拌和设备成品储料仓应储存有足够的混合料。施工中应保证将拌和机拌制的沥青混合料(包括预先储存在拌和厂成品储料仓内的混合料)及时运送到摊铺现场,并在摊铺机前常保持有 5 车沥青混合料待卸,在运输时还要组织好车辆在拌和厂装料处和工地卸料的顺序以及车辆在工地卸料时的停车地点。对每辆运输车辆,在装料处经过安全检查后再启运。

运输车辆的车厢应具有紧密、清洁、光滑的金属底板并应打扫干净。为防止沥青混合料与车厢板黏结,在车厢侧板和底部喷涂沥青不黏剂或 1:3的柴油与水混合液,但要严格控制涂液用量,以均匀、涂遍但不积油水为宜。不允许用石油衍生剂来做运料车底板的涂料。

将混合料从拌和厂运到摊铺现场,必须用篷布覆盖运输车内的沥青混合料,以保持混合料的温度。在雨季施工时,运料车还应备有防雨篷布。

为了精确控制混合料数量,运料车装料或出厂时应进行称量,常用磅秤或使用拌和厂的自动称量系统,并记录每辆车装载的混合料质量。同时,在混合料出厂时,签发一式三份的运料单,一份存拌和厂,一份交摊铺现场,一份交司机。根据这些资料,可在事后推算某车混合料的铺筑位置,便于质量跟踪检查。在摊铺现场应凭运料单收料,并检查沥青混合料的质量,例如混合料的颜色是否均匀一致,有无花白料,有无结团或严重离析现象,温度是否在容许的范围以内。如果混合料的温度过高或过低,应该废弃不用,已结块或遭雨淋的混合料也应废弃不用。

2)混合料运输和装卸质量控制

混合料的运输与装卸过程中应加强以下几方面的控制:

①卡车装料时的离析问题。在运料车上装载沥青混合料时,为减少混合料颗粒离析,应尽量缩短出料口至车厢的下料距离,且自卸车不应停在一个位置上受料,每往车厢内装一斗料,车就移动一次位置。为使装料均匀,分次装料一般以奇数次为宜,一车料最少应分三次装载,首先将料放于车厢的前部,然后移动运料车,将料放于车厢的后部,最后再移动运料车,使余下的料在车厢的中部均匀分装。

②从储料仓卸料时,不要每次都将料仓中的料卸完。由于储料仓卸料时总是形成同心圆形的离析,卸料过程中最后一些料绝大多数为粗集料。

③运料卡车应采用料槽高的大吨位自卸卡车,并避免撞击摊铺机或料槽起升时压住摊铺机料斗。此外,在卸料时,应将混合料快速卸下,使整块物料往下卸,减少料的离析。

11.3.2 摊铺沥青混合料技术要求

1)路幅宽度选择

关于摊铺机的摊铺作业宽度,目前国内有两种观点。

一种是提倡用最大宽度为 12 ~ 12.5m 的摊铺机,全幅一次摊铺成型。这种施工方法的优点是减少了纵向接缝,提高了路面的平整度,没有纵缝痕迹,使外观平整,行车平稳舒适,且只用一台摊铺机,降低了施工成本,经济上也是可取的,但要求沥青混合料的拌和生产量必须满足摊铺量的要求,搅拌设备要有大容量的热料储存仓,还要有充足的运输车辆。应该说,只要各个环节的能力匹配、协调,这种施工方法理论上是可行的;但若生产能力不匹配,造成摊铺间断进行,导致横向接缝增多,从规范上讲是不允许的。

另一种观点是,考虑到采用一台摊铺机全宽摊铺的方式易造成矿料离析、振捣力小、压实不均匀,并且熨平板加得太长变形大,故建议使用 2 ~ 3 台摊铺机梯队形作业,每台摊铺机铺筑宽度不大于 7 ~ 9m,两台摊铺机一前一后相距约 10m 左右进行同步摊铺,形成热接缝。后一台摊铺机摊铺的沥青混合料应重叠在前台摊铺机摊铺的沥青混合料上约 6 ~ 10cm,用热熨斗将接缝熨平，然后一起进行碾压，用两台摊铺机同步摊铺沥青混合料是要特别注意接缝处的平整及紧密顺直，既不能下凹也不能凸出，并宜设置样桩控制厚度。这是一种适合施工企业装备能力的施工方法，能达到较高的铺筑质量，但要尽量避免路面形成冷接缝的分幅摊铺方式。

2）摊铺沥青混合料的一般要求

对于多层式沥青混合料，表面层和中面层或底面层和中面层的上下层摊铺易在当天完成，如果间隔时间较长应对下层表面进行清扫，并浇洒黏层沥青。在高速公路和一级公路沥青路面施工中，无论两层之间何时施工，均推荐浇洒黏层油，能有效防止路表水进入结构层内部，从而可提高路面耐久性。

摊铺厚度应为设计厚度乘以松铺系数，沥青混合料的松铺系数需通过试铺碾压确定，一般情况下，沥青混凝土混合料为 1.15 ~ 1.30，细粒式取上限，粗粒式取下限。摊铺后应检查平整度及路拱，发现问题及时调整。

摊铺时沥青混合料温度要求见表 11-4 和表 11-5。施工时气温在 10℃以下或冬季气温虽在 10℃以上、但有大风时，摊铺时间宜在上午 9 时至下午 16 时进行，做到快卸料、快摊铺、快平整、快碾压，摊铺机的熨平板及其他接触热沥青混合料的机具要经常加热。在摊铺沥青混合料前，应对接缝处已被压实的沥青层进行预热，沥青混合料摊铺后，在接缝处用热夯夯实、热烙铁熨平，并使压路机沿接缝加强碾压。雨季施工时，应注意气象预报，加强工地现场与拌和厂的联系，现场应缩短施工路段，各工序紧密衔接。运料汽车和工地应备有防雨设施，并做好基层及路肩的排水工作。下承层潮湿时，不得摊铺沥青混合料，对未经压实即遭雨淋的沥青混合料，要全部清除，更换新料。

热拌沥青混合料的施工温度（单位：℃）　　表 11-4

<table>
<tr><td colspan="3">沥青种类</td><td colspan="4">石油沥青</td></tr>
<tr><td colspan="3">沥青标号</td><td>50 号</td><td>70 号</td><td>90 号</td><td>110 号</td></tr>
<tr><td colspan="3">沥青加热温度（℃）</td><td>160 ~ 170</td><td>155 ~ 165</td><td>150 ~ 160</td><td>145 ~ 155</td></tr>
<tr><td rowspan="2">矿料温度（℃）</td><td colspan="2">间歇式拌和机</td><td colspan="4">比沥青加热温度高 10 ~ 30</td></tr>
<tr><td colspan="2">连续式拌和机</td><td colspan="4">比沥青加热温度高 5 ~ 10</td></tr>
<tr><td colspan="3">沥青混合料出料温度（℃）</td><td>150 ~ 170</td><td>145 ~ 165</td><td>140 ~ 160</td><td>135 ~ 155</td></tr>
<tr><td colspan="3">混合料废弃温度，高于（℃）</td><td>200</td><td>195</td><td>190</td><td>185</td></tr>
<tr><td colspan="3">混合料储料仓储存温度（℃）</td><td colspan="4">储存过程中温度降低不超过 10℃</td></tr>
<tr><td colspan="3">运输到现场温度，不低于（℃）</td><td>150</td><td>145</td><td>140</td><td>135</td></tr>
<tr><td rowspan="2">摊铺温度（℃）</td><td colspan="2">正常施工</td><td>140</td><td>135</td><td>130</td><td>125</td></tr>
<tr><td colspan="2">低温施工</td><td>160</td><td>150</td><td>140</td><td>135</td></tr>
<tr><td rowspan="2">碾压温度（℃）</td><td rowspan="2">开始碾压</td><td>正常施工</td><td>135</td><td>130</td><td>125</td><td>120</td></tr>
<tr><td>低温施工</td><td>150</td><td>145</td><td>135</td><td>130</td></tr>
<tr><td rowspan="3">碾压终了的表面温度（℃）</td><td colspan="2">钢轮压路机</td><td>80</td><td>70</td><td>65</td><td>60</td></tr>
<tr><td colspan="2">轮胎压路机</td><td>85</td><td>80</td><td>75</td><td>70</td></tr>
<tr><td colspan="2">振动压路机</td><td>75</td><td>70</td><td>60</td><td>55</td></tr>
<tr><td colspan="3">开放交通的路表温度（℃）</td><td>50</td><td>50</td><td>50</td><td>45</td></tr>
</table>

聚合物改性沥青混合料的正常施工温度范围(单位:℃) 表 11-5

工　　序	聚合物改性沥青品种		
	SBS	SBR(乳胶类)	EVA,PE 类
沥青加热温度	160 ~ 165		
改性沥青现场制作温度	165 ~ 170	—	165 ~ 170
成品改性沥青加热温度,不大于	175	—	175
集料加热温度	190 ~ 220	200 ~ 210	185 ~ 195
改性沥青 SMA 混合料出厂温度	170 ~ 185	160 ~ 180	165 ~ 180
混合料最高温度(废弃温度)	195		
混合料储存温度	拌和出料后降低不超过 10		
摊铺温度,不低于	160		
初压开始温度,不低于	150		
碾压终了的表面温度,不低于	90		
开放交通时的路表温度,不高于	50		

在摊铺中,若因搅拌设备出现故障等原因使摊铺中断,应立即使摊铺机前移,保证已摊铺的路面碾压连续,但要保留 1m 左右不碾压,待故障消除恢复生产后,铲除未碾压部分后继续进行摊铺。

11.3.3 摊铺前的准备工作

1)基层的准备

在摊铺作业前对基层进行彻底清扫。清扫过程采用人工和空压机相结合,要求清扫干净彻底。

在摊铺沥青混合料时,其下承层可能是基层、路面下面层或中面层。基层完工并通过检验后,一般即可洒水或浇洒透层油,对基层进行养生保护。洒水可以防止路面过度干燥,利于透层油的黏结。洒水量应由路面干燥程度和天气状况而定,不可太多或太少。透层油喷洒量为 0.8 ~ 0.9kg/m^2,喷洒作业由沥青洒布车完成,洒布要均匀,然后洒布适量的石屑,也可用轻型压路机静碾一遍,在摊铺沥青混合料前封闭交通。在沥青混合料摊铺之前,如果由于某种原因,如施工车辆通行、下雨等,使其表面发生不同程度的损坏,如表面松散、浮尘等,需要对基层表面进行维修;在桥头、通道或涵洞两端若发生下沉,则应在全宽及一定长度和深度范围内重新分层填筑并压实。在路面下面层或中面层表面,可能会因车辆行驶、下雨等原因造成表面泥泞、污染等,必须清洗干净。对下承层表面缺陷进行处理后,即可再洒透层油或黏层油。

对基层路面的平整度、压实度、横坡和高程等指标进行复验,各项指标必须达到要求控制的范围。按规范施工的基层路面依据其组成材料的不同,在养生期(一般 7d)应达到无侧限抗压强度(水泥稳定土达 3 ~ 4MPa)和压实度(水泥稳定土达 97% 以上),高程达到规范控制误差 +5mm 和 -10mm 之内,基层路面的平整度均方差代表值控制在 1.8mm 之内,个别点应控制在 2.2mm 之内(占总数的比例小于 15%),否则,应采取补救措施。对凸出的基层路面,一般采用铣削机械进行铣刨处理;对凹陷的基层路面,一般采用挖坑回填,保证压实度和平整度。

预先准备好的基层路面，应至少能满足一天的沥青路面施工。如搅拌设备生产能力为 200t/h，摊铺机采用 ABG423，摊铺宽度 12m、厚度 6cm 的沥青路面时，预先准备好的基层路面应在 1.5km 以上。

2）摊铺基准的选择与放样

自动调平摊铺机的控制系统是根据检测到的偏差信号来进行调解的。如果检测到的偏差信号不正确，系统本身控制精度再高也达不到自动调平的目的。因此，要使熨平板稳定可靠地工作，必须有一个准确的基准。目前，在高速公路建设施工中常用的有两种基准，即固定弦线基准和移动式平均梁基准。

一次摊铺路面宽度在 8～12m 的沥青路面施工，应在摊铺机两侧安装两个浮动基准梁，采用两侧控制；一次摊铺宽度在 8m 以下的沥青路面施工，可采用单侧浮动基准梁，另一侧高程采用横坡控制。采用两侧控制高程时，基准梁安装应对称，距摊铺机侧面距离一般为 90～120cm，浮动基准梁与摊铺机的连接安全可靠，各转动、浮动部分润滑应良好，前后基准梁应呈一条直线，浮动滑靴应清洁、无污物。摊铺机起步后，后面基准梁滑靴下应垫适当的垫板，保证摊铺机起步后自动调平系统正常工作。初次摊铺的垫板厚度等于虚铺层厚度，与冷铺层连接的摊铺垫板厚度等于虚铺层厚度与铺层厚度的差，垫板的长度不小于基准梁长度，垫板应平直不变形，保证良好过渡。

移动式平均梁基准能有效地提高路面平整度，也较容易获得符合要求的路面厚度。因此在路面下面层达到高程和平整度的情况下，面层及上面层采用移动式平均梁基准施工是提高沥青路面平整度的重要措施。表 11-6 是在下承层平整度相同的情况下，不同基准的使用对铺层路面平整度的影响。

不同基准施工路面平整度均方差对照表　　表 11-6

新铺路面平整度均方差（mm）＼下承层平整度均方差（mm）；施工方式	2.6	2.4	2.0	1.2
固定弦线基准	1.8	1.7	1.6	1.3
移动式平均梁基准	1.2	1.1	0.9	0.7

3）施工放样准备

施工放样包括平面控制和高程控制两项内容。平面控制是定出摊铺路面的边线位置。高程测定的目的是确定下承层表面高程与原设计高程的差值，以便在挂线时将沥青摊铺层的高程纠正到设计高程或者以保证沥青混合料面层的厚度。对无自控装置的摊铺机，不存在挂线问题，但应根据所测下承层实际高程、本层应铺厚度和设计的高程要求综合考虑确定实铺厚度，用适当垫块或定位螺旋调整就位。为了便于掌握铺筑宽度和方向，需要放出摊铺路面的平面轮廓线或设置导向线。

高程放样应考虑下承层表面实际高程与原设计高程的差值、下承层厚度和本层应铺厚度，综合考虑后定出挂线的高程，然后打桩挂线。其原则上不仅要保证沥青路面总厚度，而且考虑高程不超出容许范围，当两者相矛盾时应以保证厚度为主。

4）机械准备

在每日施工前，均应对机械设备进行检查和准备，包括以下方面：

①做好摊铺机及配套机械设备的准备工作，包括沥青混合料搅拌设备、摊铺机、自卸汽车、压路机、沥青洒布机、路面切缝机等。

②对摊铺机各工作装置及其调节机构进行检查：如刮板输料器、料斗闸门、螺旋分料器等，使之处于良好的工作状态。检查振捣梁的底面及其前下部是否磨损过大，行程及运动速度是否适当，它与熨平板之间的间隙以及熨平板底面的高度是否合适，熨平板底面有无磨损、变形或黏附有混合料，其加热装置是否良好，厚度调节器和拱度调节是否良好，各部位有无异常振动，采用自动调平装置时要检查装置工作是否正常。安装好熨平板的安全防护栏和脚踏板。

③对摊铺机的动力及传动系统进行检查，使发动机运转、离合器和传动系统工作正常，履带松紧适度，轮胎气压正常，电气系统、液压系统工作正常，操纵系统灵活可靠。

④尽量减少因安装和调试而产生的误差，横坡传感器的安装误差不应超过±0.1%，浮动基准梁的滑动应与摊铺基准面平行且横坡值相同，随时检查液压系统的工作压力，使其处于正常状态。

⑤作业前，用喷油器向料斗、推辊、滑板输料器、螺旋分料器、行走传动链和振动熨平板等各部位喷洒沥青不黏剂或薄层柴油。

上述各项都必须进行试运行检查，遇有故障应及时消除与调整，确认工作装置及其调解机构均处于良好状态之后才允许正式投入施工。

11.3.4 摊铺机的参数选择和调态

沥青路面摊铺作业是通过摊铺机的浮动熨平板与热沥青混合料的相互作用进行的，摊铺机自身性能和调试性能的好坏，对铺筑路面质量起决定性作用，必须将工作装置安装正确。摊铺机熨平板的宽度、拱度、工作仰角、螺旋分料器长度和位置、振捣器的振幅、频率等工作量参数调整到工作状态，摊铺机进入工作状态，参数一次选定后，不可随意变动。

1)熨平板的组装与调态

(1)熨平板宽度调整

熨平装置是摊铺机的重要工作装置，用于对螺旋摊铺器所摊铺的沥青混合料进行预压、整形和整平，以便为随后的压路机压实创造必要的条件。

熨平板装置按其结构形式的不同，可分为机械加长式熨平装置和液压伸缩式熨平装置；按其功能的不同，可分为标准熨平装置和高密实度熨平装置。

在确定摊铺带宽度时，还应注意上下铺层的纵向接缝应错开30cm以上。摊铺下层时，为了便于机械的转向，熨平板的侧边与路缘石或边沟之间应留有10cm以上间距。

(2)熨平板拱度的调整

熨平板拱度的调整需在宽度调整后进行，用拱度调整机构调整熨平板的拱度。各种型号摊铺机的调拱机构大致相同，调整后可在标尺上直接读出拱度的绝对数值(mm)或横坡百分数。调整好拱度后要进行试铺校验，必要时需再次调整。调整拱度时需注意熨平板两端的挠度变形。

一些大型摊铺机，常设计有前后两副调拱机构，其前拱的调节略大于后拱，以利于摊铺层表面质量和结构密实度的均匀性。前拱和后拱的差值应控制得当，如前拱过大易出现摊铺层两侧疏松、中部紧密、中部表面易被刮出亮痕和纵向条纹；反之，前拱过小或小于后拱，混合料被分向两侧，易出现摊铺层中部疏松、两侧紧密并刮出亮痕和纵向条纹。一般前后拱差值对液压伸缩式熨平板为 2～3mm，对机械加长熨平板为 3～5mm。

(3)熨平板初始工作仰角的调整

在摊铺工作开始前准备两块长方形垫木作为摊铺厚度的基准。垫木宽 5～10cm，长度与熨平板沿道路纵向方向的尺寸相同或稍长，高度为摊铺层的松铺厚度。摊铺厚度调整方法是将摊铺机停置于摊铺带起点的平整处，抬起熨平板，把两块垫木分别置于熨平板两端的下面，如果熨平板加宽，则垫木方在加宽部分的两端下面，操纵升降油缸，放下熨平板并使升降油缸处于浮动状态，然后旋动左右两只厚度调节螺杆，使熨平板完全以自重落到木块上为止，这时厚度调节器应处于微量间隙的中立位置(即螺旋正反方向均有手感间隙)。

在熨平板放置妥当后，接着调整其初始工作仰角，即旋动调节螺杆，使熨平板前缘抬高，形成初始工作角。该仰角视机型、铺层厚度、混合料种类和温度等因素的不同而异，在各摊铺机的使用说明书中都有规定。在同一种沥青混合料的条件下，对较大的摊铺厚度应选择较大的初始工作仰角。一般熨平板前段抬起 0.6～1.2mm，主要是根据经验确定。

多数摊铺机上装有手动调整机构，用以调整初始工作仰角。调节的正确与否，只能通过实际摊铺的厚度去检验。每调整一次，必须在 5m 范围内作多点厚度检测，取其均值与设计值比较。一次调整后，在测定均值前不得作任何调整。对于凹凸不平较大的下承层，仅通过多点检测难以确定厚度值，这时可从摊铺的面积和使用的混合料数量求出每平方米所用的混合料质量，以此与规定的密度作比较，就可确定摊铺厚度是否需要再次调整。

具有自动调平装置的摊铺机，在机器结构上可以靠改变熨平板牵引臂安装位置来获得有限级(常为三级)的初始工作仰角，每一级初始工作仰角适应一定范围的摊铺厚度，同时依靠电子液压调平装置来控制工作仰角的瞬时变化，以保证摊铺平整度。

对于液压伸缩熨平板，由于中间的基本熨平板与左右伸长熨平板不在同一纵向位置上，当初始工作仰角改变时，两者的后缘距地面高度会变得不一致。故在调整工作仰角之后，要使用同步调整机构，调整左右伸长熨平板的高度，使其后缘与基本熨平板后缘处于相同高度。

在摊铺过程中，不要频繁调整厚度控制杆，否则，将使工作仰角不断变化，而工作仰角的恢复需要一段时间，在此时间内，摊铺层的平整度将受影响。

当厚度确定后，要准确记录当天完工时的倾角标尺位置，以便次日按同样的位置工作，保证均匀一致的摊铺厚度。

(4)熨平板前缘与分料螺旋距离的调整

现代摊铺机上，熨平板与分料螺旋之间的距离是可变的，其主要目的是为了适应不同摊铺厚度、混合料粒径、温度和油石比、下承层强度和刚度的变化而进行调整的要求。这一距离的调整，主要涉及混合料下料速度及其通过性。但摊铺厚度较大、骨料粒径较大、要求密实度高、沥青混合料温度偏低或发现摊铺层表面出现波纹时则应将此距离调大，使混合料有较高的下料速度和较好的通过性，在下承层较软(如各类稳定土)，或混合料粒径较小、摊铺厚度较小时，需要较小的下料速度和通过性，宜将此距离调小，但如果距离过小，不仅满足不了规定的摊铺厚度，而且可能使摊铺层出现波纹，导致平整度下降。

一般条件下，当摊铺厚度小于 10cm 的中、粗粒式沥青混合料，最大粒径约 30mm，混合料温度适中时，将此距离调至中间位置。

熨平板前缘与分料螺旋距离的变化，会引起熨平板前缘堆料高度的变化和螺旋分料器处混合料压力的变化。混合料压力过大（即熨平板前的堆料较多），混合料对熨平板底面的阻力增加，促使工作仰角相对变大，使平整度发生变化，反之，混合料压力太小，也会使平整度下降，因此，此距离的调整是在其他项目调整（如刮料板的开度等）全部完成后进行。

2）摊铺机螺旋分料器的调整

螺旋分料器的高度应根据摊铺层厚度的变化而变化。铺层厚，螺旋分料器的高度要增大，反之减小。螺旋分料器太高，则供料慢，两端供料不足；螺旋分料器太低，则阻力过大，供料不足。一般来说，螺旋分料器螺旋离地高度的调整范围通常在0~30cm之间，螺旋分料器轮边距下承层表面10~20mm供料较理想；分料器的长度应适宜，太短两端供料不足，太长料位不容易控制。施工中，分料器的端部距熨平板边沿以15~20cm为宜，实现分料器连续均匀供料控制。

摊铺机的刮板输料器和螺旋输送器两者密切配合，使速度均匀是保证路面摊铺质量的重要措施之一。调整刮板和螺旋送料器的料位传感器，保持熨平板前的混合料高度高于螺旋输送器的轴心线（一般在螺旋高度的2/3）以及螺旋的转速均匀稳定。如果刮板供料不足，会造成螺旋高速运转，不仅增加叶片磨损，而且改变了熨平板的受力平衡，使铺层厚度发生变化，影响路面的压实度和平整度。螺旋输料器转速时快时慢，还会造成混合料摊铺离析，影响摊铺质量。

3）振捣和振动系统的调整

摊铺机的振捣、振动系统直接影响热沥青混合料铺层密实度和平整度，振幅和振动频率的选择取决于不同的施工材料、摊铺厚度和摊铺速度。摊铺厚度大、密实度要求高、温度低、矿料粒径大时，采用大振幅；反之，采用小振幅。在摊铺薄层时，不要使用高振幅振动，以免基层松散和整体强度下降。振幅过大、振频太高，会造成集料压碎、细料上浮和“泛油”现象；振幅太小、振频太低，则初密实度低，不利于压实作业的施工。例如，采用ABG423摊铺机施工的沥青路面，铺层厚为40~60mm，摊铺速度在2~3m/min时，振动夯选择振幅5mm、振频20~22Hz，熨平板振动器振动频率选择35~40Hz，热沥青混合料能够获得较理想的初压实度（80%~85%）和平整度（均方差值可达0.5mm）。

4）刮料板高度的调整

有些摊铺机熨平板前装有刮料护板，其作用是保持熨平板前部混合料的堆积高度为定值。刮料板离地高度要根据摊铺层厚度、混合料粒径大小进行调整。刮料板高度的不同将使熨平板前混合料数量不同，混合料对熨平板工作面的抬升力也不同，熨平板工作角的变化将影响摊铺厚度和平整度。

刮料板高度调整的要求是：当摊铺层厚度小于10cm时，对于机械加长熨平板，刮料板底刃高出熨平板底板前缘130~150mm；对于液压伸缩熨平板，此值应稍减小；摊铺厚度增加或混合料粒径较大时，此值应适当加大；反之，摊铺层厚度减小、混合料中细料多或油石比较大时，此值应适当减小。为确保在熨平板全宽范围内堆料高度一致，刮料板底刃必须平直，且与熨平板底边缘保持平行。

5）摊铺机作业速度的选择

摊铺机的作业速度对摊铺机的作业效率和摊铺质量影响极大。正确选择作业速度，是加快施工速度、提高摊铺质量的重要手段。现代摊铺机均具有较宽的速度变化范围，从零到每分钟数十米之间，可进行无级调节。在摊铺沥青混合料过程中，不应随意变更摊铺机的摊铺速度，更应避免中途停顿。如果摊铺机时快时慢、时开时停，将导致熨平板受力系统平衡变化频繁，对摊铺层平整度和密实度产生很大影响。速度过快会使铺层疏松，供料困难，停机会使铺层表面形成台阶状，且料温下降，不宜压实。即使是目前最先进的摊铺机，其纵向调平系统在每次重新启动后仍需行驶 3 ~ 8m 才能恢复正常。因此，应尽量使摊铺机匀速、不停顿的连续摊铺混合料，将每天必须的停机中断处安排在构造物一端预定做接收的位置。

摊铺速度主要与材料、厚度、宽度、配套机械、施工技术要求等有关。一个重要的前提，就是要保证摊铺质量和符合施工技术规范要求。目前，摊铺沥青混合料面层时，其摊铺速度选择为 2 ~ 12m/min，有些工况可达 20m/min；摊铺各种基层稳定材料、碾压混凝土时，摊铺速度选择为 0.5 ~ 1.2m/min，如果过快，将会影响摊铺质量。由于各国的具体条件不尽相同，所选择的摊铺速度也就有所差异。如美国机械配套齐全，且生产效率较高，他们选用摊铺速度较高，一般可达 30m/min，有的甚至高达 60m/min。他们还认为摊铺机的功能就是完成摊铺作业，因此没必要要求其较高的摊铺预压密实度，也不主张广泛地采用高密实度熨平装置。欧洲国家采用的摊铺速度则基本上与我国相同。

选择摊铺速度的原则是保证摊铺机连续作业。一方面要考虑供料能力，包括沥青混合料拌和设备的生产能力和运料车辆的运输能力；另一方面，要根据不同类型的混合料、温度和铺筑层次而有所区别。

11.3.5 摊铺作业

1）摊铺机作业前的准备

（1）熨平板加热

熨平板的加热是保证摊铺质量的重要措施之一。在摊铺机就位并调整完毕后，就要做好摊铺机和熨平板的预热、保温工作。每天开始施工前或临时停工后再工作时，均应对熨平板进行预热，其目的是减小熨平板及其附件与混合料的温差，以防止混合料黏附在熨平板底面上而影响摊铺质量，因为 100℃以上的混合料碰到未加热的熨平板底面时，将会粘在底板上，这些黏附的混合料随板向前移动时，会拉裂铺层表面，形成沟槽和裂纹。另一方面，由于摊铺阻力增大，摊铺机起步后形成爬坡，接缝处平整度和压实度下降。如果先对熨平板进行预热，则加热后的熨平板可对铺层起到熨烫作用，从而使铺层表面平整无痕。熨平板的预热温度应与混合料的温度接近，若过热，除了易使熨平板本身变形和加速磨损以外，还会使铺层表面沥青焦化和拉沟，影响铺层平整度和强度。如 ABG423 摊铺机采用丙烷器加热，一般预热时间不少于 30min，使熨平板表面温度达到近 130℃。气温较低时，应适当延长预热时间。

预热熨平板应注意以下几点：在调整好熨平板的高度和横坡后，应放置在现场平整地面上进行预热，尤其是摊铺厚度较大时更要做到这一点；要掌握好预热时间，防止熨平板过热变形，尤其是用气体或液体燃料时，要掌握火焰的大小；预热后的熨平板在工作时，如果铺面出现少量沥青胶浆且有拉沟时，表明熨平板已过热，应冷却片刻再进行摊铺；在连续摊铺过程中，当熨平板已充分受热时，可暂停对其加热。但对于摊铺温度较低的混合沥青砂，熨平板应连续加热，以使板底对材料起熨烫作用；用燃气或燃油加热熨平板，要注意防火安全。

(2)纵坡传感器的安装、检查与调整

自动调平系统采用单侧或双侧纵坡控制,纵坡传感器安装必须牢固。调节熨平板上的厚度调节手柄,调节出合适的摊铺厚度,纵向传感器指示灯上下闪动表示厚度调节完毕。纵向传感器的灵敏度选择在刻度值的5~7内(数值越大,灵敏度越高)。摊铺中面层、下面层时,采用灵敏度相对较高的刻度值;摊铺上面层时,采用灵敏度相对较低的刻度值,以满足纵坡和平整度要求。每一层的纵坡传感器灵敏度刻度值应通过试验路段具体确定。

在摊铺宽度小于8m的作业中,采用单侧纵坡与横坡控制,能够减轻放样劳动强度、提高控制精度。横坡传感器的灵敏度与纵坡传感器一致,其控制线接口应与控制方向相对应。

(3)摊铺机工作装置的调整及松铺系数的测定

摊铺机的初始工作仰角直接控制起步后铺层的厚度变化,对横接缝的平整过渡影响很大。不同的材料、机械设备,初始工作仰角不同。摊铺作业中的仰角,应在试验路段中精确测量,初始仰角调整不当将造成起步后摊铺波浪,影响路面平整度。

通过试验路段,测定相应的混合料松铺系数。在实际摊铺过程中,按松铺系数确定熨平板初始的松铺厚度和移动平均梁基准下的垫板厚度。在每节熨平板下最好都垫一块木板,至少在熨平板宽1/3处各放一块,宽度取20~30cm。移动基准梁的后部在全长方向上与熨平板垫同样的垫板,并保证垫板的平直。初次摊铺的垫板厚度为路面设计厚度乘以松铺系数;与路面对接摊铺的垫板厚度为松铺厚度与路面设计厚度的差。垫板可以采用整体式,也可以采用组合式,其目的是保证虚铺厚度,及摊铺机起步后自动调平系统开始工作。

(4)摊铺机供料机构操作

摊铺机供料机构包括刮板送料器和向两侧布料的螺旋分料器两部分。摊铺机的刮板输料器和螺旋输送器两者密切配合,使速度均匀是保证路面摊铺质量的重要措施之一。调整刮板和螺旋送料器的料位传感器,保持熨平板前的混合料高度高于螺旋输送器的轴心线(一般在螺旋高度的2/3),及沿螺旋分料器的全长料堆高度一致,螺旋的转速均匀稳定。两者中,当其中一个工作参数(如螺旋转速)确定后,另一个工作参数(刮板的线速度)也相应确定。刮板输送器的运转速度及闸门的开启度共同影响摊铺室的供料量。通常刮板输送器的运转速度确定后就不大变动了,因此,向摊铺室的供料量基本上依靠闸门的开启度来调节。在摊铺速度恒定时,闸门开度过大,使得螺旋摊铺室中总积料过多,形成高堆,造成螺旋分料器的过载并加速其叶片的磨损,同时也增加熨平板的前进阻力,破坏熨平板的受力平衡,使熨平板自动向上浮起,铺层厚度增加。如果关小闸门或暂停刮板输送器的运转,掌握不好,又会使摊铺室内的混合料突然减少,中部形成下陷状(料的高度降低),其密实度和对熨平板的阻力减小,同样会破坏熨平板的受力平衡,使熨平板下沉,铺层厚度减小。

摊铺室内最恰当的混合料数量是料堆的高度略高于螺旋分料器的轴线,闸门的最佳开度,应在保证摊铺室内混合料处于上述的正确料堆高度状态下,使刮板输送器和螺旋分料器在全部工作时间内都不停歇地持续工作。

2)摊铺机的操作技术

①摊铺机作业速度要均匀一致,作业过程中速度不可任意调整。

②非操作人员不准上下摊铺机,不准在熨平板上放置物体,如水桶、工具等。

③不准随意调节熨平板厚度调节手柄;厚度变化较大时,应查明原因,按坡度标准要求进

行调节。

④纵向传感器距熨平板边沿的距离应当恒定，不能时近时远，特别是在有横坡的路段，该距离变化，将引起铺层厚度的变化。

⑤时刻注意摊铺机的行走方向线，避免急调方向。

⑥注意工作仰角的变化，变化超出正常范围时，应查明原因，进行修正。

⑦指挥自卸车的停车（在摊铺前 10 ~ 13cm）、起顶（应分 2 ~ 3 次完全起顶）卸料，防止撞击摊铺机。

⑧尽可能保持摊铺机料斗内的余料均匀，保证连续均匀供料。

⑨调节料位传感器，使螺旋输料器的转速尽可能均匀，保持熨平板前料位均匀一致。

3）自卸汽车卸料

摊铺开始时，在施工现场至少应有 5 辆车等候卸料；在开始摊铺时，采用后到位的车辆先卸料，保证摊铺机起步的正常运行。运抵现场的混合料，应逐车检测，并作详细记录，对温度过低、有夹团或有拌和不均匀的混合料，禁止摊铺。

测量沥青混合料的温度符合要求后，第一辆自卸车缓慢后退到摊铺机前，轻轻接触摊铺机后，挂空挡，向摊铺机收料斗中缓慢卸料，直到受料斗中料满即停止卸料。

摊铺机边受料边将混合料向后输送到分料室。摊铺机按事先确定的行驶速度（如 3m/min）起步摊铺混合料。起步时应控制好熨平板的高程，同时应由两人专门看护传感器，不让它滑出钢丝绳外，并注意不要有钢丝绳滑落。在采用浮动基准梁的情况下，每根基梁前都需要有一人持扫把及时扫除散落在基准梁架行走轨道上的混合料颗粒和其他异物，以保证基准梁与下承层表面平行。

摊铺机起步后，边摊铺沥青混合料边推动自卸车前进，同时自卸车继续向受料斗中卸料。第一辆自卸车卸料完毕后立即开离摊铺机，同时第二辆自卸车向摊铺机倒退。为了维持摊铺机连续摊铺，也为了能让下一辆车顺利卸料，过去习惯将摊铺机受料斗的两块侧板翻起，将混合料集中在链板送料器上并继续送到分料室中。由于最后集中在送料器上的混合料中大碎石较多，用这种方式摊铺混合料容易产生局部大碎石集中现象（即摊铺层表面出现片状离析现象）。为了避免这种局部大碎石集中现象，第一辆车应尽早卸完料并立即驶离，第二辆车应尽快后退到摊铺机前并及时向摊铺机喂料，使新料与受料斗中余料混合，严禁出现送料刮料板外漏现象。第二辆自卸车后退到离摊铺机 20 ~ 30cm 时即停止并挂空挡，同时准备卸料，摊铺机继续前进摊铺混合料，接触第二辆运料车并推动料车前进时，第二辆运料车立即向摊铺机受料斗缓慢卸料，以这种方式保持摊铺机匀速不间断地摊铺沥青混合料。

4）摊铺方式

采用多幅摊铺时，先从横坡较低处开铺或先铺主行车道。如果为多机摊铺，则应在尽量减少摊铺次数的前提下，各条摊铺带的宽度可以有所不同（即梯队作业方式），梯队间距不宜太大，宜在 5 ~ 15m 之间，以便形成热接缝。如为单机非全幅作业，每幅不宜铺筑太长，应在铺筑 100 ~ 150m 后调头完成另一幅，此时一定要注意接好缝。也有人认为，为减少横向施工接缝，每条摊铺带在一天施工中应尽可能长一些，最好一个施工班一条横向接缝。在铺筑面层时，最好是双机梯队全幅铺筑；如为单机多幅摊铺时，中间纵向缝要切割涂油，使两次摊铺混合料紧密、平整相接。

5)摊铺过程中的厚度调整与质量检测

(1)松铺厚度的调整(初始阶段)和检测

在摊铺作业的初始阶段,应加强松铺厚度的检测(沿摊铺方向分内、中、外,每米测3个点)。松铺厚度偏差在5mm以内,不进行厚度调整;当偏差较大时,进行厚度调节,厚度调节不可太快,应平缓过渡。固定弦线基准的摊铺作业,以摊铺机行走4~5m,均匀转一周调节手柄为宜。松铺厚度的检测应连续,记录应翔实,数据应可靠。

(2)摊铺温度的检测

摊铺作业后,应对松铺层的混合料温度进行检测,以便确定摊铺温度是否恰当。摊铺温度应按桩号间距摊铺机的距离相应测定,记录应准确。温度有变化时,应立即通知技术人员,查明原因,制定相应对策。

(3)松铺层纵向、横向高程的监测

采用固定弦线基准摊铺的松铺层高程,受人为因素影响较大,应由专人用水准仪,按桩号跟踪摊铺机监测,记录应翔实连续。高程偏差太大(如10mm)时,应查明原因,制定相应施工对策,及时修正标高偏差。

(4)松铺层平整度的监测

对松铺层平整度的监测,是对铺层进行碾压前的一个非常重要的工序,它可以在事前控制路面平整度,避免出现在碾压后造成的平整度达不到要求而又难以修正的情况,同时它还可以对碾压之后的平整度进行检查,验证碾压过程的正确与否。

6)横向和纵向接缝的处理

沥青路面的接缝处理,是直接影响路面平整度和行车舒适性的重要工序,必须由有经验的人员按施工管理要求细则认真执行。

(1)横向接缝的处理

横向接缝是沥青路面施工过程中,上次摊铺结束与下次摊铺开始的冷结合缝。横向接缝处理不好,不仅影响路面平整度,而且是形成车辆跳车、路面早期损坏的重要因素。具体的施工工序如下:

①施工前用3m直尺沿路面纵向在接缝处测量,使3m直尺间隙在2mm以下,确定横向接缝的位置。

②用混凝土切缝机沿确定的位置切开,切深为铺层厚度,清除多余的铺层材料。

③用汽油喷灯对横缝立面加热。加温时喷灯应移动进行,以免温度太高使立面处沥青老化。加温至使沥青熔化,并具有一定温度(约100℃)为宜。

④在接茬处,涂刷适量沥青或乳化沥青。

⑤上下相连两层的横向接缝不应太近,至少应错开2m以上。

⑥摊铺机熨平板放置在接茬处已铺路面上,在熨平板宽度方向垫三块木板,木板厚度为铺层虚铺量厚度,虚铺量一定要准确。

⑦按规范要求摊铺后,接茬处的小缺陷,采用细料人工补偿。

(2)纵向接缝的处理

在较宽的路面摊铺机变幅段的施工中,必须采用两台或多台摊铺机联合作业,采用纵向热接缝施工,并注意以下施工事项:

①多台摊铺机前后成梯形平行作业，相邻两台摊铺机前后相距不要太长（一般不大于 15m），保证摊铺混合料温度基本一致。

②每台摊铺机的熨平板宽度，根据摊铺总宽度适当而定，熨平板宽度差异不宜太大，有一定重叠量（5 ~ 10mm）且尽可能将热接缝设在路面划标线位置。

③变幅施工时，摊铺机组合中，至少有一台液压伸缩熨平板摊铺机以保证变幅需要；液压伸缩熨平板的摊铺宽度不宜太大（一般在 8m 以下），以确保路面平整度和压实度。

④螺旋送料器的料位控制适当，不能太高或太低，即既能保证摊铺用料，又不会在热接缝处形成堆料，以免影响接缝处的压实度、平整度。

7）摊铺质量缺陷的处理与补救措施

（1）松铺面个别高峰的处理

在摊铺过程中，由于不可预见的因素造成摊铺机停机或混合料因超规格料太大将熨平板垫起，会形成摊铺层的个别高峰。当个别峰值较小时（在 5mm 以下），最好不要对松铺层进行处理，将该处作标记，在碾压过程中处理（碾压段接头避过此处，在路面温度降到 50 ~ 60℃以前对高点进行适当碾压处理，即可消除）；当个别峰值较大时（5 ~ 10mm），应由技术熟练的工人作适当处理，处理后的上面用细料补平，边处理边用 3m 直尺检测，然后作标记，以便碾压过程中处理；当个别峰值大于 10mm 时，应把此段切除重新摊铺，才能保证摊铺质量。

（2）下承面严重凹陷的处理

下承面出现严重凹陷时，该处松铺厚度增大，压实过程中的压实量增大（松铺系数增大），新铺层压实后仍有较大凹陷，严重影响路面平整。

①对于凹陷量在 10 ~ 20mm 以下的下承面，采用预先补填方式，用沥青混合料先填实，保证平整（用 3m 的直尺测量，其间隙在 3mm 以下）和压实，然后进行摊铺作业。

②对于凹陷量在 10mm 以下的下承层，用补填方式不能保证补填处良好结合，应采用挖坑方式，将凹陷挖出，然后用下承层混合料补填，保证平整和压实。

③对于局部较小的凹陷量（5mm 以下），下承层可以不采用补救措施，但必须保证摊铺平滑过渡，特别在摊铺机履带和基准行走位置，不应有凹凸不平。

④下承面的凸出缺陷，应用铣刨机铣刨、磨光机磨削处理至用 3m 直尺测量最大间隙为 2mm，并保证路面的一定粗糙度。

（3）桥面严重不平整的处理

桥面施工过程中，由于施工不规范，造成水泥混凝土桥面高低不平，或由于高程控制误差太大，不得不对混凝土桥面开凿，都会形成混凝土桥面的不平整，必须进行处理才能保证沥青混凝土路面的施工质量，同时应注意以下事项：

①对于一般的桥面不平整，常采用混凝土铣刨机铣刨或混凝土磨光机磨削的方式进行处理，边处理边用 3m 直尺测量，达到最大间隙 3mm 以下。

②对于桥面的严重不平整。如因高程太高，采用人工开凿后，用 3m 直尺测量，桥面的不平整间隙达到 20mm。若用铣刨、磨削方式很难达到满意效果，且工作量巨大，这时采用局部处理法，效果较理想，即集中精力把摊铺机两履带行走位置及移动基准梁滑靴行走位置处理好，遇有钢筋时也应铲除或打平，达到用 3m 直尺检测，其间隙在 3mm 以下。

(4)铺层厚度不够规定要求时,在下一层摊铺时的补救措施

当上面层在厚度和平整度指标上出现了严重问题,而又不能将该段铲除或重新摊铺时,可在下一个面层摊铺时采用补救措施:

①下一个面层可采用移动式平衡梁基准施工,摊铺前将该厚度仔细检测,并标出不同桩号的厚度。

②确定厚度调节方案。调整后的两层厚度之和应满足设计路面的两面层厚度之和,并保证较好的下一个施工面层平整度。

③摊铺施工前,将需要调厚或调薄的点及数值标在桩号处,并按摊铺机行走一定的距离(即满足平整度要求)调节厚度手柄一周的调平方式,预先标出手柄开始调节桩号,以便提前将厚度调大或调小。

④施工中,由两人分别跟踪调节两个厚度调节手柄,另有一名指挥人员,协调两调节人员,保持行动一致,调节量一致。

11.4 沥青路面碾压施工技术

11.4.1 合理的沥青面层压实层厚度

我国高速公路路面设计中,相对于面层各结构层厚度而言,沥青面层的集料粒径普遍偏粗,与其相匹配的压实层厚度稍偏薄,不利于压实。美国以前规定结构层厚度应不小于最大粒径的2倍,现Superpave提出宜为公称最大粒径的3倍,澳大利亚要求2.5倍。目前,我国高速公路表面层普遍采用公称最大粒径16mm,厚度4cm,相当于2.5倍,显得稍薄;如果按3倍,宜采用5cm层厚。4cm表面层如果采用13mm粒径规格可能会好一些。由于集料生产和价格的关系,16mm粒径是我国常用尺寸,当初是由LH-20转过来的,按欧洲的级配系列,公称粒径16mm的最大粒径是22.4mm,不是19mm。中下面层的厚度为5~6cm,与粒径26.5mm相比就更薄。我国施工规范规定表面层集料最大粒径不大于层厚的1/2,中下面层不大于层厚2/3。

沥青混合料的集料粒径过大导致的离析现象是普遍存在的问题。不仅表面层存在,中下面层更严重。高速公路底面层混合料普遍采用空隙率较大的AC-30或AC-25型沥青混凝土,粗集料粒径偏大,离析无法避免(全幅摊铺离析更甚);层厚越薄,越易形成局部区域空隙过大,成为透水、积水和积浆的场所,容易导致沥青与集料剥离。当然,集料离析还有一个更重要的原因是施工所使用材料的变异性太大,砂石料料场不规范、来源杂、不稳定,使级配变化太大,或者由于混合料生产和运输过程中的不恰当造成材料离析,以致不能达到配合比设计的要求。最小层厚的关系一般宜按最大公称粒径的3倍考虑。

11.4.2 碾压机械的选型与组合

①对于沥青混合料,振动压路机比普通静力压路机具有更好的压实效率。钢轮压路机容易形成表面发裂,故钢轮碾压之后,应有轮胎压路机揉合裂纹。所以,轮胎压路机也是压实沥青面层不可缺少的机械,应与钢轮振动压路机联合使用。

②使用振动压路机时,在一定范围内增加线压力可以改善压实效果,对于大中型振动压路机,最佳线压力范围为 300 ~ 400N/cm。很多高速公路施工中均规定线压力不宜小于 350N/cm。

③压实沥青混合料时最合适的频率范围为 40 ~ 55Hz,最适用的振幅范围是 0.3 ~ 0.5mm。为了适应不同沥青混合料的压实力需要,振动压路机要能通过变化频率和振幅来改变振动强度。

④压路机的数量要根据具体工程确定,在工程开始时,在以往工程经验的基础上进行初步选择,由于混合料的冷却速率、压实遍数及其他因素等难以确定,只有在试验路段上仔细观察、测量、试验后才能最终确定。

11.4.3 沥青路面碾压工艺

1)初压

初压目的是整平和稳定混合料,同时为复压创造有利条件。因此,要注意压实的平整性。由于沥青混合料在摊铺机的熨平板前已经过初步整型压实,而且刚摊铺的混合料温度较高,在 140℃左右,因此只要较小的压实功就可以达到较好的稳定压实效果。通常用 6 ~ 8t 的双钢轮压路机或 8 ~ 10t 振动压路机,前进时(关闭振动装置)以 2 ~ 2.5km/m 左右的速度碾压两遍。对于单驱动轮压路机,碾压时必须注意驱动轮在前,尽量减小推移。一般不采用普通轮胎压路机进行初压。初压温度以前规定为 110 ~ 130℃,现在都已提高到 125 ~ 145℃,低温施工时还要高 5 ~ 10℃。碾压时驱动轮在前匀速静压,后退时沿前进碾压时的轮迹行驶。也可用组合式钢轮—轮胎压路机(钢轮在接近摊铺机端)进行初压,前进时静压匀速碾压。初压后检查平整度、路拱,必要时予以修正。如在碾压时出现推移,可待温度稍低后再压,如出现横向裂纹,应检查原因并及时采取纠正措施。

2)复压

复压目的是使混合料密实、稳定、成型。因此,复压应在较高的温度下并紧跟初压后面进行,复压期间的温度不应低于 120℃。复压时通常用 10 ~ 12t 双驱双振压路机,以 3 ~ 5km/h 的速度碾压 4 遍,再用 20 ~ 26t 的轮胎压路机,以 4 ~ 5km/h 的速度碾压两遍,具体碾压遍数参照铺筑试验段时所得的结果确定,通常不少于 6 遍。若用 DD110 进行复压,试验证明,采用振频 42Hz,振幅 0.51mm,碾压速度在 4 ~ 4.5km/h,对 5cm、6cm 的沥青路面进行复压,效果比较理想;对 4cm 厚的路面,振幅以 0.46mm 为宜。在上述参数下振压 2 ~ 4 遍即可达到规定的压实度。

3)终压

终压是消除轮迹、缺陷和保证面层有较好平整度的最后一步。由于终压要消除复压过程中表面遗留的不平整印迹,保证路面的平整度,因此,沥青混合料也需要在较高但又不能过高的碾压温度下结束碾压。在高速公路施工中,终压结束时的温度最好不低于 100℃。

终压阶段常用 20 ~ 25t 的轮胎压路机配合 10t 左右的双钢轮大宽度压路机以 4 ~ 5km/h 的速度进行碾压两遍来完成。此时轮胎压路机的主要作用是通过轮胎的搓揉来揉合细小的施工裂缝,钢轮压路机则用来消除轮迹。

不同压路机在初压、复压和终压三个阶段的压实速度见表 11-7。

碾压速度　　表11-7

压路机类型 \ 最大碾压速度	初压(km/h)	复压(km/h)	终压(km/h)
钢轮压路机	2.0~3.0	3~5	3~6
轮胎压路机	2.0~3.0	3~5	4~6
振动压路机	2.0~3.0	3~4.5	3~6

11.4.4 碾压模式

碾压时压路机在横坡方向上应由较低边向较高处碾压，这样可使压路机以压实后的混合料作为支承边。压路机的碾压长度在纵向呈阶梯形排开，相邻两碾压段纵向接头重叠应在1~1.5m之间。对于双钢轮压路机，碾压左右重叠应在15cm以上，轮胎压路机其左右碾压重叠为1/2轮宽。

复压过程中，复压段的长度应大于初压长度1~1.5m，再按阶梯碾压法依次进行，这样，缩短了初压停机位置的碾压时间，有利于路面平整度的提高。变更压道时，要在碾压区内较冷的一端，并在压路机关闭振动的情况下进行。

在碾压过程中为了保持被碾压路面在正常的碾压温度范围内，每完成一遍重叠碾压，压路机就要向摊铺机靠近一些，每次都压实到离开摊铺机大约20m左右才折返，随着摊铺机不断向前，压路机的折返点也跟着向前移动，这样也可避免在整个摊铺层宽度上，在同一横断面换向所造成的压痕。

11.4.5 路面接缝碾压

1)横向接缝的碾压

在纵向的相邻铺幅已经成型，必须做冷纵向接缝时，可先用钢轮压路机沿纵缝碾压一遍，大部分钢轮位于成型的相邻路幅上，在新铺层上的碾压宽度为15~20cm，然后再沿横向接缝进行横向碾压，横向碾压结束后进行正常的纵向碾压。

①横向接缝碾压首先用双钢轮压路机横向碾压。压路机开始在冷路面上，逐渐向热路面碾压，第一次压入量为1~2cm，逐渐至压入热路面10~15cm。

②实行45°斜压。斜压从中间向两侧依次分开，重叠量应适当(为1/2轮宽)。

③实施横压。压路机由冷路面逐渐过渡到整机在热路面上横压，根据接缝处混合料温度的变化，这一过程可以实施振动压实，以提高横向接缝的压实度。

④混合料温度是横向接缝碾压的关键。温度太高，很容易产生混合料推移；温度太低，横接缝不能压实，易形成路面早期损坏。横接缝碾压温度一般比正常碾压温度低5~10℃。

2)纵向接缝的碾压

(1)热料层与冷料层相接(冷接缝)

对这种接缝可采用两种方法碾压。第一种方法是压路机位于热沥青混合料上，然后进行振动碾压，这种碾压方法，是把混合料从热边压入相对的冷结合边，从而产生较高的结合密实度；第二种方法是在碾压开始时，只允许轮宽的10~20cm在热料层上，压路机的其余部分位于已成型的冷料层上，碾压时，过量的混合料从未压实的料中挤出，这样就减少了结合边缘的料量,这种方法产生的结合密度较低。在这两种碾压过程中,压路机的碾压速度都应很低。

(2)热料层与热料层相接(梯队作业时)

这种接缝的压实方法是:先压实离热接缝中心两边大约为 20cm 以外的地方,最后压实中间剩下来的一窄条混合料。这样,材料就不会从旁边挤出,并能形成良好的结合。

11.4.6 提高压实质量的关键技术

1)合理确定碾压温度

沥青混合料的最佳碾压温度是指在材料允许的温度范围内,沥青混合料能够支承压路机而不产生水平推移、表面无开裂情况且压实阻力较小的温度,此时可用较少的碾压遍数,获得较高的密实度和较好的压实效果。最佳碾压温度与矿料组成、沥青材料及压实设备有关。若碾压时混合料温度过高,会引起压路机两旁混合料隆起、碾轮后的摊铺层裂纹、碾轮上粘起沥青混合料(尽管用水喷洒),以及前轮推料等问题,而碾压温度过低时,例如低于 70℃,由于混合料黏性增大,导致压实无效,或起副作用。

施工现场的实践表明,由于拌和厂对温度进行了控制,在运输、摊铺过程中混合料温度已有所下降,初压的压路机可一直行进到靠近摊铺机,沥青混合料并不产生推移,表面也无开裂等情况,此时,沥青混合料的温度常在 140 ~ 145℃,因此,140℃可作为合理的碾压上限温度。

2)薄层面层的碾压

较薄的沥青混合料面层,由于混合料温度下降快,使有效压实时间缩短,因此,对于较薄沥青面层的施工,除了加强混合料运输过程中的保温措施以外,摊铺后应立即碾压(碾压段长度为 30 ~ 50m,压路机与摊铺机之间的最短距离为 4 ~ 5m),除了初压时速度不应超过 2.5km/h,以免表面发生推移以外,可适当提高复压时的碾压速度,以保证在较短的有效压实时间内完成初压、复压和终压三个碾压阶段。此外,在压实设备上采取措施,如可采用振荡式压路机进行碾压,提高压实效率,在较少的碾压遍数下可获得理想的压实度。

3)选择合理的振频和振幅

振频主要影响沥青面层的表面压实质量。振动压路机的振频与沥青混合料的固有频率接近或略高一些,则可获得较好的压实效果。试验表明,对于沥青混合料的碾压,其振频多在 40 ~ 50Hz的范围内选择。

振幅主要影响沥青面层的压实深度。当碾压层较薄时,宜选用高振频、低振幅,而碾压层较厚时,则可在较低振频下,选取较大的振幅,以达到压实的目的。对于沥青路面,通常振幅可在 0.35 ~ 0.6mm 内进行选择。

4)针对混合料的不同特性采取相应对策

沥青混合料的特性对压实质量亦有较大影响,表 11-8 列出了影响的原因、后果及对策,在碾压作业中可供参考。

沥青混合料特性对压实作业的影响　　表 11-8

原因		后果	对策
矿料	表面光滑	粒间摩擦力小	使用轻型压路机和较低的混合料温度
	表面粗糙	粒间摩擦力大	使用重型压路机
	强度不足	会被钢轮压路机压碎	使用坚硬矿料,使用充气轮胎压路机

续上表

原因			后果	对策
沥青	黏度	高	限制颗粒运动	使用重型压路机，提高温度
		低	碾压过程中颗粒容易移动	使用轻型压路机，降低温度
	含量	高	碾压时失稳	减少沥青用量
		低	降低了润滑性，碾压困难	增加沥青用量，使用重型压路机
混合料	粗矿料过量 砂子过量 矿粉过量 矿粉不足		不易压实 工作温度过高，不易碾压 混合料软黏，不易碾压 黏性不降，混合料可能离析	减少粗料矿料，使用重型压路机 减少砂用量，使用轻型压路机 减少矿粉用量 增加矿粉用量

11.4.7 碾压质量缺陷的处理与补救措施

碾压质量缺陷主要指碾压不平整及碾压过程中产生拥包、推移及表面裂纹。

碾压过程中，加强对平整度的跟踪监测，对不平整路段的高点实施修复碾压。对一般沥青混凝土，修复碾压应在其表面温度降到50～60℃之前进行，可以采用纵向、横向静压或振动压实；在高速公路施工中，这一措施对提高平整度比较理想。对SMA材料，由于其成形温度高，应相应提高修复碾压温度(60～90℃)。

若碾压温度控制不当(比如太高)，混合料易产生推移和拥包，这时应分析产生推移的原因。如果确定是温度因素，应停止碾压，待温度符合要求后再进行碾压；若是其他原因(如结合层黏结不实)，应采用相应的挖补修复措施。

沥青混凝土路面的表面裂纹缺陷是指表面横向裂纹，通常其长为25～100mm，间隔为25～76mm。对在摊铺时看不到而在压实过程中出现的表面裂纹，其原因与碾压设备选用和工艺控制等因素有关。静碾压路机自身质量过大，碾压较松散的沥青混合料时易产生表面横向裂纹；被动轮在前的压路机碾压稳定性较差的混合料时，由于材料推移，会产生横向裂纹。除了调整碾压设备、碾压工艺外，对已产生的表面裂纹缺陷，在终压阶段应增加轮胎压路机的静碾压，对表面实施进一步揉搓碾压，以减少或消除表面裂纹。